介永强 編

隋唐僧尼碑誌塔銘集録

歷代碑誌彙編

上海古籍出版社

國家社科基金項目（13BZJ019）結項成果
陝西師範大學優秀著作出版基金資助出版

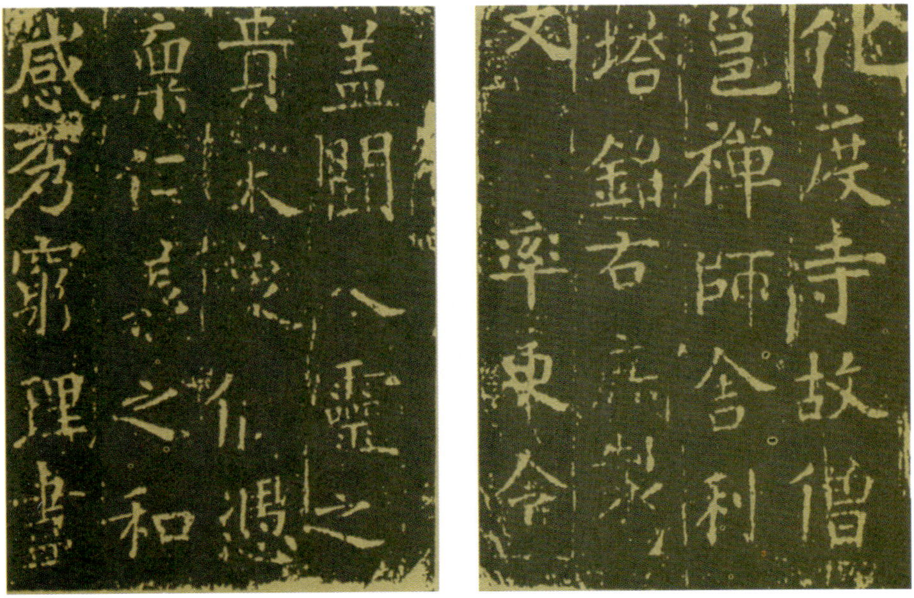

歐陽詢書《化度寺僧邕禪師舍利塔銘》（局部）

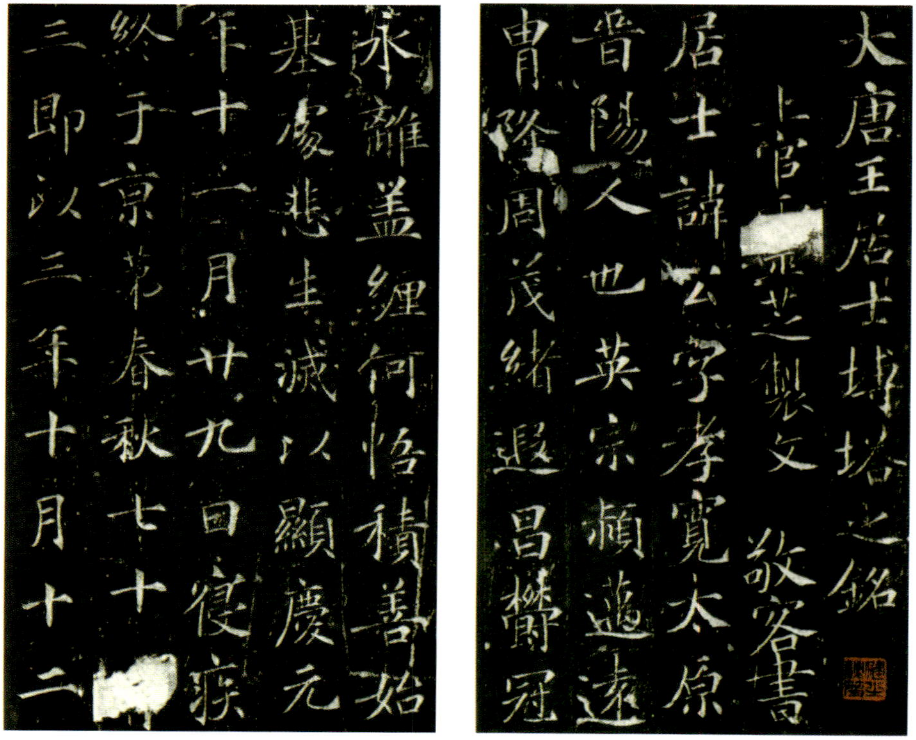

敬客書《王居士磚塔銘》（局部）

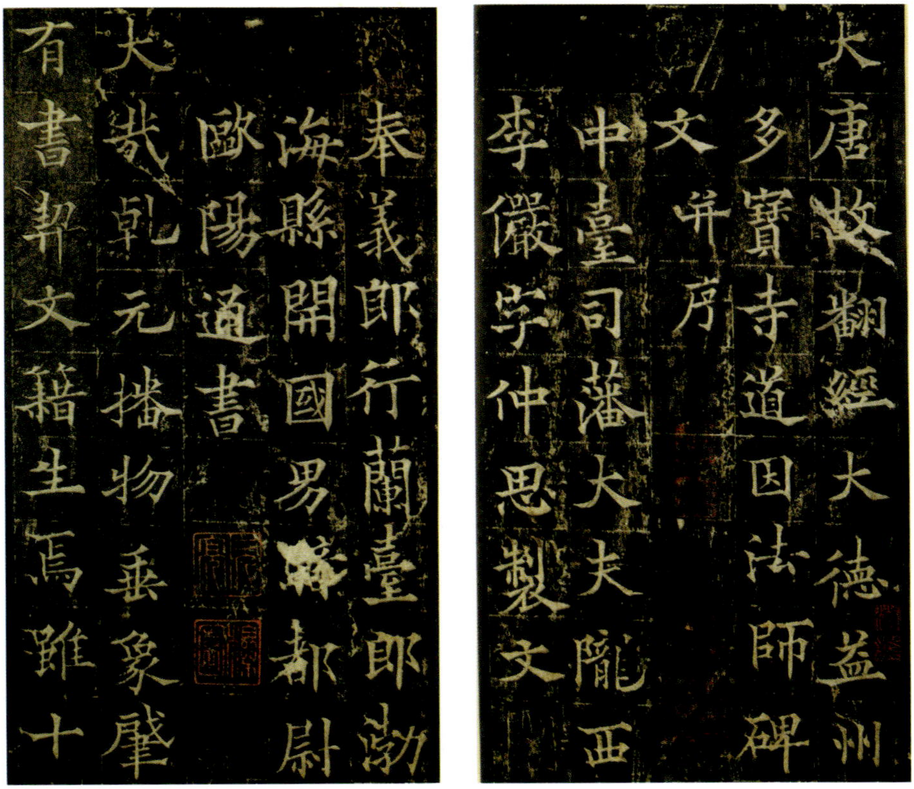

歐陽通書《道因法師碑》（局部）

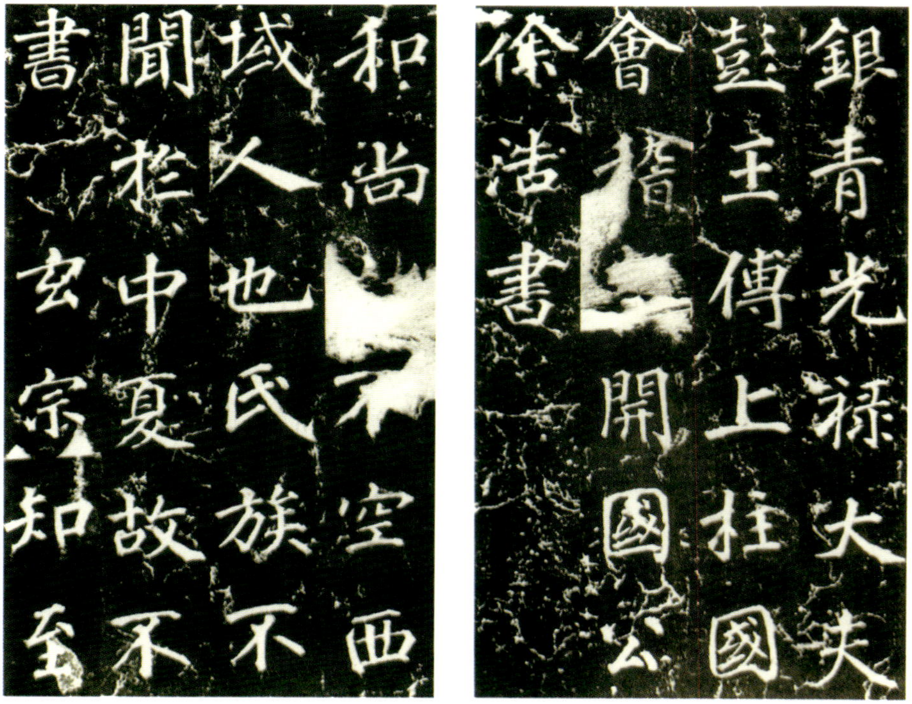

徐浩書《不空和尚碑》（局部）

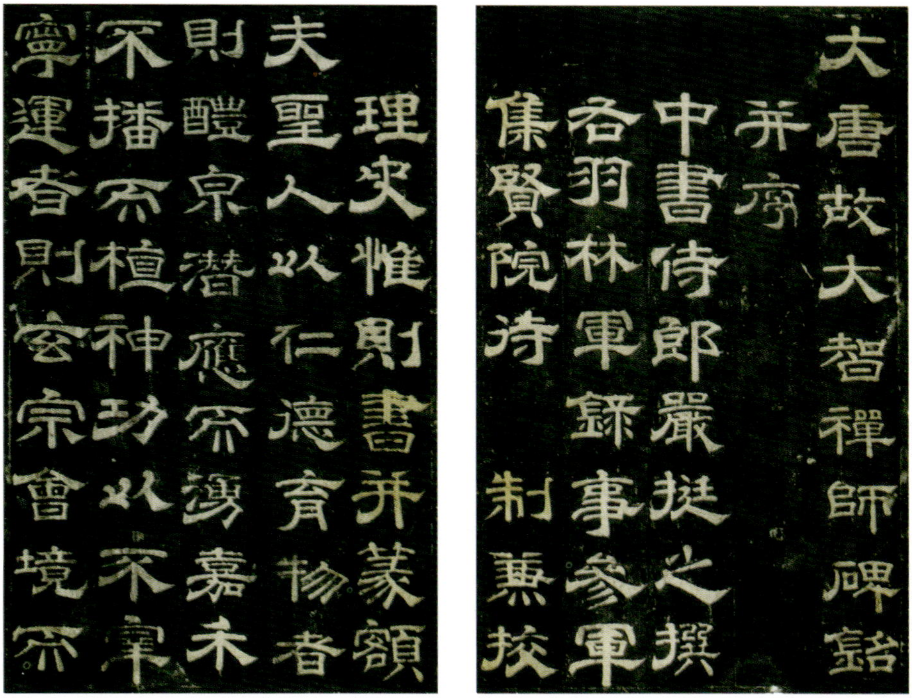

史惟則書《大智禪師碑》（局部）

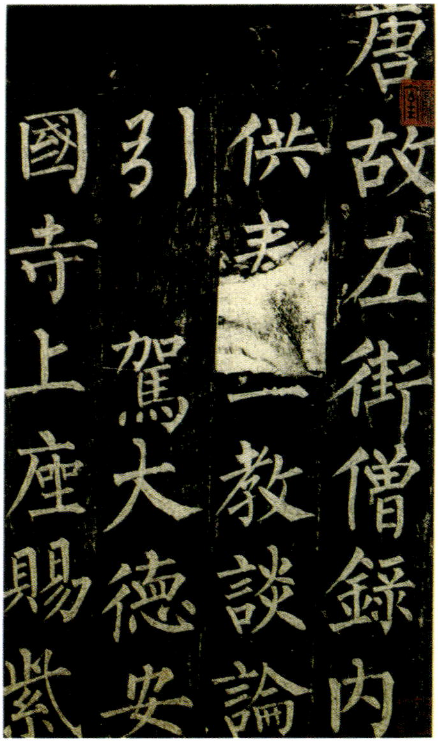
唐故左街僧錄內
供奉三教談論
引駕大德安
國寺上座賜紫
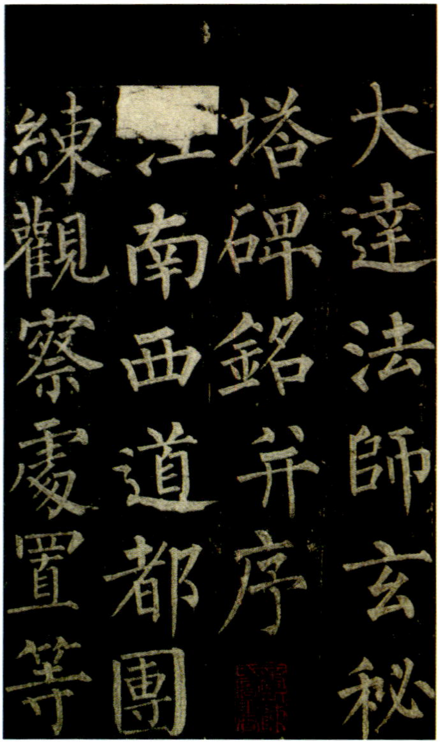
大達法師玄秘
塔碑銘并序
江南西道都團
練觀察處置等

柳公權書《玄秘塔碑》（局部）

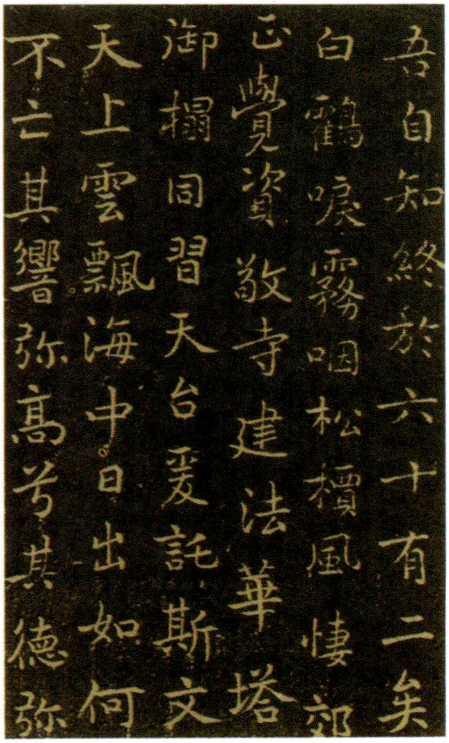

吴通微書《楚金禪師碑》（局部）

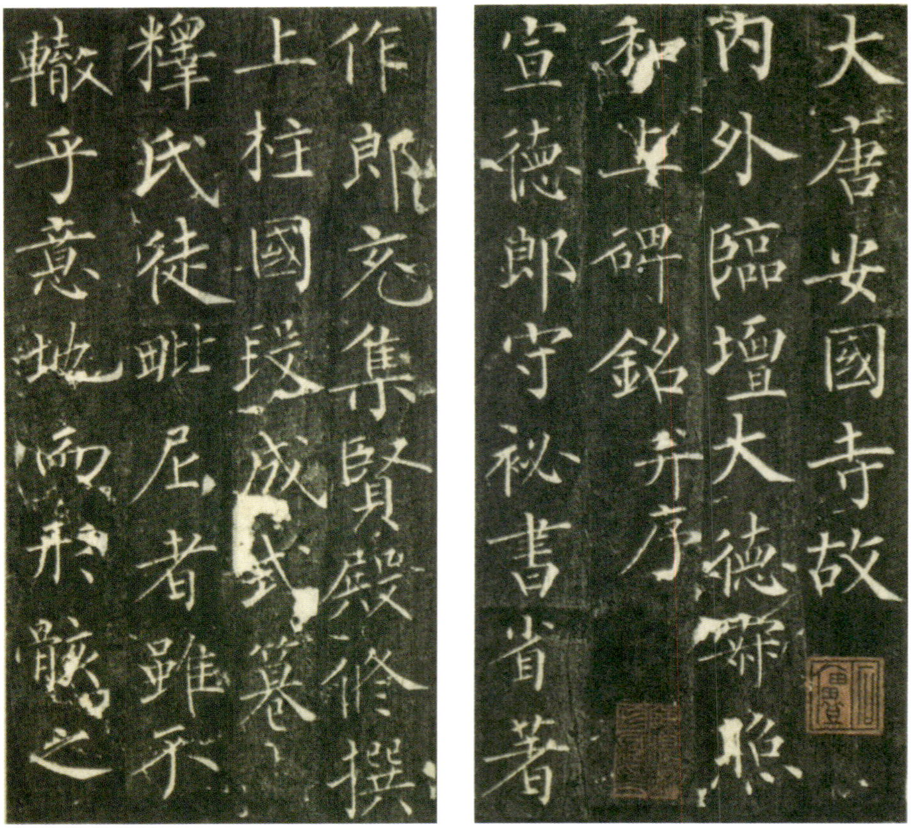

僧無可書《寂照和上碑》（局部）

前言

佛教是最早傳入中國的世界宗教，不僅對中國歷史産生了十分深刻的影響，而且與儒、道競行，成爲中國文化的重要組成部分。約在兩漢之際傳入中國内地的印度佛教，經過魏晉南北朝時期的發展，迨至隋唐時期，達到了繁榮鼎盛，並且完成了本土化，形成了中國佛教。隋唐時期不僅是中國佛教的興盛期，而且是中國佛教的成熟期，因而備受學界關注。近二三十年來，隋唐佛教研究取得了許多令人可喜的學術成果。然而，囿於史料的局限性，仍有一些問題懸而未決，研究的廣度和深度也有待進一步拓展。值得重視的是，傳世文獻和出土文獻中的隋唐僧尼碑誌塔銘，數量衆多，内容豐富，爲我們研究隋唐佛教提供了十分重要的寶貴資料。

一

隋唐時期，皇親國戚、達官顯貴、文人學士、富商大賈乃至平民百姓競相爲死者在墓地刊石樹碑，在墓室幽埋銘刻，趨之若鶩，蔚然成風。受此風氣影響，超塵出世的佛教僧尼也未能免俗。隋唐僧尼亡故後，大多例行土葬，鑿穴掩埋，或隨葬墓誌，託流芳於千載；或墓前立碑，寄萬古而揚名；或墳前起塔，以紀高行，以旌勝德；或墳前立幢，謂之「墳（墓）幢」，幢上摹刻佛像，鐫刻經咒，記讚誌頌事功。受印度僧人葬法的影響，當時有些僧尼採取火葬或林葬。火葬者，焚燒屍骸，又稱「荼毗」、「闍維」。林葬者，棄屍荒野，飼諸禽獸，又稱「野葬」、「勞林葬」、「屍陀法」。僧尼火葬或林葬後，再收取餘骨，建塔安置，稱作「焚身塔」，又稱「灰身塔」、「靈塔」等；或鑿龕安置，稱作「龕塋」，龕内雕（起）塔，稱作「龕塔」。僧尼喪葬建塔安置時，將誌銘或嵌於塔壁，或置於塔内，或置於塔下，人們將這種誌銘稱之爲「靈塔銘」、「身塔銘」、「影塔銘」、「方墳記」、「髮塔記」、「龕塔銘」、「石室銘」、「浮屠銘」、「浮屠頌」、「浮屠記」等，一般通稱「塔銘」。「釋氏之葬，起塔而繫之以銘，猶世法之有墓誌也。」[一] 僧尼塔銘亦是誌墓之文，主要記載僧尼的姓名、法號、世系、生卒年月、埋葬時間和地點、出家修行活動以及平生其他事跡，記述其道行，頌揚其功德。

傳世文獻和出土文獻中保存至今的隋唐僧尼碑誌塔銘，作爲原始文獻，真實性强，可信度高，可以用來糾正佛教史傳因材料取捨不當、考證辨析不精、傳抄翻刻不慎等因素導致的諸多錯訛。又因爲隋唐僧尼碑誌塔銘數量衆多，内中雖不乏高級僧侣，但更多的是中下層僧侣，其中的比丘尼資料則罕見諸史籍，具有很高的史料價值，可以大量補充佛教史傳的闕失。對此，雖已有學者在隋唐佛教研究中利用其證史補闕，但還没有得到充分利用。學者們往往特别關注新出土文獻中的僧尼碑誌塔銘，對傳世文獻中的僧尼碑誌塔銘則不够重視。出土文獻中的隋唐僧尼碑誌塔銘零星散見於各種石刻文獻彙編，有的只有圖版，没有録文，有録文者却往往多有錯訛。傳世文獻中的僧尼碑誌塔銘零星散見於各種别集、總集和金石著作，大多未經校勘整理。這些情况導致我們無從全面、準確地把握並利用隋唐僧尼碑誌塔銘進行多維度研究。因此，全面搜集、系統整理隋唐僧尼碑誌塔銘則十分必要。

本書集録隋唐僧尼（含居士）碑誌塔銘（包括墳幢等）一共三百九十一篇。僧尼碑誌塔銘在整個隋唐出土文獻和傳世文獻中佔比雖小，但其史料價值無可替代，不可小覷，特别是對隋唐佛教研究而言，彌足珍貴。摒棄其中的因果報應之説，剔除其中的靈驗神異之事，甄别其中的阿諛溢美之詞，充分藉助數量衆

[一]（清）葉昌熾撰，姚文昌點校：《語石》卷四「塔銘」條，浙江大學出版社，二〇一八年，第一二八頁。

多、内容廣泛的僧尼碑誌塔銘，可以推動隋唐佛教的專題研究和綜合研究，可以透視隋唐佛教社會文化的真實面相。

二

隋唐僧人生平事跡，主要見載於《續高僧傳》和《宋高僧傳》。道宣撰《續高僧傳》，充分利用了「郊郭碑碣」〔一〕。贊寧撰《宋高僧傳》，「遐求事跡，博採碑文」〔二〕，「或案誄銘」〔三〕。僧人碑文、墓誌、塔銘是《續高僧傳》和《宋高僧傳》的重要史料來源，一些僧傳就是碑誌塔銘的減省改寫。禪僧玄素在《宋高僧傳》卷九有《唐潤州幽栖寺玄素傳》，傳文實則出自唐人李華所撰《潤州鶴林寺故徑山大師碑銘》（一七五號——本書録文編號，下同），但多有删改。《玄素傳》曰：「晚年乃南入青山幽栖寺，因事威禪師。」《碑銘》曰：「入南牛頭山，事威大師。」由碑銘可知，《玄素傳》所謂「青山」，實即「牛頭山」，玄素是牛頭宗五祖智威的弟子。《宋高僧傳》卷二七《唐蘇州支硎山道遵傳》是由皎然《蘇州支硎山報恩寺法華院故大和尚碑》（二三六號）删改而成，《道遵傳》没有其師承關係的記述，碑文曰：「北齊惠文大師傳龍樹智論一性之教，即我釋迦如來九世祖師文殊所乘也。惠文傳南嶽，南嶽傳天台，……天台去世，教傳章安，章安傳縉雲，縉雲傳東陽，東陽傳左溪。自龍樹已還，至天台四祖，事具諫議大夫杜正倫《傳教記》。今大師則親承左溪，一受心宗，方造其極。」道遵的師承關係以及天台宗的傳布在碑文中則交待得十分清楚。又如《宋高僧傳》卷六《唐京師大安國寺端甫傳》是由

〔一〕（唐）道宣撰，郭紹林點校：《續高僧傳·序》，中華書局，二〇一四年，第二頁。
〔二〕（宋）贊寧撰，范祥雍點校：《宋高僧傳·進高僧傳表》，中華書局，一九八七年，第一頁。
〔三〕（宋）贊寧撰，范祥雍點校：《宋高僧傳·序》，中華書局，一九八七年，第二頁。

唐人裴休所撰《唐故左街僧録内供奉三教談論引駕大德安國寺上座賜紫方袍大達法師玄秘塔碑并序》（三二八號）删略而成，《端甫傳》謂其「俗壽六十七，僧臘可數」，碑文則明確記載其「僧臘四十八」。由上可見，相比於僧傳，碑誌塔銘内容翔實，有助於我們全面、準確了解僧人的弘法事跡和佛教的傳播流布。作爲原始史料，碑誌塔銘還可以糾正僧傳的訛誤。如《舊唐書》卷一九一《義福傳》謂義福卒於開元二十年（七三二），《宋高僧傳》卷九《唐京兆慈恩寺義福傳》同此。然據時人杜昱撰《大唐故大智禪師塔銘》（一四三號），義福卒於開元二十四年（七三六），當以碑文爲是。又如《舊唐書》卷一九一《普寂傳》稱，開元二十七年（七三九），普寂卒後，「有制賜號爲大照禪師」。《宋高僧傳》卷九《唐京師興唐寺普寂傳》説「有制賜謚曰大慧禪師」。按唐人李邕撰《大照禪師塔銘》（一五二號）記載，詔曰「可號大照禪師」。由塔銘可證，《舊唐書》正確，《宋高僧傳》訛誤。

《續高僧傳》和《宋高僧傳》記載的隋唐僧人雖然數以千計，然而立有專傳的不過數百位，許多著名的高僧大德只在他人專傳中偶有提及，一筆帶過，碑誌塔銘則爲我們彌補了這一闕失。如唐代中後期著名高僧靈晏，身經八主，獻壽六朝，兩任僧録，還是唐憲宗元和十四年（八一九）迎奉法門寺佛骨舍利的主要組織者之一。就是這樣一位頗爲重要的僧人，却衹在《宋高僧傳》卷一七《唐京兆福壽寺玄暢傳》中留下了個法名。可貴的是，《大唐崇福寺故僧録靈晏墓誌》（三四〇號）不僅爲我們了解靈晏本人的佛教生涯提供了第一手資料，而且有助於我們深入研究唐代中後期佛教僧官制度以及佛教社會生活。隋唐高僧大德名家輩出，燦若群星。靈晏所幸在僧傳中留下了名字，爲數更多的隋唐著名高僧在僧傳中則衹字未提。如三階教徒智該世經四主，身歷兩朝，特爲隋煬帝和唐太宗器重，是隋末唐初十分著名的義學名僧，但却未見僧史記載。《大唐靈化寺故大德智該法師之碑》（一一三號）長達兩千餘字，不僅詳細記載了智該的生平經歷和弘法活動，充分反映了隋末唐初中國佛教的義學風尚，而且對於研究佛教史上湮滅了的佛教教派——三階教的教史具有十分重要的學術價值。又如禪宗五祖弘忍的「十大弟子」之一法如，是東山門下最早的弘法者，號稱禪宗「六祖」，在早期禪宗史上具有舉足輕重的地位，可是僧史却没有爲其立傳。《唐中岳沙門釋法如禪師行狀》（八一號）則記載了法如侍奉弘忍十六載，在垂拱二年（六八六）被推爲嵩洛禪門領袖的事實，對於我們梳理禪宗法脈譜系具有重要的史料價值。

僧尼碑誌塔銘爲我們研究隋唐佛教史提供了大量第一手資料，其中，比丘尼碑誌塔銘則填補了史籍中没有隋唐比丘尼傳記的空白，殊爲重要。幸賴比丘尼碑誌塔銘，近年來學者們就唐代女性奉佛的原因和出家的方式、比丘尼的佛教活動和社會活動、比丘尼與世俗家庭的關係等問題進行了有益的探討。比丘尼是隋唐佛教徒隊伍中的生力軍，人數衆多，影響廣泛。充分利用比丘尼碑誌塔銘資料勾劃出隋唐比丘尼的佛教活動，庶幾書寫一部完整的隋唐佛教史。

寺院是佛教活動的主要場所，是佛教文化的重要載體。隋唐王朝大興佛事，廣樹伽藍，佛教寺院遍佈九州。隋代二君四十七年，計有佛寺三千九百八十五所〔一〕。有唐一代，貞觀二十二年（六四八），天下有佛寺三千七百一十六所〔二〕；乾封元年（六六六），天下佛寺增至四千餘所〔三〕；開元末年，天下佛寺多達五千三百五十八所〔四〕。史書披露了隋唐時期佛教寺院的數目，却没有全面記載佛寺名稱及其歷史沿革。零零散散見於史誌的

〔一〕（唐）釋道世撰，周叔迦、苏晉仁校注：《法苑珠林校注》卷一〇〇《興福部》，中華書局，二〇〇三年，第二八九四頁。
〔二〕（唐）慧立、彦悰撰，孫毓棠、謝方點校：《大慈恩寺三藏法師傳》卷七，中華書局，二〇〇〇年，第一五三頁。
〔三〕（唐）釋道世撰，周叔迦、苏晉仁校注：《法苑珠林校注》卷一〇〇《興福部》，中華書局，二〇〇三年，第二八九八頁。
〔四〕（宋）王溥：《唐會要》卷四九《僧籍》，中華書局，一九五五年，第八六三頁。

隋唐佛寺，十不及一。有學者求索群籍，「爬梳檢擇，積千有奇」，裒爲一集，曰《唐五代佛寺輯考》〔一〕，篳路藍縷，嘉惠學林，然而仍難能盡括所有。僧尼碑誌塔銘涉及僧尼出家、受戒的寺院，涉及僧尼駐錫、活動的寺院，可以大量補充未見文獻記載的隋唐佛教寺院。

僧尼碑誌塔銘關涉佛教寺院，不僅可以補苴罅漏，而且可以糾正歧錯舛誤。《尼戒香等尊勝幢記》（三二九號）載：「大德尼清敏，俗姓嚴，天水下缺胄族之胤矣。……六歲出家於上都遵善寺，廿授戒於□□□□焉。」《長安志》卷七「靖善坊」條載：「大興善寺，盡一坊之地。初名遵善寺，隋文承周武之後，大崇釋氏，以收人望。移都先置此寺，以其本封名焉。神龍中，韋庶人追贈父玄貞爲酆王，改此寺爲酆國寺。景云元年復舊。」愚曾據此以爲，「上都遵善寺」即大興善寺，遵善寺與大興善寺實即一寺〔二〕。二〇一一年新刊布的尼慈和的兩方墓誌，使得我們必須重新審視這一認識。《大唐故和上大善知識輪自在誌銘并序》（一三五號）稱，尼慈和（法號輪自在）「以開元十九年十一月二日，寂滅於京兆府長安縣永壽鄉遵善寺净土院之北堂也」。又《大唐尼慈和禪師墓誌銘并序》（一三四號）稱，尼慈和「以開元十九年十一月二日，歸化於遵善寺」，「至廿年二月才生魄，即舊居後崗，安神興塔，情之至也，禮之極也」。尼慈和寂滅、歸化之遵善寺位於京兆府長安縣永壽鄉（屬今西安市長安區韋曲鎮），初名遵善寺的大興善寺位於唐長安外郭城靖善坊。尼清敏出家之「上都遵善寺」可能是京兆府長安縣永壽鄉的遵善寺，也可能是唐長安外郭城靖善坊的大興善寺。因爲古今學人行文喜用古名，大興善寺「初名遵善寺」，這裏我們尚不能排除《尼戒香等尊勝幢記》的作者稱大興善寺爲遵善寺。不過，即

〔一〕李芳民：《唐五代佛寺輯考》，商務印書館，二〇〇六年。

〔二〕介永强：《〈唐長安佛寺考〉若干問題辨正》，《中國历史地理論叢》二〇一〇年第四輯，第一五三頁。

使如此，也不能説遵善寺與大興善寺是同一所寺院。準確地説，唐長安城郊有遵善寺，位於京兆府長安縣永壽鄉；唐長安城有大興善寺，初名遵善寺，位於外郭城靖善坊。此乃僧尼碑誌塔銘證史又一例，亦可見新出石刻史料的重要性。

三

外來的佛教在隋唐時期完成了中國化，這一重大轉型的結果是形成了中國特色的宗派佛教。隋唐時期形成了中國佛教八大宗派，早已在學界達成了共識。可是，近二三十年來，不斷有學者質疑隋唐佛教「宗派」的存在[一]。有學者已從「宗派」概念、「宗派」特徵、「宗派」存在方式、「宗派」分野與「專業分工」等方面對試圖「解構」隋唐佛教宗派的學術思潮做出積極回應[二]。作爲第一手史料，僧尼碑誌塔銘如實反映了隋唐佛教的確存在「宗派」分野。《潭州大溈山同慶寺大圓禪師碑銘并序》（三三九號）中論及佛教時説：「近代言之者必有宗，宗必有師，師必有傳。」這篇碑文的作者鄭愚是唐懿宗時代人，從其言論可知，佛教的宗派觀念

[一] 王俊中：《中國佛教早期「宗派」問題研究的相關探討》，《諦觀雜誌》第八十一期，一九九五年四月；葛兆光：《七世紀至十九世紀中國的知識、思想與信仰——中國思想史（第二卷）》，復旦大學出版社，二〇〇一年；藍日昌：《宗派與燈統——論隋唐佛教宗派觀念的發展》，《成大宗教與文化學報》第四期，二〇〇四年十二月；王頌：《宋代華嚴思想研究》，宗教文化出版社，二〇〇八年；藍日昌：《佛教宗派觀念的發展研究》，新文豐出版公司，二〇一〇年；孫英剛：《誇大的歷史圖景：宗派模式與西方隋唐佛教史的書寫》，朱正惠、崔丕主編《北美中國學的歷史和現狀》，上海辭書出版社，二〇一三年。

[二] 俞學明：《隋唐佛教「宗派問題」再辨——兼對隋唐佛教不存在宗派説的回應》，《浙江學刊》二〇一三年第二期；楊維中：《「宗派」分野與「專業分工」——關於隋唐佛教成立宗派問題的思考》，《河北學刊》二〇二〇年第三期。

在唐代早已存在。又《岳州聖安寺無姓和尚碑》（三八〇號）稱：「佛道逾遠，異端競起，唯天台大師爲得其説。和尚紹承本統，以順中道，凡受教者不失其宗。」《揚州華林寺大悲禪師碑銘并序》（三〇三號）謂：「自大迦葉親承心印，二十九世傳菩提達摩，始來中土，代襲爲祖，派别爲宗。故第六祖曹溪惠能始與荆州神秀分南、北之號。曹溪既没，其嗣法者神會、懷讓又析爲二宗。」「紹承本統」，「凡受教者不失其宗」，「代襲爲祖，派别爲宗」，無不是唐代佛教具有宗派歸屬的反映。因此，似乎不能説「檢六—九世紀的佛教文獻，並不能得出任何宗派歸屬感的論述」[一]。

僧尼碑誌塔銘相關内容足以佐證唐代佛教確實存在「宗派」之别，並有許多關於宗派師承和法統譜系的記載。《蘇州支硎山報恩寺法華院故大和尚碑》（二三六號）曰：「北齊惠文大師傳龍樹智論一性之教，即我釋迦如來九世祖師文殊所乘也。惠文傳南嶽，南嶽傳天台，始授一心三觀之旨，以十身佛刹微塵數脩多羅，如懸帝網，丕出正念，無遺即中，蓋如來一斯教之扃鐍也。天下弘經士窺我宗者，不得其門而入。天台去世，教傳章安，章安傳縉雲，縉雲傳東陽，東陽傳左溪。」《故左溪大師碑》（一八〇號）曰：「至梁、陳間，有慧文禪師學龍樹法，授惠思大師，南嶽祖師是也。思傳智者大師，天台法門是也。智者傳灌頂大師，灌頂傳縉雲威大師，縉雲傳東陽威大師，左溪是也。又弘景禪師得天台法，居荆州當陽，傳真禪師，俗謂蘭若和尚是也。」這些記載對於我們書寫天台宗的歷史具有重要的參考價值。隋唐佛教各個宗派的傳承流佈，僧尼碑誌塔銘都有十分豐富的記載。即以盛行一時的三階教來説，就有《化度寺故僧邕禪師舍利塔銘》（二一〇號）、《大唐靈化寺故

[一] 孫英剛：《誇大的歷史圖景：宗派模式與西方隋唐佛教史的書寫》，朱正惠、崔丕主編《北美中國學的歷史和現狀》，上海辭書出版社，二〇一三年，第三六八頁。

大德智該法師碑》（二三號）、《化度寺僧海禪師方墳記》（三四號）、《慧了法師塔銘》（三五號）、《大唐王居士磚塔之銘》（三六號）、《大唐故道安禪師塔記》（五五號）、《大唐澄心寺尼故優曇禪師之塔銘并序》（六五號）、《大周故居士廬州巢縣令息尚君之銘》（六七號）、《惠恭大德碑》（八二號）、《大唐崇義寺思言禪師塔銘并序》（九八號）、《大唐浄域寺故大德法藏禪師塔銘并序》（一〇九號）、《張常求塔銘》（一一九號）等多篇文獻。

禪宗是隋唐宗派佛教中本土化最爲徹底的一宗，成爲唐代中後期以來影響最大的佛教宗派，禪僧碑誌塔銘因而也最爲豐富，是書寫禪宗史的第一手資料。《興福寺内道場供奉大德大義禪師碑銘》（三〇九號）曰：「應身無數，天竺降其一；禪祖有六，聖唐得其三。在高祖時，有道信叶昌運；在太宗時，有弘忍示玄珠；在高宗時，有惠能筌月指。自此脈散絲分，或遁秦，或居洛，或之吴，或在楚。秦者曰秀，以方便顯，普寂其允也。洛者曰會，得總持之印，獨曜瑩珠，習徒迷真，橘枳變體，竟成檀經傳宗，優劣詳矣。吴者曰融，以牛頭聞，徑山其裔也。楚者曰道一，以大乘攝，大師其黨也。」《唐故圭峰定慧禪師傳法碑并序》（三三二號）曰：「自迦葉至達摩，凡二十八世。達摩傳可，可傳璨，璨傳信，信傳忍，爲五祖。又傳融，爲牛頭宗。忍傳能，爲六祖。又傳秀，爲北宗。能傳會，爲荷澤宗，荷澤於宗爲七祖。又傳讓，讓傳馬，馬於其法爲江西宗。荷澤傳磁州如，如傳荊南張，張傳遂州圓，又傳東京照。圓傳大師。大師於荷澤爲五世，於達摩爲十一世，於迦葉爲三十八世，其法宗之系也如此。」《唐洪州百丈山故懷海禪師塔銘》（二九四號）曰：「唯禪那一宗度越生死，大智慧者方得之。自雞足達於曹溪，紀牒詳矣。曹溪傳衡嶽觀音臺懷讓和上，觀音傳江西道一和上，□□詔謚爲大寂禪師。大寂傳大師，中土相承，凡九代矣。」僧人碑誌塔銘關於禪宗傳法世系的記述，十分明晰。《唐中岳沙門釋法如禪師行狀》（八一號）稱：「有明宗者即南天竺三藏法師菩提達摩，紹隆此宗，步武東鄰之國，傳曰神化幽迹，入魏傳可，可傳粲，粲傳信，信傳忍，忍傳如。」又《大唐中嶽東閑居寺故大德珪和尚紀德幢》（一一三號）謂：「自達摩入魏，首傳惠可，可傳粲，粲傳信，信傳忍，忍傳如，至和尚凡歷七代，皆爲法王，異世一時。」《法如行狀》和《珪和尚紀德幢》關於「〔弘〕忍傳〔法〕如」的記載，促使我們重新審視禪宗的傳法世系〔一〕。至若禪宗之南、北宗，《故左溪大師碑》（一八〇號）曰：「至梁、魏間，有菩薩僧菩提達摩禪師傳楞伽法。八世至東京聖善寺弘正禪師，今北宗是也。又達摩六世至大通禪師，大通又授大智禪師，大智降及長安山北寺融禪師，蓋北宗之一源也。又達摩五世至璨禪師，璨又授能禪師，今南宗是也。」《大唐曹溪第六祖大鑒禪師第二碑》（一〇六號）謂：「自達摩六傳至大鑒，如貫意珠，有先後而無同異。世之言真宗者，所謂頓門。」《唐故招聖寺大德慧堅禪師碑銘并序》（二四六號）載，慧堅禪師奉詔與諸長老辯佛法邪正，定南、北兩宗，禪師以爲：「開示之時，頓受非漸；脩行之地，漸净非頓。知法空則法無邪正，悟宗通則宗無南北。孰爲分別而假名哉？」這些記載對於我們認識禪宗南北紛爭及其思想分歧無疑具有十分重要的意義。

「佛法，亦宗教，亦哲學。」〔二〕中國佛教蘊含着十分深邃的哲學思想，佛教哲學思想是中國佛教信仰體系的理論基礎。中國佛教哲學思想主要集中在佛經、義疏、經論、語録、燈録等佛教文獻中。值得注意的是，隋唐佛教義學高度發達，僧尼碑誌塔銘裏也閃爍着佛教哲學思想的火花。《唐東都奉國寺禪德大師照公塔銘并序》（三三〇號）云：「大師祖達摩，宗神會，而父事印。其教之大旨，以如然不動爲體，以妙然不空爲用，示真寂而不説斷滅，破計著而不壞假名。」《唐玉泉寺大通禪師碑銘并序》（九〇號）云：「爾其開法大略，則專念以息

〔一〕葛兆光：《誰是六祖？——重讀〈中岳沙門釋法如禪師行狀〉》，《文史》二〇一二年第三輯。

〔二〕湯用彤：《漢魏兩晉南北朝佛教史·跋》，北京大學出版社，一九九七年，第六三五頁。

想，極力以攝心。其入也，品均凡聖；其到也，行無前後。趣定之前，萬緣盡閉；發慧之後，一切皆如。」《興福寺内道場供奉大德大義禪師碑銘》（三〇九號）云：「大師之旨，蓋以一切法是，一切法非。於無性無象而有得有喪，一切亦非；於有形有紀而無取無捨，一切亦非。」《唐故章敬寺百巖禪師碑銘并序》（三〇〇號）載，人問禪師心要，答曰：「心本清净而無境者也，非遣境以會心，非去垢以取净。神妙獨立，不與物俱。能悟斯者，不爲習氣生死幻蘊之所累也。」《唐故洪州開元寺石門道一禪師塔銘并序》（二三九號）載，禪師嘗曰：「佛不遠人，即心而證；法無所着，觸境皆如。豈在多歧，以泥學者。故夸父喫詬，求之愈疏，而金剛醍醐，正在方寸。」《大唐東都敬愛寺故開法臨壇大德法玩禪師塔銘并序》（二四二號）載，禪師嘗謂門人曰：「正法無著，真性不起，苟能睹衆色，聽衆聲，辨衆香，味衆味，受衆觸，演衆法，而心恒湛然，道斯得矣。」《唐故招聖寺大德慧堅禪師碑銘并序》（二四六號）載，人問禪師見性之義，答曰：「性者，體也。見其用乎，體寂則不生，性空則無見。」《唐東都同德寺故大德方便和尚塔銘并序》（二五一號）載，問法者欲聞半偈，師乃謂曰：「若人欲了知，三世一切佛，當觀法界性，一切唯心造。」唐代高僧對佛法的闡釋在碑誌塔銘中多有記載，俯拾皆是。這些説教是唐人宗教實踐體驗的總結，是唐人對佛教理論的深入思考，是中國佛教哲學思想的重要内容。隋唐僧尼碑誌塔銘中的佛教哲學思想，雖是隻言片語，但却言約旨遠，不失精深微妙。

佛教是外來宗教，它的思想學説與中國傳統的儒家文化在許多方面存在衝突。佛教在古代中國傳播和發展的過程，也是其與儒家思想不斷調適的過程。長期以來，儒、佛既相鬥爭，又相融合。到了隋唐時期，儒、佛會通成爲主流，僧尼碑誌塔銘側面反映了是時儒、佛會通的關係。《龔公山西堂敕謚大覺禪師重建大寶光塔碑銘》（三〇八號）曰：「厥教中國曰儒，旁曰道。道始於軒轅，盛於老。儒始唐虞，盛於孔。西方有聖人曰佛，始於過去千百億，而盛於瞿曇。教不同始而同末，是則先師孔子與老、佛，俱巨聖人，而其功用，若四時五行，殊功合德，蓋昭昭矣。然佛之言，益出天地之外，故從學者髡苦最信。彼服膺於三聖之教，國朝中興後，偉儒最多，偉道班班然，佛之教與儒偕而尤。」這裏將佛與儒、道相提並論，認爲其功用「若四時五行，殊功合德」，還特别强調「佛之教與儒偕而尤」，隋唐時代佛、儒的緊密關係由此可見一斑。《杭州餘杭縣龍泉寺故大律師碑》（一七八號）載，律師「又以儒、墨者般若之筌簹，詞、賦者伽陀之鼓吹，故博通外學，時復著文，在我法中，無非佛事」。把儒、墨、詞、賦看作佛教的相應内容，正如《揚州龍興寺經律院和尚碑》（一七一號）所謂「法皆佛法，兼采儒流」。《曹溪第六祖賜謚大鑒禪師碑》（一〇五號）曰：「其教人，始以性善，終以性善，不假耘鋤，本其静矣。」六祖慧能以「性善」教人，可謂與儒家異曲同工，殊途同歸。《南嶽大明寺律和尚碑》（二五九號）曰：「儒以禮立仁義，無之則壞；佛以律持定慧，去之則喪。是故離禮於仁義者，不可與言儒；異律於定慧者，不可與言佛。」《揚州龍興寺經律院和尚碑》（一七一號）曰：「大沙門奉律猶世間行禮，若備中和易直之心，而無升降周旋之節。」《唐洪州百丈山故懷海禪師塔銘》（二九四號）曰：「西方教行於中國，以彼之六度視我之五常，遏惡遷善，殊途同轍。」將儒家的「禮」與佛教的「律」等同齊觀，視佛教之「六度」如同儒家之「五常」，「奉律」就是「行禮」，儒、佛因而「殊途同轍」，也正如《揚州龍興寺經律院和尚碑》（一七一號）所謂：「和尚與人子言依於孝，與人臣言依於忠，與上人言依於敬，佛教儒行，合而爲一。」

四

爲了站穩脚跟，謀求發展，佛教不僅逐漸與儒家思想融合會通，而且積極尋求皇權的政治支持。統治者則一方面利用佛教籠絡人心，鞏固政權，另一方面又對佛教加以限制，防止其勢力强大而危及皇權。佛教與皇權的這種關係在隋唐僧尼碑誌塔銘中也有真切的反映。《湖州法華寺大光天師碑》（二七九號）載：「及登戒之歲，僧儀首冠。西遊長安，祥氣達於函關，瑞相通于帝夢。上人以持經爲國，詣闕請見。」大光法師「西遊長安」，主動「以持經爲國，詣闕請見」，他是「爲國」，也是爲弘揚佛法，因爲「不依國主，則法事難立」〔一〕。《大唐荷恩寺故大德法律禪師塔銘并序》（二〇六號）載：「遇肅宗皇帝巡狩朔裔，師次平凉。吾師獨出州城，遠迎法駕。肅宗一見，命曰宗師，仍令招慰州縣官吏。」僧人是方外之賓，本應遠離政治，唐肅宗「師次平凉」，法律禪師「獨出州城，遠迎法駕」，不能不説是佛教主動地向皇權靠攏。「肅宗一見，命曰宗師，仍令招慰州縣官吏」，顯然是統治者積極利用佛教來籠絡人心。《唐洞庭山福願寺律和尚墳塔銘并序》（二四三號）稱：「其時，常熟地偏，僧多闕行。李亞相欲以德撫，乃請大師統而正之。一化而革心，再化而知道，三化而闔邑從風。」這是唐代官員利用佛教教化地方社會的典型事例。《唐故洪州開元寺石門道一禪師塔銘并序》（二三九號）載，道一禪師「嘗禪誦於撫之裏山，又南至於處之龔公山，攫搏者馴，悍戾者仁」。《唐故圭峰定慧禪師傳法碑并序》（三三二號）稱：「故親大師之法者，貪則施，暴則斂，剛則隨，戾則順，昏則開，墮則奮，自榮者慊，自堅者化，徇私者公，溺情者義。凡士俗，有捨其家與妻子同入其法分寺而居者，有變活業、絶血食、持戒法、起家爲近住者，有出而修政理以救疾苦爲道者，有退而奉父母以豐供養爲行者。」《潤州天鄉寺故大德雲禪師碑》（一九六號）云：「南方以殺害爲事，北方多豪右犯法，故大通在北，能公在南，至慈救愍，曲無不至。」僧尼碑誌塔銘對佛教的教化作用未免誇大其詞了，不過，佛教在維繫世道人心、輔助現實政治方面確實發揮了一定作用，誠如《袁州萍鄉縣楊岐山故廣禪師碑》（二六〇號）所説：佛教「陰助教化，總持人天。所謂生成之外，別有陶冶；刑政不及，曲爲調柔。其方可言，其旨不可得而言也。」亦如《能禪師碑并序》（一〇四號）所言：「永惟浮圖之法，實助

〔一〕（梁）釋慧皎撰，湯用彤校注：《高僧傳》卷五《晉長安五級寺釋道安傳》，中華書局，一九九二年，第一八七頁。

皇王之化。」

佛教「實助皇王之化」，因而隋唐王朝十分優容佛教，特别優待高僧。《唐玉泉寺大通禪師碑銘并序》（九〇號）載，神秀圓寂後，朝廷詔使吊哀，册謚大通，「宸駕臨訣至午橋，王公悲送至伊水，羽儀陳設至山龕」；「太常卿鼓吹導引，城門郎護監喪葬。是日，天子出龍門，泫金棺，登高停蹕，目盡迴輿。自伊及江，扶道哀候，幡花百輦，香雲千里」；「安神起塔，國錢嚴飾，賜逾百萬。巨鐘是先帝所鑄，羣經是后王所錫。金榜御題，華幡内造，塔寺尊重，遠稱標絶」。《大唐龍興翻經三藏義浄法師之塔銘并序》（一〇一號）載，義浄圓寂後，「恩詔贈鴻臚卿，賻物一百五十段，爲度七僧，給羽葆鼓吹一部，加武賁班劍八十人」；「葬日，詔遣中使吊慰，又内出花樹香盤幢幡蓋輿等六百餘事，絹四百匹，像一鋪，令充葬儀，及贈孝子門人動餘萬數」。《唐大興善寺故大德大辯正廣智三藏和尚碑銘并序》（二一一號）曰：「玄宗□知至道，特見高仰，訖肅宗、代宗三朝，皆爲灌頂國師，以玄言德祥，開右至尊。代宗初，以特進、大鴻臚褒表之。及示疾不起，又就卧内加開府儀同三司、肅國公，皆牢讓不允，特錫法號曰大廣智三藏。大曆九年夏六月癸未，滅度於京師大興善寺。代宗爲之廢朝三日，贈司空，追謚大辯正廣智三藏和尚。荼毗之時，詔遣中謁者齋祝文祖祭，申如在之敬。」《唐故左街僧録内供奉三教談論引駕大德安國寺上座賜紫大達法師玄秘塔碑銘并序》（三一八號）曰：「德宗皇帝聞其名徵之，一見大悦。常出入禁中，與儒、道議論。賜紫方袍，歲時錫施，異於他等。復詔侍皇太子於東朝。順宗皇帝深仰其風，親之若昆弟，相與卧起，恩禮特隆。憲宗皇帝數幸其寺，待之若賓友，常承顧問，注納偏厚。」

隋唐帝王禮遇高僧，崇奉佛教，有個人的精神需要，更是現實政治的需要，他們需要有助王化的佛教維護和鞏固皇權。然而，當佛教的社會勢力過度膨脹以至危及皇權時，也就難免遭遇滅頂之災了。在唐前期諸帝的大力扶植下，佛教臻於極盛，「洎於九州山原，兩京城闕，僧徒日廣，佛寺日崇。勞人力於土木之功，奪人利於金寶之飾，遺君親於師資之際，違配偶於戒律之間」〔一〕。這時，佛教「誘惑人意」，致使「風俗澆詐」〔二〕，「耗蠹生靈，侵滅徵税」，成爲「國家大蠹」〔三〕。因此，唐武宗果斷掀起了滅佛運動，僧尼碑誌塔銘也記録了滅佛運動的片段。《唐故舟濟律師墓誌銘并叙》（三三八號）稱：「武宗時，去浮圖氏法，蓮宫金地，四海一空。」《華嚴寺開山始祖碑銘》（三四五號）載：「洎武皇帝會昌元年辛酉除佛舍，籍釋子於户部，師則巾華陽，衣縫掖，晦迹樵客，廬於西巖石室，律身守道，如居千衆。」《潭州大溈山同慶寺大圓禪師碑銘并序》（二三九號）曰：「武宗毁寺逐僧，遂空其所。師遽裹首爲民，惟恐出蚩蚩之輩，有職者益貴重之矣。後湖南觀察使故相國裴公休酷好佛事，值宣宗釋武宗之禁，固請迎而出之，乘之以己輿，親爲其徒列。」《漳州三平大師碑銘并序》（三五二號）曰：「武宗皇帝簡併佛刹，冠帶僧徒，大師至於三平深巖。至宣宗皇帝稍復佛法，有巡禮僧常肇、惟建等二十人，刺史故太子鄭少師薰俾蒇其事。旬歲内寺宇一新，因舊額標曰開元。」

除了唐武宗，隋唐諸帝無不奉佛，佛教風靡全社會。「黎庶信苦空之説，衣冠敬方便之門」〔四〕，士大夫也普遍崇佛。《龍安海禪師碑》（二八三號）載：「尚書裴公某、李公某，侍郎吕公某、楊公某，御史中丞房公某，咸尊師之道，執弟子禮。」《揚州龍興寺經律院和尚碑》（一七一號）載：「黄門侍郎盧藏用才高名重，罕有推挹，一見和尚，慕味循環，不能離坐，退而嘆曰：『宇宙之内，信有當人。』黄門於院内置經藏，嚴以香燈，天地無疆，象法常在。太子少保陸象先、吏部尚書畢構、少府監陸餘慶、吏部尚書崔日用、秘書監賀知章、禮部尚書裴寬、中書

〔一〕（後晋）劉昫等：《舊唐書》卷一八上《武宗紀》，中華書局，一九七五年，第六〇五頁。
〔二〕（後晋）劉昫等：《舊唐書》卷一八上《武宗紀》，中華書局，一九七五年，第六〇五頁。
〔三〕（唐）李德裕撰，傅璇琮、周建國校箋：《李德裕文集校箋》卷二〇《賀廢毁諸寺德音表》，中華書局，二〇一八年，第四七一頁。
〔四〕（宋）宋敏求編：《唐大詔令集》卷一一三《條流僧尼敕》，中華書局，二〇〇八年，第五九一頁。

侍郎嚴挺之、河南尹崔希逸、太守房琯、中書侍郎平章事崔渙、禮部尚書李澄、詞人汜水尉王昌齡等所共瞻奉，願同灑掃。」又《唐湖州佛川寺故大師塔銘并序》（二二八號）云：「菩薩戒弟子刺史盧公幼平、顔公真卿、獨孤公問俗、杜公位、裴公清，惟彼數公，深於禪者也。」士大夫崇佛友僧，在隋唐僧尼碑誌塔銘中比比皆是。

唐代士大夫普遍崇佛，有學者對此已有專論[一]。然而，僧尼碑誌塔銘時有新出，不斷刷新我們的認知。唐初宰相蕭瑀世代奉佛，家族中有將近二十人出家，已知有慧齡、智證、法樂、法願、法燈、惠源[二]。據新見《大唐大薦福寺主臨壇大德法振律師墓誌銘并序》（一八五號）、《唐少林寺靈運禪師功德塔碑銘并序》（一二八號）、《有唐東都臨壇大德玄堂銘并序》（二五四號）又可補智宏、靈運、行嚴共三位。唐玄宗朝重臣嚴挺之「素歸心釋典，事僧惠義」，惠義卒後，「挺之服縗麻送於龕所」[三]。從僧尼碑誌塔銘可知，嚴挺之後代中，就有四位出家人。《唐故安國寺清源律師墓誌并序》（二一八號）載：「律師諱清源，俗姓嚴氏，其先河南人也。易葉冠蓋，遠代不紀。祖挺之，唐中書侍郎。父武，黄門侍郎。本家清貴，外戚盧氏。律師宿植浄本，童稚知道，了悟法體，厭患塵納，常謂：『出門從人，違離骨肉，未若毁形捨俗，永保色養。』誠以志請屬念，順許聞奏，得度配東都安國寺，受法於長壽澄和，進具於本寺□□律師，聽習於石壁覺大德。」《大唐故安國寺嚴大德墓銘并序》（二七六號）載：「師諱清悟，俗姓嚴氏，其先馮翊華陰人也。……祖挺之，中書侍郎。父武，黄門侍郎。皆道光百世，名播四海。師即黄門第二女也。……弟子文亮，又伯兄之女也。」《尼戒香等尊勝幢記》（三二九號）載：「大德尼清敏，俗姓嚴，天水下缺冑族之胤矣。先祖諱挺之，任中□□郎。皇考官任卌二政，後除黄門侍郎、劍南東

[一] 郭紹林：《唐代士大夫與佛教》，河南大學出版社，一九八七年；三秦出版社，二〇〇六年。
[二] 郭紹林：《唐代士大夫與佛教》，三秦出版社，二〇〇六年，第二頁。
[三] （後晋）劉昫等：《舊唐書》卷九九《嚴挺之傳》，中華書局，一九七五年，第三一〇六頁。

西兩川節度使，諱武。令□□□□□□□鐘□□□□華，六歲出家於上都遵善寺，廿授戒於□□□□焉。……賢姪女隨芳□亮，致補闕嚴公諱楚之令淑也。風□天生，性堅神□，精修禪□，衆皆推之，亦昇臨壇之位也。」嚴挺之篤敬佛教，他的孫子（女）清源、清悟、清敏、文亮成了佛教徒。唐代博陵崔氏也有奉佛世家，《唐故右街臨壇大德資善寺上座圓寂律和上墓誌》（二八二號）載：「大德俗姓崔氏，博陵人也，源流遠邁，宗族延茂。曾祖知温，皇蘭州長史。祖如璋，皇徐州苻離縣令，贈工部尚書。父，皇尚書都官員外郎，贈鄭州刺史。世奉西方清净之教，故大德生知道樞。」《岳州聖安寺無姓和尚碑》（三八〇號）云：「河東裴藏之舉族受教。」唐代河東裴氏有奉佛的傳統，時人裴寬爲河南尹，禪宗北宗禪師普寂遷化，「寬與妻子皆服縗絰，設次哭臨，妻子送喪至嵩山」〔一〕。裴寬「崇信釋典，常與僧徒往來，焚香禮懺，老而彌篤」〔二〕。「河東裴藏之舉族受教」，實乃唐代又一奉佛世家。

五

佛教徒日常生活中必須遵守嚴格的清規戒律，持戒是僧尼首要的、最起碼的修行。佛教最基本的戒律是「五戒」：不殺生、不偷盜、不邪淫、不妄語、不飲酒。「五戒」加上「不涂飾香鬘和歌舞觀聽」、「不眠高广華麗床座」、「不食非時食」，是爲「八戒」。進而有「十戒」，是將「八戒」中的「不涂飾香鬘和歌舞觀聽」分作「不涂飾香鬘」和「不自作亦不視聽歌舞」兩條，並增加「不蓄金銀財寶」。佛教最全最重的戒條是「具足戒」，又稱「近圓戒」、「近具戒」、「大戒」，略稱「具戒」。中唐以後最爲盛行的《四分律》，比丘具足戒有二百

〔一〕（後晉）劉昫等：《舊唐書》卷九九《嚴挺之傳》，中華書局，一九七五年，第三一〇六頁。

〔二〕（後晉）劉昫等：《舊唐書》卷一〇〇《裴寬傳》，中華書局，一九七五年，第三一三一頁。

五十條，比丘尼具足戒有三百四十八條。「戒律是佛之家法」[一]，「入道即以戒律爲本」[二]。《唐故撫州景雲寺律大德上弘和尚石塔碑銘并序》（二九九號）云：「法要有三，曰戒、定、慧。戒生定，定生慧，慧生八萬四千法門，是三者迭爲用。若次第言，則定爲慧因，戒爲定根。定根植則苗茂，慧因樹則果滿。無因求滿，猶夢果也；無根求茂，猶揠苗也。」《聖道寺故大比丘尼靜感禪師灰身塔記》（三〇號）謂，靜感「年登廿，進受具戒，遂聽律五周，《僧祇》《四分》之説，制事斷疑，無不合理」。《大唐濟度寺大比丘尼墓誌銘并序》（四六號）載，法願出家後，「於是沿空寂念，襲慧薰心，悦彼糞衣，俄捐綺縠，甘兹蔬膳，遽斥膻腥。戒行與松柏齊貞，慧解共冰泉等澈」。《越州開元寺律和尚塔碑銘并序》（二〇七號）載，曇一律師「謂人曰：『三世佛法，戒爲根本，本之不修，道遠乎哉！』故設教以尸羅爲主，取鄴郡律疏，合終南事鈔，括其異同，詳發正義，學徒賴焉。大凡北際河朔，南越荆閩，《四分》之宗，自我而盛」。《四分律》是唐代最爲盛行的佛教戒律，《揚州龍興寺經律院和尚碑》（一七一號）稱：「今學者所宗，《四分》爲盛。」又《唐洞庭山福願寺律和尚墳塔銘并序》（二四三號）亦謂：「暨洪唐盛明之朝，我法尤重『五教』《四分》，飈揚景張，南山律宗居天下第一。」

禮佛誦經是佛教徒最基本的修行活動，也是僧衆最基本的日常行事。《沙彌尼清真塔銘并序》（三七四號）稱，尼清真「每持《金剛經》，無間於日，迨十許稔」。《大唐河南府陽翟縣善才寺文蕩律師塔碑銘并序》（一一七號）謂：「律師常持《金剛經》，心禪口誦，不捨須臾。」《故和上法昌寺寺主身塔銘并序》（一五八號）載，圓濟和尚「在身心爲沙界含生持蓮花净品，日餘一遍，凡卌載，隨因證果，出有入無。」《有唐薛氏故

[一]（宋）贊寧撰，范祥雍點校：《宋高僧傳》卷一六《明律篇總論》，中華書局，一九八七年，第四〇五頁。

[二]（梁）釋慧皎撰，湯用彤校注：《高僧傳》卷一一《明律篇總論》，中華書局，一九九二年，第四四三頁。

夫人實信優婆夷未曾有功德塔銘并序》（一四八號）謂，優婆夷未曾有「嘗以諸佛秘密，式是總持，誦《千眼》《尊勝》等咒，數逾巨億，則聲輪字合，如聞一音，而心閑口敏，更了多字」。《大唐實際寺故寺主懷惲奉敕贈隆闡大法師碑銘并序》（八六號）稱，隆闡法師「嘗誦《大般若咒》而盈卅萬，又誦《彌陀真偈》十萬餘遍」。日常持續不輟的誦習，數以萬遍，久久爲功，許多僧衆則精通佛經要義。《如信大師功德幢記》（三一七號）載，如信大師「《净名》《楞伽》《俱舍》《百法》，經根論枝，罔不通焉」。《唐嵩嶽會善寺敕戒壇院臨壇大律德塔銘并序》（二九三號）謂，惠海律師「精通《楞伽》《思益》，搜賾玄微，名貫三秦」。爲了弘揚佛法，精通佛經要義的僧衆進而講經。《光天寺大比丘尼普相法師灰身塔銘》（二一六號）載，崔法師「年滿進戒，學律聽經。精勤未久，律文通利，講宣《十地》《維摩》兩部妙典」。《大唐故翻經大德益州多寶寺道因法師碑文并序》（三八號）曰：「法師以精博之敏，爲道俗所遵。每設講筵，畢先招迓，常講《維摩》《攝論》，聽者千人。……凡講《涅槃》《華嚴》《大品》《維摩》《法華》《楞伽》等經，《十地》《地持》《毗曇》《智度》《攝論》《對法》《佛地》等論，及《四分》等律，其《攝論》《維摩》仍出章疏。」《西林寺水閣院律大德齊朗和尚碑并序》（三一六號）謂，齊朗和尚「長講律業，兼通《無量壽》《净名》等經，復手自爲義記以示後學」。《資敬寺尼釋然墓誌銘并序》（一九五號）稱：「尼釋然，誦《法華》也，演如來一音；講《楞伽》也，入菩薩八地。」

誦經、講經既是修行活動，也是做功德。此外，寫經、建寺、造像等活動也是做功德。《唐故靈泉寺玄林禪師神道碑并序》（一六三號）曰：「禪師遍寫藏經，以導學者，德實無量，行非有涯，不惟總持辯才，禪定智慧而已。」《杭州餘杭縣龍泉寺故大律師碑》（一七八號）載，道一律師「寫大藏經，手自刊校，學者賴焉」。《唐湖州大雲寺故禪師瑀公碑銘并序》（一七三號）稱，瑀公「前後寫經二藏，凡一萬六千卷」。《唐故法雲寺內外臨壇律大德超寂墓誌》（二六一號）曰：「至於鑄畫佛像，裝寫藏經，廣設文齋，捨入常住，大師每歲有之，不可具紀。」《衢州龍興寺故律師體公碑》（一九四號）載，體公「行無住悲，建講堂、門樓、廚庫、房宇，畫諸佛刹，鑿放生池」。佛教的福田思想和佛教徒的修行活動利益衆生，爲社會公益事業做出了積極貢獻。《唐聖善寺故證禪師玄堂銘并序》（二五七號）載，證禪師「曾開悲、敬二田數載，前後於吴防、聖善兩處化導」。又《唐洞庭山福願寺律和尚墳塔銘并序》（二四三號）載，神皓和尚「墾田置莊，開畎泄澮。功既成矣，業亦博矣，百千人俱皆受其賜」。《大唐泗洲開元寺臨壇律德徐泗濠三州僧正明遠大師塔碑銘并序》（三二五號）載：「又淮泗間地卑多雨潦，歲有水害。師與郡守蘇遇等謀，於沙湖西隙地創避水僧坊，建門廊、廳堂、廚厩二百間，植松杉楠檉檜一萬本。由是僧與民無墊溺患。」還有僧人以療救衆病而著稱，《□故大□思谷禪師□□銘并序》（一〇二號）載，思谷禪師「精通醫道」，「當時士大夫莫不仰慕」，夢韶李太尊贈師以「婆心國手」之稱，淳甫馬明府贈師堂額以「旃檀橘茂」，畬香居士贈師以「藥師」，「闔邑紳民贈師屏幛」。

僧尼碑誌塔銘記載了隋唐佛教徒的各種修行活動，反映了佛教傳播和發展的真實狀況。《唐故衡嶽律大師湘潭唐興寺儼公碑》（三一二號）曰：「佛法在九州間，隨其方而化。中夏之人汩於榮，破榮莫若妙覺，故言禪寂者宗嵩山；北方之人鋭以武，攝武莫若示現，故言神通者宗清涼山；南方之人剽而輕，制輕莫若威儀，故言律藏者宗衡山。」《南嶽大明寺律和尚碑》（二五九號）曰：「凡葬大浮圖，其徒廣則能爲碑，晉、宋尚法，故爲碑者多法。梁尚禪，故碑多禪。法不周施，禪不大行，而律存焉，故近世碑多律。」僧尼碑誌塔銘中的這些記載明確揭示了唐代佛教的區域特色和時代特點，頗有見地，耐人尋味。

隋唐時代，中國成爲世界佛教文化傳播的中心，當時中國境内有許多來自日本、新羅、高麗等國的僧人。《大唐□□□□寺故覺禪師碑銘并序》（二一〇號）載：「禪師曰惠覺，中海新羅國人，姓金□氏，國殊俗别……

生廿三歲，具僧戒，嘆學無繇，精律究流，瑜伽弘論……於是剡楫舟海，揮波生□……□□攸止其地。經十年，梵行鳴播，詔僧籍于邢州開元寺。……□□時洛京有荷澤寺禪僧曰神會，名之崇者，傳受學于南越能大師，廣開頓悟之……□□次明知見，引喻開發，意若有獲。歸而繼思，或有不盡，明年復往，詣爲導師……師以處順安暇，遘疾而不改其容，奄以大曆九年三月十九日夜歸……」新羅人惠覺入唐求法，唐王朝「詔僧籍于邢州開元寺」，他兩次參拜神會，以神會爲「導師」，學習南宗禪。《海東故神行禪師之碑并序》（二一七號）載：「禪師俗姓金氏，東京御里人也。……誓願堅固，承佛神威，孤帆直指，得到彼岸。……遂就於志空和上，和上即大照禪師之入室。朝夕鑽仰，已過三年，始開靈府授以玄珠。……然後還到雞林倡導群蒙，爲道根者誨以看心一言，爲熟器者示以方便多門。」新羅僧神行早年在本國出家修行，後來「孤帆直指」而入唐求法，以唐朝志空和尚爲師。志空是大照禪師（普寂）的入室弟子，普寂與義福、景賢、惠福號稱神秀的四大弟子。即是説，神行在唐朝所學是北宗禪，他學成歸國後「倡導群蒙」，弘揚的是禪宗法門。《真監和尚碑銘并序》（三三七號）載：「禪師法諱慧照，俗姓崔氏，其先漢族，冠蓋山東。隋師征遼，多没驪貊，有降志而爲遐甿者。爰及聖唐，囊括四郡，今爲全州金馬人也。……遂於貞元廿年，詣歲貢使，求爲枋人，寓足西泛……遂行至滄州，謁神鑑大師。……元和五年，受具於嵩山少林寺琉璃壇。……粤有鄉僧道義，先訪道於華夏，邂逅適願，西南得朋，四遠參尋，證佛知見。義公前歸故國，禪師即入終南，登萬仞之峰，餌松實而止觀，寂寂者三年。後出紫閣，當四達之道，織芒屩而廣施，憧憧者又三年。於是苦行既已修，他方亦已遊。雖曰觀空，豈能忘本？乃於大和四年來歸，大覺上乘，照我仁域。」新羅僧慧照先後在嵩山和終南山求法巡禮，他於貞元二十年（八〇四）入唐，至大和四年（八三〇）歸國，在唐學習佛法長達二十七年。《新羅國武州迦智山寶林寺謚普照禪師靈塔碑銘》（三五七號）載，開成二年（八三七），普照禪師「與同學貞育、虛會等路出滄波，西入華夏，參善知識，歷三五州」，開成五年（八四〇）二月，他「隨平盧使歸舊國，化故鄉」，成爲新羅禪宗第三祖。新羅佛法之盛，得力於入唐求法的新羅僧人，唐代佛教深刻地影響了新羅僧衆。《大唐東都弘聖寺故臨壇大德真堅幢銘并序》（二三五號）稱，真堅法師「製《道儀鈔》，傳於後學，莫不遵崇宗旨，遠近流行。乃至新羅異域，尤加尊重」。唐代佛教典籍還深受印度僧衆的喜愛，《荆州南泉大雲寺故蘭若和尚碑》（一六八號）記載，蘭若和尚惠真「撰《菩提心記》，示心初因，開佛知見」，師子國（今斯里蘭卡）目加三藏謁見惠真，嘆曰：「印度聞仁者名，以爲古人，不知在世，本國奉持《心記》久矣」。

六

隋唐僧尼碑誌塔銘不僅對佛教研究具有十分重要的史料價值，在文學和書法等方面的學術價值同樣值得我們珍視。

唐代文人學士大多奉佛修心，與佛教僧人結緣殊深，因而許多僧尼碑誌塔銘出自著名文學家的手筆。《唐玉泉寺大通禪師碑銘并序》（九〇號）是張説所撰，《唐故白馬寺主翻譯惠沼神塔碑》（一〇八號）和《大照禪師塔銘》（一五二號）是李邕所撰，《舒州山谷寺覺寂塔隋故鏡智禪師碑銘并序》（一〇號）和《唐故揚州慶雲寺律師一公塔銘》（一九一號）是獨孤及所撰，《越州開元寺律和尚塔碑銘》（二〇七號）和《唐常州天興寺二大德比丘尼碑》（三七六號）是梁肅所撰，《南嶽彌陀寺承遠和尚碑》（二七二號）是吕温所撰，《護國寺威師碣》（二〇二號）是皇甫湜所撰。王維撰有《大薦福寺大德道光禪師塔銘并序》（一五一號）、《能禪師碑并序》（一〇四號）、《大唐大安國寺故大德浄覺禪師碑銘并序》（三七五號）。權德輿撰有《唐大興善寺故大弘教大辯正三藏和尚影堂碣銘并序》（二一三號）、《唐故東京安國寺契微和尚塔銘并序》（二三二號）、《唐故洪州開元寺石門道一禪師塔銘并序》（二三九號）、《唐故潤州昭代寺比丘尼玄應墓誌銘并序》（二四四號）、《唐故章敬寺百巖禪師碑銘并序》（三〇〇號）。劉禹錫撰有《大唐曹溪第六祖大鑒禪師第二碑》（一〇六號）、《唐故袁州萍鄉縣楊岐山禪師廣公碑文》（二六〇號）、《唐故衡嶽律大師湘潭唐興寺儼公碑》（三一二號）。白居易撰有五篇僧尼碑誌塔銘（二九九號、三〇六號、三一七號、三二五號、三三〇號），李華多達九篇（一四〇號、一六八號、一七一號、一七五號、一七八號、一八〇號、一九三號、一九四號、一九六號），柳宗元亦多達九篇（一〇五號、二五九號、二六八號、二六九號、二七三號、二七四號、二八三號、三八〇號、三八一號），皎然多達十篇（一六九號、一七三號、一八九號、二〇三號、二二四號、二二八號、二二九號、二三六號、二四三號、三七八號）。這些由著名文學家撰寫的大量碑誌塔銘對於我們把握唐代碑銘的文體特點、探討佛教與唐代文學創作的關係等問題都具有十分重要的參考價值。

與文學家親筆撰文交相輝映的是，許多著名書法家爲僧尼碑誌塔銘揮毫書丹。《化度寺故僧邕禪師舍利塔銘》（二〇號）簡稱《化度寺碑》，是書法家歐陽詢所書，原石久佚，有敦煌藏經洞發現的唐拓本傳世。《化度寺碑》是歐陽詢楷書代表作之一，元趙孟頫稱：「唐貞觀間能書者，歐陽率更爲最善，而《邕禪師塔銘》又其最善者。」[一] 歐陽詢之子歐陽通師承其父，「筆法勁健，盡得家風」[二]，世稱他們父子爲「大、小歐陽」。歐陽通傳世

[一] （元）趙孟頫：《松雪齋題跋》「題唐拓化度寺邕禪師塔銘後」條，浙江人民美術出版社，二〇一七年，第三九頁。
[二] （宋）董逌撰，何立民點校：《廣川書跋》卷七「歐陽通別帖」條，浙江人民美術出版社，二〇一六年，第一三九頁。

書作僅有《泉男生墓誌》和《道因法師碑》《道因法師碑》（三八號）現藏西安碑林，此碑楷書險勁橫軼，清麗絶俗，是歐陽通的傳世代表作。康有爲稱贊説：「小歐《道因碑》遒密峻整，曾假道此碑者，結體必密，運筆必峻。上可臨古，下可應制，此碑有焉。」〔一〕《王居士磚塔銘》（三六號），唐人敬客正書，明萬曆年間出土於終南山楩梓谷，後來佚失，幸有拓本傳世。書者敬客是唐高宗時代人，生平事跡無考，也未見有其他書跡傳世，然此《王居士磚塔銘》端莊方正，娟秀雅麗，是稀見的唐代楷書上品，爲历代書家所推崇。清王澍謂：「敬客名不顯於時，然其書法特爲瘦勁，大類褚公。」〔二〕《大智禪師碑》（一四四號）是書法家史惟則隸書並篆額，現藏西安碑林。史惟則以「八分」書（唐隸）著名，亦工碑額題篆。《大智禪師碑》是史惟則隸書力作，筆劃圓潤豐腴，蒼勁莊嚴，功力深厚沉穩，頗具骨力。明代學者趙崡稱讚此碑「行筆絶類《泰山銘》，而縝密過之，知開元帝潤澤所自耳」，「信是開元間分書第一手」〔三〕，是不可多見的唐隸碑版。《不空和尚碑》（二一二號）是書法家徐浩楷書，現藏西安碑林。徐浩工楷書，善隸書。宋代書法家黄庭堅認爲：「唐自歐、虞後，能備八法者，獨徐會稽與顔太師耳。」〔四〕此碑是書法家徐浩七十九歲時所書，老勁圓熟，疏朗諧和，氣度非凡。《楚金禪師碑》（一八七號）乃《多寶塔碑》碑陰，書法家吴通微書丹，現藏西安碑林。吴通微善行、楷書，工行草，當時胥吏多仿其書，號曰

〔一〕康有爲撰，况正兵點校：《廣藝舟雙楫》卷六《干禄》，浙江人民美術出版社，二〇一八年，第一三〇頁。

〔二〕（清）王澍：《虚舟題跋》卷七「唐王居士磚塔銘」條，浙江人民美術出版社，二〇一五年，第一六三頁。

〔三〕（明）趙崡：《石墨鐫華》卷四「唐大智禪師碑」條，《石刻史料新編》第一輯第二十五册，臺北新文豐出版公司，一九八二年，第一八六二二頁。

〔四〕（宋）黄庭堅撰，白石點校：《山谷題跋》卷四「題徐浩碑」條，浙江人民美術出版社，二〇一六年，第六七頁。

「院體」。明趙崡謂：「此碑清圓婉逸，雖鉤磔小減，而亦微有晉之風度，觀者當自得之。」〔一〕書法家吴通微傳世書跡僅有此碑，其書似楷若行，是十分難得的中唐行楷書碑。《唐故左街僧録内供奉三教談論引駕大德安國寺上座賜紫大達法師玄秘塔碑銘并序》（三一八號）簡稱《玄秘塔碑》是書法家柳公權楷書，現藏西安碑林，屬國寶級文物。《玄秘塔碑》是目前保存最完好、最傳神的柳書碑版之一。柳書兼取歐體之方和顔體之圓，結構嚴緊端正，字形瘦硬，極盡骨力，運筆健勁舒展，筆力遒勁峻拔，筆法乾净利落。「此碑柳書中最露筋骨者，遒媚勁健固不乏，要之，晉法一大變耳。」〔二〕「《玄秘塔》故是誠懸極矜練之作」〔三〕，因而卓然爲後世學書者奉爲圭臬。除上而外，尚有《弘福寺首律師碑》（二一一號，郭廣敬楷書，現藏西安市文物保護考古研究院）、《慧堅禪師碑》（二四六號，孫藏器行書，現藏西安碑林）《大唐京師道德寺故大禪師大法師碑》（四〇號，到範楷書，現藏西安碑林）、《三藏大遍覺法師塔銘》（四八號，僧建初行楷書，現存西安興教寺）、《隆闡法師碑》（八六號，行書，現藏西安碑林）、《唐上都薦福寺臨壇大戒德律師之碑》（二〇一號，韓擇木隸書，現藏陝西涇陽縣太壺寺）、《杜順和尚碑》（二四號，董景文行書，現藏西安碑林）、《寂照和上碑》（三二三號，僧無可楷書，現藏陝西咸陽博物館）、《圭峰定慧禪師碑》（三三二號，裴休楷書，現藏西安市鄠邑區草堂寺）等碑石存世。存世的隋唐僧尼碑誌塔銘，琳瑯滿目，熠熠生輝，其中，不乏書林瑰寶，值得我們深入研究。

〔一〕（明）趙崡：《石墨鐫華》卷四「唐楚金禪師碑」條，《石刻史料新編》第一輯第二十五册，臺北新文豐出版公司，一九八二年，第一八六二二頁。
〔二〕（明）王世貞：《弇州四部稿》卷一三六「玄秘塔碑」條，影印文淵閣《四庫全書》第一二八一册，臺北商務印書館，一九八六年，第二四五頁。
〔三〕（清）王澍：《虚舟題跋》卷七「唐柳公權玄秘塔碑」條，浙江人民美術出版社，二〇一五年，第一六二頁。

總而言之，隋唐僧尼碑誌塔銘有助於我們广泛細緻地探討隋唐佛教文化的諸多問題，有助於我們透視隋唐時代佛教信仰的實況和特點，還有助於我們深入研究隋唐文學和書法。陳寅恪先生説：「漢晉以還，佛教輸入，而以唐爲盛。唐之文治武功，交通西域，佛教流布，實爲世界文明史上，大可研究者。」〔一〕隋唐僧尼碑誌塔銘有助於解決以往因資料不足而未能深入探究的問題，有助於推進隋唐佛教研究的广度和深度，值得我們充分利用，需要我們努力發掘，從而做專門性的从史料學到史學與宗教學的探討和分析，進而推動隋唐佛教研究的不斷拓展與深化。「一時代之學術，必有其新材料與新問題。」〔二〕利用新材料解決新問題，是學術創新的源泉。新時代，我們翹首以待更多新的僧尼碑誌塔銘破土而出！

介永强

二〇二一年二月

〔一〕吴學昭：《吴宓與陳寅恪》，清華大學出版社，一九九二年，第一〇頁。
〔二〕陳寅恪：《陳垣敦煌劫餘録序》，氏著《金明館叢稿二編》，生活·讀書·新知三聯書店，二〇〇一年，第二六六頁。

凡例

一、本書以隋唐僧尼（含居士）碑誌塔銘（包括墳幢等）爲集録範圍，基本資料截至二〇二〇年。凡在隋以前出生而卒於隋、唐者均予收録；卒年在唐之後者則不予收録；僧尼係隋唐以前人士，而碑誌塔銘爲隋唐人補作者則不予收録；碑誌塔銘殘缺過甚，或片言隻語，殆無史料價值者則不予收録。

二、本書以碑誌塔銘所記僧尼卒亡日期先後爲序，以年號區分時段，以便查檢。無卒亡日期者，以葬年日期爲準；只記卒年或葬年，而無具體日期者，置於當年之末；無卒年和葬年，而有立碑或建塔日期者，以立碑建塔日期爲準；無卒年和葬年，亦無立碑或建塔日期者，約略以撰者所處時代或文中些許時代信息爲序，以「年月不明碑誌塔銘」歸類置於全書最後。

三、凡碑誌塔銘見於多種文獻，題目互有歧異者，參校諸書，擇善而從，酌取其一爲題。

四、録文全部採用新式標點斷句。碑誌塔銘序文不分段，銘文另起行；原文因避諱、平闕等因素出現的空格或轉行，不再保留；以往標點有誤者，則直接更改；缺字太多及文意不可尋繹的段落，暫不點斷。

五、録文全部採用現代通行的繁體字。原文中的俗體字、古體字、武周造字和隋唐時期通用的簡化字，一律改爲規範化的繁體字；原文中的避諱字，逕録時一並徑改。

六、原文中無從辨識的生僻字，徑録原形；原文中的通假字，照録不改；原文中的錯字、誤刻字，酌予訂正，迻録時用「（）」將正字標出；原石字跡漫漶，尚可推測確定的字外加「□」標示；文字殘泐缺損而不可考者，則付諸闕如，確知其數者迻録時以缺字符「□」表示，缺損字數不清者迻録時以「上缺」或「下缺」標示，缺字可以考訂者迻録時以「〔〕」補入。

七、每篇碑誌塔銘録文之後，一一備註依據和來源，以供查證和利用；録文用書之版本，爲免繁複，恕不逐篇註出，詳見參考文獻。

目録

前言 一
凡例 一

隋

開皇

一 魏司空公尚書令馮翊簡穆王第二女比丘尼元（媛柔）之墓誌 開皇二年（五八二）十月七日 一
二 李士謙妻盧氏浮圖銘 開皇十一年（五九一）五月八日建 一
三 故比丘尼釋脩梵石室誌銘并序 開皇十三年（五九三）八月廿三日 二
四 故大信行禪師塔銘碑 開皇十四年（五九四）正月四日 三
五 大隋太尉晉王慧日道場故惠雲法師墓□ 開皇十四年（五九四）三月十二日 三
六 天台國清寺智者禪師（智顗）碑文 開皇十七年（五九七）十一月廿四日 五
七 隋故柏尖山寺曇詢禪師碑 開皇十九年（五九九）十二月十三日 七

仁壽 …… 一四

八 大隋真化道場尼那提墓誌之銘 仁壽四年（六〇四）五月廿一日 …… 一四

大業 …… 一五

九 僧璨大師碑 大業二年（六〇六） …… 一五

一〇 舒州山谷寺覺寂塔隋故鏡智禪師（僧璨）碑銘并序 大業二年（六〇六） …… 一七

一一 舒州山谷寺上方禪門第三祖璨大師（僧璨）塔銘 大業二年（六〇六） …… 一九

一二 黄山三祖（僧璨）塔銘并序 大業二年（六〇六） …… 二一

一三 大隋大業八年歳次壬申六月丁丑朔十三日庚寅上柱國岐州刺史正義公孫志脩塔述 大業八年（六一二） …… 二一

一四 大隋大禪定道場主童真法師之墓誌銘 大業十年（六一四）三月九日 …… 二二

唐

武德 …… 二三

一五 南武州沙門釋智周壙銘并序 武德五年（六二二）七月五日 …… 二三

一六 僧智藏禪師舍利塔銘 武德七年（六二四）四月十五日 …… 二四

一七 釋道慶壙銘 武德九年（六二六）八月 …… 二四

貞觀 …… 二五

一八 慈潤寺故大靈琛禪師灰身塔銘文 貞觀三年（六二九）三月六日 …… 二五

一九　釋慧頵磚塔銘　貞觀四年（六三〇）十月　二六
二〇　化度寺故僧邕禪師舍利塔銘　貞觀五年（六三一）十一月十六日　二六
二一　大唐弘福寺故上座首律師（智首）高德頌　貞觀九年（六三五）四月　二八
二二　順禪師塔銘　貞觀十三年（六三九）二月十八日　三一
二三　大唐靈化寺故大德智該法師之碑　貞觀十三年（六三九）六月八日　三三
二四　大唐花嚴寺杜順和尚行記　貞觀十四年（六四〇）　三五
二五　唐故慧靜法師靈塔之銘　貞觀十五年（六四一）四月廿三日　三六
二六　光天寺大比丘尼普相法師灰身塔銘　貞觀十七年（六四三）八月四日　三七
二七　楊居士塔銘　貞觀十八年（六三四）二月十五日　三八
二八　慈潤寺故大論師慧休法師刻石記德文　貞觀二十年（六四六）三月十五日　三九
二九　慈潤寺故大慧休法師灰身塔頌　貞觀二十年（六四六）三月十五日　四一
三〇　聖道寺故大比丘尼靜感禪師灰身塔記　貞觀二十年（六四六）三月廿一日　四一
三一　大唐萬年縣劉居士（相）墓誌　貞觀二十年（六四六）閏三月廿日　四二
三二　慈潤寺故大明歆律師支提塔記　貞觀二十年（六四六）七月　四三
三三　故大優婆塞晉州洪洞縣令孫佰悦灰身塔銘　貞觀二十年（六四六）十月十五日建塔　四三

永徽

三四　僧海禪師墳誌　永徽五年（六五四）十一月八日　四四

顯慶 四五

三五 大唐光明寺故大德僧慧了法師塔銘 顯慶元年（六五六）八月五日 四五

三六 大唐王居士（公）磚塔之銘 顯慶元年（六五六）十一月廿九日 四六

三七 牛頭山第一祖融大師（法融）新塔記 顯慶二年（六五七） 四六

三八 大唐故翻經大德益州多寶寺道因法師碑文并序 顯慶三年（六五八）三月十一日 四七

三九 德業寺故尼明遠銘并序 顯慶三年（六五八）五月十二日 五一

四〇 大唐京師道德寺故大禪師（善惠）大法師（玄懿）之碑 顯慶三年（六五八）刻立 五二

四一 大唐故張居士（振）墓誌銘并序 顯慶四年（六五九）十二月廿七日 五五

四二 □□□□□□夫人程氏塔銘并序 顯慶四年（六五九） 五六

龍朔 五六

四三 大唐德業寺故尼法矩墓誌銘并序 龍朔元年（六六一）八月十七日 五六

四四 唐德業寺亡尼七品墓誌銘并序 龍朔元年（六六一）十二月□日 五七

四五 德業寺亡七品尼墓誌銘并序 龍朔元年（六六一）十二月十三日 五八

四六 大唐濟度寺大比丘尼（法願）墓誌銘并序 龍朔三年（六六三）八月廿六日 五八

四七 大唐故德業寺亡尼（楊志眺）□誌銘 龍朔三年（六六三） 六〇

麟德 六〇

四八 大唐三藏大遍覺法師（玄奘）塔銘并序 麟德元年（六六四）二月五日 六〇

四九 德業寺亡尼墓誌銘并序 麟德元年（六六四）三月 六五

五〇　德業寺亡七品墓誌銘并序　麟德元年（六六四）四月十二日　六六
五一　相州鄴縣萬春鄉綏德里住段王村劉才戡□才□父灰身塔　麟德元年（六六四）十一月九日銘記　六六
五二　大唐故婕妤三品亡尼墓誌銘并序　麟德二年（六六五）十二月□日　六七

乾封　六七

五三　大唐德業寺亡尼墓誌　乾封元年（六六六）三月　六七

總章　六八

五四　大唐興聖寺尼成月公主□氏墓誌　總章元年（六六八）四月七日　六八
五五　大唐故道安禪師塔記　總章元年（六六八）十月七日　六九
五六　大唐甘露寺故尼真如之柩　總章二年（六六九）二月廿二日　六九
五七　大唐濟度寺故比丘尼法燈法師墓誌銘并序　總章二年（六六九）十月五日　七〇
五八　大唐故亡尼誌文　總章二年（六六九）十一月十一日　七〇

咸亨　七一

五九　大唐故亡宮七品誌文并序　咸亨元年（六七〇）三月廿五日　七一
六〇　大唐濟度寺故比丘尼法樂法師墓誌銘并序　咸亨三年（六七二）九月十九日　七一
六一　大唐修慈寺吴郡陸法師（貞慧）墓誌銘　咸亨五年（六七四）四月十四日　七二

上元　七三

六二　聖道寺故比丘尼本行灰身塔銘　上元三年（六七六）正月四日建塔　七三
六三　大唐故亡尼七品墓誌并序　上元三年（六七六）十月一日　七四

儀鳳　七四
六四　大唐故亡宮九品墓誌并序　儀鳳二年（六七七）十一月三日　七四
六五　大唐澄心寺尼故優曇禪師之塔銘并序　儀鳳三年（六七八）六月八日　七四
六六　大唐故亡尼七品大戒墓誌銘并序　儀鳳三年（六七八）十一月十四日葬　七五
調露　七六
六七　大周故居士廬州巢縣令息尚君（真）之銘　調露元年（六七九）八月十九日　七六
六八　大唐故亡尼七品誌文并序　調露二年（六八〇）正月七日　七六
開耀　七七
六九　大唐建法寺大比丘尼（王真意）墓誌銘并序　開耀元年（六八一）十一月十五日　七七
永淳　七八
七〇　大唐衛州霖落寺大德安□□□銘并序　永淳元年（六八二）九月十二日　七八
七一　大唐大慈恩寺法師基公（窺基）碑　永淳元年（六八二）十一月十三日　七九
七二　大慈恩寺大法師基公（窺基）塔銘并序　永淳元年（六八二）十一月十三日　八〇
七三　大唐大慈恩寺故大德大乘光法師（普光）墓誌銘　永淳二年（六八三）正月十七日　八一
垂拱　八二
七四　大唐願力寺故贍法師（神贍）影塔之銘并序　垂拱二年（六八六）四月十二日　八二
七五　大唐清信女李定品靈廟之文　垂拱二年（六八六）六月廿二日　八四
七六　慧頤塔記　垂拱四年（六八八）四月八日記　八四

七七　大唐故宣化寺尼法琬師墓誌銘并序　垂拱四年（六八八）九月一日　八五
七八　大唐□□寺故比丘尼法琬法師碑　垂拱四年（六八八）九月一日　八七
七九　大唐故亡宮三品尼金氏墓誌銘　垂拱四年（六八八）十一月廿六日　八九

永昌　九〇

八〇　大唐故德業寺亡尼七品墓誌銘　永昌元年（六八九）二月二日　九〇
八一　唐中岳沙門釋法如禪師行狀　永昌元年（六八九）七月廿七日　九〇
八二　法門惠恭大德之碑　永昌元年（六八九）□月卅日立碑　九二

萬歲通天　九四

八三　亡尼八品墓誌　萬歲通天元年（六九六）　九四

大足　九五

八四　智惠墓誌　大足元年（七〇一）七月廿三日　九五
八五　唐德業寺亡尼七品墓誌并序　大足元年（七〇一）八月三日　九五
八六　大唐實際寺故寺主懷惲奉敕贈隆闡大法師碑銘并序　大足元年（七〇一）十月廿二日　九六

長安　九九

八七　大周相州安陽靈泉寺故寺主大德智法師（王朗）像塔之銘并序　長安二年（七〇二）六月五日　九九
八八　亡尼墓誌　長安二年（七〇二）十一月四日　一〇〇
八九　大周故亡宮三品墓誌　長安三年（七〇三）八月廿四日　一〇一

神龍 …… 一〇一
九〇　唐玉泉寺大通禪師（神秀）碑銘并序　神龍二年（七〇六）二月廿八日 …… 一〇一
九一　終南山歸寺大通神秀和上塔文　神龍二年（七〇六）二月二十八日 …… 一〇三
九二　大唐故亡七品誌銘并序　神龍二年（七〇六）十一月 …… 一〇四
九三　大唐亡尼宮七品墓誌銘　神龍三年（七〇七）五月廿九日葬 …… 一〇四
景龍 …… 一〇五
九四　大唐嵩山會善寺故大德道安禪師碑并序　景龍二年（七〇八）二月八日 …… 一〇五
九五　大唐故太原王孟玉塔銘　景龍二年（七〇八）十月二日 …… 一〇八
九六　唐南陽居士韓君（神）墓誌銘并序　景龍三年（七〇九）十月十四日 …… 一〇八
九七　唐故天女寺尼韋氏（愛道）墓誌銘并序　景龍三年（七〇九）十月廿八日 …… 一〇九
延和 …… 一一〇
九八　大唐崇義寺思言禪師塔銘并序　延和元年（七一二）五月廿二日 …… 一一〇
九九　大唐龍興大德香積寺主浄業法師靈塔銘并序　延和元年（七一二）六月十五日 …… 一一一
先天 …… 一一二
一〇〇　大唐大薦福寺故大德康藏法師（法藏）之碑　先天元年（七一二）十一月十四日 …… 一一二
一〇一　大唐龍興翻經三藏義浄法師之塔銘并序　先天二年（七一三）正月十七日 …… 一一三
一〇二　□故大□思谷禪師□□銘并序　先天二年（七一三）三月廿二日 …… 一一四
一〇三　大龍興寺崇福法師塔銘并序　先天二年（七一三）五月十八日 …… 一一五

一〇四　能禪師（慧能）碑并序　先天二年（七一三）八月三日　一一六
一〇五　曹溪第六祖賜謚大鑒禪師（慧能）碑　先天二年（七一三）八月三日　一一八
一〇六　大唐曹溪第六祖大鑒禪師（慧能）第二碑　先天二年（七一三）八月三日　一一九
開元　一二〇
一〇七　六度寺侯莫陳大師（智達）壽塔銘文并序　開元二年（七一四）六月十日　一二〇
一〇八　唐故白馬寺主翻譯惠沼神塔碑并序　開元二年（七一四）十二月十七日　一二二
一〇九　大唐浄域寺故大德法藏禪師塔銘并序　開元二年（七一四）十二月十九日　一二四
一一〇　大唐故資敬寺尼法雲墓誌銘并序　開元三年（七一五）正月十八日　一二五
一一一　大唐相州安陽縣大雲寺故大德靈慧法師影塔之銘　開元四年（七一六）六月廿六日　一二六
一一二　大唐嵩嶽閑居寺故大德珪禪師（元珪）塔記　開元四年（七一六）八月十日　一二七
一一三　大唐中嶽東閑居寺故大德珪和尚（元珪）紀德幢　開元四年（七一六）八月十日　一二八
一一四　嵩嶽珪禪師（元珪）影堂記　開元四年（八一六）八月十日　一二九
一一五　唐故空寂師墓誌　開元六年（七一八）六月　一三二
一一六　幽栖寺尼正覺浮圖之銘　開元六年（七一八）七月十五日建塔　一三二
一一七　大唐河南府陽翟縣善才寺文蕩律師塔碑銘并序　開元七年（七一九）五月九日　一三三
一一八　大唐蘄州龍興寺故法現大禪師碑銘　開元八年（七二〇）六月　一三四
一一九　張常求塔銘　開元十年（七二二）二月廿五日　一三七
一二〇　唐故方律師（王寶手）像塔之銘　開元十年（七二二）三月一日　一三七

一二一　唐嵩山會善寺故景賢大師身塔石記　開元十一（七二三）年八月　一三八
一二二　張和尚塔銘　開元十一年（七二三）十二月十七日　一三九
一二三　大唐故念彌陀佛誦彌陀經行者包府君（寶壽）墓誌銘并序　開元十二年（七二四）三月十九日　一三九
一二四　大唐宣化寺故比丘尼堅行禪師塔銘　開元十二年（七二四）十月廿一日　一四〇
一二五　大唐開元寺故禪師貞和上（張貞）寶塔銘　開元十三年（七二五）九月十八日　一四一
一二六　唐大薦福寺故大德思恒律師誌文并序　開元十四年（七二六）十一月廿六日　一四二
一二七　大慧禪師一行碑銘并序　開元十五年（七二七）十月八日　一四三
一二八　唐少林寺靈運禪師功德塔碑銘并序　開元十七年（七二九）五月廿二日　一四四
一二九　大唐衆義寺故大德敬節法師塔銘并序　開元十七年（七二九）七月五日　一四五
一三〇　大唐故興聖寺主尼法澄塔銘并序　開元十七年（七三〇）十一月三日　一四六
一三一　大唐故朝散郎前行太史監靈臺郎太原郭府君（元誠）塔銘并序　開元十八年（七三〇）三月十二日　一四八
一三二　大唐□□□尼和和禪師（惠燈）□□□修石龕銘并〔序〕　開元十九年（七三一）正月十日　一四九
一三三　唐故張禪師（義琬）墓誌銘并序　開元十九年（七三一）七月十九日　一五〇
一三四　大唐尼慈和禪師墓誌銘并序　開元十九年（七三一）十一月二日　一五一
一三五　大唐故和上大善知識輪自在（慈和）誌銘并序　開元十九年（七三一）十一月二日　一五二

一三六　故孫居士（節）塔誌銘并序　開元二十年（七三二）正月廿二日　一五三
一三七　大唐都景福寺威儀和上（靈覺）龕塔銘　開元二十（七三二）年　一五三
一三八　大唐西崇福寺故侍書僧崇簡上人墓誌銘并序　開元廿二年（七三四）三月十五日　一五四
一三九　大唐大安國寺故大德惠隱禪師塔銘并序　開元廿二年（七三四）七月十一日　一五五
一四〇　東都聖善寺無畏三藏（善無畏）碑　開元廿三年（七三五）十一月七日　一五六
一四一　西山廣化寺三藏無畏不空法師塔記　開元廿三年（七三五）　一五九
一四二　大唐故安優婆姨塔銘并序　開元廿四年（七四六）二月廿五日　一六〇
一四三　大唐故大智禪師（義福）塔銘　開元廿四年（七三六）五月廿五日　一六一
一四四　大唐故大智禪師（義福）碑銘并序　開元廿四年（七三六）五月廿五日　一六二
一四五　大唐大温國寺故大德進法師塔銘并序　開元廿四年（七三六）八月□日　一六五
一四六　大唐濟度寺故大德比丘尼惠源和上神空誌銘并序　開元廿五年（七三七）九月二日　一六六
一四七　唐故居士李公（知）誌石文并叙　開元廿五年（七三七）十月十六日　一六七
一四八　有唐薛氏故夫人實信優婆夷未曾有功德塔銘并序　開元廿六年（七三八）正月十日　一六八
一四九　唐故了緣和尚靈塔銘并序　開元廿六年（七三八）七月十六日　一六九
一五〇　唐故安國寺大德盧和上依止弟子尼悟因墓誌銘并序　開元廿七年（七三九）四月廿六日　一七〇
一五一　大薦福寺大德道光禪師塔銘并序　開元廿七年（七三九）五月廿三日　一七一
一五二　大照禪師（普寂）塔銘　開元廿七年（七三九）八月廿四日　一七一
一五三　大唐相州大慈寺比丘法成碑序　開元廿八年（七四〇）十二月十三日　一七五

一五四 大唐東京大廣福寺故金剛三藏（金剛智）塔銘并序 開元廿九年（七四一）八月十五日 一七六

天寶

一五五 大唐空寂寺故大福和上碑 天寶二年（七四三）二月廿二日 一七七
一五六 唐故翊麾副缺置同正員騎都尉薛君（良佐）塔銘 天寶二年（七四三）閏二月十四日建塔 一七七
一五七 大唐廣福寺靜業和尚墓誌 天寶二年（七四三）八月上旬撰書 一七九
一五八 故和上法昌寺寺主（圓濟）身塔銘并序 天寶二年（七四三）十二月廿八日 一八〇
一五九 衡州般若寺觀音大師（懷讓）碑銘并序 天寶三載（七四四）八月十日 一八〇
一六〇 大唐東京大奉國寺故上座（喬守忠）龕塋記 天寶四載九月廿五日記 一八一
一六一 嵩山□□□故大德浄藏禪師身塔銘并序 天寶五載（七四六）十月廿六日 一八二
一六二 大慈禪師（浄覺）墓誌銘并序 天寶五載（七四六）十月廿九日 一八三
一六三 唐故靈泉寺元林禪師神道碑并序 天寶五載（七四六）十二月十日 一八四
一六四 大唐天宮寺巖和尚（石巖）誌銘并序 天寶七載（七四八）六月十七日 一八五
一六五 有唐故蘭夫人龕銘并序 天寶七載（七四八）七月十四日 一八七
一六六 常上人（崔漣）墓誌銘并序 天寶七載（七四八）十一月十八日葬 一八八
一六七 唐故優婆姨段常省塔銘并序 天寶八載（七四九）九月十日 一八九
一六八 荆州南泉大雲寺故蘭若和尚（惠真）碑 天寶十載（七五一）二月十六日 一九〇
一六九 唐石坦山故大禪師（神悟）塔銘并序 天寶十載（七五一）春 一九〇
一七〇 唐故慕容氏女神護師墓誌銘并序 天寶十載（七五一）四月十一日 一九三

一七一　揚州龍興寺經律院和尚（懷仁）碑　天寶十載（七五一）十月十四日　一九四

一七二　大唐栖巖寺故大禪師（智通）塔銘　天寶十載（七五一）十一月廿七日　一九七

一七三　唐湖州大雲寺故禪師瑀公（子瑀）碑銘并序　天寶十一載（七五二）秋　一九八

一七四　唐故臨淄郡豐齊縣李夫人張氏（常精進）墓誌銘并序　天寶十一載（七五二）十月十日　二〇〇

一七五　潤州鶴林寺故徑山大師（玄素）碑銘　天寶十一載（七五二）十一月十一日　二〇一

一七六　唐脩行寺故大德尼報恩墓誌銘并序　天寶十一載（七五二）十一月廿一日　二〇三

一七七　唐故沙門浄影寺都維那義空塔銘并序　天寶十二載（七五三）十月七日　二〇四

一七八　杭州餘杭縣龍泉寺故大律師（道一）碑　天寶十三載（七五四）二月八日　二〇五

一七九　唐太原郭居士（嚴）墓誌銘　天寶十三載（七五四）六月廿五日　二〇七

一八〇　故左溪大師（玄朗）碑　天寶十三載（七五四）九月十九日　二〇七

一八一　大唐法雲寺尼辯惠禪師神道誌銘并序　天寶十三載（七五四）十二月廿二日　二一〇

至德　二一一

一八二　威神寺故思道禪師墓誌　至德二載（七五七）十二月二日　二一一

乾元　二一二

一八三　大唐興唐寺浄善和尚塔銘　乾元元年（七五八）二月六日　二一二

一八四　大唐東都荷澤寺歿故第七祖國師大德（神會）於龍門寶應寺龍首腹建身塔銘并序
乾元元年（七五八）五月十三日　二一三

一八五　大唐大薦福寺主臨壇大德法振律師墓誌銘并序　乾元元年（七五八）十一月十六日　二一三

一八六　大唐長生禪寺僧本智塔銘并序　乾元二年（七五九）四月十六日　二一五
一八七　唐國師千佛寺多寶塔院故法華楚金禪師碑　乾元二年（七五九）七月七日　二一五
順天　二一八
一八八　大和上封公（安立）墓誌并序　順天二年（七六〇）閏四月十五日　二一八
上元　二一九
一八九　唐杭州華嚴寺大律師（道先）塔銘并序　上元元年（七六〇）八月　二一九
一九〇　浄土寺西院故大德禪和尚（修法）塔銘　上元二年（七六一）十月廿九日　二一九
寶應　二二〇
一九一　唐故揚州慶雲寺律師一公（靈一）塔銘并序　寶應元年（七六二）十月十六日　二二〇
一九二　大唐東京大敬愛寺故大德大證禪師（曇真）碑銘并序　寶應二年（七六三）正月十四日　二二三
一九三　故中岳越禪師（常超）塔記　寶應二年（七六三）三月廿二日　二二四
一九四　衢州龍興寺故律師體公碑　寶應二年（七六三）六月九日　二二四
永泰　二二六
一九五　資敬寺尼釋然墓誌銘并序　永泰二年（七六六）七月一日　二二六
一九六　潤州天鄉寺故大德雲禪師（法雲）碑　永泰二年（七六六）　二二七
大曆　二二九
一九七　唐故鎮國寺大德純□（大圓禪師）塔銘　大曆二年（七六七）二月廿四日　二二九
一九八　唐寧刹寺故大德惠空和尚墓誌銘并序　大曆二年（七六七）五月十六日　二三〇

一九九　故大德慧澄禪律師墓誌銘並序　大曆三年（七六八）四月十五日建　二三〇
二〇〇　古衍禪師墓誌　大曆三年（七六八）五月五日立　二三一
二〇一　唐上都薦福寺臨壇大戒德律師（智舟）之碑　大曆四年（七六九）十二月廿九日　二三二
二〇二　護國寺威師（承威）碣　大曆五年（七七〇）正月五日　二三三
二〇三　唐杭州靈隱山天竺寺故大和尚（守真）塔銘并序　大曆五年（七七〇）三月廿九日　二三三
二〇四　唐少林寺同光禪師塔銘并序　大曆五年（七七〇）六月廿七日　二三五
二〇五　大唐荷恩寺故大德敕謚號法津禪師墓誌銘并序　大曆五年（七七〇）八月十七日　二三六
二〇六　大唐荷恩寺故大德法津禪師塔銘并序　大曆五年（七七〇）八月十七日　二三七
二〇七　越州開元寺律和尚（曇一）塔碑銘并序　大曆六年（七七一）十二月七日　二三九
二〇八　大唐故净住寺智悟律上人墓誌銘并序　大曆六年（七七一）十二月廿日葬　二四〇
二〇九　唐故安國寺比丘尼性無相墓誌銘并序　大曆八年（七七三）七月廿六日　二四一
二一〇　大唐□□□寺故覺禪師（惠覺）碑銘并序　大曆九年（七七四）三月十九日　二四二
二一一　大唐故大德開府儀同三司試鴻臚卿肅國公大興善寺大廣智三藏和上（不空）之碑
大曆九年（七七四）六月十五日　二四三
二一二　唐大興善寺故大德大辯正廣智三藏和尚（不空）碑銘并序　大曆九年（七七四）
六月十五日　二四六
二一三　唐大興善寺故大弘教（金剛智）大辯正（不空）三藏和尚影堂碣銘并序　二四七
二一四　唐故大德智力禪師遺德之碑　大曆九年（七七四）十二月八日　二四八

二一五　唐北嶽慧炬寺建寺故禪師（智力）神道影堂紀德碑并叙　大曆九年（七七四）十二月八日　二五〇
二一六　大唐真化寺多寶塔院故寺主臨壇大德尼如願律師墓誌銘并序　大曆十年（七七五）五月廿九日　二五二
二一七　大唐故尼法通墓誌并序　大曆十年（七七五）十月十三日葬　二五四
二一八　唐故安國寺清源律師墓誌并序　大曆十一年（七七六）十月廿七日　二五四
二一九　唐故鄭居士（液）墓誌銘　大曆十一年（七七六）十一月廿五日　二五五
二二〇　唐故安國寺主大德禪師比丘尼隱超墓誌　大曆十二年（七七七）八月十二日　二五六
二二一　明覺寺持律比丘尼心印記　大曆十三年（七七八）正月廿七日記　二五七
二二二　安國寺僧殘碑　大曆十三年（七七八）三月三日　二五七
二二三　唐故比丘尼智明玄堂記并序　大曆十三年（七七八）七月十一日　二五八
二二四　唐杭州靈隱山天竺寺大德詵法師塔銘并序　大曆十三年（七七八）十一月七日　二五八
二二五　唐故居士河内常府君（俊）墓誌銘并序　大曆十四年（七七九）三月廿四日　二五九
二二六　大唐故資敬寺尼常清墓誌銘并序　大曆十四年（七七九）九月四日　二六〇
二二七　海東故神行禪師之碑并序　大曆十四年（七七九）十月廿一日　二六一
建中　二六四
二二八　唐湖州佛川寺故大師（惠明）塔銘并序　建中元年（七八〇）正月十二日　二六四
二二九　唐蘇州開元寺律和尚墳銘并序　建中元年（七八〇）六月十五日　二六六

二三〇　唐故臨壇大德乘如和尚靈塔銘　建中元年（七八〇）　二六七
二三一　皇唐兩京故臨壇大德乘如和尚碑陰記　建中元年（七八〇）　二六八
二三二　唐故東京安國寺契微和尚塔銘并序　建中二年（七八一）九月六日　二六八
二三三　蘇君塔銘　建中二年（七八一）　二七〇
二三四　大唐皇再從祖姑故寧刹寺比丘尼志弘墓誌銘并序　建中三年（七八二）四月七日　二七〇

興元　二七一

二三五　大唐東都弘聖寺故臨壇大德真堅幢銘并序　興元元年（七八四）五月十二日　二七一
二三六　蘇州支硎山報恩寺法華院故大和尚（道遵）碑并序　興元元年（七八四）七月廿九日　二七二
二三七　有唐東都安國寺故上座韋和上（圓浄）墓誌銘并序　興元元年（七八四）十二月十四日　二七四

貞元　二七六

二三八　唐絳州聞喜縣大興國寺故智旻禪宗塔銘并序　貞元元年（七八五）十月廿九日　二七六
二三九　唐故洪州開元寺石門道一禪師塔銘并序　貞元二年（七八六）四月廿一日　二七七
二四〇　大唐靈山寺故大德禪師（慧照）塔銘并序　貞元五年（七八九）八月十四日　二七八
二四一　唐故法界寺比丘尼正性墓誌銘并序　貞元六年（七九〇）八月十日　二七九
二四二　大唐東都敬愛寺故開法臨壇大德法玩禪師塔銘并序　貞元六年（七九〇）八月十三日　二八〇
二四三　唐洞庭山福願寺律和尚（神皓）墳塔銘并序　貞元六年（七九〇）十月十一日　二八一
二四四　唐故潤州昭代寺比丘尼玄應墓誌銘并序　貞元六年（七九〇）十一月廿六日　二八三
二四五　唐故脩行寺主大德律和上體微墓記　貞元七年（七九一）正月十九日　二八四

二四六　唐故招聖寺大德慧堅禪師碑銘并序　貞元八年（七九二）正月廿六日　二八五
二四七　唐故寶應寺上座内道場臨壇大律師（圓敬）多寶塔銘并序　貞元八年（七九二）正月　二八七
二四八　杭州徑山寺大覺禪師（法欽）碑銘并序　貞元八年（七九二）十二月廿八日　二八八
二四九　安邑縣報國寺故開法大德泛舟禪師塔銘并序　貞元八年（七九二）　二九〇
二五〇　唐東都安國寺故臨壇大德（澄空）塔下銘并序　貞元九年（七九三）四月廿六日　二九一
二五一　唐東都同德寺故大德方便和尚（無名）塔銘并序　貞元九年（七九三）十二月十二日　二九二
二五二　唐故内供奉翻經義解講律論法師㬚空和上塔銘并序　貞元十年（七九四）正月十五日　二九四
二五三　廬山東林寺律大德熙怡大師碑銘并序　貞元十二年（七九六）七月廿七日　二九五
二五四　有唐東都臨壇大德（蕭行嚴）玄堂銘并序　貞元十二年（七九六）八月十六日　二九六
二五五　唐東都大聖善寺山門院故開法大德先藏大師塔銘并序　貞元十三年（七九七）二月二日　二九七
二五六　唐龍花寺（尼實照）墓誌銘并序　貞元十三年（七九七）九月十九日　二九八
二五七　唐聖善寺故證禪師玄堂銘并序　貞元十三年（七九七）十月廿日　二九九
二五八　棲霞寺故大德玭律師（曇玭）碑　貞元十三年（七九七）十一月六日　三〇〇
二五九　南嶽大明寺律和尚（惠聞）碑　貞元十三年（七九七）十一月十一日　三〇一
二六〇　唐故袁州萍鄉縣楊岐山禪師廣公（乘廣）碑文　貞元十四年（七九八）三月廿六日　三〇二
二六一　唐故法雲寺内外臨壇律大德超寂墓誌　貞元十四年（七九八）　三〇四
二六二　唐宣州禪定寺故禪宗大德通公之碑　貞元十四年（七九八）　三〇五
二六三　唐故法雲寺大德真禪師（證真）墓誌銘并序　貞元十六年（八〇〇）五月十七日　三〇六

二六四　靈識和尚塔銘　貞元十六年（八〇〇）五月廿三日　三〇七
二六五　靈光寺僧靈佑塔銘　貞元十六年（八〇〇）十月　三〇八
二六六　唐故禪大德演公（明演）塔銘并序　貞元十七年（八〇一）二月五日　三〇八
二六七　沙州報恩寺故大德禪和尚金霞遷神誌銘并序　貞元十七年（八〇一）四月廿八日　三一〇
二六八　南嶽雲峰和尚（法證）塔銘并序　貞元十七年（八〇一）九月十七日　三一一
二六九　南嶽雲峰寺和尚（法證）碑　貞元十七年（八〇一）　三一二
二七〇　唐故靜樂寺尼惠因墓誌銘并序　貞元十八年（八〇二）四月一日　三一二
二七一　唐故東都麟趾寺法華院律大師（寇幼覺）墓誌銘并序　貞元十八年（八〇二）七月十日　三一三
二七二　南嶽彌陀寺承遠和尚碑　貞元十八年（八〇二）七月十九日　三一四
二七三　南嶽彌陀和尚（承遠）碑并序　貞元十八年（八〇二）七月十九日　三一六
二七四　南嶽般舟和尚（日悟）第二碑并序　貞元二十年（八〇四）正月十七日　三一七
二七五　大唐故尼真如墓誌銘并序　貞元二十年（八〇四）九月廿八日　三一八

永貞　三一九

二七六　大唐故安國寺嚴大德（清悟）墓銘并序　永貞元年（八〇五）八月十八日　三一九
二七七　唐嵩岳寺明悟禪師塔銘并序　永貞元年（八〇五）十二月九日立　三二〇
二七八　大唐神都青龍寺故三朝國師灌頂阿闍黎惠果和尚之碑　永貞元年（八〇五）十二月　三二〇
二七九　湖州法華寺大光天師碑　永貞元年（八〇五）十二月　三二三

元和

元和　三一五
二八〇　昭成寺尼大德三乘墓誌銘　元和元年（八〇六）三月十四日　三一五
二八一　荆州城東天皇寺道悟禪師碑　元和二年（八〇七）四月十三日　三一六
二八二　唐故右街臨壇大德資善寺上座圓寂律和上墓誌　元和二年（八〇七）八月十九日　三一六
二八三　龍安海禪師（如海）碑　元和三年（八〇八）二月九日　三一七
二八四　天王道悟禪師碑　元和三年（八〇八）十月十三日　三一八
二八五　維大唐光宅寺殁故□□和尚道廣荼毗遺記　元和三年（八〇八）　三一九
二八六　安國寺大德張十九師（圓契）墓誌銘并序　元和四年（八〇九）閏三月十九日　三二〇
二八七　大唐故太白禪師（觀宗）塔銘并序　元和四年（八〇九）八月十五日　三二〇
二八八　大唐故元從朝請大夫守内侍省内常侍員外置同正員上柱國賜紫金魚袋贈右監門衛將軍閻公故武威郡夫人段氏法號功德山德銘并序　元和六年（八一一）七月廿六日　三二二
二八九　唐故天女寺尼勝藏律師墳所尊勝石幢記　元和七年（八一二）十二月一日　三二三
二九〇　南浦郡報善寺主德曜公道行碑銘并序　元和八年（八一三）十一月　三二三
二九一　唐故東都安國寺大德尼法真墓誌銘并序　元和八年（八一三）十二月廿五日　三二五
二九二　上缺上塔銘并序　元和八年（八一三）十二月廿六日　三二六
二九三　唐嵩嶽會善寺敕戒壇院臨壇大律德（惠海）塔銘并序　元和八年（八一三）十二月廿六日　三二六
二九四　唐洪州百丈山故懷海禪師塔銘　元和九年（八一四）正月十七日　三二七
二九五　唐故法雲寺律大德韓上座（明詮）墓誌　元和九年（八一四）二月廿八日葬　三二九

二九六　唐寧刹寺故臨壇大德尼澄璨尊勝陀羅幢銘并序　元和九年（八一四）八月七日　三四〇
二九七　唐故東都安國寺比丘尼劉大德（性忠）墓誌銘并序　元和十年（八一五）五月六日　三四〇
二九八　廬山東林寺故臨壇大德（上弘）塔銘并序　元和十年（八一五）十月二日　三四一
二九九　唐故撫州景雲寺律大德上弘和尚石塔碑銘并序　元和十年（八一五）十月二日　三四二
三〇〇　唐故章敬寺百巖禪師（懷暉）碑銘并序　元和十年（八一五）十二月廿一日　三四三
三〇一　雍京章敬寺懷暉禪師碑銘　元和十年（八一五）十二月廿一日　三四四
三〇二　唐故法雲寺寺主尼大德曇簡墓誌銘并序　元和十一年（八一六）七月四日　三四五
三〇三　揚州華林寺大悲禪師（靈坦）碑銘并序　元和十一年（八一六）九月八日　三四五
三〇四　萬州報善寺主覺公（正覺）紀德碑并序　元和十一年（八一六）十月三日　三四七
三〇五　唐故大德塔并序　元和十二年（八一七）八月八日　三四九
三〇六　唐江州興果寺律大德凑公（神凑）塔碣銘并序　元和十二年（八一七）九月廿六日　三四九
三〇七　唐故沙彌僧蔣氏子墓記　元和十二年（八一七）九月廿九日葬　三五〇
三〇八　龔公山西堂敕謚大覺禪師（智藏）重建大寶光塔碑銘　元和十二年（八一七）　三五一
三〇九　興福寺内道場供奉大德大義禪師碑銘　元和十三年（八一八）正月　三五二
三一〇　興國寺故大德上座號憲超塔銘并序　元和十三年（八一八）三月七日　三五四
三一一　唐故龍花寺内外臨壇大德韋和尚（契義）墓誌銘并叙　元和十三年（八一八）四月廿七日　三五六
三一二　唐故衡嶽律大師湘潭唐興寺儼公（智儼）碑　元和十三年（八一八）九月廿七日　三五七
三一三　唐故萬善寺尼那羅延墓誌銘并序　元和十四年（八一九）四月四日　三五八

三一四　大唐袁州萍鄉縣楊岐山故甄叔大師塔銘并序　元和十五年（八二〇）正月十三日　三五九

長慶　三六〇

三一五　□□和尚塔銘　長慶元年（八二一）十二月二日　三六〇

三一六　西林寺水閣院律大德齊朗和尚碑并序　長慶二年（八二二）十一月十六日　三六一

三一七　如信大師功德幢記　長慶四年（八二四）二月十三日　三六二

寶曆　三六三

三一八　崇敬寺故臨内外壇大德寂照和尚墓誌文并序　寶曆元年（八二五）四月十日　三六三

大和　三六四

三一九　唐故東都福先寺臨壇大德廣宣律師墓誌銘并叙　大和元年（八二七）七月廿四日　三六四

三二〇　唐風山故白衣功德主上座解氏（正念）墓誌銘并序　大和二年（八二八）閏三月十四日　三六五

三二一　澧州藥山故惟儼大師碑銘并序　大和二年（八二八）十二月六日　三六六

三二二　敕置甘泉山寺禪和尚碑銘并序　大和六年（八三二）十月一日立碑　三六八

三二三　大唐安國寺故内外臨壇大德寂照和上碑銘并序　大和七年（八三三）冬　三六九

三二四　唐故唐安寺抽住大德比丘尼明空墓誌銘并序　大和八年（八三四）十一月廿日　三七一

三二五　大唐泗洲開元寺臨壇律德徐泗濠三州僧正明遠大師塔碑銘并序　大和八年（八三四）
十二月十九日　三七二

三二六　東都十律大德長聖善寺鉢塔院主智如和尚茶毗幢記　大和八年（八三四）十二月廿三日　三七三

三二七　唐雲居寺故寺主律大德（史真性）神道碑銘并序　大和九年（八三五）九月廿三日　三七四

開成 三七六

三二八 唐故左街僧録内供奉三教談論引駕大德安國寺上座賜紫大達法師（端甫）玄秘塔碑銘并序 開成元年（八三六）六月一日 三七六

三二九 尼戒香等尊勝幢記 開成元年（八三六）十一月十一日 三七八

三三〇 唐東都奉國寺禪德大師照公（神照）塔銘并序 開成三年（八三八）十二月 三七九

三三一 清涼國師（澄觀）碑銘 開成四年（八三九） 三八〇

會昌 三八一

三三二 唐故圭峰定慧禪師（宗密）傳法碑并序 會昌元年（八四一）正月六日 三八一

三三三 寶信法師墓經幢序 會昌元年（八四一）二月一日建 三八四

三三四 唐故鳳光寺俊禪和上（常俊）之墓銘并序 會昌元年（八四一）五月十五日 三八五

三三五 杭州鹽官縣海昌院禪門大師（齊安）塔碑 會昌二年（八四二）十二月廿一日 三八五

大中 三八七

三三六 唐觀心寺禪律故尼大德（惟徹）墳前尊勝石幢記 大中二年（八四八） 三八七

三三七 真監和尚（慧照）碑銘并序 大中四年（八五〇）正月九日 三八八

三三八 唐故舟濟律師墓誌銘并叙 大中四年（八五〇）二月十二日 三九二

三三九 潭州大潙山同慶寺大圓禪師（靈祐）碑銘并序 大中七年（八五三）正月九日 三九三

三四〇 大唐崇福寺故僧録靈晏墓誌并序 大中十年（八五六）十一月廿九日 三九五

三四一 唐故東都安國寺尼清河崔氏（廣素）墓誌銘并序 大中十一年（八五七）十二月九日 三九七

三四二　唐東都寧刹寺故臨壇大德尼常曉尊勝幢讃并序　大中十三年（八五九）正月二十六日　三九八
三四三　唐故上都唐安寺外臨壇律大德比丘尼廣惠塔銘并序　大中十三年（八五九）五月廿六日　三九八

咸通

三四四　吴僧統（洪𧧑）碑　咸通三年（八六二）　三九九
三四五　華嚴寺開山始祖（行標）碑銘　咸通六年（八六五）七月五日　四〇一
三四六　盤山上方道宗大師遺行碑　咸通七年（八六六）三月　四〇二
三四七　心鏡大師（藏奂）碑　咸通七年（八六六）八月三日　四〇三
三四八　臨濟慧照禪師（義玄）塔記　咸通八年（八六七）正月十日　四〇五
三四九　興聖寺尼内道場臨壇李大德（勝才）墓誌銘并序　咸通九年（八六八）二月五日　四〇六
三五〇　沙州釋門索法律（義辯）窟銘　咸通十年（八六九）　四〇七
三五一　唐故甘泉院禪大師（曉方）靈塔記　咸通十一年（八七〇）三月十日　四〇九
三五二　漳州三平大師（義中）碑銘并序　咸通十三年（八七二）十一月六日　四一一

乾符

三五三　唐故居士天水趙府君（琮）墓誌銘并序　乾符二年（八七五）六月五日　四一二
三五四　潞州紫峰山海會□明惠大師銘記　乾符四年（八七七）正月十三日　四一三
三五五　僧敬章磚誌　乾符四年（八七七）二月十八日　四一四
三五六　唐故信州懷玉山應天禪院尼禪大德（善悟）塔銘并叙　乾符六年（八七九）九月六日　四一四

廣明
三五七　新羅國武州迦智山寶林寺謚普照禪師（體澄）靈塔碑銘　廣明元年（八八〇）四月十三日　四一五
中和
三五八　龜洋靈感禪院東塔和尚（志忠）碑　中和二年（八八二）三月十日　四一八
三五九　智證和尚（道憲）碑銘并序　中和二年（八八二）十二月十七日　四一九
三六〇　仰山通智大師（慧寂）塔銘　中和三年（八八三）二月十三日　四二四
文德
三六一　魏州故禪大德奬公（存奬）塔碑　文德元年（八八八）七月十二日　四二五
三六二　僧慧峰塔銘　文德元年（八八八）八月廿八日　四二七
三六三　無染和尚碑銘并序　文德元年（八八八）十一月　四二八
光化
三六四　唐皇化寺齊章法師墓誌銘并序　光化三年（九〇〇）七月十二日　四三五
天祐
三六五　普明大師幢記　天祐元年（九〇四）九月九日　四三五
三六六　璘輝尊勝幢記　天祐三年（九〇六）九月廿□日　四三六
年月不明碑誌塔銘
三六七　隋江總明慶寺尚禪師碑銘　四三七

三六八　隋建初寺瓊法師碑　四三七
三六九　大唐京崇聖寺故翻譯大德檀法師（塵外）塔銘并序　四三八
三七〇　大周故亡尼墓誌　四三八
三七一　大唐故隆國寺亡尼誌文　四三八
三七二　曉了禪師塔碑　四三九
三七三　唐玄覽法師碑　四三九
三七四　沙彌尼清真塔銘并序　四三九
三七五　大唐大安國寺故大德浄覺禪師碑銘并序　四四〇
三七六　唐常州天興寺二大德比丘尼（慧持、慧忍）碑　四四一
三七七　會善寺時居士殘碑　四四三
三七八　唐蘇州東武丘寺律師（齊翰）塔銘并序　四四三
三七九　金光照和尚碑　四四四
三八〇　岳州聖安寺無姓（法劍）和尚碑　四四六
三八一　衡山中院大律師（希操）塔銘　四四七
三八二　粲律師碑銘　四四八
三八三　百丈山法正禪師碑銘　四四八
三八四　智滿律師塔銘　四四八
三八五　大唐故真空寺尼韋提墓誌銘　四四九

三八六　唐故缺和尚肅公（肅然）影塔銘　四五〇
三八七　法筠殘碑　四五〇
三八八　僧□□塔銘　四五一
三八九　覺禪師塔銘　四五一
三九〇　僧通明塔銘　四五二
三九一　唐崇業寺故大德禪師尼真空塔銘并序　四五二
參考文獻　四五三
後記　四六一
索引　一

隋

開皇

一　魏司空公尚書令馮翊簡穆王第二女比丘尼元（媛柔）之墓誌

尼諱媛柔，字惠柔，姓元，河南洛陽人也。魏昭成皇帝六世孫，高祖諱遵，魏左右丞相、常山王。曾祖諱素連，魏大將軍、内外二都大官、常山王，謚曰康。祖，魏肆朔燕相四州刺史、太尉公，謚曰静，夫人吕氏。父諱[季]海，字九泉，魏使持節、侍中、兼司徒公、尚書左僕射、襄洛靈涇秦雍六州刺史、領軍將軍、司州牧，司空公、尚書令、留守大都督、馮翊王，薨贈本官，謚曰簡穆。母隴西李氏，尋拜爲妃，父諱冲，字思順，魏司空公、尚書僕射、清淵公，謚曰文穆，母熒陽鄭氏。尼兄弟二人，姊妹有三，身居第二。父母嬌憐，偏蒙過庭之及；長而自悟，洞於無爲之理。年十四，童子出家，知空苦而勵己，惜寸影而要心。千章逕耳，似易水餘瓶，静思三昧，六塵俱服。恭上接下，並嘆其能，精誠辯博，咸稱其德。珠沉九湘，金藏山下，春芳始茂，便隨秋葉，臨終益悟，冀望花生。傷無主祭，長辭追恨，以大隋開皇二年歲次壬寅十月六日遘疾，七日大漸於伽藍，春秋五十有三，以其月十三日窆於杜陵原。

兄，大將軍、勳隴洛衛四州刺史、大御正、少司馬、平凉公孝才；弟，儀同三司、甘州刺史、烏水公孝約；姊，適司空公、燕國公于寔；妹，適太師、中國公李穆。

（《貞石可憑：新見隋代墓誌銘疏證》〇〇五號）

二　李士謙妻盧氏浮圖銘

上缺及爲大終御歷□□□方地□□□各沉淪，□日□乎攝生賦命，禀質呈形，汝靈栖塵，曾何足報。唯有大□命世，濟渡爲□。言皆□色，動成方便。妙窮生滅，深悟苦空。涕唾國城，□土皮□。及智周一切，開慧因於大千；心感十方，啟迷途於巨劫。柰苑連河之地，祇園鷲嶺之間，甘露所沾，義實弘矣。有故處士李士謙者，趙國柏仁人。蓋相州趙郡公之孫，僕射、儀同公□子。少德高尚，早絶泥塵，名利光芒，視如穢污。□泉叢桂，既攀□而不歸□；□齊白雲，亦□□而長□。心同明鏡，志若虚舟，應物不□，在生無觸。投誠覺世，歸向法門，深簪可憑，妙樂何遠。妻范，歸盧氏，識□一□，婉□幽閑，動有儀則。自戟巾萊室，□□梁庭，冰操露心，洞得高旨。俄而良人不作，慰意闕如。臨鏡孤悲，顧影空吊。平生已矣，誰云戴紝？窆期宿夕，不追空□。□畚土曰：「弘兹誓願，資助□□。度入蓮臺，永出塵網。」以大隋開皇十一年歲次辛亥五月壬午朔八日己丑，仰爲亡夫敬□七級磚浮圖一所，妙盡琢磨，□□□削。熒如貝闡，□□壁堂。□形曜□之□，□鐸傳聲之異。以此莊嚴，是曰□□。銘曰：

圖蓋清高，方與濁廣。去來纏縟，環回忘想。大慈誘導，開羅辟網。□□咸承，□形共仰。達人高蹈，迴出□樊。泉林一庭，魚鳥誰論。□□大□□重□□念□□託形世□□有□□□□令室□□先□成□□□□其一□□授土下缺杳□下缺願力必□下缺□彼西方。

（《北京圖書館藏中國歷代石刻拓本匯編》九册六七頁；《全隋文補遺》四〇四頁）

三　故比丘尼釋脩梵石室誌銘并序

比丘尼諱脩梵，俗姓張氏，清河東武城人，瀛州刺史烈之第三女。幼而爽晤，規範閑明。有同縣崔居士，南青使君之第五子，以德義故歸焉。未獲偕老，而君子先逝，遂發菩提心，出家入道。不意法水常流，劫火將滅。以開皇十三年八月廿三日，終於俗宅，春秋九十有一。十五年十月廿四日，窆於石室。兄弟相撫，貫截肝心，烏鳥之心，終天莫報。先王制禮，抑不敢過。馮翊吉子，才高學博，請掞其詞，式昭玄壤。

留城祚土，趙都建國。代有哲人，門多通德。王祖王父，有文有則。駐馬期童，褰襜述職。載旌淑質，天資柔惠。梁婦辭榮，萊妻避世。心遊正覽，行依真諦。超彼勝津，憑茲善誓。電多急影，泡是虛緣。形歸掩石，神住開蓮。春鶯朝喚，秋螢夜燃。徒令孺泣，匍匐空山。

（《北京圖書館藏中國歷代石刻拓本匯編》九册一〇二頁；《隋唐五代墓誌匯編·江蘇山東卷》一册五頁；《金石續編》卷三；《八瓊室金石補正》卷二五；《隋代墓誌銘彙考》一四四號；《全隋文補遺》一五九頁；《石刻題跋索引》一五五頁）

四　故大信行禪師塔銘碑

茫茫佛海壯矣，大聖之雄；浩浩法池至哉，波若之力。世界窮□□書，物性□以無邊。净土穢土之奇踪，一乘三乘之妙理，魏魏叵測，蕩蕩難名，包括有無，牢籠生□□□□資十聖，德被三賢，傳授有期，住持無隧。至如垂芳五濁，播□千年，紹佛日而不虧，肩玄風而不滅者，其惟我大師信行禪師矣。禪師姓王，諱信行，魏州衛國人也。俗世豪宗，茂葉於九區之上；釋門貴種，盤根於三界之中。備之經史之文，載之□□之藏，盛哉不墜，可得詳焉。惟禪師苻山岳之靈，膺人天之福，殖善因於往業，託嘉運於今生。故能體含至踪，父如來以入道；性懷靈□，母智慧以歸真。生始冲年，志逾成德，慈悲被物，解行超群。大人見曰之奇，實珪璋之本質，□玉入水之操，□金石之性然，但玉不易堅，丹無改色。鴻鵠遠志，則自抱匈（胸）襟；菩薩大名，則生懷懿德。於是拔《雜華》之文，起菩提之行，感波崙之志氣，慨童子之精誠，誓欲洞達十二之文，和會百家之説。斯則鵬翼未成，已有冲天之勢；龍潛勿用，不無飛漢之能。體事道真，心亡情習，既非自善，方慕師門。遂能獨拔恩愛之纏，孤遊信謗之域，追未聞於慧苑，訪奇行於禪林。身處檀那之門，踐有爲而成業；志居波若之宅，履無相以安心。苦行苦而不疲，惡名惡而不畏。思賢翼翼，慕道虔虔。不以譽毀易心，豈以存亡改節。斯實體和至德，性苻玄道，優遊經緯之苑，歷奉賢智之進。遂能披奥入微，出異端於人情之外；尋詮悟旨，洞奇理於聖典之中。但世遭五濁之邦，時屬千年之下，抓塵取喻，地□爲倫。□□爲常没之言，卓爾佐生盲之句。於是以法驗人，以時言教。邪正既別，善惡區分，信知學不當根，甘露以之成毒；藥應其□，□寶所以名珍。愍兹常倒之流，啟兹普真之路，開生盲之眼目，殖定死之根機，使識賢聖之法門，令知凡夫之行處。遂於十二部經中，撰《對根起行之法》三十餘卷，又出《三階佛法》四卷，並行之於世。斯則理出情外，義超文表，附骨間而起慮，並血字而成章，雨甘露於儉法之辰，拔狗賊於斷常之世，然智燈於長昏之夜，導盲聾於鬥諍之邦。不説而説，則聞其未聞；不言而言，則到其未到。超一乘之體法，出三階之相文，救邪錯之迷情，息譏諫之謗口。可謂智慧方便，言辭應機，優曇可逢，斯實難遇者也。然禪師解有比聖之能，智有如愚之異，故能辯四乘之性習，驗三世之根機，斷惡於無始之源，集善於有生之際。於□不識二果，棄而俱甘；於己莫知雙寶，珍而並爲。坐如如之宅，處浩浩之年，超違順之林，越怨親之境。可謂一乘取決，聲聞慧而是盲；四依驗人，菩薩凡而有眼。名超九地，響振三邦，行德既分，是非斯及。哀善人之不遇，怨聖道之無時。菩薩得道之秋，羅漢亡身之日，雖欲泣血於荆山之下，投軀於矢石之間，咄世界之無常，噫人生之難保。嗚呼哀哉！春秋五十有五，以開皇十四年正月四日卒於真寂寺。即以其月七日送柩於雍州終南山鵶鳴埠屍陀林所，捨身血肉，求無上道。生施死施，大士有苦行之踪；内財外財，至人有爲善之迹。嗚呼哀哉！無常力大，賢智以之難免；有生多累，今古所以同然。慧日翳於重雲，法燈没於長夜。嗟世間之眼滅，痛聖道之梁摧。情深廢社之悲，志切崩城之哭。至如素幢含煙以臨路，霜車轉珮以從風，遠悲天竺之名僧，近嘆王城之貴族。於是悽傷朝市，留連塗路。有識無識，如盲失導之哀；若見若聞，如子亡親之痛。悲連地岳，怨動京畿。善人既殁，吾將安放。於是法師净名、禪師僧邕徒衆等三百餘人，夙以禪師爲善知識。三業隨逐二十餘年，俱懷出世之基，共結菩提之友。恒欲碎骨於香城之下，投身於雪嶺之間。生事莫由，死將爲禮，遂依林葬之法，敬收舍利，起塔於屍陀林下。禪師生平之日，曾遊此處。地連山路，依然羊子之碑；塔枕荒塗，仿佛騰嬰之墓。唯恐世移年改，身没名沉，古老或於訛言，童稚絶於聞見，故略其行德，寄之金石，使將來有識，知舍利之在兹焉。迺爲銘曰：

淵呼佛海，至矣大人。慈悲起行，智慧生身。居迷辯正，處僞能真。智飛影没，形亡道新。

（《中國三階教史》，圖版2.1，八三頁文）

五　大隋太尉晉王慧日道場故惠雲法師墓□

法師俗姓賈氏，河南洛陽人。祖懷德，本州主簿。父成，梁司空元法僧咨議參軍、衡陽令。法僧在魏作鎮彭城，成亦隨府翻入梁國。法師聖善，金陵舊姓，故誕於建鄴焉。若夫星躔鶉柳，地殷交會，先王敬正，歷聖□塵，故能矯弱冠於辭林，擅長經於儒肆。武公顯八命于晉室，遠師晦四依於廬阜。遥哉焕矣，濟濟洋洋，未有士風先賢若斯之盛者也。法師□慶長源，標華峻極，供養前佛，光揚法教。十歲入道，事天安寺僧尊法師，□騰聲數論，擁徒淮海，禪花内炳，戒香外馥。冀此成章，卓然藴器。乃先教經唄，却授名理。昔歌頌法言，道闕盛式。億耳行海，玉豪賞其能□；子建遊山，金字傳其妙響。降斯以矣，名賢間出，音聲佛事，誼重閻浮。齊竟陵文宣王令問令望，兼外兼内，夢感賢聖授《瑞應》新聲。梁高祖武皇帝□弘舍衛，述作迦維，敕諸寺沙彌四百人就至心寺智淵法師，學竟□□集三百餘聲，并贊唄六十四首。法師少年獨標□□，啟選温雅，飛時□遒。梁武□定，由斯價重，請業之徒恒至數百。我大隋皇帝平一□□，同文共軌，聖運天臨。太尉晉王文武英劭，親董元戎，□定江表，□□法師，便以家僧禮異，從遊京洛，陪鎮汾河。于時主上巡幸并部，大集名德，敷闡《仁王般若經》。法師□□□之儀容，法□之聲韻，奉對□□，妙演梵□，道俗傾耳，幽顯□聽。還隨飛蓋，重牧江都，復奉安車，并朝象魏。方流勝則，垂範後昆，而石火不停，岸樹非久，□斯有累，入彼無爲。以開皇十四年歲次甲寅三月十二日辰時，端坐正色，稱彌勒佛名，願生兜率天上，捨壽于内侍省。先是，月初自剋此日，似如知命。聖心哀悼，喪事優禮。低昂寶網，徒出郭門；嫋娜珠幡，虚飛松路。何輪餘之足嘆，豈蟬蜕之多悲！有教法論，幸疾誄行，俾魂感於恩光，迺銘碣而圖芳。其辭曰：

至人感物，多方設教。詎斯忍士，音聲是樂。微言尚在，遺頌修德。魚山感悟，藥瑞冥宣。迴鸞動日，駐鵠凝烟。誰其嗣矣，獨有夫賢。梵天清越，净居流便。寫妙奪真，聲盈空遍。道心内直，威儀外現。共奕哀王，提攜藻盼。方陪葆軑，旋影具區。空花湮滅，石火歸無。緣藤切鼠，度隙傷駒。生勞可息，死□還俱。我有泥洹，真爲□□。燎拔紅舌，煙開玉縞。唄斷松阿，幡收隧道。幸銷毒器，何嗟宿草。

（《隋唐五代墓誌匯編·江蘇山東卷》一册四頁；《隋代墓誌銘彙考》一三二號；《八瓊室金石補正》卷二五；《全隋文補遺》二七頁；《石刻題跋索引》一五四頁）

六　天台國清寺智者禪師（智顗）碑文

隋兼秘書監直内史省開府儀同三司臣柳顧言奉敕撰

臣聞：在天成象，經緯之法存焉；在地成形，區方之均效矣。二儀既爾，三才冏然。上聖纘極，明王所以敷教；先覺授道，契會方乃昇仙。是故命駕崆峒，紓光善卷，籙圖宣業，赤誦弘風。練質九府之間，騰虚六合之内，斯並權宜汲引，暫保逍遥。終覆蔽於苦空，卒邅回於生死。未臻夫不生不滅，無去無來，匪實匪虚，非如非異。常樂我浄，凝寂恬愉，不可思議之解脱也。粤若我大隋皇帝法諱總持，載融佛日，瑞發浄宫，利見法王，應閻浮主，以封唐入紹。業繼高辛，立聖與能，祚隆姬發，自天攸縱。包大德而翼小心，希世膺期；内文明而外柔順，知微知彰。鑒窮玄覽，迺武迺文，能事斯畢。自永嘉失馭，海内分崩，恃險擅强，各樹君長。禮樂淪於非所，龜玉毁於殊方。書軌競分，殆三十紀，天將悔禍，稔惡有辰。皇上道藹汾陽，迹光代邸，地隆分狹，神功潛著。于時高廟靈謨，深思統一，專征仗鉞，帝曰：「斯哉！惟君惟親，知臣知子。」乃揚威萬里，問罪九伐。一舉而定江左，再駕而熠餘燼，浮天爭貢，海外有截。雖高離之備五臣，周旦之居十亂，本枝盛續，疇昔多慚，盤石究勛，莫不做是。三能宗鉉，九命惟揚。本之以仁慈，施之以聲教，行之以要道，體之以無爲。姑射杳然，尚想淵蹟，滄波壯矣，思濟舟航。以爲能仁種覺，降茲忍土，信相入道，浄戒居先，梵網明文，深傳薩埵，國師僧寶，必兼禪慧。有會稽天台山大禪師者，生而神光照室，兩目重瞳。禪師法諱智顗，潁川陳族，太丘道遠，季伯風延，典午衰亂，播遷華容。父起祖，梁使持節、散騎常侍，封益陽縣開國侯。禪師風彩韶悟，齠齔希有，年過少學，便誦《法華》。父爲求婚，方便祈止。儒門史館多所著明，柱下濠上彌所深得。渚宫覆没，便即蔬菲。及啓弱冠，於長沙之果願寺出家。

護戒如明珠，安心若止水。歷聽經論，但使一聞，得之於心，傳之於口。以湘潭局狹，未發大機，拂迹衡陽，安步墳汝。往大蘇山，請業惠思禪師。禪師見便嘆曰：「憶昔靈鷲同聽《法華》，令進我普賢道場，爲說四安樂行。」停二七日，誦《藥王品》。至諸佛同讚之句，寂然入定，明慧便發，起而白師。師曰：「非爾弗感，非我莫識。所入定者，法華三昧之前方便。及聞持陀羅尼也，縱令文字之師，千群億品，尋汝慧辯，所不能窮。於説法人中，最爲第一。」嘗約仁王纓絡、龍樹馬鳴，立三觀四教，述師本宗。以爲大乘樞鍵，得下御内，碩學流通，智以藏往。徵育王之初建，正教神以知來，鑑周武之滅大法。乃高蹈豫土，翔集天台，歷遊名山，言造廬嶽。秦孝王作鎮淮海，遣信迎屈，對使者曰：「雖欲相見，終恐緣差。」即累旬大風，妖賊競起，水陸俱阻，安坐匡岫。既而龍遊龕難，仍代孝王，爰届邦域，潔誠延請。順流背風，數日遄到。亦既覯止，便定師資，等善意之仰妙光，若高宗之得傅説。再三固辭，無可與讓。以開皇十一年歲次辛亥月旅黄鍾二十三日辛丑，於揚州大聽寺設無礙大齋，奄受菩薩戒法，降牧伯之尊，由宗師之典。釋龍衮而披忍服，去桓珪而傳戒香，圓發初心，致禮諸佛。於時天地交泰，日月載華，庭轉和風，空浮休氣，林明七覺之華，池皦八净之水。化覃内外，事等阿輸之城；教轉法輪，理符寶冥之窟。文武寮寀，俱蔭慈云。欣欣焉，濟濟焉，肅肅焉，雝雝焉。經所謂攝律儀戒，攝善法戒，攝衆生戒，顯發三願，真正十受，如一切色，悉入空界者，其斯之謂歟？法事云畢，七珍備捨，出居于城外禪衆之精林，四事供養，睿情猶疑未滿。以爲師氏禮極必有嘉名，如伊尹之曰阿衡，吕望之稱尚父。檢《地持經》智者師目，謹依金口，虔表玉裕，便克良辰，躬出頂禮。雖有熊之登具茨，漢文之適河上，方之蔑如也。智者以内行外獎，諸佛之深訓；實惠方便，大士之兼通。帝釋檀那，既包信解，仁王攝受，遠能博益。逡巡告退，言歸舊山，殷勤請留，重違高意，猶四皓之餌术南山，二疏之散金東海。振錫離塵，始稱出世，睠言儒者，未足爲榮。竊以四明天台，剡東玉岫，雨謡云岇，鄞南金庭。峻極于天，仰捫白日，盤鎮于地，俯鏡滄海。雲霞沆瀣，霏拂輕襟，虹霓鴛鸞，勝承飛舄。華果競發，常迷四時，藥草森羅，孰分億品？道猷往而證果，興公賦不能申。寺基本屬始豐，峰名佛隴。元有定光禪師隱顯變見，先居此峰，常謂弟子云：「不久，當有勝善知識，將領徒衆俱集此山。」俄而智者越江渡湖，翻然來萃。忽聞鐘磬聲振山谷，即問光師聲之所以。答云：「此是犍槌集僧得住之相，頗憶曾經舉手相引時不？」智者即悟年至十五稽顙禮佛，恍焉如夢，見極高山，臨大海曲，有僧如今光師，舉手接上云：「汝當居此處，汝當終此焉。」拜言悲喜，滂沱涕泗。仍於佛隴之南尋行寺域，便見五峰圍繞，等耆闍之山；兩溪夾瀉，若縉雲之澗。披榛開途，葺用茆茨。功德叢林，常熏薝蔔。忍辱牆院，無勞關楗。猿嘯蚿吟，泉籟響雜。飛走聽法，馴伏軒墀。西南有永豐江派，與浙源分嶺，東會於海，潮波往還。數百里間，村人常以漁捕爲業。陶漸回向，焚罛廢梁。墾田種果，翻成富實。深信解者，多作沙門。慈化所覃，皆此連類。及光師無常已後，欲大修立，忽睹一僧如光師年，素語智者云：「若欲造寺，今未是時。三國成一，有大勢力人能爲起寺。寺若成，國即清，當呼爲國清寺。」此言杳漫，孰當信者？豈期符應，冥契在兹。逮于我君臨邊歲久，孝性淳至，入京省謁，旋邁江都，登命舟楫，迎來鎮所，使乎至彼，便事裝束，謂大衆曰：「在上意重，弗敢致辭。然往而不返，因此長別。」語弟子云：「當成就隴南下寺，其堂殿基址一依我圖。」侍者答云：「若無師在，豈能成辦？」重謂之曰：「當有皇太子爲我建造。汝等見之，吾不見也。」行百餘里，到剡東之石城寺。寺有百尺金績石像，梁太宰南平元襄王鎸創。自有靈迹，因此現疾，右脅而臥。忽然，風云變色，松桂森聳，宛如天樂。來入房户，起坐合掌，神色熙怡。顧侍者云：「觀音來迎，不久應去。」弟子智朗請曰：「佛許聖賢臨終，説位行得。乞垂曉示，方思景慕。」答云：「我只是五品弟子位耳。」案五品即是法華三昧前方便之位，宛與思師昔語冥一。仍命筆作偈，口授遺書，辭理切詣，深陳勝緣。潛來密往，誓當影護，爲撰《净名義疏》一部，俱時送來。仍索僧伽梨大衣，手自披著，回身西向，端坐遷神，春秋六十。旬日建齋，跏趺流汗，珠團髮際，露泫胸間。欲示諸法本自不生，今則無滅。繩床輿還佛隴，輕舉有若浮空。爾時開香龕，都不異昔。驛使初訃，震動于宸心。爰捨净財，隨申功德，郵傳相望，創起塔廟。寺雖本地，其舊維新。瓊宇紺堂，憑國靈而模忉利；鷲頭狼迹，因寂默而爲道場。班倕名匠，競逞鈎綸，庶民子來，成之不日，神明扶持，欻同踊見。背高就下，因層嶽而基殿堂；仰眩俯臨，信玲瓏而勝畫繢。多寶分座，俱受瓔珞；天冠表刹，如連梵幢。金函玉牒，常敷講肆；禪誦律儀，無違師法。斯可謂頭陀之極地，彌陀之净方，與阿耨而常盈，同須彌之永固。暨乎重光纂曆，天成地平，以今大業元年九月，鑾輿幸巡淮海，眺矚江南，惆悵台嶽，集揚州名僧，咸問之曰：「智者立寺，權因山名，宜各述所懷，朕當詳擇。」累日未奏，會寺僧智璪銜狀而來，具條昔年光師「國清」之稱。太史案：「此語時代乃周建德之初，八表未同，三方鼎峙。今四十餘年，聖證縣符，明時徵應。」詔付著作，書之左史。仍敕皆籀篆題寺門，即遣舍人送璪，並施基業。赴十一月二十四日先師忌齋，使乎集僧，跪開石室，唯見空床虛帳，蘚苔蛛網。法侶號咷，等初滅度，公私扼擥，若無瞻依。又法會千僧，各有簿籍，造齋點定，忽盈一人。有司再巡，還滿千數。及臨齋受嚫，復成千一。執事驚愕，出没難辯。豈非先師化身，來受國供？王臣返命，具奏一條。當宸睟容，深洞靈迹。百司拜賀，四海馳聲。至矣哉！象法未淪，佛種常續，迺聖幾感，大師應變。妙力難思，神圖方永，祥基瑞國，雜沓葳蕤。焕乎斯之盛者也！昔金龍尊王讚佛功德，寶積長者獻蓋稱揚，范武子聲猶在民，臧文仲言垂不朽，矧乎道樹勝由，師門福地，而建崇雲碣，表際金剛。俾命絲綸，織載辭理，若夫記言記事，史官之成則；散華貫華，法藏之鴻演。敢重述宣，迺作頌曰：

龍圖畫卦，裁萌五典。金輪拯溺，止弘十善。豈若我皇，樹功宏緬。還源本净，歸途今顯。鏡鑑先哲，筌蹄何淺。天造草昧，日月斯昇。高山巨海，或影或澄。虎嘯風起，龍躍雲興。至人幾漸，養正遵承。謙尊本裕，師範推膺。只誰允矣，具瞻克勝。熏禪觀寂，如冬靖凝。精義泉湧，如春泮冰。我有匠石，正直從繩。我有津濟，舟楫斯憑。虔臨拳拳，悦受兢兢。能資萬行，混成一乘。六反震動，十方嘆稱。同聲相應，信而有徵。至誠感神，道合符契。淵乎智者，波瀾靡際。帝師既沃，天台還憩。于山之阿，于川之澨。滄溟浩瀚，峰崖迢遰。日浴扶桑，月穿叢桂。上踵婺采，傍通禹計。素湍風激，赤城霞曳。仁智肥遁，山林虧蔽。無言不酬，既符聲響。無德不報，有均景象。初卜庵蘿，歸誠戀仰。顯允光師，久要長往。非皦若昧，鏡形如曩。寺號國清，靈扉潛敞。孰意我師，遽緣安養。龍樓夙記，鶴關無爽。宸居在昔，哀構祇園。令終如始，師嚴道尊。揆日方晝，覘星正昏。置槷崇趾，削屢成垣。巖分蓮蕚，泉毖桃源。仙窗夏冷，禪室冬温。玉階馴豹，金刹栖鵷。風和寶鐸，空轉珠幡。百穀時秀，萬里林繁。靈芝禪悦，甘露天鐏。玉趾按地，净域驚魂。金布貿苑，天宫儼存。創造之福，胡可勝原。輪奂洞徹，莊嚴修設。波斯融冶，優填剞劂。金容月滿，玉豪霜潔。象譯翻度，龍宫披閲。法嗣詵然，端心障滅。泰階既平，王道既清。殊途同致，無慮何營。皇思睿賾，邃達忘情。有本空净，空常有并。壇戒度重，定慧真精。乾臨朗鑑，遠供憑誠。大衆香灑，拜闕龕楹。全身座間，嚴扃綱縈。迦葉佛隴，賢劫齊聲。飯僧數溢，瑞我隆平。身田雨潤，心樹華榮。現在同植，將來共成。有如懸鏡，反照今生。有如圭昃，曾不虧盈。神力自在，遊戲香城。菩提具足，赫赫明明。

（《國清百録》卷四；《全隋文》卷一二）

七　隋故柏尖山寺曇詢禪師碑

詳夫鴻溟泱漭，八風鼓滔天之浪；識海彌漫，六境興澎濞之波。庶類以此漂流，蒼生因而沈溺。雖復道登十轉，莫不以魂魄爲勞煩；位超三有，皆悉以精神爲累紲。是知心之爲患，大矣哉！大矣哉！縱使以形骸等於枯槁，終非除桎梏之方；説心慮同於死灰，豈爲滅見諍之論？未若法王大覺，應世挺生，欲使調伏心猿，澂清識浪，坐菩提樹，啟修行禪定之門；入花林堂，説賢聖嘿然之法。故使五通神變，莫匪安波之功；七漏斷除，咸滋般那之力。乃有冲天反地之異道，播伽維蓮花師子之奇，名高振旦，至如德超五舶，妙善六門，獨我禪師。仁祠上首禪師，姓楊氏，諱曇詢，弘農華陰人也。後乃遷宅河東郡焉。昔秉無三惑，震懼四知。王孫薄葬之廉德，但看碑之雋。爰洎禪師，仁賢不隕。禪師稟天地之醇素，滋川嶽之精靈，散花彰誕育之徵，答果表孩童之傑。幼而斅學，既類過庭。孝自天心，還同噬指。悟善來爲出離，不顧簪纓；體塵俗是煩籠，常思脱屣。年二十有二，遠訪巖叢，乃逢曇准法師于霖落泉寺。禪師以將渡欲海，必假舟航，名僧勝地，寧復過此。乃事准上爲師，仍從剃銘。挪捨巾髮，便興曠濟之□；始服法衣，有□□□之志。出俗一載，方受具足。律儀圓備，又誦《法華》。以戒珠而瑩七支，用智水而滋六念。既登初夏，乃投蒼谷。伏膺稠禪師受法，修習定門。濯八解之波瀾，證九次之功德。聲聞花水之諭，未足相儔；菩薩黍禾之談，纔云可擬。後於三夏，移就鹿肚峪修禪，遂使涸沼飛泉，麏麚繞院。時因請法，暫住雲門。值逕險霧昏，便成共道，山神示路，方會本途，此乃化感幽冥、神明翊衛者也。法護之清流虔續，自可連踪；曇猷之白叟致訶，曾何比迹？時有盜者竊蔬，群蜂競螫，賴上人坐救，得免災厄。葛仙收飯之奇，詎能加此？後值虎熊共鬪，禪師乃以杖麾之，遂使並懌怨心，俱還本穴。昔卞莊刺虎之策，實爽大慈；今除二忿之謀，方稱滅諍。遊四禪而七日，傅僧顯方仍未奇；處一院踰十年，董仲舒比而多愧。曾經老子山側，怖鳥投以全身；又至車箱水濱，驚鹿歸而獲免。雖復樹無青雀，異能仁之向道場；而思循白虎，等慧明之居巖岫。諸爲神迹，曠代希奇。小碣輕才，豈能具述？今之所記，粗言如已。乃化流河朔，盛闡禪門，杖錫裹糧，鱗歸霧集。梵徒肅肅，類靈育之在林陽；禪侶詵詵，若佛賢之居灞岸。神王巖藪，煙霞拂入定之龕；道足林皐，泉石麗經行之所。矯然高蹈，支遁愧於逢迎；寂爾冲虛，賈遠同其寥廓。太祖文皇帝據九五而臨萬國，弘十善而導八方，闢斢纊而聽德音，致遥誠以彰虔仰。爰敕儀同三司元壽親送璽書，兼奉妙香，以表皇敬。釋道安之同輿東苑，本謝幽居；竺圖澄之遺使西藩，有慚高賚。昔供羅雙樹，奠設兩楹，二聖猶示歸真，百年詎能長保？以開皇十九年歲次己未十二月十三日，禪師乃于柏尖山寺現疾而逝，春秋八十也，五十有五夏焉。將昇泥曰，神光爲迎識之徵；欲歸大漸，香風化作送魂之瑞。滅度之後，幽顯咸哀。虎叫既悲鳴於雨霄，雲昏亦含愁於三日。復有赤鳥白鶏銜嘑於院內，青山翠石崩落於高巖。其爲感應，皆斯類也。豈獨一鳥泣楊震之墓，雙雁悲虞國之喪，王喬逝端鄴縣之牛，任公亡折武擔之石而已。至如傳燈蘭葉，稟教檀林，慟甚提河，逾於匡岫。方欲瘞之泉壤，恐爽五天之儀，所以燎此香薪，遠慕雙林之式。乃□大唐武德五年歲次壬午十二月十三日，闍毗遺體，謹收舍利，用建偷婆，冀寶宫以答恩，望靈刹而興想。焚香萬束，與此何殊？架塔九層，足爲連類者矣。但道□永謝，慧舸無重漾之期；智火長泯，心燈罷更然之焰。哀哉品庶，痛矣群黎。既喪指南，返迷何日？大弟子瀞休、道顛、慧方等以炎寒遞謝，恐徽猷之永淪；居諸不停，懼靈驗之長殞。既等僧祐，追師建鐘嶺之碣；更同僧道，旌德起麓山之碑。庶使天傾西北，地毁東南，景迹芳音，傳之更遠。乃爲銘曰：

炁濤欲浪，輪迴莫休。無邊出没，有頂隋流。法王神足，安居鷲頭。澄潭定水，摇漾禪舟。粤有開士，胤裔弘農。盪昏佛日，吹塵慧風。身嚴七聚，意寂三空。霑斯法雨，潤此禪叢。涸沼清泠，麕麖環互。德和二忿，慈安兩怖。季父依室，殊欺示路。三陘一紀，曾何跬步？經行巖睿，宴坐林泉。麈尾松韻，香鑪柏煙。七衆武接，四部踪連。瀉瓶既瀉，傳燈實傳。負扆慕道，冕旒欽德。爰降絲綸，復傳安息。現疾林下，泥洹巖側。香染八風，光生五色。迴峰隤石，高林鳥啼。悲虎夜叫，愁雲晝低。緇素哀感，徒屬酸迷。焚薪燎質，乃構支提。禪艘既毁，法流長絶。昔歸小定，今還大滅。九次六門，無由重説。冀揚清苑，勒兹玄碣。

（《八瓊室金石補正續編》卷一五；《全唐文補編》下册二二一八頁）

八　大隋真化道場尼那提墓誌之銘

法師諱那提，俗姓丁，吴郡晉陵人也。松生感夢，景業著於開吴；應變成務，奇功表於炎漢。清徽茂績，流被風聲；盛德嘉言，詳溢圖史。實亦譽馳雅俗，藉甚古今，視聽所存，名言可略。若夫珠生漢水，特禀明練之姿；玉出荆山，獨體温貞之質。法師洪源睿緒，世載融長，正覺真如，性靈冲寂。髫歲精誠，遂專心於内教；笄年悟道，乃棄俗而歸緇。貞觀苦空，玄同常樂，理超方等，道成員滿。任心自在，直置無爲，便會解脱之門，遂冥究竟之旨。可謂内教之綱維、道門之領袖者矣。正應在世，誘化群生，豈悟一朝，奄從風燭。仁壽四年五月廿一日，春秋五十二，終於真化道場。曰以大業九年歲次癸酉十月辛未朔十五日乙酉歸窆於京兆大興縣高平鄉之杜原。恐陵谷變遷，桑田移改，勒兹玄石，庶傳不朽。乃爲銘曰：

桂體自芳，筠心本勁。物貴自然，人高天性。一捨六塵，長希八政。去離煩惱，歸依清凈。理極虚無，道終寂漠。彼岸殊因，此生同託。苦海未津，危城遽落。既超三界，永登常樂。

（《隋唐五代墓誌匯編·北京大學卷》一册一九頁；《新中國出土墓誌·陝西貳》下册七頁；《西安碑林全集》七〇卷一五二三頁；《隋代墓誌銘彙考》三九〇號；《長安碑刻》上册一七頁圖，下册三五三頁文；《全隋文補遺》三〇四頁）

九　僧璨大師碑

四維上下，虚空不可思量，而佛性如之；萬物變化，陰陽不可思量，而佛法如之。如來以諸法囑群龍，以一性付迦葉、付阿難。至菩提達摩東來，付可，可付大師。傳印繼明，累聖一體。自迦葉至大師，西國有七，中土三矣，至今號爲三祖焉。大師以没生猶幻，何有於家；變滅如雲，其誰之子？故蒙厥宅里，黜其姓氏，代莫得而聞焉。又以諸行生滅，是相虚妄，故隨無朕，諸心無所。或持衡屠門，或操量酒肆，不及其味，不言所利。聲場婬室，不累其志，彷佛乎維摩之僖歟！此蓋大師天受之奇也。後見先師可公，請爲懺悔。可公曰：「將汝罪來，與汝懺悔。」大師曰：「覓罪不得。」可公曰：「與汝懺悔矣。」大師白先師曰：「今日乃知罪性不在内，不在外，不在中間，如其心然，罪垢亦然。」先師曰：「如是一言已發，廓然昭爽。」大師含道而生，抱理而息，廣量大度，遺相性情。先師察其熟根，爲之寶器，認之般若，證之彼岸，祖師所付，一以與之。譬如東方明矣，而又登之以天光，於是群迷利見，蠢動皆睹矣。大師未得無求，得之不有，同夫太陽與萬物齊運後，何心於暉燭耶？此又大師授之奇也。當周武滅佛法，可公將大師隱於舒州皖公山。皖公之陽有山谷寺，超雲越靄，迥出人寰。寺後有絶巘，登溪更爲靈境。二公即其遯焉。居五年，風疾都差，時人號爲赤頭璨。可公將還鄴，謂大師曰：「吾師有袈裟一領，隨法傳予。法在汝躬，今將付汝。」山谷寺數有神光甘露之瑞，人怪而問焉。大師曰：「此是佛法將興，大舍利欲至耳。」後京城大獲舍利，分布天下，山谷寺果置塔。此又大師玄覽之奇也。先是，此山多猛獸毒蟲，大師至止，遂絶其患。門人有道信者，大師異其神意，傳付之道，如可公之於大師焉。告之曰：「有人借問，勿道於我處得法。」從此便託疾山阿，向晦宴息。忽大呼城市曰：「我於皖山設齋，汝等當施我齋食。」於是邑咸集，乃於齋場樹下，立而終焉。異香滿空，七日不散。道信奔自雙峰，領徒數百，葬大師於所居之處。時人始知道信得法於大師。爾時隋末崩離，不遑起塔。洎皇唐天寶五載，有趙郡李常，士林精爽，朝端問望，自河南少尹左遷同安郡別駕，愴經行之丘墟，慨塋壠之蕪没，興言改舉，遐邇一辭。於是啓墳開棺，積薪發火，灰燼之内，其光耿然，脛骨牙齒，全爲舍利，堅潤玉色，鏗鏘金振，細圓成珠，五彩相射者，不可勝數。四衆爭趍，嘆未曾有。遠方後至，痛無所獲。或取親身一片之櫬，周棺一撮之土，頂戴虔誠，歸至郡縣。振木撥土，舍利復生焉。自發舊封，逮乎新定，祥光瑞氣，覆冒其山，此又大師通感之奇也。寶塔肇興，莊嚴云備，古木新拱，丹翠相發。松梢林於月桂，輪捉足其辰極。迴廊共崇崗複抱，長鐘與嵌巖疊韻。兩方登降，雙刹俯仰，焕彼幽谷，燭乎長川。嘻！大師之法，傳乎無窮；大師之儀，翳彼荒楚。豈其道而尊重其師歟？非別駕李公，孰能權輿建立光若此者乎？上座惠欽寺主崇英、都維那湛然、禪師道幽，孰能保護營衛自初有終？群財衆心，願力斯畢。一佛出世，再現此邦。彼舒之人良緣，何其言鏤金石垂之不朽？有處士樊定超不遠千里，來訪三居。乃梗概其晦明存時之奇，死生自在之異，豈伊言字能語至極？辭曰：

聖人何思兮其心本如，如生萬法兮如等太虛。法則可説以心證心兮千載不絶，迦葉至我兮聖者十人。貌殊心一兮相續一身，與佛在日兮法無有異。八萬四千兮斯爲不二，大師於我兮如彼浮雲。惟桑與族兮口未嘗分，大師於物兮幻彼邪正。不垢不净兮一其凡聖，以蒙養正兮人謂之狂。慧炬一發兮光照十方，光然後人兮示没於代。遭亂遂翳兮僅二百載，明時勝因兮啓封以火。盡成舍利兮證知佛果，如彼前佛兮寶塔巍巍，與法俱崇兮永世歸依。

（《全唐文補編》下册二二七八頁）

一〇　舒州山谷寺覺寂塔隋故鏡智禪師（僧璨）碑銘并序

按前誌，禪師號僧璨，不知何許人也。出見於周隋間，傳教於惠可大師。摳衣於鄴中，得道於司空山。謂身相非真，故示有瘡疾；謂法無我所，故居不擇地。以衆生病爲病，故所至必説法度人；以一相不在内外、不在其中間，故足言不以文字。其教大略以寂照妙用攝群品，流注生滅觀四維上下，不見法，不見身，不見心，乃至心離名字，身等空界，法同夢幻，亦無得無證，然後謂之解脱。禪門率是道也。上膺付囑，下拯昏疑。大雲垂陰，國土爲化。謂南方教所未至，我是以有羅浮之行。其來不來也，其去無去也。既而以袈裟與法俱付悟者，道存形謝，遺骨此山，今二百歲矣。皇帝即位後五年，歲次庚戌，及剖符是州，登禪師遺居，周覽陳迹，明徵故事。其荼毗起塔之制，實天寶景戌中，別駕、前河南少尹趙郡李公嘗經始之。碑版之文，隋内史侍郎河東薛公道衡、唐相國刑部尚書贈太尉河南房公琯繼論譔之。而遵弘道之典，易名之禮，則朝廷方以多故而未遑也。長老比丘釋湛然誦經於靈塔之下，與澗松俱老，痛先師名氏未經邦國焉，與禪衆寺大律師釋澄俊同寅叶恭，亟以爲請。會是歲，嵩嶽大比丘釋惠融至自廣陵，勝業寺大比丘釋開悟至自廬江，俱纂我禪師後七葉之遺訓，日相與嘆塔之不命，號之不崇，懼像法之本根墜於地也，願申無邊衆生之弘誓，以抒罔極。揚州牧、御史大夫張公延賞以狀聞。於是，七年夏四月，上沛然下興廢繼絶之詔，册謚禪師曰鏡智，塔曰覺寂，以大德僧七人灑掃供養。天書錫命，暉煥崖谷。衆庶踊躍，謂大乘中興。是日，大比丘衆議立石於塔東南隅，紀心法興廢之所以然。及以爲，初中國之有佛教，自漢孝明始也。歷魏晉宋齊，施及梁武，言第一義諦者，不過布施持戒。天下惑於報應，而人未知禪，世與道交相喪。至菩提達摩大師，始示人以諸佛心要，人疑而未思；惠可大師傳而持之，人思而未脩。迨禪師三葉，其風浸廣，真如法味，日漸月漬，萬木之根莖枝葉悉沐化雨。然後，空王之密藏，二祖之微言，始粲然行於世間，浹於人心。當時問道於禪師者，其淺者知有爲法無非妄想，深者見佛性于言下如燈之照物。朝爲凡夫，夕爲聖賢，雙峰大師道信其人也。其後，信公以教傳弘忍，忍公傳惠能、神秀。能公退而老曹溪，其嗣無聞焉。秀公傳普寂，寂公之門徒萬人，升堂者六十有三，得自在慧者一曰弘正。正公之廊廡龍象又倍焉，或化嵩洛，或之荆吴。自是心教之被於世也，與六籍侔盛。嗚呼！微禪師，吾其二乘矣，後代何述焉？庸詎知禪師之下生不爲諸佛，故現比丘身以救濁劫乎？亦猶堯舜既往，周公制禮，仲尼述之，游夏弘之，使高堂后蒼徐孟戴慶之徒可得而祖焉。天以聖賢所振爲木鐸，其揆一也。諸公以爲司馬子長立夫子世家，謝臨川撰慧遠法師碑銘，今將令千載之後，知先師之全身，禪門之權輿，王命之丕顯，在此山也，則揚其風，記其時，宜在法流。及嘗味禪師之道也久，故不讓。其銘曰：

衆生佛性，莫非宿植。知誘於外，染爲妄識。如浪斯鼓，與風動息。淫騃貪怒，爲刃爲賊。生死有涯，緣起無極。如來憫之，爲闢度門。即妄了真，以證覺源。啟迪心印，貽我後昆。閒生禪師，俾以教尊。二十八劫，迭付微言。如如禪師，膺期弘宣。世溷法滅，獨與道全。童蒙來求，我以意傳。攝相歸性，法身乃圓。性身本空，我無説焉。如如禪師，道既棄世。將三十紀，妙經乃届。皇明昭賁，億兆膜拜。凡今後學，入佛境界。於取非取，誰縛誰解。萬有千歲，此法無壞。

（《毗陵集》卷九；《文苑英華》卷八六四；《全唐文》卷三九一）

三祖大師碑陰記

大曆初，彦遠曾祖魏國公留守東都，兼河南尹。洛陽當孽火之後，寺塔皆爲丘墟。迎致嵩山沙門澄沼，修建大聖善寺。沼行爲禪宗，德爲帝師，化滅詔謚大晉，即東山第十祖也。洎鎮於蜀，皆有崇飾。在淮南奏三祖大師謚號與塔額，刺史獨孤君爲之碑，張從申書字。夫禀儒道以理身理人，奉釋氏以修心修性，其揆一也。會昌天子滅佛法，塔與碑皆毁。像雖毁而法不能滅，是法也不在乎塔，不在乎碑。大中初，塔復置而碑未立。咸通二年八月，遂與沙門重議刊建。舒州刺史河東張彦遠遂書於碑之陰。

（《全唐文》卷七九〇）

一一　舒州山谷寺上方禪門第三祖璨大師（僧璨）塔銘

右淮南節度觀察使、揚州大都督府長史兼御史大夫張延賞狀：得舒州刺史獨孤及狀，得僧湛然等狀，稱大師遷滅將二百年，心法次第，天下宗仰，秀和尚、寂和尚傳其遺言。先朝猶特建靈塔，且加塔册謚。大師爲聖賢衣鉢，爲法門津梁，至今分骨之地未沾易名之禮。伏恐遵道敬教，盛典猶闕。今因肅宗文明武德大聖大宣孝皇帝齋忌，伏乞準開元中追褒大照等禪師例，特加謚號，兼賜塔額，諸寺抽大德僧一七人洒掃供養，冀以功德，追福聖靈。

中書門下　牒淮南觀察使　牒奉

敕宜賜謚號鏡智禪師，其塔餘依牒至準

敕故牒

大曆七年四月二十二日牒

中書侍郎平章事元載

門下侍郎平章事王縉

兵部尚書平章事李使

司徒兼中書令使

山谷寺覺寂塔禪門第三祖鏡智禪師塔碑陰文

嗚呼！至聖者遺名久矣，而司名者必從而與之。其與之何哉？尊其道，行其教，仰不可及，故立其象者，所不至，强爲之名。名哉非道之緼，捨名則道無從得。得不得之際，其名之寄耶！我大師茂其法，蜕其身，去所染，因際世間，有幾千二百甲子。崇巖未改，前川日逝，松栝蒼然，光景如翳。懇乎至誠，有求舍利而建塔廟者；粲乎實録，有徵遺言而立碑頌者。於稽其意，其慕之滋遠，而思之滋深，將發明之終，然有待歟？皇唐大曆五年，舒州刺史河南獨孤及，字至之，以慈惠牧人於兹土。是唯無作，作則參於玄妙。躊躇故山，永懷道要，貢善言於閶闔，降吾君之明詔。覺者，知其本也；寂者，根其性也；鏡者，無不照也；智者，無不識也。四者備矣，吾師之道存焉。顒顒法侣，如甘露灌。有隋薛内史道衡，洎皇朝房尚書琯，與今獨孤使君及，三子慧炬相燭也，文鋒相摩也，嗣爲之碑，森列浄土，如經星五緯，更爲表裏焉。然述者之詞，各因所見，言或踳駁，將貽惑於來世，吾所辯焉。薛碑曰：「大師與同學定公南隱羅浮山，自後竟不知所終。」其銘曰：「留法眼兮長在，入羅浮兮不復還。」據此，南遊終不復此地也。房碑曰：「大師告門人信公曰：『有人借問，勿謂於我處得法。』遂託疾山阿，向晦宴息。忽大呼城市曰：『我於峴山設齋，汝等當施我食。』於是邑居咸集，乃齋于楊樹下，立而終焉。」今以兩碑參而言之，則薛内史制碑之後，大師從羅浮還，付囑信公，然後涅槃於兹。房公以得於傳記而述之，非徒然也。其餘事業，則三碑載之詳也，今則不書。其錫名之詔，與有地者之爵里，行教護塔者之名號，不可以莫之傳於後也，皆刻於獨孤氏之碑陰。

（《毗陵集》卷九）

一二　黄山三祖（僧璨）塔銘并序

原夫像教東傾，正宗西域，大塊連鑄，造化無功，應現十方，漸流萬品，惟正覺之玄妙也。傳如來之正教，得佛法之寶印者，即我和尚三祖諱璨矣。澄神寂靖，散識歸貞，耆艾相承，傳云黄山東是有窀穸玄宫焉。殁故僧智藏尋此勝山，經遘銘記，苔文半滅，微辨云和尚諱璨矣。遂瞻仰於青山之下，頂禮於荒墳之前。於大唐廣德二年歲次乙巳，發心建啓靈塔玄宫之上，未圓備，卒此。助成僧智空睹此營修果未圓滿，師資相傳，願緒構興。功德主霍待璧、孫待敬等各施净財，成兹勝業。各願生生值善，四行果圓，難苦脱塵。又爲大唐寶應元聖文武皇帝陛下聖化無竭，大寶常存，福祚遐長，萬品安樂，蠢動含靈，同霑斯福。於唐大曆二年歲次丁未，慶讚已畢，傳芳永代，稱慶遠年。若不刻石鎸銘，無以示其來者。其詞曰：

佛日高懸，神通應異。東流像教，號曰大智。師資相傳，三祖諱璨。應現無所，靈化無岸。凝神西域，抱歸山半。道俗瞻仰，尋求聖踪。□舍利於玄宫之上，建寶塔於黄山之東。功德相好圓滿，頂禮獲福無窮。題之永爲不朽，鎸石以表其神功。

（《全唐文》卷四四〇）

一三　大隋大業八年歲次壬申六月丁丑朔十三日庚寅上柱國岐州刺史正義公孫志脩塔述

僧俗姓鄭，本開封人。生有宿因，長及剃度於文殊禪院。心心絶迹，生死已空；每每性定，思遊净域。於大業五年挂錫廣陵，不期幻身，魔□未除，至八年，圓寂揚州江陽縣道化坊九華禪院，享齡三十有二。即以當年秋七月戊寅六日，□塔院東吴方地内。聊誌塵俗，記其年代，以存不滅。

（《全隋文補遺》二七九頁）

一四　大隋大禪定道場主童真法師之墓誌銘

粤以大隋大業十年歲次甲戌三月己亥朔，大禪定道場主沙門童真法師，春秋七十有一。是知四節若馳，瞥逾隙馬，百年如幻，脆甚藏舟。加以遘疾彌隆，遂登大漸。其月九日遷神於大禪定伽藍。法師俗姓李氏，隴西敦煌人也。後居河東之虞鄉縣焉。可謂哲人繼軌，道播神州，開士傳風，名流振旦。即以其月十三日葬於京兆郡大興縣義陽鄉之原。弟子法該千餘人等慕情罔極，嗟重奉之難期；孝思逾深，痛還諮之無日。今乃勒此貽銘，永惟玄範，庶使池灰屢起，海水頻移。刊德迹而無窮，記芳猷而不絶。

（《陝西新見隋朝墓誌》九七頁；《貞石可憑：新見隋代墓誌銘疏證》一四八號）

唐

武德

一五　南武州沙門釋智周壙銘并序

余以擁腫拳曲，不中規繩，而匠石輟斤，忽垂顧眄，賞激流連，殆逾三紀。披雲對月，賦曹、陸之詩；跂石班荆，辨肇、融之論。故人安在？仰孤帳而荒凉；景行不追，望長松而咽絶。懼陵谷易遷，竹素難久，託徽猷於貞紺，揚清塵於不朽。其銘曰：

五陰城郭，六賊丘陵，膠固愛網，縈迴業繩。雄猛調御，慈悲勃興，危途倏靜，穢海俄澄。八樹潛暉，五師繼軌，纂此遺訓，克應開士。皎潔戒珠，波瀾定水，有道有德，知足知止。學總群經，思深言外，樂説河寫，飡風雲會。七衆關鍵，四部襟帶，振紐頽綱，繄其是賴。世途淪喪，適化江湄，去來任物，隱顯從時。壞瓶何愛，净土爲期，有生有滅，何喜何悲！窀關昔隧，封興舊隴，春郊草平，故山松拱。林昏鳥思，徑深寒擁，妙識歸真，元垧虚奉。

（《續高僧傳》卷一九《唐南武州沙門釋智周傳》；《全唐文》卷九〇五）

一六　僧智藏禪師舍利塔銘

夫金軀匿影，散質雙林，遂使育王起塔，遍滿閻浮，利益世間，難以爲況。於後四依誕世，福閏黎民。雍州長安縣豐德寺大德沙門智藏禪師，斯人深悟一乘，會空空之妙理；觀達四禪，洞有有之玄宗。一入山門，四十餘載，儼然不出。至大唐三年，遂爲皇帝别召入京，充十大德，住持佛法，慧日更明。年垂九十，以武德七年四月十五日，遷神化世。今於八年歲次乙酉四月甲子朔八日辛未，有佛遺身舍利二粒。禪師弟子僧獻、小曇等别爲智藏禪師於慈門寺建斯靈塔，并造龍華浮圖一劫。故勒石銘，以爲永記。（以下供養人名略）

（《長安碑刻》下册三五六頁；《全唐文補遺》七輯二二三頁）

一七　釋道慶壙銘

余與伊人，言忘道狎。京輦少年，已欣共被；他鄉衰暮，更喜同袍。月席風筵，接腕晤語。吾子經堂論室，促膝非異人。豈意玄穹殲我良友，千行徒灑，百身寧贖！未能抑筆，聊書短銘。其詞曰：

十力潛景，四依匡世。踵德連暉，伊人是繼。宫墻戒忍，燈炬禪慧。并驅生、林，分庭安、睿。論堂攜玉，義室芬蘭。坐威師子，衆繞栴檀。道潔塵外，理析談端。四儀式序，三業惟安。穢土機窮，勝人現滅。帳留餘影，車迴去轍。隴月孤照，墳泉幽冽。竹露暫團，松風長切。氣運有終，德音無絶。

（《續高僧傳》卷一二《唐常州弘業寺釋道慶傳》；《唐文拾遺》卷四九）

一八　慈潤寺故大靈琛禪師灰身塔銘文

禪師俗姓周，道諱靈琛。初以弱冠出家，即味《大品》經論。後遇禪師信行，更學當機佛法。其性也慈而剛，其行也和而潔。但世間福盡，大闇時來，年七十有五，歲在玄枵三月六日，於慈潤寺所結跏端儼，泯然遷化。禪師亡日，自足冷先，頂膘後歇。《經》云：「有此相者，剋□生勝處。」又康存遺囑：「依經葬林，血肉施生，求無上道。」□合城皂白，祇教弗違，含悲傷失，送茲山所。肌骨纔盡，闍維鏤塔，冀海竭山灰，芳音永嗣，乃爲銘曰：

逖聽玄風，高惟遠量。三學莫捨，一乘獨暢。始震法雷，終淪道藏。示諸滅體，效茲奇相。器敗身中，膘餘頂上。結跏不改，神域亡喪。慧日既虧，群迷失望。非生浄土，禪指何向？

塔頌一首：崖高帶緑水，鎸塔寫神儀。形名留萬古，劫盡乃應虧。

大唐貞觀三年四月十五日造

（《北京圖書館藏中國歷代石刻拓本匯編》一一册一九頁；《隋唐五代墓誌匯編·北京大學卷》一册二五頁；《八瓊室金石補正》卷二九；《全唐文》卷九九七；《全唐文補遺》四輯二八三頁；《唐代墓誌彙編》貞觀〇一〇號）

一九　釋慧頵磚塔銘

余與上人，情均道勰，君終我疾，枕淚眠號。素車不馳，玄壤長隔，欲申悲緒，聊書短銘：

方墳在列，靈塔斯布，爰屬勝人，允兹崇樹。於惟法主，人勝德全，愛河早越，心燈幼傳。巖嶽一簣，哮吼三年，青蒲應舉，紫極聞天。名邦佇化，利物攸往，衢鐏日斟，懸鏡常朗。義海傍溢，談峰直上，誰謂明珠，忽潛幽壤！神丘掩穴，素塔標墳，瓊龕宿霧，玉掌排雲。澗松送響，巖桂呈芬。山飛海運，遷貿相踵。火入秦陵，書開汲冢，惟兹道力，巍巍長竦。

（《續高僧傳》卷一四《唐蘇州通玄寺釋慧頵傳》；《唐文拾遺》卷四九）

二〇　化度寺故僧邕禪師舍利塔銘

右庶子李百藥製文

率更令歐陽詢書

蓋聞人靈之貴，天象攸憑，禀仁義之和，感山川之秀，窮理盡性，通幽洞微。研其慮者百端，宗其道者三教，殊源異軫，類聚群分。或博而無功，勞而寡要，文勝則史，禮煩斯黷。或控鶴乘鸞，有繫風之諭；餐霞御氣，致捕影之譏。至於察報應之方，窮死生之變，大慈廣運，弘濟群品，極衆妙而爲言，冠玄宗以立德，其唯真如之設教焉。若夫性與天道，契協神交，貽照靈心，澄神禪觀，則有化度寺僧邕禪師者矣。禪師俗姓郭氏，太原介休人。昔有周氏，積德累功，慶流長世，分星判野，大啓藩維。蔡伯喈云：「虢者，郭也。虢叔乃文王所咨，郭泰則温良雅儒，倜儻豁達，胸臆開朗，人倫攸屬。」聖賢遺烈，奕葉其昌。祖憲，荊州刺史，早擅風猷。父韶，博陵太守，深明典禮。禪師含靈福地，擢秀華宗，爰自弱齡，神識沉靜，率由至道，冥符上德。湉緣變化，悟西來旨趣；摩頂皈依，暮窮東土之精微。因戲成塔，發自髫年；仁心救蟻，始於丱歲。世傳儒業，門多貴仕。時方小學，齒胄上庠。始自趨庭，便觀入室。精勤不倦，聰敏絶倫。博覽群書，尤明《老》《易》。然雅有志尚，高邁俗情，時遊僧寺，伏膺釋典，風鑒疏朗，豁然開悟。聞法海之微妙，毛髪同喜；瞻滿月之圖像，身心俱净。於是錙銖軒冕，糟粕丘墳，年十有三，違親入道於鄴西雲門寺，依止稠禪師。稠公禪慧通靈，戒行勤苦，道標方外，聲溢區中。□睹暗投，欣然驚異，即授受禪法，數日便詣幽深。稠公嘗撫禪師而謂諸門徒曰：「五亭□念，盡在此矣！」頭陁蘭若，畢志忘疲，仍來往林慮山中，栖託遊處。後屬周武平齊，像往林慮，入白鹿深山，避時削迹，藏聲戢曜，枕石漱流，□巖之下，葺茆成室。蘿裳薜帶，□唯糞□之衣；餌术餐松，嘗無麻麥之飯。三徑斯絶，百□爲群，猛鷙毒螫之徒潛形匿影，白鹿青鸞之輩效祉呈祥。每梵音瞻禮，焚香讀誦，輒有奇禽異獸，攢集庭宇，俱絶□倚，畢來俯伏，貌如恭敬，心疑聽受。及開皇之初，弘□釋教，于時有魏州信行禪師，深明佛性，大轉法輪，實命世之異人，爲玄門之益□，以道隱之辰，習當根之業。知禪師遯世幽居，遣人告曰：「修道立行，宜以濟度爲先。獨善其身，非所聞也。宜盡弘益之方，昭示流俗。」禪師乃出山，與信行禪□修苦行。開皇九年，信行禪師被敕徵召，乃相隨入京。京師道俗，莫不遵奉，信行禪□□□之□□持徒衆。以貞觀五年十一月十六日，終於化度寺，春秋八十有九。聖上崇敬情深，贈帛追福，即以其月廿二日，奉送靈塔於終南山下鴟鳴埠，禪師之遺令也。徒衆收其舍利，起塔於信行禪師靈塔之左。禪師風範凝正，行業精勤。十二部經，嘗甘露而俱盡；五百具戒，凌嚴霜而未彫。雖託迹禪林，遊心定水，涉無爲之境，絶有待之累。□寓形巖穴，高步京華，常卑辭屈己，體道藏器。未若道安之遊樊沔，對鑿齒而自伐彌天；慧遠之在廬山，折桓玄之致敬人主。及遷神净土，委質陁林，四部奔馳，十方號慕。豈止寢歌輟相，捨佩捐珠而已？式昭景行，乃述銘云：

綿邈神理，希夷法性。自有成空，從凡入聖。于昭大士，遊□□正。德潤慈雲，心懸靈鏡。□蒙悟道，捨俗歸真。累明成照，積智爲津。行識非想，禪□□□。觀盡三昧，情銷六塵。結構窮巖，留連幽谷。靈應無像，神行匪速。敦彼開導，去兹□□。□絶有憑，群生仰福。風火□妄，泡電同奔。達人忘己，真宅斯存。刹那□□，净域□□。□□□樂，永謝重昏。

（《金石萃編》卷四三；《八瓊室金石補正》卷三〇；《全唐文》卷一四三；《敦煌碑銘讚輯釋增訂本》下册一五五五頁）

二一　大唐弘福寺故上座首律師（智首）高德頌

蓋聞一時轉法，戒品之隩先彰；三藏微言，律行之科尤著。所以縶維心馬，羈制情猿，取譬大舟，能超彼岸者矣。若乃智蠲三毒，學綜五師；踵德波離，檀靈文之玉檢；嗣徽迦葉，作定水之金堤；苦節翹勤，顯揚微妙，唯上人者爲第一焉。上人諱智首，俗姓皇甫氏，安定朝那人，蓋士安之裔也。祖嵩，光禄寺丞。緘以慎言，卷懷人野之際；韜而放性，大隱朝市之間。鳳戢府丞，含公明之博古；虯潛下國，振千木之清風。父華，緯道經仁，沉靈匿耀。登箕眺壑，心迫區域之中；飲瀣披霓，情超垓宇之外。上人累慈招果，積智爲因。無始開基，仰燃燈於宿世；分塵算劫，奉智勝於前緣。四禪定林，嘗清意樹；八功德水，漸潤身田。根力所資，法牙斯播，喻於大智，從佛口生。同彼妙光，法王之子。不隨宜而取證，脩慈悲以練形，欲濟有緣，來儀净土。爰初，母氏見月入懷，驚起振衣，光仍滿室。歆然懷孕，自悟無生。寶典群言，涣然神解。世智衆法，罔不傍通。娣姒宗姻，交相駭異。州閭少長，遠邇嗟稱。逮及弄璋，神輝再現。豈非月光童子，遺識降靈；沙塞比丘，流形習氣。不然者，何若斯之異乎？於是裉笑嶷然，老成流譽；丱言無擇，道備生知。二親相賀，嘆其殊特；八珍備列，觀其所嗜。睹兹鮮饌，竟不怡顔，迴取蔬飧，徐而至飽。既知旨趣，爲誦諸經，每一暫聞，應言如響。敏同瓶瀉，馬鳴之粹漸殫；爛若傳燈，龍宫之軸俄究。洎年十九，奄喪所天。慈氏孀居，捐之入道。上人既嬰荼蓼，見母出家，内省六塵，厭無明之所蔽；外觀三界，悼即色之咸空。泡幻欻生，憂悲已積，刹那無永，老病交侵。遍觀衆相，猶如火宅，因而悟道，深生厭離。尋求妙法，遠歷名都，亟涉山林，餌猛噬而無懾；或遊聚落，觸嚴刑而不渝。晚次漳濱，古稱都會，有石趙之遺趾，激澄叟之清風，勝侣同於崛山，法樂盛於祇樹。竹林精舍，金鋪洞開；柰苑僧坊，玉臺相拒。次第遊覽，至一伽藍，名曰雲門，最爲殊妙。智旻上座，德冠緇林。深智大權，位參十地；律儀戒行，功包四果。上人接足頓顙，攝心歸向，蒙謂善來，因兹剃落。既飧法味，獨握誡珠，忍鎧在躬，五蔭同於沃雪；慧刀裂網，六賊由其倒戈。身心清净，於是乎畢。已而諦觀衆法，深入寶藏，清諸意業，莫先於德。因攝以威儀，靡尚於除惑。資三定行，斷彼毒根；得四無畏，除其苦縛。諸善住處，超三灾而獨存；衆聖焉依，排四魔而迴出。所謂我毗尼藏，析金杖而俱珍；尸波羅蜜，登寶橋而普濟。曇摩毱多，導清源於西域；佛陀邪舍，播巨海於東藩。調御之道斯弘，塵勞之黨咸度。上人受持句偈，猶涉海之護浮囊；宿夜勤修，等救頭之防猛焰。割膚自若，守誡切於文蛇；忘食圖全，依律比於籠雁。年踰弱冠，智合遍知，行道祈通，倏焉冥感，不起於座，爰睹應身。網指徐摩，如承灌頂之訓；軟音垂喻，密奉金口之談。不可思議，言名所絶，得未曾有，身心泰然。初，雲門净洪，譽高河朔，闡明《十誦》，聲動八方。上人服義首筵，亟移星律。至於是後，釋住相推，有所未通，翻然下問。上人言泉波駭，變桑野而浮天；舌電横飛，控箭流而會海。豈止連環易剖，曾冰可泮，若斯而已哉。由是法棟載隆，寶輪常運。絳紗晨敞，四部之衆風馳；玉麈晡揮，千葉之花雲委。憫衆生猶赤子，俱與大車；導緇侣於迷津，咸承慧炬。化度踰廣，名稱普聞，遂使紫極紆旒，望三臺而敬禮；彤闈俯翟，投五體以歸誠。於是遠鶩蒲輪，迎居陸海。爰初戾止，同妙音之款鷲頭；亦既宣揚，邁鳩什之遊龍首。于時東西禪定，輪奐初成，遠召名僧，輻湊都下。嗚揵大集，龍象爲群；敷座清言，鵷鴻成侶。上人方開秘藏，網絡群賢。據師子牀，妙吼之音遠暢；霔甘露雨，藥草之類咸滋。吻激風輪，煩惱之山已散；舌揮星劍，生死之冤乃裂。於是諸來聽者，各申疑問。或鹿頭異學，奮岐角以争鋒；野干法師，縱鈎爪而窮搏。上人獨纓義府，聊播辯河。四句略宣，非人之等川潰；一音善誘，增上之黨雲銷。於是道壓前脩，名超有頂。至若頻螺迦葉，年德居多，長老應真，臘夏崇積，莫不横經受道，俟琢玉而成器；請益思齊，仰景山而取則。自金棺火滅，寶藏枝分，懸法鏡者端形，握摩珠者利物，或隨方而設禁，或觸境以偏防。由是著有傳空，異端斯起，四分七部，衆目齊張，鼎峙於法界之中，綺錯於泥洹之後。及道流振旦，象現清臺，在魏嘉平，貝葉傳於許下；有秦弘始，梵語譯於常安。申毒羅叉，舉宏綱而尚昧；廬峰釋遠，測妙略而猶疏。是以四衆傳疑，紛然莫定；百家異説，執見相非。上人慧目詳披，靈心獨照，剖變通之詭説，甄得失之殊流。商略古今，網羅遺逸，撮彼機要，舉以紘綱。撰《四分律疏》爲廿卷、《五部區分鈔》廿一卷、《諸師異執甄集鈔》四卷、《經部甄定纘記》五卷，並流通海内，作範區中。是使負笈應真，同瞽者之蒙正導；學地開士，等破闇之逢智燈。或親承德音，乃隨類而俱解；或伏膺著述，並披文而見意。千載頽綱，一朝攸叙，中興大典，緊賴在兹。粤若巨唐，應天揚化，金輪撫運，佛日再融。太宗大孝通幽，因心永慕。夜夢先后，冥中就養之情；旦隔慈顔，彌切終憂之痛。爰發明詔，占星揆景，構香臺於通邑，遠擬花足之城；建靈塔於長衢，式資忉利之果。莊嚴圓滿，雕繢畢功，爰制嘉名，號之弘福。於是廣徵僧寶，妙選綱維。特屈律師，親臨寺主。尋降綸旨，升爲上座。諸王眷屬，皆頂禮而受三歸；大臣長者，咸屈膝而遵八戒。自非至真上德，安能致此者哉？俄而現躬有疾，傾脅而卧，奄棄是身，歸於净域。粤以貞觀九載朱明首月，終於弘福寺，春秋六十九。皇情軫悼，怛二鼠之侵藤；列辟纏哀，驚四蛇之毁篋。王人駱驛，天眷飾終。喪事所須，並宜官給。幢幡彌亘，雲布郊原；簫挽悲吟，雷振都邑。百官雨泗，懼景落而行迷；四衆窮號，痛梁摧而罔庇。既而受戒弟子及聽法門人親稟訓者三千，結微緣者十萬，各舉號而永慕，乃聚衆而興言。以爲諸法皆空，猶假道於言説；衆善不昧，咸寄聲於贊揚。矧我大師，潤兹小葉，不申唄頌，孰報仁恩。敬托有緣，而爲偈曰：

森森萬象，蠢蠢四生。並羈形有，共溺無明。六塵韜識，三毒迷情。形淪苦海，命偶乾城。佛子能仁，神童出世。習觀成哲，脩真挺慧。識照前因，智包空際。道超上足，譽高羅衛。亦既成德，開曉群蒙。辯挫乾子，威動魔宫。慈雲普蔭，慧日遐融。撲其愛火，清諸業風。三攝分條，五門區律。檢情制性，懲非糾失。並禁回邪，俱防放逸。波流脉散，紛然異述。至人理紊，博綜群言。求宗夢叠，循本孤園。汰其瑕礫，導彼潛源。著之緗簡，傳諸後昆。學侣雲騰，緇徒霧集。括囊生肇，網羅澄什。側聽言提，皆霑引汲。遏其四趣，蠲諸六入。發聲漳浦，馳譽神州。天庭下涣，節使奔郵。郊迎下輦，禮足紆旒。憑因作筏，拯溺爲舟。聖曆膺圖，欽明御宇。同菩薩病，救衆生苦。委命導師，歸心法主。言深帝念，施傾天府。如何一旦，踵武雙林。生靈眼滅，照世光沉。睠仁永久，戀德兹深。仙衣磷石，玉字生金。

大檀越鎮軍大將軍、上柱國、虢國公張士貴累功丕顯，積善熏修。翊戴□□□梁覺法。悟道參於十地，解脱通於四禪。喜捨而立勝因，護持以成妙果。爰以顯慶元年十二月八日，設齋建立。

右屯衛大將軍兼太子左衛率上柱國郜國公郭廣敬書

太子中允裴宣機篆書

（《西安碑林全集》一九一卷二八四頁；《全唐文補遺》七輯八頁；《全唐文補編》下册二二二六頁）

二二　順禪師塔銘

僧順禪師者，韓州涉縣人也。俗姓張氏，七歲出家，隨師聽學，遍求諸法卅余年。忽遇當根佛法，認惡推善，乞食頭陀，道場觀佛，精勤盡命。嗚呼哀哉！春秋八十有五，以貞觀十三年二月十八日卒於光天寺。門徒巨痛，五内崩摧，有緣悲慕，無不感切。廿二日送柩於屍陁林所。弟子等謹依林葬之法，收取舍利，建塔於名山，仍刊石圖形，傳之於歷代。乃爲銘曰：

心存認惡，普敬爲宗。息緣觀佛，不捫秋冬。頭陁苦行，積德銷容。捨身林葬，鐫石記功。

（《北京圖書館藏中國歷代石刻拓本匯編》一一册八二頁；《隋唐五代墓誌匯編·北京卷》一册三四頁；《唐代墓誌彙編》貞觀〇六五號）

二三　大唐靈化寺故大德智該法師之碑

弘福寺明濬法師製文

普光寺沙門明解書

維夫愛河巨浪，賦命者迷其問津；玄流大川，宵形者罔知利涉。靡不資聖賢以間出，拯淪湑而遐濟。故日種應物於前，道光百億；慈氏乘時於後，功格三千。焕乎至哉，無德而言。象□鶴林，韜迹鷲嶺。居常施光，奉正法之元；寅贊丕緒，天親承像教之季。式纂洪猷，洎乎慧日。西傾餘光，東照騰蘭。嗣大義而廢止澄什，匡頹運以來儀夷夏。何其宏謨幽□，翼其神化。至於跨躡融肇，吞孕生林，耀傳燈而鑒昏城，震法雷而警聾俗。齊徽曩烈，同德異時。然綽有餘行，其唯該法師矣。法師俗姓王氏，琅耶人也。世因蒞秩，爰居豫州。鬱繁衍於本枝，導昌源於姬水。積德延慶，世載民英。軒冕相仍，聯華靡替。祖詢，周豫州刺史，器華粹遠，風鑒朗拔，負文武之才雄，爲邦國之光彦。父儼，隋巴西縣令，先德富義，砥行礪躬，善政之美，著乎風俗。法師秉因命世，應果挺生。靈府沉秘，神機英發。慈惠體其成性，俊穎禀其生知。秀異岐嶷，承九流於庭訓；含章髫齔，貫六藝於家風。并舉一反三，提綱領要。志氣開爽，粃糠儒墨。童遊歷寺，寓目講筵。聞三乘而永懷，悟四山而大息。甫年九歲，割愛歸真。初依顯州本行寺哲禪師，伏膺請道。哲公乃行循七覺，業專九定。嘉其卓異，試授五停心。未延旬日，便殫其妙。後進四念處，復極其微。禪師嗟賞，勉而誡曰：「子年齒未足，神悟有餘。於止稍功，在觀猶闕。宜契志三藏，履道弘宣。」時相州有裕法師，大開教義，博考二諦，□□五部。隋文佇其宗範，釋氏資其羽儀。法師乃滌耳聞風，星言奔詣；人隱學肆，敏贍冠群。良由夙潔禪地，賞花先茂，饑磨心鏡，慧照方遠。可謂素隨色變，涂逐壐移。抗論方重，□而有餘，覆授同瓶，瀉而靡失。馳聲□鄴，振采本州。時年十八，講《大涅槃經》及《金剛》《般若》，盛匡學侶，道俗僉歸。刺史楚國公豆盧賢，望重國華，績宣藩岳。藉甚嘉問，躬率部僚，展禮餐和，親任益敬。法師雖闡揚足用，而好學絶倫。以爲四藏五乘，淳源彌廣。龍樹入海，閱經笥而不窮；善才南遊，求法界而無盡。於是憲章列聖，思齊則哲。逾千里而尋師，遍九州而訪道。硜硜焉，敦匪石之固；孜孜焉，勞不及之心。至於頓漸格言，色空密義，罔弗鈎深玄妙，筆削浮靡。爰登五臘，備演三宗。函杖講道，亞迹净名之□；摳衣承義，已盛公超之市。隋煬帝搜揚法侶，大建仁祠。以法師德風遐扇，崇禮徵屈，請住慧日道場，爲千僧總任。行己唯四攝，率衆以六和。每對揚天問，光闡宗極，萬乘回簡心之睠，百辟光具瞻之重。深期厚遇，信施優隆。既因喪津海隅，弛政江表，黎元薦臻於八苦，區宇沸騰於五濁。法師以洿隆從道，避地入關，委質巖藪，栖神寥廓。清溪丹巘，宴坐觀空。邃壑喬林，經行寂慮。禪枝邁松筠□□秀，□香逸蘭芷而流芳。遂於離念净心，洞照如秋月；實相幽致，涣釋若春冰。靈祥符德以顯臻，鳥獸歸仁以馴狎。屬大唐啓聖，納籙乘時。補缺運於玄穹，紐傾維於厚載。涵養黎庶，光復美俗。皇帝龍潛之日，遠挹清猷，別奏招迎，請居月愛。法師以出處隨化，動寂唯宜，聿膺聖命，宣風開里。新□王爲建講檀越，躬顧門人，請開《華嚴》《法華》，以啓初會。法師乃承盧舍那之素業，開佛知見之玄宗，談柄才麾，詞雷殷震；微言暫吐，法雨霈霑。於時異學雲屯，碩難峰起。

匠主以鴻鐘應扣擊之大小，義□納潮宗之巨細，智逾炙輠，辯縱連環。廓部執如烟消，析繁疑如扼落。兼通數論，傍會典墳。學府之興，蔚其盛矣。高□長公主駙馬紀國公段倫，企承德音，推誠頂禮，請居靈化，頻建法筵，一心虔奉，四事周洽。又於京城諸寺講《涅槃》《維摩》《般若》等經，《攝大乘》《中》《百》《唯識》等論。斯乃鳩集疏記，覃思玄章，□有二十萬言，勒成一十三卷。莫不詞林布護，理窟深沉，隱括大小，昭顯文義。然以本寂圓宗，末學方駕，南北興鼠首之執，當見懷猶豫之疑。故復研詳旨，□商略異説，撰《辯定□正論》一卷，使有識知歸。雖挫鋭顯其非，唯已往體寂，圓照是所司□，復依净心，緝成八觀。啓無生之捷徑，坦入證之夷途，好玄解行之□，盛傳不朽者矣。故□栖禪枝而庇影，詎知道樹之高低；飲玄津而滿腹，未測德河之深淺。且世經四主，身歷二朝。亟入承華，屢弘正法。遐邇推德，朝野歸心。稟塗香而致敬，遵善誘而服道。先達者既同原菽，後進者還類屋籌。加以止足清□，不干名烈，迴其信施，修葺伽藍。三事雖亡，四勤逾勵。至於察機樹德之迹，容謂顯仁；體生會滅之深，孰辯藏用。粤以貞觀十三年歲次己亥六月三日，微覺貶和，至七日夜中，命諸弟子，□懇傳授心地法門。勤勤委□，詞色無擾。八日平旦，□神於靈化本房，春秋六十有二。哀纏緇素，慘變風雲。即以其月十日，道俗學士數千人，奉旨送往終南山，闍維於楩梓谷。承風者結欷，慕道者銜悲。莫不望蓋影而涕零，扣山門而崩絶。弟子智文、玄達、貞顧等四十七人，共收灰燼，標塔表靈。又以大師康存，供養舍利。未遑封樹，奄盡化期。塔前別起五級浮屠，追光本志爾。乃興基利刹，鎮地干雲。風鐸相和以諧韵，露□比□而疑夜。危巒峭嶺，鬱律峙其前；峻堞平原，□迤案其後。□流迴互，仿佛兩河。灌木參差，依□八樹。十方善識，七衆門人，悲安師而智山頹，揚河運而慈舟覆。恐方域盡蕤，圓海生桑，刊豐碑以存道，庶塵劫而騰芳。其詞曰：

苦水湯湯，□涯漫漫。心□易擾，識賊多難。似魚出没，如泡聚散。緊賴舟航，方躋彼岸。於赫大聖，□照重昏。等澍法雨，滅燎燒門。寢靈示教，五部同奪。貽則踵武，四依代存。顯允上德，承佳應世。簡畹敷英，桑門庭□。夙閑十想，早袪六蔽。善來寶坊，幽求實際。既服忍□，又堅式足。學窮內外，道貫真俗。弘兹□滿，逗斯機欲。名稱普聞，人天允屬。炎靈道喪，梟雄□峙。□道嚴阿，宅心至理。三昧□慮，四攝虛已。幽顯輔仁，休禎應祉。我唐建國，洞□玄化。載朗□燈，啓明長夜。彼美懷道，俟時藏價。惟王佇德，問天要迓。振威屈冗，感召隨緣。隋融□念，志在弘□。控引義海，吐納言泉。詢疑結轍，請益駢筵。道播區中，惔然神王。載闢靈寺，窮乎大莊。克定了因，指明□相。利物不朽，成文遺貺。達人體道，生滅不羈。稅駕□寂，□□離知。颯爽人世，悲哉□移。惟兹承旨，感戀如斯。承旨伊何，香新鑠質。感戀伊何，□室概□。愁雲暗對，悲風蕭颸。俾就貞珪，永光名實。

（《西安碑林全集》四卷四五八頁；《長安碑刻》上册二四頁圖，下册三五九頁文；《全唐文補遺》一輯一二頁）

二四　大唐花嚴寺杜順和尚行記

鄉貢進士杜殷撰

朝議郎試左武衛長史上柱國董景仁書

釋垂範忍辱爲戒，空寂爲體，求而非真，智而可識，不遠而疏，志之奚□。了了雪山，我佛當其諭道；杲杲白馬，金字闡于巨唐。粵以有京兆人者，堯之苗裔，生雩國南門外村里，簪□繼□，□□飾躬，馨香內外，逮三千餘祀，俄扇雩西方之盛，降兹吾師。師始齠齒，□邁人表，未登十歲，緩集同年。生陟一基，而以敷足嶷然。旋吐大乘之法，□□□瞻。善男子善女人，無間大小，奔而趨而虔心諦聽。一演而伸衆闐道□□□舞之忘親，愛而自聳。復次□機運巧指事，成績洞然。毕有祥瑞連縈，龍肋□力矻矻，其異不一，寔可繁詞。弱冠，師之兄有軍旅之患，欲赴跪而啓。父兮母兮，厥而賡去。允斯所命，被甲鎧汪汪，執戈慷慨，逼至魚麗。勝而多捷，卓爾哉出群。隱而靡究，慈惠沾濡一師之卒。渠百結，師補綴焉。渠有各酷笞刑，師受笞焉。負薪爨火，汲水燃之。渠盥濯，師之躬焉。渠役烽火遊外，師之當焉。昔魏禪師，師主也，異曰：「倍□之日，臨流未濟杖之功，登嶺有去虎之妙哉。」貞來婦人有一子，求之□□睐，擲於急流中而復見胡甸反，乃是宿根深債。歷縣側，因睹畋獵化夔□龍盛與□□□士交會，因勵承勵而息心歸依。師之門人動意尋五臺靈境，欲覺□菩薩給五銖道糧，乃失師事。今有秦人王元順，承家穆穆，文武潤身，在世有濟拔之惠，效主懷歲寒之心。殷，師之裔孫也。已履儒迹，心□□岸，每耽儒典之暇，劇趣真心。師之聖，寔非翰墨之能飾。

大中六年□月二十四日記

鐫玉册官邵建初刻字

院主僧談賁

（《西安碑林全集》二三卷二三七二頁；《長安碑刻》上册一九三頁圖，下册五五一頁文；《金石萃編》卷一一四）

二五　唐故慧靜法師靈塔之銘

法師諱慧静，河東聞喜人也。俗姓裴氏，晉吏部郎楷之裔胄。師幼懷穎悟，器宇澄明，信冠蓋如浮雲，棄簪纓猶脱屣。年十有四，發志出家。望大道而孤徵，趣菩提而一息。至於三藏奧典，精思幽求；十二博文，討窮漁獵。於是鉤深致遠之照，恬悦性靈；符幽洞玄之鑒，惔焉自逸。法師雖復群經遍學，而《十地》偏工。伏膺有年，談麈方舉。但以屬逢隋季，僞教陵遲，紺髮金言，櫛風沐雨，感斯流慟，悽斷傷心，遂輟聞思，盛修功德。經凡一切，像集數軀，特造一堂，莊嚴供養爾。其雕梁畫栱，粉壁朱墀，像則鎣以丹青，經則闕文續寫。豐功粗畢，景業且周。師寢疾彌留，漸衰不愈。春秋六十有九，以大唐貞觀十五年四月廿三日，卒於寺所。弟子法演早蒙訓誘，幸得立身，陟岵銜恩，展申誠孝。闍維碎骨，遷奉靈灰，鑿鏤山楹，圖形起塔，銘諸景行，寄此雕鐫，盛德徽猷，庶傳不朽。其銘曰：

奕葉冠蓋，蟬聯世襲。有覺煩籠，簪纓羅縶。四生難寄，三寶傷依。通人憬悟，落髮爰歸。戒定慧□，聞思克勵。彼岸未窮，奄辭人世。孝誠追感，圖形畫像。顗覲神儀，時申敬仰。山虛谷靜，松勁風清。勒諸巖岫，永播鴻名。

（《北京圖書館藏中國歷代石刻拓本匯編》一一册九三頁；《隋唐五代墓誌匯編·北京卷》一册三五頁；《八瓊室金石補正續編》卷一八；《唐代墓誌彙編》貞觀〇七五號；《全唐文補遺》三輯三〇五頁；《全唐文補編》下册二四一一頁）

二六　光天寺大比丘尼普相法師灰身塔銘

法師俗姓崔，博陵人也。祖父苗裔，本出定州，因仕分居，遂留相部。年十有二，落髮玄門。一入僧徒，志操安靜，處於衆侶，卓爾不群。年滿進戒，學律聽經。精勤未久，律文通利，講宣《十地》《維摩》兩部妙典。法師意欲啓般若之門，開無爲之路，運乘火宅，舟航愛河，遂使道俗慕欽，衆徒歸仰。但滅本不滅，生亦不生，以無爲心，示有爲法。春秋七十有八，大唐貞觀十七年八月四日，遷神於光天寺所。弟子等哀慧日之潛暉，痛慈燈之永滅，乃依經上葬，收其舍利。粵以貞觀十八年歲次甲辰十一月十五日，於此名山鐫高崖而起塔，寫神儀於龕內，録行德於廟側，覬劫盡山灰，形名久嗣。乃爲銘曰：

邈彼遥津，萬古紛綸。會燃智炬，乃滅煩薪。捨恩棄俗，入道求真。持律通經，開悟無聞。松生常翠，竹挺恒青。如何法匠，忽爾將傾。近雕素石，遠署嘉聲。千秋萬古，留此芳名。

弟子普潤、善昂、愛道及諸同學等爲亡師敬造

（《北京圖書館藏中國歷代石刻拓本匯編》一一册一二六頁；《唐代墓誌彙編》貞觀一〇五號；《全唐文補遺》三輯三〇五頁；《全唐文補編》下册二四一二頁）

二七　楊居士塔銘

上缺太微方濁甄下缺月廣珍於少下缺潁水之下，或顯踵以激濁，或□發以全下缺字□，平陽人也。自黄旗代終，□棣華而下缺於□□□説□編於井絡□陰授桂撩祥雲□□□有正色。二穹□□四始，光列千載，所謂歿而不□□□。祖□□□□□□□□□□周隰州蒲縣令，并毓慶雲津，梢舉風□，□墙千仞，壁□□頃。居士以亂水涵璣，宗山降琰，純乎似屈，怕若未咳，植谷口之疇，挺河上之器。□□孝子者，就養□通，括囊無悶。貞毛秘翼，蓮蓬顆而成□；新人故鬼，契幽符而仰□。□身素撩，飛譽紫宸，即先師籌諮之師也。先師者，俗姓楊氏，即居士□成師也。即□□乘，分胎五濁，辯才無註，正行難儀。心了未然之前，迹爛已然之後。將非半頭之□□地，他心不然者，何若斯之異乎？周大象元年，杖錫搴芝，始居鷄足山。桂殿栖□，□□敧峰之月；天裾散影，遠披方嶺之霓。合景飄香，分禽囀梵，挹林中之一麥，咀地□□四偈。照三空之無相，昧起智華；静六度之有爲，明垂福葉。居士以宿植厚因，早□□足，龍華上席，鹿囿初輪，株板久除，法門豈二。於是錯天人之名實，覈陰陽之表□；□色心於一□，契影罔於三祇。去武德二年，奉詔切追，星馳詣闕，帝員頒敕，贈賜榮賞，報以嘉猷。歸還故

里，從志箕山，觀其虛幻，迎造二□，□爲神室。既而炎馬易馳，爝輪難駐，衆生□赴，大士違和。以大唐貞觀十八年龍□□辰二月景午朔十五日庚申，舍化於洪洞里之別第，春秋九十有一。惟居士養□□真，少私寡欲，與人信，奉上忠，其事勤，其施博。食不乳蜜，服不絲革，寢不氈褥。是□□經於口，喜愠不涉於心，曠乎其難量也！室邇人遠，質去浮存。白葉空吟，青山無□。嗚呼哀哉！粤以其年殯日，葬於箕山之窟，禮也。又吉優□□者，是居士同師友也。□□四□，神遊八解，度華存而飲景，超勝鬘而吼法，實晉地之净行焉。故居士生平□□奉先師□□□王吉之德廣，於此岊起塔，示所以尊師重道也。嗣子君式，聿□復□下□□□母及柳氏女立墳塋徹。不殊松櫝相浹，虹梁飲雨，虬角衛星下缺魂於山川，春谷流□。□曙□於松□，履下缺隙□。銘曰：

大匠冶儀，小天鈞性。離下缺□官鴻寶士□□珠下缺

（《北京圖書館藏中國歷代石刻拓本匯編》一一册一二〇頁；《隋唐五代墓誌匯編·北京卷》一册三六頁；《全唐文補遺》七輯二二三頁；《全唐文補編》下册一九一七頁）

二八　慈潤寺故大論師慧休法師刻石記德文

法師諱慧休，河間平舒人也。俗姓樂氏，晉大夫樂王鮒之後焉。僕射之剛正執直，恥素餐於漢朝；吏部之清白貞淳，飛英聲於晉室。衣纓髦彦，可略而不言。法師夙樹勝因，早膺妙果，文舉讓梨之歲，志在出塵；陸績懷橘之年，便欣入道。及天仙接髮之日，即事靈裕法師爲息慈弟子。□聽明慧，勤於藝業，每披覽經論，不俟研求，一經於心，莫不怡然理順。雖仲任之閲市默記，正平之背碑闇寫，方之上人，彼所多媿。始受業於僧樹律師，習毗尼五部。星紀未周，即洞曉玄妙，遂乃馳騖三藏，遨遊十門。修多蠹露之文，龍樹馬鳴之説，莫不剖析豪（毫）氂，窮盡隩秘。於是勝幢斯建，法輪遂轉，懷經負笈者，靡□□勞於□舍；請益質疑者，不憚勤於千里。於

是門徒濟濟，學侣詵詵，同萬流之歸渤澥，類衆□之環滅極。法師所製《十地地持義記》《成實論義章》及《疏》《毗婆沙論》《迦旃延經》《雜阿毗曇》等《疏》，《小乘□》《攝大乘論義疏》，又續遠法師《華嚴疏》，又著《大乘義章》，凡卌八卷，并皆深賾玄宗，敷通幽捷，暢十誦之□典，演五時之精義，其辭□而旨微，其文華而理奥，誠先達之領袖，寔後賢之冠冕。及開講解釋，辯若懸河，聽之者忘疲，喰之者心醉兮。時天下寧宴，佛日載明，龍鳥問望，風塵相接，各樹勝幢，俱鳴法鼓。法師儼然高視，擅名當世。雖弘論未交，則望塵而旗靡；辭鋒纔接，亦灌然而轍亂。於是昇其堂者，如承慧解之談；入其室者，似寤傳燈之説。由是茂實嘉名，騰芳於函夏。貞觀八年，奉詔召入京都。法師年將九十，志性沉静，深憚喧嘩，乃辭以老病，得停遠涉。慈潤僧坊，屢有災火，每將發之際，即有善神來告法師，令爲火防。如此數四，以有備獲免。靈泉道場，自齊亡之後，堂閣朽壞，水泉枯竭，荆棘荒蕪。累經歲諗，至開皇三年，始加修復。法師躬自開剪，招引僧徒，乃嘆曰：「伽藍雖建，山寺無水，經行法侣，豈得安居？」於是思惟深念，不過信次，飛泉奔涌。災火不焚，無假欒巴之術；枯泉自溢，豈藉耿恭之拜。此固法師業行所致，精誠所感。法師每至驚蟄之後，墐户之前，齋供乃絶於蔬菜。欲有所之，手執長箒，掃地方行，惟恐食踐有生，損傷物命。大慈大悲，念念相續，爰始髫齔，終乎耆壽。德素之美，徽猷日新。雖十業之心已净，未出生死之流；百年之期斯盡，遂見花萎之相。貞觀廿年歲次敦牂季春旬有五日，法師澡嗽訖，因右脅而卧，滅□□念，色貌如常，出息難保，奄然遷化。春秋九十有九，夏臘七十有七。即以其月廿日，遷窆於安陽縣西之□靈泉山。法師金剛之性堅固不染，戒行圓滿，明净無瑕。博綜群典，該玄窮妙，視怨親惟一相，達生滅之□□，□□□□□□閈，湛然而已。使持節、揚州都督、相州刺史、越王以開士乃佛法之棟樑，衆生之津□，奄損□□言□□命詞人，式昭景行。乃爲文曰：

□□界之輪迴，念四生之沉溺。没愛河而不懼，玩火宅而無惕。識莫寤於真假，智常昏於動寂。何大覺之

□□，□大法於大千。示三車之快樂，寔六趣之福田。雖慧日之暫隱，乃慧炬而猶傳。彼上人之應迹，暢微言之遺旨。開不二之法門，闡會三之妙理。□威儀與器度，信卓然而高視。惟諸行之無常，究竟□□寂滅。痛哲人之雲逝，刊玄石而記烈。雖陵遷而海變，恕徽音之無絶。

（《唐代墓誌彙編續集》貞觀〇四九號；《全唐文補編》下册二二二二頁；《寶山靈泉寺》九一頁）

二九　慈潤寺故大慧休法師灰身塔頌

佛日潛暉，明人應世。是曰法師，照除昏蔽。始涉緇門，方爲師導。聽覽忘疲，精窮內奥。真如顯悟，三乘指掌。負□雲奔，諮承渴仰。匠益既周，玄談且歇。置亭几□，形隨盡月。羅漢灰身，那含寂定。今乃闍毗，宗承先聖。建茲靈塔，記德留名。覬超劫火，此石常貞。門徒攀躄，道俗□哀。不勝戀慕，捫淚徘徊。

（《全唐文補編》下册二四一二頁）

三〇　聖道寺故大比丘尼靜感禪師灰身塔記

禪師諱靜感，□□氏，隴西燉煌人也。遠□從宦魏國，因以家焉。若乃崇基極天，長源谷曰□傳世，襲縉紳譜。孝敬之基，詎待覼縷？禪師風神秀朗，容範端莊，殖德本於常年，積妙因於前業。齠齔之歲，已高蹈玄門；童稚之辰，遂栖心覺路。即誦《維摩經》《無量壽經》《勝鬘經》，轉《一切經》一遍，夕晨無暇，誦習如流。年登廿，進受具戒，遂聽律五周，《僧祇》《四分》之説，制事斷疑，無不合理。至卅，捨散善之不修，求第一妙宗。庇身禪衆，高參勝侶，學月殿雲經。實躬之業，三空五浄，并得禪名。潔行精微，志成懇惻，糞掃爲服，聊以外禦風霜。麻麥爲餐，纔充饑渴，形同槁木，心若死灰。見之者去殃，聞之者遺障，可謂釋門之龍象，法侶之鴛鴻者也。禪師負杖逍遥，息焉親疾，梵響悲深，鐘聲哀急，遷神從化，八十有六，六十五夏。貞觀廿年三月廿一日，終於聖道寺。可謂釋種福盡，再唱空虚。悲威德者，涕流沾襟；惜善人者，僻身□□。姪女静端、静因及門徒等祥收舍利，嗚咽血言，鏤山爲塔，刊石爲文，冀通萬古，庶不朽焉。

（《北京圖書館藏中國歷代石刻拓本匯編》一一册一四〇頁；《隋唐五代墓誌匯編·北京大學卷》一册三一頁；《唐代墓誌彙編》貞觀一一六號；《全唐文補編》下册一九一八頁）

三一　大唐萬年縣劉居士（相）墓誌

公諱相，字文範，京兆萬年人，楚元王交之後也。交封於薛郡彭城。曾祖旦，後魏初拜本郡太守，封關内侯。祖仁，除博昌令，仍襲本爵。父藏，仕於齊，名聲藉甚。齊末，周并天下，徙於關右，故遂爲京兆人焉。奕葉重光，珪組相襲，此乃昭彰史籍，豈待形言。惟公禀質清高，器局宏量。忠孝發於天性，信義生於自然。厭塵俗之無恒，就山池而放逸。傾九醞以陶性靈，源百家而暢雅志。風清月夜，輒賞玄度之遊；枕石臨泉，自得箕山之操。汪汪焉如萬頃之陂，森森焉若孤松之立。見一善則虚衿而待之，遇一惡則内省而詳之。不以寒暑易其心，不以榮辱改其度。美哉盛矣！不可詳記。春秋八十有一，卒於里第。悲動四鄰，哀感行路。豈止親戚傷痛、兒女崩號而已哉！遂以其年葬於京東之十三里蛇村之右。前眺終南，層峰千仞；却闗（觀）清渭，洪流萬里。東瞻灞岸，西望帝京，日月之所蔽虧，煙雲之所離合，信兹地之宏壯也。夫存有嘉名，没遺令範。故記諸景行，以爲誌云。其詞曰：

猗歟遠祖，出自楚元。且公且侯，帝子帝孫。世舉高秩，曾光本蕃。圓規方矩，垂範後昆。其一　惟公宏量，器宇清高。□置囂俗，放曠東里。風亭命侣，月館遊遨。珍羞結駟，酒駕連鑣。其二　雅愛幽栖，性怡□水。惟忠惟孝，明經悦史。疾惡若讎，見善佑已。陂寬萬頃，驥足千里。其三　隙駟不留，寒暑亟易。金烏東旦，玉菟西夕。誰謂道消，碎此珪璧？誰謂霜落，凋此松柏？其四　靈轜方軌，四牡齊轡。赳赳征夫，哀哀孤嗣。競攀去轂，争□野饋。一啟荒埏，千秋長秘。嗟爾來世，式昭清懿。其五

貞觀廿年歲次景午閏三月癸巳朔廿日壬子卒，四月壬戌朔十一日壬申葬於此。

（《隋唐五代墓誌匯編·陝西卷》三册二四頁；《唐代墓誌彙編續集》貞觀〇四四號；《全唐文補遺》三輯三三四頁）

三二　慈潤寺故大明歆律師支提塔記

律師俗姓王，生長在瀛州。出家進具戒，問道□都遊。三藏俱披讀，□□□□□。□□群英□，遠近□來求。四□□□□，□□八十周。□□數十遍，釋滯解玄幽。亦講《無量壽》，净土業恒修。爰登於六九，七十五春秋。遷神慈潤所，起廟此崖頭。略記師之德，芳名萬古留。

（《北京圖書館藏中國歷代石刻拓本匯編》一一册一四八頁；《隋唐五代墓誌匯編·北京卷》一册四一頁；《唐代墓誌彙編》殘誌〇四五號；《唐代墓誌彙編續集》貞觀〇四六號、貞觀〇七二號）

三三　故大優婆塞晋州洪洞縣令孫佰悦灰身塔銘

優婆塞姓孫，字佰悦，相州堯城人也。□世衣纓，苗裔無墜。身居薄宦，情達苦空。每厭塵勞，心希彼岸。雖處居家，不願三界。見有妻子，常忻梵行。悦去隋朝身故，未經大殯。悦有出家女，尼字智覺，住聖道寺。念父生育之恩，又憶出家解脱之路，不重俗家遷穸，意慕大聖泥洹。今以大唐貞觀廿年十月十五日，起塔於寶山之

谷，冀居婆塞之類，同沾釋氏之流。今故勒石，當使劫盡年終，表心無墜。善哉善哉！乃爲銘曰：

哲人厭世，不貴俗榮。苦空非有，隨緣受生。身世磨滅，未簡雄英。高墳曠壟，唯矚荒荆。且乖俗類，同彼如行。俱知不善，唯願明明。

（《北京圖書館藏中國歷代石刻拓本匯編》一一册一五四頁；《隋唐五代墓誌匯編·北京卷》一册四二頁；《唐代墓誌彙編》貞觀一二八號；《全唐文補遺》四輯二八四頁；《全唐文補編》下册二四一二頁）

永徽

三四　僧海禪師墳誌

大唐化度寺故僧海禪師，年六十有六，俗姓劉，綏州上縣人也。永徽五年十一月八日，卒於禪衆。以顯慶二年四月八日，於信行禪師所起方墳焉。

顯慶三年歲次二月廿五日癸巳建

（《北京圖書館藏中國歷代石刻拓本匯編》一三册六八頁；《北京大學圖書館藏歷代墓誌拓片目録》〇一四八〇號；《新中國出土墓誌·陝西貳》二九號；《隋唐五代墓誌匯編·陝西卷》一册二八頁；《中國西北地區歷代石刻匯編》二册一四頁；《西安碑林全集》七四卷二〇〇五頁；《唐文拾遺》卷六三；《全唐文補遺》三輯三六二頁；《長安碑刻》三七二頁；《石刻題跋索引》一六七頁）

三五　大唐光明寺故大德僧慧了法師塔銘

法師諱慧了，俗姓宋氏。若夫西京纂曆，車騎建其英謀；東漢握符，司徒鼎其鴻業。曾構與靈山比峻，昌原共德水俱長。人物備在典□，徽烈焕乎篆籀。法師道心天縱，解行自然。不假薰修，已達四禪之趣；無勞雕琢，便登八正之途。七歲出家，久著老成之德；十三依衆，早識性相之原。有信行禪師者，釋氏之冠冕，桑門之棟梁，達究竟於沖襟，窮權實於靈府，濟群生於正覺，辟衆品於重昏。一見法師，嘆之良久，曰：「紹隆三寶，非佛子而誰？」法師遊刃三乘，括囊十地，闡龍宮之奥旨，演鹿野之微言，遠近歸依，道俗鑽仰。爾乃心敦寂滅，志絶攀緣，晦迹林泉，韜光巖谷。文帝既行輪王之聖教，將窮正法之玄宗，敕令太子太保宋公瑀大德僧内銓簡三人，所以辟召法師，方擬對揚宸極。宋公共論法相，鄙吝便祛，似遇天親，如逢無著。因而居□□□□範緇徒，其有鍱腹决疑，杖錫請法，咸剖錯節，俱釋盤根。但□□居諸，晦明叠代，崦光易落，閲水難留。既傷壞木之可，還切□舟之嘆。顯慶元年八月五日寢疾，遷神於光明寺禪坊，春秋□十有四。即以二年二月十五日，於終南山楩梓谷，禪師□□，□骨起塔。昔郭泰飛英，漢室尚勒無愧之文；賈逵擅譽，□□□□不朽之頌。況津梁六道，濟度四生，理須播美縑緗，□□□□爲銘曰：

偉哉開士，道濟群生。跨躡龍樹，牢籠馬鳴。□□□□，□□□□。既登勝果，永斷無明。

太子太傅尚書左僕射兼修國史上柱國下缺

（《金石續編》卷五；《唐文續拾》卷一三）

三六　大唐王居士（公）磚塔之銘

上官靈芝製文
敬客書

居士諱公，字孝寬，太原晉陽人也。英宗穎邁，遠胄隆周，茂緒遐昌，鬱冠後魏。樂府歌其載德，天下挹其家聲，具詳圖牒，豈煩覼縷。居士早標先覺，本遺名利，遍覽典墳，備窮義窟。睹老莊如糟粕，視孔墨猶灰塵。得給園之説，罄求彼岸之路。勵精七覺，仰十地而克勤；旰食一麻，欣六年之顑頷。方期拔除煩惱，永離蓋纏；何悟積善始基，處悲生滅。以顯慶元年十一月廿九日，寢疾終於京第，春秋七十有三。即以三年十月十二日收骸，起靈塔於終南山楩梓谷。風吟邃澗，寶鐸和鳴。雲散危峰，金盤吐曜。道長運短，迹往名留。不刊介石，孰播徽猷？吁其嗟焉！乃爲銘曰：

懿矣居士，明哉悟真。幽鑒彼岸，妙道問津。苦節無撓，貞心克勤。顧邈三有，超修十輪。俄隨怛化，遽此遷神。巋然靈塔，長欽後人。

（《北京圖書館藏中國歷代石刻拓本匯編》一三册八七頁；《隋唐五代墓誌匯編·北京卷》一册五六頁；《西安碑林全集》一九五卷九七〇頁；《金石萃編》卷五一；《唐代墓誌彙編》顯慶〇八一號；《全唐文》卷一六八；《石刻題跋索引》一六八頁）

三七　牛頭山第一祖融大師（法融）新塔記

初，摩訶迦葉授佛心印，得其人而傳之，至師子比丘，凡二十五葉而達摩得焉。東來中華，華人奉之爲第一祖。又三傳至雙峰信公，雙峰廣其道而歧之：一爲東山宗，能、秀、寂其後也；一爲牛頭宗，嚴、持、威、鶴林徑山其後也。分慈氏之一支，爲如來之别子。咸有祖稱，粲然貫珠。大師號法融，姓韋氏，延陵人。少爲儒，博極群書，既而嘆曰：「此仁誼言耳，吾志求出世間法。」遂入句曲，依僧炅，改逢掖而緇之。徙居是山，宴坐石室。以慧力感通，故旱麓泉涌；以神功示現，故皓雪蓮生。巨蛇摧伏，群鹿聽法。貞觀中，雙峰過江，望牛頭頓錫曰：「此山有道氣，宜有得之者。」乃來，果與大師相遇。性合神授，至于無言，同躋智地，密付真印。揭立江左，名聞九圍，學徒百千，如水歸海。由其門而爲天人師者，皆脉分焉。顯慶二年，報身示滅。道在後覺，神依故山。戒香不絶，龕坐未飾。夫豈不思乎？蓋神期冥數，必有所待。大和三年，潤州牧、浙江西道觀察使、檢校禮部尚書趙郡李公，在鎮三閏，百爲大備，尚理信古，儒玄交修。始下令禁桑門皈佛以眩人者，而於真實相深達焉。常謂：「大師像設，宜從本教，言自我啓，因自我成。」乃召主吏，籍我月入，得緡錢二十萬，俾秣陵令如符經營之。三月甲子，新塔成。事嚴而工人盡藝，誠達而山神來護。願力既從，衆心知歸。撞鐘告白，龍象大會。諸天聲香之薀，如見如聞。即相生敬，明幽同感。尚書欲傳信于後遠，命愚誌之。夫上士解空而離相，中士著空而嫉有。不因相何以示覺？不由有何以悟無？彼達真諦而得中道者，當知爲而不有，賢乎以不修爲無爲也。

（《劉禹錫集》卷四；《全唐文》卷六〇六）

三八　大唐故翻經大德益州多寶寺道因法師碑文并序

中臺司藩大夫隴西李儼字仲思製文

奉議郎行蘭臺郎渤海縣開國男騎都尉歐陽通書

大哉乾元，播物垂象。肇有書契，文籍生焉。雖十翼精微，陰陽之化不測；九流沉奥，仁義之塗斯闡。而勞生蠢蠢，豈厭塵門，闇海茫茫，恒漂苦浪。亦有寶經浮説，錦籍寓詞，駕鳳升雲，驂龍栖月。迹均轉縷，空溺志於邪山；事比繫繩，詎知方於覺路？孰若訓昭金口，道秘瓊箱，靜痡毒於三漏，拯横流於五濁。是生是滅，發蓮花之音；非色非空，被栴檀之馥。暨乎鶴林税軫，涅槃之岸先登；鳥筆記言，總持之苑斯闢。結集之侶，揚其實諦；傳授之賓，弘其妙理。然則紹宣神典，幽贊玄宗，跨生肇以遐騫，追安什而曾鶩。可以聲融繡石，采絢雕圖，則於我法師而見之矣。法師諱道因，俗姓侯氏，濮陽人也。自繞樞凝祉，紀雲而錫允；貫昴摛祥，奠川而分緒。司徒以威容之盛，垂範漢朝；侍中以才悟之奇，飛芳晉牒。衣冠繼及，代有人焉。祖闞，齊冀州長史；父瑒，隋柏仁縣令，并琢磨道德，砥錫文藝。或題輿展驥，贊務於千里；或烹鮮製錦，馳聲乎一同。法師稟祜居醇，含章縱哲，覃訏之歲，粹采多奇，髫齔之辰，殊姿獨茂。孝愛之節，慈順之風，率志斯在，因心以極。年甫七歲，丁于内艱，嗌粒絶漿，殆乎滅性，成人之德，見稱州里。免喪之後，乃發宏誓，而以風樹不停，浮生何恃，思去髮膚之愛，將酬罔極之恩。便詣靈巖道場，從師習誦，而識韻恬爽，聰晤絶群。曾不浹旬，誦《涅槃》二帙，舉衆嗟駭，以爲神童。逮乎初丱，方蒙落髮，於是砥行飭躬，架德緝道，篋蛇能翦，心猿久制。溯流增智，望井加勤，在疑必請，見義思益。尋講《涅槃》《十地》，洞盡幽微，宿齒名流，咸所嘆異。及受具戒，彌復精苦，若浮囊之貞全，譬圓珠之朗潔。始聽律義，遍訖便講，辯析文理，綜核指歸。《十誦》之端，五篇之賾，寫瓶均美，傳燈在照。又於彭城嵩論師所聽《攝大乘》。嵩公懿德玄猷，蘭薰月暎，門徒學侶，魚貫梟集，講室談筵，爲之囂隘。遂依科戒，而爲節文，年少沙門，且令習律，曉《四分》者，方許入聽。法師夏臘雖幼，業行攸高，獨於衆中，迥見推挹。每敷《攝論》，即令覆講，而披演詳悉，詞韻清暢，諸方翹俊，靡弗歸仰。於是遍窺釋典，咸通密藏，五乘之説，四印之宗，照盡幾初，言窮慮始。每摳衣講席，隱几雕堂，舉以玉柄，敷其金牒，涣乎冰釋，頤然理順。延惠風而不倦，同彼清流；嚮來響而無疲，類夫虛谷。搢紳之客慕義波騰，緇黄之侶承規景赴。法師志求冥寂，深厭囂滓，乃負帙褰裳，銷聲太嶽，寢谿扃岫，飲露餐霞，樹偃禪枝，泉開定水。凡經四載，將詣洛中。屬昏季陵夷，法網嚴峻，僧無徒侶，弗許遊涉。於是杖錫出山，孑焉孤邁，恐罹刑憲，靜念觀音。少選之間，有僧欻至，皓然白首，請與俱行。迨至銅街，暨於金地，俯仰之際，莫知所在，咸謂善逝之力。有感斯見，非夫確至，曷以臻乎？既而黃霧興祆，丹風起孽，中原蕩覆，具禍以燼。法師乘杯西邁，避地三蜀，居於成都多寶之寺。而靈關之右，是曰隩區，遠接荆舒，近通邛僰，邑居隱軫，人物囂湊，宏才鉅彥，碩德高僧，咸挹芳猷，歸心接足。及金符啓聖，寶曆乘時，運屬和平，人多好事，導玄流於已絶，辟妙門之重鍵。法師以精博之敏，爲道俗所遵。每設講筵，畢先招迓，常講《維摩》《攝論》，聽者千人。時有寶暹法師，東海人也，植藝該洽，尤善大乘。昔在隋朝，英塵久播，學徒來請，接武摩肩。暹公慠爾其間，仰之彌峻。每至法師論義，肅然改容，沉吟久之，方用酬遣。法師抗音馳辯，雷驚波注，盡妙窮微，藏牙折角。益州總管酆國公竇璡、行臺左僕射贊國公竇軌、長史申國公高士廉、范陽公盧承慶，及前後首僚，并西南嶽牧，并國華朝秀，重望崇班，共藉聲芳，俱申虔仰。由是梁峪之地，庸濮之町，飲德餐仁，雲奔雨集。法師隨緣誨誘，虛往實歸。昔曇翼高奇，教闡沉犀之壤；法和通敏，道著蹲鴟之域。協時揆事，抑亦是同，考業疇聲，彼則非衮。而以久居都會，情異俶真，養中晦迹，可求天解。復於彭門山寺，習道安居。此寺往經廢毁，院宇彫敝。法師慨然構懷，專事營輯。若乃危巒迢遰，俯瞰龍堤，絶磴委迤，斜臨雁水。近對青城之巘，遥瞻赤里之街。雲榭參差，星橋縈暎。於是分巖列棟，架壑疏基，窈窕陵空，徘徊罩景。松吟竹嘯，共寶鐸以諧聲；月上霞舒，與旋題而并色。仙花秘草，冬夏開榮；擾獸馴禽，晨昏度響。諒息心之勝境，毓道之净場乎！而以九部微言，三界式仰，緬惟法盡，將翳龍宫，揮兔毫而匪固，籀魚網而終滅，未若鐫勒名山，永昭弗朽。遂於寺北巖山刻石書經，窮多羅之秘帙，盡毗尼之妙義。縱洪瀾下注，巨火上焚，俾此靈文永傳遐劫。豈直迷生之類睹之而發心，後學之徒詳之而悟道？既而清猷遠暢，峻業遐昭。遂簡宸衷，乃紆天紱，追赴京邑，止大慈恩寺，與玄奘法師證釋梵本。奘法師道軼通賢，德鄰將聖，朅遊天竺，集梵文而爰止；旋謁皇京，奉綸言而再譯。以法師宿望，特所欽重，瑣義片詞，咸取刊證，斯文弗墜，我有其緣。慧日寺主楷法師者，聰爽温贍，聲藹鴻都，乃首建法筵，請開奧義。帝城緇俗，具來諮稟，欣焉相顧，得所未聞。諸寺英翹，遽然祇服，咸敷師子之坐，用佇頻伽之音。法師振以玄詞，宣乎幽偈，同炙輠而逾暢，譬連環而靡絶。耆年粹德，曠士通儒，粉滯稽疑，雲消霧蕩，伏膺請益，于嗟來暮。惟法師姿韻端凝，履識清敏，粹圖内藴，温采外融。運柔嘉以成性，體齋遬而行己。峻節孤上，夷險同貫，冲懷不撓，是非齊躅。加復研幾史籍，尤好老莊，咀其菁華，含其腴潤。包四始於風律，綜五聲於文緒。宿植勝因，恬榮褫欲。善來佛子落采菴園，開意花於福庭，濯玄波於妙境。而貞苦之操絶衆超倫，聰亮之姿窬今邁昔，信法徒之冠冕，釋氏之棟梁乎！凡講《涅槃》《華嚴》《大品》《維摩》《法華》《楞伽》等經，《十地》《地持》《毗曇》《智度》《攝論》《對法》《佛地》等論，及《四分》等律，其《攝論》《維摩》，仍出章疏。既而能事畢矣，弘濟多矣，脱屣於夢境，栖神於净域。春秋七十有二，以顯慶三年三月十一日，終於長安慧日之寺。梵宇殲良，真門喪善，悲纏素侶，慟結緇徒。即以四年正月，旋乎益部。二月八日，窆於彭門光化寺石經之側。道俗門人，星流波委，銜哀追送，衆有數千。巖谷爲之傳響，風雲於是變色。慧日寺徒衆，并蠲邪迪妙，綜理探微，保素真源，歸玄正道。自法師戾止，咸共遵崇，追思靡及，情深軫慕。弟子玄凝等禀訓餐風，師稱上足，而以慈燈罷照，崇山無仰，循堂室而濡涕，對几帙而流慟，敬於此寺，刊金撰德。氣序雖遷，音塵方煽，亦猶道林英範，托繡礎以長存；慧遠徽猷，寄雕碑而不朽。其詞曰：

緬哉佛性，廓矣玄門。功昭曠劫，化拯重昏。冲儀已謝，妙道斯存。匪伊開士，孰暢其言。於顯法師，誕靈傑起。如松之秀，如巖之峙。穆穆風規，堂堂容止。行窮隱括，識洞名理。爰初紐錦，早厭樊籠。言從落飾，乃沐玄風。將超八難，即悟三空。貞圖可仰，峻範彌融。鹿野微詞，猴江粹典。源流畢究，奥隅咸踐。法鏡攸懸，信花彌闡。振嶽符論，奔濤喻辯。昔在昏虐，時逢禍亂。東去戢道，西遊違難。天啓聖期，光華在旦。翼教岷益，騰聲巴漢。爰雕净境，于彼曽岑。分椆架壑，聳塔依林。搜經緝義，篆石雕金。芥城斯盡，勝迹無侵。載奉王言，來遊帝宅。慧義資演，直宗佇譯。紫庭之彦，丹臺之客，并企清儀，俱餐妙賾。淪義□□，□□□光。遽嗟分岸，永泣摧梁。龕留舊影，室泛殘香。書芬紀藹，地久天長。

龍朔三年歲次癸亥十月辛巳朔十日庚寅建

華原縣常長壽范素鎸

（《西安碑林全集》六卷六七四頁；《金石萃編》卷五四；《八瓊室金石補正》卷三七；《全唐文》卷二〇一）

三九　德業寺故尼明遠銘并序

維大唐顯慶三年五月壬午朔，即以其月十三日景申葬於咸陽縣之陵。夫幼居電逝，幼長同然；泡沫隙光，賢愚一揆。明遠師者，俗姓庾氏，并州人也。齠齔之年，崩於覆蔭；嬰妖之歲，早亡於恃怙。生長闕庭，罔知桑梓，九重養性，叵究門宗。但行潔冰雪，志同珪璧，正觀澄神，調心瑩識。舊疾暴增，大漸將至。五月十二日，奄從風燭，春秋六十之歲。和上闍梨訓之情，倍增傷怛。□居同學，痛肩隨之永隔，悼三釜之長□。□□二百余人，慘愴不追，涕零悽斷。望鬱雲而霑瞼，瞻蒸氣而啼垂，寄雕鎸而永記，留芳譽於千祀。乃爲銘曰：

乾城非實，陰宅本空。名賢才裔，□入王宫。卓然懇志，高舉虚□。留聲□□，千載名旌。

（《新中國出土墓誌·陝西壹》五四號；《隋唐五代墓誌匯編·陝西卷》三册四四頁；《咸陽碑石》五一頁；《唐代墓誌彙編續集》顯慶〇二一號；《全唐文補遺》二輯一五二頁；《全唐文補編》下册二一六七頁）

四〇 大唐京師道德寺故大禪師（善惠）大法師（玄懿）之碑

觀夫性海難航，六舟於焉整棹；迷衢易惑，三駕所以齊驅。故得艤截情風，澄心源之五浪；開蒙指要，統幽關於八道。自法王啓運，照臨下土，乘攝度之明略，成濟四生；布歸敬之宏圖，陶鈞七衆。遂使住法千載，紹先聖之羽儀；宗匠萬齡，繼後賢之清軌。顧斯道也，曷不尚哉？若夫沐道依仁，開濟之途逾遠；酬恩顧德，終憂之及彌新。逮於化靜金河，道流玉檢，時移顯晦，師資之道不忘；法被澆淳，弘護之□無絶。殷鑒西宇，則解網於姨宗；施及東川，則紹隆於師襲。隨時間發，斯人在斯。大阿闍梨善惠禪師，俗姓張氏，齊郡歷城人也。其先遠祖出自南陽，隨官流寓，故又爲縣人焉。若乃載德英靈，冠諸油素，既捐恒習，略而不叙。顯考昔任北齊兖州刺史，褰帷布政，明鑒若神，釋滯來蘇，時惟革俗。禪師體悟虚宗，振清規於襁褓；玄識拔俗，標雅量於髫年。信重玄風，高尚正法，以東魏武定之初，便蒙落采，即住本州清戒寺。驛智問津，解形骸於塵大；馳情侚道，分色心於生滅。故能疏略觀道，條暢禪林，載歷炎凉，奄成鴻業。暨齊録失御，周統海濱，陳王宇文純作牧本州，廣詢名理。禪師德招高譽，道俗欽崇，頻請在第，遐討幽歧。建德三年，歲惟甲午，周國寺觀，咸屏除之，預有僧尼，並歸桑梓。禪師當斯百六，纔過十夏，慨兹塗炭，何日可忘，銜恤俗流，戒行逾肅。屬隋文創曆，佛日載揚，所在伽藍，一期還復，追召前法，重處緇流。然以名稱普聞，率先賞會，因循舊業，綜括尤深。漆木未之疇，筒直何能擬。固得道聲攸被，遐邇宅心，弘贊規猷，光臨上國。開皇十年，下敕徵召。於是郵馹載馳，蒲輪累轍。既達京闕，啓沃帝心。陳上天之五相，明下聖之十善。乾坤乃久，終淪陷於非常；神理雖玄，畢克繕而無朽。天子欣然，無爽弘喻。召入紫宸，扇貞明於四□；重居黄屋，布雲雨於六宮。乃知權道三謀，無緣於隱顯；隨機九變，不滯於容光。據事以倫，固其宜矣。開皇十二年，混一四海，總溺百王，車駕東巡，登封泰岳。禪師同諸宮例，俱來齊境，創達鄉縣，載動俗心，歡慶相高，名望彌穆。又下敕爲立新寺，賜號天華，仍以居之，用隆榮顯之禮也。至十五年，隨駕入京，逾崇欽重。及後乖悆，請出宫闈，中使流問，相望馳道。既而形逼四山，命摧三相，自識化期，累屬明允。以大業六年十一月一日，終於本房，春秋七十有五。嗚呼哀哉！初，現疾彌留，晤言無昧。及其終夕，洞發神光，道俗雲蒸，驚嘆煙合。又感音樂，不委何來，繁會滿空，遠近通委。有玄懿法師，即第二阿闍梨也。俗姓展氏，同住齊州。生緣所天，任東魏徐州長史。闍梨幼挺機神，生知辯惠。年甫八歲，景則四依。尋預解髮，欽崇嚴檢。履操清白，厲潔於冰霜；凝度冲深，重仞於牆宇。周聽玄理，備酌幽求，言問重隱，探索玄極。至於開權顯實之略，鳴謙攝度之功，前修昧於斷常，後鋭昏於得離，莫不條緒本干，啓紊筌蹄。是以《地論》《法華》，鏡其林菀，登坐引決，契洽衆心。四俗知歸，有類華陰之市；七貴請謁，如臨稷下之門。是知蓮花闡法，不獨舍衛之宫；寔乃行高安隱，道振離車之邑。然以德爲物宗，神王清遠，珪璋内映，琴瑟外和，與惠禪師，生平久要。義光法光，符采而交映；上流逆流，沿泝而俱洽。齊聲同召，遠赴綸言，門徒十餘，俱來戾止。留連椒掖，高賞德音，供錫駢羅，珍味填積。前後奏度僧尼百餘，禮異恒條，將及萬計，皆營福利，廣事莊嚴。於時歲聿云暮，蒲柳可悲，頻請陳謝，終不蒙許。迄於仁壽，鎮處禁中，昭明正範，啓喻緣業。會文祖晏駕，煬帝臨朝，恭承厚德，彌隆前務。元德太子作貳春坊，搜選賢能，恢張儀則。大業元年，有詔令二闍梨爲太子戒師，遂即延入承明，禀資歸護。居諸屢積，祈告莫因，掩以天網，不遑寧處，沉憂變景，視聽兩宫。乃下敕於京邑弘德里爲立道德道場，所有門人，並聽出住，四事供給，一從天府。於是復殿重敞，暢象設之光華；檐廡高袤，顯衆侣之榮采。加以制度嚴潔，儀範肅彰，預有儕流，仰之成則。且夫生也有涯，但化懷新新之變；心乎不滅，傳火啓念念之徵。天不憖遺，相從物故。以大業十一年八月一日，終於本寺，春秋七十有四。惟此二師，言爲行範，克莊十念，無惑九思。達上古之衣薪，通季代之堋瘞，乃行林葬於終南山焉。喪事所資，並歸官給，賵贈之重，榮哀通備。大唐顯慶三年，道德寺主十善律師，即前法師之外甥也。俗姓王氏，族本太原。大父往任北齊青州長史，因宦東夏，遂家於齊。隋祖開法，廣度僧尼。時年七歲，預霑法伍。還依姨氏，資爲師傅，三業憑准，六事規猷。後移京輦，又處親侍，附仰兢勵，敬愛逾隆。具戒已後，專業律科，條節憲章，規誡清衆。致使法海絶青田之穢，士林虧白首之瀓。屢登寺任，綱維正網，仰惟歡喜重請，減法半千；善見懲揚，□途莫二。慨兹成教，佩結深衷，是以攝檢四儀，宗猷八敬，繩持念慧，步仰英踪。固知金氈開教，寧在羅衛宮中；蒙塵祈度，何止祇洹門外。即斯後嗣，不屑前良。原夫至人之布化也，妙以出有。爲言先舉其大綱，畢用學依爲行本。豈非□定慧品，惟聖之良基；如説脩行，道賢之明約。道不孤運，故使三號冠於三師；人能弘道，是則三業備於三學。可謂一時准的，萬葉舟航，不可削也。律師永惟鞠育之重，功格於穹旻；慈□之□，恩隆於屺岵。誠知德高不賞，非賞可以酬勞；惠深不謝，非謝而能通理。日月逾遠，風支之恨莫追；容景銷亡，梁摧之慟何及。重□年將八十，四選交臨，崦嵫之想既□，松檟之悲彌切。將恐芳猷寂漠，超終古而不聞；高行漸離，咨後葉而誰紀。所以投誠有寄，樹此豐碑，將使田海互遷，紹芳規而靡絶；神理交運，統敬愛而無遺。乃於碑之正面，圖佛靈儀，庶得福履綏之，津梁往識。又於碑之後面，刊像二師，列位資輔，用陳昭穆。初以太宗升遐，天經京立，乃於弘德坊寺置崇聖宮，尼衆北移在休祥里，即今之道德寺是也。事涉前後，恐有遲疑，敢具昭揚，相無昏没。序而不已，頌以亂之。其詞曰：

粤若終古，浩然太素。神理茫昧，誰其津度。於惟至黨，肇開明悟。授律三章，披圖八務。十部周衛，五衆來儀。古今化範，賢聖成規。激通在慮，鎔裁致危。陶誘重請，深文遂馳。倬矣大師，教開名色。道疏神解，慧清念力。彫琢性靈，昭彰幽極。心期所漸，惟幾孔棘。顯允宗貳，贊叶務成。經緯剖裂，辯據遐明。乘權□實，控綱持衡。蒸仍學校，貽厥後生。有周道喪，玄綱絶紐。惟隋建國，大通休咎。重敞釋門，載揚仁壽。金表天臨，玉堂殷阜。德延物議，聲采攸敷。徵歸玄圃，言謁黄圖。宮闈徙化，見日幽都。高謝宸兩，識變旋途。綸言既被，道場斯立。置臬王城，崇衡天邑。棟宇風翔，清徒鱗集。弘德昔構，休祥今葺。五福未窮，三靈或爽。嗟乎保傅，相從化往。白日雲昏，青山霧上。聲色寂遼，□因鑽仰。昔緣膜拜，僶佪空首。霈爾宅心，恂兮善誘。厚德未晞，埋名身後。霜露追感，於焉永久。銘之圖之，去矣無期。營魄安往，神道何思。仰景山而取則，寄貞石而陳詞。騰茂實於來際，顧風聲之在茲。

吏部文林郎到範書

（《西安碑林全集》二三卷二三九三頁；《全唐文補遺》七輯二二七頁；《全唐文補編》下册二四〇二頁）

四一　大唐故張居士（振）墓誌銘并序

君諱振，字文遠，南陽人也，漢河間相之後。祖亮，周淮陽郡守。父會，隋陳留縣令。君禀氣玄黄，凝神秀峙，早標孝友，夙挺英髦。志洽山林，散襟期于泉石；道符黄老，瑩機府于煙霞。放曠閑居，逍遥逸趣。藻非高蹈之懿，蘿薜偶雅操之神。揮孫登之一絃，重榮啓之三樂。不希九辟，罕務七徵，清文蔚以成章，麗槧涣而流詠。蔭雲日擊壤，沐河海以陶甄，庶角里以齊驪，冀絳父而接衽。不謂曦光難駐，薤露易晞，玉樹俄摧，金箱奄碎。粤以顯慶四年十二月廿七日，薨于私第，春秋六十有一。嗚呼哀哉！即以五年歲次庚申正月壬寅朔八日己酉，窆于洛都城北北邙之山。既而雲愁丹旐，月思素輪，水咽晨悲，松風夕慘。將恐泉源亟改，舟壑屢遷，勒石幽扃，庶傳不朽。乃爲銘曰：

厥矣綿簡，興焉夐年。頻傳兩漢，蟬榮再遷。其一　枝幹相輝，波瀾不絶。崇基以峻，茂緒而哲。其二　惟君載誕，幼挺嘉聲。怡神墳籍，寢心簪纓。其三　蕙問俄銷，芳名已歇。雖銘泉壤，□□不竭。其四

（《北京圖書館藏中國歷代石刻拓本匯編》一三册一三八頁；《北京大學圖書館藏歷代墓誌拓片目録》〇一五四六號；《隋唐五代墓誌匯編·洛陽卷》四册二六頁；《千唐誌齋藏誌》一四七頁；《唐代墓誌銘彙編附考》四册三九三頁；《唐代墓誌彙編》顯慶一二一號；《全唐文補遺》二輯一六二頁）

四二　□□□□□□夫人程氏塔銘并序

□□□□□果東郡東阿人，魏汝□□□□□昌裔也。若乃道風門慶，□□□□□史牒詳之矣。夫人貞規□□□□□冰融。少崇龍女之因，長勵□□□□託生應化。雖順軌於六塵，□□□□，竟騰身於百寶。以顯慶四□□□四日，終於京第，春秋五十有□。文明元年十月五日，遷葬於終□□祔徵士靈塔安厝，遵先志也。其□□噫！將恐二天地，一山川，敬勒徽□，□昭不朽。其詞曰：

東阿女訓，西鄂婦德。貝葉因成，蓮花□陟。巖巖兮神構，杳杳兮靈闕。將畢□而恒存，與終峰而罔極。

（《北京圖書館藏中國歷代石刻拓本匯編》一七册一一頁；《隋唐五代墓誌匯編·北京卷》一册八八頁；《八瓊室金石補正》卷三七；《全唐文》卷九九七；《唐代墓誌彙編》文明〇一一號；《石刻題跋索引》一六九頁）

龍朔

四三　大唐德業寺故尼法矩墓誌銘并序

師諱矩，俗姓周，洛州人也。七世爲相，五族封侯，俱稟英賢，光儀交盛。矩師童稚仁心，青衿孝質。幼而蔬食，然篤信彌深。每懼溺於愛河，恒怖羅於俗網。□懷善願，天仙化之。師乃從入宮闈，方得出家，遂其本願。請道崎嶇，不憚耆年之弊；歸心□念，自就精奇之功。氣志高清，風神朗悟。戒行圓潔，身澄浄海，游心惠路，肆志禪門。而暴疾忽增，大漸將至。以龍朔元年八月十七日，奄從遷化，葬於咸陽之嶺，春秋七十有一。師女尼惠業，昊天罔極，泣血無追。師徒姊妹等攬涕潺湲，中情悽斷。刊珉石以述德，表嘉猷於千紀。乃爲銘曰：

泡幻詎久，嚮炎無定。夙悟真空，早明佛性。世網一除，怨憎不競。覺觀内薰，神儀外映。悲碎明珠，傷摧法鏡。埋軀九泉，留名八□。

（《新中國出土墓誌・陝西壹》五八號；《隋唐五代墓誌匯編・陝西卷》三册五五頁；《咸陽碑石》四五頁；《渭城文物誌》二三九頁；《唐代墓誌彙編續集》龍朔〇〇四號；《全唐文補遺》二輯一七四頁；《全唐文補編》下册二一六八頁）

四四　唐德業寺亡尼七品墓誌銘并序

法師懸劫樹因，覽龍宮之秘典；現生應果，鏡石室之微言。遂使婉娩爲心，幽閑成德。迥無白珪之玷，雅有彤管之□。豈直戒行獨高，固亦勤心法海。春秋四十有二，以龍朔元年十二月□日，卒於德業之寺。即以其年三月十□日，葬於咸陽原，禮也。勒石玄門，用傳不朽。其銘曰：

天長流迅，道路代促。將浮玉沼，誰降金粟。法船既逝，德音難續。刊名幽扃，戒旌高躅。

（《新中國出土墓誌・陝西壹》六〇號；《隋唐五代墓誌匯編・陝西卷》三册五八頁；《咸陽碑石》四七頁；《唐代墓誌彙編續集》龍朔〇〇九號；《全唐文補遺》五輯四四九頁；《全唐文補編》下册二一六八頁）

四五　德業寺亡七品尼墓誌銘并序

法師圓流挺價，方析含珍，入選彤闈，弗詳氏族。屬黔黎鍾福，上仙以哀，出家修道。□□弗遇，奄逝東川，千月遽周，俄沉西日。春秋五十六，以龍朔元年十二月十三日，卒於德業寺。即以其年其月十八日，葬於咸陽原。恐桑田海變，陵谷貿遷，勒石玄門，用傳不朽。其詞曰：

百川弗息，千月遽周。奄辭鷲岳，永閟山丘。下泉日暗，長隴雲愁。勒兹玄石，以表芳猷。

（《新中國出土墓誌·陝西壹》五九號；《隋唐五代墓誌匯編·陝西卷》三册五七頁；《咸陽碑石》四六頁；《唐代墓誌彙編續集》龍朔〇〇八號；《全唐文補遺》五輯四四九頁；《全唐文補編》下册二一六九頁）

四六　大唐濟度寺大比丘尼（法願）墓誌銘并序

法師諱法願，俗姓蕭氏，蘭陵蘭陵人。梁武帝之六葉孫，唐故司空宋國公之第三女也。原夫微子去殷，昭茂勛於抱樂；文終起沛，兆峻伐於收圖。瓊構欝而臨雲，珠源渺而浴日。延禎錫祚，開鳳曆於朱方；叠慶聯規，纂龍符於紫蓋。逮鼎遷南服，冑徙東周，英靈冠上國之先，軒冕宅中州之半，法師乘因夐劫，植本遐生。孕月仙姿，稟清規於帝渚；儀星寶態，降淑範於台門。襁褓之辰，先標婉質，髫齓之歲，遽挺柔情。聰悟發於生知，孝友基乎天縱，中外姻族，莫不異焉。加以骨象無儔，韶妍獨立，鉛華不御，彩絢春桃，玉顔含澤，光韜朝蕣。年將十載，頗自矜莊，整飾持容，端懷檢操。每留神於鞶帨，特紆情於紝組。瓊環金翠之珍，茵簟衾幬之飾，必殫華妙，取翫閨闈，麗而不奢，盈而不溢。既而疏襟學府，繹慮詞條，一覽而隅隩咸該，再覿而英華畢搴。豪飛八體，究軒史之奇文；法兼二妙，符衛姬之逸迹。群藝式甄，女儀逾劭。宋公特深撫異，將求嘉匹，載佇孫龍，以光宋鯉。而嚴庭垂訓，早沐慈波，鼎室承規，幼明真諦。飄花見雪，初陪太傅之觀；擿葉爲香，遽警息慈之念。爰發宏誓，思證菩提，懼塵情於六禮，乃翹誠於《十誦》。承間薦謁，請離俗緣。宋公論道槐端，丹青神化，虔襟柰苑，棟梁正法，重違雅志，許以出家。甫及笄年，爰披法服，乃於濟度伽藍，別營禪次，庭標雁塔，遠蔑娀臺，藏寫龍宮，遥嗤魯館。於是沿空寂念，襲慧薰心，悦彼糞衣，俄捐綺縠，甘兹蔬膳，遽斥膻腥。戒行與松柏齊貞，慧解共冰泉等澈，超焉拔類，恬然晏坐。若乃弟兄辦供，親屬設齋，九乳流音，六銖含馥，瓶錫咸萃，冠蓋畢臻。唯是瞻仰屏帷，遥申禮謁，自非至戚，罕有覿其形儀者焉。加以討尋經論，探窮閫域，覈姤路之微言，括毗尼之邃旨。至於《法華》《般若》《攝論》《維摩》，晨夕披誦，兼之講說。持戒弟子近數十人，莫不仰味真乘，競趨丹枕，傍窺净室，爭詣元扉，肅肅焉，濟濟焉。七衆之仰曇彌，何以尚也。重以深明九次，閟想禪枝，洞曉三空，澄襟定水，厭此纏蓋，忽現身疾。大漸之晨，謂諸親屬曰：「是身無我，取譬水萍；是身有累，同夫風葉。生死循環，實均晝夜。然則净名申誡，本乎速朽，能仁垂則，期於早化。金棺乃示滅之機，玉匣豈栖神之宅。誠宜捐軀摯鳥，委形噬獸。」斂衿正念，奄然無言。粤以龍朔三年八月廿六日，捨壽於濟度寺之別院，春秋六十三。姊弟永懷沉痛，不忍依承遺約，乃以其年十月十七日，營窆於少陵原之側。儉以從事，律也。法師夙盥禪池，資慶源而毓彩；初依道樹，託華宗而降靈。藴地義於閑和，苞天情於婉嫕。睹一善則怡然自悦，聞一惡則愍爾疚懷。激仁義於談端，明色空於慮表。故能辭台闥，託禪門，捨七珍，祛八膳，精苦之行，標映緇徒；戒律之儀，錙銖法侣。佇津梁於苦海，奄滅度於仁祠。棣萼分華，悲素秋之改色；荆株析幹，望青枝而增感。所懼塵飛海帶，將迷渭涘之塋；石盡仙衣，不辨檀溪之隧。重宣此義，乃爲頌曰：

智有殊稱，法無異源。爭驅意馬，俱制心猿。志擾情紊，神凝理存。展如淑範，獨趣玄門。璇彩星分，瑶姿月舉。含芳槐路，疏貞桂序。雲吐荆臺，霞霏洛渚。學兼班媛，詞彬蔡女。奠禽匪志，救蟻昭仁。捐華台室，沐道玄津。法關開揵，心衢屏塵。九流遺累，八定栖真。忍藥分滋，戒香含烈。傳燈不倦，寫瓶無竭。奄惝神遷，空悲眼滅。式鐫柔範，終天靡絶。

（《金石萃編》卷五四；《全唐文》卷九九七；《唐代墓誌彙編》龍朔〇七七號；《石刻題跋索引》一七〇頁）

四七　大唐故德業寺亡尼（楊志眺）□誌銘

亡尼者，不知何許人□。□遠□□□□□□□□河朔於□□□六郡之□□。□□懸五陵之門□□□□究其□□□□陳□概□□情□□□□柔閑□□□。工詩書並□□遊雲夢。即興明月連□□□芝□，遂見紅蕖合來談，因此火來□□□石室永書，無□存意，花台内興時□□。□造語盗藥求□竟知何知□香祈□□見我功。以龍朔三年卒於護葉寺。即以其年十月十八日葬於咸陽，爰勒幽銘，加不朽。其詞曰：

其□尼，俗姓楊氏，諱志眺。之□□代禄美□□□□□□，今古攸同□恭必□□□□□□□□□萬事俱空，芳聲與翠石□共□壤而相終。

（《新中國出土墓誌・陝西壹》六一號）

麟德

四八　大唐三藏大遍覺法師（玄奘）塔銘并序

朝議郎檢校尚書屯田郎中使持節洺州諸軍事守洺州刺史兼侍御史上柱國賜緋魚袋劉軻撰

歲丁巳，開成紀年之明年，有具壽沙門曰令檢自上京抵洛。師以縹囊盛三藏遺文傳記訪余柴門於行修里，且曰：聞夫子斧藻群言舊矣，詎直專聲於班馬，能不爲釋氏董狐耶？抑豈不聞貞觀初慈恩三藏之事乎？敢矢厥來旨云：三藏事迹載國史及《慈恩傳》，今塔在長安城南三十里。初，高宗塔於白鹿原，後徙於此。中宗製影讚，謚「大遍覺」。肅宗賜塔額曰「興教」，因爲興教寺。寺在少陵原之陽，年歲浸遠，塔無主，寺無僧，荒涼殘委，遊者傷目。長慶初，有衲衣僧曇景始葺之。大和二年，安國寺三教談論大德、内供奉賜紫義林，修三藏忌齋於寺。齋衆方食，見塔上有光，圓如覆鏡，道俗異之。林乃上聞，乃與兩街三學人共修身塔，兼礱一石於塔。至三年修畢，林乃化，遺言於門人令檢曰：「爾必求文士銘之。」檢泣奉遺教，直以銘爲請。非法胤之冢嫡，誰何至此乎？輒三讓不可，乃略而銘之。

三藏諱玄奘，俗陳姓，河南緱氏人。曾父欽，後魏上黨太守。祖康，北齊國子博士。父惠英，長八尺，美鬚眉，魁岸沉厚，號通儒，時人方漢郭林宗。有子四人，奘其季也。年十三，依兄捷出家於洛。屬隋季失御，乃從高祖神堯於晉陽。俄又入蜀，學《攝論》《毗曇》於基、暹二法師。武德五年，受具於成都，精究篇聚。又學《成實》於趙州深，學《俱舍》於長安岳。於是西經前來者，無不貫綜矣。初，中國學者多以實相性空通貫群説，俾象象蹄筍，往往失魚兔於得意之路。至於星羅棋布，五法三性，析秋毫以矢名相，界地生彙，各有攸處，曾未暇也。大遍覺乃興言曰：「佛理圓極，片言支説，未足師決。固是經來未盡，吾當求所未聞，俾跛眇兒視履，必使解行如函蓋，始可爲具人矣。且法顯、智嚴何人也，猶能孤遊天竺，而我安能坐致耶？」初，三藏之生，母氏夢法師白衣西去。母曰：「何去？」曰：「求法。」貞觀三年，忽夢海中蘇迷盧山，遽淩波而入，乃見石蓮，波外承足，山險不可上，試踊身騰踔，颯然飆舉，升中四望，廓澈無際。覺而自占曰：「我西行決矣。」至凉州，都督李大亮防禁持功，逼法師還京。法師乃宵遁，渡瓠蘆河，出玉門，經莫賀延磧，艱難險阻，仆而復起者，何止百十耶！自爾涉流沙，次伊吾。高昌王麴文泰遣貴臣以駝馬迓法師於白力城。王與太妃及統帥大臣等尊以師禮，王親跪於座側，俾法師躡肩而上。資贈甚厚，送至葉護可汗衙。又以廿四封書通屈支等廿四國，獻花繒五百疋於可汗，稱法師是奴弟，欲求大法於婆羅門國，願可汗憐師如憐奴。其所歷諸國，爲其王禮重，多此類也。自爾支提梵刹，神奇靈迹，往往而有。法師皆瀝誠盡敬，耳目所得，孕成多聞，與夫世稱博物者，何相萬耶？詳載如傳。惟至中印度那爛陀寺，寺遣下座廿人明詳儀註者引參正法藏，即戒賢法師也。既入謁，肘膝著地舐足，已然後起。法藏訊所從來，曰：「自支那，欲依師學《瑜伽論》。」法藏聞則涕泗曰：「解我三年前夢金人之説，佇爾久矣。」遂館於幼日王院覺賢房第四重閣，日供擔步羅果一百廿枚，大人米等稱是，其尊敬如此。法師既名流五印，三學之士仰之如天，故大乘師號法師爲摩訶天，小乘師號解脱天，乃白大法藏請留之。法師曰：「師等豈不欲支那之人開佛慧眼耶？」不數日，東印度王拘摩迎法師。戒日王聞法師在拘摩處，遣使謂拘摩曰：「急送支那僧來。」拘摩曰：「我頭可得，僧不可得！」戒日神武雄勇，名震諸國，乃怒曰：「爾言頭可得，可將頭來！」拘摩懼，乃嚴象軍二萬，船三萬，與法師同泝殑伽河，築行宮於河北。拘摩自迎戒日於河南。戒日曰：「支那僧何不來？」拘摩曰：「大王可屈就。」王既見法師，接足盡敬。且曰：「弟子聞支那國有『秦王破陣樂』。」乃問秦王是何人，法師盛談太宗應天順人事。王曰：「不如此，何以爲支那主？」因令法師出《制惡見論》。然小乘外道，未即推伏，請於曲女城集五印沙門、婆羅門等，兼十八國王，觀支那法師之論。凡十八日，無敢當其鋒者。戒日知法師無留意，厚以象馬橐裝餞法師，又以素疊印書使達官送。法師所經諸國，令兵衛達漢境。法師却次于闐，因高昌商胡入朝附表，奏自西域還。太宗特降天使迎勞，仍制于闐等道送法師，令敦煌迎於流沙，鄯鄯迎於沮沫。時帝在洛陽，敕西京留守梁國公玄齡備有司迎待。是日，宿於漕上。十九年春正月景子，留守自漕奉迎於都亭，有司頒諸寺帳輿、花幡，送經於弘福。翌日，大會於朱雀街之南，陳列法師於西域所得經像、舍利等，其梵文凡五百廿夾，六百五十七部，以廿馬負而至。自朱雀弘福十餘里，傾都士女夾道鱗次，若人非人，曾不知幾俱胝矣。壬辰，法師謁文武聖皇帝於洛陽宮。二月己亥，對於儀鸞殿，因廣問雪嶺已西諸國風俗，法師皆備陳所歷，若指諸掌。太宗大悦，謂趙公無忌曰：「昔苻堅稱道安爲神器，今法師出之更遠！」時帝將征遼，法師請於嵩之少林翻譯。太宗曰：「師西去後，朕爲穆太后於西京造弘福寺，寺有禪院，可就翻譯。」三月己巳，徙弘福。夏五月丁卯，法師乃開貝葉。廿年秋七月，法師進新譯經論，仍請製經序，并進奉敕撰《西域記》十二卷。太宗美法師風儀，又有公輔才，俾法師裼緇褐，襲金紫。法師因以五義褒揚聖德，乞不奪其志。遂問瑜伽十七地義。太宗謂侍臣曰：「朕觀佛經，猶瞻天望海。法師能於異域得是深法，非惟法師願力，亦朕與公等宿殖所會。」及《三藏聖教序》成，神筆自寫。太宗居慶福殿，百寮陪位，坐法師，命宏文館學士上官儀對群寮讀之。廿二年夏六月，天皇大帝居春宮，又製《述聖記》及《菩薩藏經後序》。太宗因問功德何最，法師對以「度人」。自隋季天下祠宇殘毀，緇伍殆絶。太宗自此敕天下諸州寺宜各度五人，弘福寺度五十人。戊申，皇太子宣令請法師爲慈恩上座，仍造翻經院，備儀禮，自弘福迎法師。太宗與皇太子、后宮等於安福門執香爐目而送之。至寺門，敕趙公英、中書令褚引入於殿内，奏九部樂、破陣舞及百戲於庭而還。廿三年夏四月，法師隨駕於翠微宮，談賞終日。太宗前席攘袂曰：「恨相逢已晚！」翌日，太宗崩於含風殿。高宗即位，法師還慈恩，專務翻譯。永徽三年春三月，法師於寺端門之陽造石浮圖。高宗恐功大難成，令改用磚。塔有七級，凡一百八十尺，層層中心，皆有舍利。冬十月，中宮方妊，請法師加祐。既誕，神光滿院，則中宗孝和皇帝也，請號爲「佛光王」，受三歸，服袈裟，度七人，請法師爲王剃髮。及滿月，法師進金字《般若心經》及道具等。顯慶二年春二月，駕幸洛陽，法師與佛光王發於駕前。既到，館於積翠宮，終譯《發智》《婆沙》。法師早喪所天，因扈從，還訪故里，得張氏姊，問塋壟，已平矣。乃捧遺柩，改葬於西原。高宗敕所司，公給備喪禮，盡飾終之道。洛下道俗赴者萬餘人，釋氏榮之。三年正月，駕還西京，敕法師徙居西明寺。高宗以法師先朝所重，禮敬彌厚，中使旁午，朝臣慰問及錫賚無虚日，法師隨得隨散。中國重於《般若》，前代雖翻譯，猶未備，衆請翻焉。法師以功大恐難就，乃請於玉華宫翻譯。四年十月，法師如玉華，館於肅成院。五年春正月一日，始翻梵本，總廿萬偈。法師汲汲然，常恐不得卒業，每厲譯徒必當人百其心。至龍朔三年，方絶筆。法師翻《般若》後，精力刓耗。謂門人曰：「吾所事畢矣。吾瞑目後，可以蘧蒢爲親身物。」門人雨泣，且曰：「和上何遽發此言？」法師曰：「吾知之矣。」麟德元年春正月八日，門人玄覺夢一大浮圖倒。法師曰：「此吾滅度之兆。」遂命嘉尚法師具録所翻經論，合七十四部，總一千三百卅八卷。又造俱胝畫像、彌勒像各一千幀，又造素像十俱胝，供養悲敬二田各萬人。燒百千燈，贖數萬生。乃與寺衆辭，三稱慈尊，願生内眷。至二月五日夜，弟子光等問云：「和上決定得生彌勒内衆否？」頷云：「得生。」俄而去，春秋六十九矣。初，高宗聞法師疾作，御醫相望於道。及坊州奏至，帝哀慟，爲之罷朝三日。敕坊州刺史竇師倫，令官給葬事，又敕宜聽京城僧尼送至塔所。門人奉柩於慈恩翻經堂，道俗奔赴者日盈千萬。以四月十四日，葬於滻東。京畿五百里内，送者百餘萬人。至總章二年四月八日，有敕徙於樊川北原，傷聖情也。法師長七尺，眉目若畫，直視不顧，端嚴若神。自大教東流，翻譯之盛，未有如法師者。雖滕、蘭、澄、什、康、會、竺、護之流，無等級以寄言。其彬彬郁郁，已布唐、梵新經矣。自示疾至於昇神，奇應不可殫紀。蓋莫詳位次，非上地，其孰能如此乎？文曰：

三藏之生，本乘願來。入自聖胎，出於鳳堆。大業之季，龍潛於并。孺子謁帝，與兄偕行。神堯奇之，善果度之。不爲人臣，必爲人師。師法未足，自洛徂蜀。學無常師，鳥必擇木。迹窮夷夏，更討身毒。寺入爛陀，師遇尸羅。王逢戒日，論得瑜伽。瑜伽師地，藏教泉府。猬蝶名數，繭抽聖緒。我握其樞，赤幡仍豎。名高曲女，歸我真主。主當文皇，臣當蔡梁。天下貞觀，佛氏以光。光光三藏，是護是付。付得其人，經綸彬彬。梵語華言，胡漢相宣。臺臣筆受，御膝前席。積翠飛花，恩光奕奕。太宗序教，天皇述聖。揚於王庭，百辟流咏。三藏慰喜，靈祇介祉。蔑彼滕什，曾無此事。我功成矣，我名遂矣。脱屣玉華，昇神睹史。發棺開殮，天香馥馥。地位殊分，神人是卜。中南地高，樊川氣清。修塔者誰，林公是營。門人令檢，實尸其事。銘勒塔旁，檢真法子。

安國寺内供奉講論沙門建初書

開成四年五月十六日馮翊沙門令檢修建

廣平宋弘度刻字

（《北京圖書館藏中國歷代石刻拓本匯編》三一册四三頁；《隋唐五代墓誌匯編・北京卷》二册八四頁；《隋唐五代墓誌匯編・陝西卷》四册一一九頁；《中國西北地區歷代石刻匯編》五册九〇頁；《陝西碑石精華》一六二號；《西安碑林全集》一九六卷一一五〇頁；《長安碑刻》上册一八三頁圖，下册五四〇頁文；《金石萃編》卷一一三；《全唐文》卷七四二；《唐代墓誌彙編》開成〇二六號）

四九　德業寺亡尼墓誌銘并序

尼□□□人也。資芳蘭畹，稟質荊巖，戒行無虧，志存玄理。超三界之俗網，踐八正之徽猷。□拯彼群生，□之壽域。不意一報將盡，千月奄周。春秋□□□，以大唐麟德元年三月□□終于□□□□月□日葬于□原，禮也。恐年移陵谷，海變桑田，勒石□扃，用傳不朽。其詞曰：

託生王國，□出天人。西垂甘露，東轉法輪。超彼三有，除玆六塵。□身雖謝，清芬詎歇。不睹談玄，終傷理窟。徒栖夕鳥，虛明夜月。

（《新中國出土墓誌・陝西壹》六二號；《隋唐五代墓誌匯編・陝西卷》三册六五頁；《咸陽碑石》四九

頁；《唐代墓誌彙編續集》麟德〇〇五號；《全唐文補遺》五輯四五〇頁；《全唐文補編》下册二一七二頁）

五〇　德業寺亡七品墓誌銘并序

亡尼者，不知何許人也。資芳蘭畹，禀質荆巖，性好中虚，志存玄理。超三界之俗網，踐八政之徽猷。演微妙之真辭，總法徒之綱紀。不意一報將盡，千月奄周。春秋九十五，以麟德元年四月十二日，終於德業寺。恐年移陵谷，海變桑田，勒石泉扃，用傳不朽。其詞曰：

託生王國，迥出天人。西垂玉露，東轉法輪。超彼三有，除兹六塵。歲乃如流，人還倏忽。報身雖謝，清芬詎歇。不睹談玄，終傷理窟。徒栖夕鳥，虚明夜月。

（《新中國出土墓誌・陝西壹》六三號；《隋唐五代墓誌匯編・陝西卷》三册六六頁；《咸陽碑石》四九頁；《渭城文物誌》二四一頁；《唐代墓誌彙編續集》麟德〇〇六號；《全唐文補遺》五輯四五〇頁；《全唐文補編》下册二一七二頁）

五一　相州鄴縣萬春鄉綏德里住段王村劉才戡□才□父灰身塔

父諱□，字寶文。父存之日，敬造□像一帳，禮十萬拜；造《涅槃經》，讀一七遍；造《法華經》，讀□九遍；造《維摩經》，讀十四遍；造《金剛波若經并論》，讀廿一遍。右并父自造。父□後，才戡等息爲父敬造楞伽、地治，各轉二遍。今所造功德，具録如前。父□於此靈泉寺西南一里起塔，身受五□菩薩□，□斯立記。以麟德元年歲次甲子十一月癸未朔九日壬子，以爲銘記。姪易□果。

（《唐代墓誌彙編續集》麟德〇〇九號）

五二　大唐故婕妤三品亡尼墓誌銘并序

宫人諱　，字　，不知何許人也。祖代闕，難可詳言。某愔愔雅誌，窈窕其儀，蘊藝維之工，體温恭之德。奉獸闈之列，夙興匪懈；參鶴籥之流，晨夕無怠。方將永承景殿，長奉青宫，忽掩娥暉，光沉婺彩。以麟德二年十二月□日，遘疾卒於某所，春秋下泐處，禮也。□紀清徽，乃爲銘曰：

峻趾極天，長瀾紀地。金碧斯蘊，殊玭云闕。蟬聯襲弈，承徽載誕。莊□貞懿，斯歸色艷。□□緑波，鮮佯翠羽。鋟鋪□佳，畫堂晨武。藏舟遽徙，夜□俄沉。名香徒馥，虚帳莫臨。去去靈輿，悠悠大暮。山烟引碧，隴雲凝素。翠石方傳，清風永樹。

（《新中國出土墓誌・陝西壹》六八號；《隋唐五代墓誌匯編・陝西卷》一册三九頁，《隋唐五代墓誌匯編・陝西卷》三册七〇頁；《昭陵碑石》四九頁圖，一六二頁文；《唐代墓誌彙編續集》麟德〇二一號；《全唐文補遺》五輯四五二頁；《全唐文補編》下册二一七六頁）

乾封

五三　大唐德業寺亡尼墓誌

亡尼者，不知何許人，莫詳其氏族。久預桑門，明斯戒律。冀憑十念，以享遐齡。與善無徵，殲良電奄。以乾封元年三月□日，卒於德業寺，春秋八十一。即以其月廿三日，葬於咸陽之原。慮岸谷生變，□壑有遷，勒石幽扃，庶傳不朽。乃爲銘曰：

輔仁既爽，福善徒施。奄歸永夜，長違像儀。逝川難駐，閲水方馳。一往窀穸，影滅名垂。

（《新中國出土墓誌・陝西壹》六九號；《隋唐五代墓誌匯編・陝西卷》三册七一頁；《咸陽碑石》五〇頁；《渭城文物誌》二四一頁；《唐代墓誌彙編續集》乾封〇〇二號；《全唐文補遺》五輯四五二頁；《全唐文補編》下册二一七六頁）

總章

五四　大唐興聖寺尼成月公主□氏墓誌

若夫千輪謝色，寂懸解於重昏；百影留龕，沈妙門於積晦。閲定流而逝彩，遽移鯷壑；撲慧燈而掩照，久閟龍銜。其有獨鑑玄宗，得髻珠於罔象；窮幽粹理，架心臺於槖籥，仁舟廣泛，其在我法師乎。成月公主諱□□，吐溶（谷）渾可汗海國王慕容鉢第二女也。爾其濬源驚箭，孕蠙寶而涵漪；喬屺披蓮，挺虹珪而積仞，固以銀黄叠映，駕八虬而齊軫；軒冕交陰，凌三鳳而遐躆。祖及父並嫡嫡相承，海國王並，襟情爽秀，風局清敞。望東山而闢府，價藴連城；耿南州而飛鋒，光合剸草。法師儀真獨運，乘玄戾正（止）。珠胎既剖，即開明月之暉；玉樹初標，遠擢甘泉之秀。在乎髫亂，識昭空寂。仰化城而警策，絶想鷄臺；去火宅以駢馳，栖神鹿野。自落髮繢服，虔精玄觀，沈研九部，既無懈於晨昏；翹讃千蓮，固忘劬於凉暑。至若龍宮妙典，貝譚英詞第一，解脱之門不二。難思之賾，莫不探微總隩，似萬流之赴金樞；摭實遺賓，若千象之開玉鏡。故能擯情塵滓，澹想真如。坐燈玉之牀，自標先覺；啓維摩之室，爰稱獨步。所談唯空慧，不以俗網嬰懷；所務止玄虚，每用無爲入賞。豈非形存理勝，望寶階而咫尺；神凝道寂，俯金地而鄰畿者哉。既而水月澄規，未駐驚波之色；空雲卷靄，遽滅從鳳之影。以總章元年四月七日卒於興聖寺，春秋廿三。仍以其年十一月廿二日，葬於明堂縣少陵原。嗚呼泡影，遂誌銘曰：

玄津産玉，法海韜璣。自開虹照，還吐驪暉。偶質齊光，聯文合絢。泛華蘭掖，飛芳楓殿。乘真詣理，控解窮幽。曾攀道樹，虚泛仁舟。香巖委崿，漣河閲水。方去花臺，永遵蒿里。鶴林霜積，魚山梵空。魂兮莫返，泣盡秋風。

（李浩：《新見唐代吐谷渾公主墓誌的初步整理研究》，《中華文史論叢》二〇一八年第三期六頁）

五五　大唐故道安禪師塔記

大唐故道安禪師姓張，雍州渭南人也。童子出家，頭陁苦行。學《三階集録》，功業成名。自利既圓，他利將畢，以總章元年十月七日，遷形於趙景公寺禪院，春秋六十有一。又以三年二月十五日，起塔於終南山鵄鳴埠信行禪師塔後，志存親近，善知識焉。

（《北京圖書館藏中國歷代石刻拓本匯編》一五册一〇七頁；《隋唐五代墓誌匯編·北京卷》一册七三頁；《中國西北地區歷代石刻匯編》二册六一頁；《金石萃編》卷五七；《全唐文》卷九八七；《唐代墓誌彙編》總章〇四三號）

五六　大唐甘露寺故尼真如之柩

曾祖伯雅，高昌獻文王。祖文泰，高昌光武王。父智湛，皇朝左驍衛大將軍、西州都督、上柱國、天山郡開國公。尼真如總章二年爲亡父出家，即其年二月廿二日亡。上元三年三月十七日，起塔於明堂樊川之原，禮也。

（《西安碑林博物館新藏墓誌彙編》〇五三號）

五七　大唐濟度寺故比丘尼法燈法師墓誌銘并序

法師諱法燈，俗姓蕭氏，蘭陵人也。梁武皇帝之五代孫。高祖昭明皇帝，曾祖宣皇帝，祖孝明皇帝。父瑀，梁新安王，隋金紫光禄大夫、行内史侍郎，皇朝中書令、尚書左、右僕射、特進、太子太保、上柱國、宋國公，贈司空。崇基茂趾，國史家諜詳焉。法師即太保第五女也。年甫二八，脩行四諦，膏澤無施，鉛華靡飾。精誠懇至，慕雙樹之高踪；童子出家，殊柏舟之自誓。具戒無闕，傳燈不盡。姊弟四人，同出三界。花臺演妙，疑開棠棣之林；成等至真，還如十方之號。豈□法輪纔轉，道器先摧。以總章二年十月五日遷化於蒲州相好寺，春秋卅有九，權殯於河東縣境。以永隆二年歲次辛巳三月庚午朔廿三日辛卯歸窆於雍州明堂縣義川鄉南原，禮也。恐陵谷貿遷，田海變易，式題貞礎，用紀芳猷。乃爲銘曰：

丞相輔漢，司徒佐唐。功格天下，奄有大梁。暨茲令淑，爰慕武皇。家風靡替，法侶成行。慈雲比影，慧炬傳光。中枝犯雪，小葉摧霜。未登下壽，忽往西方。一超欲界，千載餘芳。

（《北京圖書館藏中國歷代石刻拓本匯編》一六册一四九頁；《北京大學圖書館藏歷代墓誌拓片目録》〇二二四九號；《隋唐五代墓誌匯編·北京大學卷》一册七八頁；《中國西北地區歷代石刻匯編》二册九九頁；《蘇州博物館藏歷代碑誌》六號；《唐文拾遺》卷六四；《唐代墓誌彙編》永隆〇一〇號）

五八　大唐故亡尼誌文

亡尼諱□□，不知何許人也。蘊貞柔之淑氣，折詩禮之翹英。四德闕心於自然，六度秘想□天縱。鉛華寢拭，翠羽靡施。揖瑅室之禁闈，照香山之惠炬。瀉瓶無盡，獨潤身田。妙□周施，津梁舍衛。以總章二年十一月十一日，卒於寺所，春秋下缺。即以其月十□日，葬於咸陽原，禮也。鷲山嵬崛，滋道樹於恒沙；法海潺湲，維智舟劫盡。其詞曰：

禍福相棄，短長紛亞。唯兹法器，方從悒化。貌委春桃，眉銷月麝。范臺迹古，梵宇聲塵。寂寥主夜，超忽平津。英猷安在，珪同珍□。

（《大唐西市博物館藏墓誌》七六號）

咸亨

五九　大唐故亡宫七品誌文并序

法師諱　，字　，郡人也。爾其開宗命氏，積哲聯華。國史家諜，詳之備矣。祖　，父　，並銜材錯藝，襲智栖仁，騫秘譽於當時，振多聞於遂古。法師幼標聰達，早凝精至。知麗槿之浮榮，厭芳芭之□質，長歸蒿里。咸亨元年三月廿五日，卒於寺所。即以其四月三日，葬於城西，禮也。春秋七十有四。嗚呼哀哉！乃爲銘曰：

堂堂令德，婉婉柔儀。游心定水，拾葉禪枝。方開惠照，倏嘆沉曦。埋襲寒，千秋詎知。

（《新中國出土墓誌・陝西貳》四五號；《全唐文補遺》五輯四五三頁）

六〇　大唐濟度寺故比丘尼法樂法師墓誌銘并序

法師諱法樂，俗姓蕭氏，蘭陵人也。梁武皇帝之五代孫。高祖昭明皇帝，曾祖宣皇帝，祖孝明皇帝。父瑀，梁新安王，隋金紫光禄大夫、行内史侍郎，皇朝中書令、尚書左右僕射、特進、太子太保、上柱國、宋國公，贈司空。

赫奕蟬聯，編諸史諜，芳猷盛烈，可得而詳。法師則太保之長女也。勤懇之節，爰自幼童；玄妙之體，發於岐嶷。年甫三齡，歸誠六度，脱屣高族，落髮祇園。既而禪室淪精，羈象心而有裕；法場探秘，藴龍偈而無遺。覺侶攸宗，真門取範，而念想云促，景落須彌之峰；福應斯甄，神昇兜率之殿。以咸亨三年九月十九日遷化於蒲州相好之伽藍，春秋七十有四，權殯於河東。以永隆二年歲次辛巳三月庚午朔廿三日辛卯歸窆於雍州明堂縣義川鄉南原，禮也。恐松坰難固，柏榛終虧，式鐫貞石，用勒芳規。乃爲銘曰：

華宗襲慶，寳系承仙。爰誕柔質，歸心福田。功登十地，業贊三天。神遊法末，覺在童先。喻筏俄捨，慈舟遽揖。幽扉永晦，雅譽空傳。

（《北京圖書館藏中國歷代石刻拓本匯編》一六册一四八頁；《北京大學圖書館藏歷代墓誌拓片目録》〇二二四八號；《隋唐五代墓誌匯編·北京大學卷》一册七七頁；《中國西北地區歷代石刻匯編》二册九八頁；《西安碑林全集》一九六卷一〇三二頁；《八瓊室金石補正》卷三九；《唐文拾遺》卷六五；《唐代墓誌彙編》永隆〇〇九號；《石刻題跋索引》一七四頁）

六一　大唐修慈寺吴郡陸法師（貞慧）墓誌銘

法師諱貞慧，小字阿難，俗姓陸氏，吴郡吴人。祖敬義，使持節蓬州諸軍事、蓬州刺史、吴縣男。父遵楷，秘書郎。法師毓慶膏粱，摛姿端淑，幼知迴向，早識歸依。始自嬰孩，已絶珍羞之饍；洎乎髫齔，弗禦鉛華之飾。叔祖左侍極嘉興康公之薨也，皇情軫悼，詔許度人，於是落髮玄宗，以從緇服。既而道德攸備，戒行斯高，言登不二之門，妙盡説三之分。精誠勇猛，諒無忘於六時；堅固貞勤，寔有聞於二許。爲法徒之領袖，標釋教之冠冕。白黑挹其徽風，遠邇欽其茂躅。方攝心不住，化滿大千，而救蟻無徵，壽虧小劫。以咸亨五年四月十四日，終於京師興寧坊之里第，春秋一十有九。祇園雁塔，空流清梵之音；柰苑龍宮，無復散華之影。嗚呼哀哉！粤以其年歲次甲戌四月庚辰朔十八日丁酉，永窆於萬年縣之長樂原，從時制也。佳城鬱鬱，徒傷驥馬之嘶；厚夜綿綿，遽嘆泉扃之掩。恐陵遷爲谷，海變成田，式刊斯懿，爰紀兹埏。其詞曰：

猗歟稺子，赫矣上人。膏粱毓慶，淑令姿神。超然捨俗，卓爾難群。智燈照性，德水澡身。業隆惠果，道樹勝因。言清□宅，將航法津。白花不鮮，夢形難久。末窮旬路，先虧劫壽。空即是空，有便非有。固無情之可累，亦何意之爲垢。俄寂寞於道場，倏悲哀於去輀。儻谷陵之有變，庶懿範之無朽。

（《新中國出土墓誌·陝西貳》補一二號；《全唐文補遺》六輯三一六頁）

上元

六二　聖道寺故比丘尼本行灰身塔銘

上元三年歲次庚子正月戊午朔四日甲寅，聖道寺故比丘尼本行灰身塔。夫□運推移，□逝有臨川之嘆；瑶機回□，人生慨緣火之悲。本行生緣张氏，早□真際，□蔭慈雲，言歸□□之□，奄□□常之□，託斯□塔，乃爲銘記。五言自嘆亂句一首：

死去改容儀，意愁煩柳媚。告天天不昭，求佛佛應知。永□千載樂，長向九泉悲。萬劫良緣絶，千□滕報窮。□□飄海外，□魄委洛中。蓋旋縈□□，□去□□虹。唯□守荒地，聯翩聽業風。

（《唐代墓誌彙編續集》上元〇一三號）

六三　大唐故亡尼七品墓誌并序

亡尼者，不知何許人也。韶令之資，夙擅芳年，貞順之規，早馳茂節。仲秋八月，良家入算之期；任右六宫，淑女鳴環之禮。俄辭百子之位，遽入四禪之林。而露草忽凋，嘆危藤之易絶；馳波不駐，嗟聚沫之難。上元三年十月一日卒於寺所，春秋五十有四，即以其年其月十二日葬於咸陽，禮也。銘曰：

九重承旰，四果資因。雖暫同於生死，終永絶於迴輪。

（《西安碑林博物館新藏墓誌續編》〇五六號）

儀鳳

六四　大唐故亡宫九品墓誌并序

亡尼者，不知何許人也。□□禀性，淑慎居心。爰在幼年，班名内職。亟移□管，貞順無愆。隙電不留，泉塗遽近。以儀鳳二年十一月三日卒於宫所，即以其月十四日葬於城西，禮也。爰命典司，或傳不朽云爾。

天地長久，生靈若浮。夜壹何遽，華屋難留。隴塞風急，□慘雲愁。貞順不朽，播此芳猷。

（《西安碑林博物館新藏墓誌彙編》〇六〇號）

六五　大唐澄心寺尼故優曇禪師之塔銘并序

觀夫根深者枝茂，源濬者流長。是以龍門之下，鮮涓涓之水；景山之上，無離離之木。禪師俗姓費，諱優曇，雍州醴泉人也。若乃家門軒冕之盛，氏族人倫之美，光諸竹帛，可略而詳。惟師降靈蟾桂，稟氣星虹。託瑞柰以呈姿，寄仙花而表稱。爰自在室，即有物外之心；及至出家，果建降魔之志。雖四依并學，而志尚不輕；十二齊驅，而遍行乞食。三階八種之法，得意亡言；兩人三行之旨，遺蹄取菟。是非不經於口，名利不掛於心。蕭蕭然起松柏之風，肅肅焉挺歲寒之質。豈意兩楹告變，二豎成災，朗月與落宿俱沉，慧日共愁雲并暗。粤以儀鳳三年六月八日遘疾彌留，奄隨風燭，春秋七十有七。嗚呼哀哉！昔仲尼長逝，痛貫生靈；叔子云亡，悲纏市肆。況甘棠重翦，道樹再焚，四輩颯然，一方眼滅。門人痛恒沙之莫報，知歷劫之難酬，卜彼周原，鬱興靈塔。其塔前臨平陸，却枕崇山，實關内之膏腴，信秦中之爽塏。欲使遺芳餘烈，終□長存，秋菊春蘭，英華靡絶。勒茲金石，以刻銘云。其詞曰：

蟾桂之精，雲雨之靈。依花標稱，託柰呈形。松風本肅，月露先清。蓮披意海，日朗神情。始悟唯心，終知是識。樹以菩提，崇斯質直。棄捐泡幻，咄嗟名色。八敬虔虔，四勤翼翼。邪山欲暗，慧日將沉。幽關路遠，永夜更深。勒銘玄石，樹塔荒梣。千年萬載，往古來今。

（《新中國出土墓誌·陝西壹》八六號；《隋唐五代墓誌匯編·陝西卷》三册八七頁；《中國西北地區歷代石刻匯編》二册八九頁；《昭陵碑石》六九頁圖，一九六頁文；《唐代墓誌彙編續集》儀鳳〇一一號；《全唐文補編》下册二一五四頁）

六六　大唐故亡尼七品大戒墓誌銘并序

亡宫者，不知何許人也。閑和稟性，淑慎居心。爰在幼年，班名内職。亟移灰管，貞順無愆。隙電不留，泉塗遽迫。以儀鳳三年十一月十四日葬於城西，禮也。爰命典司，式傳不朽云爾。

天長地久，生靈若浮。夜臺何遽，華屋難留。壟寒風急，日慘雲愁。貞順不朽，播此芳猷。

（《北京圖書館藏中國歷代石刻拓本匯編》一六册八三頁；《隋唐五代墓誌匯編·洛陽卷》六册二三頁；《唐代墓誌彙編》儀鳳〇二六號；《全唐文補遺》五輯四五四頁）

調露

六七　大周故居士廬州巢縣令息尚君（真）之銘

惟君諱真，字仁爽，清河郡人，吕望之後也。春秋七十有七，奄從風化。去調露元年八月十九日，逝於鄠縣脩德之里，即以其月廿五日，遷柩於終南山雲居寺屍陁林，捨身血肉，又收骸骨。今於禪師林所起磚墳焉，表生從善友之心，殞不離勝緣之境，建崇銘記，希傳不朽。

長安三年歲次癸卯庚申朔戊辰日外孫弘福寺僧定持建

（《北京圖書館藏中國歷代石刻拓本匯編》一九册七四頁；《北京大學圖書館藏歷代墓誌拓片目録》〇二八九七號；《隋唐五代墓誌匯編·北京卷》一册一〇五頁；《中國西北地區歷代石刻匯編》二册一四八頁；《八瓊室金石補正》卷四九；《唐文拾遺》卷四九；《全唐文補遺》五輯二七一頁；《唐代墓誌彙編》長安〇三八號；《石刻題跋索引》一七九頁）

六八　大唐故亡尼七品誌文并序

亡尼者，不知何許人也。淑旦早聞，善因宿植，俄登百子之位，遽入四禪之林。而露草忽凋，嘆危藤之易葩；馳波不駐，嗟聚沫之難□。以調露二年正月七日□於寺，春秋八十，其年三月廿一日葬於南山，禮也。嗚呼哀哉！乃爲銘曰：

九重承躬，四果資因。惑珠朗□，□□怡神。雖暫同於厚夜，終□□□□津。泉燈黯黯，子已寂□，□□□艾方春。

（《西安碑林全集》七五卷二二二三頁；《唐代墓誌彙編續集》調露〇〇八號）

開耀

六九　大唐建法寺大比丘尼（王真意）墓誌銘并序

法師諱真意，俗姓王氏，琅耶臨沂人。齊太尉南昌文憲公儉之六葉孫，梁尚書左僕射、周司徒、石泉康公裦之曾孫，隨安都太守、石泉侯鼒之孫，皇朝中書舍人弘讓之女也。胄襲鐘鼎，家承忠義。積慶攸歸，萌善因於曠劫；累仁所庇，資妙福於今生。母蘭陵蕭夫人，行爲閨範。方娠之兆，酒胾與葷辛遽絶；載弄之辰，柔聲共妍姿特異。粤升文褓，遇羶腥而下泣；甫飾香纓，斥綺羅而不御。聚沙爲戲，日誦萬言；摘葉爲香，志希八定。爰洎六歲，出家修道。憩鹿苑之仙居，閱龍宫之秘藏。半字滿字，寓目以登心；衣珠戒珠，隨緣而濟業。自幼及長，勤修梵行，禪襟體泡電之虚，貞操偶冰霜之潔。方期錫壽，奄愴歸□。以開耀元年歲次辛巳十一月景申朔十五日庚戌捨壽于建法之伽藍，春秋八十有三。以其月廿日乙卯歸于積德鄉之高陽原，律也。棣萼聯華，望禪枝而結痛；蒿泉紀德，庶法海之常流。重宣此義，乃爲頌曰：

德門淑行，梵宇虔誠。蘭蕙方馥，松筠比貞。慧鐘自響，法鏡逾明。奄升上界，方聞下生。

（《長安高陽原新出土隋唐墓誌》四〇號）

永淳

七〇　大唐衛州霖落寺大德安□□□銘并序

若夫真源凝寂，斷□滅□□□□路氤氲□□□而喪有。不生不滅，迴脱落於三天；無去無來，□□騰於十地。則知鶴林妙旨，甄衆有而出邪山；□□微言，導群迷而超苦海。其有能持戒珠而不□，□法寶而無虧，採賾八部之源流，研究四禪之枝葉，入其閫閾，涉其波瀾者，其惟安禪師乎？禪師俗姓趙，諱安，字慧信，天水人也。禪師少有大志，長慕高節，遂就香泉寺大德方禪師習學禪法，因住霖落寺。金言誦口，即有龍遊寶樹澄心；寧知鳥集，既而露光交謝電□。□危生死之趣，猒從涅槃之埸。俄就粤以永淳元年九月十二日，奄然遷化，春秋七十有九，夏臘五十有七。散亂白花呈瑞，臨終□□雺霏，甘液降祉。捨身之時，士女呼嗟，道俗□慟。□子惠業等想德音之可聽，痛神理之無從，收舍利于金棺，勒徽猷于寶塔，庶使麻姑東海識鯷壑之□遷，計訓西遊知龍磵之長在。其詞曰：

真源凝寂，覺路氤氲。不生不滅，無染無薰。彌綸天地，騰跨風雲。□手濡足，破魔摧軍。其一　爰有上士，脱落□澤。滌想四禪，洗心八水。法寶無墜，戒珠不毁。究八部之奇踪，得一乘之妙軌。其二　既猒塵勞，爰歸寂滅。法棟傾毁，津梁摧折。懿範長存，遊魂永絶。收舍利于金棺，勒徽猷於寶碣。其三

垂拱元年十月　日建塔

弟子智深、神機、□□、玄布、神泰、惠敬、玄義、惠挺、玄□、文基、義真、□昇、□仵、□亮、波兒、仁政、發福、亞景、思真、明意、□□□□□□□□貞□貞□仁

（《衛輝歷代碑刻》四二號）

七一　大唐大慈恩寺法師基公（窺基）碑

朝請大夫檢校吏部侍郎李乂撰

東都荷澤寺主沙門正演書

法師諱基，字弘道，姓尉遲氏，代郡人也。其先魏之别部，家代以將師爲雄。大父懿，常寧公。伯父敬德，鄂國公。王考宗，松洲（州）都督。咸有勛烈，書之國史。法師植微妙之玄根，蕴靈祇之秀液。胎而神應，有金杵之祥；誕則殊表，得殊輪之相。岐嶷見於能言，精微徵於始學。爰在家蘢，首習儒經，目一覽而心傳，耳暫聞而口諷。性與道合，思若有神。其時，玄奘法師哀像教侵微，佛滅之久，先遊天竺，大俘真記。訓譯屬授，必待其人。以師天假至聰，幼入深慧，鐘鼓於宫而聞外，桃李不言而自蹊。乃請於鄂國，求以爲弟子。方託以金牒之言，傳其玉箱之莪。遂特降恩旨，捨家從釋。又别奉明制，操筆賦詞。豈支那之在俗，信安隻之得聖。真乘因以化城，妙簡增其潤色。翻授已畢，聲花遂尊。乃化代朦，備修法義。所造《二諦》《唯識》等章，《法華》《瑜伽》等疏，總一百餘部。中自原夏，外薄瀛壖，聿來周受，取爲准的。師有善説之妙，必造於微。其明也，日月掛於心臺；其迅也，風霜落於談柄。將鶱掘魔，不能爲智。鵬耆舍無所施辨，豈唯直比山濤，能摧庾高而已。加以又持五行之禁，握利劍而無傷；修六法之檀，得意珠而不守。嚴戒真施，勇進力行。常月造彌勒像一軀，日誦菩薩戒一遍。願生兜率，求其志也。又有通神之應，淖然可觀。曾於代郡五臺山造玉石文殊像，寫金字《般若經》，竟有神光瑞雲嬰拂臺宇，燭燿函笥。我無至靈，則何臻此！能事已畢，示化於几。以永淳二（元）年歲次壬午十一月庚寅朔十三日壬寅，終於京兆大慈恩寺翻經院之小房。以其年十二月四日，葬于此地，蓋所以密奘公也。奘公釋門宗匠，皇代名德。應天神龍皇帝曾入緇徒，爲奘公弟子，與師同學。神龍啓運，離躍飛天，去瀍洛，還舊京，歷樊壯而悲陳迹，褒奘公而加廟侍，惟法師而詣。門人有利貞上人者，師之神足，宿植賢果，保遊秘藏，勝理盡該，精行無缺，傳我師之學，膺闕廷之問。入談舟（丹）扆，述風範而如存；出奉翠華，□郊壟而增惻。將歲月之淪貿，意封樹之遷訛。乃纂其休音，用銘兹石。其辭曰：

淳源散，澆風揚。有大力，拔迷方。破煩惱，庇清凉。唯我師，受佛記。譯仁典，增法事。爲妙藥，解狂醉。得四净，遁六難。一切法，無想觀。示有死，入泥洹。聖人作，萬物觀。乘天言，臨下土。信蘭菊，榮終古。

（《全唐文補編》上册三三九頁）

七二　大慈恩寺大法師基公（窺基）塔銘并序

朝散大夫檢校太子左庶子使持節金州諸軍事守金州刺史兼御史中丞輕車都尉賜紫金魚袋李弘慶撰

按吏部李侍郎乂碣文，法師以皇唐永淳元年仲冬壬寅日，卒於慈恩寺翻譯院，有生五十一歲也。後十日，陪葬於樊川玄奘法師塔，亦起塔焉，塔有院。大和二年二月五日，異時門人安國寺三教大德賜紫法師義林見先師舊塔摧圮，遂唱其首，率東、西街僧之右者，奏發舊塔，起新塔，功未半而疾作。會其徒千人盡出常所服玩，洎向來以其斂金帛，命高足僧令檢俾卒其事。明年七月十三日，令檢奉行師言，啓其故塔得全軀，依西國法焚而瘞之，其上起塔焉。又明年十月，賫行狀，請弘慶撰其銘。予熟聞師之本末，不能牢讓。師姓尉遲，諱基，字弘道，其先朔州人，累世以功名致爵禄。先考宗，松州都督。伯父鄂國公，國初有大勛力。弘道身長六尺五寸，性敏悟，能屬文，尤善於句讀，凡經史皆一覽無遺。三藏法師玄奘者，多聞第一，見弘道，頗加竦敬。曰：「若得斯人傳授釋教，則流行不竭矣。」因請於鄂公。鄂公感其言，奏報天子，許之，時年一十七。既脱儒服，披緇衣，伏膺奘公，未幾而冰寒於水矣。以師先有儒學詞藻，詔講譯佛經論卅餘部，草疏義一百本，大行於時，謂之「慈恩疏」。其餘崇飾佛像，日持經戒，瑞光感應者，不可勝數。嗟乎！弘道其家世在朔漠，宜以茹毛飲血、鬬爭煞戮、背義妄信爲事。今慕浮屠教，苦節希聖，深入其奥，與夫鄂公佐聖立國，公（功）成身退，出於其類，爲一代賢人，實禀間氣，習俗不能染也，明矣。退爲銘曰：

佳城之南兮面南山，玄奘法師兮葬其間。基公既歿兮陪其後，甲子一百兮四十九。碣文移入兮本寺中，曇景取信兮田舍翁。義林高足兮曰令檢，親承師言兮精誠感。試具畚鍤兮發玄堂，全身不朽兮滿異香。銘誌分明兮是弘道，齒白骨鮮兮無銷耗。瑞雲甘雨兮晝濛濛，神祇悉窣兮羅壽宮。依教茶毗兮得舍利，金瓶盛之兮埋厚地。建塔其上兮高巍巍，銘勒貞石兮無愧辭。深谷爲岸兮田爲瀛，此道寂然兮感則靈。

左街僧録、勝業寺沙門體虚，首安國寺沙門上座智峰，右街僧録、法海寺賜紫雲端，安國寺上座、内供奉、内外臨壇大德方璘，寺主、内供奉灌頂，都維那、内供奉懷津，院主曇景，同勾當僧懷真、德修、惠皋、惠章，興教寺上座惠温，寺主超願，都維那全契，僧道榮、僧道恩、僧瓊播、義方，巡官宋元義。

安國寺内供奉講論大德建初書

開成四年五月十六日講論沙門令檢修建

（《北京圖書館藏中國歷代石刻拓本匯編》三一册四四頁；《隋唐五代墓誌匯編·北京卷》二册八五頁；《隋唐五代墓誌匯編·陝西卷》四册一一八頁；《陝西碑石精華》一六三號；《長安碑刻》上册一八四頁圖，下册五四二頁文；《金石萃編》卷一一三；《全唐文》卷七六〇；《唐代墓誌彙編》開成〇二七號）

七三　大唐大慈恩寺故大德大乘光法師（普光）墓誌銘

法師諱光，字處約，三藏法師玄奘之神足也。俗姓王氏，其先出於太原。曾祖羅，周春官上仕，風格標峻，器識淹通。祖相，隋秦州清水縣令。鳴絃闡政，□□之雉載馴；製錦宣規，重泉之□獨舞。父□則，皇朝文林郎。連城孕美，芝畹流芳，材綜十倫，學包五際。法師宿乘餘祉，神情早發，真諦俗諦，通達於心田；大乘小乘，昭彰於靈府。遂得親承三藏，翻譯《解深密》等諸經；仍扣兩端，製述《俱舍論》等章疏。既而思傳惠炬，式照昏徒，於是四海緇林，望寫瓶而波委；八□同好，仰法雨而雲集。法師量機汲引，虛往實歸，任器□□，□□類解。雖實性不動，而假緣必散。況剎那潛駛，迦□□類□箭馳；大□是採，宣尼發嘆於川逝。梵行已立，示疾□形。以永淳二年正月十七日，卒於本寺，春秋五十有七。即以其月廿四日葬於明堂縣黄臺里樊川之北原，三藏法師塔塋内別立一塔。墳局不曉，泉路長昏，緇俗傷而煙靄深，白楊悲而風飆上。扣膺首而結□，總盛烈於長往。其銘曰：

明師鬱起，述旨法王。貝文增照，龍宫載昌。華冑雲聳，慶緒靈長。鐘鼎列貴，蘭菊摇芳。其一　有美挺生，幼懷貞慤。括囊九部，研機七覺。檥筏愛流，傳燈晉學。遁俗□悶，履善爲樂。其二　妙理付囑，能事畢矣。影没神州，魂歸睹史。終南帶嶺愁雲布，樊川滿谷悲風起。痛法寶而隨人滅，託貞石而遺芳紀。

（杜文玉：《唐慈恩寺普光法師墓誌考釋》，《唐研究》第五卷）

垂拱

七四　大唐願力寺故贍法師（神贍）影塔之銘并序

夫大士遊心，必歸先覺之境；高人建德，要開後覺之門。所以攝倒海而就安波，湛圓空而收動界，其有出生五滓，駕御□□□□□之□辰，作世間之□燭者，其惟我上人乎！上人諱神贍，俗姓邵氏，相州安陽人也。其先有周太保北燕伯邵公奭之後。上□□□□□代爲冠族，厥宅不移，碑表列於墳塋，譜牒傳於家國，今此不復詳談矣。曾祖日磾，齊任司州刺史、使持節行軍總管諸軍□□□□□，隋任平州盧龍縣令、兼檢校盧龍鎮將。父琰，唐任晉州神山縣尉。日諷萬言，三□相承，聲馳宇内，惟文與武，并在一門。□□□□□□□□靈賢族。金精玉骨，卓絶常倫。日誦五千言，工屬文，善談吐。年廿一，遍閲九經，備開三史；泛覽諸子，涉獵群書。陰陽圖□□□□□□術之説，莫不咸陳掌上，總納胸中。以爲并是糟粕之餘詞，羶腥之陋業，不足以揚眉闊步，畢志息心。解纓絡於寰中，縱解□□□□□意營道，迴向釋門，投毗曇論師智神寺主，作一邊依止。於是□聽《中論》，且學小乘。入理致，即鏡寫精微；演法相，□□流名□。□□□□□元年，覃東山之慶，爰啓度門。刺史許平恩妙體一乘，光通三論，傾風見悦，高預染衣。於是更就硔谷操禪師鍊度戒品。自此律行彌嚴，温□轉富，講《四分律》，并《羯磨》《維摩》《法華》《金剛般若》《勝天王般若》《護國仁王般若》及《中論》《毗曇》，馳驟兩乘，包羅三藏。横五竪五之義，三車九轍之途，不思議之奧宗，無住相之深旨，花貫泉湧，雨澍雷驚。法澤所加，枯悴者莫不霑潤；心燈所耀，黑暗者咸生承光。廿年間，爲佛法將，紹隆饒益，胡可勝談？又以講誦之餘，□□之暇，撰《正像住持同異論》一卷、《浮圖澄法師碑文》一首，修《定琬寺主碑文》一首，更有諸餘雜文數首，并事在光揚，不之繁目□□□□□終告化，春秋卌三。以大唐垂拱二年四月十二日，端拱蜕生，夏凡廿。嗚呼哀哉！雖靈心湛然，去留無在，而世間攀戀，有慟□□。□□□□□十人等追慕教緣，以大周天授二年四月八日，於相州城西五十里寶山别谷，敬焚靈骨，起塔供養，式圖影像。遂勒銘曰：

伊大人之處世兮，寔在□□□□。□□□之開心兮，亦横舟而俯度。架三界之天梁兮，杜四生之險路。作真諦之耿光兮，爲末法之弘護。其一　我族姓之尊者兮，□□□□□□。溢三有之危界兮，陋萬卷之浮言。超埃塵而遐騁兮，建勝義之高幡。宣法王之正教兮，泆濁世之諠煩。其二　彼利益之云周兮，就後代而長往。玄構落

而疇依兮，法日墜而安仰。疏絶崿以閟塔兮，因崇巖而鏤像。留銘頌於山阿兮，庶芳風之肹蠁。其三

（《北京圖書館藏中國歷代石刻拓本匯編》一七册一四四頁；《寶山靈泉寺》八六頁；《唐代墓誌彙編續集》天授〇〇六號；《全唐文補編》下册一九一八頁）

七五　大唐清信女李定品靈廟之文

蓋聞紫氣凌虚，駕青牛而西上；金容入夢，驅白馬而東臨。其有繼此靈威，紹兹丕緒者，其惟柏仁縣清信士李孝純之長女定品焉。夫以襁褓初蘿，已開十地之相；蓮臺始步，肇分千葉之姿。爰洎丱齡，專求入道，一臨禪宇，□行精修，守波提而弗倦，持戒珠而莫捨。固可旋披法服，早落天刀，豈期駒隙無留，電光俄逝。迺以垂拱二年六月廿二日，卒於私第，春秋卌有四。非止悲纏行路，寔乃停相春隣。然以此女康存，每留清話，一朝傾殞，願捨陁林。其父母等念此遺言，從其捨散，乃收餘骼，隨時供養。遂以垂拱三年十月廿五日，建靈廟於兹山，庶覃嘉福，永歸安樂。憑斯翠琰，刊爲頌云。其詞曰：

猗歟法子，幼而明悊。戒珠外朗，澡心内潔。如何不淑，奄隨寂滅。建兹靈廟，永騰芳烈。

（《北京圖書館藏中國歷代石刻拓本匯編》一七册七二頁；《北京大學圖書館藏歷代墓誌拓片目録》〇二四一一號；《全唐文補遺》六輯二二五頁；《全唐文補編》下册一九二〇頁）

七六　慧賾塔記

維大唐垂拱四年歲次戊子四月戊子朔八日乙未，昔有慧賾禪師在此山門住持五十餘載，精勤勇猛，志操嚴凝，感應靈奇，通明異絶，英聲外播，道□遠聞。禪文與七覺俱清，戒品共六根同淨。研精二諦，覃思一乘。爲世

福田，信堪依怙。抽資什物，謹捨浄財，敬造斯塔一座，奉爲皇帝陛下、師、僧、父母、普及含靈、存亡眷屬，盡願超踰，俱登覺道。

童子順貞、普超、智曇、智□、同秀、智通、如光、崇烈。

（《八瓊室金石補正》卷四〇；《唐文續拾》卷一〇）

七七　大唐故宣化寺尼法琬師墓誌銘并序

朝散大夫行麟臺郎□□撰

昔者能仁輟運，龍宮分刹利之兵；大士潛真，象教散旃檀之轂。列邪山而錯峙，鷲巖將初地崩騰；迷愛水而沿泛，銀河共浄天傾覆。其有清暴，渚嗣傳燈。超四空而懸解，洞六波而絶想。馬鳴幽贊，得妙理於丹騰；龍樹虚求，振微言於紫繪。發揮寂滅，仰千載而聯暉；栖偃慈悲，演一乘而得俊。求諸人也，其在法琬師乎！法師諱法琬，俗姓李氏，其先隴西成紀人也。宗流甚遠，表若水而誕虹精；枝葉相傳，入函關而耀龍德。豈直祥源比咸池共廣，乾構與太極齊生，若斯而已哉。曾祖亮，隋任海州刺史、長社縣開國公，皇朝贈鄭王，謚曰孝。器識昭敏，風情亮拔。金社抽其英妙，玉繩流其粹德。珪符出守，詳刑絶於二天；竹使臨人，折簡賢於十部。昇寵亞於三友，分命同於四岳。祖神符，皇朝任揚州大都督、宗正卿、太府卿、岐州平道軍將、開府儀同三司、上柱國、襄邑王，贈荆、硤、岳、朗四州諸軍事，謚曰恭。親賢兼重，拜青瑣而昇榮；位望俱隆，馭緑車而延渥。奉魚鈐而問罪，奔馳海岳之間；□鶴識以吊人，叱咤風雷之氣。藩維克緫，北人興陝邑之歌；師律已調，天子下齋壇之寄。父德懋，皇朝金紫光禄大夫、宗正卿、行尚方監、上柱國、臨川縣開國公，贈荆、硤、岳、朗四州諸軍事，謚曰莊。抽榮風岳，毓慶驪庭。波涵九派，暉連十日。雄情負俗，鬱王佐之宏圖；英識邁時，仗公門之逸氣。山河坐列，珪組行分。襲侯服之高班，擁江淮之重鎮。弇州鳳彩，具叔夜之英姿；益野龍媒，展士元之逸足。積貽孫之盛烈，仍開照日之容；垂燕翼之高門，載誕弄珠之態。法師早標浄業，夙彰道性。暫披千偈，軋記同於爾碑；一覽萬言，無遺比於張篋。慈刀裂網，映八解以忘筌；慧劍捨霜，入三明而遊刃。感乾坤之純至，咸曰因心；匪石席之貞襟，率由其性。永徽年中，爲祖襄邑王捨家從道。九族爲重，尊祖之敬已深；四大知輕，苦空之理懸得。於是抽簪寶地，脱屣塵勞。少女微風，傃青林而宛轉；嫦娥皎月，入翠殿而徘徊。若夫蓮花千柱，上臨霄極；紫組由旬，旁觀造化。悲哉！萬類沉乎，五濁用能。豐隆寫液，清愛火於身田；□□停波，息若流於沙界。自非至人廣運，孰能致於此乎！既而星劫精微，金沙道洽。露晞貝葉，早變化於無常；香散天花，將送歸於浄域。粤以垂拱四年九月一日，終於宣化寺，春秋五十。親知聞而傷慟，道俗仰而吞恨。勝幡摇裔，雲布郊原。哀挽沸騰，聲流鄉邑。嘆慈舟之影没，惜扶光之照盡。親□高思府果毅思行，悲秭月之沉照，傷棣萼以分暉。佇四禪而凄斷，撫雙林之寂寞。傷心泫目，嘆一去而無歸；永感長嗟，望千古而旌表。是用騰徽翠琰，播美玄扃，□□無愧。其爲頌曰：

蒼蒼八海，悠悠萬姓。罕晤四緣，多迷五浄。仁峰獨聳，智源孤映。妙月忘筌，大雲得性。其一　慶流若水，氣表神仙。龍章赫奕，黿組蟬聯。道光十部，化洽二天。磐石作固，藩屏唯賢。其二　早晤苦空，由來忍辱。抽簪勝地，脱屣塵俗。業浄填金，道精憑玉。貝葉遺響，蓮花捧足。其三　衆侶咸依，群生是務。何期一夕，繼武雙樹。其四　惜其照盡，空挹天香。仙衣曳影，玉字生光。其五

（《隋唐五代墓誌匯編·陝西卷》三册一〇三頁；《西安碑林全集》一九六卷一〇五〇頁；《長安碑刻》四〇九頁；《全唐文補遺》三輯二五頁）

七八　大唐□□寺故比丘尼法琬法師碑

靈安寺沙門承遠撰

左衛翊壹府翊彭城劉欽旦書

若夫瑶水之濱，歌白雲而長往；玉臺之上，乘彩霞而不還。敬姜布閫門之規，班姬光中禁之□。□□□□，參差異轍，猶且播芳徽於□□，□□實於紫書。豈如開八正門，去塵離俗；入三乘藏，鉤深致遠。喻筏於愛河之水，傳燈於昏衢之地，見之於法師矣。法師諱法琬，俗姓李，□□□□道人也。應天神龍皇帝之三從姑焉。原夫馬喙高丘，彰白雲之茂祉；龍光函谷，表紫氣之仙望。清風映乎中古，大命集乎一□。高祖景皇帝道出鱗皇，功高羽帝。牢籠天地，運日月而揆陰陽；彈壓山川，驅甿黎而躋仁壽。曾祖故鄭王亮，謚曰孝。咸池別派，□□□枝。乾垂帝子之星，坤列天孫之嶽。刻舟標智，岐嶷已稱；毀鞍擅奇，仁心早茂。由是榮開朱邸，寵盛緑車，豐冠蓋之遊，列山河之郡。祖神□□□□荆揚并三州大都督、上柱國、襄邑王，謚曰恭。潢漢天人，紫微帝系。大禹以能平水土，式葉帝俞；茂先以該博知名，允諧時望。惟揚奥壤，□□雄藩，地枕荆門，郊通汝漢。張皂蓋而按擧，褰彤襜而督察。去思來晚，德化長流。五袴兩岐，甿謡式著。九江士女，既聞酌□之詠；三晉人吏，還歌戢兵之曲。父德懋，故金紫光禄大夫、少府監、宗正卿、兵部尚書、上柱國、臨川公，謚曰孝。爵列公侯，地隆勛戚。天分鬥極，□□喉舌之榮；地括河海，仍受股肱之寄。法師生積善之門，誕象賢之室，風神外朗，慧敏内融。幼懷削髮之因，固拒結褵之義。臨川公寢苦在疚，風樹銜哀。莫申罔極之心，徒結充窮之痛。去永徽六年，襄邑王薨。其年，奉爲亡父捨所愛之女，請度出家。皇上以孝道所憑，諒資於冥福；誠心克著，□展於香緣。奉敕出家，時年十有三也。并度家人三七，并以充師弟子。法師即隋吴國公尉綱之外孫，其寺吴公之本置也。□□黄金布地，尚疑須達之園；白鶴成林，即是菩提之樹。日宮月殿，無晦無明；蓮座花臺，長春長夏。法師別置一院，以修道焉。苦行精心，與冰霜而彌勵；戒範禪結，將竹柏而逾貞。地乃護珠，人惟杖錫，故得禪枝日茂，覺蕊年芳。忍鎧横霜，銛鋒穎而無極；戒珠含月，射光芒而自遠。至若貫花散花之典，滿偈半偈之經，莫不吞若胸臆，如抵諸掌。至乃論堂霞闢，曳祴成陰，法座雲懸，飛錫連影，人同竹葦，衆若稻麻。法師明鏡伺鑒，洪鐘佇扣，流言泉於玉吻，驚思風於牙扇，剖疑析滯，虚往實歸。固以聲華鍱腹，德高巢頟，檀林擢秀，鹿苑騰芳。蓋玄門之棟梁，緇徒之領袖矣。方冀濡足授手，長弘六度之津；覃思研精，永啓四禪之鍵。豈謂隙駒易往，藤鼠難留，若東魯之山頽，類西州之石折。教在運往，感息化窮，智炬由是淪暉，堅林以之變色。以垂拱四年歲次戊子九月己酉朔日，遷神於□□寺，春秋卌有九。惟法師襟神雅正，操履堅明，道在則尊，德高爲貴。法堂宴坐，心可降魔；梵宇經行，影能馴鴿。高行鄰於初地，雅譽重於彌天。誠惟周拯，志尚高蹈。至於六時清梵，想魚嶺而騰音；五夜馴行，候鯨鐘而肅慮。楷模梵衆，雪凜冰清；導揚龔俗，雲歸海赴。清徒仰教，未極玄風，迅景不留，奄隨泡露。尼仙悟迦毗，即法師之侄女也。義均猶子，思承上足，貞心雪皎，慧性霜凝。陶善誘而日深，沐慈風而歲遠；悲法眼之淪照，痛禪宇之摧梁。粤以景龍三年歲次己酉正月己未朔十五日癸酉，奉敕起塔於雍州長安縣之神禾原，禮也。崇構岧嶢，前臨黄嶠之曲；層基固護，却枕青城之隅。草凌晨而薤露晞，樹肅夜而松風起。以爲天長地久，日月所以循環；露往霜來，陵谷以之遷貿。昔武成之室，勒徽範於貞碑；密陵之妃，昭媛德於豐琰。矧乎道高龍象，德隆鵷鷺，契無三之妙軫，入不二之玄樞。豈可相質無聞，受□莫紀。敢勒清風之頌，庶流終古之德。其銘曰：

鶴林西廢，象教東延。邈矣年祀，英靈罕傳。挺生明慧，惟我師焉。白雲凝祉，紫氣浮天。皇宗赫奕，帝緒蟬聯。誕乎令胤，克嗣先賢。聚沙之日，救蟻之年。仁心夙表，慧性俄堅。方釋塵累，遂托良緣。心清鏡澈，戒潔珠圓。精誠苦行，雪凜冰解。三乘洞啓，九部咸甄。時臨講肆，亟陟香筵。鵷鸞雜還，龍象駢闐。一揚辨囿，幾沐言泉。法門棟宇，覺海舟船。四蛇詎息，二鼠俄遷。輔仁莫驗，與善徒然。式建高塔，爰臨古阡。南瞻豹巘，北瞰龍川。桑榆落日，松檟生煙。山風四起，隴月孤懸。一銘芬烈，三變桑田。

景龍三年歲次己酉五月十日比丘尼仙悟迦毗等建

（《西安碑林全集》八卷八五八頁；《長安碑刻》上册八七頁圖，下册四三七頁文；《金石萃編》卷六八；《全唐文》卷九一三）

七九 大唐故亡宮三品尼金氏墓誌銘

亡宮三品婕妤，十一月廿六日亡，十二月廿一日斬草，一月十三日葬。□婕妤，位三品，年六十四，不知何姓氏。淑貞姝妍，預良家之選；令德柔婉，視列卿之秩。恩寵斯洽，仁□克配，當攀檻而節明，對辭輦而誠顯。規虹渥彩，將晦魄而俱消；寶婺融暉，隨落星而永逝。以垂拱四年歲次□乙□月日卒，以永昌元年歲次□乙正月□日朔□日葬於□所。其銘曰：

侍寢昭陽，步曳曳兮生光；歸骸窀穸，松森森兮已行。

（《新中國出土墓誌·陝西壹》九三號；《隋唐五代墓誌匯編·陝西卷》一册六八頁，《隋唐五代墓誌匯編·陝西卷》三册一〇四頁；《昭陵碑石》七八頁圖，二〇八頁文；《唐代墓誌彙編續集》永昌〇〇一號；《全唐文補遺》二輯三〇四頁；《全唐文補編》下册二一八六頁）

永昌

八〇　大唐故德業寺亡尼七品墓誌銘

亡尼者，不知何許人也。少以良家應選，言行彰於六宫；晚以禪律歸心，忍進稱於梵宇。春秋七十有二，以永昌元年二月二日，奄從風燭。嗚呼哀哉！即以其月十四日葬咸陽原。其銘曰：

四德標美，六度精修。泉扃永閉，松風自秋。

（《新中國出土墓誌・陝西壹》九四號；《隋唐五代墓誌匯編・陝西卷》三册一〇五頁；《咸陽碑刻》〇三三號；《渭城文物誌》二四三頁；《唐代墓誌彙編續集》永昌〇〇二號；《全唐文補編》下册一八四九頁）

八一　唐中岳沙門釋法如禪師行狀

大師諱法如，姓王氏，上黨人也。幼隨舅任澧陽，事青布明爲師。年十九出家，志求大法。明内隱禪智，當人見讓云：「蘄州忍禪師所行三昧，汝宜往諮受。」曰：「敬聞命矣。」其後，到彼會中，稽請畢已。祖師默辯先機，即授其道。開佛密意，頓入一乘，數緣非緣，二種都盡。到清凉池，入空寂舍，可謂不動真際而知萬象者也。天竺相承，本無文字，入此門者，唯意相傳。故廬山遠法師《〈禪經〉序》云：「則是阿難曲承音詔，遇非其人，必藏之靈府。幽關莫辟，罕窺其庭。如來泥曰未久，阿難傳末田地，末田地傳舍那婆斯。此三應真，冥契于昔，功在言外，經所不辯。必闇軌元匠，孱然無差。又有達節善變，出處無際，晦名寄迹，無聞無示。斯人不可以名部分别矣。」有明宗者，即南天竺三藏法師菩提達摩，紹隆此宗，步武東鄰之國，傳曰神化幽迹，入魏傳可，可傳粲，粲傳信，信傳忍，忍傳如。當傳之不可言者，非曰其人，孰能傳哉？至咸亨五年，祖師滅度，始終奉侍，經十六載。既淮南化掩，北遊中岳，後居少林寺，處衆三年，人不知其量。所以守本全朴，棄世浮榮，廉謙之德，賢士之靈也；外藏名器，内洽玄功，庶幾之道，高遁之風也；對問辭簡，窮精入微，出有之計，解空之圍也；權智勇略，能建法城，安人之友，師者之明也。垂拱二年，四海標領僧衆集少林精舍，請開禪法，僉曰：「始自後魏，爰降于唐，帝代有五，年將二百，而命世之德時時間出，咸以無上大寶貽諸後昆。今若再振玄綱，使朝聞者光復正化。」師聞請已，辭，對之曰：「言寂則意不亡，以智則慮未滅。若順諸賢之命，用隆先勝之道，如何敢矣！」猶是謙退三讓，久乃許焉。觀乎至人之意，廣矣大矣，深矣遠矣。今唯以一法能令聖凡同入决定，勇猛當應諦受，如人出火，不容中斷。衆皆屈申臂頃，便得本心。師以一印之法，密印於衆意。世界不現，則是法界。此法如空中月影，出現應度者心，子勤行之，道在其中矣。而大化既敷，其事廣博，群機隱變之度，毫釐不差。自後頻誨學人，所疑咸速發問。俄然現疾，乃先覺有徵爾。最後一夜，端坐樹下，告以遺訓，重明宗極。顯七日而爲一切，悟彈指而震大千。法無去來，延促思盡。即永昌元年歲次己丑七月二十七日午時，寂然卒世，春秋五十有二，瘞于少室山之原也。諸受業沙門北就高頂起塔，置石優填王釋迦像，并累師之行狀勒在佛碑。冀賚奉廟庭，觀文以自誡。曰：

我師利見，動寂無方。陶均萬累，廣世爲梁。登微有階，庶勤必臧。遺功罔極，日月齊光。

（《金石續編》卷六；《唐文拾遺》卷六七）

八二　法門惠恭大德之碑

上缺五十字爲如來下下缺四十三字者也。法門寺者，本名阿育王寺□□□□□□□□□□□□□□初昇魔焰正□百年斯主出代用人□□□□嬴正指位□天子之□癸，迺使人同巨厲造生地獄誹謗□□□□□□□□□□□仍起心花於鏤湯；惡王歸依，清業林於信圃。遂發願營塔，遍四天下。精心入道，釋梵光其福田；至感通微，鬼神盡□□□□□□□□□神光夜明，八萬四千，不日而就。其寺則育王之一所也，因而爲號。惠恭禪師之上居焉。禪師俗姓韋氏，本魯國鄒人，其□□□□□□□□□邑。天祚歸商，以豕韋稱霸，蓋得姓於國，因而命氏。禪師虛而保真，清而容物，感陰陽之粹氣，得天地之淳風。思越斷常□□□□□□□□不染囂塵。髫齔之年，已墮僧數。豈非善士羅漢自罄家資，玄鸚比丘先摧論鼓。年甫十四，依慈門寺道場審禪師聽受三□□□□□□□句。心遠七憎，以果收因，則含生皆佛；將時驗質，則以位獨凡。上根下根，洞悟其旨；真學妄學，究竟其門。苦行精誠，年逾十載，□□□□□□□□禪師者，佛法之機衡，幽途之炬燭。心滋有待，智入無端，名稱普聞，衆所知識。禪師稽首接足，親承問道，攝念歸依，習禪□□□□□□□會真空，雖業利已修，化迷入悟。禪師慜兹有待，將擊群蒙，迺陰照昏山，明發心海，解體三昧，利周四衢。年廿三，還居此寺□□□□□□□□□花，戒珠圓明，能清五濁之水。上士稽首，中庸歸命，意消神悟，目擊道存。以爲定慧不兼，靜亂殊學，遵行五衆，虔奉四依。□□□□□□□揚之□；惠日明代，非開寂滅之域。遂別安禪院，清浄住持，夙夜翹誠，供養靈塔。貞觀之末，沐浴舍利，便燒一指，發菩提心，即□□□□□□□，清浄大衆，宛如初會；倏睹尊儀，情如新滅。豈止靈光浮景，空驚迦葉之心；寶相澄輝，似入闍王之夢。□□□□□□□□□□□之道行，戒言之放心。天皇□□，□□地絡，克振天維，安上□□，定禮制樂。以爲垂衣端拱，得尊之於此方；御昇乘乾，非超之於彼岸。懸般若之鏡，圓照十方；然涅槃之香，上□□□。報先於施，作曠劫之强緣；道始於檀，爲大千之化主。顯慶首年，施絹三千匹，修營塔廟。勑師結□，□訖冥因。假願力以莊嚴，若神工之再運；感靈儀而示見，如輪王之重修。禪師清淨其心，深信堅固，集衆法寶，如海導師。嘗與勝光寺惠乘□□同德比義，贈禪師行瑭布巾，表爲善友。則知舍利迦葉更爲顯揚，文殊普賢厥相誠仰。俄而乘師下代，德音綿邈，道林從化，虔之獨存。長□□煜恥爲孤照，昏衢智眼恨不兼明。每嘆業象奔馳，將淪教戒；愛馬騰躍，先亡苦空。故勒石題經，昭其未悟。敬鐫《遺教經》《般若心經》各一部，□□□道。我執斷滅，明性起於禪枝；法空見前，引尸羅於智果。頓漸宗印，終始住持。寂靜律儀，則睹文齊相；澄清等忍，則觀義忘言。故知道存□□，□執油於副墨；理歸微漸，見法雨於臨墀。四果聲聞，感無涯而喪偶；十方菩薩，睹即色而歸心。寧止香艷成雲，發東方之紫氣；花纓結霧，□□□之青光而已哉！當願定鏡流輝，塵清四念，心珠凝彩，照引三明。芥城幾空，海印無底，河神屢殞，法母常安。弟子學謝文園，才非武庫，有□□□，期種覺於雷陰；未獲歸依，冀前緣於智勝。德山高遠，思三昧於瞻□；定域幽深，心不及於疑始。希爲善誘，敢作銘曰：

識海波□，□□扇激。非我法王，誰救淪溺。般若實性，尸羅妙迹。化城屢遷，真空不□。其一 十方諸佛，從法立名。相有終始，心無壞成。惠空七覺，境智□□。□□度者，實無衆生。其二 世間實有，名爲一合。智越斷常，心超間塔。種覺□映，一多相納。怨形妄心，顯見靈塔。其三 正象既遷，二階無實。□□□□，四依挺出。了別愛憎，弘揚戒律。重振法鼓，再明佛日。其四 心相不□，國主皆空。雖含覺性，不廢愚蒙。始明惠炬，終揚戒風。希除妄識，□□□□。其五 碑若天工，字凝神運。密嚴顯迹，含性招訓。降伏四魔，歸依百□。定水澄影，迷津息問。其六 佛前佛後，劫盡劫生。塵界雖暗，法眼恒□。□□□果，

包含色聲。惠空無際，福盡有情。其七

永昌元年歲次己丑□月庚戌朔卅日己卯

法門寺僧惠恭樹

郭□□一心供養

萬歲通天

（《全唐文補遺》四輯二八五頁；楊維中：《唐初三階教大德惠恭行歷及其佛學思想——〈法門惠恭大德之碑〉考釋》，《世界宗教研究》一九九九年第一期八二頁）

八三　亡尼八品墓誌

亡尼捌品尼者，不知何許人也。若乃□容曠代，淑問傾時，桂闈呈姿，納良家於八月；椒宫入選，降玉質於三雲。桃李所以不言，紃組由其是敬。加以道光法侣，開宴坐於禪林；業總薰脩，闡經行於浄域。方期永保元吉，言從柰苑之遊；豈謂與善徒欺，忽起蒿泉之地。以萬歲通天元年卒，春秋□□□，即以其年伍月拾肆日葬。嗚呼哀哉！乃爲銘曰：

龍宫演妙，鹿苑騰休。道光法侣，藝總薰修。俄驚逝水，忽愴遷舟。汶陽蒿里，郭外松丘。壹從萬化，永秘泉幽。

（《北京圖書館藏中國歷代石刻拓本匯編》一八册八二頁；《北京大學圖書館藏歷代墓誌拓片目録》〇二六五九號；《隋唐五代墓誌匯編·洛陽卷》七册七五頁；《千唐誌齋藏誌》四二九頁；《唐代墓誌彙編》萬

歲通天〇〇二號；《全唐文補遺》五輯四五九頁）

大足

八四　智惠墓誌

大周大足元年，青槐鄉弘化之第，姓名智諱惠，七月廿三日薨，時春秋六十有二。八月二日，葬於承平鄉龍首原，禮也。降於窆所，英風遠振，騰刊芳鈞。麗德遐彰，劍傳茂實。礪山安襲，筮水長淮。侍衛合儀，朝端取則。考滿授官，固辭不就。清猷在室，志等凌雲。觀國垂光，雄才挺秀。抑揚雅俗，作範風規。盛禮文遒，辯知後對。懤命儥天，翻霜迅掄。關地難退，溘從朝露。州閭淚咽，縣邑慟悲。隴泣分流，川哀哽□。杵絶心酸，停機□斷。月容聲嘶，星疏痛結。花林失色，池藕萎涸。刊石鳴在，銘存永固。頌曰：

良才詞白日，黄泉永分。隧深恒寂寂，□□穸長闇。□峰光晷景，薤露□難存。芳名萬世後，千秋德顯君。

（《新中國出土墓誌·陝西貳》六五號；《隋唐五代墓誌匯編·陝西卷》一册七七頁；《西安碑林全集》七六卷二三一一頁；《唐代墓誌彙編續集》大足〇〇二號；《全唐文補遺》五輯二五八頁）

八五　唐德業寺亡尼七品墓誌并序

亡尼者，不知何許人也。德備鳳闈，名參庶苑。勖三業以清安，去彼晃親；體二乘之至理，泯兹□色。方冀戒珠長潔，廣樹未來之因。何圖電光不駐，俄聞此報已盡。嗚呼哀哉！以大足元年八月三日歿於德業寺，春秋九十有三。即以其月八日葬於咸陽原，禮也。徒衆潛慟，雲花掩色。巡稱字而將空，瞻法□而安仰。乃刊貞石，以紀清猷。其詞曰：

無始風□，善哉希有。痛矣喪德，六門之首。一閟泉扃，長依□□。

（《咸陽碑刻》〇四〇號；《渭城文物誌》二四三頁）

八六　大唐實際寺故寺主懷惲奉敕贈隆闡大法師碑銘并序

昔吾師因地求真，衆魔紛嬈，果到成佛，龍天捧圍。自作鎮靈山，法躬靡易，告滅雙樹，示迹倫凡，微言不傳，慧燭潛照。屆夫歲邁千秋，時淹五濁，欲海騰沸，邪山紛糾。於是釋防東逝，爰稱兆應；漢夢西通，方崇像法。或青眸接軫，競扇玄風；或白足相趨，爭開佛日。至欲繼前賢之令軌，爲後進之康衢，燭照重昏，慈舟苦派，人能弘道，斯之謂歟。法師諱懷惲，俗張姓，南陽人也。遠祖因官，播遷京兆。廿一代祖安，晉丞相，襲爵鴻臚公。高祖融，字（守）黄門郎，遷太子庶子。祖英，唐解褐太常太祝，襲爵天平公，尋轉吴王祭酒。握蘭奏位，清陪雅列。法師聰敏爲其性相，慈善資其風骨。母常山夫人樂姓，降胎之月，不味膻腥；載誕之辰，情欣禁戒。暨年登丱歲，特異諸童，或焚葉爲香，或聚沙爲塔。雖飛軒繡轂，未嘗留步；月宇香樓，怡然忘返。高宗天皇大帝乘乾撫運，出震披圖，虚己求賢，明揚待士。總章元載，夢睹法師，倏降綸言，遠令虔辟。於是臨丹檻，邇青蒲，廣獻真誠，特蒙褒讚。帝乃親授朱紱，令處鳳池之榮。師乃固請緇衣，願托鷲林之地。奉敕於西明剃落。善來忽唱，惡業疑銷。既挂三衣，俄陪四衆。翹勤遽積，思五分而非遥；精苦逾深，想三祇而未遠。時有親證三昧大德善導闍梨，慈樹森疏，悲花照灼。情祛多漏，擁藤井於蓮臺；睿化無涯，驅鐵圍於寶國。既聞盛烈，雅締師資。祈解脱規，發菩提願。一承妙旨，十有餘齡。秘偈真乘，親蒙付囑。自惟薄祐，師資早喪。想遺烈而崩心，顧餘恩而雨面。爰思宅兆，式建墳塋，遂於鳳城南神和原崇靈塔也。其地前終峰之南鎮，後帝城之北里。歌鐘沸出，移上界於陰門；泉流激灑，北連河於陽面。仍於塔側廣構伽藍，莫不堂殿崢嶸，遠模忉利；樓臺岌嶪，直寫祇園。神木靈草，凌歲寒而獨秀；葉暗花明，逾嚴霜而靡萃。豈直風高氣爽，聲聞進道之場；故亦臨水面山，菩薩全真之地。又於寺院造大窣堵坡，塔周回二百步，直上一十三級，或瞻星揆務，或候日裁規，得天帝芳踪，有龍王秘迹。重重佛事，窮鷲嶺之分身；種種莊嚴，盡昆丘之異寶。但以至誠多感，能事冥資，故能遠降宸衷，令賚舍利計千餘粒。加以七珍函笥，隨此勝緣；百寶幡花，令興供養。則天大聖皇后承九玄之眷命，躡三聖之休期，猶尚志想金園，情欣勝躅。或頻臨净剎，傾海國之名珍；或屢訪炎涼，捨河宮之秘寶。法師誠盈而散，并入檀那。法師業行高尚，利益繁多，故得名振九重，芳盈四部。奉永昌元年敕，徵法師爲寺主。於是綱紀僧徒，規模釋族。緇門濟濟，戒德峻而彌堅；紺宇詵詵，常住豐而更實。猶是才稱物實，道爲時尊。知與不知，仰醍醐於句偈；識與不識，詢法乳於波瀾。法師以慈誘内懷，敷揚外積，冀傳聖旨，用酬來望。每講《觀經》《賢護》《彌陀》等經各數十。夫我域者，扇激風火，嬰抱結漏，系諸生止無常之短，期研乎事真，攀不亟之虚。朕若不乘佛願力，託質净方，則恐淪溺長往，清昇永隔。於是言論之際，懇勸時衆，四儀之中，一心專念阿彌陀佛。願乘此勝因，祈生净域。又以般若神咒，能令速證菩提；彌陀佛名，亦望横超惡趣。諸餘妙典，雖并積心臺，於此勝緣，頗遍遊智府。嘗誦《大般若咒》而盈卅萬，又誦《彌陀真偈》十萬餘遍。理復使精真厥想，念雖微而必就；一三於行，功唐捐而靡得。豈直諸佛現前，神人捧錫而已矣。師爲諸重擔，攝爾群生，舉洪灼於耶山，掉寶航於見海。悲夫！娑婆國中，人多弊惡。雖復珍臺寶界，因勝侶而歸心；至欲逸翥遐征，藉良緣而克進。敢憑此義，爰發誠心。於是廣勸有緣，奉爲九重萬乘、四生六趣造净土堂一所。莫不虬棟凌虚，虹梁架迴，丹楹絶日，青瑣延風，無春而反井舒花，不暝而重簷積霧。於是神螭戾止，遠鎮瓊階；寶鳳來儀，還陪桂户。雕甍畫拱之異，窮造化之規模；圓璫方鏡之奇，極人天之巧妙。又於堂内造阿彌陀佛及觀音、勢至，又造織成像并餘功德。并相好奇特，顔容湛粹，山豪演妙，若照三千；海目摛華，如觀百億。或因繒命采，有慈氏之全身；或散札馳芳，得憂填之逸思。何獨如來自在，疑降上界之魔；故亦菩薩熙怡，似救下方之苦。夫以宅生者心，心勞則生喪；栖神者志，志擾則神亡。然菩薩以濟物捐軀，上善以遺形徇節。法師情存拯救，式奉殷繁，汲引雖曰忘懷，形質焉能靡累。於是忽嬰風瘵，病與時侵，靈藥弗痊，胚器俄逝。豈夫八林齊白，我佛稱於寂滅；梁木其壞，吾師等於死生。以大足元年十月廿二日神遷，春秋六十有二。臨終之際，正念無虧，顔色怡悦，似有瞻矚，北首面西，奄然而化。悲夫！烈烈歲陰，蒼蒼天色。乾兮何負，殲我惟良。業也何孤，喪兹賢哲。豈直悲盈四部，嗟鹿苑之荒凉；抑亦哀悼兩宫，痛蜂臺之闃寂。猶是俯迴天眷，載紆仙豪，遠降恩波，爰加制贈。奉神龍元年敕：實際寺主懷惲，示居三界，遠離六塵。等心境於虚空，混榮枯於物我。棟梁紺宇，領袖緇徒。包杖錫之規模，躡乘杯之懿躅。雖已歸寂滅，無待於褒揚；然寵洽友于，無忘於縟禮。可贈隆闡大法師。主者施行。上人以至德聿修，良因累著，故得天降成烈，用讚芳規。追遠慎終，生榮死贈，足可光輝浄刹，歷塵芥而長存；旌賁玄門，共河山而永久。弟子大温國寺主思莊等，并攀號積慮，哀慕居懷。嗟覆護而無時，仰音顔而靡日。猶恐居諸易遠，淑善湮沉，敬想清徽，勒兹玄琰。

詞曰：

娑婆種覺，賢劫能人。三祇殄妄，五分祈真。即相離相，非身是身。猶施慧杌，廣濟迷津。其一　十方化備，雙林滅度。三界空虚，四生哀慕。正教既隱，微言遽斁。式啓先哲，用資後悟。其二　芳猷廣被，至烈彌殷。青眸演聖，白足呈真。遠導芻芥，遐宣墨塵。玄門不絶，代有其人。其三　猗歟令德，遠嗣前英。聲高四部，譽重三明。慈周有識，智契無生。法雲葉落，道樹滋榮。其四　豈圖宿殃，師資遽亡。乾兮何負，殲我惟良。徒嗟授几，空念傳香。非夫勝緣，孰荅恩光。其五　邈矣坰野，慈顔壙側。敬發誠心，爰憑浄域。真容湛粹，樓臺巋嶷。希

此善根，遠酬明德。其六

天寶二年歲次癸未十二月景寅朔十一日景子建

（《西安碑林全集》一一卷一一八三頁；《長安碑刻》上册一〇八頁圖，下册四六〇頁文；《金石萃編》卷八六；《全唐文》卷九一六）

長安

八七　大周相州安陽靈泉寺故寺主大德智法師（王朗）像塔之銘并序

法師諱朗，字□智，俗姓王氏，其先周靈王子□□後，鄴城生也。□祖惟稱，芬馥旃檀。師生禀神，□早□塵濁。年七歲，投大慈寺主大德超法師，□□□誦維經□□。至年十二，屬大唐太宗文武聖皇帝廣闢度門，便蒙剃□。建□□□□□戒□，依本寺曇源律師習毗尼□。業□之後，又□慈潤寺主大德智神論師學□□曇□，復進學《□摩》《金剛》《般若》，并《中觀》等。三經二論，□□源流□□敷揚。或研精默識，加以統之□一分□温於□《易》象玄文，方同三絶，《老》《莊》《素問》，博泛群流。年五十□，持《金剛》《般若》及《尊勝咒》等各二萬遍，文梵音轉，□首出緇□。春秋六十有八，夏踰卌□□□，訖於長安二年六月五日蛻遷。嗚呼！大□雲逝，孰不悲傷？門徒大雲寺僧玄皎、玄果，靈泉寺僧玄晤、玄暉等，攀慕慈誨，思報莫由，遂於州西南六十餘里本寺□懸壁山之陽，起塔供養。粤以三年七月廿五日，□□永畢，塔内便造以彌勒像一鋪，圖形奉侍□□事□□□以迹宣，敬託雕刊。乃爲銘曰：

子晉之後，命氏爲王。風流遠派，爰宅□漳。父功祖德，令聞令望。降生才子，玉質金相。幽樹來白，天花肅黄。稻□夙被，檀□早芳。經泉折玉，戒海浮香。迦旃妙教，羅□鳴莊。嚴壇佛頂，捨筏金剛。於講於誦，無怠無荒。精誠□□，□心自强。中宗懸解，外法通方。歌唄特妙，唱導尤長。以□□□，南北弘揚。胚胎有裕，利樂無鞅。□□早□，□□□□。輪脱輻消，殿摧□□。粤有子尚，□□師剛。披山建□，剖石開堂。敬□來聖，勤曆於傍。身命有□，供侍無忘。安厝既畢，銘頌攸彰。禪同遵於大道，庶共□□□常。

（《北京圖書館藏中國歷代石刻拓本匯編》一九册八九頁；《隋唐五代墓誌匯編·北京卷》一册一〇七頁；《唐文拾遺》卷六二；《寶山靈泉寺》八一頁；《全唐文補編》下册二四一三頁）

八八　亡尼墓誌

亡尼者，不知何許人也。蓋聞良家子姓，選入俾宫。□山杳海，基派方遥。開國承家，衣簪不隨。惟祖考之□業，是忠賢之一門。亡尼幼既多慧，長便陪道。一奉宫掖，遂□禪林。言行之餘，懷柔明而表端，淑身心□之際□足。覺花散而春歸，戒珠圓而月滿。雪山現疾，舍利迦業之風氣且嬰；毗城□老，火宅苦海之淹留忽謝。以長安二年十一月四日死，以其月九日發引，十日墳於咸陽原，禮也。慈雲之□，斯焉滅度。乃作銘云：

有善女士，出家勝因。戒行具足，道業猶新。雪山現疾，火宅難出。家□□□，方知往生。去矣青蓮之地，歸乎白土之塋。年去年來幾千祀，無我無生誰代名。

（《新中國出土墓誌·陜西壹》九九號；《隋唐五代墓誌匯編·陜西卷》三册一二二頁；《咸陽碑石》五二頁；《唐代墓誌彙編續集》長安〇〇五號；《全唐文補遺》五輯四六〇頁；《全唐文補編》下册二一九一頁）

八九　大周故亡宫三品墓誌

亡尼宫者，不知何許人也。禀秀儀，資靈容，頓□重婉順，樂聞内法之言。俄沉於璧，月（粤）以長安三〔年〕八月廿四日卒於其所，春秋七十四。以其年九月廿二日窆於某所，禮也。悽愴郊野，荒凉封城。重陽季月，詎傳秋菊之文；大夜窮泉，即對寒松之隧。其名（銘）曰：

百年俄謝，千金莫恃。忽去禪林，奄沉徒里。月苦宵映，風悲晝起。荒隧冥然，佳城誌矣。

（《新中國出土墓誌·陝西壹》一〇〇號；《隋唐五代墓誌匯編·陝西卷》一册七八頁；《昭陵碑石》七九頁圖，二〇九頁文；《唐代墓誌彙編續集》長安〇二〇號；《全唐文補遺》五輯四六一頁；《全唐文補編》下册二一九一頁）

神龍

九〇　唐玉泉寺大通禪師（神秀）碑銘并序

譔夫總四大者，成乎身矣；立萬始者，主乎心矣。身是虚哉，即身見空，始同妙用；心非實也，觀心若幻，乃等真如。名數入焉，妙本乖；言説出焉，真宗隱。故如來有意傳要道，力持至德，萬劫而遥付法印，一念而頓受佛身，誰其弘之？實大通禪師其人也。禪師尊稱大通，諱神秀，本姓李，陳留尉氏人也。心洞九漏，懸解先覺。身長八尺，秀眉大耳。應王伯之象，合聖賢之度。少爲諸生，遊問江表。《老》《莊》玄旨，《書》《易》大義，三乘經論，四分律儀，説通訓詁，音參吴晉。爛乎如襲孔翠，玲然如振金玉。既而獨鑒潛發，多聞旁施，逮知天命之年，自拔人間之世。企聞蘄州有忍禪師，禪門之法胤也。自菩提達磨天竺東來，以法傳慧可，慧可傳僧璨，僧璨傳道信，道信傳弘忍。繼明重迹，相承五光。乃不遠遐阻，翻飛謁詣。虚受與沃心懸會，高悟與真乘同徹。盡捐妄識，湛見本心。住寂滅境，行無是處。有師而成，即燃燈佛所；無依而説，是空王法門。服勤六年，不捨晝夜。大師嘆曰：「東山之法，盡在秀矣。」命之洗足，引之并坐。於是涕辭而去，退藏於密。儀鳳中，始隸玉泉，名在僧録。寺東七里，地坦山雄。目之曰：「此正楞伽孤峰，度門蘭若，蔭松藉草，吾將老焉。」雲從龍，風從虎，大道出，賢人睹。岐陽之地，就者成都；華陰之山，學來如市，未云多也。後進得以拂三有，超四禪，昇堂七十，味道三千，不是過也。爾其開法大略，則專念以息想，極力以攝心。其入也，品均凡聖；其到也，行無前後。趣定之前，萬緣盡閉；發慧之後，一切皆如。持奉楞伽，遞爲心要，過此以往，未之或知。久視年中，禪師春秋高矣，詔請而來，趺坐覲君，肩輿上殿，屈萬乘而稽首，灑九重而宴居。傳聖道者，不北面；有盛德者，無臣禮。遂推爲兩京法主，三帝國師。仰佛日之再中，慶優曇之一現。然處都邑，婉其秘旨。每帝王分座，后妃臨席，鵷鷺四匝，龍象三繞。時熾炭待礦，故對默而心降；時診飢投味，故告約而義領。一雨溥霑於衆緣，萬籟各吹於本分。非夫安住無畏、應變無方者，孰能焉爾乎？聖敬日崇，朝恩代積，當陽初會之所，置寺曰度門；尉氏先人之宅，置寺曰報恩。軾閭名鄉，表德非儗，局厭喧輦，長懷虚壑。累乞還山，既聽中駐，久矣衰憊，無他患苦，魄散神全，形遺力謝。神龍二年二月二十八日夜中，顧命趺坐，泊如化滅。禪師武德八年乙酉受具於天宮，至是年丙午復終於此寺，蓋僧臘八十矣。生於隋末，百有餘歲，未嘗自言，故人莫審其數也。三界火心，四部冰背，榱崩梁壞，雷動雨泣。凡諸寶身，生是金口，故其喪也，如執親焉。詔使吊哀，侯王歸賵。三月二日，册謚大通，展飾終之義，禮也；時厥五日，假安闕塞，緩及葬之期，懷也。宸駕臨訣至午橋，王公悲送至伊水，羽儀陳設至山龕。仲秋既望，還詔乃下，帝諸先許，冥遂宿心。太常卿鼓吹導引，城門郎護監喪葬。是日，天子出龍門，泫金襯，登高停蹕，目盡迴輿。自伊及江，扶道哀候，幡花百輦，香雲千里。維十月哉生魄，即舊居後岡，安神起塔，國錢嚴飾，賜逾百萬。巨鐘是先帝所鑄，群經是後王所錫。金榜御題，華幡内造，塔寺尊重，遠稱標絶。初，禪師形解東洛，相見南荆，白霧積晦於禪山，素蓮寄生於坐樹。則雙林變色，泗水逆流，至人違代，同符異感。百日卒哭也，在龍華寺設大會，八千人度二七人；二祥練縞也，咸就西明道場，數如前會。萬迴菩薩乞施，後宫寶衣盈箱，珍價敵國，親舉寵費，侑供巡香。其廣福博因，存没如此，日月逾邁，榮落相推。於戲！法子永戀宗極，痛慈舟之遽失，恨湧塔之遲開，石城之嘆也不孤，廬山之碑焉可祚！竊比子貢之論夫子也，生於天地，不知天地之高厚；飲於江海，不知江海之廣深。强名無迹，以慰其心。銘曰：

頷珠内隱，匪指莫效，心鏡外塵，匪磨莫照。海藏安靜，風識牽樂，不入度門，孰探法要。倬哉禪伯，獨立天下，功收密詣，解却名假。詣無所得，解亦都捨，月影空如，現於悟者。無量善衆，爲父爲師，露清熱惱，光射昏疑。冀將住世，萬壽無期，奈何過隙，一朝去之。嗟我門人，憂心斷續，進憶瞻仰，退思付囑。盡不離定，空非滅覺，念兹在兹，敢告無學。

（《張説之文集》卷一九；《文苑英華》卷八五六；《八瓊室金石補正》卷五〇；《全唐文》卷二三一）

九一　終南山歸寺大通神秀和上塔文

大師諱某，俗姓李，大梁人也。妙範玄德，鴻圖聖行，道氣包於先劫，慈明焕乎是生。湛虚根之清暉，光贊天下，秘圓實之微響，聲聞遍於十方。故玄默之功不言，而信存乎至賾；神通之力無爲，而應存乎涅槃。其施也，慈雲無私，萬物攸賴；其歸也，法海無量，九流惟宗。君上御之而安四維，公侯則之而風小國。三人分之，未爲不足；一人得之，不爲有餘。故金剛之源，挹而莫際；香積之飯，足以乃消。即大師圓通之宗，其若此也。師常晦迹栖真，久乎松壑。詔自江國，祇命上京。而雲林之情，肯忘山水，迺擁金策，乘草輿，謝人間，卑迹巖泉之高勝。此焉攸處，果我幽居，逮乎東歸，以之西瞻。自雲華歿世，道樹空存，風悲宴寂之堂，露泣禪階之草。門人等懷繫珠之厚德，眇若無涯；崇建塔之神功，式資幽贊。銘之□琰，敬勒玄猷。其詞曰：

如來妙藥名甘露兮，含生服之世可度兮。雲根不死留在山兮，智者傳之救世間兮。惑亂無常時共見兮，唯獨仁人心不變兮。牟尼靜觀生已遠兮，究竟菩提大方便兮。

（《傳法寶紀》；《全唐文補編》上册四五七頁）

九二　大唐故亡七品誌銘并序

亡尼宫者，不知何許人也。禀秀儀，資靈容，頓□重婉順，樂聞内法之言。俄沉於璧，月（粵）以神龍二年十一月　日卒於其所，春秋六十有六。即以其月廿日窆於咸陽原，禮也。悽愴郊野，荒凉封城。重陽季月，詎傳秋菊之文；大夜窮泉，即對寒松之隧。其銘曰：

百年俄謝，千金莫□。忽去禪林，奄□徙里。月苦霄映，風悲晝起。荒隧冥然，佳城誌矣。

（《新中國出土墓誌·陝西壹》一一一號；《隋唐五代墓誌匯編·陝西卷》三册一二七頁；《咸陽碑石》五四頁；《唐代墓誌彙編續集》神龍〇一四號；《全唐文補遺》五輯四六六頁；《全唐文補編》下册二一九一頁）

九三　大唐亡尼宫七品墓誌銘

亡尼宫者，何人也。居秦復和，嗣漢分宗，代擅良家，榮忝禁掖。侍□即彰於婉淑，捧□無替於皮恭，故得職播六宮，寵克八子。風□□秦，仰摻木以憎榮；露早登歌，嘆□□之何促。以神龍三年五月廿九日葬，春秋年五十五，葬於某所。嗚呼！琬琰疏德，方紀於高深；蘭蔭留芳，無存于賢美。□在夏□，豢龍疏族。彼美良家，躋榮金屋。邑□麗芳，禮光樛木。八子稱榮，六宮□禄。凌波不□，終嘆逝川。徂光奄及，行催墓年。横橋北送，桑海爲田。蒼蒼丘壠，松柏生煙。

（《新中國出土墓誌·陝西壹》一一二號；《隋唐五代墓誌匯編·陝西卷》三册一三一頁；《中國西北地區歷代石刻匯編》三册四頁；《咸陽碑石》五五頁；《渭城文物誌》二四三頁；《全唐文補遺》五輯四六七頁；《全唐文補編》下册二一九一頁）

景龍

九四　大唐嵩山會善寺故大德道安禪師碑并序

嘗語如性，因觀我心，即照皆空，真空無我；即談其妙，是妙恒如。嘻！月鑒淵流以下缺温凉慈氏有以證用通微，澡身揚戒。乘定濟混騰之患，慧炬拔焚迷之苦。扶持所□□□壽根啓祐所法識曠劫誰比次有□大禪師乎！禪師法諱道安，俗姓李氏，荆人也。玄悟慧達，神應道心，秀氣古韻，紺髪青目，奇其儀表，質於言談。自弱年師問獨出塵惑，躬被艱難，行洞精苦。越生於開皇，洎夫大業，禪師已德聞於周鄭矣。時飛鳥氣沴，伏鱉星妖，草昧中原，戈殳散地。我唐龍戰在野，烝人狼顧無家，而塵垢惟深，不霾珠曜，冰霜惟慘，不奪松貞。禪師或建功華陽，或授手邊難，俾勞作逸。爾惟武德九年也，位定乾坤，氣惠河海，佛乘揚文以曳緒，禪池洌净以通原。是日，大師弘忍傳禪要於蘄下，禪師趨風而慕之。頂頌初聞，事隳太行。竦身以精意，投步而希迹。悲喜罄於資塵，微密玄而會同。雙目片言，洞融發念，廹則佛池，凈其法身。圓月湛於清空，傳燈□於冥室。毗耶談極其不二，耆山直示以無三，何以加之？稽此禪門要宗，始乎天竺達摩，納衆流以成海，總群妙以立身。一香普聞，千光分照，同玄而通導，各受而齊適。及至弘忍大師，傳付五人矣。比歲禪師與大通俱學於大師，大師每嘆曰：「予常有願，當令一切俱如妙門，獲所安樂。學人多矣，唯秀與安，惜其才難也，將吾傳之不至歟？今法要當付，付此兩子，吾無憂哉！」上因數徵請之，以師受禪要。禪師愛避位，推美于玉泉大通也。從此就臯藪，翳林榛，高讓名聞，堅進師禮。謂人曰：「山間樹下，難可厭捨。豐石足以枕倚，香泉足以澡漱。與道而遊，不樂何求？」竟居嵩山會善寺焉。夫日登渾天，苦遥夜者利見；火熙寒室，倦凄滄者慶來。舉地依歸，傾都師仰，若然者隨至隨詈，擊之逐之。□忝爾懷，誓塗我口，拂衣而起，却遊以辭，益指於荆州玉泉，已而反覆年序矣。山下有涕淚求法，隕滅不迴，解體而獻心，決目而貢誠，至誠神達，上駭天聖。若夫高密詣耶，則無務薄言；神梵儀耶，則無聞往教。哲后躬親禪扃，咨□道門。睿族保之而盡師大道，友之而來仰賀。中旨殷勤而一晝三接，朝恩稠□而以月繫年。非道妙動於時，能仁感於俗，安至如是乎？遂不得已而心副於世。禪師崇要秘□，指日廣乘，反經而合權，恢理而約喻，或贊其潰靡，發慮由□；或指以淺微，道義維遠。悟之者意豁而無住，昧之者思絶而失常。或訴或揚，而玄味加此；慈誘無捨，而禪悦隘聲。群籟齊韻而各盡其音，三獸渡河而不渝其心。虚空廣大，得之同體；日月融朗，得以同暉。始自山門，遍於天下也。烏感韶樂者，美克紹之事；深談良玉者，美貞明之心。夫故聽其聲而不辱其事，觀其事而不累其心，於□禪師有之。惟景龍二年二月三日中夜，禪師忽而命門弟子等謂曰：「驚波洋洋，即生而亡；人代湯湯，共斯爲常。無依緣報建，緣報謝緣滅。二百之後，當以驛以山，無庵無廟，深以林莽因之，野火尋焚而滅，惟吾之初願也。操必化之器，運不停而寄，欲議恒久，終古無有。凡百爾衆，勿違我言。」越五日，將盡，□□萬迴大師自京馳寄披納，宣意相喻。至八日，乃閽户去人，卧脅累足而滅。詢諸耆宿，蓋云禪師生於大隋開皇四年，滅於有唐景龍二年，春秋得百有廿餘歲矣。□□隱其靈通，聖道遺其歲時，故莫得實其報齡也。嗚呼！人生如電，隨風將盡，即風如我，隨電皆空。三界共然，前後相莅，五運恒矣，往復何窮？惟聖靈常存，隨感宣應，從遊者不能盡造，希聲者不能畢聞。門人之間，故有百身請代，啜血窮戀而不得者，既而絶息擗地，推膺呼天。覆載爲之杳冥，川岳爲之震動。蟻有號吼，鳥亦悲鳴。主君輟朝，可其付託；侯王哀赴，侑以禮儀。道遠惟光，敬久彌福。嵩巖焚餘，起幽靈之塔；滑城化漸，置招提之寺。且復罄金資福，廣濟度人，靈泉湧溜於道場，瑞氣結文於林頂，異虹奇鳥，首末連見，同感盛賢之去也。以予度禪師之至，採禪師之事，以爲性□法力，身發法光，美以里仁，安不擇地，迹□蹇而□泰，智由下而轉高。斯固道以生知，德惟天縱者也。至教必稱師，是有雙峰之學；貞不累俗，自有獨鑒之美。形骸外物，聚散均於容塵；精神内凝，肉骨皆爲舍利。人心洞於存没，勝被於師資，一爲聖胎，一爲僧寶。是以弟子慧遠者，襲明承慶，演末裕源，東傳之法而載極乎天，北流之妙而不墜於地。今也其没，蒼然何歸？同學等行出高標，業精深寂，永慕師道，長懷友風，緣幽石以形言，向遺履以投體，式資墨客，而揚德馨。辭曰：

水實精鑑，激風而擾；心實澄恬，觸境而撓。渾迴者理，定以之清；沄沄者心，慧以之明。定復伊何，清照萬有；慧復伊何，明徹重垢。是訓是學，惟德惟師。狂象調伏，情馬依羈。我自貞净，勇超禪定。遍朗珠髻，大圓心鏡。不襲俗諦，慈王真如。萬法都吻，五蘊何儲。堂堂如月，光流不極。撫照余暉，取捨無得。衆所瞻仰，香光曉色。□樂相望，清明識度。逮時而没，即心奚退。憂花疚懷，摇揚如□。師徒齊致，離會同然。永痛斯日，載奉何年。解吾人之愠，妙覺常存；化吾人之道，净戒彌尊。勿信世相，但等浮雲。

開元十五年十月廿一日建

（《金石萃編》卷七七；《八瓊室金石補正》卷五三；《全唐文》卷三九六；《唐文續拾》卷三）

九五　大唐故太原王孟玉塔銘

王諱康，河東桑泉人也。植性聰敏，少懷仁孝，有不羈之心，兼出俗之志。逮乎傷耳之歲，夙智過人；戲竹之年，深期越衆。嗚呼哀哉！以景龍二年十月二日，奄逝於安興坊之私第，春秋一十有二。其月六日，送窆於長樂原之西北。天道冥昧，生涯惚恍。百身何去，千金長往。勒石卑功，留録表像。

景龍三年正月廿四日

（《新中國出土墓誌·陝西貳》七一號；《西安碑林全集》七七卷二四三〇頁；《唐代墓誌彙編續集》景龍〇〇八號；《全唐文補遺》三輯三〇六頁）

九六　唐南陽居士韓君（神）墓誌銘并序

夫見素全真，栖閑谷神，貞不絶俗，隱不違親，望高雲以寄意，運虛舟以同塵，乃曰忘機之士，是爲有道之人。唯兹韓君，實得之矣。君諱神，字文英，南陽人也。武子事晉，封于韓原；獻子因封，姓爲韓氏。厥紹趙孤，天下陰德，積善餘慶，十世享國。靈源鴻緒，君實承之。祖愍，父良，并中和毓德，少微騰粹，行義以達其道，隱居以求其志。君含幽默之質，得淳和之氣。動不違道，靜不抗志。隱晦爲名，恬漠爲利。彌彌其貌，温温其辭。其行己也，宗族稱孝焉，鄉黨稱悌焉；其與人也，冬夏不爭陰陽之和，道塗不爭險易之利。聞《詩》《禮》，得愛敬之節；讀《老》《莊》，曉齊一之旨；尋内典，悟生滅之義。迺息意常務，專心空門。般若玄關，即能盡了；涅槃奧義，靡所不通。非夫宿植利根，孰能成兹善業？至哉！神龍元祀，春秋八十。屬皇唐紹復，慶澤旁流，板授德州長史，隨年例也。皤皤素鬢，煌煌朱衣，榮暉滿堂，鄉曲爲美。造化無不死之道，金石有可鑠之期。以景龍三年十月十四日，終于私第。夫人田氏，北平貴姓，禮義名家，行備閨門，譽高宗黨。一鶴先逝，兩劍終同。以其年十一月十八日合葬于北芒里之山原，禮也。却望丘隴，前瞻帝闕。鐘鼓空聞，幽明永別。嗚呼哀哉！有子中大雲寺僧道生，道實生知，孝惟天與，永誦報恩之偈，思題旌德之銘。其辭曰：

洛水之北，芒山之陽，聖賢共葬，丘隴相望。嗟兹高士，託體斯崗。清風方扇，逝日何長？空山炤月，荒野飛霜。精靈安在？松柏蒼蒼。

韓居士貫洛州新安縣白土鄉

（《北京圖書館藏中國歷代石刻拓本匯編》二〇册九六頁；《北京大學圖書館藏歷代墓誌拓片目録》〇三〇九八號；《隋唐五代墓誌匯編·洛陽卷》八册一三二頁；《千唐誌齋藏誌》五五一頁；《唐代墓誌彙編》景龍〇三五號；《唐代墓誌彙編附考》一五册一四七四頁；《全唐文補遺》二輯四〇八頁）

九七　唐故天女寺尼韋氏（愛道）墓誌銘并序

西河蘭紹詞

比丘尼法諱愛道，字法多，俗姓韋氏，京兆杜陵人也。昔丞相開基，奕葉傳其令範；雲臺肇構，鴻札標其妙工。曾祖子粲，右衛大將軍。祖孝謇，鳳林郡守。父處乂，并州祁縣令。比丘生於貴族，出自名家，姿範端妍，才章敏茂。年甫卅，歸于弘農楊氏。夫其雅操脩謹，夙著廉能。既而雄劍先沉，金夫中夭。情崩杞婦，誓列恭姜。遂乃精習四禪，專求二諦，爰兹落髮，即定身心。方期住世，何圖厭俗。以景龍三年十月廿八日，終于洛州永昌縣毓德里第，春秋六十有九。以其年十一月八日，權厝於合宫縣北邙原，禮也。乃爲銘曰：

遊神净土，變迹仙宫。百身安贖，萬化歸空。車凌苦霧，唄引悲風。庶旌沉石，播美無窮。

（《河洛墓刻拾零》一五三號；《洛陽新獲墓誌續編》八八號；《全唐文補遺》八輯一三頁）

延和

九八　大唐崇義寺思言禪師塔銘并序

夫法尚應權，言貴稱物，無違於俗，有利於人。所以不捨凡流而登覺路，未階十地便入一乘者，其惟禪師乎！禪師法諱思言，俗姓衡氏，京兆櫟陽人也。幼標定慧，早悟真空，戒珠明朗，心田獨任。《四分》《十誦》，自得地靈；三門九法，總攝天□。無解而解，善惡俱亡；非空自空，物我齊泯。不現身意，行住涅槃；雖假言談，長存波若。由是隨緣起念，自關洛而徂遊；應物虚□，經海沂而演授。昭化煩惑，濟盪塵冥。法侶雲趨，俗徒霧委。請益無倦，屢照忘疲。薰以香焚，膏緣明盡。因兹不悆，遂遘清羸。日居月諸，奄先朝露。以延和元年五月二十二日，捨化於浚郊大梁之域，遂就闍維。嗚呼哀哉！春秋六十有九，四十夏。祥河輟潤，惠炬潛光；井邑生悲，風雲改色。即以開元二年歲次甲寅閏二月己未朔十二日庚午，姪沙門哲及道俗等敬收舍利於終南楩梓谷大善知識林後本師域所，起塔供養。俯臨寶刹，仍從梵衆之遊；却背皇居，尚起杜多之行。緇素如失，道俗生哀。嗚呼！蓮花會上，空聞説法之名；荆棘林中，獨結哀歌之恨。梁摧道逝，涕實何依。氣竭恩深，敢爲銘曰：

本有之有，三千大千。人超佛地，法證真天。智非一覺，神亡二邊。弗住而住，雖牽不牽。參羅萬像，愚智皆賢。悲深性域，化洽情田。形隨物弊，身將劫遷。哀纏没後，痛結生前。變通誰察，起現何年。

（《北京圖書館藏中國歷代石刻拓本匯編》二一册一七頁；《隋唐五代墓誌匯編·北京卷》一册一三二頁；《中國西北地區歷代石刻匯編》三册二〇頁；《唐代墓誌彙編》開元〇〇四號；《全唐文補遺》三輯三〇六頁）

九九　大唐龍興大德香積寺主浄業法師靈塔銘并序

正字畢彦雄文

禪月西隱，戒燈東照，談真利俗，稀代稱賢，智炬增輝，法師一人矣。法師諱象，字浄業，趙姓，族著天水，代家南陽，冠冕相輝，才名繼美。因官徙屬，今爲京兆人也。父岀，天馬監，沉默攸傳，安畀適務。時英間出，奕葉於儒門；從法化生，獨鍾於釋子。法師即監之仲子也。器宇恢嶷，風儀宏偉。長河毓量，汪然括地之姿；秀岳標形，峻矣干天之氣。髫年慕法，弱冠辭榮。高宗忌辰，方階落彩。帔緇七日，旋登法座。觀經疑論，剖析玄微，念定生因，抑揚理要。法師夙棹玄津，早開靈鍵，入如來密藏，踐菩薩之空門。凡所闡揚，無不悦可，嘆未曾有，發菩提心。禀其歸戒者，日逾千計。法師博濟冥懷，冲用利物，嘗以大雄既没，法僧爲本。每至元正創啓，周飾浄場，廣延高僧，轉讀真誥。洊興勝會，法服精鮮。受用道資，出於百品。預兹位者，應其成數。所施之物，各發一願，願力弘博，量其志焉。風雨不已，廿餘載。菩薩以定慧力而大捨法財，此之謂也。無適非可，住必營建。厥功居多，思力如竭。粤延和元年龍集壬子，而身見微疾，心清志凝。夫依風以興，隨煙而散，來既無所，去復何歸。夏六月十五日，誡誨門賢，端坐瞪視，念佛告滅。嗚呼！生歷五十有八。即以其年十月廿五日，陪窆於神禾原大善導闍梨域内，崇靈塔也。道俗闐凑，號惋盈衢，不可制止者億百千矣。門人思頊等，乃追芳舊簡，摭美遺編，永言風軌，思崇前迹。空留鎖骨之形，敢勒銖衣之石。其銘曰：

佛日既隱，賢雲乃生。傳持正法，必寄時英。時英伊何，猗嗟上人。捐軀利物，愛道忘身。磨而不磷，涅而不緇。博濟群有，是真法師。定慧通悟，檀那上施。願力弘廣，成無住義。應真而來，代謝而往。哀哀門人，撫膺何仰。靈德若在，休風可想。敢勒遺塵，銘徽泉壤。

開元十二年甲子之歲六月十五日建

（《北京圖書館藏中國歷代石刻拓本匯編》二二册六一頁；《隋唐五代墓誌匯編·北京卷》一册一四六頁；《中國西北地區歷代石刻匯編》三册五三頁；《西安碑林全集》七八卷二五七三頁；《長安碑刻》四四八頁；《金石萃編》卷七五；《全唐文》卷三〇六；《唐代墓誌彙編》開元一九九號）

先天

一〇〇 大唐大薦福寺故大德康藏法師（法藏）之碑

夫得無障礙眼者，身爲佛身；得無恐怖心者，法爲佛法。過此以往，行不圓滿，功爲未足。遠生死則摘之以説空，開冥途則勞之以救苦。與大比丘衆，應如是住不可思議。法師俗姓康氏，諱法藏。累代相承，爲康居國丞相。祖自康居來朝。父謐，皇朝贈左侍中。法師是如來得目，有辟支一毛，終年以勵堅貞，竭日而修戒行。年甫十六，煉一指於阿育王舍利塔前，以伸供養。此後更遊太白，雅挹重玄，聞雲華寺儼法師講《華嚴經》，投爲上足。瀉水置瓶之受納，以乳投水之因緣，名播招提，譽流宸極。屬榮國夫人奄捐館舍，未易齊衰；則天聖后廣樹福田，大開講座。法師策名宫禁，落髮道場，住太原寺。證聖年中，奉敕與于闐國三藏實叉難陀譯《華嚴經》。神龍元年，又與于闐三藏於林光殿譯《大寶積經》。惟聖之所歸依，惟皇之所迴向。爰降綸旨，爲菩薩戒師。太上皇脱屣萬機，褰衣四海，亦受菩薩戒，因行菩薩心。法師糞掃其衣，禪悦其食。前後講《華嚴經》三十餘遍，《楞伽》《密嚴經》《起信論》《菩薩戒經》凡十部，爲之義疏，闡其源流。如千燈光明，自不相隔閡；如一音演說，各隨類信解。其初以力入道也，十大牛不如一青牛；其終以力濟時也，十香象不如一赤象。於無量劫，作無量緣。伽藍許之爲法橋者，俗推之於法矩，豈謂法橋斷而法矩滅？同聲者椎胸叫喚，異類者舉身毛豎。先天元年歲次壬子十一月十四日，終於西京大薦福寺，春秋七十。其年十一月二十四日，葬於神和原華嚴寺南。帝念若驚，聖情如失，詔曰：「中使，故僧法藏德業自資，虛明契理，辨才韞識，了覺融心，廣開喻筏之門，備闡傳燈之教。隨緣示應，乘化斯盡。法真歸寂，雖證無生之空；朝序飾終，宜有褒賢之命。可贈鴻臚卿，贈絹一千二百疋，葬事准僧例，餘皆官供。」妃主公主等禮懺，展轉施捨，勤祈所有。頃塔飾終，威儀導引，莫不備具。弟子等忍其死，傳其教，合掌頂禮，嗚咽而不自勝。其辭曰：

西方净域離俗塵，千葉蓮華如車輪，不知何時成佛身。

（《大正藏》卷五〇；《全唐文補編》上册三二八頁）

一〇一　大唐龍興翻經三藏義净法師之塔銘并序

銀青光禄大夫行秘書少監同安侯盧璨（粲）撰文

開業寺沙門智詳書字

師諱文明，字義净，俗姓張氏，齊郡山荏人也。師特達英靈，天生慧晤。弱冠圓具，便講毗尼。慨七歲之文虧，嘆五明之未具。迺裹糧負笈，躡屩擔簦，以咸亨二年，發自全齊，達于廣府，泛舶南海，達指中天。周流三十餘國，凡經二十五載，探貝葉微言四百餘部，得真容舍利三百餘粒。傳燈願滿，振錫而還，以證聖元年届于東洛。敕命有司具禮，兼遣洛邑僧衆，盡出城迎，緇素駢闐，延于授記之寺。尋又敕加三藏之號，便於福先、授記兩寺翻經。神龍二年，駕幸西京，又敕薦福寺翻經。前後所翻經總一百七部，都四百二十八卷，並敕編入《一切經目》。

而夜舟潛徙，朝景不留，奠楹之夢忽臻，曳杖之歌奄及。以先天二年正月乙丑朔十七日辛巳，示疾終于薦福譯經之院，春秋七十有九。恩詰贈鴻臚卿，賻物一百五十段，爲度七僧，給羽葆鼓吹一部，加武賁班劍八十人。粤以二月乙未朔七日辛巳，葬于京城延興門東之平原。葬日，詰遣中使吊慰，又内出花樹香盤幢幡蓋輿等六百餘事，絹四百匹，像一鋪，令充葬儀，及贈孝子門人動餘萬數。輟春罷相，悽慘城邑，聲明文物，暉曜郊衢。弘法之功遠矣，哀榮之典備矣。門人智積等仰千仞之崇峻，奄嘆崩頽；挹萬頃之波瀾，俄驚逝閲。探遺美於緗簡，式言時於翠竭（碣）。其詞曰：

彼遍知兮出現，比利物乎大仙。有開士兮傳譯，邁羅什於秦年。修多因而遠被，毗奈由是遐宣。法方焕於朝景，舟忽移於夜川。明主悼兮流賻贈，門人慕兮緝遺編。紀丹文於萬古，扃白日於三千。

（《貞元新定釋教目録》卷一三，《大正藏》卷五五；《全唐文補編》上册三二八頁）

一〇二　□故大□思谷禪師□□銘并序

師諱□□，字思谷，□竺姓宋氏，洛陽人也。年□□歲，離□出家，□□妙□大師□髮於西華禪院。師□髫年聰慧□鋒敏□□求度臘十有五歲□□師祖寧一公，復住錫于千祥蘭若。寧一公好誦儒書，詩律書法皆嚴整，尤善醫活人。圓寂之後，師述其懿行，載在邑乘，以彰其德。師之孝義也。師甫入寺，佛殿□露，禪房傾圮。師立志修葺，貧無資用。隨緣自度，歷盡艱辛，陸續募化，重加修營。建鐘鼓殿三楹，□房十余楹。前後佛殿，金碧一新，皆師之力也。嘗訓徒曰：「既入空門，須求上來。如《金剛經》云：『一切有爲法，如夢幻泡影，如露亦如電，應作如是觀。』若能從此會悟，何患不脱塵累！」師終日持經，以養性根，兼工吟咏，善書畫，精通醫道。故聲□遐邇，當時士大夫莫不仰慕。即如林文忠公□□師楹聯云：「採藥活人心是佛，對花臨帖筆如神。」夢韶李太尊贈師□「婆心國手」之稱。淳甫馬明府贈師堂額以「旃檀橘茂」。畲香居士贈師以「藥師」。闔邑紳民贈師屏幛。師之碩德備載焉。非德洽人，安能推重如是耶！所謂不求名而名自歸者，師有之矣。師于高宗辛丑年七月二十四日戌時誕生，于玄宗二年三月廿二日寅時入滅，世壽七十二歲。今欲宅窆就於福先寺之東，卜地一區，以建塔焉。復爲銘曰：

維師靈秀，智慧淵元。金剛般若，默契夙緣。慈心妙術，普濟人天。緬水睹影，淑彼前賢。儉勤自奉，六十餘年。禪林修整，金碧焕然。三心既了，四相莫牽。慧燈遍照，性月常圓。爰同斯石，千古永傳。

□廉□□髮愚弟□□頓首拜書

嵩山太寧沙門了□篆蓋

大唐三年歲在癸丑正月二十□日

徒海宴、海潤、海珠，徒孫□泉、□明、湛□，徒曾孫寂□、寂照、寂□刊石

（《隋唐五代墓誌匯編·洛陽卷》八册一八七頁；《全唐文補遺》五輯三頁）

一〇三　大龍興寺崇福法師塔銘并序

法師諱崇福，俗姓王，太原府人。自受氏之後，世無專業。初以太子晉賓於大羅，次及太常肅宗于闕里，終以法師歸於釋氏。千有餘載，興我三教者，其在兹乎！法師年□弱冠，身未離俗，以爲父母遺體，期於報復，先宗不嗣，罪莫大焉。雖受之以妻子，固無忘於梵行。以人代如泡幻，以冠冕爲蓋纏，物我雙遣，色空齊置。時有清信者，未嘗不歸依焉。奉景龍元年十二月二日敕，甄擇精恪，許令出家，而法師預焉。隸于龍興精舍，離于繫縛矣。習靜而六趣俱寂，修心而三明自炤。神遊雖悮，緣相何常。行不住因，忽焉遷化。去先天二年五月十八日，

泥洹寺房，春秋七十，權瘞于長安城西。以開元九年二月廿四日，遷窆於金城北原。先王制禮，而非無封樹；釋氏遺教，則崇乎寶塔。於是發菩提之勝因，規育王之慧迹。闕竪岑立，增盤崔嵬，閉以金棺，藏諸齒髮。與諸眷屬，瞻仰知歸，庶使終劫長存，業風不壞。豈以東府之墓，毁及池隍；驪山之墳，災生牧豎。度流沙而已遠，應復無歸；過龍樹而興嗟，詎知神理？若斯而已哉！銘曰：

前因已報無人諳，雖證菩提且輪没。嗟嗟上士不復歸，空見寶塔藏金骨。

（《唐代墓誌彙編》開元一一四號；《唐代墓誌彙編續集》開元〇三五號；《全唐文補遺》七輯二二六頁）

一〇四　能禪師（慧能）碑并序

無有可捨，是達有源；無空可住，是知空本。離寂非動，乘化用常，在百法而無得，周萬物而不殆。鼓枻海師，不知菩提之行；散花天女，能變聲聞之身。則知法本不生，因心起見，見無可取，法則常如。世之至人，有證於此，得無漏不盡漏，度有爲非無爲者，其惟我曹溪禪師乎！禪師俗姓盧氏，某郡某縣人也。名是虚假，不生族姓之家；法無中邊，不居華夏之地。善習表於兒戲，利根發於童心。不私其身，臭味於畊桑之侣；苟適其道，羶行於蠻貊之鄉。年若干，事黄梅忍大師。願竭其力，即安於井臼；素刳其心，獲悟於稊稗。每大師登座，學衆盈庭，中有三乘之根，共聽一音之法。禪師默然受教，曾不起予，退省其私，迥超無我。其有猶懷渴鹿之想，尚求飛鳥之迹，香飯未消，弊衣仍覆，皆曰升堂入室，測海窺天，謂得黄帝之珠，堪受法王之印。大師心知獨得，謙而不鳴。天何言哉，聖與仁豈敢；子曰賜也，吾與汝弗如。臨終，遂密授以祖師袈裟，而謂之曰：「物忌獨賢，人惡出己。吾且死矣，汝其行乎！」禪師遂懷寶迷邦，銷聲異域。衆生爲净土，雜居止於編人；世事是度門，混農商於勞侶。如此積十六載。南海有印宗法師講《涅槃經》，禪師聽於座下，因問大義，質以真乘。既不能酬，翻從請益，乃嘆曰：「化身菩薩，在此色身。肉眼凡夫，願開慧眼。」遂領徒屬，盡詣禪居，奉爲挂衣，親自削髮。於是大興法雨，普灑客塵。乃教人以忍，曰：「忍者，無生方得，無我始成，於初發心，以爲教首。」至於定無所入，慧無所依，大身過於十方，本覺超於三世。根塵不滅，非色滅空；行願無成，即凡成聖。舉足下足，長在道場；是心是情，同歸性海。商人告倦，自息化城；窮子無疑，直開寶藏。其有不植德本，難入頓門，妄繫空花之狂，曾非慧日之咎。常嘆曰：「七寶布施，等恒河沙；億劫修行，盡大地墨。不如無爲之運、無礙之慈，弘濟四生，大庇三有。」既而道德遍覆，名聲普聞。泉館卉服之人，去聖歷劫；塗身穿耳之國，航海窮年。皆願拭目於龍象之姿，忘身於鯨鯢之口，駢立於户外，趺坐於牀前。林是旃檀，更無雜樹；花惟薝蔔，不嗅餘香。皆以實歸，多離妄執。九重延想，萬里馳誠，思布髮以奉迎，願叉手而作禮。則天太后、孝和皇帝並敕書勸諭，徵赴京城。禪師子牟之心，敢忘鳳闕；遠公之足，不過虎溪。固以此辭，竟不奉詔。遂送百衲袈裟及錢帛等供養。天王厚禮，獻玉衣於幻人；女后宿因，施金錢於化佛。尚德貴物，異代同符。至某載月日中，忽謂門人曰：「吾將行矣！」俄而異香滿室，白虹屬地。飯食訖而敷坐，沐浴畢而更衣。彈指不留，水流燈焰；金身永謝，薪盡火滅。山崩川竭，鳥哭猿啼。諸人唱言，人無眼目；列郡慟哭，世且空虛。某月日，遷神於曹溪，安座於某所。擇吉祥之地，不待青烏；變功德之林，皆成白鶴。嗚呼！大師至性淳一，天姿貞素，百福成相，衆妙會心。經行宴息，皆在正受；談笑語言，曾無戲論。故能五天重迹，百越稽首。修蚺雄虺，毒螫之氣銷；跳殳彎弓，猜悍之風變。畋漁悉罷，蠱酖知非。多絶羶腥，效桑門之食；悉棄罟網，襲稻田之衣。永惟浮圖之法，實助皇王之化。弟子曰神會，遇師於晚景，聞道於中年，廣量出於凡心，利智踰於宿學。雖末後供，樂最上乘。先師所明，有類獻珠之願；世人未識，猶多抱玉之悲。謂余知道，以頌見託。偈曰：

五藴本空，六塵非有。衆生倒計，不知正受。蓮花承足，楊枝生肘。苟離身心，孰爲休咎！其一　至人達觀，與物齊功。無心捨有，何處依空？不著三界，徒勞八風。以兹利智，遂與宗通。其二　愍彼偏方，不聞正法。俯同惡類，將興善業。教忍斷嗔，修慈捨獵。世界一花，祖宗六葉。其三　大開寶藏，明示衣珠。本源常在，妄轍遂殊。過動不動，離俱不俱。吾道如是，道豈在吾！其四　道遍四生，常依六趣。有漏聖智，無義章句。六十二種，一百八喻。悉無所得，應如是住。其五

（《王右丞集箋注》卷二五；《全唐文》卷三二七）

一〇五　曹溪第六祖賜謚大鑒禪師（慧能）碑

扶風公廉問嶺南三年，以佛氏第六祖未有稱號，疏聞於上。詔謚大鑒禪師，塔曰「靈照之塔」。元和十年十月十三日，下尚書祠部，符到都府，公命部吏洎州司功掾告於其祠。幢蓋鐘鼓，增山盈谷，萬人咸會，若聞鬼神。其時學者千有餘人，莫不欣踊奮厲，如師復生，則又感悼涕慕，如師始亡。因言曰：自有生物，則好鬭奪相賊殺，喪其本實，誖乖淫流，莫克返于初。孔子無大位，没以餘言持世，更楊、墨、黄、老益雜，其術分裂，而吾浮圖説後出，推離還源，合所謂生而静者。梁氏好作有爲，師達摩譏之，空術益顯。六傳至大鑒，大鑒始以能勞苦服役，一聽其言，言希以究，師用感動，遂受信具。遁隱南海上，人無聞知。又十六年，度其可行，乃居曹溪，爲人師，會學去來嘗數千人。其道以無爲爲有，以空洞爲實，以廣大不蕩爲歸。其教人，始以性善，終以性善，不假耘鉏，本其静矣。中宗聞名，使幸臣再徵，不能致，取其言以爲心術。其説具在，今布天下。凡言禪皆本曹溪。大鑒去世百有六年，凡治廣部而以名聞者以十數，莫能揭其號。乃今始告天子，得大謚。豐佐吾道，其可無辭。公始立朝，以儒重。刺虔州，都護安南，由海中大蠻夷，連身毒之西，浮舶聽命，咸被公德。受旂纛節戟，來莅南海，屬國如

林。不殺不怒，人畏無噩，允克光于有仁。昭列大鑒，莫如公宜。其徒之老，乃易石于宇下，使來謁辭。其辭曰：

達摩乾乾，傳佛語心。六承其授，大鑒是臨。勞勤專默，終揖于深。抱其信器，行海之陰。其道爰施，在溪之曹。厖合猥附，不夷其高。傳告咸陳，惟道之褒。生而性善，在物而具。荒流奔軼，乃萬其趣。匪思愈亂，匪覺滋誤。由師内鑒，咸獲于素。不植乎根，不耘乎苗。中一外融，有粹孔昭。在帝中宗，聘言於朝。陰翊王度，俾人逍遥。越百有六祀，號謚不紀。由扶風公告今天子，尚書既復，大行乃誄。光于南土，其法再起。厥徒萬億，同悼齊喜。惟師教所被，洎扶風公所履，咸戴天子。天子休命，嘉公德美。溢於海夷，浮圖是視。師以仁傳，公以仁理。謁辭圖堅，永胤不已。

（《柳宗元集》卷六；《全唐文》卷五八七）

一〇六　大唐曹溪第六祖大鑒禪師（慧能）第二碑

元和十一年某月日，詔書追褒曹溪第六祖能公，謚曰大鑒。實廣州牧馬總以疏聞，由是可其奏。尚道以尊名，同歸善善，不隔異教，一字之褒，華夷孔懷，得其所故也。馬公敬其事，且謹始以垂後，遂咨於文雄今柳州刺史河東柳君爲前碑。後三年，有僧道琳率其徒由曹溪來，且曰：「願立第二碑，學者志也。」惟如來滅後，中五百歲而摩騰、竺法蘭以經來華，人始聞其言，猶夫重昏之見曶爽。復五百歲而達摩以法來華，人始傳其心，猶夫昧旦之睹白日。自達摩六傳至大鑒，如貫意珠，有先後而無同異。世之言真宗者，所謂頓門。初，達摩與佛衣俱來，得道傳付，以爲真印。至大鑒置而不傳，豈以是爲筌蹄耶？芻狗耶？將人人之莫己若而不若置之耶？吾不得而知也。案大鑒生新州，三十出家，四十七年而殁。既殁，百有六年而謚。始自蘄州東山，從第五師得授記以歸。高宗使中貴人再徵，不奉詔。第以言爲貢，上敬行之。銘曰：

至人之生，無有種類。同人者形，出人者智。蠢蠢南裔，降生傑異。父乾母坤，獨肖元氣。一言頓悟，不踐初地。五師相承，授以寶器。宴坐曹溪，世號南宗。學徒爰來，如水之東。飲以妙藥，差其瘖聾。詔不能致，許爲法雄。去佛日遠，群言積億。著空執有，各走其域。我立真筌，揭起南國。無修而修，無得而得。能使學者，還其天識。如黑而迷，仰見斗極。得之自然，竟不可傳。口傳手付，則礙於有。留衣空堂，得者天授。

（《劉禹錫集》卷四；《文苑英華》卷八六七；《全唐文》卷六一〇）

開元

一〇七　六度寺侯莫陳大師（智達）壽塔銘文并序

朝議大夫守宋王諮議上柱國崔寬撰

昔者如來滅後，正法常存。二十四賢，遞相付囑，俱持寶印，各獲明珠。自師子云亡，遺音殄瘁。或龍荒之際，像教不行；或差别之時，薰修乃異。有達摩禪師者，懸解正一之理，深入不二之門，克復一乘，紹隆三寶。自兹厥後，凡經八代，傳法燈而不昧，等慧日而長明。若乃藴龍象之姿，積梯航之用，誨人不倦，惠我無疆，同槖籥而罔窮，等洪鐘而必應；圓融三教，混合一家，沃未悟之心，杜遊談之口者，則我大師有之矣。大師姓侯莫陳，諱琰之，法名智達，京兆長安人也。族大龍坰，賞延黿紐。地恤公侯之胤，人承孝友之家。宿植因果，生知夢幻。大莖大葉，自毓彩于冥前；玄之又玄，坐發揮于度内。年甫弱冠，便入嵩山，初事安闍梨，晚歸秀和上，並理符心會，竟授口訣。二十餘年，遂獲道果。和上曰：「汝已智達，辯才無尋，宜以智達爲名。道在白衣，吾無憂矣。」

既承授記之音，復傳秘密之藏。欲導引迷俗，故往來人間。時遊洛中，或詣河北，迎門擁篲，不可勝紀。因而得度者，歲有其人焉。此寺有比丘尼無上、比丘尼導師者，俗姓裴氏，河東聞喜人也。代揖清通，已推于茂族；時稱領袖，復見于靈苗。姊妹二人，分形共業，乘銀台而直往，守金道而無迴。白黑遵崇，遐邇敬仰。大師曰：「雖稱極樂，終非究竟。」於是睠彼二尼，不遠千里，正師資之禮，具函杖之儀。被如來衣，坐如來室，直示總持之要，宏開頓悟之宗。師等慄然，有同冰釋，更西面而請益，知東方之靡窮。欲濟逢舟，頻鑽見火，一二年內，俱獲菩提。乃相與言曰：「上恩已洽，至德難忘。古先哲人，仍爲壽藏。惠愛於物，必建生祠。凡厥吾徒，可不戮力。」遂於此地爲大師立三級浮圖焉。若乃人物形勝，林麓藪澤，傍連牧野，前徒百勝之場；却負商郊，近古千年之業。周武王之問罪，殷有忠臣；吴季札之觀風，衛多君子。代閲今古，事標靈異。夫其壯也，仰太行之合沓；夫其麗也，俯淇澳之清泠。珍木迎地以攢羅，奇峰半天而競糾。雜花交映，揚慧日于金輪；衆鳥和鳴，韻祥風于寶鐸。實嚴浄之勝境，信靈祇之所託者乎？既疏迴向之因，復闡歸依之地。走雖不敏，輒亦庶幾，恍忽之間，若已再升者矣。大師隨方演暢，應物出處，其往也恬焉惔焉，其來也惟寂惟漠。徒觀其精意練魄，凝神滌慮，無法通妙法之源，非身入大身之境，所以稱不可得，是故□難思議。啓方便之門，咸蒙善誘；示真實之相，俱令解脱。因塔廟之在斯，粗可得而陳也。爾時弟子欲重宣此義，敬作銘云：

行波羅蜜，惟精惟一，俱詣道場，咸希秘密。法裏思妙，相中求實，未得其門，何階入室。其一　涅槃之際，付囑高僧，既云迦葉，復現摩騰。得所不見，聞所未曾，爰有證者，至今傳燈。其二　衆生輪轉，未始有極，遇兹大師，捨彼大力。曉示如藏，諦觀師臆，凡厥勝因，偶善知識。其三　裴氏比丘，宿植薰修，銀臺宴坐，金地嬉遊。欲泛鯷壑，先逢鷁舟，遂登彼岸，云何不酬。其四　蒼山之南，濁河之北，經始塔廟，闡揚功德。信類給孤，施如檀

特，永習師保，長懷楷則。其五

開元二年六月十日入涅槃

弟子崔寵　弟子裴炯　弟子崔玄悊

弟子僧重瑩

造塔匠左思仁

書手王玄貞

弟子田普光

（《北京圖書館藏中國歷代石刻拓本匯編》二一册二三頁；《唐代墓誌彙編》開元〇〇八號；《全唐文補遺》六輯二六頁；《石刻題跋索引》一八二頁）

一〇八　唐故白馬寺主翻譯惠沼神塔碑并序

觀夫譯悲智者，匪了義不證；演真實者，匪悟見不傳。是故法雨一句，潤心田之沃土；覺□□□，照身林之大根。所以感攝雲來，迴白麋至，方丈之至，若天若人；微妙之音，至矣備矣，允茲在茲。和上諱玄，字惠沼，俗姓劉氏，彭城人也。曾祖秦，隋音（青）州北海縣宰，因家住淄川。誕育不辰，慈愛云□。□□黄衣，抱鞠于外家。歲餘，又以黄被覆而歸本宅。及能言，乃曰：「往來法有黄者，何也？」父驚異之。五歲，執繼親喪，悲慟過禮，識者以爲至性所致。年十有二，即求出俗。十有五，屬睿宗降誕，有制度□□入道。嘗讀《金光明經》，雙見王子救虎，尸毗代鴿，悦然有捨身之志。遂赴山巖，交親權途，僶俛旋篆。年廿，下問要言，博通經藏，尋講《法花》《般若》《涅槃》等經，皆智發宿報，緣通前佛。廿□□圖華草繫之時，人我俱去浮囊之際，□□兩忘，夢吐地身，便登山頂。智者謂云：「去五欲之毒，處萬法之高。」咸亨三年，服膺長安基、光二師，福智七德，其解空也；既證我聞，其問□□也。更即汝説，慈雲觸石，自少陰而滿空；德□□瓶，乃一瓦而容海。因號山東一遍照。又瑳切《法華》《無垢》，稱《金剛般若》上下等、《瑜伽雜集》《唯識》《因明》《俱舍》，大小幽旨，因見道義；交激累日，述作萬言，因見道章。二師嘆曰：「法門後進，此一人也。何□□而云惠照耶！」後行化諸郡，敷演群經，冰釋而蟄户啓明，雷作而爲芽花出。栴檀園繞，咨稟萌奔者，不可勝計。諺曰：「河南照，天下少。」自此傳授廿餘年，又撰《能斷般若》《金光明□》《盂蘭盆》《温室》等經疏、《惠日論了義燈》等，凡六十卷，所翻經、律、論等三百餘軸，盛行於代。至若上作漸門，所以持内、外律；定、慧復得，所以超修捨鍕。思猶笙簧法音，沐浴智海，地遷於九，義念於三。花□□騈闐，讚揚翕習，始自下國，終聞上京。首上四朝，綿曠一紀，且驛徵者三謁，詔講者兩開，恩補綱維大德者六員，敕翻積經論者四，至結壇降雨者一日，入内坐夏也。如霧□□然飛依人而表。弟子惠冲微、惠勝説、耶含朏、惠日、福琳、無著、法山、惠融，龍興寺上座惠祥，彼微寺惠光，大雲寺惠燈、法通、徒藏、惠明，正等寺惠嵩，法濟寺惠仙等，住持五部，至圓曾性；□習群經，至明曒日。每荷生之心，滅不滅之因，是用追恩繞贊述，庶乎生前之右。匪獨衡山，殁後之□，豈伊廬岳！其詞曰：

安住上首，和合真僧。高步十力，是入一乘。法界若海，碩行如陵。燈傳自覺，蓂葉明微。其一　堅守律儀，博聞經藏。照宣貝葉，啓明金杖。雖有情業，義道無量。八部往還，四生回向。其二　累朝情遇，一時敷演。誘進州邑，弘翻宣輦。大德恩深，三綱詔選。齊纓感夜，留流□□。其三　興言弟子，落妖有因。天聞聖德，物荷陽春。卿中七輩，殿上三人。鑽智慧火，熱煩惱薪。其四　垂蓮表祥，特花告玄。訓導十方，四句職比。即緣生勝，定水不流，覺燈長曙。其五　靈櫬反葬，佛子祖行。幡花撲地，齊祭傾城。晴景雪下，虚空鐘鳴。黄霰慘送，素鶴歡迎。信諸天之有感，尊宣三世之無情。其六

（《全唐文補編》上册四三三頁）

一〇九　大唐净域寺故大德法藏禪師塔銘并序

京兆府前鄉貢進士田休光撰文

世之業生滅若輪環者，則雖塵沙作數，草木爲籌，了無遺纖哉！吁！不可知者，其惟流浪乎！夫木性生火，水中有月。以凡筌聖，從道場而至道場；追因及果，非前際而於後際。行之於彼，得之於此。禪師諱法藏，緣氏諸葛，蘇州吴縣人。昔群雄角力，三方鼎峙，蜀光有龍，吴恃其虎，瑾之後裔，蟬聯姑蘇。曾祖晉，吴郡太守、蘇州刺史、秘書監、銀青光禄大夫、上柱國、開國男。大父穎，隋閬州刺史、銀青光禄大夫。父禮，皇唐少府監丞。吴會旗裳，東南旖旎，洗墨而清夷落，衣錦而燭江鄉。山海禁錢，蓬萊秘府，屢遊清貫，歷拜寵章。禪師即蘇州使君之曾孫，少府監丞之第二子也。年甫二六，其殆庶幾知微知章，克岐克嶷。此寺大德欽禪師廣世界津航，人非鑽仰。禪師伏膺寂行，禮備師資，因誦經。至永徽中，頗以妙年經業優長，奉敕爲濮王度。所謂天孫利益，禪門得人。禪師自少出家，即與衆生作大善知識。道行第一，人天殊勝。開普門之幽鑰，酌慈源之蜜波。由恐日月居諸，天地消息，每對天龍八部，晝夜六時，如救頭然，曾未暫捨。非乞之食不以食，以至於頭陀；非掃之衣不以衣，得之於蘭若。禪師自少于老，駝騾象馬，莫之闘乘也。以爲鎔金爲象非本也，裂素抄經是末也，欲使賤末貴本，背僞歸真，求諸如來，取諸佛性。卅二相八十種好，衆生對面而不識，奈何修假以望真。且夫萬行之宗，衆相之本，生善之地，修善之境，禪師了了見之矣。夫鐘鼓在庭，聲出於外。如意元年，大聖天后聞禪師戒行精最，奉制請於東都大福先寺檢校無盡藏。長安年，又奉制請檢校化度寺無盡藏。其年，又奉制請爲薦福寺大德。非禪師戒固居龍象之首，清净開人倫之目，不然，焉使天文屢降，和衆相推，揚覺路之威儀，總禪庭之準的；護珠圓朗，智刃雄鳴，伏違順之鬼魔，碎身心之株杌。廢情屬境，卑以自居，如谷王之流謙，百川委輸；若周公之吐哺，天下歸心。菩薩下人，名在衆生之上。悲哉！三界即火宅之所，四大將歲時之速。既從道來，亦從道去。遂拂衣掩室，脱舄繩床，惟惚惟恍，不驚不怖。粤以開元二年十二月十九日，捨生於寺，報齡七十有八。門人若喪考妣，乃相謂曰：「和上云亡，吾徒安放？」乃拉血相視，仰天椎心，即以其年十二月廿□日，施身於終南山楩梓谷屍陁林。由是積以香薪，然諸花疊，收其舍利，建窣睹波於禪師塔右。自佛般入涅槃，於今千五百年矣，聖人不見，正法陵夷。即有善華月法師樂見離車菩薩，愍茲絶紐，并演三階。其教未行，咸遭弑戮。有隋信行禪師與在世造舟爲梁，大開普敬認惡之宗，將藥破病之説撰成數十餘卷，名曰《三階集録》。禪師靡不探賾索隱，鉤深致遠，守而勿失，作禮奉行。是故弟子將恐穨其風聲，乃掇諸景行，記之於石。銘曰：

有若禪人，凝稜心不易兮。身世澒洞，探討真賾兮。寂行冲融，涣其冰釋兮。軒裳蟬聯，清暉相射兮。奕裔不染，乾乾衣錫兮。蕭灑諠譁，地自虚僻兮。玄關洞開，亡珠可索兮。吾將斯人，免夫過隙兮。魂兮何之，聲流道格。若使天地長久而可知，即相與摭實，刊之於石兮。

開元四年歲次景辰五月景子朔廿七日壬寅建

（《北京圖書館藏中國歷代石刻拓本匯編》二一册五五頁；《隋唐五代墓誌匯編·北京卷》一册一三四頁；《中國西北地區歷代石刻匯編》三册二四頁；《西安碑林全集》八卷八八〇頁；《長安碑刻》上册九三頁圖，下册四四三頁文；《金石萃編》卷七一；《全唐文》卷三二八；《唐代墓誌彙編》開元〇三七號）

一一〇　大唐故資敬寺尼法雲墓誌銘并序

法雲，俗姓王氏，太原人也。祖武安，皇朝定州别駕。父德真，太常卿、納言，贈尚書左僕射。母隴西郡夫人天水權氏。外祖萬紀，齊州長史、尚書左丞、武都郡開國公。法師夙承慶靈，特禀柔順，行高圖史，言成禮則。芳年令淑，歸心於浄因；實相圓明，脱屣於流俗。年十有七，入道爲資敬寺尼。精勤住持，戒珠恒滿，操行堅固，天花不落。雖椿鵬未永，而藤鼠潛凋。以開元三年龍集乙卯正月甲申朔十八日辛丑，遘疾終於寺内之禪房，春秋六十有九。嗚呼哀哉！福善徒欺，浮生奄謝。雙林寂漠，非復經行。九原悠緬，遽悲哀送。即以其月廿六日己酉，遷厝於萬年縣樊川之北原，禮也。母弟左監門衛將軍泰等，天倫義重，血屬情深。戀衣鉢而長懷，瞻庭闈而失望。式刊貞石，用紀幽泉。其銘曰：

衣冠積地兮浄業稱多，歲月如流兮相看幾何。攀柳車而永訣，聞薤露之悲歌。

梓州長史權若訥文

（《長安新出墓誌》一四八頁；《長安碑刻》上册九二頁圖，下册四四三頁文）

一一一　大唐相州安陽縣大雲寺故大德靈慧法師影塔之銘

法師諱嘉運，字靈慧，俗姓劉氏，其先帝王漢高祖之苗，彭城人也。遠祖因宦，遂此居興，子孫派流，於兹不絶，遂魏郡人焉。法師宿植勝因，生而奇狀，早懷慕道，□俗歸真。年十歲，遂投慈潤寺方大禪師，出家習業。至年十六，逢廣啓度門，便蒙剃染，配本縣大通寺。恒以頭陀爲務，六時禮懺，一食資身。知自行之不弘，乃利他之情廣，更策心訪道，朝夕孜孜。遂投河南府佛授記寺翻經大德感法師，親承左右，學《解深密》《法華》《仁王》《轉女身》《梵網》等經、《成唯識》《俱舍》等論。三性一乘之妙旨，半滿達磨之派宗，莫不究盡頴深，窮其秘奥。從兹温古，道業□新，遂得譽播三川，聲聞八水。奉敕便留住佛授記寺，補充翻經感法師侍者。後蒙本州大雲寺牒，充律師教授。至景雲年中，屬國家大弘佛事，廣闢僧方，以聖善初成，□拓碩德，以法師道齊林遠，業紹□安，遂蒙徵召赴都，充其大德。歸□者若霧，渴仰者如雲，三二年間，傳燈無替。後爲情深色，奏請牒□鄉住大雲寺。雖解行周瞻，常懷□足之心，更投□宗懋法師咨□異見。□□提獎，偏授□途，經論章□，莫不備曉。輕身重法，不憚劬勞。其所稟承，無非龍持饒益。闡法□□，何圖浄行已回，捨茲穢利。嗚呼哀哉！哲人云亡，孰不悽感？春秋卌有九，夏臘二十有七。以開元四年六月廿六日，於汾州平遥縣福聚寺端拱厭生，奄然□遷。有姪男慈潤寺僧元晞，斯乃不憚艱辛，遂涉山途，申哀展孝，闍毗事畢，收骨歸鄉。門徒與姪同寺僧圓滿等，師資義重，攀慕彌殷，思出世之因深，想入道之緣厚，傍求良匠，遠訪丹青，遂於州西南五十里靈泉寺西南懸壁山南面之陽，敬想靈儀，□爲起塔。即以開元五年歲次丁巳三月辛丑朔廿三日癸亥，□□舍利，塔事莊嚴。然理因教發，事假頌陳，□之叙石，傳芳不朽。乃□□曰：

粤有良匠，寔亦□□。幼而捨俗，□□□□。□□□廣，堪□尋師。委命□□，□身□□。□□拯物，遽謂遷神。其一　□□□□□才□□□□□□則此賢利物善知□□□□□□□□道，其冥不惑。其二　粤有□□□□□□□□雕鎸。上依奇岫，下瞰零泉。□□□□，□□□有希夷，萬代兮無□□□。其三

（《北京圖書館藏中國歷代石刻拓本匯編》二一冊六九頁；《隋唐五代墓誌匯編·北京卷》一冊一三六頁；《唐文拾遺》卷六二；《唐代墓誌彙編》開元〇五三號；《全唐文補編》下冊二四一三頁）

一一二　大唐嵩嶽閑居寺故大德珪禪師（元珪）塔記

大師諱元珪，李氏，河南伊闕人也。上元貳載，孝敬崩，度隸寺焉。宿殖德本，無師自悟。及少林尊者開示大乘，諮稟至道。晚年居龐塢阿蘭若，遠近緇素受道者，不復勝記。至開元四年歲次景辰秋八月甲辰朔十日癸丑，終於龐塢，春秋七十有三。十三日景辰，權厝於寺北岡之東。至十一年歲次癸亥秋七月，乃營塔於浮圖東嶺之左、大師味净之所，而庭柏存焉。癸巳晦，奉遷於塔，從僧儀也。弟子比丘僧仁素等刊此貞石，以旌不朽。

（《金石萃編》卷七三；《全唐文》卷九一四；《唐代墓誌彙編》開元一七〇號）

一一三　大唐中嶽東閑居寺故大德珪和尚（元珪）紀德幢

弟子大敬愛寺沙門智嚴立廟叙文

惟夫無上正覺，知之一味；圓應施化，無量度門；淺識馳末，解行異端；深智窮源，玄通不二。我尊和尚俗姓李，諱元珪，河南伊闕人也。幼而聰敏，性無戲論。年甫弱冠，以儒學見稱，厭俗浮榮，歸心釋教。初禀業於靈泉泰禪師，持誦《法華經》，剋己忘倦。去家五里，竟不再歸。部帙將終，夢青衣童子乘白象授以舍利，及曉開卷，果獲七粒。按斯證者，乃普賢神力所致焉。所持經即隋揚州居士嚴恭所寫千部中第三百九十七，事在唐臨《冥報記》。素以經論精通。上元中，孝敬皇帝陞遐，得度，便配兹寺。然以夙慕至道，遍覽觀門，每患心相未祛，翹祈勝友。後遇如大師於敬愛寺，勤請久之。大師雖未指授，告以三年。及期，大師果住少林寺。和尚與都城大德同造少林，請開禪要。驗之先説，信而有徵。遂蒙啓發，豁然會意，萬相皆如，圓炤在目，動静斯益，契彼宿心。因而嘆曰：「嘗聞千載一遇，今謂萬劫焉。」大師曰：「自非宿植，詎有斯鑒？然諸餘禪觀，並心想不忘。入此門者，妄想永息。」大師即黄梅忍大師之上足也。故知迷爲幻海，悟即妙門。此一行三昧，天竺以意相傳，本無文教，如來在昔密授阿難。自達摩入魏，首傳惠可，可傳粲，粲傳信，信傳忍，忍傳如。至和尚凡歷七代，皆爲法主，異世一時。永昌中，大師既殁，暫之荆府，尋及嵩丘。自後緇素請益，山門繼踵，謙讓推德，必至再三。常欽味《楞伽經》，以爲心鏡。所居澗水不善，聖曆中，忽有涌泉出於山側，其味甘芳，常得汲用。雖衆人奇之，而和尚不之異也。長安中，嵩山南三十里龐塢士庶延請，因往居之，由是道俗咸稱「龐塢和尚」焉。初，龐塢修造佛堂，有餘瓦，頻年已來，未之問也。開元四年春，忽謂門人曰：「佛堂餘瓦，恐後人互用，如何處置？」未對之間，乃命仲京等壘作佛塔，門人未之悟。尋誡以存亡等事，門人等方懷感戀焉。以其年八月初，無患稱疾，怡然安寢。其月十日晡時，奄歸寂滅，春秋七十有三。即以其日遷柩歸閑居精舍。于時，龐塢四面三里，七日七夜，細雨彌布，雲霧晦冥。及閑居經行舊所，雜樹枯遍，傾拔者數株。所涌甘泉，自兹而涸。靈輿發引，上有白雲，狀如幢蓋，翊送至于閑居，既葬乃滅。於舊阿蘭若北營建身塔，安所焚舍利。緇素號慕，山川震響。又於寺後造塔追福，勒銘述行。和尚六度四攝，一觀齊行，高操策修，罕能及者。恒手自印象，兼散施漉羅，節費省用，餘皆檀捨。居惟狹室，坐必小牀，自非疾病，未嘗安寢。該綜内外，詣極精微，輒不宣揚。緣扣斯應，律儀軌式，模楷當時。承顔接旨，無不蒙潤。至若雨泣雲悲，泉枯樹拔，在物猶感，人何以堪！我比丘智嚴，伏以師資義重，歷劫難酬，追惟訓育，願常祇奉。敬於河南萬安山北香城招提之所，立龕圖真，以構靈廟，建幢紀德，敢申罔極之心。瞻仰尊儀，以偈頌曰：

形神峻邈，宇器宏深。學窮心本，德潤緇林。體有即如，言忘可析。隨物涯分，俱霑勝益。

開元十三年歲次乙丑六月癸丑朔十五日丁卯建

左補闕集賢院直學士陸去泰書

（《八瓊室金石補正》卷五三；《龍門區系石刻文萃》一四七頁；《全唐文補編》上册三六〇頁）

一一四　嵩嶽珪禪師（元珪）影堂記

籌僅童知佛，業儒雜老嚴，德慕玄空靡極。營儒身及進士第，一年尉告成，明年遊是嶽，謁律德惟珙上人。引將布覽，至珪大師影堂，珙公曰：「子嘗識珪公覺否？」曰：「未。」云：「珪公覺道靈感，莫可周名，獨有嶽神爲大師移植松柏於東巖事，碑塔所不書。珪公之誠，杜從袄也。且佛説群經事，又焉可徇珪公謙勝哉？珙欲頌之，患辭不文。子進士也，矧僅童知佛，尚信珪公謙勝乎？」籌惟藏惑。偶得嵩陽居士喻應真與洛陽處士陳惟復書，言嶽神爲珪公植樹事甚備，曰：「大師法諱元珪，俗姓李氏，伊闕縣人也。太宗朝甲辰歲生，高宗代癸亥歲具戒，玄宗帝丙辰歲化滅，歷年七十三。始隸閑居寺習律，安少林味禪，後廬龐塢。將化，謂其徒仁素曰：『吾始志閑居寺東嶺，我滅，爾必塔吾骸於兹。』開元十一年，素力允師之志。」喻、陳二高士曰：「大師嘗寂定，結廬戔山巖。時嶽神輕步謁大師，大師覺精神不世，謂曰：『仁者胡來，而復何往。』神曰：『師寧識我耶？』大師曰：『吾觀佛於衆生等，吾一目之，豈分别識耶？』神曰：『我斯嶽神也，能以怪死痛害，生死於人。師安得一目我哉？』大師曰：『汝能生於人，吾本不生，汝焉能死？吾視身與空等，視吾與汝等，汝能壞空與汝乎？苟能壞空及壞汝，則不生不滅也。汝上不能若是，又焉能生死吾也？』神稽首禮曰：『我亦聰明正直於餘神，而謂是神，豈知師有廣大過空之知辯也？願授以正戒，梯拔世間。』大師曰：『神既乞戒，即既戒也，所以者何？戒外無戒，又何戒哉？』神曰：『此理也，非濟岸梯航之事，止求師戒我，身爲門弟子。』大師辭不獲，即爲張座焚香，秉燭正几，曰：『付汝五戒，汝能奉持，即應曰能，不能即曰否。』神曰：『敬奉戒。』大師曰：『汝能不淫乎？』神曰：『亦娶也。』大師曰：『非爲此也，謂無羅欲也。』神曰：『能。』大師曰：『汝能不盗乎？』神曰：『何乏我也？焉有盗取哉？』大師曰：『非爲此也，謂饗取而福淫，不供而禍善也。』神曰：『能。』大師曰：『汝能不殺乎？』神曰：『正柄在吾，焉曰不殺？』大師曰：『非爲此也，謂有濫誤混疑也。』神曰：『能。』大師曰：『汝能不妄乎？』神曰：『我本正直，焉能有妄乎？』大師曰：『非爲此也，謂先後不合天心也。』神曰：『能。』大師曰：『汝能不遭酒敗乎？』神曰：『能。』大師曰：『如上是爲佛戒也。』又言以有心奉持，而無心拘縶；以有心爲物，而無心想身。如能是，則先天地生不爲精，後天地死不爲老，跳身爲帝王不爲崇高，命子爲輔相不爲富貴，終日變化而不爲動，畢竟寂默而不爲休。悟此，則雖娶非妻也，雖饗非取也，雖柄非權也，雖作非故也，雖醉非惽也。若能無心與萬物，則羅欲不爲淫，福淫禍善不爲盗，濫誤混疑不爲殺，先後違天不爲妄，惽荒顛倒不爲醉，是爲無心也。無心則無戒，無戒則無心。無衆生則無我，無我則無汝。孰能戒哉？神又曰：『我神通亞佛。』大師曰：『汝神通十句，五能五不能。佛神通十句，七能三不能。』神竦然避席跪啓曰：『可得聞乎？』大師曰：『汝能拔上帝、東天行而西七曜乎？』神曰：『不能。』又曰：『汝能奪地祇、融五嶽而結四海乎？』神曰：『不能。』大師曰：『是爲五不能也。佛能空一切相，皆滅萬法，而不能即滅定業；佛能知群有性，窮億劫事，而不能化導無緣；佛能度無量有情，而不能盡衆生界。是爲三不能也。定業亦不能牢久，無緣亦謂一期，衆生界本無增減。恒無一人，能主有法。有法無主，是謂無法；有主無法，是謂無心。如我悟佛，亦無神通也，但能以無心通達一切法爾。』嶽神頓首作禮曰：『我誠淺昧，未聞空義。大師指我戒我，我當化矣。更何業因，何拘塵界。我願報慈德，效我所能。』大師曰：『我觀身無物，觀物無常，法窟塊然，更有何欲？』神曰：『師必命我爲世間事，展我小神功，使已發心、初發心、未發心、不信心、必信心五等人目我神踪，知有佛有神，有能有不能，有自然有非自然者也。』大師曰：『無爲是，無爲是。』神曰：『佛亦使神護法，師寧隳叛佛耶？須請告我。』大師意不獲，遂言曰：『東嶽寺之障也，莽然無樹，北岫有之而能屏擁。汝能神力移北樹於東嶺乎？』神曰：『謹奉命矣。』又陳我假昏夜風雷，擺摇震運。師無駭，即作禮辭去。大師門送，且觀之，見儀衛逶迤，如王者之狀。又復碧煙紅霞，紫風皓氣，錯散四遠，幢幡鉞珮，凌高寢空。其夕，果有迅風吼雷，奔雲震電，大壯棟宇，岌業將圮，定僧瞻動，牙捉僕叫。大師安衆曰：『無怖無怖，神與我相契矣。』啓旦和霽，則北巖松檜盡移東嶺，森然行植焉。而大師謂其徒曰：『吾歿，有塔我者，有碑我者，無紀是事，人將祆我也。』」籌得開元中喻、陳二居士狀師之行，因珙公請爲影堂記，遂捃而書之。

（《全唐文》卷七九〇）

一一五　唐故空寂師墓誌

師俗姓龐，名六兒，法號空寂，右千牛將軍同本之第六女也。生長貴門，棲心禪寂。年十五，自割髮，帔法服，將軍不能遏。年五十二，以開元六年六月終于家。以開元廿七年八月廿四日，葬于奉天縣秦川下原，袝先君之塋側也。

（《新中國出土墓誌·陝西壹》一二九號；《隋唐五代墓誌匯編·陝西卷》三册一七〇頁；《咸陽碑刻》〇四八號；《唐代墓誌彙編續集》開元一七〇號；《全唐文補遺》五輯三六六頁）

一一六　幽栖寺尼正覺浮圖之銘

夫登涅槃山者，要憑戒足；入佛法海者，必藉慈航。幽栖寺尼正覺，□香霴馥，定水澄清，潤三草而布慈雲，警四生而雷法鼓。不謂三龍從毒，蔭宅將危；二鼠挻灾，憂殘意樹。遂即傾天秘寶，構此蜂臺；竭地藏珍，將營雁塔。其塔乃岧嶢入漢，與玉兔而爭暉；嵬□侵雲，共金烏而合曜。即願危藤永茂，朽樹長春，睹遺情塵，聞鎖意垢。□□其詞曰：

皎見顧高，葺此臺塔，妍巖疑語，凝源擬業。

開元六年歲次戊午七月癸巳朔十五日丁未建

（《北京圖書館藏中國歷代石刻拓本匯編》二一册八九頁；《隋唐五代墓誌匯編·北京大學卷》一册一一四頁；《金石萃編》卷七一；《唐代墓誌彙編》開元〇七〇號）

一一七　大唐河南府陽翟縣善才寺文蕩律師塔碑銘并序

昔者混元既闢，生法世始，舟車莫用，言教不施，愛憎之心未生，爭奪之源未起，則昔□劫如來無爲而化者矣。其後人懷惡念，資變淳風，刀俎遍於三界，生死繫於六道。我慈氏大憐庶品，宏茲秘藏，甘露正法，爰啓□石之資，身宍手足，竭其負擔之用，披地輿而考勝，列龜謀而定域。或陟在巘，或降在原，倘佯焉，仿徨焉，而得於夏城之隅□□觀其後背增巖，前臨平野，居然曠望，四時有霜雨遞來；直置孤標，千里與雲虹競秀。信安神之妙境，有塔之弘□者焉。越□開元十一年十月十七日己酉，奉迎律師全身寧於茲塔。寺主昔承灌頂，今爲下缺則天偉之，乃移法服，授以榮班，拜遊擊將軍，非其好也。寺主道風素遠，天爵自高，朱紱方來，雅操難奪，固讓朝命，願復緇衣。則天多之，□特□敕授善才寺主，并賜内府絹一百匹、雜彩三十段，仍許至寺大□法會，以光其業。寺主常以爲徒宏願衣服卧具甘□。明昏拯溺，雖報如來之恩；蕪沒塋園，未盡師資之禮。於是撞鐘定策，糾面下缺門，恒沙衆生，咸從頂受。其有位階十地，身現四生，守遮制之科，宮墻莫測。上缺運慈悲並行廣大難思者，其惟我律師乎！俗姓藥氏，河南密人也。□正見家，含天仁性，清心自樂，宴坐窮年。納芥而群有頓無，觀身而衆妙皆盡。若是乎！律師常持《金剛經》，心禪口誦，不捨須臾。□□則天樂自鳴，中夜則異香頻降。故爲道俗之所欣然，人天之所歸仰也。春秋七十有五，以大唐開元七年五月九日夜□□。悟色相之皆空，示生滅而警衆。嗚呼！風雲昏闇，衆鳥悲鳴，朝野悽慘，神龍震驚。以其年五月十一日，權殯於夏城□。有大弟□寺主八智，俗姓張氏，清河郡人，德業宏深，風神秀遠，所作已辦，在邦必聞。證聖中，則天聞而嘉焉，召見於同明殿，因陳濟國安人之道。□神足復於塔右置立香園，率諸門徒□□□掃，手植松柏千有餘株。寺主早悟色空，念茲生滅，觀石火之非久，嘆芭蕉之不堅，預於下層，自托終制。誡門弟子曰：「吾自幼出家，奉事和上。和上者則我慈父，生我法身。吾欲萬劫歸依，兩肩負荷。既没之後，無背吾言。」故其塔下層，即寺主之所宅也。至矣哉！寺主之爲道，仁不忘本，孝極尊師，自非六行總持，十力無畏，安能預於斯乎？次有弟子延祐等三十人，□嵩潁名家，法門□寶，戒珠清静，心猿調伏，咸能叶贊封樹，同規祠塔，僉共謀可久之迹，垂無窮之紀。恐汗簡之難存，勒高碑而播美。銘曰：

至哉聖覺，淵乎調御。開拓慧境，昭融昏趣。演偈孤園，全功雙樹。魔風不競，法流長注。其一　猗歟碩德，像教護持。禪薰廣被，戒静難思。經窮貝葉，劫盡天衣。高燈正朗，墜露俄晞。其二　爰有上人，心源猛利。擯落朝組，周旋了義。丘首垂仁，騈胝答施。尊師踊塔，如佛無異。其三　岌岌孤秀，迢迢削成。金繩□綴，寶鐸風鳴。香煙作雨，伏檻流星。房廊繞護，花藥經行。其四　夏后城池，至今猶在。此□□□，千里豈改。有道貧賤，浮生危殆。託遺迹於後賢，儻斯文之可采。其五

（《全唐文》卷三三〇）

一一八　大唐蘄州龍興寺故法現大禪師碑銘

古之聖人，乘時迭用，贊神道，立人倫，所以爲理者也。理之爲極，故受之以無爲。昔之真人，歸根去羡，探有物，入無窮，所以爲久者也。久幾乎息，故受之以實際。於是大雄有作，大覺無邊，常樂常往，不生不滅。鑒阿僧而示開闢，傳法印而逾繩契，映明月而小元珠，位輪王而卑五帝。去聖日遠，多門互出，名數芬絲，言説滋蔓。粤有紹興法寶，超詣真宗，由密意而致清凉域，秉圓照而入空寂舍，無聞無示，非穿非鑿，斷諸委曲，直見本源，其事業有如此者，我大師其人也。禪師諱法現，弋陽人，本名法顯，避中宗廟諱，於是改焉。即雙峰忍禪師門人也。俗姓宣氏，出自周宣王，盛於元魏代。禪師儀表端嚴，眉宇森秀，人相具足，梵音清暢。乘運而應數，隨方而立

表，以濟南浮之人，以嗣東山之業。初，母在孕，不喜葷辛。及誕之後，每以沙上戲爲佛塔。志學之歲，遠方訪道。年十有九，爰就薙落，始配住福田寺，其後以選更隸龍興寺焉。後因捧盂上堂，逢一神僧，顔赤如醉，語師曰：「汝可名法顯。」因忽不見。年滿受具，遂以此名。年二十五，次因寺事差往鄱陽，所憩之家皆同舊識。或云：「宿昔夢師之來，儀服宛如所見。」設供養者皆蒙誘掖，闔門盡里同發菩提心。爾時，鄱陽大旱，師爲受戒二千餘人。事畢，天晶無雲，其夜雨雪盈尺。隨緣利物，殊類齊感。在舟則異鱗呈質，使漁者收綸；登陸則困鹿求哀，而獵者束矢。所過古寺廢塔，雖獨而止。猛獸惡龍，山精水魅，毒氣生煙火，衆魔成軍陣，坦若虚舟，莫能惱害。至永淳歲，有三婆羅門寄金銀珠寶於師，復置牀簀而歸西域。其後，有賊劫房，惟此諸寶獨在。出入三載，主乃東來，各以還之，封緘如故。母氏遣師預修己墓。寺前南嶺，地爲吉祥，掘皆巨石，不可開動。已經數日，師意彌專。忽有一人，來詣掘所，作禮既畢，出一編書與師，遂云爲師穿墓。覩其用狀，殆非人功。信宿掘成，不知所在。開其留書，乃菩提達摩之論也。及築墳傅土，每夕有猛獸蹋迹如杵，倏然墓成。經一十八年，母何氏壽八十有六，既耆而艾，無疾而終。師廬於墳所，遂經二載，形體臞瘠，僅能識者。每有人潛獻牛乳，其味凝厚。衆疑有異，後加驗問，莫知所從。嘗置碗佛前，乃成舍利。旬日之後，碗中有聲，沃而滌之，金光浮出，連珠成貫，色有似榴者，其後漸多至百餘粒。他州造塔者，皆來請之，分與而去。夫其異應，不可思議，乃菩提之示現者矣。《大易》云：「神道設教。」然則至人無迹，至化無名，萬緣盡空，一切不動。此皆善靈扶護，示相云爲，因感而來，無幽不兆。咸莫知其所以，豈我師之意乎？徒觀遠衆響臻，群疑景附，惟分請益，波迴山積，有迷有達，或饑或渴。禪師發以希聲之音，現以隨緣之相，如振風之過衆竅，似膏雨而成百穀。至有求明義學，談説人天，三論飲其辨才，九部矜其理窟。及乎對詢真賾，不覺神醉大巫。捨栰靡旗，廢講焚疏，因而退密，專至攝心。有初地弟子左相兼兵部尚書李適之，往以先君佐蘄，瞻言歸省，因得禮尊儀於密座，委弱質於專門，持心苦體，不捨晝夜。尋遘私艱，重集于蓼，無怙可恃，創鉅釁窮，負土墳傍，泣血廬次。大師哀其劬頓，假以梯航，引於煨燼之區，拔於寃毒之海。其後，皇圖復禹，重構維城。神龍之中，璽書再降，授朝請大夫，旋追赴京輦。禪師遂敷宰官之義，强弟子以行。雖間闊積年，而誨誘無遠。屬有東信至自蘄春，方承八年諱問。其説最後功德，恨不親聞付囑，是用觸緒悲凉。復次使者言，師以開元八年六月初，於本寺精舍結跏趺坐，積十三日，不更飲食，無復煩惱，因禪不解，便入無餘，春秋七十有八。是日，雲物變異，香氣晦合，池水自黑，林鳥皆悲。座前白蓮枯卷，堂後列柏凋瘁。四部雷動，三界霔泣，或絶於地，或訴於天。嗚呼！慈母忍棄窮子！一定以來，全軀不壞，髮長膚軟，紅爪丹唇，經今二十年，竟不敢遷閉。近日，薄加香漆，四衆供養如生。故知不盡之明，與劫代而相弊；應見之相，豈堅林之可焚。徒徵夢幻之言，莫見去來之迹。然則建之於常空有，立之於不曒昧，難可以智知，孰能以識識？住持强固，永爲宗極。以適之心存遺偈，力荷慈緣，髣髴鑛鑠，依稀火傳，擒其勿照之曜，著以忘言之筌。敢申頌元德，以昭播人天。其詞曰：

皇矣能仁，宏宣妙覺。彼上人者，是爲禪族。繼體前聖，傳燈後學。舟梁愛河，掎拔情嶽。肇允光相，翻飛度門。偈傳心極，神授名尊。霰零嚴戒，盗入重昏。窮魚脱泉，困獸還魂。獨絶人代，燕在林野。魔屬不神，善緣來假。乳似糜獻，編同圯下。度無量人，實無度者。諸行圓滿，庶類知歸。往虚來實，遇病爲醫。大雲澍雨，惠日揚輝。事復無事，機反於機。我於往昔，天方薦瘥。彷徉推極，荼毒謂何？孰承最上，密受居多。未究深海，旋驚尺波。變異潛惑，悲憂斷絶。皆發大怖，遍身見血。深入静思，義開形閉。當知恒住，敢告非滅。

（《全唐文》卷三〇四）

一一九　張常求塔銘

優婆姨俗姓張，字常求，望本南陽人也。性樂超塵，志同冰鏡，遂詣訪京華，得聞普法。開元十年構疾，至其年二月廿五日，逝化於懷德之私第焉，春秋七十八。遷柩於禪師林北，起方墳，禮也。

（《北京圖書館藏中國歷代石刻拓本匯編》二二册二頁；《隋唐五代墓誌匯編·北京大學卷》一册一二五頁；《唐代墓誌彙編》開元一四五號；《全唐文補遺》七輯二二七頁）

一二〇　唐故方律師（王寶手）像塔之銘

律師諱寶手，字玄方，俗姓王氏，其先太原人也。後代因官鄴京，遂宅於斯，又爲鄴下人焉。師道性天稟，法器神資。年十三，就當縣大慈寺投大德度律師□和上誦《法華》《維摩》等經。年廿三，沐神龍元年恩敕落髮，配住龍興寺，依止大德恪律師進受戒品。五夏未周，備閑持□。於是衆所知識，允屬光隆，法侶傾心，居任當寺。律師十餘年間，□□□理□疲，身心益静。春秋三十有七，□□□凡一十有五，以開元十年三月一日脱形遷識。嗚呼！大士云逝，孰不悲傷？門徒玄超、玄秀、玄英等攀慕慈誨，遂於靈泉寺懸壁山陽起塔供養。粤以開元十五年三月一日安厝。言因事顯，頌以迹宣。乃爲銘曰：

大士攝生，不貪代榮，堅法幢兮。諷咏葉典，玄章要闡，𢮦邪教兮。增善法戒，累鄣腐敗，摧苦輪兮。生必歸滅，悲哉傷哲，懷哀戀兮。建塔山陽，刊石傳芳，□□□兮。

（《北京圖書館藏中國歷代石刻拓本匯編》二二册一二七頁；《隋唐五代墓誌匯編·北京卷》一册一五二頁；《唐文拾遺》卷六二；《寶山靈泉寺》八七頁；《唐代墓誌彙編》開元二五三號）

一二一　唐嵩山會善寺故景賢大師身塔石記

左拾遺太山羊愉纂
沙門温古書

大師諱景賢，菩提大通法胤也。本姓薛氏，汾陰人，世爲著族。容貌秀偉，見者肅然。幼而神明，周覽傳記。弱冠投心大覺，宿好都遺，問道於當陽智寶禪師。師言法王大寶，世傳其人。今運鍾江陵玉泉，次一佛出世，亦難遭矣。則星馳駿邁，而得大通，發言求哀，揮汗成血。大通照彼精懇，喻以方便，一見悟入，冏然昭洗。屬世議迫隘，遠迹幽絶，客居巴峽，三抗山中。山尋霓谷□□豺虎搏噬，毒癘蒸鬱，而我歲時宴居，初無災害。豈通爲之守而神靈保綏，良可知也。久之，廣大圓極，悉心以獻。大通怡然克荷相許，付寶藏，傳明燈，爲不讓矣。時神龍□歲也。中宗聞風，詔請内度。法衆仰德，乞留都下。大師雅尚山林，迫以祈懇，或出或處，存乎利濟。化自南國，被乎東京，向風靡然，一變於代。蓋三世諸佛，意□法印，妙極之用，言外之功，不可得而聞也。觀乎萬形蠢蠢於黑闇，千界熙熙於熱毒，如來有以登大明，灑甘露，雖相示寂滅，而業遵龍象，則我先佛法身湛然常住者矣。始先祖師達摩西來，歷五葉而授大通。赫赫大通，濟濟多士，寂成福藏，爛其□門，同波派流，分景并照，亦東□之盛也。嘻！世相不實，應盡誰留？菩薩知時，示同於物。開元十一年龍集癸亥歲八月，在嵩山會善道場現有微疾，沐浴宴坐，神情儼然，翌日而謝，春秋六十有四。雲山慘毒，庭樹凋摧，矧夫情靈，痛可言也。門人比丘法宣、比丘慧巘、比丘敬言、比丘慧林等，不勝感戀，奉爲建塔，迢亭絶赫，出於嵩半。主上追懷震悼，賜書塔額，署曰報恩，存没榮幸，山川光燭。廿年又起身塔於北巖下，永奉安焉。若其積微成著之勤，乘定發慧之用，堅剛勇猛之操，大悲廣衍之業，率皆碑版所詳，不復多載也。

開元廿五年歲次乙亥八月十二日建

（《隋唐五代墓誌匯編·北京卷》一册一六五頁；《金石萃編》卷七八；《八瓊室金石補正》卷五五；《全唐文》卷三六二；《唐代墓誌彙編》開元四五三號）

一二二　張和尚塔銘

□□□□，俗姓張，□□□充王□□不祥□□誓□捨家族□□□□《法華》《維摩》。屬永□□□髮，配住法行伽□□法俗傾光任當□□□餘年内，沐施□咸□□□□作辨，化緣斯畢。開元十一年臘月十七日，□從遷化，春秋六十二，夏凡卌。□□□□門等攀慕□□，開元十三年□□□廿日，於靈泉寺西懸壁山□□□□一期之嚴事，報萬劫之□□□□□云伊族姓之間士實□□□網。悲代閒之淪溺，違□□之舟□，□金經之法寶，修梵宇之浄坊。天□□而必往，痛處生而必亡。有門人之報德，圖儀像於山陽，播徽音於幽谷，傳永永之芬芳。

（《北京圖書館藏中國歷代石刻拓本匯編》二二册九〇頁；《隋唐五代墓誌匯編·北京卷》一册一四八頁；《寶山靈泉寺》八七頁；《唐代墓誌彙編續集》開元〇七二號；《全唐文補編》下册一九一九頁）

一二三　大唐故念彌陀佛誦彌陀經行者包府君（寶壽）墓誌銘并序

君諱寶壽，字楚璧，進（晉）陵吴郡人也。望居上黨，門代清華，氏族承榮，美稱久矣。昔顓頊之裔，廿代祖曲阿人，爲鴻臚卿，漢章、明二帝師，注釋《論語》文。又從漢晉，朱紫相承，乃至齊梁，州牧縣宰。曾祖智賢、祖文景、父三尚，並討論墳典，披覽古今，償樂琴樽，時遊山水，逍遥幽寂，散適閑居，不以世俗爲榮，不以名宦爲益。

君乃信行丈夫，淑人君子。尋師講讀，遊詣秦川，慕戀長安，便居京兆。年登卅，忽悟身如石火，命似電光，即於善道（導）禪師處發心歸依三寶，念佛誦經。持戒持齋，願生净土，從始至終，更無間斷。春秋八十有六，遂染微患。雖卧在床，口稱彌陀不絶，眼見彌陀尊佛親自來迎。又云觀音、勢至，傾臺承足。即以開元十二年歲次甲子三月辛酉朔十九日己卯其日夜半時，終于長安縣休徉（祥）坊私第。其夜，有大德法師道開師、香積寺都師彦昉師、同行行者十餘人，共觀捨化。北首而卧，右脅着床，合掌累足，無酸無痛，如眠如睡，俄須而逝。昔乃耳聞，今霄衆見。夫人江夏郡太夫人黄氏先去，景雲二年歲次辛亥六月十三日卒。即用開元十二年七月戊午朔廿五日，合葬于京城西龍首鄉岐村界龍首京，禮也。男思恭、思忠等，於家至孝，於國盡忠。思恭武舉及第，任坊州杏城府別將，又轉果毅折衝，尋加雲麾將軍，任郎將、中郎，又改冠軍大將軍、行右威衛將軍、上柱國，封穀城縣開國侯。恐田成江海，水變山巖，鐫記一石，表其萬代。其銘曰：

三才啓運，四考變通。輪迴生死，有始有終。修善福助，造惡禍鍾。持戒念佛，後代良功。烏兔環迴，暑往寒來。桑田成海，巖石崩摧。陽光易昏，世俗難論。鑿斯文記，以表幽魂。庶千年兮不朽，知萬歲兮常存。

（《全唐文補遺》七輯三六七頁）

一二四　大唐宣化寺故比丘尼堅行禪師塔銘

禪師諱堅行，俗姓魚氏，京兆府櫟陽人也。惟師貞儀苦節，精勤厥志，捐別修而遵普道，欽四行而造真門。豈荼晨霜易晞，夕露難久，寢疾床枕，藥餌無徵。嗚呼哀哉！以開元十二年十月廿一日，遷化於本院，春秋七十有六，夏卅矣。臨命遺囑，令門人等造空施身。至開元廿一年，親弟大雲僧志叶，弟子四禪、賢首、法空、净意等，收骨起塔，以申仰答罔極之志。閏三月十日。

（《北京圖書館藏中國歷代石刻拓本匯編》二三册九六頁；《隋唐五代墓彙編·北京卷》一册一六三頁；《中國西北地區歷代石刻匯編》三册八七頁；《金石萃編》卷七八；《全唐文》卷九九七；《唐代墓誌彙編》開元三六七號）

一二五　大唐開元寺故禪師貞和上（張貞）寶塔銘

緱氏縣尉沈興宗纂

禪師諱貞，兹郡京兆人也，俗姓張氏。自輪奐規唐，貂蟬蔚漢，姜宋莫齒，袁楊肯倫。師泛浪知清，依林擇茂，將揮聖姓，載顧華宗。年弱冠，秀才登科，知名太學。以爲儒家非正諦，文字增妄想，故去彼取此，而爲上乘因。亦既□繻，遂受衡陽止觀門，居于洛陽白馬寺。口不絶誦習，心不離三昧。□妙□之慧萌，剃賴耶之濁種。庶滅裂有我，干盤無生焉。後隸此郡開元寺。又以爲喧者起之本，靜者定之緣，利緣舍起，故復居此窟。茨廡蘗蔬之妙受，谿篁鬮捌之勝塵，可略言矣。前刺史故丞相齊公崔日用、吏部尚書李暠，皆頂奉山宇，斯豈玄道歟？然而□熊軾，疙龍宫，紆紫綬，稽緇□□以愓凡庶之見聞，兆昏蒙之□嚮。□以開元十三年九月十八日，□滅於開元□舍，春秋八十有四。物慘煙雲，哀纏黑白。塗□隕泣，人到於今。僧弟子宗本，覺枝外茂，□性内融。三晉公侯，旋師子夏；伯喈墳籍，悉付仲宣。痛微言之絶聆，感星躔之易次。遂爲銘曰：

圓凝寂體兮邈彼真如，□□無明兮倏若蘧廬。慈梁過駟兮歲月其除，松栗窅冥兮宛此幽居。

開元貳拾陸年七月十五日弟子宗本爲亡和上敬造此塔

（《金石萃編》卷八三；《全唐文》卷三六五；《唐代墓誌彙編》開元四七〇號）

一二六　唐大薦福寺故大德思恒律師誌文并序

道不虛行，必將有授，受聖教者，非律師而誰？律師諱思恒，俗姓顧氏，吴郡人也。曾祖明，周左監門大將軍。祖元，隋門下上儀同三司、萊蕪郡開國公、使持節洪州諸軍事、行洪州刺史。父藝，皇朝恒州録事參軍。並東南之美，江海之靈。係丞相之端嚴，散騎之仁厚，以積善之慶，是用誕我律師焉。律師稟正真之氣，含太和之粹，生而有志，出乎其類。越在幼冲，性與道合，兒戲則聚沙爲塔，冥感而然指誓心，乃受業於持世法師。咸亨中，敕召大德入太原寺，而持世與薄塵法師皆預焉。律師深爲塵公所重，每嘆曰：「興聖教者，其在兹乎！」遂承制而度。年廿而登具戒，經八夏即預臨壇。參修素律師新疏，講八十餘遍，弟子五千餘人。以爲一切諸經，所以通覺路也。如來金口之言，靡不該涉；菩薩寶坊之論，皆所研精。天下靈境，所以示聖迹也，乃涉方山五臺，聞空聲異氣，幽巖勝寺，無不經行。感而遂通，所以昭靈應也，嘗致舍利一粒，後自增多，移在新瓶，潛歸舊所。有爲之福，所以濟群品也，造菩提像一鋪，施者不能愛其寶；建塗山寺一所，仁者於是子而來。洗僧乞食以生爲限，寫經設齋惟財所極。忘形杜口，所以歸定門也，詣秀禪師受微妙理，一悟真諦，果符宿心。寂爾無生，而法身常在；湛然不動，而至化滂流。於是能事畢矣，福德具矣。以見身爲過去，則棄愛易明；以遺形爲息言，則證理斯切。乃脱落人世，示歸其真。開元十四年十一月二十六日，終於京大薦福寺，年七十有六。初，和帝代，召入内道場，命爲菩薩戒師，充十大德，統知天下佛法僧事，圖像於林光殿，御製畫讚云云。律師固辭恩命，屢請歸閑，歲餘方見許焉。其靜退皆此類也。屬纊之夜，靈香滿室，空樂臨門，悠爾而逝，若有迎者。蓋應世斯來，自天宫而暫降；終事則往，非人寰之可留。弟子智舟等，彼岸仍遥，津梁中奪，心猿未去，龍象先歸。禪座何依，但追墳塔；法侣悲送，且傾都鄙。其年十二月十五日，葬神禾原塗山寺東谷。願託勝因，思陳盛美。法教常轉，自等於圓珠；雕斲斯文，有慚於方石。銘曰：

聖立萬法，法無二門。以身觀化，從流討源。有爲捨栰，無生定猿。律師盡妙，像教斯存。我有至靜，永用息言。示以形逝，留乎道尊。有緣有福，求我祇園。

（《北京圖書館藏中國歷代石刻拓本匯編》二二册一一〇頁；《北京大學圖書館藏歷代墓誌拓片目録》〇三六〇一號；《隋唐五代墓誌匯編·北京卷》一册一五〇頁；《故宫博物院藏歷代墓誌彙編》〇八四號；《中國西北地區歷代石刻匯編》三册六〇頁；《金石萃編》卷七七；《全唐文》卷三九六；《唐代墓誌彙編》開元二三九號；《石刻題跋索引》一八五頁）

一二七　大慧禪師一行碑銘并序

禪師幼而希言，言必有中，長無暇日，日誦萬文。深道極陰陽之奥，屬辭盡春秋之美。射策甲科，翔飛高蹈。依嵩嶽僧寂深究禪門，就當陽僧真纂成律藏。予聞玄德，遠請來儀，展宿緣之冥愛，全幽人之繁履。禪師以朕欽若靈天，故撰開元之曆；以朕敦崇聖道，故述大衍之贊。又於金剛三藏學陀羅尼秘印，登前佛壇，受法王寶。又於無畏三藏譯《盧遮那佛經》，開後佛國，滿大慈願。本孰爲而來哉，將辨是而去矣。善乎！爲親出家，毁形無我，以拔濟幽難，是孝中亦有孝也；爲君思道，吐血忘倦，以潤色鴻業，是忠外别有忠也。昔嘗順風咨度，乘日遊閑，發揮精至，討論典禮。方期永喜，以親有德，天孤善願，奪我師賓。十五年前九月，於華嚴寺疾亟。將舉病入辭，少間而止。朕于此夜夢瞰禪居，見繩牀施幬，紙隔開扉。曉而驗問，一如所睹，意識往來，若斯感會。先集都城名德，爲禪師設大道場，佛心證明，危疾果愈。十月八日，隨行所在新豐，身無諸患，口無一語。忽然，浴香水，换潔衣，趺坐正念，恬如寂滅。四衆瞻悼，久方覺知，適爾爲者，有往生之意也。乃命停神于罔極之寺，安塔于銅人之原，謚曰大慧禪師，崇稱首也。自終及葬，凡經三七，爪甲不變，鬢髮更長，形共力持，色與心淍。十方億衆，贊仰希有。唯當蓮叶下生，觀多寶于涌塔；龍華後會，禮迦葉于開山。予懷鬱陶，寄詞糟粕。偈曰：

自天聰明，經佛授記。彼上人者，兼善藝事。文揭日月，術窮天地。捨有作心，發無上志。萬品道諦，千門法華。總攝一燈，撥去三車。我夢金人，來鎮國家。祚增劫石，善集恒沙。定住實相，慧行真宰。導予一人，化清四海。正眼何促，供心莫待。交臂忽亡，結跏如在。舍利堅固，法螺祭絶。見生滅者，寂豈生滅。聞言説者，空何言説。道離見聞，銘示來哲。

（《大日本佛教全書》一〇六册二八頁；《全唐文補編》下册二一〇二頁）

一二八　唐少林寺靈運禪師功德塔碑銘并序

宣德郎試大理評事崔琪撰

聖善寺沙門勤□□

虚空廣大乎其體，智慧圓融乎其用，凝而不生，湛爾常寂，離修離證，非色非心。歷微塵劫，遍恒沙界，無量國土皆清净，無量昏暗皆光明，誰其得之？吾聞諸上人矣。上人諱靈運，蕭姓，蘭陵人，梁武帝後。皇考翕，虢州恒農縣尉。初，上人之生也，戒珠孕於母胎，定水澂於孩性。内典宿植，外學生知。白雲凝其高志，明水峻其苦節。泛如也，時不能知。常以爲幻境非實，泡身是妄，五色令人昏，五音令人聾，五味令人爽。噫！輪彼生滅，無時息焉。吾將歸根，以復于正。因遊嵩山，至少林寺，有始終之意焉。會舅氏掾於高平，而上人遂緇於此郡。玉立凡石，不可喻其炯然；日映衆星，無以方其明者。竟移隸兹寺，以副乎夙心。無何，習禪決於龐塢珪大師，潛契密得，以真貫理，照十方於自空，脱三界於彼著。慧眼既净，色身亦如，始知夫心外無法，所得者皆夢幻耳。然後觀大地土木，無非佛刹焉。空山蒼然，窮歲默坐，猿對茶碗，鳥栖禪庵。彼嶺雲無心，即我心矣；彼澗水無性，即我性矣。夫如是，孰能以凡聖量之乎？故吾在造化中，如夢中也。粤開元十有七祀夏五月廿二日，不示以疾，泊然而終。苦霧晦黄於天地，悲風哀咽於草木。吁！崩吾禪山，涸吾法海，空吾世界，使凡百含識，大千有情。荼於是，火於是，可勝言哉？故門人堅順獨建靈塔於兹山，奉遺教也。夫碩德丕發，不有超世先覺而出夫等夷者，則曷能傳我法印，以一燈然千萬燈乎？彼上人者，嶷然倬立，以定慧爲藏，以涅槃爲山，圓通於不住之境，出没於無涯之域，適來時也，適去順也。今則絶矣，瞻仰如之何？大事往則迹移，歲遷則物换，况法與化永，念從心積，豈可使上人之高殁而不紀？是斲於石，以旌斯文。銘曰：

上人伊何，傳我法印。其體也寂，其行也順。紛彼識浪，汩夫夢情。非照不曙，非澄不清。作大醫王，爲大禪伯。岳立松古，蓮青月白。一朝化滅，六合凄愴。世界颯空，雲山忽曠。色身謝兮法體存，金界慘兮鐵圍昏。噫！我所留者唯心源。

天寶九載四月十五日門人堅順建

（《北京圖書館藏中國歷代石刻拓本匯編》二六册二二頁；《隋唐五代墓誌匯編·北京卷》一册一九三頁；《金石萃編》卷八八；《全唐文》卷三〇三；《唐代墓誌彙編》天寶一五八號）

一二九　大唐衆義寺故大德敬節法師塔銘并序

夫王而作則者大雄，見而遄歸者大寶，聲被周漢，義逸齊梁。學比犉毛，富如崑玉，道飾其行，俗賞其音。或内秘靈知，或外見常迹，起伏不拘於□代，出没所謂於須臾。孰有以兼之？公得其門也。惟大德俗姓盧，諱敬節，范陽人也。祖尚書遠葉，栖志丘園。父樂司徒季英，閑居遁世，愍於稚子，遜以群流，放令出家。不從文秩，上可以益後，下可以利人。不累莊嚴，足陪浄藏，令投虔和上受業。年甫十歲，日誦千言。維摩妙高，飛峰□海，法華素月，吐照情田。奏梵音以雲揚，感神明而雷激。厭俗之垢，王澤遐沾；落髮之貞，天魔爲慴。至二十九，入道具臘。寺舉都維那二十載，清拔僧務。造長廊四十間，不日克就。光嚴帝宇，粹表祇園，結棟凌霞，飛簷振景。士拜左顧，靡怯風摇；人謁右旋，非憂雨散。亦嘗柔外以定，定力振振；順中以如，如心奕奕。吁法橋而虹斷，切義舫之神移，莫不悼哉，何嗟及矣！以開元十七年七月五日終於私房，春秋七十有五。窆於神禾原，律也。門人處王璿、延祚等念松迴茂，仰蕙遥芬，悵頽景之不留，恨驚風之早落。師魂遠何至，資影痛何孤。恐岸成川，起塔崇禮。式爲銘曰：

迹滿三界，神放六通。教令遞囑，德位常融。轉延像世，運及都公。木選寒柏，山寶舒虹。行高獎下，言貴居忠。俗承遠聲色，道洽化無窮。水摇魚徙動，人斷院悲空。日影何旋北，山陰遽已東。荒郊悲慘慘，煙氣亂葱葱。式修營兮妙塔，用表列於仁雄。柩窆歸於泉壤，性遥拔於樊籠。挫一代之濁命，流千古之清風。

（《北京圖書館藏中國歷代石刻拓本匯編》二三册七頁；《隋唐五代墓誌匯編·北京卷》一册一五五頁；《中國西北地區歷代石刻匯編》三册七二頁；《金石續編》卷七；《八瓊室金石補正》卷五三；《全唐文》卷九一五；《唐代墓誌彙編》開元二九一號）

一三〇　大唐故興聖寺主尼法澄塔銘并序

宗正卿上柱國嗣彭王志暕撰并書

法師諱法澄，字無所得，俗姓孫氏，樂安人也。吴帝權之後。祖榮，涪州刺史。父同，同州馮翊縣令。法師，第二女。降精粹之氣，含宏量之誠。大惠宿持，靈心早啓。鑒浮生不住，知常樂可依。託事蔣王，求爲離俗，遂於上元二年出家。威儀戒行，覺觀禪思，迹履真如，空用恒捨，遂持瓶鉢一十八事，頭陀山林，有豹隨行，逢神擁護。於至相寺康藏師處聽法，探微洞悟，同彼善才，調伏堅持，寧殊海意。康藏師每指法師謂師徒曰：「住持佛法者，即此師也。」如意之歲，淫刑肆逞，誣及法師。將扶汝南，謀其義舉，坐入宮掖。故法師於是大開聖教，宣揚正法，歸投者如羽翮趨林藪，若鱗介赴江海。昔菩薩化爲女身，於王後宮説法。今古雖殊，利人一也。中宗和帝知名放出，中使供承，朝夕不絶。景龍二年，大德三藏等奏請法師爲紹唐寺主，敕依所請。今上在春宮，幸興聖寺，施錢一千貫，充修理寺。以法師德望崇高，敕補爲興聖寺主。法師修緝畢功，不逾旬月。又於寺内畫華嚴海藏變，造八角浮圖，馬頭空起舍利塔，皆法師指授規模及造。自餘功德，不可稱數。融心濟物，遍法界以馳神；廣運冥功，滿虛空而遇化。不能祇理事塗，請解寺主。遂抄《華嚴疏義》三卷，及翻《盂蘭盆經》《温室經》等，專精博思。日起異聞，疲厭不生。誦經行道，視同居士。風疾現身，乃卧經二旬，飲食絶口，起謂弟子曰：「我欲捨壽，不知死亦大難，爲當因緣未盡。」後月餘，儼然坐繩床，七日不動，唯聞齋時鐘聲即喫水。忽謂弟子曰：「扶我卧，我不能坐死。」卧訖遷神，春秋九十，開元十七年十一月三日也。以其月廿三日，安神於龍首山馬頭空塔所。門人師徒弟子等未登證果，豈知鶴林非永滅之場，鷲嶺是安禪之所。號慕之情，有如雙樹。法師仁孝幼懷，容儀美麗，講經論義，應對如流。王公等所施，悉爲功德。弟子嗣彭王女尼彌多羅等，恐人事隨化，陵谷遷移，紀德鎸功，乃爲不朽。銘曰：

易高惟一，道尊自然。大法雄振，豈曰同年。優陁花色，曇彌善賢。錯落倫次，師在其間。濟彼愛河，拯斯苦海。導引群類，將離纏蓋。不虛不溢，常住三昧。是相無定，隨現去來。雙林言滅，金棺復開。有緣既盡，歸向蓮臺。衆生戀慕，今古同哀。

（《北京圖書館藏中國歷代石刻拓本匯編》二三冊一五頁；《隋唐五代墓誌匯編·北京卷》一冊一五八

頁；《中國西北地區歷代石刻匯編》三册七六頁；《金石萃編》卷七八；《全唐文》卷一〇〇；《唐代墓誌彙編》開元三〇〇號）

一三一　大唐故朝散郎前行太史監靈臺郎太原郭府君（元誠）塔銘并序

原夫真理凝玄，法身虛寂，廣其化也，微塵蠢動之所依；弘其智也，恒沙菩薩莫能辯。自金棺留偈，玉豪匿迹，二百五十戒，流此南閻；八萬四千法，被於東土。拔沉舟於慾海，洗滌浮生；裂邪網於迷途，芟夷惡趣。由是飛走啖慧，品物啜慈，修塔立廟以尊重，焚香燒燈以祈福，凡所懇至，皆成佛道者也。粤若大居士外祖父，朝散郎、前行太史監、靈臺郎、太原郭元誠，字彦，五戒清浄，六根明察。知色相之無我，爰託勝因；審泡幻之皆空，憑茲嘉業。固能割齊眉之戀，居太常之齋；發知足之誠，謝靈臺之禄。實謂道非常道，聞所未聞。此聖代之英奇，道門之勇猛者也。倚伏無準，生滅有期。春秋七十有四，以開元十八年三月十二日，終於常樂私第。妻瑯琊王氏，開元廿二年六月廿五日，終於同第。以其年七月十四日，亦遷此地，禮也。外孫前慶王府執乘氾子昂，虔奉遺訓，深懷曩恩，敬窆於高陽原，樹雙塔於積德里。道俗雲送，車馬霧集。甄芳演懿，希四果以連聲；勒頌題銘，庶千齡而不朽。其辭曰：

大哉英達，禀氣江山。克紹堂構，早列朝班。其一　奕葉中庸，連芳太史。玄象不惑，清徽可紀。其二　兩疏適海，四皓栖丘。徒窺俗界，未涉真流。其三　惟我翁婆，辭戀削迹。清如莊叟，齋比周澤。其四　岧岧靈塔，隱隱崇崗。冀菩提之勝友，訪嘉猷於此鄉。

開元廿二年次甲戌七月庚申朔十四日乙酉建

（《長安碑刻》上册一〇五頁圖，下册四五四頁文；《唐代墓誌彙編續集》開元一三四號；《全唐文補編》

一三三二　大唐□□□尼和和禪師（惠燈）□□□修石龕銘并〔序〕

□□□□□憤隱居□□□□□□□□禪師俗姓武，諱惠燈，□□□彭城人也。祖元剛，朝散大夫、龍州奉□□□，朱紱承榮，羽儀表貴。父三朗，業尚檀那，代傳□□。蓋累葉□□於兹，以所居私第造永曜寺，□□□□，給孤獨園，可方之矣。禪師□□□□□，天姿慧晤。年甫十餘，與妹惠□師事内供奉禪師尼智運。歸依三寶，戒行勤誠。初，以出□息之繫□□□□□空辨空之無着不□□月洞□□□□遭和上憂，哀慕過禮，自初至終，不加櫛沐，逮於祥禫，鬢髮全脱。於是郡縣上其精高尤異，天後聞而嘉焉。尋有詔姊妹並度爲尼，徵入内道場供奉。一侍軒闕卅餘年，絶粒納衣，無所營欲。人主欽其高節，躬親供養。既以師資見重，遂謂之和和焉。爾乃中宫便爲號實。長安末年，恩敕令出於都寧刹寺安□。□□□禁，阻絶不親，父母終時，及聞凶□哀□□□□□□□□□之，以成其墳。哀哀孝思，□天永惑。斯□□□□□□微，預知凶吉。若因方□琇喻，令人□□。雖有災横，必見穰□。若啓□□訪，則□開返相。是以罕能則焉。以開元十九年正月十日，忽告其妹曰：「吾哀久矣，盡期將至。」澡浴焚香，坐而便化，于時春秋八十有二。冥變逾月，爪髮更長，面色如生。凡瞻禮者，莫不嗟異焉。於是右金吾將軍崔瑶及妻永和縣主武氏傷梵宇之摧構，痛津梁之永絶，遂於龍門西巖造龕安置。嗚呼！朝野悲哀，緇素號慟。法雲黯而無色，慧景翳而潛輝。崇正家代門師，幼瞻儀範，德行備彰於耳目，玄邃不可以言宣。矧筆短詞蕪，豈申萬一。勒貞石而紀德，庶劫盡而名存。其銘曰：

猗那上哲，業履貞純。越騰欲海，超拔囂塵。納衣絶食，苦行勤身。譽聞天□，遂降綵綸。其一　三尊爲左，□□□君。進退合矩，忠孝兼聞。鬢髮自落，負土成墳。爰觀今古，卓爾無群。其二　□□□至，預□□焉。澡漱堅坐，瞑目奄然。□□□月，容色□鮮。緇□追慕，涕泗漣□。其三　□□□□，□□□徒。妻對石窌，夫執□□。□□□□，□□□□。爰鑿巖窟，□□□□。其四　南瞻□□，□□國門。雙壁□□，□□浚奔。宅玆□□，□□藏魂。千秋萬古，□□長存。其五

（《唐文續拾》卷三；《全唐文補編》下册二二六八頁）

一三三　唐故張禪師（義琬）墓誌銘并序

香山禪師諱義琬，字思靖，俗姓董氏，河南陽翟人。紹嵩岳會善大安禪師智印。法歲廿七，世齡五十九。開元十九年七月十九日，長天色慘，塞樹凝霜，頂白方，面赤方，右肱枕席，左臂垂膝，言次寂默，奄魂而歸。舉體香軟，容華轉鮮，感瑞嘉祥，具載碑録。師未泥洹，先則玄記：「吾滅度後，卌年内，有大功臣置寺，度遺法居士爲僧。卌五年後焚身，留吾果園，待其時也。」果廿八年，有文武朝綱□國老忠義司徒、尚書左僕射、朔方大使、相國郭公上額於居士，拜首受僧，奏塔梵宫，牓乾元寺。法孫明演授禪父託，葬祖黄金，述德於中書令汾陽郡王郭公。徹天請號焚葬，借威儀所由檢校。大曆三年二月，汾陽表曰：「義琬禪行素高，爲智海舟航，是釋門龍象。心超覺路，遠近歸依，身殁道存，實資褒異。伏望允其所請，光彼法流。」其月十八日敕：「義琬宜賜謚號大演禪師，餘依。」擇吉辰，八月十九日荼毗入塔。今卌載無記，不從大禪翁也。行慈悲海，得玉髻珠。施惠若春，研芳吐翠，破邪寶劍，見網皆除。業爲學山，萬法包納，練行凝寂，方能動天。塔磨青霄，砌下雲起，星龕月户，面河背山。清净神靈，庶幾銘曰：

行破群邪，業爲學海。戒月青空，心珠自在。塔面長伊，鈴摇岳風。動天威力，無住無空。

（《北京圖書館藏中國歷代石刻拓本匯編》二七册七〇頁；《北京大學圖書館藏歷代墓誌拓片目録》〇四

七二六號；《故宫博物院藏歷代墓誌彙編》一〇五號；《隋唐五代墓誌匯編·洛陽卷》一二册三〇頁；《洛陽出土歷代墓誌輯繩》五七八號；《龍門區系石刻文粹》二六〇頁；《金石萃編》卷九五；《全唐文》卷九九七；《唐代墓誌彙編》大曆〇〇七號；《石刻題跋索引》一九二頁）

一三四　大唐尼慈和禪師墓誌銘并序

奉義郎行長安縣主簿裴炯撰

夫如來法身，湛以圓寂，能仁利物，示其應化。且少缺提誘，而亟傷淪溺，故鑿群耳目，亘大津梁。非妙地寶梯，覺門明鏡，色空離相，生滅無着，曷能與於此也？和上號慈和，不知出何郡邑，得何姓氏。以衆生姓爲姓，以衆生年爲年。慈者以慈悲爲尊，和者以和合爲貴。遊戲方丈，即散天花，汲引世界，還澄水月。曾無眷屬，非樂遠離，所修禁戒，皆依正法。開方便門，住寂滅境，亦謂一音演説，普得受行；萬籟依分，各隨應納。了識於求取，預言於滅化。毒龍深潛，寃賊降伏。其餘靈迹，不可勝載。遂使慧日再中於梵天，曇花一現於國土。如何依於不住，證於無生。以開元十九年十一月二日，歸化於遵善寺。於戲！法子雷慟雨泣，涉海既失於慈舟，循庭空留於忍草。至廿年二月才生魄，即舊居後崗，安神興塔，情之至也，禮之極也。顧唯不才，强爲銘曰：

方丈室兮天女來，演説法兮神力迴。示慈悲於圓智，悟變滅於辯才。山入户兮繚繞，塔踊地兮崔嵬。神居此兮覆衣鉢，法子相看兮不忍開。

開元廿年歲次壬辰二月甲戌朔十二日癸酉

潁川陳載書

（《長安新出墓誌》一六〇頁；《長安碑刻》上册一〇三頁圖，下册四五三頁文）

一三五　大唐故和上大善知識輪自在（慈和）誌銘并序

銀青光禄大夫鴻臚卿判尚書省事上柱國姑臧縣開國侯李休光撰

恒星不現，聖人將出；劫石雖拂，聖人常在。故知不生不滅，無往無來，至道巍巍，不可得而言矣。我和上法稱輪自在，德號慈和，不知何許人也。生必藴道，幼而辯空，榮辱是均，物我齊致。法相圓滿，有容而光；法性慈悲，克真而慧。過去往來之奥義，猶掌而觀；前佛後佛之微言，因心自了。視群生如一子，不捨女身；包萬像於三乘，更同慈父。故得一闡提者，聞之而發心；天魔旬者，見之而迴向。或有至誠妃主，諦信王侯，躞蹀軒車，相望道路，恭敬圍繞，匪朝伊夕；或有四果真僧，三禪大德，歲時請益，往來問道，匍匐頂禮，以日繼年。其攝化也既如此，其歸依也又如彼。是知功成而不捨一切，神教而能伏萬物。蓋聞賢劫諸佛，不常住世，衆生皆病，不能獨愈。遂彌留枕席，遘疾逾時，僧衆不堪其憂，和上不以爲苦。賫持藥物，收供養於有情；捐棄色身，斂清真而畢世。以開元十九年十一月二日，寂滅於京兆府長安縣永壽鄉遵善寺净土院之北堂也。道俗哀摧，普寰中而眼滅；山川茫昧，遍天下而塵生。以明年二月十二日，葬於本寺之東園也。初七而終七，隔一歲而成百日；自冬而徂春，逾三月而周十旬。舉棺而芳香自烈，露頂而髮彩旋長。龍宮雙樹，似變娑羅；雁塔七重，疑安舍利。弟子梵海等，或守四分之儀，住持高行；或斷兩邊之趣，空寂安心，夙爲人師，久成法將。行者楊敬臣等，或鴛鸞齊德，或龍象當仁，戮力同心，克崇厥構，興兹影塔，建彼福場。豈直聚沙能成，還聞多寶之奉。是知神龍守護，魔鬼潛肅，滄海爲田，法堂無壞，太山可礪，寶存銘曰：

一切有爲法，如夢幻胞（泡）影。一切有色相，咸歸滅盡境。如來證涅槃，永斷於生死。若能至心聽，當知至真理。至真無往亦無來，寶塔疑因舍利開。天龍八部常圍繞，外道邪魔不起灾。

唐開元廿年歲次壬申二月甲戌朔十二日乙酉

（《長安新出墓誌》一六二頁；《長安碑刻》上册一〇二頁圖，下册四五二頁文）

一三六　故孫居士（節）塔誌銘并序

夫大道無爲，陰陽以之造化；自性常住，因緣以之遷變。惟居士俗姓孫，諱節，字惠照，望沐河西，先宗魏野。德茂純備，可以軌物訓人；高才貫穿，可以光音待價。善明覺性，至悟玄津，絆識馬於禪支，掛境猿於道樹。得大總持，證乎寂滅，以正月廿二日，化迹乎旌旗之國。預造仙塔，後息勞人。用今吉辰，遷于邙岫。敬勒石文，式陳銘曰：

真如性凈，非悟非迷。因緣代謝，有去有來。六窮空色，何免輪迴。體兹寂滅，用證菩提。

開元廿年正月廿九日丙時殯

（《唐代墓誌彙編》開元三三七號；《全唐文補遺》七輯三七三頁；《石刻題跋索引》一八六頁）

一三七　大唐都景福寺威儀和上（靈覺）龕塔銘

和上諱靈覺，俗姓武氏，□□則天之次女也。外父泗〔州〕刺史□□□〔鎮〕國太平長公主□□□□補□□之尊，兼魯館之□□□□之鹿，□□歸一，□□今稀。□聖主□□□□□□懇誠至到。天后嘉尚□□爲□配□□□□□。當穠李之年，遂能捨□□珠玉之服玩，鐘鼎□□□辭榮。出塵離染□□□空□也。乃持

□□行，□□□□，探賾幽妙。三藏□□□□福□聞□，戒行□備。□□□□□以獎例徒衆也。於□因□□山普□禪師□□□□授以禪法。砥□真幾，頓悟□拔。□獲□生忍，至□□去來。湛入真際，色相都泯，契□如□。以開〔元〕廿〔年〕□日，忽謂門人，令具湯水，澡浴換衣，焚香端〔坐〕，□□然無常於景福伽藍，時春秋五十二也。嗚呼！生□□□，□□□第。處榮貴而能捨，行苦行而能勤。自非百劫千□，□□舊習，孰能至此哉？遂於龍門西巖造龕，即以其月□日□□之，禮也。季弟崇正哀友生之義重，悲同氣之情深，如□□□，遂爲銘曰：

煉石補天，□□□國。雁□□□，鳳栖才極。挺生哲女，處榮不〔惑〕。棄彼囂□，歸於實□。□親能孝，歸□虔誠。戒行圓備，風儀肅清。六塵無染，□□明□。其□　極樂世〔界〕，□品上生。闕塞之北，□門之南，□□潭下，□□□□石，永閟幽深。天長地久，耕鑿無□。

開元廿六□□□日鐫

（《北京圖書館藏中國歷代石刻拓本匯編》二四册七三頁；《隋唐五代墓誌匯編·北京卷》一册一七四頁；《八瓊室金石補正》卷三二；《唐文續拾》卷三；《龍門石窟碑刻題記彙録》上册六二頁；《唐代墓誌彙編》開元四七九號；《全唐文補編》下册二二六九頁）

一三八　大唐西崇福寺故侍書僧崇簡上人墓誌銘并序

開元廿二年四月廿四日陳潭撰并書

法師諱崇簡，俗姓張，京兆長安郡人。在世三十八年，以大唐開元廿二載三月十五日冥化。初，上人苦節清起，英範卓立，練空雲心，落盡花意，遂剃髮出俗，授於一行禪師。禪師戒定悟寂，我默以知之；禪師術業攻異，我聰以成之。光耿道門，鬱爲稱首矣。又善筆札，斯言墨精，神象動容，包括衆妙。逸少之後，一人而已。故侍春宫，恩華蒙。期以高而志蓋下，性以真而迹無假。何惡直之巧譖，將迫身于幽遐。太夫人在堂，亦既衰老，殆是執別，哀哀路傍。上人乘馹不暇，際□以息，泣血思親，飲氣而盡。上以孝也，下以憤也。留爾孤魂，傷之莫救。其年四月十□□□□陳潭引柩自汝歸真於邙。王磐用心，亦有傷矣。琢石演美，紀於斯文曰：

彼上人兮虚獲尤，竄于郢兮將南投。思厥親兮邈無由，盡厥名兮胡爲憂。

（《河洛墓刻拾零》二一九號；《龍門區系石刻文粹》四九五頁）

一三九　大唐大安國寺故大德惠隱禪師塔銘并序

禪師俗姓榮，京兆人，其家第四女也。族望北平。曾祖權，隋金紫光禄大夫、散騎常侍、兵部尚書、東阿郡開國公。祖建緒，銀青光禄大夫，使持節息、始、洪諸軍事三州刺史，東阿郡開國公。叔祖思九，黄門侍郎。父懷節，夷州綏陽縣令。外祖韋氏，字孝基，皇中書舍人，逍遥公之孫也。禪師聰識内敏，幼挺奇操，粤自髫齔，敬慕道門。專志通經，七百餘紙，業行精著，簡練出家。自削髮染衣，安心佛道，尋求法要，歷奉諸師。如説修行，曾無懈倦，捐軀委命，不以爲難。戒行無虧，冰霜比潔。或斷穀服氣，宴坐禪忘；或煉臂試心，以堅其志。動静語默，恒在定中，凡所施爲，不輟持誦。雖拘有漏，密契無爲，雅韻孤標，高風獨遠。嗚呼！驚波不息，隙影難留，生滅無恒，遽隨遷謝。以開元二十二年七月十一日，壽終於安國道場，春秋七十有六，右脅而卧，奄然滅度。臨涅槃時遺曰：「吾緣師僧父母並在龍門，可安吾於彼處，與尊者同一山也。」弟子尼圓德博通三藏，才行清高，生事竭仁孝之心，禮葬盡精誠之志，追痛永遠，建塔兹山，縱陵谷有遷，庶遺芳不朽。乃爲銘曰：

至道希夷，代罕能窺，探秘究妙，夫惟我師。其一　爰自齠年，訖於晚歲，精念護攝，虔誠不替。肅肅戒行，明明

定惠，浄業滋薫，與佛同契。其二　逝川不駐，隙駟難留，奄隨運往，萬古千秋。嗟永感而無極，式雕紀於芳猷。其三

（《北京圖書館藏中國歷代石刻拓本匯編》二四册五五頁；《隋唐五代墓誌匯編·北京卷》一册一七二頁；《龍門區系石刻文粹》一七九頁；《金石續編》卷七；《八瓊室金石補正》卷五六；《唐文拾遺》卷六六；《唐代墓誌彙編》開元四六四號）

一四〇　東都聖善寺無畏三藏（善無畏）碑

惟和尚輪王梵嫡，號善無畏，釋迦如來季父甘露飯王之後。其先自中天竺迴，因難分王烏茶。父曰佛手王，以和尚生有聖姿，早兼德藝，故歷試焉。十歲統戎，十三嗣位。睹諸兄舉兵構亂，不得已而後征之。接刃中體，捍輪傷頂。軍以順勝，兄以愛全。乃白母后、告群臣曰：「向者親征，義斷恩也；今以國讓，行其志也。」因置位於兄，固求入道。太后哀許，賜以傳國寶珠。南至海濱，得殊勝招提，入法華三昧。聚沙建塔，誓一萬區，黑蛇傷指而不退息。身寄商舶往中印度，密修禪誦，口放白光，無風三日，而舟行萬里。與商人同遇群盜，阽於併命。和尚慰帖徒侶，默誦真言，七俱視尊，全現身相，盜果爲他寇所殲，寇乃露罪歸誠，指踪夷險。越窮荒，逾毒水，至中天竺境上，乃遇其王，王之夫人，即和尚妹也。和尚服同凡品，而徒侶以君禮奉之。王問獲其由，嗟稱不足。菩提眷屬，是日同歸；慈雲布蔭，一境丕變。於是發三乘之藏，究諸部之宗，品偈章句，誦無遺者。說龍宫之義理，得師子之頻伸，名振五天，尊爲稱首。那爛陀寺，像法之泉源，衆聖之都會。乃捨寶珠，瑩大像額端，晝如月魄，夜則光耀。僧有達摩鞠多，掌定門之秘鑰，佩如來之密印，顔如四十許，實八百年也。和尚投體兩足，奉爲本師。鉢中非國食，示一禪僧，華人也。見油餌尚温，粟飯餘暖，愕而嘆曰：「中國去此十萬八千里，是彼朝熟，而午時至此，何神速也！」會中盡駭，而和尚默然。本師謂和尚曰：「中國白馬寺重閣新成，吾適受供而反。汝能

不言，真可學也。」乃授以總持密教。神龍圍繞，森在目前，無量印契，一時受頓，即日灌頂，爲天人師，稱曰三藏。三藏有六義，内爲戒、定、慧，外爲經、律、論，以陀羅尼而統攝之。惟陀羅尼，菩提速疾之輪，下脱吉祥之海，三世諸佛生於此門。夫慧照所傳，一燈而已，慧照殊異，燈亦無邊。由是有百億釋迦、微塵三昧菩薩，金剛總攝於諸定，向月懸同於法身，頓升階位，鄰於大覺，此其旨也。和尚遍禮聖迹，周行大荒，不悔艱難。每所三至，爲迦葉剃髮，受觀音摩頂。嘗結夏於靈鷲山，有猛獸前路，深入山穴，穴明如晝；有牟尼立像，左右侍者，色相如生。中印度大旱，求和尚請雨。觀音大聖在日輪中，手執净瓶注水於地中。感咽於雙樹之下，問往昔於佛世之人。爲者不言，十問其一。鍜金爲貝葉寫《大般若》，鎔銀起窣堵坡等佛身相。母后謂和尚已化，淚竭喪明，及寄疏問安，朗然如故。大雄滅後，外道如林，九十六宗，各專其見。和尚皆隨所執，乘喻破疑，解邪縛於心門，捨迷津於覺路，法雨大小而均澤，定水方圓而滿器，僕異學之旗鼓，建心王之勝幢，使其以心制狂，即身觀佛。本師喜曰：「善男子！中國有緣，可以行矣。」乃頂辭奉下，至迦濕彌邏國。中夜次河，河無津梁，浮空以濟。受請於長者，有羅漢降曰：「我小乘之聖，大德是登地菩薩。」乃讓席推尊和尚，授以名衣，乃升空而去。烏萇國有白鼠馴繞，日獻金錢。講《毗盧》於突厥之庭，而可敦請法。和尚乃安禪樹下，法爲金字，列在空中。突厥之妻有以手按其乳，乳爲三道，飛注和尚口者。乃合掌端容曰：「此我前生母也。」或誤舉刃三斫，支體無所傷，斫者唯聞銅聲而已。至雪山天池，而和尚不愈。本師自空而至曰：「菩薩身同世間，不捨生死，汝久離諸相，寧有病耶？」言畢而冲天，則洗然而愈矣。路出吐蕃，與商旅同次。夷人貪貨，率衆合圍。乃密爲心印，而蕃豪請罪。至中國西境，夜有神見，曰：「此東非弟子界也，文殊師利實護中州。」禮足而滅。以駝負經，至西川，涉龍沙，陷駝足没於泉下。和尚入泉三日，止龍宫而化之，牽駝出岸，經無霑濕。睿宗道尊德盛，立契無爲，詔僧若那及將軍史獻出玉門塞表，以俟來儀。開元紹興，重光大化。聖皇夢與真僧見，其姿狀非常，躬御丹青，圖之殿壁。及和尚至止，與夢合符。天子光靈而敬悦之，飾内道場，尊爲教主。自寧、薛二王而下，皆跪席捧器。爲師賓大士於天台，接梵筵於帝座，禮國師以廣成之道，致人主於如來之乘。巍巍法門，於此爲盛。有術者握鬼神之契，參變化之功，承詔御前，效其神異。和尚恬然不動，而術者手足無施矣。其餘秘要，代莫聞也。累請居外，敕諸寺遞迎。隨駕至洛京，詔於聖善寺安置。自出内之後，奔走華夷，和尚臨之，貴賤如一。奉儀形者，蓮華開於眼界；稟言説者，甘露降於心源。超然自悟曰：「有其人矣，法侶高標。」惟尊奉長老寶思，其餘皆接以門人之禮。禪師一行者，定慧之餘，術窮天地，有所未達，咨而後行。和尚質粹神邁，氣和言簡，不捨律儀，而身心自在；不離坐席，而願力俱圓。有來畢應，觸應無礙，故衆妙懸解，藝能兼於百工；大悲普薰，草木同於一子，不知其極也。於本院鑄金銅靈塔，以此功德，應緣護世，手爲模範，妙極人天。寺衆以銷冶至廣，庭除深隘，慮風至火盛，灾延寶坊。笑而言曰：「無可爲憂，自當有驗。」及鼓鑄之日，大雪蔽空，靈塔既成，瑞花飄席。前後奉詔，禳旱致雨，滅火返風，昭昭然遍諸耳目矣。從容上請，大庇緇林，正法之興，系於龍象，信也。表求還國，優詔不許。開元二十三年十一月七日，右脅累足，涅槃於禪室，享齡九十九，僧臘八十。法界凄涼，天心震悼。詔鴻臚卿李現威儀，賓律師護喪事，以某月日葬於龍門西山。涕慕傾都，山川變色。弟子寶思禪師滎陽鄭氏、明畏禪師瑯琊王氏，皆高族上才，超然自覺，息言爲樂説之辨，妙用即禪那之宗。入和尚之室，惟兹二人。而乾元之歲，再造天維，大君證無緣之悲，躬行不匱之孝。由是釋梵扈蹕，天龍濟師，凶穢掃除，人祇清浄，位光付囑，教大興行。二禪師爰以偈頌刻諸金石，法離文字，道不可名，以慰門人感慕之心，有同顔子喟然之嘆。其文曰：

釋宮尊種，龍扶出池。捨位成道，爲天人師。度微塵衆，行甘露慈。仁消大怖，辨洗群疑。法本不滅，今子得之。隨方演教，聿來中國。帝后承迎，天花滿裓。歡喜園花，惟聞薝蔔。百千萬億，調伏其心。灌頂在昔，聲聞現今。山王高妙，海月圓深。因於示滅，空悲鶴林。伊水西山，冥冥玄室。金棺此閉，式瞻無日。雙寶昭興，教尊言密。歸我者因，因明悟實。

（《李遐叔文集》卷二；《文苑英華》卷八六一；《全唐文》卷三一九；《大正藏》卷五〇）

一四一　西山廣化寺三藏無畏不空法師塔記

大唐開元二拾三年，三藏無畏卒，春秋九十有九。詔鴻臚丞李現監護喪事，塔於龍門之西山廣化寺，藏其全身。畏本釋種，甘露飯王之後，以讓國出家，道德名稱爲天竺之冠。所至講法，必有異相。初，在烏荼國演《遮那經》，須臾衆會，咸見空中有「毗盧遮那」四金字，各尋丈，排列久之而没。又嘗過龍河，一托駝負經没水。畏懼失經，遽隨之入水。於是龍王邀之入宫講法，不許彼請，堅至爲留，三宿而出，所載梵夾，不濕一字。其神異多類此。是歲，三藏不空於師子國從普賢阿闍黎求開十八會金剛灌頂及大悲胎藏建壇之法。其王一日調象，俄而群象逸，莫敢禦之者。不空遽於衢路安坐，及狂象奔至，見不空，皆頓止跪伏，少頃而去。由是舉國神敬之。論曰：自大教東流，諸僧間以神異助化，是皆功行成熟，契徹心源，自覺本智，現量發聖，絶非咒力幻術所致也。殆自東晉尸利密已降，宣譯秘咒，要其大歸，不過祀鬼神，驅邪妄，爲人禳灾釋患而已。其間往往不□無假名比丘，自外國來，挾術驚愚。有所謂羅漢法者，正么麿邪術下劣之技，亦猶道家雷公法之類也。兹豈高道巨德，弘禪主教者齒哉！及開元中，西域金剛智、無畏、不空三大士始傳密教，以玄言德祥，開佑至尊，即其神功顯效，幾與造化之力均焉。故三大士雖宏密教，抑本智現量發聖歟？嘗慨《資治通鑑》稱，貞觀中，有僧自西域來，善咒術，能令人立死，復咒之使蘇。太宗擇飛騎中壯者試之，皆如其言，因以問傅奕。奕曰：「此邪術也。臣聞邪不干正，請使咒臣，必不能行。」帝命僧咒奕，奕初無所覺。須臾，僧忽僵僕，若爲物所擊，遂不復蘇。此恐好事者曲爲之辭。何則？若使果有是，則僧非真僧，咒非真咒，正謂邪術耳。固不足以張吾教之疵也，矧萬萬無此理。向使彼能自西域遠至長安，厥術能死人而復蘇，乃不暇自衛其身，對常人無故而僵死，雖兒童莫之信也。又當是時三大士者雖俱未至，若京城大德僧惠乘、玄琬、法琳、明贍諸公，其肯坐視絶域僞僧破壞教門，不請峻治，乃留帝命傳奕辨耶？佛制戒律，雖春蹊生草，猶不許比丘踐之，恐害其生，況説斷人命咒傳於世乎？故予謂好事者曲爲之辭，斷可見矣。

開元二十五年歲次丁丑仲秋八月吉旦刊

施石陳聚陳廷

（《北京圖書館藏中國歷代石刻拓本匯編》二四册四一頁；《隋唐五代墓誌匯編·北京卷》一册一七一頁；《中國西北地區歷代石刻匯編》三册九六頁；《咸陽碑石》七二頁；《金石萃編》卷八二；《全唐文》卷五三八；《唐代墓誌彙編》開元四五五號）

一四二　大唐故安優婆姨塔銘并序

優婆姨姓安，凉府孤（姑）臧人也。自開元十七之歲，已届□□王畿，遂聞有普別兩種佛法耳。雖聞有藥，未霑身。唐捐二周，俄經三載，後遇良友，爲演一乘之妙理，啓凡俗之迷心，誓畢三祇，當闡正法。以開元廿四年二月廿五日，遘疾終於群賢坊私第里也，春秋六十有一。即以三月二日，遷柩於終南山大善知識林側，起塔焉。男思□、善智等，遵遺命也。嗚呼哀哉！乃爲銘曰：

□□□真，佛子以智慧明厭生死□□□□□。

開元廿七年歲次己卯二月十五日建

（李浩：《新見唐代安優婆姨塔銘漢文部分釋讀》，《文獻》二〇二〇年第三期一五二頁）

一四三　大唐故大智禪師（義福）塔銘

弟子太僕少卿杜昱撰

禪師諱義福，俗姓姜氏，潞國銅鞮人。曾祖仲遷，隋武陟丞、雁門令。大父子胤，烈考解脱，並丘園養德，隱居不仕。禪師體不生之□神，綱無染之絶韻，爰在悼齔，遊不狎群。遂更童長，身無擇行，峻節比夫嵩華，雅量方於溟渤。初好《老》《莊》《書》《易》之説，亟歷淇、澳、漳、滏之間，以非度門，一皆謝絶。齒邁三十，適預緇流，慧音共芝蘭同芬，戒相與蓮花比潔。大通之在荆南也，慈導風行，聲如鼓鐘，應同鳴鶴。乃裹糧脩謁，偏袒請命，逮得法要，式是勵精。浹辰之間，豁然大悟，三摩隨入，順忍現前。大通印可，密弘付囑。自是多歷名山，普雨甘露，經行如市，宴坐成林。門下求謁，固嗤三年之滯；衆中樂聞，常兼五十之喜。則我禪伯之徽業，實亦駿揚於耿光。及遊步上都，載脂咸洛，法梁是荷，人寶歸尊。有如王公四葉，下逮裨販百族，明發求哀，涕淚勤請，則亦俯授悲誨，朗振圓音，應器而甌缶必盈，返根則條枚盡洽。如摩尼皆隨衆色入薝蔔，不嗅餘香，所可脩行，分獲契證，昇堂或落落閒出，其餘則滔滔皆是。前年，輿駕東幸，禪師後旋有洛，閉關靜慮，猶兮無言，或趺坐通霄，或冥寂終日。門弟子有覩異相，竊或怪之，知化緣將終，接袵悲侍。開元廿四年夏五月廿五日，右脅徂逝，春秋七十九，僧夏□八。粤六月十有七日，恩敕追號大智禪師。秋七月七日甲申，遷神於奉先寺之西原，起塔守護，禮也。禪師以道分人運，慈濟物，凡所利樂，率先弘溥。其茂德殊行，則刊在世碑；冥貺神迹，則詳夫外傳。簡兹盡美，略而不書。猶迷變海之期，示勒開山之記。銘曰：

闕塞西麓，相縈抱兮，極目南臨，伊汝道兮。永錫大智，神所保兮，達人□已，豈多藏兮。率由代教，駿發祥兮，于蔭法嗣，道有光兮。

（《北京圖書館藏中國歷代石刻拓本匯編》二四册一二頁；《隋唐五代墓誌匯編·洛陽卷》一〇册一二三頁；《金石續編》卷七；《八瓊室金石補正》卷五五；《唐文拾遺》卷一九；《龍門區系石刻文粹》一六九頁；《唐代墓誌彙編》開元四三三號）

一四四　大唐故大智禪師（義福）碑銘并序

中書侍郎嚴挺之撰

右羽林軍録事參軍集賢院待制兼校理史惟則書并篆額

夫聖人以仁德育物者，則醴泉潛應而湧，嘉禾不播而植；神功以不宰寧運者，則玄宗會境而立，正法由因而備。然則有靈允答，爰九疇而式叙；無爲克成，超萬象而弘濟。暨今上文明，大開浄業，溥福利真慈之澤，闢權智衆善之門。精求覺藏，汲引僧寶，往必與親，念則隨應，張皇通達之路，騰演元亨之衢者，其惟我大智禪師乎！禪師諱義福，上黨銅鞮人也。俗姓姜氏，系本於齊，官因於潞，載鴻休於邦牒，践貞軌於家範。曾祖雁門令，大父烈考，并栖尚衡門。禪師始能言已見聰哲，稍有識便離貪取。先慈矜異，遺訓出家。年甫十五，遊於衛，觀藝於鄴，雖在白衣，已奉持沙門清浄律行，始爲鄴衛之松柏矣。乃遠迹尋詣，探極冥搜，至汝南中流山靈泉寺，讀《法華》《維摩》等經，勤力不倦，時月遍誦，略無所遺。後於夜分，端唱經偈，忽聞庭際若風雨聲，視之，乃空中落舍利數百粒。又於都福先寺師事朏法師，廣習大乘經論，區析理義，多所通栝，以爲未臻玄極，深求典奥。時嵩嶽大師法如演不思議要用，特生信重，夕惕不遑。既至，而如公遷謝，悵然悲憤，追践經行者久之。載初歲，遂落髮，具戒律，行貞苦，自爾分衛，一食而已。聞荆州玉泉道場大通禪師以禪惠兼化，加刻意誓行，苦身勵節，將投勝緣，則席不暇暖，願依慈救。故遊不滯方，既謁大師，率呈操業，一面盡敬，以爲真吾師也。大師乃應根會識，垢散惱除，既而攝念慮，栖榛林，練五門，入七淨，毁譽不關於視聽，榮辱豈繫於人我。或處雪霜，衣食罄匱，未嘗見於顔色有厭苦之容。積年鑽求，確然大悟，造微而内外無寄，適用而威儀不捨。大師乃授以空藏，印以總持，周旋十年，不失一念。雖大法未備，其超步之迹，固以遠矣。後大師應召至東都天宫寺，現疾。因廣明有身之患，惟禪師親在左右，密有傳付，人莫能知。後聖僧萬迴遇見禪師，謂衆人曰：「宏通正法，必此人也。」神龍歲，自嵩山嶽寺爲群公所請，邀至京師，遊於終南化感寺。栖置法堂，濱際林水，外示離俗，内得安神，宴居寥廓廿年所。時有息心貞信之士，抗迹隱淪之輩，雖負才藉貴，鴻名碩德，皆割棄愛欲，洗心清淨，齋莊肅敬，供施無方。或請發菩提，或參扣禪契，有好慕而求進修者，有厭苦而求利益者，莫不懇誓專一，披露塵惱。禪師由是開演先師之業，懋宣至聖之教，語則無像，應不以情，規濟方圓，各以其器，陶津緣性，必詣其實，廣燎明哲之燈，洞鑒昏沉之路。心無所伏，故物無不伏；功不自已，乃功無不成。迷識者以悟日新，愛形者由化能革。不遠千里，曾未旬時，騰湊道場，延袤山谷。所謂旃檀移植，異類同薰，摩尼迴曜，衆珍自積，其若是乎！如來以四諦法濟三乘衆生，以八正道示一切迷惑。其或繼之者善，成之者性，非夫行可與真靜齊致，道可與法身同體者，固難議於斯。開元十年，長安道俗請禪師住京城慈恩寺。十三年，皇帝東巡河洛，特令赴都，居福先寺。十五年，放還京師。廿一年，恩旨復令入都，至南龍興寺，曰：「此人境之靜也。」遂留憩焉。沙門四輩靡然向風者日有千數，其因環里市絶葷茹而歸向者不可勝計。廿三年秋八月，始現衰疾，閉關晦養，不接人事。誡諸門徒曰：「吾聞道在心不在事，法由己非由人。當自勤力，以濟神用。」衆以爲付屬之萌也。明年夏五月，加疾，減膳，廿四日申酉之間，有白虹十餘道，通亘輝映，久而不滅。廿五日際晚，攝念開顔，謂近侍數人云：「本師釋迦，示現受生，七十有九，乃般涅槃。吾今得佛之同年，更何所住？」又云：「卧去坐去，亦何差别？」便右脅枕手，壘足而卧，此則知身非實，處疾不亂，奄忽棄世，無覺知者。皇帝降中使特加慰賵，尋策謚號曰大智禪師，即大智本行皆悉成就，以禪師能備此本行也。禪師法輪始自天竺達摩，大教東流三百餘年，獨稱東山學門也。自可、璨、信、忍至大通，遞相印屬。大通之傳付者，河東普寂與禪師二人，即東山繼德，七代於兹矣。禪師性篤仁厚，天姿通簡，取捨自在，深净無邊，苦己任真，曠心濟物。居道訓俗，不忘於忠孝；虚往實歸，尤見其囦默。有無不足定其體，名數安能極其稱？玄波難挹，高棟云摧，既離形器之表，當會神通之域。粤七月六日，遷神於龍門奉先寺之北岡。威儀法事，盡令官給。搢紳縞素者數百人，士庶喪服者有萬計。自鼎門至於塔所，雲集雷慟，信宿不絶。棺將臨壙，有五色祥雲，白鶴數十，雲光鶴影，皆臨棺上，鬱靄徘徊，候掩而散。近古歸墓靈相，未有如斯之盛也。禪師之季曰道深力方墳而心盡，弟子莊濟等營豐碑而志勤。伊余識昧，昔嘗面禀，非以文詞取拙，將爲剋慕在懷。覽江夏立銘，涕增横墜；睹太原成論，悲甚慨然。攀緣苦集，願望都斷。有太僕卿濮陽杜昱者，與余法利同事，共集禪師衆所知見實録，其餘傳聞，不必盡記。且離生滅是究竟無餘，鏤盤盂乃古今難沫。顧才不稱物，短綆汲深，猶昔人稽首東向，獻心廬嶽者，以爲懇慕之極，况鎸刻永世，不猶愈乎！其銘曰：

契真慈者，道爲物先。靈力幽授，降劫生賢。爰兹大士，寂照弘宣。惠超三業，心空四禪。德溥甘露，言感清泉。翱軒宗極，念護無邊。猶彼檀施兮福未嘗有，如彼戒瓶兮物無不受。石無磷兮白不涅，柏耐霜兮竹停雪。今將遺世兮無有量，永離蓋纏兮辭生滅。門人法侣兮無歸仰，刻琰琱金兮狀高節。望廬山兮摧慕，瞻朗谷兮悲絶。

開元廿四年歲在丙子九月丁丑朔十八日甲午建

史子華刻字

大智禪師碑陰記

夫道非言，言以明道也；空非相，相以泜空也。禪師彌天冥符，曠劫傳印。出等等，騰非非。適來時也，適去順也。上自宸扆，下達蒸黎。纔仰青蓮之光，旋驚白林之會。中書侍郎嚴公探秘藏，決詞江，洋洋乎文宗，昭昭乎靈迹。伯成殊昧先覺，忝在後塵，糾合群公，激揚衆美。豈翰墨以云朽，將金石以齊固。所謂非六經曷以明夫子也，非四偈曷以曉真如也。凡捨净財者，人具題爵里。于時歲在辛巳五月庚戌十八日丁卯，皇唐開元廿九年也。

施碑石主弟子朝散大夫行華原縣令劉同

（《西安碑林全集》一〇卷一〇四三頁，一一卷一一三〇頁；《金石萃編》卷八一；《全唐文》卷二八〇，《全唐文》卷三三一）

一四五　大唐大温國寺故大德進法師塔銘并序

太子司議郎陳光撰

開□寺沙門智詳敬寫

法師法名進，俗姓高氏，渤海蓨人也。自錫土派姜，而世官懿德，姓牒代□詳之矣。法師天縱淑靈，性與真粹，越在嬰弱，已現殊表。每□□有侘傺之心□□□□嫛婗以笑□。髫丱就學，便耽習真典；年始□歲，□誦萬言，□□十二部經。春秋廿而畢□□□□多劫□慧異於今□哉。文明年中，占□而□□□仙遊山□將□超絶世□經行於□□□中□□□菩提樹下，三明所照，五蘊皆空，□潛□□□□□播諸方□衆□爲□著禪味利益□身不□□□□門津梁萬物□菩薩□用如來心，大□群迷，將登正覺。歸依者歲廣，鑽仰者日多。始還香積□□終□温國大德□□由已牽□在□衆藉綱維□□□□□寺主頃之□□上座□餘之心雖無□□□□□爲所應終□□□清　□□□□□□□□　涅槃仍經　□□□　身世如閲　□□□□　嗚呼！始□師遘疾之初，

□□□□□□□彩雲□□□□□所及大□道俗省問三百餘人□□異香□氲，□樂髣髴，至□□感□□□測。粵丙子歲開元廿四年八月□日終□□十五日窆玆隧，禮也。弟子乘偘□十□恩□岡□□□□諸比丘比丘尼□□□□婆□得□講□密□□□□□□毒不可勝數□□爲天地長□人代遷□□□刊記曷播徽烈□□□□乃銘之曰：

□□□□相蕩薄，滅□寂□乃爲樂。如如我師浄無著，音容一去長冥寞。

開元廿五年歲丁丑七月癸酉朔八日庚辰建

（《北京圖書館藏中國歷代石刻拓本匯編》二四册三八頁；《隋唐五代墓誌匯編·北京卷》一册一六九頁；《金石萃編》卷八二；《全唐文》卷三九六；《唐代墓誌彙編》開元四五一號）

一四六　大唐濟度寺故大德比丘尼惠源和上神空誌銘并序

京兆府倉曹參軍楊休烈撰　姪定書

嘗聞見性爲本，知常曰明，幽探玄珠，相付法印，必將有主，人無閒言，故如來立三世之事也。大師諱惠源，俗姓蕭氏，蘭陵人也。曾祖梁孝明皇帝。大父諱瑀，皇中書令、尚書左右僕射、司空、宋國公。父諱鉽，給事中、利州刺史。紛綸葳蕤，奕世名家。原大師之始誕也，惠音清越，閒氣沖亮，稟天真於太和，集神祐於純嘏。及數歲後，養必申敬，動皆合理，發迹契道，出言有章。屏金翠而窒其繁華，絶葷膻而割其嗜欲，超然戰勝，但思出家，天鑒孔明，精心上感。年廿二，詔度爲濟度寺尼，如始願也。受戒和上□□寺大德尼□□，道之崇也；羯磨闍梨太原寺大德律師薄塵，法之良也。迺延師立證，登壇進律，僧夏歲潔，戒珠日明，奉以周旋，不敢失墜。初大師纔至九歲，遘先大夫之酷；廿有七，執先夫人之憂，皆泣血茹哀，絶漿柴毁。古之孝子，烏足道哉！每秋天露下，哀林風早，棘心欒欒，若在喪紀，不忘孝也。亦能上規伯仲，旁訓弟姪，邕邕閨門，俾其勿壞，則天倫之性，過人數級。夫其内炳圓融，外示方便，恂恂善誘，從化如流，亦猶獅子一吼，魔宫大隤，則感激有如此者。行住坐卧，應必皆空；慈悲喜捨，用而常寂。黄裳元吉，清風穆如，則龜鏡有如此者。後遇高僧義福者，常晏坐清禪，止觀傳明，殊禮印可。又有尼慈和者，世莫之識，知微通神，見色無礙，時人謂之觀音菩薩。嘗於大衆中目大師曰：「十六沙彌即法華中本師，釋迦牟尼之往號也。」非大師心同如來，孰能至於此？而更精承密行，親佩耿光，十數年間，演其後事。他日，大師厭世示疾，以開元二十五年秋九月二日，從容而謂門人曰：「死生者，天之常道。身没之後，於少陵原爲空，遷吾神也。」言卒，右脅而卧，怡然歸寂，始知至人不滯於物矣。嗚呼！天喪！門人曷以仰？曷以律？時大師享年七十有六，即以十一月旬有二日，從事於空，遵理命也。誌無疆之德，旌不刊之典，不亦可乎？銘曰：

猗那明行，足不復還。至人去兮，逍遥天地之間。

九月廿有三日鎸

（《金石萃編》卷八二；《全唐文》卷三九六；《唐代墓誌彙編》開元四五九號；《石刻題跋索引》一八七頁）

一四七　唐故居士李公（知）誌石文并叙

原夫指樹降靈，肇有其姓；望闕浮氣，遂昌其族。漢將軍之雄略，勇冠三邊；秦丞相之忠貞，謀吞六國。門傳餘慶，代不乏材。公諱知，字慎，隴西城紀人也。高祖因官家洛陽，遂爲河南澠池人。曾祖君朋，高尚其志，隱居自晦。祖政，守道重玄，栖真虚白。父策，太原府左果毅都尉，横戈出塞，棄筆從戎，薄宦晉陽，先鳴武帳。公問望不□，才能蓋代，忠孝光國，禮樂□家。左琴右書，乃達人之蕩蕩；懷文抱質，實君子之彬彬。其殆庶幾，則時領袖。少而孤露，母氏訓育，在于幼齒，不溺小慈，每以詩書，親承教導。則難兄難弟，元方季方，友于之情，忠義爲美。嗚呼！術非鴻寶，嗟深大耋，夢楹夜禍，負杖晨歌，沉痼十旬，克克終樂。開元廿五年十月十六日，終于河南府恭安里之私第，春秋八十有一。即以廿六年正月廿七日，遷窆于平陰鄉北原之禮也。嗣子光夜等，攀號靡訴，徒望贖于百身；哀毀捐生，空怨别于千日。將恐高天倚杵，松柏摧而爲薪；大海成桑，陵谷徙而無地。式題貞石，永固幽泉。詞曰：

蕭蕭古木，郁郁佳城。白鶴來吊，青烏啓塋。雲霾隴月，日落泉亭。天長地久，海竭山傾。敢勒貞石，用垂頌聲。

（《北京圖書館藏中國歷代石刻拓本匯編》二四册四七頁；《北京大學圖書館藏歷代墓誌拓片目録》〇三九七八號；《隋唐五代墓誌匯編·洛陽卷》一〇册一四三頁；《千唐誌齋藏誌》七六八頁；《唐代墓誌彙編》開元四六二號；《全唐文補遺》二輯五一七頁）

一四八　有唐薛氏故夫人實信優婆夷未曾有功德塔銘并序

朝議大夫守河南少尹東郡杜昱撰并書

優婆夷諱未曾有，俗姓盧氏，范陽人。曾祖義恭，皇朝工部侍郎。祖少儒，衛州刺史。父廣慶，魏州司馬。代業冠冕，詳載碑牒。優婆夷即魏州府君有齋季女也。夙禀成訓，猗承柔範，開惠照於人圖，濬敏發於天性，祇婉娩以自式，鳴環佩而有行。展如克家，實佐君子，尸季蘭之饋，賦採蘋之什。内睦伯姊，外和六姻，婦功爛於昌族，芬譽騰於衆口。聖善慈顧，遹來歸寧，沉念在慰而兩絶，舊痾承驩而自愈。專業禪門，用滋介祉，觀不空而捨妄，痞無染以得心。雖承教之日淺，而見寶之理深。摧莖若於未秀，泣瓊瓌而先絶。開元廿六年正月己卯，右脅而卧，告終於城南别業，春秋廿有二。是月景申，遷神於闕塞之西崗，禮也。優婆夷髫丱多智，潛識邁倫，事不違同，義然後取。九歲聞人誦《般若》，便暗習於心，句無遺言，如經師授。或時見僮賤給役，母兄有抶罰過當，怡色諫止，允叶其中。自宗師大智，茂修禪法。生子男舊矣，孩笑可娛，鍾遘時疾，遂見夭奪。以短長有源，置而不問，其割棄情愛，卓拔流俗。嘗以諸佛秘密，式是總持，誦《千眼》《尊勝》等咒，數逾巨億，則聲輪字合，如聞一音，而心閑口敏，更了多字。假使金盤轉圓，玉壺傾注，儔厥盡美，未云能喻。身抱羸志，愛語忘勞，資迫屢空，惠施不倦。夫其守道純深，奉戒精一，居常而靜慮不亂，臨困而景行彌高。先是，未疾之辰，密有遺囑，令卜宅之所，要近吾師，曠然遠望，以慰平昔。後之人慈悼兼極，不敢加焉。其殊致豐裁，猶略而不舉，故銘窣堵波，用彰其徽烈。必後成正覺，當示獻珠之奇。如未轉女身，且爲散花之侣。其詞曰：

起窣堵波，量有一兮。誕惟輪王，一切智兮。於鑠忍界，光文字兮。永播芳烈，齊天地兮。

開元廿六年歲次戊寅五月十五日建

張乾愛刻字

（《北京圖書館藏中國歷代石刻拓本匯編》二四册六二頁；《隋唐五代墓誌匯編·洛陽卷》一〇册一四八頁；《八瓊室金石補正》卷五六；《唐文拾遺》卷一九；《龍門區系石刻文粹》一八〇頁；《唐代墓誌彙編》開元四六八號）

一四九　唐故了緣和尚靈塔銘并序

開元廿六年歲戊寅七月既望，了緣禪師圓寂。其徒奔相告，且求銘焉。師蔣姓，少多慧悟。十三出家，自號了緣。嘗遊於吴會間。乙卯，遇余於毗陵。叩之釋典，無不通曉。年四十，渡江而東，見鄮雖海濱，而山川頗幽邃，遂結茆以終老焉。余來鄮甫三月，簿書卒卒，欲造未果，而遽得其耗。嗚呼！豈所謂大解脱歟？時道臘六十有二。銘曰：

人各有其天，舉世孰能全？明心見性，厥惟了緣。

（《寧波歷代碑碣墓誌彙編・唐五代宋元卷》二頁；《唐文拾遺》卷二一）

一五〇　唐故安國寺大德盧和上依止弟子尼悟因墓誌銘并序

尼法號悟因，俗姓李氏，趙國高邑人也。曾祖孝卿，皇宜、穀二州刺史。祖敬玄，皇中書令。父思冲，皇工部侍郎。幽谷象先，叢臺鼎盛，增華奕世，永焕□册。尼師□靈高門，夙禀柔訓，□藝事之專美，固禮範之□□。□笄有行，適滎陽鄭□，皇襄州參軍。□兩洽□，洛北旋窆。稱家飾具，遷夫及祖。已而□情協禮，宿願諸真。開元十六年，乃依止姨母於安國寺大德盧和上剃染歸道。及於華嚴寺大和上受一乘法，娑婆若海，捨筏之詮畢諭。故能外觀□相，内□六空；喜愠莫形，去來皆脱。粤了忠議，□廿七年己卯四月壬戌朔廿六日丁亥，結夏在寺，畢召懿親，無疾而滅，春秋卌五，蓋僧臘有九。於戲！門徒□泣，内外驚悼。季弟輸踊絶于地，號彼穹旻。哀子□，哭無常聲，吹我必賴。以其年五月壬辰朔五日丙申，安厝于河南縣龍門鄉北原。金棺首途，等拘□之右繞；石礒題誌，俟多寶乎踊出。銘曰：

正見希有，大緣難遇。契最上乘，離三滅趣。弘兹覺海，依乎道樹。□棄人寰，空纏孺慕。□□哀，雄飛詞。

（《龍門區系石刻文粹》一八五頁）

一五一　大薦福寺大德道光禪師塔銘并序

禪師諱道光，本姓李，綿州巴西人。其先有特有流，若實有蜀，蓋子孫爲民。大父懷節，隱峨嵋山，行無轍迹。其季父榮，爲道士，有文知名。禪師幼孤，在諸兒中，其神獨不偶。家頗苦乏絶，去詣鄉校，見周孔書，曰：「世教耳，誓苦行求佛道。」入山林，割肉施鳥獸，煉指燒臂。入般舟道場百日，晝夜經行。遇五臺寶鑑禪師曰：「吾周行天下，未有如爾可教。」遂密授頓教，得解脱知見。舍空不域，既動無眹；不觀攝見，順有離覺。毛端族舉佛刹，掌上斷置世界，不睹非咎，應度方知。得其門者寡，故道俗之煩而息化城，指盡謂窮性海而已，焉足知恒沙德用，法界真有哉！春秋五十二，凡三十二夏。以大唐開元二十七年五月二十三日，入般涅槃於薦福僧坊。門人明空等，建塔於長安城南畢原。人天會葬，涕泗如雨，禪師之不可得法如此。其世行遺教，如一切賢聖。維十年座下，俯伏受教，欲以毫末，度量虛空，無有是處，誌其舍利所在而已。銘曰：

嗚呼人天尊，全身舍利在畢原。

（《王右丞集箋注》卷二五；《全唐文》卷三二七）

一五二　大照禪師（普寂）塔銘

奐上人至，傳諸大德意，令弟子撰和上碑。但重玄門深，□□四海大君者，我開元聖文神武皇帝之謂也；入佛之智，赫爲萬法宗主者，我禪門七葉大照和尚之謂也。是以從無因得，不出三界，於清泰運，教昭宣圓。常洽著菩薩之本心，密住依國王之信力，四生於涅槃者，不其廣歟？和上諱普寂，俗馮氏，長樂信都人也，其先畢公高之後。畢萬入晉，受邑於魏，支子食采馮城，因而得姓。洎亭爲韓上黨守，在趙爲華陵君，異漢征西將軍，思義晉驃騎將軍，家於河南，今爲河東人也。祖居士諱道相，經德營道，晦用藏密。考居士諱會均，艮背園廬，飛遁鄉邑。和上生而茂異，長而開明，神清體閑，氣和志遠。栝樹雖小，其根已深，河源則微，其流可大。欣願去結，永言依僧。嘗以德業書紳，藝術從學，負笈梁許，摳衣班馬，博總經籍，殫極天人。以爲《洪範》九疇，《周易》十翼，雖奥旨玄邈，然大略迴疑，不若别求法緣，幽尋釋教。時大梁璧上人以義解方聞，敷演雲會，遂聽《法華經》《唯識》《起信》等論。巨石投水，其入甚多；修阪走丸，所適彌遠。重依東都端和上受具，轉奉南泉景和上習律，超契心地，忽見光明，隨止作行，得親近處。於是貞觀嵩阜，隱居半巖，布褐一衣，麻麥一食。中夕嘆曰：「文字是縛，有無是邊。盍不以正戒爲墻，智常爲座，發廣大願，修具足慈。他方七寶之山，路遠難到；自境四念之地，身樂且安。猶曰密印者謂之師，先覺者謂之達，吾當求矣！此其時哉。」將尋少林法如禪師，未臻止居，已承往化，追攀不及，感絶無時。芥子相投，遇之莫遂；甘露一注，受之何階。翌日，遠詣玉泉大通和上，膜拜披露，涕祈咨稟。良馬易進，良田易平，加之思修，重之勤至。寶鏡磨拂，萬象乃呈；玉水清澄，百丈皆見。衡山之石，更悟前身；新豐之家，自然本處。如此者五歲，約令看《思益》，次《楞伽》。因而告曰：「此兩部經，禪學所宗要者。且道尚秘密，不應眩曜。」和上旁求僻陋，宛在園林。夾江之間，藂竹之下，鮀蜃每作，虺蜮交馳，頃差他人，必辭痼疾。和上願充僧使，便得經行，心無所存，背無所倚，都忘禪睡，了悟佛知。兩馬一車，進念同轍，一鳥二翼，定慧皆空。如此者復二年，大通和上深賞重之。人未之蘭若，今將自之。大通止曰：「嵩山亦好，至於再。」諾而居焉。長安年，度編岳寺。神龍歲請，不，哭泣而不言。緇素墜心，棟梁落構，以爲四害騰口，誰者能緘；五欲亂繩，誰者能截？乃合謀悉意，聞香求花，如鳥隨風，如輪隨迹。咸請和上一開法緣，使四園可遊，八池可浴，則僧非聚食，人異散心，願聞樂器之音，用滋毛孔之潤。和上曰：「夫净燈可以照勝宅，助風可以持寶城，今何爲乎？且千車之聲，不入於耳；萬人之請，誰聽其言？」

神龍中，孝和皇帝詔曰：「大通禪師降迹閻浮，情存汲引，戒珠圓澈，流洞鑒於心臺；定水方澄，結清虛於意府。原其行也，既無人而無我；測其理也，亦非斷而非常。然而示彼同凡，奄隨運往，形雖已謝，教乃恒傳。其弟子僧普寂夙參梵侶，早篋法筵，得彼髻珠，獲茲心寶。但釋迦流通之分，終寄於阿難；禪師開示之門，爰資於普寂。宜令統領徒衆，宣揚教迹，俾夫聾俗，咸悟法音。」考功員外郎武平一奉宣聖旨，慰喻敦勸。和上猶逡巡辭避，不獲已，仍曰：「廣大者莫極於虛空，我性相能遍；玄妙者莫深於開示，我定慧能傳。未或不從應身而建四生法主，未或不登正覺而啓一佛度門。曷敢當仁以膺求我？且正見了見，轉次既殊；浣家鍛家，習性亦別。草席遇水而緊，草繩遇水而舒。地水火風，青赤白黑，八萬煩惱，八萬解脱。翳憍慢之山，金椎難碎；貪恚之毒，龍珠不消。諸生當誦戒經，以傳正受。」開元十三年，恩詔屈於敬愛寺宴坐。逮十五年，皇上將幸於京師也，優詔曰：「慎言義福宜從駕，和上留都興唐寺安置。」由是法雲遍雨，在其根莖；妙音盡聞，惟所圍繞。其始也，攝心一處，息慮萬緣。或刹那便通，或歲月漸證，總明佛體，曾是聞傳，直指法身，自然獲念。滴水滿器，履霜堅冰，故能開方便門，示直寶相，入深固藏，了清净因。耳目無根，聲色亡境，三空圓啓，二深洞明，是故聞者斯來，得者斯止，自南自北，若天若人。或宿將重臣，或賢王愛主，或地連金屋，或家蓄銅山，皆轂擊肩摩，陸聚水咽，花蓋拂日，玉帛盈庭。和上洗然若虛，曠然若谷，不見施者，不知受焉，遂龍象之所崇，惟塔廟之所供。但趫猿自息，醉象皆調，聞是名者，不生四趣；蒙其潤者，便過四禪。則有學富蓬山，經通貝葉，百家奥旨，三藏真言，目如曜星，舌如飛電，莫不杜口折角，失客革心。二十七年秋七月，誨門人曰：「吾受託先師，傳茲密印。遠自達摩菩薩導於可，可進於璨，璨鍾於信，信傳於忍，忍授於大通，大通貽於吾，今七葉矣。尸波羅密是汝之師，奢摩他門是汝依處。當真説實行，自證潛通，不染爲解脱之因，無取爲涅槃之會。」諸生殊不知其故。嗚呼！八月二十四日有彌留，怡然坐滅於都興唐寺，享壽八十九，僧夏五十二。聞哀行哭，臨堂撫膺。雲霧冒山，江河奔海。沸渭坌入、陰沉彌望者至於百萬，皆曰：「天地德，不踰晝水；神明之祐，未際入流。今之我聞，異於汝説。沐浴智慧之海，超騰生死之河，恩崇化先，痛深物表。情可理割，義可事詮者，嘗以前聖後賢，示迹開教。降生所以傳法，歸盡所以同凡。久留則厭聞，恐其慢易；終去則追遠，欲其懷思。忘其身而神遷益高，間其法而事稀彌重。始終權實之化，不斷不絶；究竟誘進之益，無去無來。」河南尹裴公名寬，飛表上聞。皇情震悼，詔曰：「大士遺榮，豈貴於名稱？前王表德，必在於褒崇。都同德、興唐寺故大德僧普寂，資於粹靈，是爲法器，心源久寂，戒行彌高。既來理而悟空，每導凡以宗聖，慈悲所應，汲引蓋多。方冀永年，式弘像教，遽從遷化，用謝浮生。言念於此，良深憫惜。宜稽其净行，錫以嘉名，示夫將來，使高山仰止，可號大照禪師。歸本居葬日，量借威儀手力。」和上將變易之歲，累告門人曰：「吾久居山水，緣亦在焉。」及泥曰，天竺、興唐緇侶，皆請卜而厝之，表而祈之。唯岳寺一方，地震雪下；少室群巘，樹折霜封。洎九月八日，恩私果令歸葬。二十一日，金棺發軔，鹵簿啓行，或兩都傾城，或四方布路，持花者林指，執紼者景移。三條之中，泣淚如雨；重城之外，號叩若雷。彩雲二時，自都達岳；白露數里，彌川遍空。二十四日，穸於岳寺之舊居，禮也。門人等修羅死慈，島人死義，血現於體，繩繫於床。僉某拾衣，一心起塔。塵多折軸，箭重迴舟。銜石而海水可填，結竹而佛恩難報。二十八載十一月十五日，恩旨許焉，仍委寺主慧遠、上座崇泰、都維那曇慶等載令構緝。二十九年十一月十九日，恩旨遷藏海寺於和上河東舊宅，廓爲寺焉，建塔追崇福也。且爰自六葉，式崇一門，未誦戒經，或傳法要。大通以凡例起謗，將棄我聞，深解依宗，遽求聖道。所以始於累土，漸於層臺，攝之孔多，學者彌廣，故所付諸法，不指一人。卜夏西河，有疑夫子；鄭玄北海，自襲馬融。至於密意除知，慧心入境，如因日照，方見日輪；終以佛光，乃明佛道，豈伊邕也而敢議之？大弟子惠空、勝緣等相與追過去，示方來，一以抒宿心，存妙用；一以奉慈訓，弘教門。騰净行於松阡，刻師資於石字。其詞曰：

三界渺茫，四生沉痾，塵境延畝，蔭欲攻內。明鏡虛受，大慈圓對，法鼓震驚，魔軍消潰。其一　千佛轉覺，七葉相承，護持俗諦，應現真僧。長河皎月，靜室明燈，梵經滋廣，禪林蔚興。其二　童稚初心，儒釋兼致，梁陳咨稟，伊洛勤匱。雖臻閫域，猶執文字，古城玄遠，空門深邃。其三　逝將分赴，曾是幽求，玉泉谷口，甘露山頭。慧日一照，浮雲四收，給園都邑，鷲嶺嵩丘。其四　大通往生，後覺來問，妙法終啓，苦言未順。願發他心，稍弘本分，固讓固請，不矜不訓。其五　德音光被，皇華洊臻，曲荷天獎，昭宣法輪。總總緇素，憧憧搢紳，以智慧水，洗煩惱塵。其六　慈攝雲奔，檀施山積，無相無願，不受不斤。龍象興補，塔廟光益，香花户庭，護念泉石。其七　同人將滅，依宗闡教，草繫爾師，宴居爾照。聞哀行哭，惟艾及少，命鳥無翼，慈舟失棹。其八　渥恩痛悼，追謚哀榮，塔遂嵩岳，儀從洛城。靈輿顧步，天樂淒清，追攀霧委，感動雷驚。其九　入室來思，登壇永慕，密教不紀，後生何趣。禮石塔兮若割，仰金字兮如注。杖億劫兮昭陽，與四法兮安住。其十

天寶元年二月十五日建

（《全唐文》卷二六二）

一五三　大唐相州大慈寺比丘法成碑序

法身圓寂，無去無來，報化隨緣，示有生滅。城門遊觀，見老病死，捨輪王位，踰城出家。六年苦行，樹□成道。比丘法成，俗劉氏。高祖彭城人也。曾祖緒，祖幹，父悊，並清高猷貴，左琴右書，山池養性。童子出家，師事慈閏寺上坐法超，授業經於六載，誦經三百紙。如意元年閏五月四日，相州公度，配大慈寺。年八十，卌夏，開元廿八年歲次庚辰十二月甲寅朔十三日景寅，卒於私第。即用其月廿九日壬午，殯於鄴縣西南一十一里，生緣宅□一里庚地平原，禮也。背漳淦清流，神鉦恒岫，面帶朝歌，河陽□美。右挾太行，峰連□嶠，左跨□□，□□

渤海。天地造化，遷改無期。□□銘序，頌曰：

□□貴□，漢高流胤。齊代公臣，蕃圍存□。其一　猒離榮貴，心樂修真。弱冠從道，得預沙門。其二　猒離娑婆，欣生□□。得坐花臺，親聞十力。其三　背漳鼓岳，面帶河陽。東連滄海，右挾太行。其四

開元廿八年十二月廿四日

（《秦晉豫新出墓誌蒐佚續集》五一九號）

一五四　大唐東京大廣福寺故金剛三藏（金剛智）塔銘并序

至道幽深，玄宗湛邃，百靈間出，大聖時遊。化滿三千，位超十地，真言遂闡，像設斯行。金剛三藏者，中天竺國刹利王伊舍那靺摩第三子。以開元七年，南天竺國因節度使將軍米准那表薦入朝，遂稱南天竺人焉。誕育靈奇，幼有神異。懇請於父，求之入道。年甫十歲，於那爛陀寺依寂静智出家，學聲明論兼九十四書，尤工秘術，妙閑粉繪。大師號菩提跋析羅，當其開濟，遊方爲務。往詣南天，於龍智處契陀羅尼藏，便會宿心，請建道場，散花五部，經于七載。每至時，飲食從空而下，金剛薩埵常現於前。又陟楞伽山頂，觀如來脚迹，燒以酥燈，其燈明徹，其迹微茫，當起少疑，便現深相，靈契也若是。時南天竺有尼拘陀樹久枯顇，大師繞樹行道七日，斯須花葉如故，其真應也如是。大師從南天持大菩薩教本二十萬言兼瑜伽梵夾而至矣，其靈感也若斯。因届唐國，建毗盧遮那塔，規模意表，思鋭毫端，代爲希有，其工異也如是。帝甚嘉之，額出天書，縑仍恩錫。以今方古，未之有也。嘗登前佛壇，受法王寶，號金剛智三藏。王公士庶無不宗仰。二十四年，隨駕入長安。至二十九年七月二十六日，天恩放還本國。至東京廣福寺乃現疾，嗟有身之患，坐而遷化。弟子僧智藏等請留遺教，頃間復還，囑付畢，曰：「西國涅槃，盡無坐法。」隨師返寂，右脅而眠，即《師子王經》所載也。」悟身非有，蟬蜕遐舉，其年八月十

五日證果矣。春生現滅，哀傷念於帝坐，悲惜感於士心。其年九月五日，敕令東京龍門安置。至天寶二年二月二十七日，於奉先寺西崗起塔。其塔來也，是漏盡阿羅漢建立，一名窣堵波，二名偷婆。憑巒據川，皆能面伊，審高卑以合制，籌廣狹以中規。甃散排牙，泄餘雨之濊漏；牧危撮頂，積流雲之奔影。掩乎石扇，閉以金鎖。林松簫瑟，峰碑岌峨。千齡之前，川谷推移；百代之後，人神莫知。乃爲銘曰：

峨峨法岫，滔滔智田。爲道之始，則人之先。名揚中國，業善南天。示曉示喻，三千大千。浮圖亞迹，摩騰比肩。真寂有境，生死無邊。釋迦示現，迦葉求緣。無來無去，何後何前。猗歟睿哲，運謝時賢。風摧道樹，浪没慈船。層塔虚設，寶鐸空懸。柏吟宵吹，松生暮煙。人世移易，陵谷推遷。唯餘石誄，千年萬年。

（《貞元新定釋教目録》卷一四，《大正藏》卷五五）

天寶

一五五　大唐空寂寺故大福和上碑

尚書主客員外郎陸海撰

安國寺沙門惟嵩書

水之流也，微風以成其波；人之生也，積行以成其道。木有火，石有金。火非燧而莫出，金非鍊而莫見，則知定以慧發，覺爲行先，得之本無，求之不有。首自釋迦，□傳達摩，末傳於我大師矣。師族於張，家於豐。含育在胎，異氣所感，誕厥彌月，其目猶閉。有異僧見而驚曰：「此西夏之聖者，當度衆累，以弘大乘。」雙眸忽開，允符授記。其丱也，識泯智葉，意裁道牙；其緇也，行苦業凈，福薰果熟。初於西明寺持《五分律》，後於南荆州宗大通。師默領法印，暗通幽鍵。大通謂師曰：「萌乃花，花乃實，可不勉矣！」師聞之惕息，言下而悟，以爲不生者生，超心即妄；無説是説，對境皆空。師得法而還，大通承詔而至。雖有靈山之别，不異龍花之會。無何，大通居東洛，師願偕往。大通錫以如意杖曰：「吾道盡在於兹。」以爲如意杖者，比如意珠也，用之不盡，可教西土之衆。于是我師遂留，施物以安，誘物以漸，慈攝神鬼，威伏虎狼，昆蟲草木，罔不沾潤。景龍歲，敕授塗山寺上座。嘗有神僧宴居曰：「後四十年間，當有勝士繼體是處。」事由冥契，因以宿感，我師應焉。又授薦福、慶山、龍興三寺上座，皆承天詔，允從人願。時之弳名，於我何有？後經行於聊浮東山曰：「思公有記生之石，豈惟南岳？古猶今也，此地當可終焉。」開元廿六年五月五日，果敕置空寂寺。泉生景中，花雨象外。我師未兆而見，亦先天而不違。岑嶺迴互，川原沃蕩，實爲勝□，愜於所得。道侶精構安國寺，以睿宗舊邸，肅宗躍龍之所，資於法器，以住持也。總持寺物，遠一道□，又請安居，誨凡及聖，推賤等貴。久而謂門人曰：「理本無礙，寧繫我身？物皆有終，寧住於世？」以天寶二年二月廿二日右脅而卧，隨化□也。國慟悲號，天地變色。八十九甲子矣，六十三僧臘矣。精氣已去，容狀不改，眉生髮長，與世殊異。其年四月十八日入塔，□□□□靈□□□水咽，歸櫬□□□長道之□國人哀送。是切情之終，色界皆空，法身不滅，具天之□育□□功□□之所□□□□□□□□傳□□□也。不然者，安得異僧而所稱焉。師之教也，不可以智知；師之道也，不可以□□知。□□□□□□□□□□□□□□□□□□□爲榮也。□□夫能息念，念獨證如。如付屬弟子：大雄大□，俱契心真，僉□□□□□□□□圓□□□自在故上□□□□□□□□□□悟□梵宮成五佛剎，入室弟子上座□福寺主□□等材以天而生器，以□而就精修由已□□因□□也□□□□也，誓存於守護。釋氏之塔，猶儒士之墳，□□□□□□在注以甘露□□人天□理□自如而相□悲□□使大劫將壞，而妙教常存。爰刊貞石，紀其銘曰：

真空□□，□□□生。□慧西方，□□東土。□□川□，出生死苦。我師懸解，尚資於學。□□□□，□□□□。□□□□，□□□□。□□俱□，湛然本□。怖鴿既栖，騰猿亦定。□其□□，□寺□□。□呑日月，□□□□。□□□塔，雨泣門人。空山之巔，松柏蒼然。

貞元□六下缺月丁酉五日辛丑當寺門人比丘□□□□校法□持國天王寺主志澄等建

刻字比丘實悟

（《八瓊室金石補正》卷六七；《唐文續拾》卷三）

一五六　唐故翊麾副缺置同正員騎都尉薛君（良佐）塔銘

龍集協洽月□于皐朔己亥日辛酉，君奄然卒於西京太平里之第，春秋廿八。惜也，人到於今悲之。草木衰，日月逝，睹天地之蕭瑟，感幽冥之慘慼。欲見之不可得，將捨之不可得，爰起玆塔，因誌於行，是謂百二之論也。君諱良佐，字堯臣，河東聞喜人。蓋上古軒皇之華裔，經國諸侯之令緒，具在諸譜，吾將略焉。曾祖待聘，皇右千牛通事舍人。祖麟，朝散大夫、皇北都司法。父諤，朝散大夫、行右監門衛長史。並疑謀必割，亂政斯理，覆車之後，當革前弊，文翰以飾之，道術以華之。賢良代有，秀異間出，誕我君子，克彰前聞。君即長史之次子也。纔逾捧雉之年，已有食牛之氣；始過龍女之歲，早懷成佛之因。乃乘軒靜邊，爲國侵地，胡寇載殄，皇恩是班，以功授官勛焉。由是日崇法門，專精釋誥。行深般若，而種善根，五陰皆空，六塵不染。無上之士，君其謂乎！不然者，何以子時右脅而没。月維徂暑，日在東井，寒泉沸，歲木乾。君小斂在牀，自蓂生而盡。三旬乃出，膚不改常；百日開空，色不渝舊。信有金剛之堅，豈無我净之理？由前劫之未睹，塈□代之一聞者也。昆良道，季良史，痛三武之喪偉節，哀五常之凋白眉。敬崇法因，乃遵所請，以來年閏二月十四日，建塔於終南山施陀林善知識之次，其實（時）天寶二祀也。銘曰：

□□東注，流景西馳。天長地久，逝者如斯。焱從悟發，惠逐□爲。塔建何所，終南之垂。

（《全唐文》卷四〇三）

一五七　大唐廣福寺靜業和尚墓誌

和尚張氏，法名突。靜業，道號也。晉潞人，累代田家子。母遺腹孕十八月，夜方寢，夢道士赤身躃踊而入。驚呼間，醒而娩，異香撲鼻，經宿乃散。顙高目秀，口方顴聳，眉長接鬢。生期月，母卒，寄養叔家。三歲，叔亦殄。鄰人矜之，輒東食西宿。越八載，年十一，丐食入秦，至終南廣福寺，遂落髮焉。師靈悟者，徒數十人，特奇其貌，親授佛經，日數千言。命習書，三年，名大噪。又善畫山水。性嗜靜，閉門磨兕，嘗數日不食。潛窺之，凝神端坐，鼻息俱寂。甫十九歲，無疾而僵。師甚慟之，葬從豐焉。後三載，有相識者曾遇於長安市。

天寶二年仲秋上旬郭曖撰書

（《陝西金石誌》卷一二）

一五八　故和上法昌寺寺主（圓濟）身塔銘并序

稱佛謂何？本期於覺，覺則無念，乃去妄源。歸法謂何？本期於了，了則達彼，乃到真乘。此謂度門，誰能弘矣？故法昌寺主圓濟和上，即其人也。派裔重華之後，生緣讓畔之鄉，總□敏聰，諸法懸解。傳本寺先和上仁藻之密印，承旨出家。遊西京，不住，相之緇徒，袒肩受具。法雖示其末捨，心已湛於真如。同須菩提第一，解空終優波離。不忘持律，十餘霜露。杖錫歸來，充本寺律師，尤高精義，□之徒衆，抑進綱維。和上違之恐住著□貽，就之恐福養受損，乃日捨粟麥十萬圭，用補常住。因知僧□，豈怠功勤，智慧無涯，倉儲益贍。心符妙用，故不滯往來；迹混有爲，故不虧崇樹。於本寺爲過往和上建功德塔一十一級，在身心爲沙界含生持蓮花浄品，日餘一遍，凡卌載，隨因證果，出有入無。千里□緣，從師者如市；一門釋子，落髮者數十人。和上夏五十九，壽八十一。以天寶二載癸未歲冬十二月遘疾，忽於夜曰：「吾此室内朗明如晝，此非非相，吾將逝焉。」至廿八日，泊如長逝。弟子法燈等號慟靡及，安神於寺西北一里。護持喪事者繼踵，贈賵助哀者傾城。龍舄咽而雲悲，虞芮慘而雨泣。身塔創起，琬琰未刊。僕此邑西人，備聞厥事，慚越境而訪拙，課鄙述以成銘。其雄狀龍鱗，叠級玉錯，半插雲漢，常對虚空。此則萬掌合而攸歸，千目迴而悉仰。余不紀矣，獨舉德焉。偈曰：

我師深入度門玄，密藏窅默誰窺焉？今解形以示滅，吾不知夫所以然。

進士韓詮撰　進士董光朝書　趙嶠鎸

（《北京圖書館藏中國歷代石刻拓本匯編》二五册四七頁；《隋唐五代墓誌匯編·北京卷》一册一八四頁；《唐代墓誌彙編》天寶〇三九號；《全唐文補遺》四輯六頁）

一五九　衡州般若寺觀音大師（懷讓）碑銘并序

天寶三載，觀音大師終於衡嶽，春秋六十八，僧臘四十八。元和十八年，故大弟子道一之門人曰：「惟寬、懷暉感塵劫遽遷，塔樹已拱，懼絶故老之口，將貽後學之憂，不若貽謀，思揚祖德。」乃列景行，託於廢文，强名無迹，以慰乎罔極之恩。曰：自騰蘭演教於此土也，殆將千歲；達摩傳心至六葉也，分爲二宗。不階初入，頓入佛惠，曹溪教旨，於是乎傳。弘而信之，觀音其人也。大師諱懷讓，京兆杜氏，其先因家安康，即爲郡人。髫年俊發，聰悟絶衆，群言所涉，一覽無遺。居常而未或好弄，在醜而不可褻近。嘗嘿觀止水，因而顧影，形儀禺若，宛在鏡中。三反厥像，如初沛然，而心乎獨得，還步未輟。聞於空中曰：「佛法津梁，俟子而大。既應付囑，爾盍勉之。」乃深割愛緣，亟從剃落。以荆土律藏之微密也，大士智京在焉，攝衣從之，既進而儀法峻整，冠於等輩；以嵩嶽禪之泉海也，長安長老在焉，稽首咨之，既授記而身心自在，超出塵垢。厭離文字，思會宗元，周法界以冥搜，指曹溪而遐舉。能大師方弘法施，學者如歸，涉其藩閫者十一二焉，躋其室堂者又十一焉。師以後學弱齡，分爲末席，虚中而若無所受，善閉而惟恐有聞。能公異焉，置之座右。會一音，吹萬有；衍方寸，彌大千。同焉而交暢，異焉而吻合。同授秘印，目爲宗師。乃陟武當，窮栖十霜，朅來衡嶽，終焉是託。惟般若聖概，有觀音道場，宴居斯宇，因以爲號。或微言析理，辯士順風而杜其口；或杖屨將撰，山靈借留而規於夢。遠自梁、益，近從荆、吴，雲趨景附，風動川至。靈山聖會，今古一時，至矣哉！未始聞也。一公見性同德，弘教鍾陵，郁爲名家，再揚木鐸，而施及寬、暉，繼傳心燈，共鎮國土。乃追琢琬琰，揭於故山，揚其耿光，以示來劫。其受法弟子亦序列於左，式明我教之有開焉。銘曰：

不疾而速，平平南宗。窮行其教，嶽嶽讓公。秀發之英，激於童齒。出塵之像，光於止水。乃趨律會，儀範孔修。乃探密藏，先覺同求。曹溪實歸，般若觀妙。體是宗極，湛乎反照。一從委順，六紀於兹。教迹未衰，靈峰歸而。一公丕承，峻其廊廡。寬、暉繼起，重規叠矩。乃掃塵塔，乃植豐碑。率是教者，兹焉有歸。

（《全唐文》卷六一九）

一六〇　大唐東京大奉國寺故上座（喬守忠）龕塋記

□□諱守忠，俗姓喬氏，平陽郡人也。於戲！生□□□□之婆娑子夏索居之□殁邵公相□之□□□□□山之塞。嗟夫！淳粹履□道□□□□天；□讀素王之書，該通六義。□□□□之教，□□三空之心，居□□郡□□山寺四載。長安中，以□□□□聲聞中外，有詔徵充福先寺大德。無何，又補玉泉寺□維。神龍初，置奉國寺，□興寶祚，大闡玄風，□□□金仙玉毫兆人□□給園祇樹。上聖攸居，匪清厥心，潔□□□，則□能持□□統敷於軌範哉！遂□□□□□□□補爲上座。若乃鋤其□□其□手不釋卷，心不疵物，五十載於兹矣。暨我真容放光之歲十有一月廿六日，□脅於當寺之本院，春秋八十有五。□僧惠瀛，弟子增慶、明曜、惠暉□□□□等，抑號天而不怠，□喪父而無服。遂安厝於龍門南崗□□□□，不忘本也。峨峨斷山，漫漫流水，縱俾如帶，□□□存，若堂若防。

粵天寶四載歲在作噩九月廿五日記

河南府鄉貢進士石鎮文

前陳王府法曹參軍崔英書

（《北京圖書館藏中國歷代石刻拓本匯編》二五册八二頁；《北京大學圖書館藏歷代墓誌拓片目録》〇四二六一號；《八瓊室金石補正》卷五七；《唐文續拾》卷三；《龍門區系石刻文粹》二一八頁；《唐代墓誌彙編》天寶〇六八號；《石刻題跋索引》一八八頁）

一六一　嵩山□□□故大德净藏禪師身塔銘并序

大師諱藏，俗姓倀，濟陰郡人也。十九出家，六歲持誦《金剛般若》《楞伽》《思益》等經，寫瓶貫綖，諷味精純。來至嵩岳，遇安大師，親承諮問，十有餘年。大師化後，遂往韶郡，詣能和上，諮玄問道，言下流涕。遂至荆南，尋睹大師，親承五載，能遂印可，付法傳燈。指而北歸，至大雄山玉像蘭若，一從栖寓，三十餘周，名聞四流，衆所知識。復至嵩南會善西塔安禪師院，睹茲靈迹，實可奇耳，遂於茲住。闕乎聖典，乃造寫藏經五千餘卷。師乃如如生象，空空烈迹，可、粲、信、忍，宗旨密傳，七祖流通，起自中岳。師亦心苞萬有，慧照五明，爲法侶津梁，作禪門龜鏡。於是化流河洛，屢積歲辰，不憚劬勞，成崇聖教。春秋七十有二，夏三十八臘。無疾示疾，憩息禪堂，端坐往生，歸乎寂滅。即以其歲天寶五載歲次丙丁十月廿六日午時，奄將神謝。門人慧雲、智祥、法俗弟子等，莫不攀慕教緣，香花雨淚，哀戀摧慟，良可悲哉！敬重師恩，勒銘建塔，舉高四丈，給砌一層。念多寶之全身，想釋迦之半座，標心孝道，以偈而宣：

猗歟高僧，嵩巖劫增，心星聚照，智月清昇。坐功深遠，靈迹時徵，厥惟上德，成茲法興。其一　五法三性，八萬四千，帝京河洛，流化通宣。不憚劬勞，三五載間，造寫三藏，頓悟四禪。其二　三摩鉢底，定力孤堅，悲通法界，慈洽人天。法身圓净，無言可詮，門人至孝，建塔靈山。其三

（《北京圖書館藏中國歷代石刻拓本匯編》二五册一一二頁；《隋唐五代墓誌匯編·洛陽卷》一一册七八頁；《金石萃編》卷八七；《全唐文》卷九九七；《唐文拾遺》卷五〇；《唐代墓誌彙編》天寶〇九五號）

一六二　大慈禪師（净覺）墓誌銘并序

禪師本姓李，名隸於崇敬寺，自稱曰净覺，號之曰方便慈，衆稱之曰大慈。春秋五十九，僧臘凡卅矣。開元初，悟三世之有，劃萬物之緣，捨俗出家，懇心趣道，住持禁戒，受具聲聞。已殖三千大千之所，匪唯一劫二劫之漸。初趣於大智和上，懸解禪門；後謁於大照禪師，吻合心地。其後住終南諸寺，亦十餘稔。或投陁曠野，或宴居山林，外示端嚴，內弘汲引，而心入於無聞勞矣。天寶五載十月廿九日，化滅於静恭里第。今終於第不於僧房者，蓋在俗有子曰收，致其憂也。臨終曰：「塗芻，禮也。法門儉，吾從衆。」於是攀援泣血，罔極崩心。如何昊

天？獨貽大戾。瞻望不見，何恃何依？頃葬於萬年縣洪固鄉畢原之東南。至七載十一月甲申，建塔於此原之腹。縣改咸寧而改葬焉，其葬具順僧事而從遺命也。已相川原，將樹松檟。兹塔如踊，惟靈永安。日月雖除，終身荼毒。咨惟小子前左領軍衛倉曹參軍收述德而頌。頌曰：

身雖現，心湛然。相不住，度無邊。

（《北京圖書館藏中國歷代石刻拓本匯編》二五册一五三頁；《北京大學圖書館藏歷代墓誌拓片目録》〇四三八八號；《故宫博物院藏歷代墓誌彙編》〇九三號；《隋唐五代墓誌匯編·北京大學卷》一册一五一頁；《中國西北地區歷代石刻匯編》三册一三五頁；《唐代墓誌彙編》天寶一三二號；《全唐文補遺》四輯二八八頁）

一六三　唐故靈泉寺元林禪師神道碑并序

法本無生之謂真，心因不染之謂寂，執有求真之謂著，體真歸寂之謂如。非夫善發惠源，深窮定窟，何足以大明觀行，獨秉禪宗，使定惠兼修，空有俱遣，道流東夏，聖齊北山哉！禪師諱元林，堯城人也。俗姓路氏，黄帝之後，封於路國，因而爲氏。捕虜將軍端見僞後燕録，豫州刺史永出晉中興書，邁種於人，嗣有明德。禪師襟靈爽岸，神氣俊遠，生而克岐，弱不好弄。初遊神書府，精意儒術，睹百氏之奥，窮九流之源。平叔之疑義兩存，康成之未詳多闕，莫不窮賾至妙，剖析玄理，涣若冰釋，朗然雲開，并如枝拒蹶張，步騎彈射，人則曠劫，藝皆絶倫。落後讀阿毗曇藏，遂發心入道，依龍興寺解律師學業。依年受具，隸居靈泉佛寺。摳衣之歲，惠遠即風雅書生；落髮之年，道融乃聰明釋子。以戒爲行本，經是佛緣，雅閑持犯，克傳秘密。學者號爲律虎，時人目爲義龍。推步渾儀，昭明曆象，天竺跋陁之妙，沙門法願之能，道契生知，理符神授。既習空觀，遂得真如，身常出塵，心則離念。將在此以超彼，不自利以利他，不來相而來，不見相而見。焚天香以崇發宏願，嗚法鼓以召集有緣，聲振兩河，教被千里。樹林水鳥，竹葦稻麻，願結道緣，爭味禪悦。雖先生槐市，夫子杏壇，攝齊之徒，未足爲喻。於是廣度群有，大庇庶情，應悟攝心，隨分獲益。大雲含潤，草木無幽而不芳；明鏡懸空，妍蚩有形而各兆。嘗至城邑，因過巷肆，屠説停刀，酒趙釋爵，擁路作禮，望塵瞻顔，師必款曲以情，悦可其意。捨資財以攝其利，言力役以勤其生，漸去客塵，令入佛智。有苛吏敗俗，蠹政虐人，伏以剛强，示之簡易，見方便力，去貢高心，破其重昏，歸以實相。夫學偏者量褊，道廣者業宏。禪師智括有情，德通無礙，體含虚韻，性有異能。妙窮音律，雅好圖畫，季長公瑾，别有新聲；凱之僧繇，皆得真迹。以是好事君子，翕然向風。檀爲施心，居無長物。有流離道路，羈旅風霜，鄉隔山川，親無强近，饑者推之以食，寒者解之以衣。人中之急難，法中之慈濟也。景龍三年，敕追與僧元散同爲翻譯大德。累表懇請，詔許還山。禪師自居此寺凡六十年，或宴坐林中，累日忘返；或經行巖下，逾月不還。迹異人間，行標物表。每遊峰選勝，建塔崇功，鷲若飛來，雁如踊出。官窑杖標之所，得自神人；破塢移燈之處，傳諸耆老。今山上數十處有窣堵波者，即其事也。自金人入夢，白馬員來，譯音議於天竺，布文字於震旦，是爲教本，實曰道因。禪師遍寫藏經，以導學者，德實無量，行非有涯，不惟總持辯才，禪定智慧而已。故騰聲洛下，獨步鄴中，齊達、睿之大名，繼稠、融之遐躅。噫！日月大地，咸歸有盡之源；河海高山，不出無常之境。天寶五載十二月十日，因閲僧務，詣至德里，回首西方，端坐如定，不疾而化。春秋九十餘，僧臘七十一。日黑震驚，車徒奔集；雷慟雨泣，隘谷填山。粵以其月十七日，遷靈坐於本寺。禪師真身忽然流汗，是知因生有滅，乃現真空，示聖出凡，獨標靈相。以八載二月十五日，即身塔於寺之西北隅，以安神也。其夜，霜霰沾凝，山川草木，皓然如素，東帶雲門，西連硔谷。一佛二佛，前身後身，接林嶺之風煙，成鄴衛之松柏。禪師洞合神契，妙通法源，義則解空，智能藏往。先是，寺中新植衆果，弱未成林，悉令沙彌扶之以杖。其夜，大雪折樹摧枯，唯時小枝不動如故。師之冥感多此類也。門人等味道通經，連州跨境，歸宗雖倍，入法益稀。三千門徒，皆傳經於闕里；四百弟子，空問道於襄陽。弟子大通親奉音塵，常陪庭院。承宮之歲，初執勞以求師；智稱之年，載棄俗而從道。調九候以除五疾，明六度以伏四魔。感自舊恩，録憑故事。龕塔山古，霜露歲深。虎溪爲陵，高蹤不亡於別傳；龍山若礪，盛德長存乎此詞。其銘曰：

執有非有，睹相非相，曰離諸妄。得法捨法，悟空非空，是出群蒙。日景常朗，雲藏其耀，無雲自照。佛性常在，欲生其塵，無欲爲真。無相捨有，出空離法，大師宏業。睹日除雲，無欲歸佛，大師秘密。茫茫群有，溺於中流，濟之以舟。冉冉八苦，没於五濁，導之以覺。因心發惠，惠契於定，道澄其性。憑緣有生，生歸於無，理不存軀。恒沙一劫，藏舟閲水，真身去矣。連崗萬古，雲門靈泉，飛塔巋然。

（《全唐文》卷五一〇）

一六四　大唐天宮寺巖和尚（石巖）誌銘并序

前鄉貢明經王鑠撰

和尚諱巖，俗姓石氏，歷陽人也。昔《春秋》書碏，目以純臣；炎漢稱建，奇於數馬。莫與京者，何代無之？高祖誕，隋游擊將軍。祖通，廣陵六合尉。父智，上柱國。或鑿門申命，制勝樽俎之間；或捧檄載馳，安卑州縣之職。禪師稟受且異，敏慧自殊。洎乎襁褓，不茹葷血。以爲入仕通侯，賞延莫過於三代；出家弘教，救拔所及於七祖。揚名之義，不其遠乎！遂修葺經行，堅持具戒。大城乞食，終夜結跏。魚鱉之都，悠然隨性；崑崗之宅，肅爾浮凉。神龍元年，敕度大雲寺僧。無何，移天宮大德。江淮老幼僉曰：「佛教東被，是生禪師。拯于橫流，晤彼迷俗。微禪師，吾爲魚矣。」自杯渡清江，杖錫宛洛，菩提樹下，開不二法門；蓮花座中，發第一彌願。

受前世記，度無邊衆生。嗚呼！以有涯之生，徇無涯之智，非金石也，其能久乎？以天寶七載六月十七日，遷化于天宫寺。即以其月廿八日，窆于龍門天竺之原，禮也。爰自沉痾，逮于屬纊，善誘不倦，道心惟精。春秋六十有二，僧臘卌二已矣。弟子禪提等悲法雲而無蔭，痛梁木而安仰。鑠曾詣和上故國，曲承餘論，辱記玄猷，有慚其略。詞曰：

于嗟禪師，賔頭顱兮。解懸拯溺，歷陽都兮。龍門之原如喻筏，伊水之陽興川□。□千秋，法不滅。

天寶七載歲次戊子六月庚子朔廿八日丁卯寅□建

沙門釋靈琇書

（《河洛墓刻拾零》二八〇號；《新出唐墓誌百種》一九四頁；《洛陽新獲七朝墓誌》二五三號；《北京大學圖書館藏歷代墓誌拓片目録》〇四三七〇號；《龍門區系石刻文粹》二三〇頁；《珍稀墓誌百品》五三號）

一六五　有唐故藺夫人龕銘并序

趙克勳辭

夫人河西藺氏。昔者趙國厄於强秦，我祖拔其萬乘，功格天地，載籍陳焉。其後家于鄭之咸林，無忝宗於世葉，則亦吾氏係有將軍于家之慶，殆不朽矣。夫人即梁王典軍懷覽之少女，契吴縣令朱祥之嫡妻。遭代憫凶，孀居早歲，顧柏舟而守義，撤鉛粉以端懷。刻意緇門，虔心正惠，唯慈悲以潔行，不造次以違仁。居有一男，曰惟明，風義甚高，士賢向止。亦有二女，在家出家，出者法名光嚴，自晤已袪于女相；在者孀栖慈氏，屬念每矜其蕣華。越天寶七載秋七月，春秋七十有八，忽然示疾。無幾，以其月十四日右脅累足，終于長安之宣義里。是日，高釋互而來之，曰：「相有奇矣，無合祔矣。」於是我嗣子惟明亦曰：「吾妣入於梵行，脱于世緣，非一日也。」乃卜其載九月十有七日，秘于此樊川之阜，龜之在矣。銘曰：

生死一相兮，何往非適。疇卜吾居兮，曰惟冢嫡。賢哉此母兮，而有斯感。不我爲誌兮，誰銘厥石。

（《新中國出土墓誌・陝西貳》一一九號；《隋唐五代墓誌匯編・陝西卷》一册一三二頁；《長安碑刻》上册一一三頁圖，下册四六六頁文；《唐代墓誌彙編續集》天寶四二號；《全唐文補遺》三輯八二頁）

一六六　常上人（崔漣）墓誌銘并序

上人字漣，姓崔氏，鉅鹿人也。曾祖枚，祖玄縠，父思行，軒冕蟬聯，茂矣。上人聰明精敏，温良敬讓，親親以孝稱，士友以文稱。因與兄晟讀《楞伽》，乃錙銖功榮，桎梏名數。謝世交而不接，弃俗典而不視。又禮丹陽素公，密受禪訣。後至東京菏澤寺，依南陽僧神會削髮。俄而以疾告終，春秋卅有五。嗚呼！豈善業已集，將乘之耶！何與善貞固而遷化翕忽也。噫！世之人以存悼亡，以壽哀夭。豈知夫真物不遷，幻業流轉歟！吾與爾頃以現在，心得玄珠矣，其知此也。世親天倫，營道同術，知爾無情於夭壽存亡也。然每以一身煢煢，未立枌檟，在因未了，於世有負。雖心智無垢，亦塵情有餘。吾今爲爾崇封塋，樹松柏，禮儀龜策，如爾之在。吾謂□年後見汝地下無愧矣，汝知之乎？雖幽明不對，而感會必通，非夫情累，應物流涕。吾必謂爾上朝太清，斯苦□益，若不隔宿命，聖賢或通，先殯伊闕。以唐天寶七載十一月十八日卜遷於萬安之南原，禮也！比近大塋，遂爾朝夕，神其寧之。葬以藏質，銘以誌賢。銘曰：

道之魂兮，宜昇□□，不可問兮，窅窅冥冥。不捨世諦，樹兹封塋，密爾松檟，遂哭孝誠。

（《洛陽流散唐代墓誌彙編》一七六號；《秦晉豫新出墓誌蒐佚續集》五七二號）

一六七　唐故優婆姨段常省塔銘并序

蓋聞宿殖勝因，生逢政教，仰尋師友，意達直心。學普敬法門，慕不輕密行，貞心守志，塵俗不污其性。情等虚空，證真如之境，獨拔愛網，厭世榮華，□薩埵雄悲。重迦文之妙典，火宅之内，駕馭三車，捨内外之財，望三祁願滿。春秋七十有六，以天寶八載九月十日卒於私第，捨報歸林。以天寶十二載建塔於兹，知神魂而不固。其詞曰：

妙慧歸真，德超上智。慈悲起行，忠孝無二。敦故重新，心存剛志。宿殖德本，動静合理。

女劉三娘建

（《北京圖書館藏中國歷代石刻拓本匯編》二六册一〇六頁；《隋唐五代墓誌匯編·北京卷》一册一九六頁；《中國西北地區歷代石刻匯編》三册一五六頁；《八瓊室金石補正》卷五八；《唐代墓誌彙編》天寶二三七號）

一六八　荆州南泉大雲寺故蘭若和尚（惠真）碑

肇有含氣，則鷹鸇逐鳥。虎狼噬人，人最靈於其間。嗜欲萌而六根動，利害交而五兵作。文演乾坤至於性命，老陳道德循於天下。不究因緣之本，不知大千之廣。而内盗方扇，心塵益悖，長圍合於三界，猛焰流於四生，乘時雷震，惟佛能救。於是超六度之岸，轉三乘之輪，馭指南於迷路，建高燈於黑夜，翻海滅焰，擎山潰圍，蒼生既孤，再獲慈母。人天之奉，大矣遠矣。微塵法門，吾道一貫。承此印者，歸乎上仁。和尚諱惠真，南陽冠族張氏也。父大禮，銀青光禄大夫、坊州刺史，靈降左闕，慶延仁宗。太夫人陳氏誦《法華經》，屢有祥應。既誕和尚，體益康寧而衾褥彌潔。每啼，聞誦經則止而聽之。六歲發言，輒諳經義。七歲誦書，日記萬言。默誦《法華經·安樂行品》，因捨儒學，專精大乘。年十三剃度，隸西京開業寺，事高僧滿意。意公門人皆釋侶珪璋。和尚年幼道尊，以爲之冠。十六受十戒，持護峻整，名重京師。進舉經旨，遍覽毗尼，意謂未圓，尋文果闕，乃往天竺求梵本。至海上，遇净三藏自摩竭陀還。净公謂曰：「西方學者亦殊宗貫，假欲詮正，如異執柯。」因悉授所賫律集，與之俱返。纔二年間，罔不懸解，績成手部，名曰《毗尼孤濟蘊》。始以五月十六日結夏安居，僧聞盡愕，喧然雷動。門人來問，答曰：「迦利底迦星，此其候。」門人未達。既而無畏三藏以五月十五日至京師，衆僧怪而問故，三藏曰：「吾視迦利底迦星合時來，正當日結夏耳。迦利底迦星即火星也。」由是緇林聳嘆與聖人合符。梵僧長老尚多初至長安，和尚修謁，膜拜方半，多公喜曰：「爾非真耶？」留之座隅，密付心要。當陽弘景禪師，國都教宗，帝室尊奉，欲以上法靈境歸之。和尚表請京輔大德一十四人同住南泉，以和尚爲首。昔智者大師受法於衡岳祖師，至和尚六葉，福種荊土，龍象相承。步至南泉，歷詮幽勝，因起蘭若居焉。地與心寂，同吾定力；室與空明，同吾惠照。躬行勤儉，以率門人。人所不堪，我將禪悦，至於捨寢息，齊寒暑，食止一味，茶不非時。嘗遇歲荒，野人茹草，和尚如之。門人勸諭，對曰：「順正行事，亦如來教也。」中宗聞之，將以禮召。時弘景禪師在座，啓于上曰：「此人遥敬則可，願陛下不之强也。」撰《菩提心記》，示心初因，開佛知見。升堂入室者，則必親授，此外秘之。立教之宗，以律斷身嫌，戒降心過。應捨而常在，無行而不息。離心色則净，净皆亦離則無生。內外中間無非實際，要因四攝成就五身。始以止觀悟入，終於蓮花正受。平等法門，究竟於此。師子國目加三藏來謁，嘆曰：「印度聞仁者名，以爲古人，不知在世，本國奉持《心記》久矣。」其尊稱微言，冥究佛心，而神扃遐域。一行禪師服勤規訓，聰明辨達，首出當時。既奉詔徵，泣辭和尚而自咎曰：「弟子於和尚法中，痛無少分。」後與無畏譯《毗盧經》，義有不安，日以求正，決於一言，聞者洗心。每謂：「以法授人，不宜容易；

从人受法，鮮克有終。」故善來衆生，悉蒙慈覆，至於悟戒承法，千無一焉。或問：「南、北教門，豈無差別？」對曰：「家家門外有長安道。」又問曰：「修行功用，遠近當殊？」答曰：「滴水下巖，則知朝海。」又問：「人無信根，如何勸發？」曰：「兒喉既閉，乳母號慟。大悲無緣，亦爲歔欷。嚴而簡重，慈而有威，望門能進者寡矣。」弟尚書右丞紹真，行備乎身，德及乎人。元老太保陸公象先、名臣韓京兆朝宗、宋兵部鼎、韋刑部虚舟，僉契慈緣而承善誘，如其仁哉！天寶十年二月既望，北首右脅卧，入禪定，中夜而滅，享齡七十九，經夏六十。報年之限，涅槃之時，同於如來，昔未曾有。遺命門人曰：「聖教無服，慎勿行之。」弟子正知、法璨等哀聞大千，感動他界。先時雙泉竭，大霧昏，白光照室，半若横血，法門無蔭之徵也。刑部韋侍郎時臨荆州，躬護喪事，以三月一日，厝於西巖。山林變哀，鳥獸號咽，有意于道者，莫不摧心洒淚。和尚質孤晴山，神瑩澄海，妙聲宣布而剛强悽感，慈眼運照而濁惱清凉，使祥光洞明，枯木蕃榮。得舍利於神人，教天龍於冥晦，其玄慈幽護，則病者愈，死者生。高僧遥請而帝夢叶，學徒聽法而天樂下，昭聞殊方，不可殫載。初聞一行終，天子賜謚曰大惠禪師。及和尚滅度，追謚同之。二方如來，皆同一號，此其證也。正知闍梨持和尚心印，法璨闍梨轉和尚義輪，以華聞風永懷，俾强名道。其辭曰：

荆南正法，大士相傳。灌頂尊記，乃吾師焉。備修衆善，不染群緣。法華三昧，惠照無邊。菩薩普門，我願亦然。煩惱牙折，菩提鏡懸。戒比秋月，法若春泉。不動南楚，仁周大千。本來常净，自性無遷。漸則生頓，光依魄圓。隨順生死，芭蕉豈堅。蕭蕭塔樹，永對爐煙。

（《李遐叔文集》卷四；《文苑英華》卷八六〇；《全唐文》卷三一九）

一六九　唐石圯山故大禪師（神悟）塔銘并序

天作高山，山孕人靈，其間氣則賢人當之，而動用有異。夫黄鶴遊於天，驪龍樂乎淵，從其性也。賢人治世則匡贊我後，出世則誕敷上乘，圯山禪祖其人也。師諱神悟，字通性，隴西李氏之子。其先屬西晉板蕩，遷家於吴之長水。世襲儒素，幼爲諸生。及冠，忽嬰業疾，有不可救之狀，咎心補行，力將何施。開元中，詣前溪光律師，請醫王之方，執門人之禮。師示以遺業之教，一曰理懺，二曰事懺，此仁聖所授，行必有徵。遂於菩提像前秉不屈之心，爇難捨之指。異光如月，曈曨紺宫，極苦可以感明神，至精可以動天地。蓋菩薩之難事歟！洎天四中，受具足戒，身始披緇。天八中，舉尤異行，名隸寺。逮其晚節，益見苦心。每歲置法華道場九旬，入長行禮念，觀佛三昧，於斯現前。因語門人曰：「夫陰薄日而何傷，風運空而不動。苟達於妄，誰非性耶？」方結宇於勞勞山東，中據石圯，遠分仙渚。猛獸馴於禪榻，祥雲低於法堂。中夜，有山神現，謂禪師曰：「弟子即隋故新成曹世安，生爲列侯，死典南嶺。今和尚至止，願以此永奉經行。」言訖，隱而不見。故吏部員外李公華、今殿中侍御史崔公益嘗問孔、老聖教優劣於吾師，對曰：「路伽也，典籍皆心外法，味之者勞而無證，其猶澤朽思春、乾水取月之相，去天何遠乎？」天辛卯年春，寢疾大漸。於戲！悼死樂生，下士之事。吾師了性空，豈關情哉？便趺坐告終，歸於寂樂，其時世壽六十三，惠壽二十六。闍維之日，獲舍利五百餘粒，珠顆累累，粲然在矚，蓋由專精所致。門人湛一、圓一潔身力行，夏淺功崇，亦分河不絶之意也。吾聞古之君子生有名而死有謚，勛業昭乎彝器，箴規焕乎方册。何有哲匠，作人天師，遺德不書，吾誰仰則？銘曰：

聲傳於籥，剖之無根。象出於鑒，窮之不源。至人應物，體寂名存。寂可神照，名宜性泯。妙用無生，示生而盡。燈留火續，骨化珠分。真子徒仰，慈聲不聞。堂披遺影，地起方墳。萬木春折，諸天晝曛。年年世上，空望歸雲。

（《晝上人集》卷八；《全唐文》卷九一七）

一七〇 唐故慕容氏女神護師墓誌銘并序

神護師，其先有□之□□也。慕二儀之德，繼三光之容，因命□□，其來遠矣。曾祖正言，皇任兖府司馬。祖知□，皇任太僕卿。父珣，皇任吏部侍郎。家嗣□□□□□□之領袖，邦之羽儀，盛德不出，□□□□□於後，神護師即吏部府君之第四女也。柔以靜貞，婉而閑淑。奉□師以訓，資組織之工，謂受福則多□，降年不□，疾□之日，發心出家。□塵捨□及□□□□念□而超於彼岸。何昊天不吊，□藥無徵，彤管無輝，青蓮生□，以天寶十載四月十一日，□於恭安里私第。至十八日，安厝於北邙祔先塋，禮也。嗚呼！夙懷四德，晚悟三乘，錦綺不可以□身，□褐爰資於□□。薤歌凄切，□□蕭條，將歸□□，永閉泉户。□望何在，野風颼颼。豈惟周親，行路增感德；陵谷將變，誌貞石爲文。其銘曰：

步摇盛族，吏部餘芳，誕□人兮壽不長，去何往兮歸西方。

（《北京圖書館藏中國歷代石刻拓本匯編》二六册四三頁；《北京大學圖書館藏歷代墓誌拓片目録》〇四四八〇號；《隋唐五代墓誌匯編·洛陽卷》一一册一五〇頁；《洛陽出土少數民族墓誌匯編》三八一頁；《唐代墓誌彙編》天寶一七七號；《全唐文補遺》五輯三八八頁）

一七一 揚州龍興寺經律院和尚（懷仁）碑

菩薩調伏身心，具一切智，調伏心者爲定慧，調伏身者爲律儀。假煩惱而後有身心，有身心而後開知見。權衡並用，何莫由之？如來於鹿野苑中，爲五俱輪，始開此法。持律第一，有優波離。如來謂：「戒爲性源，因定見性，定爲慧本，因慧得常。不依科教，無所成實。」乃宣告四輩，攝護身心，命以優波長老集毗尼藏。以優波無緣此土，摩訶迦葉啓迪當來，而付囑之。興禪同祖數世，去聖滋遠，枝剖條分。今學者所宗，《四分》爲盛。此間有數息諸觀，以攝亂意，是蓋禪那之濫觴也。夫沙門奉律猶世間行禮，若備中和易直之心，而無升降周旋之節，於義非爲義，非爲半人。恭惟世間皆歸佛性，體無分别，俱會一乘。勝妙法蠡，爰傾海水，明徹寶器，方貯醍醐。禪律二門，如左右翼。和尚執持戒律，兼修定慧，恩制落染，爲人式瞻六十年矣。和尚法號懷仁其人也。惟天寶十載十月十四日，晨起盥漱，繩床跏趺，心奉西方。既曛，就滅於龍興寺，春秋八十三，僧夏六十。緇素弟子北拒泗沂，南逾嶺徼，望哭者千族，會葬者萬人。其上首曰越州開元寺僧曇一，福州開元寺僧宣一，常州興寧寺僧義宣，杭州譚山寺僧惠鸞，東京敬愛寺僧璿光，潤州栖霞寺僧法瑜、僧乾印，潤州天鄉寺僧法雲，揚州崇福寺僧明幽，延光寺僧靈一、龍興寺僧惠遠等，天下甘露，正味調柔；人中象王，利根成熟。音樂樹下，長流福慧之泉；雪山峰頂，仰見清凉之日。金剛决定，煩惱無餘；優曇開敷，香潔盈滿。罔不成實，樂説辨才。得法華三昧，衆所知識，物之依怙。法施之恩重，群居之感深。哀奉色身，經始靈塔于某原，像教也。幽公自幼及衰所親侍，靜言玄梵，俯托斯文，試言之曰：先陀婆者分於一名，摩醯目者夾於三點。衆法歸善，群緣體無。道豈遠人？弘之在我。外離諸相，猶行邪道；内度四生，方爲靈覺。至若調牛良田，唯待天雨；渡馱巨海，何護持囊？喻夫靈藥毒草，同在林中；甘泉淤泥，共生地下。疇能了達，惟我宗師！和尚太原郭氏，厥後遷於淮左。孩抱之歲，誓齒道門，親慈所鍾，志不可奪。因瑶臺成律師受具戒。律文有往哲所疑，時賢或誤，一言曲分於象表，精理自得於環中。聲振京師，如晞日月。諸寺固請綱領，乃默而東歸。既還揚都，俯允群願，常誦《金剛般若波羅密經》《如意輪陀羅尼》。般若佛心，我得此心，衆生亦如。謂天台止觀是一切經義，東山法門是一切佛乘。色空兩亡，定慧雙照，不可得而稱也。寒不加服，暑不攝齊，食不求飽，居不易坐。四方施捨，歸於大衆；一身有無，均於最下。朝廷之士，銜命往復，路出維揚，終歲百數。不踐門閾，以爲大羞，仰承一眄，如洗飢渴。和尚與人子言依於孝，與人臣言依於忠，與上人言依於敬。佛教儒行，合而爲一。慮學者流誤，故親教經論；延來者聽受，故大起僧坊；將警群迷，故廣圖菩薩因地；善護諸命，故曲濟衆生壽量；以文字度人，故工於翰墨。法皆佛法，兼采儒流。以我慢爲防，故自負衣鉢；以規範爲任，故綱正緇林；以發揮道宗，故上紆睿禮；以感慕遺迹，故不遠他邦；以龍象參議，故再至京國；以軌度端明，故研精律部。黄門侍郎盧藏用才高名重，罕有推挹，一見和尚，慕味循環，不能離坐，退而嘆曰：「宇宙之内，信有當人。」黄門於院内置經藏，嚴以香燈，天地無疆，象法常在。太子少保陸象先、吏部尚書畢構、少府監陸餘慶、吏部尚書崔日用、秘書監賀知章、禮部尚書裴寬、中書侍郎嚴挺之、河南尹崔希逸、太守房琯、中書侍郎平章事崔涣、禮部尚書李澄、詞人汜水尉王昌齡等所共瞻奉，願同灑掃。建塔之地，廣狹如素，高卑得中，周臨四衢，平睹千里。門人環蒔列柏，薦以名香，空曠寂寥，以哀以慰。夫子門人輕重諸侯之國，如來子弟皆爲釋梵之師。敬悦其風，以偈銘曰：

佛境無二，佛心皆一。隨其根源，乃起禪律。持戒外獎，觀空内謐。是藏私耶，衆僧秘密。昏醉億萬，求醒者稀。如來戒定，與爾爲歸。性空因戒，垢重初微。彼上人者，深乎道機。真空不生，妙果無得。開明戒定，洗去怨賊。衣染利波，鼻聞薝蔔。白月正圓，如何昏黑。昏黑既已，四輩號咷。不見金櫬，空圖白毫。月明江闊，月落山高。迴野孤塔，群心鬱陶。訓迪真子，森然朗達。阿難苾蒭，迦葉菩薩。仙髮承足，諸天奉鉢。智火遽然，獨留緇褐。月苦淮甸，風悲楚川。千株茂樹，百道春泉。佛日長晦，浮圖巋然。哀哀龍象，大庇群緣。

（《李遐叔文集》卷二；《文苑英華》卷八六二；《全唐文》卷三二〇）

一七二　大唐棲巖寺故大禪師（智通）塔銘

龍興寺主沙門復珪撰

惟佛有覺海，酌其流者爲得一；佛有慧日，赫其照者爲至道。夫能航逝川適寶所者，吾師矣。師諱智通，姓張氏，虞鄉七級人也。童年有濟世之量，請益於大智尊者；晚節當付屬之重，善誘我堯之封人。天與淳和，聲振關輔，粉藻德行，澄滅使流。降心魔，嚴道品，砥操勵能，終朝獨王。前刺史裴寬以師繼然一燈，請傳覺印；後太守韓朝宗以師道高五衆，請師爲僧寶。非隨侯明月難掇，有卞氏連城僧價，不其然乎？於是，雲峰之下，軒冕如川；巖花之前，搵衣成市。除沙鹵之株杌，甘露清田；酌肥膩之菁華，醍醐灌頂。行有餘力，綴己惠人，綆汲群蒙，衣珠密繫。使夫股肱之人一變至於道者，十八九焉。嗚呼！世界無常，生靈起滅，將示絶絃之迹，俄增遷奪之痛。翌日不救，藏舟夜壑。以天寶十載十一月廿七日，終於住寺，春秋六十有九。爲厭毒而歸休耶？爲傳薪而火滅耶？生生之與化化，其可左右。門人有奢花之痛，道俗懷苦海之憂。寺主令賓，師之同志，恨寶渚無梁，衢樽莫挹，鷲林墜月，狂象易奔，與弟子惠照、饒益、寺上座崇道等，冀佛影之猶存，以封灰而建塔。俾傳能事，授手於予。復珪辱在緇門，豈忘提拙。銘曰：

開示佛乘，住無所住。傳衣佛國，去無所去。拯洽四流，梯航六度。誰其悟入，我師調御。其一　行佛能事，事果而注。水竭龍移，山空澗響。灰封殯塔，珠沉帝網。留影鷄峰，提河列像。其二　啜泣之痛，潸然灑地。蘭若空虛，緇林殄悴。閱水藏舟，藤塋及隧。豈惟羊祜，方稱墮淚。其三

天寶十三載甲午歲六月三日寺之創新鐘之晨建

造塔大匠京兆王光

河東張伽刻字

（《北京圖書館藏中國歷代石刻拓本匯編》二六册一一五頁；《隋唐五代墓誌匯編·北京卷》一册一九七頁；《八瓊室金石補正》卷五八；《全唐文補遺》三輯五頁；《唐代墓誌彙編》天寶二四六號）

一七三　唐湖州大雲寺故禪師瑀公（子瑀）碑銘并序

昔在穆天子，我如來大聖没於西土，蓋示身也。其聲教紛綸，湮滅而復紀者九十六種外道，持衡於五天，是僭佛號，俾戒月生魄，寶星爲彗。涅槃河水汨泥揚波，而天下騰口襲心，敻然而喪精矣。我本師爰敕大士，中興南州，激童蒙，竅檮杌，摧異道，破邪黨，彼日月是出，爝火不息。其爲光也，不亦難乎？其有躡清氣，胤種性，雲龍相召，與蒼生爲春，則我大師矣。大師諱瑀，字真瑛，俗姓沈氏，吴興德清人也。其先世國於沈，因以爲氏。按《春秋》，沈子之後也。五代祖敏，梁東陽太守，不言而理，不猛而威，揚之以和風，灑之以甘雨。殷氏既喪，公其嗣焉。高祖某，勇而仁，直而信，少好理體，機若缸轉。六歲讀《孝經》，至參不敏，略而不讀，師問之故，曰：「此大人稱之，而小子曷稱之？」十七，州舉孝廉，陳侍中徐陵特相器重，名位不達，終於丘園。曾祖某，學藏於晦，辯守於訥，大業之際，州辟不起。祖某，考三教之源，精一貫之旨，結廬於金鵝山下，怡然獨得。父某，湖山是傑，言行孔臧，里有不爽而訓之，鄰有不給而錫之。燠兮春風，凜兮寒松，心可以育物，德可以垂裕，以五世樹善。而瑀公生而聰慧，不以師受。年未總角，辭親出家。患身之資，忘若遺迹；爽口之味，飲如我仇。以如意年大赦度人，壞衣削髮，煤炱世事，怡懌至道。弱冠遊東京大福先寺，厥受大戒。懇懇勤勤，不遑假寐，三日之夕，戒相出焉。見有神人，假然在目，倏來忽往，或同或異，得非至誠乎？於是燭如來燈，佩菩薩印。證聖中，歸於大雲道場，堅執律柄，僧綱鼇舉，不亦宜哉？公素履純厖，無咎無譽，使天下之士有外道焉，有闡提焉。心如飄風，言若泉湧，撓我聖教，齊我妙門，公示以從容，誘以方便，莫不稽首挫色而聞命焉。常禮一萬五千佛名兼《慈悲懺》，日夜一匝，或二日、或三日一匝，苦節貞勵，飲冰茹霜。夜有聖僧九人，降於禮懺之所，相與行道，彈指而去。或夜無燈燭，心口是念，圓光照室，如坐月中。如此則往往有之。公常喟然曰：「自明帝夢金人，孫權獲舍利，茫茫中土，是有正法。而德清偏邑，罕有塔寺，使蒼生蒙昧，罔知所之。悲夫！至人無名，陶鑄而名之耳。糠粃有爲，金壁無相。一見齊楚瞽性者流，豈短履如之功？萬法無外，此菩薩自在之盛行，吾將爲爾行焉。」於是繕以香臺，作以茞殿。卿雲蓄泄於户外，麗月明回於檐下。是知觀象大壯，法時雲室，豈不宜哉？前後寫經二藏，凡一萬六千卷，不以皮爲紙，不以血爲墨，是身臭穢，靡潔書寫，非難捨哉？晚節工於禪門，頓入懸解，言越性靈之外，心冥文字之表。天寶初，臨安足法師死，經三宿，將入地獄，冥見瑀公，引至王所，謂王曰：「此師解講《涅槃經》，大王宥之。」王曰：「唯聞嚴能講，不聞此師名何也。」如此再三，王不能屈，因赦之。嗟乎！至人之作用，不動此而流形於彼，非無緣慈力何哉？曾見鄉人施牸牛者，天然不孕，因而出乳。及瑀公寢疾，日有饋之。非夫人含動植，德感明神，亦何能致此希有之事也？他日，蹙然改容，據梧而嘆：「昔孔子蚤作，悲歌於門者。此聖人所以同我生，亦同我死。莊生曰：『適去，夫子順也。』吾亦何懼哉？」以十一年秋，禪坐滅度。嗚呼！婉婉蓮步，應隨白雲；寥寥香林，空見孤月。予不知其至人幽機，妙用仿佛，化爲人星乎？飛爲白霓乎？不然，將有異名於他國乎？某月某日，飭以靈龕，崇以寶塔，擊以法鼓，吹以法螺，門人號慟，於是葬斂。十二年春，將欲啓靈龕，遷寶塔，炎炎金火，以求舍利，豈知容色不壞，凜然如生。識者以爲，涅槃本義，絶動植之知，窮寂照之惠，存不壞之身，滅大化之體。此四者而公得之。昔少林孕鬚，蘄春育髮，何獨嘉也？寺主玄嶉等皆秉大明惠，開道區中，吠琉璃天，移夕爲晝。彼什公四子，亦季孟之間歟！大理評事攝監察御史姚濬、主客郎中姚沛禀軀溪之靈、鵜山之英，門多才傑，世著匡佐，而瑀公善焉。刺史楊惠才識深敏，器宇調暢，虞譚之流也。令吳測微清慎有度，奸回無欺，賀循之流也。皆入境問俗，飲風眷德，徘徊歔欷，有恨來暮。嗟乎！法本無名，是歸寂樂。門人垂淚，願刻豐碑。予誠不敏，哀以見託。銘曰：

法本無生示生兮，法本無名强名兮。大師振振沖邈兮，蒼生茫茫啓覺兮。堅持律藏是非兮，深入禪門杳微兮。鵝峰岑崟莫涉兮，黿渚澹蕩莫測兮。五千佛懺是禮兮，十二經文是啓兮。聖僧異人降語兮，犗牛非孕垂乳兮。同衆生病罔差兮，同衆生没罔壞兮。門徒病矣號絶兮，姻族潸然嗚咽兮。烏臺華省思人兮，邦君邑宰敬神兮。無言可象湛寂兮，身謝名飛刻石兮。

（《畫上人集》卷九；《全唐文》卷九一八）

一七四　唐故臨淄郡豐齊縣李夫人張氏（常精進）墓誌銘并序

夫人姓張氏，法號常精進，南陽西鄂人也。漢河間相平子之後，爲時文宗，自古世禄。盛德大業，翼子謀孫，動罔有違，賢則不乏。維高、曾純孝繼軌，奉親不仕；維祖、考素履幽貞，志學辭榮。若此沖逸，遺然光亨。夫人生而有知，實稟胎教。早日孤露，總角無從。嗃爾□人，出不踰閾。及佐君子，克成中饋。母儀女則，與古爲鄰。從禄於外，滿歲而寡。提挈幼小，備嘗艱難，守志忘貧，歷卅載。以色身歸盡，人世不留，堅修禪誦，久誓葷血。大哉！本師錫以法號。天寶十一載十月十日現疾終於東京利仁里第，載六十八。以其載十二月十八日遷神於首陽山南趾。諸女不大，無母何恃？痛聖善之長往，泣寒泉而靡追。光昭懿德，刊示沙界。銘曰：

南陽大邦，西鄂名族，奕葉軒鼎，克家忠肅。有道筮仕，無時鑿壞，祖考家德，秉心不回。載誕夫人，柔淑恭懿，宜其好合，罔有僭義。亦既誓心，星歲三周，母儀是則，佛性爰脩。謂介眉壽，其猷克壯，如何高堂，不獲終養。邙阜北原，洛橋東道，悲□風樹，泣盡霜草。千秋永謝兮去不來，百身無贖兮□焉哉。

（《隋唐五代墓誌匯編·洛陽卷》一一册一八六頁；《洛陽新獲墓誌》六七號；《北京大學圖書館藏歷代

墓誌拓片目録》〇四五四八號；《唐代墓誌彙編續集》天寶〇八四號；《全唐文補遺》六輯四四三頁）

一七五　潤州鶴林寺故徑山大師（玄素）碑銘

道行無迹，妙極無象，謂體性空而本源清浄，謂諸見滅而覺照圓明。我天人師，示第一義。師無可說之法，義爲不二之門。其定也，風輪駐機；其慧也，日宮開照；其用也，春泉利物。三者備體，誰後誰先？入無量而不動，開法華而涌出。湛兮以有無觀聽而莫測，寥焉以遠近思惟而不窮。知德皆空，爲真實際，大悲恒寂，遍撫群迷。月入百川之中，佛匝千花之上，修而證者玄同妙有，應而起者旁作化身。先大師適來此土，化身歟？適去他方，補處歟？不可得而知也。自如來現滅，四魔横恣，人天無怙，寄命崩崖。勝大敵者那羅延身，銷大毒者伽陀妙藥，拔陷扶墜而生大師。大師延陵馬氏，諱玄素，字道清。崇高紹興於法位，胄緒不繫於人間。慈母方娠，厭患葷肉。長至之日，誕彌仁尊。生有異祥，乳育安靜。既齓，稽首父母，求歸法門，即日獲請，出依精舍。如意年中剃度，隸江寧長壽寺。既進具已，戒光還照，定水澄源。鵝王之不受泥塵，香象之頓除羈鎖，未之比也。身長七尺，體無凡骨，眉毛際瞼，口若方丹，目不顧眄，聲侔扣玉。入南牛頭山事威大師，撞鐘大鳴，入海同味。迦葉以頭陀第一，大師亦斗藪塵勞，聞一知十，未嘗請益。觀法無本，觀心不生，喻金剛之最堅，比獅子之無畏。圓月照海，高深盡明；慧風吹雲，宇宙皆浄。威大師摩頂謂曰：「東南正法，待汝興行。」命於别位，開導來學。於是騶虞馴擾，表仁之至也；衆禽獻果，明化之均也。接足右繞，百千人俱，大師悉以「菩薩」呼之，教習大乘，戒妄調伏。自性還源，無漸而可隨，無頓而可入。摩尼照物，一切如之。吾當默然，無法可說。或有信願雙極，懇求心要，于我渴仰，施汝醍醐。問禪定耶吾無修，問智慧耶吾無得，道惟心證，不在言通。懷帝釋輪，終爲世諭，自浄而已，無求色聲。既悟者小無微塵，大無三界；當悟者内珠雖隱，猶作來因。藥草萬殊，根莖等潤，貌和言寡，飢至飽歸。或有聞尊稱而遷善，現色身而獨得，我無示念，道溥慈圓。食不問鹹酸，口不言寒暑。身同池水，飽蚊蚋之飢渴；道離人我，順衆生之往來。貴賤怨親，是法平等，故饋甘味而不辭，同於糗糒；奉上服而不拒，齊於弊褐。俾夫家有道侣，府無爭人。開元中，本寺僧法密請至京口。潤州刺史韋銑灑掃鶴林，斯焉供養。有屠者恣刃，積骸如山。刺史韋銑聞大師尊名，來仰真範，忽自感悟，懺伏求哀。大師受之，又白言：「和尚大悲，當應我供。」大師衲衣跏趺，未嘗出户，公侯稽首，不爲動摇。至是如其懇求，忻然降詣。夫盜隱其罪，虎慈其子，仁與不仁，皆同佛性，無生無滅，無去無來。今濁流一澄，清水立現，諸佛所度，我亦度之。天寶中，揚州僧希玄密請至廣陵，便風馳帆，白光引棹。楚人相慶，佛日度江。梁宋齊魯，傾都來會，津塞途盈，人無立位。解衣投施，積若丘陵，皆委於所在，行無住捨。禮部尚書李憕時爲揚州牧，齋心跪謁，爲衆唱首。望慈月者，誰不清凉？傳百億明燈，照四維上下，塵沙之數，皆超佛乘。二州以貪法之心，移牒逾月。均吾喜捨，成爾堅牢，無非道場，還至本處。天寶十一載十一月十一日中夜坐滅。嗚呼！菩提位中六十一夏，父母之生八十五年。起哀位者，可思量否？至有浮江而奠，望寺而哭。十里花雨，四天香雲，幢幡蓋網，光蔽日月。以其月二十一日，四衆等號捧金身，建塔於黄鶴山西原，像法也。州伯邑宰執喪師之禮，率衆申哀，江湖震悼。曩於寺内移居，高松互偃，涅槃之夕，椅桐雙枯。虎狼哀號，聲破山谷，人祇慘慟，天地晦暝。及發引登原，風雨如掃，慈烏覆野，靈鶴徊翔，有情無情，德至皆感。初達摩祖師傳法三世至信大師，信門人達者曰融大師，居牛頭山，得自然智慧。信大師就而證之，且曰：「七佛教戒，諸三昧門，語有差别，義無差别。群生根器，各各不同，唯最上乘，攝而歸一。凉風既至，百實皆成。汝能總持，吾亦隨喜。」由是無上覺路分爲此宗。融大師講法則金蓮冬敷，頓錫而靈泉滿溢，東夷西域得神足者赴會聽焉。融授巖大師，巖授方大師，方授持大師，持授威大師，凡七世矣。真乘妙緣，靈祥嘉應，僉具傳録，布於人世。門人法鏡，吴中上首是也；門人法欽，徑山長老是也。觀音普門，文殊佛性，惟二菩薩，重光道源。門人法勵、法海親奉微言，感延霜露，繕崇龕座，開構軒楹。時惟海公求報師訓，廬孔氏之墓，起净明之塔。世異人同，泫然長慕。僧慧端等蔭旃檀樹，皆得身香。菩薩戒弟子故吏部侍郎齊澣、故刑部尚書張均、故江東采訪使潤州刺史劉日正、故廣州都督梁昇卿、故采訪使潤州刺史徐嶠、故采訪使常州刺史劉同昇、故潤州刺史韋昭禮、故給事中韓賞、故御史中丞李丹、故涇陽縣令萬齊融、禮部員外郎崔令欽，道流人望，莫盛于此。弟子嘗聞道於徑山，猶樂正子春之于大夫也，洗心瞻仰，天漢彌高。鏡公門人悟甚深者大理評事楊諧，過去聖賢諸功德，藏志之所至，無不聞知。魯史從告，况乎傳信。其文曰：

濁金清境，在爾銷練。磨之瑩之，功至乃現。膏漬炷然，光明外遍。陽升律應，草木皆變。啓迪痦瞽，惟吾大師。息言成教，捨法興悲。辰極不動，風波自移。境因心寂，道與人隨。杳然玄默，湛入無餘。性本無垢，云何净除。身心宴寂，大拯淪胥。内光無盡，萬境同如。甘露正味，琉璃妙器。遍施大千，無同無異。度未度者，化周緣備。道樹忽枯，涅槃時至。我無生滅，隨世因緣。吉祥殿上，應化諸天。寂寂靈塔，滔滔逝川。恒沙劫壞，智月常圓。

（《李遐叔文集》卷二；《文苑英華》卷八六二；《全唐文》卷三二〇）

一七六　唐脩行寺故大德尼報恩墓誌銘并序

禪師諱報恩，俗姓崔，博陵□□。工部尚書、齊國公從禮少女。關雎韞德，穠李凝華。初笄之年，適于宗氏，即將作大匠、宋國公晉卿之夫人也。洎宋公亡，便歸釋教。一從□彩，卅餘年。禪律兼□，行解雙美。住持□□，人無與京。嗟乎！報謝緣離，聖凡齊致，藏舟閲水，今古同悲。以天寶十一載十一月廿一日，終于臨汝郡之私第，春秋七十有六。嫡孫綽卜宅勝地，安神于龍門之南原，禮也。恐岸谷遷易，姓字莫聞，爰命不才序銘曰：

齊公之女，宗公之妻。母儀有則，婦德無睽。其一　移天即世，金地歸心。戒珠圓契，定沼清深。其二　生必就滅，有必歸空。蓮宮一去，泉臺永終。其三

天寶十三載歲次甲午閏十一月廿一日

（《新中國出土墓誌·河南叁》一八一號；《北京大學圖書館藏歷代墓誌拓片目録》〇四六二〇號；《全唐文補遺·千唐誌齋新藏專輯》二三四頁）

一七七　唐故沙門净影寺都維那義空塔銘并序

青龍寺釋惠崇文

天地寥廓，劫火將殘。日月者明，大夜斯昧。大聖爲之興世，至人所以降靈。爰有劍閣崢嶸，錦江澄澈，土育秀氣，都公誕焉。俗姓楊氏，僧諱義空，德陽雒縣人也，後漢太尉之苗裔。家風夙傳，德行永美。拂去俗事，早悟良因。十三出家，二十具戒。三十七臘，寺住天京。然而聽覽之餘，咒治魔縛。王侯將相，公卿黔黎，附之者影從，應之者響起。且五體之□，四大爲象，非空之所立，是相之所源。上人以天寶十二載大荒落歲應鍾月七日，破相之有身，從空之無理，春秋五十有七，枕手累足。命洞靈觀賢侄女道士堅持、女弟子崔二曰：「我生將盡，净土已成。遺書分明，後莫愁惱。」語訖神化，容彩儼其如生，精靈歸乎寂滅。悲夫！其生也榮，其死也哀。于時雲凝草樹，盡帶愁容，風起山川，皆成悲響。博陵崔氏，荼毒是丁，如喪考妣。冰霜結志，石席匪心，遂請銘文，式刊貞石。豐立塔廟，終南山陰，御宿川側。寔命不才，直書其事矣。銘曰：

巍哉世雄，應期來見。妙矣真士，恒沙法遍。智惠無邊，威靈具足。廣□醫道，津梁塵俗。拂蓋棄榮，落髮

魔驚。下方緣盡，上界將生。勿爲窅冥，神鑒無奕。勿爲幽昧，靈感攸享。式刊貞石，僉圖不朽。盛烈鴻名，天長地久。

天寶十三載四月一日女弟子崔二建

（《西安碑林博物館新藏墓誌續編》一一〇號）

一七八　杭州餘杭縣龍泉寺故大律師（道一）碑

大朴既雕，淳源不復。生人溺於迷妄，自拔無由。我梵惟哀之力，現靈東方，雷起群蟄，間生龍象，調御人天。巍巍乎大明燭幽，而品物知向矣。噫！稠林枝幹榮枯不息，火宅烟焰起滅相尋。於衆生速壞之身，有諸佛常存之性。垢衣纏寶而不見，濁水求珠而未得。法無高下，根有淺深。由是啓禪那證入之門，立毗尼攝護之藏。土因水而成器，火得薪而待燃。惟此二宗，更相爲用。律行嚴用，奉則凈無瑕缺；戒定光深，照則測見本源。次修定門，而自調伏。云何爲大定，地雖傾而不動；云何爲脩我，心難寂而無住。然後登般若之岸，上楞伽之峰，以此身爲法身，了無得爲真得。或有默脩玄契於文義，受教頓悟於宗師，不由門階，徑造堂室。微塵學者，時得一人。復有大悲空隘而不窮，弘誓海涸而不盡，俯從像法以導世間，則我大律師其人也。師諱道一，字法籥，餘杭嚴氏。生族姓之家，是爲因地；作如來之子，寧有本緣。故祖、考不書，尊上乘也。體峻山岳，神閑江海，機對敏洽，應受融明。自襁褓至於成童，顔色無違，視聽皆正。年甫八歲，辭親就師。鴻鵠入冥，自然方外，蓮花出水，不染泥間。十七預剃度，隸龍泉寺。受具於光州岸律師。行相珠圓，滌流鏡澈。始就山陰，聽岸講《涅槃經》。師既歸而爲衆敷闡，同時聽者奉以爲師。恭惟此經佛最後説，教旨深圓，故草玄著義。《法華經》大事因緣，授聲聞記，口誦心奉，誓盡當來。《金剛經》滅度無邊，悉離諸相。誦《起信論》，滌除邪妄，開導心宗。常所受持，皆爲義釋。於《華嚴》入普賢性海，於《維摩》得不二法門。凡歷見聞，莫非心證，從文悟理也。白日頓明於世界，飛鳥自在於空中，從理乘如也。嘗謂：「天台觀門，往誓深教。吾所歸也。」夫垢因戒净，惠定以生，未有愛尚存而坐登三昧。每嘆曰：「持心繫於刹那，求道本於清净，使學徒解怠，由軌範不明。教之興衰，在我而已矣。」乃護一席，信心必隨。嘗講大乘，方攝齊登座，侍者布席，微爽律文，即命撤席澣衣，以俟明日。其檢身激下，皆此類也。自是江南律學砥礪彌精矣。至若齊場星列，談座雲繞，四衆仰山王之高，萬里赴龍宫之會，遠夷逾海而來聽，長老順風而請益。至仁生滅，至辨成簡。判析疑問，若陽和解冰；弘敷妙理，如止水觀月。化童蒙爲上智，伏我慢爲調柔。引諸佛戒定之池，浴衆生輕重之垢，垢自流去，池常湛然。又以儒、墨者般若之筌簣，詞、賦者伽陀之鼓吹，故博通外學，時復著文，在我法中，無非佛事。故李大理昇期、崔河南希逸嘗撫本州，麾幢往復。故成御史廣業、盧華州元裕、兵部韓員外賞屈身郡邑，觴舸洄沿。及鄉人故汴州何司户寒，同與叩絶韻於清風，味玄機於永夕。廬山師友，今古一時。誠願密弘，崇脩本寺，導容纓綱，高殿棟宇。工人殫其百櫨，信士竭其千金。佛宫嚴麗，一方勝絶。寫大藏經，手自刊校，學者賴焉；廣常住田，通給無閡，凡聖均焉。於天竺寺造慈氏變相，憑高爲臺，與衆均福，光靈肸蠁，如在會中。永以報生育劬勞之恩，光先師訓誘之德，不離宴坐，應者如歸。天寶十三年春，忽洒飾道場，端理經論，惟銅瓶錫杖留置左右。具見五天大德、十八羅漢，幡蓋迎引，請與俱西。二月八日，恬然化滅，報齡七十六，僧臘五十七。生以其日，滅亦如之，昔同如來捨位之辰，今是菩薩往生之日，古先大士，無此明徵。先時，院庭有百合兩本，對發白花，光如月輪，照於昏夜。嗚呼！慈雲既歸，花亦彫萎，物感如是，人哀可知。至某月日，遷厝於寺之西偏。江嶺淮湖，緇麻縞素，荼毗之會，聲動山川。寂寥原野，人亡地古。悲夫！一爲人師，六十年矣。遠名利，故不遊京國；樂閑安，故不出户庭。有請方去，故深慈密行，莫得而究焉。門人之冠者一行禪師、惠罕法師、津梁寺乾應律師、蘇州東林寺懷哲律師、湖州開元寺惠燈，少明之記，長者寶藏，修身執持，導師化城，無處瞻仰。眷屬之賢，有若族人神都等，如來影中，怖畏都盡，力生今地，哀號不窮。以華悅魯史之風，尚竺乾之道，追書本行，見託斯文。銘曰：

苕溪教源，因戒生定。百千人俱，見性情净。裂除意網，磨拂心鏡。雖會一乘，終脩萬行。説法登壇，天龍諦聽。須彌峰頂，白月孤映。彼迷方者，從我得正。報盡生盡，歸自法身。最朝涕泣，江上門人。炬滅陰夜，舟沉海津。雪山靈草，無復青春。欲報之德，蒼蒼罔極。既斷言語，又非空色。假言喻空，觀我爲則。

（《李遐叔文集》卷四；《文苑英華》卷八六〇；《全唐文》卷三一九）

一七九　唐太原郭居士（嚴）墓誌銘

郭嚴者，涪陵司馬之元子也。唐天寶十三載六月廿五日，卒於穀陽之墅。禮從塗邇，機窆園中。潛寐一相，殆將二紀。至大曆九年十一月廿五日，其弟長子尉遇、鄯州司馬迥，相與袝于邙山之先塋。嗚呼！昔或戲於閨門，兹得飾於泉壤，成哲兄之曩志，允令弟之友于。容體盡哀，則存乎書筴；生死致美，實映乎古今。所謂仁人，斯焉弟悌。銘曰：

陟彼罔兮，不見其兄。臨兹穴兮，不聞其聲。千秋兮萬歲，長寄乎哀誠。

（《唐代墓誌彙編》大曆〇三七號；《全唐文補遺》七輯三九四頁；《石刻題跋索引》一九三頁）

一八〇　故左溪大師（玄朗）碑

百億三昧，無非度門，於覺昭中而得自在。過去大士，時惟左溪，傅氏之子，法號玄朗，字惠明，其先北地泥陽人。漢魏大族，隨晉南度，家於義烏，今爲東陽義烏人也。自江夏太守極、梁居士翕，賢達相承。世謂居士爲諸佛化身，杳不可測。左溪即居士六代孫。梵行之間，宜生上德。母葛氏夢天降靈瑞，而娠左溪。心靜體安，迄於乳育。生九年矣，辭家入道，兼綜群言，曰：「此法門之畎澮也。」如意年中剃度，隸義烏清泰寺。尋光州岸律師受具戒，就會稽印宗禪師尚律部。重山深林，怖畏之地，獨處巖穴，凡三十年。宴居左溪，因以爲號。每言：「泉石可以洗昏蒙，雲松可以遺身世。吾以此始，亦以此終。」於所居一方建立精舍，約而不陋，跪懺其間。如來諸大弟子皆菩薩僧，大迦葉之頭陀，舍利弗之智慧，羅睺羅之密行，須菩提之解空，由此四者，皆最上乘，同趣異名，分流合體。舍利弗先佛滅度，佛以法心付大迦葉，此後相承，凡二十九世。至梁、魏間，有菩薩僧菩提達摩禪師傳楞伽法。八世至東京聖善寺弘正禪師，今北宗是也。又達摩六世至大通禪師，大通又授大智禪師，大智降及長安山北寺融禪師，蓋北宗之一源也。又達摩五世至璨禪師，璨又授能禪師，今南宗是也。又達摩四世至信禪師，信又授融禪師，住牛頭山，今徑山禪師承其後也。至梁、陳間，有慧文禪師學龍樹法，授惠思大師，南嶽祖師是也。思傳智者大師，天台法門是也。智者傳灌頂大師，灌頂傳縉雲威大師，縉雲傳東陽威大師，左溪是也。又弘景禪師得天台法，居荊州當陽，傳真禪師，俗謂蘭若和尚是也。左溪所傳，止觀爲本。祇樹園内，常聞此經，燃燈佛前，無有少法。因字以詮義，因義以明理，因理以同如。定慧雙脩，空有皆捨，此其略也。菩薩或以性海度，或以普門化，香像至底，彌樓最高，其餘幽贊不知，充滿法界。夫知上法易行，上法難脩，上法易證，上法難明，謂左溪爲有，則實無所行；謂左溪爲無，則妙有常住。視聽之表巍巍，左溪因恭禪師重研心法，唯十八種物行頭陀教。厥後奉東陽威大師，得最上乘，詮第一義，現聲聞像，弘大覺心，大無可名也。偏袒跪膝，奉觀音上聖。願生兜率天，親近彌勒。殫罄衣鉢，嚴具尊儀，焚香稽首，則舍利降，靈光發。寺非正陽，屋宇凋落，殿移則像毀，財匱則力難。左溪錫杖指揮，工人聽命，如從舊貫，儼若天成。心不離定中，口不嘗藥味，耄期之歲，同於壯齡。告門人曰：「吾六印道圓，萬行無礙。戒爲心本，汝等師之。」天寶十三載九月十九日就滅，春秋八十二，僧夏六十一。四輩號慟，如慕如疑。香花幢幡，雷動山谷。鄉人或夢左溪居寶閣第四重者，寤告其鄰，與之夢協。兜率天者，第四天也。願力所届，廣度人天。既荼毗已，門人分舍利，建塔于左溪，遵相法也。城邑之人願獲親近，分半舍利，起塔於州某原，申永慕也。左溪僻在深山，衣弊食絶，布紙而衣，掬泉而齋，如繒纊之温，均滑甘之飽。誦經則翔禽下聽，洗鉢則騰猿跪捧。宴坐一室，如法界之樂；蕭然一院，等他方之遊。或問曰：「萬行皆空，云何苦行？」對曰：「本無苦樂，妄習爲因。衆生妄除，我若隨盡。」又問曰：「山水自利，如聚落何？」對曰：「名香挺根於海岸，如來成道於雪山，未聞籠中比大遼廓。至若旱蛙躍流，瞽犬能視，雷雲興而獵者捨弓矢，鱗介絶而漁者壞罾梁，舉其倬然，曷可殫載？」弟子衢州龍丘九岩寺僧道賓，越州法華寺僧法源、僧神邕，本州靈隱寺僧玄靜，栖岩寺僧法開，蘇州報恩寺僧道尊，皆菩薩僧，開左溪之秘藏。常州福業寺僧守真，杭州靈曜寺僧法澄、靈隱寺僧法真，明州天寶寺僧道原，净安寺僧惠從，本州開元寺僧清辨，純得醍醐，飽左溪之道味。入室弟子本州開元寺僧行宣，常州妙樂寺僧湛然，見如來性，專左溪之法門。新羅僧法融、理應、英純，理應歸國，化行東表，弘左溪之妙願。菩薩戒弟子傳禮、王光福等菩薩，惠芽霑左溪之一雨。清辨禪師等荷瞻遺烈，見請斯文。銘曰：

磁石湊金，澄流見月。法與心起，緣隨定設。衆生未度，我爲舟筏。將如趙代，空望荆越。趨道云何，知之在行。恤煩惱鷙，歸寂滅城。不住之住，無生之生。兜率天樂，徘徊下迎。潺湲左溪，東入蒼海。青松白月，人亡地在。四輩盡哀，時乎不待。頌德空嶺，劫塵無改。

（《李遐叔文集》卷二；《文苑英華》卷八六一；《全唐文》卷三二〇）

一八一 大唐法雲寺尼辯惠禪師神道誌銘并序

禪師釋名辯惠，字嚴净，俗姓房氏，清河人也。家聲世德，前史遞書。曾祖父，皇金紫光禄大夫、衛尉卿、贈兵部尚書、清河忠公，諱仁裕。王父，皇銀青光禄大夫、冀州刺史、膠東成公，諱先質。烈考，皇朝太子文學，諱温。國華人望，士林宗範。禪師九歲，祖母瑯琊郡君王氏薨，百日，齋度爲沙彌尼，薦以景福，承尊命也。嗚呼！所天服縗，哀毁棄背。煢煢孤幼，慈親訓育。確然壹心，成先志也。十八受半戒，廿受具戒，纔三日，於東都大安國寺通誦，聲聞戒經，聖言無遺，清音如貫。釋門稱以敏識。啓心要於大照禪師，依教住於悟空比丘尼。堅持禁律，深證圓境，法流宗以精進。及空禪師亡，正名隷於西京法雲寺。宿德尼無上，律儀之首，由是依止焉。常以禪師總持内密，毗尼外現，每見稱嘆，得未曾有。方期弘長度門，永延壽福。豈圖命偶深疾，藥無良醫。以天寶十三載十二月廿二日，於延康里第趺坐正念，德音具存，椎磬焚香，超然乘化。僧臘卅有四，享年五十三。嗚呼痛哉！親族銜哀，攀號不及；道俗奔走，榮慕交深。粤以來年二月十二日壬寅，遷座於城南畢原，禀前命也。穿土爲空，去棺薄窆。弟子姪女昭、弘照等，泣奉遺顧，敢違話言？追惟天資净直，道心虚曠，色無喜愠，言必詳益。不爲爲之，離我我所，真道之藴，菩提之器歟？嗚呼！孤苦因依，荼毒如昨。又罹凶酷，何負幽明！泣血摧心，去文叙實。銘曰：

釋門諸姊，宿承喻筏。世業慶靈，覺心濬發。四依圓滿，十住超越。皎皎戒珠，明明禪月。實惟具美，宜保永年。誰云遘疾，有加無痊。徽音在耳，委順恬然。制終以地，超神以天。昭昧俄隔，儀形永閟。同氣何瞻，兩姪誰庇？失聲慟哭，腷臆流淚。哀哀畢原，泉壤深邃。

（《隋唐五代墓誌匯編·陜西卷》四册二五頁；《中國西北地區歷代石刻匯編》三册一五九頁；《長安新

出墓誌》一九二頁；《長安碑刻》上册一二一頁圖，下册四七三頁文；《唐代墓誌彙編續集》天寶一〇三號；《全唐文補遺》五輯四〇一頁）

至德

一八二　威神寺故思道禪師墓誌

和上俗姓師，諱思道，絳州夏縣平原人也。天縱其志，七歲出家，人推其聰。十八剃髮，事人不事，爲人不爲。同鵲巢于頂之年，護浮囊無缺之日，次就有德，轉相師師。禪行法門，戒律經論，耳目聞見，紀之心胸。緇錫來求，簪裾欽仰，聽習者鶴林若市，頂謁者鹿苑如雲。去至德二載，春秋八十有一，僧夏六十一。時催二鼠，妖纏十夢。其年十二月，示身有疾，隨爲衆生。其月二日，禪河流竭，坐般涅槃，驚慟知聞，悲覃飛走。孫威神寺主僧承嗣，五内摧裂，躄踊攀號，聲竭潛哀，淚盡續血。至乾元元年十二月二日，遷於條山之側胄子塠頭，禮也。詢問其地，取人不爭。砥柱東横，汾河西澍，青臺鎮北，鹽池臨南。崒爾塠頭，卜擇安厝。雖則天長地久，而恐代異時移，陵谷改遷，斯文不謬。其詞曰：

緇門積釁，寶樹崩摧，法消蓮坐，魂滋夜臺。條山陰麓，巋然塠頭，碧巖引吹，清澗繞流。和上登兮舊賞，坊匠興兮今修，建崇塔兮數仞，瘗全骨兮千秋。

（《北京圖書館藏中國歷代石刻拓本匯編》二七册一〇頁；《北京大學圖書館藏歷代墓誌拓片目録》〇四六七二號；《隋唐五代墓誌匯編·山西卷》一二七頁；《金石萃編》卷九一；《全唐文》卷九九七；《唐代墓誌彙編》乾元〇〇八號；《石刻題跋索引》一九一頁）

乾元

一八三　大唐興唐寺净善和尚塔銘

監察御史王延昌製
蒲州刺史顔真卿書

和尚姓張氏，法號净善，京兆雲陽人也。幼而神清，長益靈悟，誠請既深，緣愛自净，迺授經於惠雲。溯源窮委，靡弗徹貫，以故業行高超，利益弘溥。知與不知，但蒙宣示，咸得解脱朗悟，信大道之津梁也。以乾元元年二月六日，告行於興唐寺。門人惠信等與俗侣白衣會葬，近千人焉。以其年九月九日，起塔於畢原高岡。式昭大道，庶慰永懷。銘曰：

佛有妙法，使皆清净。世界罕聞，茫然莫正。大哉我師，降厥慈悲。開示寂樂，破其惑迷。法相既圓，色空自離。千萬大衆，嘆泣而隨。功成身去，自契自藏。銘於塔石，與天同長。

門徒惠信等立石

（《北京圖書館藏中國歷代石刻拓本匯編》二七册七頁；《隋唐五代墓誌匯編·北京卷》一册二〇五頁；《中國西北地區歷代石刻匯編》四册一二頁；《唐文拾遺》卷二三；《龍門區系石刻文粹》二五五頁；《唐代墓誌彙編》乾元〇〇四號）

一八四　大唐東都荷澤寺殁故第七祖國師大德（神會）於龍門寶應寺龍首腹建身塔銘并序

門人比丘慧空撰

粵自佛法東流，傳乎達摩，達摩傳可，可傳璨，璨傳道信，信傳弘忍，忍傳惠能，能傳神會。宗承七葉，永播千秋。説般若之真乘，直指見性；談如來之法印，唯了佛心。有皇唐兵部侍郎宋公諱鼎，迎請洛城，廣開法眼。樹碑立影，道俗歸心，宇宙蒼生，無不迴向。遂行邁江表之際，方有羯胡亂常。般若護持，傳燈有屬。享年七十有五，僧臘五十四夏，於乾元元年五月十三日荆府開元寺奄然坐化。其時也，異香滿室，白鶴翔空。有廟堂李公嗣號王□，迎尊顔於龍門。别有挺主功臣高輔成、趙令珍奏寺度僧，果乎先願。和尚昔經行宴息，曾紀此山，冥與理通，衆望亦足。其地勢也，北鄰天闕，南枕伊川。東望嵩山，遥窺觀之指掌；西臨華嶽，隱龍首之在中。擇日吉祥，建乎身塔，可大可久，萬古千秋。唯佛與佛，正法東流，宗承七葉，劫石長休。

永泰元年歲次乙巳十一月戊子十五日壬申入塔

門人比丘法璘書

（《洛陽出土歷代墓誌輯繩》五七六號；《龍門區系石刻文粹》二五七頁；《全唐文補遺》六輯二七頁；《唐代墓誌彙編續集》永泰〇〇二號）

一八五　大唐大薦福寺主臨壇大德法振律師墓誌銘并序

朝散大夫守中書舍人晉陵縣開國男蕭昕撰

夫體寂滅之理，出名言之外，深入秘藏，出於樊籠，心鏡達於圓明，戒珠護其清浄，崇我法寶，律彼友情，誰其嗣之，則我振律師其人也。律師諱智宏，俗姓蕭氏，出於我祖，吾實知之。肇於殷氏六族，系以齊梁二帝，迭興江左，讓位關西。高祖巋，梁孝明皇帝。曾祖瑀，皇相國、司空、宋國公，於周爲客，在唐佐命，必復公侯，大開茅土。祖釴，皇給事中。父懋，皇商州司馬，入趨中禁，駁正是司，出佐外臺，題輿見美。律師則商州府君之中子也。生而敦敏，長乃貞確。至性萌於自然，嚴操達於先覺。居喪泣血，毀瘠過人。祥練之辰，遂求入道。母兄既許，帝亦嘉之，遂隸大薦福寺，寺則宋公之舊宅也。廷尉高門，豈唯駟馬；太尉餘慶，寧至五公。自削髮振衣，洗足敷座，探龍藏之密旨，究馬鳴之遺學，研核奥義，懸解真宗。初依止大智禪師，得頓悟門。次請益於舟律師，得戒藏妙。且三點俱列，始謂獸王；二翼或虧，未成飛鳥。語泡幻則定惠俱忘，存名數則威儀可象。諭桄同歸於彼岸，傳燈自禀於本師，弘益則多，津梁斯在。然後窮子歸於長者，衆疾凑於醫門，遠近風趍，衣冠景附。衆請登壇，有詔使爲京城大德。大雲遍覆，群動息陰；一雨普沾，衆植皆潤。又丁太夫人憂，雖達理遺其蓋纏，而因心在乎欒棘。刀兵起難，豺豕當蹊，王室因而播蕩，法門罹其兇虐。律師久齊生死，大泯色空，遊戲而來，暫因循於此宅；隨緣則適，或應現於他方。以乾元元年十一月十六日乘化遷神於寺之方丈室，春秋卌有六，僧臘廿有二。律師兄弟有四，而存者二人，一妹出家，具承遺教。嗟呼！金山已滅，寶所何依？禪林已空，道場奚仰？門人玄宗等，遷神起塔於萬年縣神禾原。徵實録於行狀，播遺芳於誌石。銘曰：

粤我至人，弘兹法要。清浄外朗，圓明内照。戒珠久護，法印初傳。魔軍自潰，佛日長懸。芭蕉匪堅，優曇難遇。化迹斯來，隨方或去。門人喪道，法子亡師。誌彼神塔，徵其誄詞。

（《秦晉豫新出墓誌蒐佚續集》六二五號；《珍稀墓誌百品》五九號）

一八六　大唐長生禪寺僧本智塔銘并序

僧本智，諱了悟，俗姓來氏，乃隋榮國公之裔，廣陵人也。生有慧殖，長則厭俗。年十九，潔誠薰沐，問道於净慈師。□知前因，説非法之法。玄機通徹，已悟三空。剃髮受具戒，爲比丘僧。服忍衣，傳□法，得除塵世之煩；設議墩，演三乘，説華嚴之道。心存普度，念棄塵勞，正期净定，超拔三途。豈料灾生，冥牒俄至。以乾元二年己亥四月十六日，歸寂於揚州江陽縣道化坊之長生禪寺，享齡五十，道臘四。遺命火焚，建塔東偏嘉禾村地内。即於其年十月乙亥八日丙辰歸焉。爰誌塵迹，刻兹塔銘。銘曰：

嗟呼本智，有生而悟。道宗普賢，寂證三果。脱離苦惱兮歸西土，塔門永閉兮垂千古。

（《北京圖書館藏中國歷代石刻拓本匯編》二七册一八頁；《隋唐五代墓誌匯編·江蘇卷》四九頁；《唐代墓誌彙編》乾元〇一一號）

一八七　唐國師千佛寺多寶塔院故法華楚金禪師碑

紫閣山草堂寺沙門飛錫撰

正議大夫行中書舍人翰林學士柱國東海男賜紫金魚袋吴通微書

潭碧千丈，無隱月容；松青萬嶺，莫静風響。夫德充于内而聲聞于天者，有以見之於禪師矣。禪師法諱楚金，程氏之子，本廣平郡，今爲京兆之盩厔人焉。祖宗閥閲，存而不論。母渤海高氏，夜夢諸佛，是生禪師，真可謂法王之子者也。行素顔玉，神和氣清。七歲諷花經，十八講花義，三十構多寶於千福，四十入帝夢於九重。上睹法名，下見金字，詰朝使問，罔不有孚。聲沸江海，豈惟京轂？於是傾玉帛，引金繩，千梁攢空，一塔聳漢，迴廊飛閣，無不創焉。風起而鈴鳴半天，珠懸而月生絶頂。清净眼耳，駿奔香花，度如恒沙，而無所度者有之矣。嘗於翠微、悟真捫蘿靈趾，乃曰：「此吾栖遁之所。」遂奏兩寺各建一塔，咸以多寶爲名。度緇衣在白雲，昭其静也。矧夫心洞琉璃，思出常境，工人梓匠，僉訝生知。毗首所未悟，班輸所愕視。若然，則浮圖之化，髻珠之教，風靡千界，皆禪師之力，豈止真丹五天而已哉！禪師雲雷發空谷之響，金石吐鏗鏘之音，吟咏妙經六千餘遍。寶樹之下，仿佛見於分身；靈山之上，依稀覿於三變。心無所得，舌流甘露。瑞鳥金碧栖于手中，天樂清泠奏于空際。凡諸休應，皆不有之。乃曰：「法本無名，焉用彼相。長而不宰，其在兹焉。」若非法華三昧稟自衡陽，止觀一門傳乎台嶺，安能迂象王之法駕，迴聖主之宸睠！承明三入，弘道六宫。后妃長跪於御筵，天花每散而不著。玄宗題額，肅宗賜幡。鵠返雲中，住香樓而不下；龍蟠天上，挂金刹而常飛。玉衣盈箱，璽書滿篋。寫千經滴瀝而垂露，答萬乘涣汗之渥澤。夔龍貂冕，下黄道以整襟；隱逸高僧，入青蓮而扣寂。微塵知識，如從百城而至；無邊勝士，若自千花而來。豈榮冠於一時，亦庶幾於佛在也。雖林茂鳥歸，人高物向，澄渟天地之境，委曲虚空之姿，無來乃來，不往而往。所作已訖，吾將去乎？有夢彩座前迎，諸天獻果。粤以乾元二年七月七日子時，右脅薪盡火滅。雪顔如在，昭乎上生於安養之國矣。享齡六十二，法臘三十七。天子憫焉，中使吊焉。尋敕驃騎大將軍朱光暉監護，即以其年八月十二日，法葬於長安城西龍首原法華蘭若塔之□，禮也。於戲！禪師齠年詔度，初配龍興；中歲觀心，閉關千福。罷玉柄，葆天光，悟炎宅清凉，駕一乘獨運。乃夢塔從地涌，因用模焉。今之所製，抑有由矣。至若神光熠耀於其巔，聖燈明滅於其下，畫普賢則舍利飛筆，繪群釋乃卿雲澹空。頂中之血刺寫經王，衣裏之珠指呈醉士。當其無，有其用。不立心境，同乎大通。彼五色之相宣，我摩尼之何有，豁如也。縑纊皮革多由損生，屬徒衣布寒加艾納，慈至也。若乃降龍之鉢，解虎之杖，蓮花之衣，甘露之飯，凡諸法物，率多敕賜，不住於相，咸將施焉。室不貯於金錢，堂每流乎香積。澹然閑任，爲天人師，允所謂利見於大雄，釋門之亞聖者也。又曰：「吾自知終於六十有二矣，爾曹誌之。」以其言，驗其實，宛如也。噫！八部增怛，萬國同哀。有詔令荼毗遵天竺故事。於是金棺閉，香木燒，玉兔馴，白鶴唳。霧咽松櫝，風凄郊坰，月飛青天，無照玄夜。法花弟子當院比丘慧空、法岸、浩然等，表妹萬善寺上座契玄，萬善寺建多寶塔比丘尼正覺，資敬寺建法華塔比丘尼奔叱利等，真白凡數萬人，悲化城之不住，痛寶所而長往。貝葉翻手，孰指宗通？金磬發林，誰宣了義？以予分座御榻，同習天台，爰託斯文，鏤之貞石。式揚真古，敢不銘云：

天上雲飄，海中日出，如何落照，大明奄失。蓮花之外，別有蓮花，寥廓之表，又逢寥廓。法離去來，道無今昨，松門一塔兮，誰爲寂寞？寂而常照，死而不亡，其響彌高兮，其德彌彰。白鶴雙雙，飛香郁郁，明月既出，更無星宿。

建塔國師奉敕追謚號記。以貞元十三年四月十三日，左街功德使開府邠國公竇文場奏：千福寺先師楚金是臣和尚，於天寶初爲國建多寶塔，置法華道場，經今六十餘祀。僧等六時禮念，經聲不斷。以歷四朝，未蒙旌德。伏乞聖慈特加謚號，以廣前修。奉敕宜賜謚曰大圓禪師。中書門下准敕施行者，今合院梵侶敬承恩旨，頂奉修持，用資皇壽。將恐代隔時遷，真踪靡固，輒刊碑末以紀芳猷，遠追鷲嶺之風，聿光不朽之迹。

貞元廿一年歲在乙酉七月戊辰朔廿五日壬辰建

廣平宋液模刻

（《西安碑林全集》一九卷二〇三〇頁；《金石萃編》卷一〇四；《八瓊室金石補正》卷六七；《全唐文》卷九一六）

順天

一八八　大和上封公（安立）墓誌并序

和上俗姓封氏，法諱安立，渤海蓨人也，即魏都水勸之來孫、吏部常選諱待詮之嫡子矣。青領之歲，學道於玄圃之巖；赤髭之初，了義於雪山之穴。德肥真諦，器湛禪河。而投髮衣緇，遇唐運於葱嶺；執持戒律，會周澤於洛川。佛貴所生，奉詔歸本城隍，道庶請和上爲明德寺之上綱也。統領緇徒，若慈父之育子；憫乎流俗，如仁君之撫吏。從僧七十年，僧臘五十九。張皇佛事，崇建樓宇，奇迹可以目睹，勝功於何不臧？至順天元年正月，大燕革命，河外鼎新，地化亡唐，人惟更育。以寺連帝諱，因改爲順德寺焉，則和上又爲順德寺之高僧也。兼以攝化爲心，慈悲爲體，自河以北，人無不師。二年春三月，隱几而坐，謂諸上足曰：「如來涅槃，實非生滅。大聖遺愛，吾亦有之。」乃示疾枕肱，洗泄腸胃，仍傳法印，語默隨時，眉開白毫，頂變青髮。閏四月十五日，景向亭午，俄歸寂滅之壇。侍人環臨，有法無問。涓涓父母之血，哀哀骨肉之聲。時春秋八十有八矣。鐘磬交震，鳳鳥盤旋，四塞愁雲，三灑微雨。城國爲之霑泣，竹木爲之流涕。望氣經日，土氣不飛，地悲也；雨聲不鳴，天淚也。和上名德，昭感異靈，況於人民焉，況於近侍焉。嗚呼！拘尸那城，佛有茶毗之法；振旦王國，俗依宅兆之禮。手度旻實等裁抑悲淚，謀瘞尊顏，以其月廿八日戊子，卜葬於安陵南原，禮也。東鄰郡路，青楊起乎長風；西控御河，碧浪悽其短晷。□廛士庶，猶喪二天；伽藍僧尼，如失一佛。其銘曰：

哀哀和上，有形無相。爲法受生，因道弘量。處之於世，人發迴向。今何化往，結乎悲悵。德山崩而濟舟没，法海竭而群邪放。拂石盡而無期，拈芥□而有望。

（《景州金石》二一二頁；《北京大學圖書館藏歷代墓誌拓片目録》〇七〇八七號）

上元

一八九　唐杭州華嚴寺大律師（道先）塔銘并序

魏晉中，穎邁之士多尚出塵，白足高步於海隅，青目遐視於湘表。千有餘祀，禪律師宗，吾知若人，出秉伊説之鈞，處躡黄綺之躅，亦躬珪之與和璞，隱顯之殊乎！我律師其人也，法諱道先，俗姓褚氏。逾齔出家，方冠受具，詣光州和尚學通毗尼。于時夏淺德崇，壇場屬望。蓋天賚真士，爲東南義虎，雲雨慈味，笙鏞道聲。常持《法華》，兼創佛廟，洎没身不怠也。世壽七十九，惠壽五十八，上元庚子歲秋仲月，示滅於本寺。是日，馳陽昧昧，淫雨飂飂，烈風崇朝，嘉木爲折，乃東土福盡之徵也。俄然喜氣五色，亭亭如蓋，移晷不散，遍映精廬，即西方往生之意也。初，吾師未殁，其月三日質明，交疾凝神，視色觀身，彌陀具相，忽現師前，滿庭碧花，昔所未睹。其四日昧爽，有異人請師，謂師爲和尚，遂開目彈指曰：「但發菩提心。」五之日，曼陀羅華自天而雨。悲夫！非哲匠去世，安至是耶？門人神烈、義精等攝齊何仰，繞塔徒哀，履名迹而可師，書琬琰之不墜。詞曰：

我法末季，哲人是生。真慈在物，澤灑飆清。高戒嚴身，佩月與瓔。貽訓徒張，逝不可作。瑞花冥濛，卿雲縈薄。靈轜何止，于此山椒。寒鼯斷續，影塔蕭寥。五峰諸子，泣望終朝。

（《晝上人集》卷八；《文苑英華》卷七八六；《全唐文》卷九一七）

一九〇　净土寺西院故大德禪和尚（修法）塔銘

大師俗姓張氏，太原人也，諱修法。白□英靈，孤範獨秀。久學經論，陶煉精博。識幽洞微，朗鑒無礙。忽棄浮生，□世如電。開元年中，於東都同德寺花嚴大師門下稟學。其時，歸心如蜂蟻衆，得意者如麟。吾師曰：「言即無言，説是無説。」廓然大曉，頓會真如，顔異於群，鏡心秋月。吾師印曰：「堪爲人師，後畢麟角。」於天寶歲，鞏縣耆老，净土綱維，王城咨迎，降斯開闡。於廿年，廣論心地，供養無缀，來如雨花，授學門人，去住情任。值安使狂悖，謀叛中華。大師悒言，曷逢亂世，身瘻苦腹，知世去流。乾元四年十月廿九日夜，儼然坐化，壽算僧臘，繁不能述。但智德等，稚童之年，親蒙訓誨，披衣剃髮，皆師指踪，碎身殞軀，酬恩未足。屬荒世儉，子父相屠，荏苒之間卌餘載。今四方清泰，歲稔時豐，若不罄捨浮財，生居幻景。峻岑南面，崇造偷婆，嵩少目前，清洛傍帶。良工磨琢，用答洪恩。乃爲銘曰：

大師靈骨，几何識知。廣博經論，實難匹之。心源洞啓，渤澥同漪。幽鑒無滯，世倫嘆希。琢磨刷鍊，鎚光迸飛。

（《唐文拾遺》卷六四）

寶應

一九一　唐故揚州慶雲寺律師一公（靈一）塔銘并序

公諱靈一，俗姓吴，廣陵人也。神清氣和，方寸地靈，與太初元精，合其純粹。聞思脩惠，介然生知。九歲出家，十三斷髮。嚴持律藏，將紹法寶。示人文學，以誘世智。初不計身中有我，我中有身，德充報圓，斷緣相滅。寶應元年冬十月十六日，終於杭州龍興寺，春秋三十有六。臨滅顧命以香木荼毗爲送終之節。門弟子虔奉遺旨，粤以是月某日，焚身於某山，起塔於某原，從拘尸城之制也。右補闕趙郡李紓、殿中丞侍御史頓丘李湯嘗以文字言語遊公廊廡，至是相與追録遺懿，以詒塵劫。謂公貞靜直方，淵遠弘大，而密識洞鑒，天倪道機。注不滿，酌不竭，冲如也。自受生至於出家，貪恚不入念，哀樂不見色。自出家至于涅槃，六根不染欲界之塵；自知道至於返真，雙履不踐居士之門，公之嚴持也。初，公之先世爲富家，既削髮，推萬金之産，悉以讓諸孤昆季，所取者獨衲衣錫杖，及身而三。捨七界五欲如棄涕唾，公之純白也。其所底止，必擇山間林下無塵埃之地。初，舍於會稽南山之南懸溜寺焉，與禪宿之達者釋隱虚、處印、靜虚相與討十二部經第一義諦之旨。既辨惑，徙居餘杭宜豐寺，鄰青山，對佳境，以嶺松澗石爲梵宇，竹風月露爲丈室，超然獨往，與法印俱。自是師資兩忘，空色皆遣。暴風偃山，而正智不動；巨浪沃日，而浮囊自安。於是著《法性論》以究實諦，公之懸解也。公智刃先覺，法施無力。每禪誦之隙，輒賦詩歌事，思入無間，興含飛動。潘、阮之遺韻，江、謝之闕文，公能綴之。蓋將吻合詞林，與儒、墨同其波流，然後循循善誘，指以覺路。繇是與天台道士潘清、廣陵曹評、趙郡李華、穎川韓極、中山劉穎、襄陽朱放、趙郡李舒、頓丘李湯、南陽張繼、安定皇甫冉、范陽張南史、清河房從心，相與爲塵外之交，講德味道，朗咏終日。其終篇必博之以聞，約之以脩，量其根之上下而投之以法味，欲使俱入不二法流。公示教之攘門也，内張天機，外與物接，捨法無我，以虚受人。曠焉若空谷之響、止水之像，優而柔之，使自得之。其道樞未始不無爲也，而飲其和者亦虚而來，實而歸。明徵其所以然，則不得其眹，公應之無涯也。宜豐寺地臨高隅，初無井泉。公之戾止，有靈泉呀然而湧，噴金沙之溜于禪庭左右，挹之彌清，斛之無窮，公精至感物也。嗚呼！日發天啓，壽量俾一劫住世，聖道以拯拔喪得，大雲而凉天宅，其公乎！吁嗟！昊穹奪我善友，使生不極其涯，道不竟其源。豈前已就有，可出將轉現他方乎？爲應化之始終，法身之去來，非思議所及乎？凡今學徒戒歸，若涉大水而無梁。抽毫强名，以誌陳迹。其銘曰：

示生五濁，愛習如債。以何爲師？尸羅之戒。一念識滅，萬法懸解。名離性空，破魔結壞。穎脱諸有，獄視三界。上德不器，大道無方。天縱之文，亦知其方。發彼蒙童，啓迪思量。我皆令發，直心道場。奈何法船，今也則亡。適來豈逆，適去豈順。施未及普，天胡不憖？飛鳥無迹，法雷罷震。福庭空虚，來者曷問。言之糟粕，留爲秘印。

（《毗陵集》卷九；《文苑英華》卷八六四；《全唐文》卷三九〇）

一九二　大唐東京大敬愛寺故大德大證禪師（曇真）碑銘并序

金紫光禄大夫門下侍郎平章事太清太微宫使崇玄弘文館大學士上柱國齊國公王縉撰

銀青光禄大夫行尚書吏部侍郎集賢殿學士副知院事上柱國會稽縣開國公徐浩書

醴泉湧而蠲疾，寶炬然而破暗，蓮花無染而獨净，夜光不繫而自得。其惟上智乎？夫上智之身，曲隨世界；上智之心，密遊聖境。或宿植德本，乘願復來；或意生人間，用弘開示。非慧見，孰能知之？大德號曇真，姓邊，陳留開封人也。厥初爲孩，禀知持異，亦既有識，用晦如愚。家有耕桑未嘗問，鄉有學校未嘗顧。則曰：「處豐屋，何如方丈；馳良馬，何如振錫。珪組耀世，不如被褐；金玉滿堂，不如虚白。食珍者豈觀飯來香積，聽樂者豈聞梵唱云何。」戰既勝矣，出門絶迹，潛嵩少間，專於讀誦。年至二十，遂適太原，受聲聞戒，習根本律。性甚聰敏，博涉經論，時同學者仰之爲師。久而嘆曰：「大聖要道存解脱。不入其門，非佛之子。」乃損落枝葉，澄清泉源。詣長老大照，醒迷解縛，開心地如毛頭，掃意塵於色界。從此日益喻師能知，於四威儀之中，無一刹那有怠。不住以至於大寂，無作以至於恒用。我正無所，虚空未爲廣；我照能遍，日月未爲明。震雷破山，聞不聞等；烈風拔樹，見不見等。是身無主，與四大假合；方寸無生，於一切離相。猶以爲未出心景，彌勒深入。大照既没，又尋廣德大師，一見而拱手，再見而分座。問之於了，答之以默，俱詣等妙，忽合自他。梵衲之行，楞伽之心，密契久矣。廣德又謝，學徒噭噭，相顧靡依，來求於我。嗣續前教，皆以寶歸。出宅諸子，俾稱所乘；渡河三獸，自止於分。天寶季年，禄山作逆，陷我洛陽，亂兵蜂螫。大德澹然，獨在本處。天龍潛衛於左右，豺狼仰瞻而讚嘆。施財獻供，終朝盈門。於善惡等以慈，於苦厄久以忍。言説不得，無畏故也；動静皆如，自在故也。度衆無邊，大願力也；依報無量，邁種福也。夫修行之有宗旨，如水木之有本源。始自達摩，傳付慧可，可傳僧璨，璨傳道信，信傳弘忍，忍傳大通，大通傳大照，大照傳廣德，廣德傳大師。一一授手，一一摩頂，相承如嫡，密付法印。惟聖智所澄，非思議能測也。大德既捨眷屬，竊爲沙彌，身不顧名，志在成道，聲稱浸遠，歸向如林。天寶八年，緇侶領袖舉以上聞，乃蒙正度，初隸東都衛國寺，旋爲敬愛寺請充大德。遷彼與住此，有緣非無因。地離人天之會，法如雲門之施。衆有塵勞之悟，寺盈河潤之福。今學與其進，當學起其信。善誘不倦，得師則喜。利往者導之以鍵，睹奥者辨之以正，在定者戒於貪悟，所覺者使之以視遠。彼來學如菴摩勒果，冀其出世如優曇鉢花。齊我者稀，故我貴矣。寶應二年正月十四日，趺坐如生，薪盡火滅，年六十，夏十四。哀纏門人，悲及塵衆。樹爲之變色，獸爲之失聲。棟折航沉，佛土蕭索。其年九月，葬於嵩岳寺之北阜。大曆二年，有司奏謚，上聞惻然，乃賜號曰大證禪師。縉嘗官登封，因學於大照，又與廣德素爲知友。大德弟子正順，即十哲之一也，視縉猶父，心用感焉。以諸因緣，爲之强述。銘曰：

上德不德，興慈連悲。現於獨界，俯爲人師。以我無思，破彼盡思。爾方厭俗，我則隨時。由多分別，妄知垢净。根不緣塵，象豈染鏡。法不可著，空即是病。無得之得，絶聖而聖。文字非文字，言語非言語。云何以解脱，云何而語汝。隨宜説方便，究竟非我與。舍利依嵩山，寂寥松柏所。

（《文苑英華》卷八六二；《金石萃編》卷九五；《全唐文》卷三七〇）

一九三　故中岳越禪師（常超）塔記

智之深者反照，仁之大者無思，反照而萬物同明，無思而一切咸寂。真如住乎無住，妙有生乎不生，惟禪師至其極也。禪師法號常超，發定元於大照大師，垂惠用於聖善和上，證無得於敬受闍黎。司徒郭公舉爲東京大德，御史中丞鄭公表敷教於三吴。乃沿漢至黄鶴磯，州長候途，四輩瞻繞，請主大雲寺。浩浩群醉，願霑醒藥。於是以梵網心地還其本源，楞伽法門照彼真性。荆越之俗，五都僑人有度者矣。寶應二年暮春季旬之二日，證滅於禪居。緈杖百千，江哀山悴。凡入諸佛正位二十九夏，存父母遺體五十九年。門人寶藏、熙怡等號捧香龕，建塔東岡，遵像法也。禪師滄州人，姚姓。靈和應於海碣，弱歲齒於儒者。既而捨孔氏之經，爲釋門之胤。聞西河攝護第一，乃往從師。次諸嵩潁，服勤上法，理妙詞簡，神凝道深。蓋六度之龜麟，人天之海岳也。嗟夫！雨寶之珠伏於泥下，燎原之火隱在木中。開示有期，繼生宗範。摩訶達摩以智月開瞽，法雷破聾。七葉至大照大師，門人承囑累者曰聖善和上，環注源流，含靈福備，乃灌其頂，龍像如林。及强敵逆天，兩京淪翳，諸長老奉持心印，散在群方。大怖之中，人獲依怙，則不言之教，無爲之益，廣矣大矣。覺之正之，默兹玄照，不爲深乎？弟子司封員外郎趙郡李華泣舉雙林，敬表仁旨。時廣德二年正月六日。

（《李遐叔文集》卷三；《全唐文》卷三一六）

一九四　衢州龍興寺故律師體公碑

器爲外物，挹泉者器，有以濟饑渴也；身爲妄聚，奉道者身，有以成大覺也。泉不離器，道不離身，器存則饑渴洗除，身脩則大覺無礙。故律爲知見根本，開入扃户，持其要、得其宗者，有若長老體公。蓋毗尼之堂室，尸羅之燈炬，三昧之舟筏也。信安有名山名川，山秀川清，家爲將宗，母曰徐姓。地靈開祐，降神而生。徐氏既孕，夢婆羅門告曰：「姊當生男，詔興大法。」長老既齔，好聚沙起窣堵波，焚草爲香，採花爲供。年十有五，瓊章鶴姿。兄爲浄安寺上首，乃往從學，日誦萬言。兄嘆曰：「吾祖父昆弟六人，出家受習之速，無其比也。」年二十一，通大乘、小乘千紙。如意年中，配度浄安寺。遊問會稽，遇光律師，受其戒。誦戒至三日，屬衆僧布席，登座宣説，無有遺文。住洛京五年，與本州策律師、東陽超至法師同講問，爲法門儀表。〔天册〕萬歲元年，歸信安，稟受者千人。由是江南律範，端嚴第一。衲衣袒肩，跣足行乞，手蒔松竹，繕造僧房。苦行貫天地，大慈包世界。於辨才得自在，於文義得解脱，於人法得無我，於觀照得甚深。刺史徐嶠之率參佐縣吏、耆艾以降請居龍興寺。迎供者多不知，同日紛然辨鬬，聞於長老。曰：「吾脩無諍三昧，不唯自利，弘願利人。咄因吾身，生彼嗔恨。」乃別立一室，室纔方丈，晏然安居，不踐門閾。刺史李暢跪請移居大方，至於涕淚。俯如其請，因入法華三昧。口不息誦，身不親席。大事因緣，我得心證。請左溪大師講止觀，鑄鐘七千斤。鄰州長吏稽首延請，結艦浮川，幢蓋彌望，瞻禮萬計。行無住悲，建講堂、門樓、厨庫、房宇，畫諸佛刹，鑿放生池。聞者敬，觀者信，聽者悟。日月無私之照，江湖不言之潤，如來權實之門，其至矣哉！收材江湖，方構佛殿，群盜據州，寺半爲墟，址如鳥巢，形若枯木。兇猾棄刃，稽首歸仁。寶應二年六月九日，自升繩床，趺坐而滅，享齡九十二，僧臘七十一。緇素號慟，楚越凄悲。至廣德元年十二月三日，焚於州西某原，起塔安神，諸佛之遺教也。唯長老貌清神遠，仁深行獨，卓爲道器，注爲法源，謙非外儀，質乃内至。若調伏住持之固，禮誦跪繞之勤，耄期不衰，寒暑如一。學窮必究，理精必詣，猶自以爲功微道淺，未足爲師。真金純金，萬寶之最也。趺滅之夕，則異香滿室；閉塔之日，則群鶴翔鳴。信安王禕、趙太常頤真、鄭庶子倬、李中丞丹、前相國李梁公峴皆爲此州，躬往圍繞。趙太常敬因長老，立文殊萬聖之象；李梁公增感先人，泣下雙林之間。長老在世，靈徵繁多。日輪降照於梁端，大龍脩敬於池上，寒蒲挺擢於冰下，彩芝炫瑩於禪室。慶雲覆會，仰嘆千人。此其盛者。弟子僧會藏，爰自童蒙，服勤左右，四十年矣。惠命阿難結集如來之言，顔氏之子鑽仰素王之道。杭州靈隱寺大德惠遠，婺州開元寺大德清辨，本州六度寺大德惠炬、大乘寺主浩然，本寺上座惠達、寺主法會、都維那神爽等，輪王之位，我敬奉之；妙光之法，我敬行之。爰請伽陁，式播玄烈。銘曰：

付囑戒藏，遵行威儀。光還性静，翼具禽飛。止法根本，深仁得之。蓮花不濡，性本清浄。彼上人者，無時非定。定不離儀，儀不離性。色身雖滅，此滅皆寂。寂然不動，斯爲正真。鎔金起塔，哀斷門人。

（《李遐叔文集》卷四；《文苑英華》卷八六〇；《全唐文》卷三一九）

永泰

一九五　資敬寺尼釋然墓誌銘并序

左拾遺程浩撰

有唐京師臨壇大德尼法號釋然，俗姓裴氏，贈司空公之孫，舊相左僕射、冀國公之女。天錫辯惠，悟於襁褓。有琴瑟之聲，耳不之聽；有錦繡之色，目不之悦；有珠玉之珍，手不之玩。年三歲，冀國先夫人異之，遂詣法雲寺唐和尚出家。掩綽約之容，授毗尼之律，不長縝髮，便加納衣。天寶中，復依止資敬寺理空律師受戒。誦《法華》也，演如來一音；講《楞伽》也，入菩薩八地。言香而氣流甘露，目浄而光照青蓮。内磨惠心，外砥孝行。冀公翊聖鳳翔也，不離目前，啓道場於太白；誓師劍門也，不離膝下，敞禪室於峨眉。密窮秘藏，深入真要。永泰初，復歸長安。律儀風清，惠問泉塞，京城僧衆舉爲臨壇大德。張妙雲以潤物，指化城以諭道。人歸者，恐不得其門。春秋卅有五，永泰二年七月一日寢疾終於本寺。其月廿日安神於畢原，近魏國先祖夫人之塋，從志也。擁幢幡者，同學之表；儼縗經者，傳法之制。焚香導之，執紼送之。乃琢玄石，用昭净行。銘曰：

禪悦住持，道場精進。發童子心，授如來印。義了三乘，道成一瞬。門開甘露，鉢吐蓮花。墨傳世界，薪盡生涯。泉扃永閉，唯見袈裟。

（《西安碑林博物館新藏墓誌續編》一一六號）

一九六　潤州天鄉寺故大德雲禪師（法雲）碑

東南苾芻之上首曰長老雲公，報年若干，僧夏若干。永泰二年某月日，涅槃於潤州丹徒天鄉寺。人天痛慕，江海寂寥。御史中丞韋公元甫頃臨潤州，嘗申跪禮。無何，韋公兼觀察領浙西，按部至京江，來脩謁問。長老曰：「如來遺教，付囑仁賢。貧道有檀像一龕，敬以相奉。」意深言簡，聞者凄然。韋公致別之明日，長老繩床跏趺，無病而滅。嗚呼！至矣哉！昔支遁與謝公爲山水之遊，竺法師與王度爲生死之約。古今同道，如見其人。長老每言曰：「得天師於牧馬，求善法於鬻香，不可不敬；樂羊以食子見疑，苾蒭以草繫成忍，不可不仁；智瑶死於大縣，頂生退於釋宮，不可不廉；留侯先期而黄石悦，玄謀懇乞而觀音降，不可不信。學此四者，以爲教端。內訓緇褐，外化群品，其餘觸類而長，道遍恒沙。」長老法號法雲，獲度於神龍之歲。俗姓申氏，其先魏都之望。出於姜姓，左右宣王，《詩》所謂惟岳降神者也。曾祖寧，皇朝考功員外郎。祖靖，睦州遂昌縣令。父儉，不仕。以復楚之忠烈，相韓之勛伐，蓄靈韜曜，鍾美後人。長老童丱入道，誦《法華經》。景龍歲，受具於本州龍興寺玄昶律師。由是萬計俱圓，名冠同列。與鶴林絢律師偕往嵩潁，求法於大照和尚。以心眼視，徹見無邊界，果在掌中，隨心舒卷，喻菴羅熟，終當自知，此其端也。道在兼愛，故無棄物。有志於道來問，長老曰：「飲甘露者，當净其身。」有涉道未泓來問，長老曰：「菩提爲寶耶，無知無德；涅槃爲空耶，常樂我净。」由是江表禪教有大照之宗焉。至若願力所弘，莊嚴佛教，像飾同日月之照，厨供盡人天之福，積若山川，流於他方。凡聖去來，緇素皆以天鄉爲中路之化城也。夫三界爲牢，鬼神同死，使桎梏輪轉，無解脱時。佛性在煩惱之中，佛身即衆生之體。大法平等，無所不同。雪山滿月，是爲真語，同音半字，寧爲妄説。如來毫相，始於東土；菩薩求法，遍在西方。慈悲之間，固非一致。若乃昆朋劫灰，夏時同學，化來周穆之歲，星隕魯莊之年，甘泉金人之祀，伊存浮圖之説，謂之爲妄，則常情不測；謂之爲實，則迂闊難明。立定哀之時，書隱桓時事，憑魯史之文，猶未之詳，况超乎視聽之外，出乎名言之域，固宜然也。國史傍録往往合符者，則宣尼稱西方有聖，玄老云吾師竺乾，厥後感夢孝明，漸於中國。楚王英尤敦此道，嘗奉縑贖罪，詔曰：「王誦黄老之微言，尚浮圖之仁祠。潔齋三月，與神而爲誓，其還縑以助伊蒲塞桑門之盛饌。」浮圖仁祠即塔廟也，潔齋爲誓即禮懺也，伊蒲塞則優婆塞也。至魏受禪，洛陽宫中有浮圖，毁除之。沙門以佛舍利擲水生光，由是移於道東，廣開禪室。僧會揚化於三吴，惠持演教於三蜀，震曜聾瞽。無代之法壞也，因蓋吴同亂之積。其後也，賴曇休堅持之誓。自菩提達摩降及大照禪師，七葉相乘，謂之七祖，心法傳示，爲最上乘。南方以殺害爲事，北方多豪右犯法，故大通在北，能公在南，至慈救愍，曲無不至。其餘則澄公威神止石羯之虐，惠始定力悛赫連之暴。净檢尼部之初，曇柯律藏之始，道安垂範，羅什詮譯。惠遠、道生闡教於廬匡，杯渡、寶誌著異於江浙。公之慈靈鎮攝，智者之遵揚真極。法膺昏季，在壞尋舉，起稠公之衣而定興廢，驗仲尼之記而崇建立。我唐撫運，同符聖覺。中州徼外，大智如林。玄奘無畏，繼興夷夏，不可悉數，舉甚殊尤。長老既滅，門人僧某等戒還本原，智人無學。以某月十六日，遷定於鶴林寺西。江湖晦冥，道路凄慟。初吏部侍郎齊澣采訪江東，見天鄉殿宇傾圮，孰尸完葺，乃請禪師與絢公，當謂寺僧乾最得堅固力，求真實智。乾元初，奏請天下一十五寺長講戒律，天鄉即其一焉。爾後，率同心願善繕理。禮部員外郎崔令欽常爲丹徒，宗仰不怠。無何，吴越震擾，緇侣竄伏。長老挺身於戈劍之間，宴坐於虎狼之口。大浸不溺，大火不焚，天鄉獲全，長老之力也。韋中丞以句容令田少文悦長老之風，弘無生教，故托句容護辦葬事。刺史韋公損奉善逝甚深之旨，行菩薩廣大之慈。大理司直兼丹徒令史坦性浄道周如潤州。長老之兄弟之子曰堂構，爲當代詞人，修在家梵行，與門人俾華贊德於萬斯年。其文曰：

至哉玄德，高標法流。法而不著，行而不求。輪王自在，象寶調柔。黑夜生月，驚波起州。洲淪大浸，日落中夜。方外常在，人間代謝。性不遷易，法無高下。億萬人天，從吾受化。從受化已，委順知時。諸佛如是，我今得之。清江朗月，古人仁祠。以我遺法，爲人導師。

（《李遐叔文集》卷二；《文苑英華》卷八六一；《全唐文》卷三二〇）

大曆

一九七　唐故鎮國寺大德純□（大圓禪師）塔銘

大唐上都鎮國寺故大德純□，去大曆二年歲在丁未二月廿四日，遷化於長樂鄉春明里本寺。奉敕賜紫袈裟，又奉中書門下敕宜賜號謚大圓禪師者，并賜布絹用充葬儀。即以其年三月五日，建塔於所居伽藍。至大曆十三歲在戊午孟春戊申朔旬有四辛酉辰，窆于兹塔之玄堂，禮也。弟子比丘惠照等、比丘尼妙藏等四衆數十萬人，永懷罔極，常思法嚮，節有推遷，情無遺思。

（《隋唐五代墓誌匯編·陝西卷》四册四三頁；《中國西北地區歷代石刻匯編》四册六九頁；《全唐文補遺》三輯三〇六頁；《唐代墓誌彙編續集》大曆〇三四號）

一九八　唐寧刹寺故大德惠空和尚墓誌銘并序

夫以先覺者超世弘道，猶曰不於一佛二佛而得之，蓋現化於千百身矣。今王城寧刹寺律有比丘尼惠空，以律爲儀，以定自處，而住世六十有四夏。其反真也，曷知其所，無乃示如也化耶？彼青蓮出於深池，白月照乎虛室，雖任風摇落，隨雲掩映，睹之者安知夫歸根曰靜、素靈常在哉？觀其異日所趣，自初及終，動無違戒，若有前習。或宴坐滅息，或登壇臨授，徒見夫真形具相，儼兮可則。余嘗問，其俗姓馬，扶風人也。曾祖遇，皇嬀、檀二州刺史。祖子夏，皇邢州長史。或節重壽城，藻人靡化；或政超半刺，邢國移風。父令藻，皇河南府永寧縣尉。代曰象賢，方崇盛業。未振北溟之羽，空嘆南昌之尉。衣冠之裔，業緣果善。大曆二年五月十六日委化，十月廿日葬龍門。緇俗之會如林，未達者號塔哭路，蓋不能已。銘曰：

我生而異兮，樂法出家。我聽何早兮，畏火登車。性□隨而不染兮，□□波上如蓮花。既順物以委謝兮，吾固知千佛萬佛猶恒沙。

（《洛陽出土歷代墓誌輯繩》五七七號；《龍門區系石刻文粹》二五八頁；《全唐文補遺》六輯四五二頁；《唐代墓誌彙編續集》大曆〇〇二號）

一九九　故大德慧澄禪律師墓誌銘並序

□師俗姓焦氏，諱慧澄，河南潁陽人也。自幼及長，超然悟法，遂於業縣安居寺出家，續於福先寺宿殖律師所受具戒，又於天宮寺大德思勖律師所習毗尼宗四分威儀，數臘成就，六遍終講，第一能持。以是精勤漸入禪

□。復於大照和尚門下學大乘業，護明月□□珠，味□露之悦食。志離塵俗，性樂山林。便依伊□□蘭若居住，宴坐經行，不捨晝夜。清泉涌出，明神□□。□於閑居寺和尚□再習禪宗，兼精妙典。登壇□□□餘年，道俗門人，莫知共數行。專脩於菩薩□□□衆□。春秋七十有三，僧臘卌有五。以大曆□□□□八日戌時遷化。緇衣士庶，號慟咉咽，如執□□□□□訓，慈緣廣被，遠近咸奔。粤以其月十五日□□□□河南縣畢圭鄉天竺寺内。其銘曰：

□□□□，四衆歸依。寶山忽倒，慈雲不飛。彼岸初陟，□□□達。于嗟法侶，安仰巍巍。

大曆三年歲次戊申四月甲戌朔十五日戊子建

（《洛陽流散唐代墓誌彙編續集》二〇六號）

二〇〇　古衍禪師墓誌

大曆三年五月五日，古衍禪師墓誌，僧弟子達立於東院。移日天雨花，富地白鶴來翔。傳授南宗，承燈不二。□除心□，挺生白樞。法雨潤人，堅冰苦□。雍城陌上，青草路傍，空聞天香。鵝珠在户，群生何仰？勒石鐫銘，千秋長想。道成、法通、知寂、空寂、真悟、道幹等。善寂。

（《北京圖書館藏中國歷代石刻拓本匯編》二七册六八頁；《北京大學圖書館藏歷代墓誌拓片目録》〇四七二二號；《隋唐五代墓誌匯編·北京大學卷》二册七頁；《八瓊室金石補正》卷六二；《唐文續拾》卷一五；《唐代墓誌彙編》大曆〇〇六號；《石刻題跋索引》一九三頁）

二〇一　唐上都薦福寺臨壇大戒德律師（智舟）之碑

朝議郎守禮部郎中上柱國韓雲卿撰

金紫光禄大夫守太子少保致仕上柱國昌黎郡開國公韓擇〔木〕〔書〕

朝散大夫守都水使者集賢殿學士翰林待詔史惟則篆

西域之教，流於中國六百年。有僧智舟服專經律，不卧袵席，弗乘馬牛，年算益高。精□□□，□教立論，爲人之師，蒙者發焉，迷者反焉，知者楙焉，明者晦焉。享年八十有七，僧臘六十。大曆四年十二月，示疾於長安。曰：「吾夢浴於大海，水府族類噉如在目。大海，水所積也；陰曹□□類畢睹，陰類交也。形者，道之贅聚也；浴者，滌澣垢圬也。其將息陰以滅形，除垢以歸凈。吾□□乎涇陽，吾父母之鄉。先是，門人爲余兆宅土壙，地形高爽，不敢專美，因構塔立像。天子聞之，錫名曰『涇川佛寺』。□歸子斯，莞葦單車，不在藻飾，勿擇時日。」學流法徒，敬奉指約。□是天宫聖賢，異香名花，迭至牖户。其月二十九日而終，謚曰大戒德律師，賻以縑布，喪禮儀物，悉以公給。門生弟子千里赴喪，都人士女會葬水流。五雲翔空，群鶴舞譟。所謂年徂性移，形蜕道傳也。比〔丘〕尼德超佩荷訓義，詳具業行，刊石銘德。其辭曰：

覞覞碩僧，秉醇含輝。正己全德，爲人宗師。於惟碩僧，知道之元。變化往還，孰由其門。蒸蒸道衆，隨量有獲。涉川無梁，其道中息。秦山峨峨，涇水活活。吾師則亡，遺德昭烈。斲石紀銘，用貽後學。

大曆六年歲在辛亥七月乙酉朔十五日己亥建

刊者强勖

（《全唐文補編》上册五七五頁）

二〇二　護國寺威師（承威）碣

師諱承威，姓劉氏，河南洛陽人也。幼而靜定，病天下無古今、無賢愚大馳於勢利，没死而無悔。掀然逸發，不懼過正之譏，遂以弱年奮其獨知，從照師問佛法，次從光師受僧律竟，依同學廣師、證師講習其傳。天寶八載，始以敕度居東都敬愛寺。十三載，詔置護國寺於河陰，御題雖挂，一簣未覆，蒼然古原，架構無時。於是，千僧百賈相聚謀曰：「將成大功，實資衆力。」若非盛名豐富，孰能議而建之？乃相與設金翠雲纓花香之飾，迎請吾師。以至德丁酉歲，適來爰止。師以爲造作土木爲尤滋久，就危山無人之境，辟蒿萊不田之地，比之妨閭害穀，不猶愈乎？鏟其榛崖，纔容足處。周鄭士庶，翕然依之。多方誘掖，隨機道達。折誇者之鋒，散執者之迷，曉愚者之黑，清貪者之滯。勢聲益張，走集兹遐。靡然而財贍，雅然而院列，軒房互映，圖像增設。目前千里，足下萬井，方肆而大之，使後不能加。大曆五年正月五日，無疾而歿。其三月，塔成以瘞。厥後恩加院額，僧經寺事，千甍波起，萬金堆聚。孰不感嘆！蘖栽成於合抱，九流源於濫觴。推功歸美，我則無愧。門弟子如岳等以歲時益深，流輩向盡，懼成蕪没黽，後人不知，乃磨好石，託我銘曰：

士不拘教，矯俗惡兮。人驚獨出，掀攣縛兮。能適其靜，既嶢高兮。非藥非花，結架牢兮。厥後因之，大而肆兮。門人泣咨，紀成事兮。

（《皇甫持正文集》卷六；《全唐文》卷六八七）

二〇三　唐杭州靈隱山天竺寺故大和尚（守真）塔銘并序

水之性不動而鑒得，非夫實相之體耶？雖積爲洪溟而未嘗變，亦真我自在之妙致也。如來大師獨秉至教，群聖拱手，俾寘冥到識，破堅冰之惑，豈逾一念之中哉？靈隱大師雖外精律儀，而第一義諦素所長也，故小子誌之。大師生緣錢塘范氏，諱守真，字堅道，齊信安太守瑝之八葉。禮既冠衆，君子器之。夙有丘園之期，不顧玄纁之錫。遂詣蘇州支硎寺圓大師受具足戒。是夜，眼中光現，長一丈餘，久而方没，蓋得戒之禎也。後至荆府，依真公。三年苦行，尋禮天下二百餘郡，聖教所至，無不至焉。無畏三藏受菩薩戒香，普寂大師傳楞伽心印。講《起信》宗論三十餘遍、南山《律鈔》四十遍。平等一雨，小大雙機，在我圓音，未嘗異也。乃發殊願，誦持《華嚴》。遂於中宵夢神人施珠一顆，及覺，惘然如珠在握。是歲，入五臺山，轉《華嚴經》一百遍，追宿心也；又轉《大藏經》三遍，廣正見也。至開元二十六年，有制舉高行，道俗請正名隸大林寺。後移籍天竺，往靈隱峰，時大曆二年也。至五年三月，寓於龍興净土院，謂左右曰：「夫至人乘如而來，亦乘如而去，亦其必然也。而愚夫欲以長繩系彼白日，安可得乎？吾非至人，豈逃其盡？」以此月二十九日告終於玆地，春秋七十一，僧臘四十五。其間臨壇既多，度人無數，今不復紀也。顯明弟子蘇州辨秀，湖州惠普、道莊，越州清江、清源，杭州擇鄰、神偃，常州道進，如彼鸑鷟之彩，共集旃檀之枝，江淮名僧，難出其右。晝之身戒，亦忝門人，幸參四子之科，獨許一時之學。斯文在我，何敢讓焉。詞曰：

房星在天，降爲應真。好爵縻我，視如埃塵。既投其簪，亦壞其服。戒日纔佩，禪秀乃沐。四十餘夏，振振盛名。大江東南，爲法長城。宣尼既没，微言乃絶。我師云亡，真乘亦輟。靈隱峰上，春日秋天。風生松柏，如師在焉。持教門人，楚英吴傑。儒方荀孟，道比文列。宿習未盡，妄涕猶雪。宿已忘真，如水如月。古之君子，名書彝器。大師不書，將墜於地。紀功者銘，傳心者燈。藏諸名山，不騫不崩。

（《晝上人集》卷八；《文苑英華》卷七八六；《全唐文》卷九一八）

二〇四　唐少林寺同光禪師塔銘并序

登封縣令郭湜撰
當寺大德靈迅書

嘗聞示現有緣，緣隨生滅；色空無性，性盡真如。契之者即爲導師，了之者如登正覺。契了之義，其在我禪師歟！禪師法諱同光，晉人也。道心天縱，法性生知，甫及幼童，已悟無爲之理；纔過弱冠，便歸不二之門。早歲出家，旋進具戒，以修行之本莫大于律儀，究竟之心須終于禪寂。禪律之道，其在斯乎！及持鉢東山，歸心禪祖大照，屢蒙授記，許爲人師。及大照遷神，敬終恒禮，乃遁迹林野，敢爲人先。雖情發於衷，而聲聞於外。辭不獲已，乃演大法義，開大法門。二十餘年，振動中外，從師授業，不可勝言。三十餘禪僧，盡了心地。隨身化度，不離几杖，或往來嵩少，栖息荆蠻，用大自在之深心，開悟知見；行不思議之密行，拯拔昏迷。不可得而名言也。則知法輪常轉，經行豈指於一方？佛法顯前，晏坐寧勞於十劫？嗚呼禪師！嗚呼禪師！既隨緣而生，亦隨緣而滅。春秋七十有一，僧臘四十有五。以大曆五年六月二十七日於少林寺禪院結跏趺坐，怡然即瞑瞑。弟子等心傳衣鉢，得了義於無生；淚盡泥洹，示現存之有相。乃於寺東北六十餘步，列蒔松檟，建兹塔廟，蒼蒼煙雲，以永終古。湜在俗弟子也，叨承顧眄之餘，未盡平生之志，多慚翰墨，有愧荒蕪。乃爲銘曰：

世尊滅度後，得道轉法輪。於今無量劫，不知凡幾人。禪師自河汾，杖錫來問道。禪師爲授記，可以繼僧寶。三身與三業，如電亦如露。生滅既有緣，輪迴自無數。唯有成道者，能入諸禪定。外現泡幻身，内示真如性。一切漏已盡，無復諸煩惱。過去與未來，皆共成佛道。太室西兮少室東，風雨交兮天地中。禪師一去不復返，長夜冥冥空是空。

大曆六年歲次辛亥六月景辰朔廿七日壬午建

造塔弟子寺主僧惟濟、上座曇則、傳法弟子道真、堅照、真觀、寶藏、法琳、智信、承恩、忠順、超岸、深信等

延州金明府别將屈集臣鎸

造塔博士宋玉

（《北京圖書館藏中國歷代石刻拓本匯編》二七册一〇三頁；《隋唐五代墓誌匯編·北京卷》一册二〇八頁；《金石續編》卷八；《八瓊室金石補正》卷六三；《全唐文》卷四四一；《唐代墓誌彙編》大曆〇二五號）

二〇五　大唐荷恩寺故大德敕謚號法津禪師墓誌銘并序

從孫前太常博士驥撰并書

大德諱常一，俗姓姚氏，其先馮翊蓮芍人也。太舜之後，源流且長，冠冕相承，事傳譜諜。枝葉浸遠，因宦東周，今爲河清人也。曾祖綽，隋中散大夫、忻州刺史。祖奔信，皇任秦州成紀令。父恭，皇任成州刺史。大德受□獨靈，禀性或異。聚沙之歲，性□出家。父兄相訓外書，大德□□日異。香象之□，壯而不羈；貞松之枝，色不可□。□棄俗依襄陽真律師，又於江陵受具戒。旋至長安花嚴寺聽經，後隱靈鷲山修諸佛事。七歲誦經，廿持律。遁迹高蹈，宴居山林，日就月將，多歷年祀。能修妙果，□獻諸天，同□往來，積而能散。天寶中，玉真公主因訪古□山，仰其業藝，屈膝邀請。聞於玄宗，乘傳□□。帝俞其德，一從入侍，綱紀于兹。居安慮危，幸無他故。及肅宗撫軍北巡，大德平凉扈蹕，累進衣馬，襄助王師。雖非手執干戈，豈異躬衛社稷。又奉詔所修功德皆應禎祥，屢降綵綸，圖諸史册。不然，豈寢疾之時，御醫登門；謝世之日，□□徹膳。六根斷滅，三朝一心，終始

不渝，生死無替。大漸之日，陳表告終。累足枕肱，歸全於牖。知去來之非我，豈生滅之在心。大曆五年八月十七日，般涅槃於本寺院，享年七十二，僧臘四十五。臨終辭表，批云：「師久修八政，歷事三朝，至行淳深，精勤不替。比聞疹疾，尋冀痊除。何期電露不留，忽隨逝水，奄從遷化。軫悼良深，錫其束帛，兼致齋祭，表其故也。」又降紫泥之書，復施黄金之地，用崇身塔，以旌德也。以其年九月廿六日，葬於滋川鄉横霸原，從釋教也。弟子思侶等若喪所天，因心而泣，無違孝敬，有慕師資。凡曰緇流，莫不哀慟。常住豐屋，大師力焉。粤有將軍段公、内給事劉公，皆御庖近臣，彌敦久要，凡所舉措，靡不演成。神理昭彰，豈無報應！驥忝宗族諸孫，敢紀事而述德。遂爲銘曰：

噫歟大德，七歲從師。法傳要妙，道契希夷。慈雲所覆，誰不咏思。其一　帝念精誠，威儀匪忒。出入皇家，紀綱净域。逝水不留，象罔何得。其二　好才不遺，秉志尚賢。清證果□，菩提應緣。寶塔沙界，松門署烟。其三

（《新中國出土墓誌・陝西貳》一四七號；《西安碑林博物館新藏墓誌彙編》二〇八號；《唐代墓誌彙編》大曆〇二二號；《全唐文補遺》七輯六二頁）

二〇六　大唐荷恩寺故大德法律禪師塔銘并序

日月華麗於天，山河光紀於地。觀象作則，惟人獨靈。荷恩寺故大德諱常一，謚曰法律禪師，俗姓姚，河南河清人也。曾祖綽，朔方節度。祖信，秦州成紀縣令。考恭，隴右南使飛驎監。和上即監之仲子也。體質爽悟，精明獨在，性惟仁孝，行實温恭。開元中，依襄陽明津師所出家受具，旋至長安花嚴法師所聽《花巖經》，又於東京大照禪師所習定宴座，遂隱迹秦州靈鷲山，卧石席茅，松蘿爲宇。至天寶中，采藥崆峒，遇逢天使，道與時會，名稱上聞，徵入京師，住寶臺寺。加以懸鑒來事，見重時君，得大總持，固能攝護，外假藥妙，内實知人。尋丁家

釁，表請歸葬。奉敕知師忠孝，賜絹五十匹，自衛神櫬，至於隴陰。遇肅宗皇帝巡狩朔裔，師次平涼。吾師獨出州城，遠迎法駕。肅宗一見，命曰宗師，仍令招慰州縣官吏。河洛既清，飛錫上國，權住荷恩寺，奏免常住兩稅，至今不易。又還官收地廿二頃，恩命令立豐碑，在於寺普潤莊也。至德中，爲肅宗皇帝設齋，慶雲晨見。詔曰：「卿雲在天，紛鬱呈瑞，允符降誕之日，更啓光宅之時。表師之精誠也，賜絹一百匹、香一合。師爲朕精誠廣修功德，所至之處，必有禎祥，更此設齋，尤加愜願。」上元年中，奉敕於三原縣化城寺修功德，芝生於廊柱，從未及脯，漸長數倍。詔曰：「蓮宫效異，芝菌發祥，豈唯圖牒可披，固是神明所祐。」又奉敕於化度寺修功德，文殊菩薩忽見神光。詔云：「至誠所感，神應如答。師精誠懇發，靈貺遂彰，景福延長之徵，祓氛必滅之兆。」寶應年中，蒙賜紫袈裟及金鈎。詔曰：「師藩邸疇舊，早悟菩提，志行既精，勝因斯著。端午之節，宜錫寵章。」屢奉詔書，頻蒙厚命。加以齋唯一食，諦念六時，存四攝以利人，棄匹夫之獨善。前後奏置寺一十二所，度僧一千餘人。忽焉示疾彌留，會緣將畢。奉敕令有司造檀像寶幡，送至院内。以大曆五年八月十七日，隱化於京師荷恩寺，春秋七十二，僧臘五十一。臨終表辭，詔曰：「師久修八正，歷事三朝。志行淳深，精勤不替。何期奄從遷化，軫悼良深。贈絹卅匹、布卅端，賜塔院於萬年縣洛女原。」遣將軍段物華備陳奠祭曰：「萬化應變，百齡有涯，未際真常，咸歸生滅。惟師平昔，早悟香緣，青春捨家，白日護感。豈謂悟生若幻，知閱逝川。俾申菲奠，歆此行潦。謚曰法津禪師，仍配荷恩寺。」未踰歲時，代宗皇帝以萬方爲心，憂勞興疾。夢寐之際，遂見吾師奉獻神膏。未逾翌日，厥疾乃瘳，遂賜院額號「醫王寺」，令將軍段公等就寺爲師設千僧會。其夜昏後，寺中聖容忽見毫相，直照塋門，卷而又舒，凡廿四度。又聞天樂響空，得未曾有。詔曰：「釋門梵宇，福庇人寰，爰賜嘉名，用旌法界。」師等勤於護念，持有通感，光相昭然，深可嘆異。賜磚五萬口，爲師造身塔，高卅尺。實爲殁而不朽，終承寵光，感而克通，生滅自在。乃爲銘曰：

皇天無親，唯賢是尊。邈矣吾師，淑昚其身。遺榮世表，遠彼囂塵。令問令望，克寬克仁。玉質掩彩，簡牒傳光。名垂不朽，運有行藏。刊於貞石，用記惟良。哀哀師賓，永永流芳。

元和二年歲次丁亥四月八日弟子荷恩寺大德沙門法開建

（《新中國出土墓誌・陝西貳》一九二號；《西安碑林博物館新藏墓誌彙編》二四一號；《唐代墓誌彙編》元和〇一二號；《全唐文補遺》四輯七頁）

二〇七　越州開元寺律和尚（曇一）塔碑銘并序

釋氏先律師諱曇一，字曇允，報年八十，僧夏六十一。以大曆六年十一月七日，滅度於越州開元寺，遷座起塔於秦望山之陽，制縗會葬者以千百數。大師本南陽張氏，曾祖隋太常恒，始家會稽之山陽。大師誕鍾粹氣，聰悟夙發。幼學五經，因探禹穴，至雲門寺，遂依沙門諒公出家。景龍中剃度，尋受具戒。天縱辯慧，益之以軌儀，翕然已爲人望矣。開元初，西遊長安，觀音亮律師見而奇之，授以毗尼之學。又依崇聖寺檀子法師學《俱舍》《唯識》，從印度沙門善無畏受菩薩戒。探道賾奧，出類拔萃，期月之間，名動京師。大師崖岸峻峙，機神坦邁，體識詳雅，應用虛明，得三藏之隱賾，究諸宗之源底。加以素解玄儒，旁總歷緯，長老聞風而悦服，公卿下榻以賓禮。由是與少保兖國陸公象先、賀賓客知章、李北海邕、徐中書安貞、褚諫議庭誨及涇縣令萬齊融爲儒釋之遊、莫逆之友。其導世皆先之以文行，弘之以戒定。入蘭室而馨香自發，臨水鏡而毫髮必鑒，不知其所由然矣。開元二十六年復歸會稽，謂人曰：「三世佛法，戒爲根本，本之不修，道遠乎哉！」故設教以尸羅爲主，取鄴郡《律疏》，合終南《事鈔》，括其異同，詳發正義，學徒賴焉。大凡北際河朔，南越荆閩，四分之宗，自我而盛。烈炬之破昏黑，群流之赴淵澤，適來之時，化行也如彼。不爲而生，乘化而息，草木潛潤，慈雲無心，適去之時，處順也如此。人世遷轉，道存運在。瞻望不見，寂寥空山。哀哉！銘曰：

越水漫漫，崇山迴合。大師化滅，式建靈塔。緬慕上士，誕修净法。有威有儀，不穿不雜。德溥化洽，雲從海納。勒碑垂後，千萬億劫。

（《全唐文》卷五二〇）

二〇八　大唐故净住寺智悟律上人墓誌銘并序

公俗姓劉，諱仲丘，彭城郡人也。緬尋前史，歷討群經，其先皇帝之孫，爰後公劉之裔，秦時爲戎所逐，乃居於彭城，遂世爲彭城郡人也。至於衣冠奕葉，禮樂風標，史諜具詳，兹難備述。曾祖如願，志高泉石，脱略軒榮，蒲帛累徵，偃仰蘿薜，貴樂生前之志，殊輕身後之名。祖玄福，皇華州下邽縣令，彈琴爲不言化成，馴翟得魯恭之遺風，不欺庶先賢之美迹。而公則下邽之愛子也。公淳孝自然，博雅天縱，混流俗而不染，處濁亂而哺糟。雅好無爲，深精玄妙，視軒冕如桎梏，等金帛如塵埃。上迫父命，强爲婚媾。晚歲歸道，永愜私心。法宇窮不二之門，蓮宫契三禪之妙。公以持律爲業，一食長齋。久染微痾，心齊生滅。積以成疾，藥物無徵。漸至彌留，奄先朝露。行年六十有五，殞於來庭坊之私第。嗟乎！哲人不永，太山其頽。明鏡忽掩，寶劍長埋。以大曆六年十二月廿日，葬於藍田縣鍾劉村之東原，禮也。公在俗有子四人，皆崑山片玉，桂林數枝，信可克昌家門，榮顯宗族。長子會州黄石府别將、賜緋魚袋光歸，次子朝議大夫、守内侍省奚官局令、上柱國光順，第三子朝議郎、守内侍省内府局令、上柱國光玭，季子絳州新田府折衝、賜紫金魚袋、上柱國光暉等，自丁酷罰，泣血連裳，號天不展其哀，扣地莫申其戚。爰脩宅兆，以展孝思，懇請誌文，略序遺迹。適時詞理荒拙，輒課虚蕪，乃爲銘曰：

平原莽莽，松柏蕭蕭。哲人斯逝，泉夜無朝。痛纏綿於嗣子，嗟玉樹兮光彫。太山俄頽，泉扃永閉。幽明既殊，慈顔永决。呼蒼天兮莫聞，潰肝腸以自裂。

朝散郎前汴州司法參軍裴適時撰

（《北京圖書館藏中國歷代石刻拓本匯編》二七册一一三頁；《北京大學圖書館藏歷代墓誌拓片目録》〇四七七一號；《隋唐五代墓誌匯編·北京大學卷》二册九頁；《中國西北地區歷代石刻匯編》四册五〇頁；《唐代墓誌彙編》大曆〇三一號；《全唐文補遺》四輯五七頁；《石刻題跋索引》一九三頁）

二〇九　唐故安國寺比丘尼性無相墓誌銘并序

趙郡李嵩撰

比丘尼性無相，祖秦氏，京兆雲陽人也。其先著於史牒。曾祖惟忠、祖簡、父純孝，皆以武承，爲西垂將，貞固靖難，于今賴之。闍梨即純孝之長女也。聰惠明辯，自小而異。禮樂道德，及長彌深。年十六，歸于吏部侍郎鄭公曰齊嬰。有子曰日華，三歲而侍郎薨，居喪極哀，終制入道。節苦行潔，心融氣和。晝有漏之餘因，得無相之正性，故以「性無相」爲出家之號。大曆八年七月廿六日，寢疾歿于河南縣宣風里之私第，春秋五十九，具戒七夏臘。其年八月六日，葬于龍門畢圭鄉之原，禮也。而日華始以户部員外郎致毁奉喪。嗚呼！净土神生，心無繫矣。喪主子也，情何異焉。銘曰：

其生若來，其死若歸。以來而歸，余孰知其是非。

（《河洛墓刻拾零》三二一號；《洛陽新獲墓誌續編》一七三號；《龍門區系石刻文粹》二六七頁；《全唐文補遺》八輯八二頁）

二一〇　大唐□□□□寺故覺禪師（惠覺）碑銘并序

檢校兵部郎中兼邢州刺史侍御史元誼撰下缺翰下缺

□□於東，明被萬物，至於牖塵秒露，無不知形，及之照臨，則大海高山，無□□□□□下缺□明廣淵，精賾純粹，窮理達性，通道立言，管見□形，□見者□□□□□□□下缺□每走巨億，徒學罕一，學有可信，又億一焉。深旨□著，□有□授，一日天然，光佛聖□下缺□有六，皆傳承僧寶，此不云紀。禪師曰惠覺，中海新羅國人，姓金□氏，國殊俗別，於下缺□無近俗之懷，遠惟清恬之理。生廿三歲，具僧戒，嘆學無繇，精律究流，瑜伽弘論，□下缺□□異瞻白，折幽明微。由是歲數省曰：「聖言有之，一切法如幻，遠離於心識，法所□下缺□□要，行乎中域，吾孰能執螢炬於幽夜，遺皦日於正晝。」於是剡楫舟海，揮波生□下缺□□攸止其地。經十年，梵行鳴播，詔僧籍于邢州開元寺。居無幾時，□下缺□真詣靈，蒙之發決，在得久時。僧學有立名方便，久功趣浄者，師一經一，不垢不□下缺□□時洛京有荷澤寺禪僧曰神會，名之崇者，傳受學于南越能大師，廣開頓悟之下缺□□次明知見，引喻開發，意若有獲。歸而繼思，或有不盡，明年復往，詣爲導師，復下缺□□心無所起，即真無念，豈遠乎哉！於是深其微趣，屬燈乃明，以一覺之知，而萬有下缺□□□□悉□塗□何明之□汝□於是□下缺

（以上爲左側殘碑文字）

上缺□容易，闔户不扃，清神目頤，求其申者，嗟若無告。及大曆元歲，昭義軍司馬下缺不然，默擅興仁，廣運乃道心者，請導師之留音，追荷澤之壇教。辭指不□，由下缺雷之震蟠介，春雨之澤根芽，種者乃萌，勾者遂直。七八年間，趨教之徒，瞻拜下缺□昧而伏。師以處順安暇，遘疾而不改其容，奄以大曆九年三月十九日夜歸下缺□□□□雲□霧昏，□□□者□七日。異人變化，衆心萃焉，固殊狀也。哭動下缺□□□□□無上□悲哀靡介，而

□□□零，斬衰就哀，聚護喪事。嘗從窆於廣下缺□□以葬之，四月十七日引遷神座靈梵。山境峻隘，夷崇峰千仞，凋靈□下缺□十季住山，興塔精廟，飛廊叠閣，極工巧之妙，傳繼之懷，信也。□道之難明下缺□□□□□□□□□之不偶也。似是非是，其誰辯之？余非采于文者，或□下缺□□□□，□思□□，興滅唯物，□者能久，本有莫辯，本無□□下缺□□□□，□□□根，□布別定，源派殊論，混而同之，止動□□下缺□□□□，□何能奪，爲得爲失，欣歡慘怛。其三　巍哉哲思，□海□□下缺□□□□，□理其宗。其四　少府監直隴西李珪篇（以上爲右側殘碑文字）

（《刑臺開元寺金石誌》六二—六七頁；余國江：《惠覺禪師碑再考》，《北方文物》二〇一七年第一期，六九—七〇頁）

二一一　大唐故大德開府儀同三司試鴻臚卿肅國公大興善寺大廣智三藏和上（不空）之碑

敕檢校千福安國兩塔院法華道場沙門飛錫撰

一月飛空，萬流不闕，五天垂象，三藏降生。曷其謂焉？我大師矣。大師法諱不空，北天竺婆羅門子也。初母氏遇相者曰：「爾汝必當生菩提薩埵也。」已便失。數日之後，果夢佛微笑，眼光灌頂。既寐，猶覺室明如晝，因而孕焉。早喪所天。十歲隨舅氏至武威郡，十三遊太原府。尋入長安，以求出要。見大弘教金剛三藏，以爲真吾師。初試教《悉曇章》，令誦梵經。梵言賒切，一聞無墜。便許入壇，授發菩提心戒。年甫十五，與出家焉。弱冠從有部進具，成大苾芻。律相洞閑，知而不住。將欲學《聲明論》，窮瑜伽宗，以白先師，師未之許。夜夢佛菩薩像悉皆來行，乃曰：「我之所夢，法藏有付矣。」遂授以三密，談於五智。十二年功，六月而就。至開元二十九年秋，先師厭代入塔之後，有詔令賫國信使師子國。白波連山，巨鱗橫海，洪濤洶湧，猛風振激。凡諸難起，奮金剛杵，諷隨求章，辟灾靜然，船達彼國矣。弟子僧含光、慧辯皆目擊焉。師子國王郊迎，宮中七日供養，以真金器沐浴大師，肘步問安，以存梵禮。王諸眷屬、宰輔大臣備盡虔敬。其國有普賢阿遮梨聖者，位鄰聖地，德爲時尊，從而問津，無展乃誠。奉獻金貝寶曰：「吾所寶者，心也，非此寶也。」尋即授以《十八會金剛頂瑜伽》，并《毗盧遮那大悲胎藏》、《五部灌頂真言》，秘典經論梵夾五百餘部，僉以爲得其所傳也。他日，王作調象戲以試大師。大師結佛眼印，住慈心定，誦真言門以却之。其象顛仆，不能前進。王甚敬異。與夫指降醉象，有何殊哉？則知七葉之花，本無香氣；五陰之舍，豈有我人？三摩地中，示其能慧。至天寶六載，自師子國還。玄宗延入建壇，親授灌頂，住净影寺。於時愆亢納慮於隍，大師結壇應期，油雲四起，霈然洪澍。遂内出寶箱，賜紫袈裟一副，絹二百匹，以旌神用。或大風拔樹之灾，祅星失度之沴，舉心默念，如影響焉。至十三載，有敕令往武威，趣節度使哥舒翰請立大道場。與梵僧含光并俗弟子開府李元琮等授五部灌頂金剛界大曼荼羅法。時道場地爲之大動，有業障者散花不下，上著子蓋，猶如群蜂味之香蘂，不能却之，事訖方墜。何神之若此耶？十桂紫眼月，敕還京住大興善寺。洎至德中，肅宗皇帝行在靈武，大師密進《不動尊八方神旗經》，并定收京之日，如符印焉。乾元中，延入内殿建護摩，親授灌頂，渥恩薦至，有殊恒禮。尋令於智炬寺念誦，感本尊玉毫劃然大明，照徹巖谷。及我寶應臨朝，金輪馭曆，聖滕彌積，師事道尊，授特進、試鴻臚卿，加「大廣智」之號。躬稟秘妙，吉祥至止。或普賢瀉神光於紫殿，六宮作禮；或文殊呈瑞相於金閣，萬乘修崇。或翻《密嚴》《護國》之梵文，雲飛五色；或譯《虛空庫藏》之貝偈，霧擁千僧。大師銜命而陟彼清凉，承恩而旋歸帝邑，凡諸應驗，差難備陳。方悟夫虛空之花，體無生滅，真如之用，豈有去來？前後奉詔所譯諸經，總八十三部，計一百二十卷，并已頒行，入藏目録。兼奏天下諸寺以文殊爲上座，仍置院立像，保釐國界，申殷敬焉。至大曆八年，有進止，於興善本院又造文殊金閣。禁財内出，工人子來。寶傘自九霄而懸，御香亦一人所錫。微塵之衆，如從地涌；鈞天之樂，若在空臨。至九年六月十一日，制加大師開府儀同三司，封肅國公，食邑三千户，餘如故。榮問優洽，寵光便繁，降北極之尊，爲師宗之禮。幡像之惠，玉帛之施，敕書盈篋，中使相望。前古已來，未有如我皇之清信也，吾師之丹誠也。大師爰自二十歲，迄於從心，五十餘年，每日四時道場念誦。上昇御殿，下至凡榻，刹那之頃，曾無間焉。萬嶺寒松，歷嚴霜而黛色者，有以見之於直操矣。矧夫入朱門如華户，五載三若鶉衣。雖馳於騏驎，常在九禪之清净，獨立不及，同夫大通。衆色摩尼，本無定彩，彩止自彼，於我何爲？寔謂真言之玄匠，法王之大寶者也。於戲！菩薩應見，成不住心；如來堅林，度有情輩。示以微疾，自知去辰。以其月十五日，爰命弟子進表上辭，囑以後事。削髮湯沐，右脅累足，洎焉薨逝，春秋七十，法臘五十。時驟雨滂注，小方天開，哀悼九重，輟朝三日，贈絹三百匹、布二百端、錢三十萬、米麵共四百石，香油薪炭及諸齋七外支給。又賜錢二百二十五萬，建以靈塔，宇内式瞻。又敕高品李憲誠勾當，及功德使、開府儀同三司李元琮監護，即以七月六日，法葬於鳳之南少陵原。其日，中書門下敕牒贈司空，謚大辯正廣智不空三藏和上。又遣内給事劉仙鶴宣册致祭，内出香木，焚之靈棺，具荼毗之禮也。寺池涸而華萎者，告終之象；夢幢傾而閣倒者，驚誡之期。則雙林變白之徵，洞水逆流之感，豈昔時也！宰臣百辟曾受法印者，罔不哀慟。門人敕常修功德使、檢校殿中監、大興善寺沙門大濟等四部弟子，凡數萬人，痛大夜之還昏，悲慧燈之永滅，不以才拙，令紀芳猷。飛錫謬接羅什之筵，叨承秦帝之會，想高柴之泣哭，盡同奢花之血見，式揚無説之説，以頌龍中之龍。其詞曰：

文字解説，即真言兮。天生我師，貝葉翻兮。龍宫閭闔，了本源兮。象駕逶迤，仙樂繁兮。所作已辦，吾將滅兮。空留梵夾，與花鬘兮。冕旒增悼，合會葬兮。人慟地振，聲何諠兮。金剛之杵，夢西土兮。以表吾師，安養國兮。法王之子，驚牛軒兮。永度生死，破魔怨兮。

大曆九年歲甲寅七月六日丁酉建

（《代宗朝贈司空大辨正廣智三藏和上表制集》卷四，《大正藏》卷五二；《全唐文補編》上册五七九頁）

二一二　唐大興善寺故大德大辯正廣智三藏和尚（不空）碑銘并序

銀青光禄大夫御史大夫上柱國馮翊縣開國公嚴郢撰
銀青光禄大夫彭王傅上柱國會稽縣開國公徐浩書

和尚諱不空，西域人也。氏族不聞於中夏，故不書。玄宗□知至道，特見高仰，訖肅宗、代宗三朝，皆爲灌頂國師，以玄言德祥，開右至尊。代宗初，以特進大鴻臚褒表之。及示疾不起，又就卧内加開府儀同三司、肅國公，皆牢讓不允，特錫法號曰「大廣智三藏」。大曆九年夏六月癸未，滅度於京師大興善寺。代宗爲之廢朝三日，贈司空，追謚大辯正廣智三藏和尚。荼毗之時，詔遣中謁者齋祝文祖祭，申如在之敬。睿詞深切，嘉薦令芳，禮冠群倫，舉無與比。明年九月，詔以舍利起塔於舊居寺院。和尚性聰朗，博貫前佛萬法要指，緇門獨立，邈盪盪其無雙。稽夫真言字義之憲度，灌頂升壇之軌迹，即時成佛之速，應聲儲祉之妙，天麗且彌，地普而深，固非末學所能詳也。敢以概見，序其大歸。昔金剛薩埵親於毗盧遮那佛前受瑜伽最上乘義，後數百歲，傳於龍猛菩薩，龍猛又數百歲，傳於龍智阿闍黎，龍智傳金剛智阿闍黎。金剛智東來，傳於和尚。和尚又西遊天竺、師子等國，詣龍智阿闍黎揚攉十八會法。法化相承，自毗盧遮那如來貤於和尚，凡六葉矣。每齋戒留中，導迎善氣，登禮皆答，福應較然，温樹不言，莫可記已。西域隘巷，狂象奔突，以慈眼視之，不旋踵而象伏不起；南海半渡，天吴鼓駭，以定力對之，未移晷而海静無浪。其生也，母氏有毫光照燭之瑞；其殁也，精舍有池水竭涸之異。凡僧夏五十，享年七十。自成童至於晚暮，常飾供具，坐道場，浴蘭焚香，入佛知見。五十餘年，晨夜寒暑，未曾須臾有傾欹懈倦之色，過人絶遠，乃如是者。後學升堂誦説有法者非一，而沙門惠朗受次補之記，得傳燈之旨，繼明佛日，紹六爲七，至矣哉！於戲！法子永懷梁木，將紀本行，託余勒崇。昔承微言，今見几杖，光容渺漠，壇宇清愴。纂書昭銘，小子何讓？銘曰：

嗚呼大士，右我三宗。道爲帝師，秩爲儀同。昔在廣成，軒后順風。歲逾三千，復有肅公。瑜伽上乘，真語密契。六葉授受，傳燈相繼。述者牒之，爛然有第。陸伏狂象，水息天吴。慈心制暴，慧力降愚。寂然感通，其可測乎。兩楹夢奠，雙樹變色。司空寵終，辯正旌德。天使祖祭，宸衷凄惻。詔起寶塔，舊庭之隅。下藏舍利，上飾浮屠。迹殊生滅，法離有無。刻石爲偈，傳之大都。

建中二年歲次辛酉十一月乙卯朔十五日己巳建

（《西安碑林全集》一九卷一九九六頁；《金石萃編》卷一〇二；《全唐文》卷三七二）

二一三　唐大興善寺故大弘教（金剛智）大辯正（不空）三藏和尚影堂碣銘并序

三藏者何？於心爲戒、定、慧，於學爲經、律、論。惟西域二大士，以正智法器爲天人師。大弘教和尚本號金剛智，南印度人。出家於那蘭陁寺，道成於迦毗羅衛國，事龍智阿堵梨，通總持灌頂之法。入師子國，登楞伽山，航海涉險，聿來中土。開元中，隨鑾輅於兩都，大智大慧，皆摳衣請益。春秋七十三，夏臘五十，化滅於洛京，起塔於龍門，傳法於大辯正和尚。和尚法號不空，師子國人。母氏方娠，夢佛光照頂。弱冠受具，通三密法。嘗賫國信，往詣他方。諷真言而海風恬息，結秘印而狂象調伏。若歲大旱，實作霖雨，内出方袍之錫，猶命服焉。至德初，宣皇受命於靈朔，譯《不動尊經》以獻，凡所以順天心而導善氣者，又何可勝言？自開元末至大曆中，三朝尊奉，以密行救世。代宗授以特進、鴻臚寺卿，賜號大廣智三藏。既以衆生病爲病，於卧内加開府儀同三司，封肅國公。大曆九年夏六月既望，示滅於興善寺。追命司空，不視朝三日，尊名曰大辯正。遣中謁者吊祠，報年減先師三歲，而休夏同數。初，武皇帝崇大師以次公命卿也，先師有儀同之贈，弘教之謚。大師之弟子，曰沙門含光、曇貞、覺超、惠應、於鄰、潛真、惠覺等。或爲肅宗灌頂阿闍梨、清涼山功德使，或爲内道場三教大德，或爲僧録，皆偉然龍象，爲法棟梁。而惠應、惠覺，傳授秘藏，永懷世道，乃於仁祠法堂，嚴事華飾。儀同在西，肅國在東，晬容德宇，瞻仰如在。應公又推本其教曰：「昔毗盧遮那如來入不空王三昧，説瑜珈最上乘義，授於普賢，以平等性智而造妙覺，一印含萬法，五部周四方，金剛之堅利，蓮花之清靜，悟入之速，可思議哉？普賢授龍猛，龍猛授龍智，凡千百載。而先大師授於大師。」纂服六葉之教，紹明三摩之法，攝護成就，斯爲妙門。大凡翻經七十七部一百卷，命書啟册，表章答禮。傳譯之差次，弟子之號名，環周素壁，聳視生敬。净名會中，亦參世典，《弘明集》内，無匪佛乘。初，先大師之滅也，吕工部向、杜衛公鴻漸爲之記；大師之云亡也，嚴京兆郢、沙門飛錫爲之碑。感緣行化，皆以詳熟。今應公以二大師遺影之在此堂也，不可以不識。應公入大師之室，德輿入應公之藩，以兹因緣，俾揭文字。銘曰：

法身遍照，六葉傳妙。惟二大師，三朝演教。天竺西極，瑜珈度門。蓮開法界，月破重昏。儼然象設，復獲親覲。如聞軟語，如結秘印。一室之中，寂然感通。道行無窮，法子之功。

（《權德輿詩文集》卷二八；《全唐文》卷五〇六）

二一四　唐故大德智力禪師遺德之碑

自國□釋風，幾遭興廢，肇成寶界，福襲生靈，則故大德禪師諱智力焉。□□□□□□□家本上京，其門緒簪纓，已標青史，故不書。禪師生乃聰敏，長而貞謹，内藴□□□□□□慈，早厭世榮，剃落從釋。及擢戒秉持，律儀稱則，摳衣訪道，涉水驟山。居海島而□軀，□□釋而徇法。志堅雪立，鍊想空門。經一紀，乃得珠龍泉，弘教燕塞，燈傳千照，杖錫南來。永泰年初，□□□□，針芥相遇，果感宿緣。聞名睹顔，啓顙歸一。醍醐灌於恒岳，薝蔔薰於曲陽。味道趨風者，數□□□□□□。禪師久探松寂，化智宗情，遂買地山泉，經始福舍。開田鑿井，倏爲須達之園。弥險芟榛□□□□□建普通院一所。未愜素懷，更於此北二俱廬舍，瞻選形勝，爲上方像刹。庵居澗飲，伐麓□□□□□□□爲命。於是四衆奔湊，千里投誠，供獻川盈，嚫捨山積，工倫繼踵，良木輸途。月殿雄崇，映林巒而□□；□□□□，齊巘崿而臨空。曲宇迴廊，聯甍翼棟。或經行宴坐，目瞰雲峰，乘興登攀，嵐翠可掬。□□□□□□□□覽也。成德軍故相李公聞而邀迎，躬禮前席。和上啓論切願，請奏寺名。允表上陳，聖題「慧炬」之號。隨額度僧，皆吾師入室之賢也。乃殷辭南府，却至東林，以寂滅圓通是本，依雲□□已辯，理歸涅槃。於大曆九年冬季月八日，無疾告囑，怡然坐終。享齡八十六，僧臘五十七。嗚呼！痛竭攖心，□纏雙樹。門人僧道生等俱承訓要，咸沐法流，悲戀遺音，禮旌靈塔，叶和净務，爭効勤勞。架上法衣，□無私於己有；盂中香飯，每至時而讓餐。義越鶺鴒，行同持遠。白衣弟子李惠全信植囊成，契緣□最，形參俗諦，志徹真乘，傾捨珍財，建功德塔廟。飾殫金碧，酬薦師資。且院控□天，千峰□掩，門瞻迴漢，萬井可分。立功立事，仰託於前規；紀德紀名，永傳于後葉。靈曜濫陪釋族，才謝□□，梗概其文，愧銘貞石。頌曰：

天慶釋祚，挺生上人。紹弘像季，洞悟玄真。禪林已茂，戒月難鄰。伏魔拔苦，佛日重春。得地□山，布金酬價。石立高墉，材成廣厦。俯逸征鴻，旁瞻野馬。臺殿崛起，力同造化。結構爰畢，良圖亦終。舟沉巨海，光散長空。懷仁仰教，輸施承工。禮兹靈塔，如揖清風。長河淼淼，斜漢悠悠。翠華可採，令德難留。風悲谷響，雲慘人愁。頌諸琬琰，垂裕千秋。

貞元十五年正月十日樹，沙門靈曜撰下缺則書，日净寺僧大悟題額

（《八瓊室金石補正續編》卷三三；《全唐文補遺》四輯一二頁；《全唐文補編》上册六五六頁）

二一五　唐北嶽慧炬寺建寺故禪師（智力）神道影堂紀德碑并叙

沙門良說撰
門人比丘貴道篆額并書
馮惟政、鄭重逸等鎸

言立所以理弘，象建所以真取。功大者必書迹於金石，名至者是流美於無窮。外作玄教之藩隍，内盡塵勞之起動，代嶽之下，禪師一人。禪師諱智力，俗姓馮，長安人也。祖、考、季父皆從容爵位，鳴玉拖紳。姊爲汾王妃，寔與玄宗近屬。每優遊宫禁，飛息帝闈。久視元年，禪師方逾齠齔，遇安和上，則天太后之師也。因隨落髮，住西明寺。未冠而神氣自高，又以地鄰黄屋，衆所賓許，任以典綱。開元八年，始爲嘆惋，念捨榮族，思去豪逸，則魚畏網以深鱗，鳥驚弦而上翼。乃步屣河朔，鑽仰纖猷。聞米垛山有天竺道人，可三百餘歲。不以波泛塗阻，北面師之。諮受本源，琢磨宗向，繁疑頓沃，猶商秋之卷霄；真性自凝，譬黄金之陶冶。與到次山明禪師俱爲門下。後太史占曰：「東北海中望見一燈，邦之寶也。」國詔范陽節度安公專使詢訪，以彰所在。爰□□島，見僧徒甚多，遯俗秘鋒，聿求既濟，故時人莫之覿也。具以表聞，尋制移居到次。先師遺明禪師洎禪師皆出化人，膏腴品物。或劫限有遠近，殊績有疏密，智顯及師於思大，多聞迴席於飲光。而禪師拜首明公，猶孔堂之顔氏也。明公獨之到次，禪師偏留□□，廣資檀福，拯給往來，殆廿年。庶鄰投刃，復届百丈山。峭險幽陰，處隆猛噬，風雨晦雜，輒棄居人。禪師深入定門，嘿通玄境，毒龍未之窺覷，豺□無以搔害。晚年又摇錫中山，州伯張南容待以安、什之禮。一門趨敬，四部逢迎，皂素所以星馳，軒綬由而波委。思以名利封而净性亡，欲求長而大道喪。永泰初，卜選荒閑，有終焉之計。遂次老翁山之朝陽，實恒岫之南趾，孤衆嶺以迴出，秀萬木而遐映，□翅前向，群峰北嶙。禪師徘徊企之，謂期頤之宅也。而開鑿巖穴，剪夷梗塞，傾巨坎以補壑，發地甃而危聳。創五間佛殿，列三世尊容。粉澤盡土木之奇，彩塑極丹青之兆。載葺堂宇，爲演法之場；漸熙礲礴，廣經行之地。淥泉泌於石上，靈蛇窔於林下，清風旋環，白雲滿室，固胎聖之原藪也。因所修掘得古代銘，云北齊天保年之舊伽藍，日月緬焉。荆榛茂曠，非禪師冥感嘉應，孰能舉兹沉迹？山南十里置供養招提，召堪忍精苦者四十餘人，播穀藝桑，躬行墾闢，同一衣以寒暑，共一飯而晝夜，勤倦不以宣訴，鞭責剿之怨色。由是上下康□，暄靜均立。故成德軍節度李公聆而邀之，偉其勝行。禪師亟辭耄疾，願訖林泉。大曆九年，爲申寺額，敕曰慧炬，仍度僧一十人，掃灑守護。於戲！功未半興，化緣俄盡。即以其年十二月八日奄歸大寂，春秋八十六，僧夏五十七。四輩行哀，天人慟哭。十一年十二月八日，建塔荼毗，飾以終禮。禪師自少捨家，栖遑出要，身戒心惠，是所羈縻，憑道德爲宗繩，杖慈仁爲規憲。且體無緩速，寧拘頓漸之門；理絶中邊，疇繫有空之教。對六塵而不動，逆八風以安然。一食精粗，迄將五紀；脅非到席，過六十年。故所歷之邦，侯王鄭重，宰官貴俗，尤見欽承，若朗鑒之孤懸，等洪鐘之虛受。而影登垂夕，神用清英，却掃深松，冲融不撓。是以還源之日，草木聲悲；焚燎之辰，山川黯色。所居南麓，無故自崩，兩處白光，一道終七。非夫冞探七覺，研會三禪，其孰能若此者乎？門人寺主僧道生、上座僧安實、都維那道暉、僧惠海、無優、道滿等，禀教一期，誓終九仞，筌簣輔佐，良有勛焉。豈謂甘露中傾，舟人遽棄，空哀五内，徒碎百身，俱追殁後之勤，共荷生前之誨，續揚大業，倍益崇成。自火疊推遷，已多霜稔，衣不我有，食無異他，全故師之晟轍，守遺踪而不廢者，諸徒之力也。比丘貴道，俗姓馬氏，常山人也。幼入山門，獨有確焉之志；早從禪律，偏懷方外之情。義則由衷，孝因天性，博聞强識，衆所高之。一伴孤峰三十餘載，迹稀塵俗，心用規謀。仍紹經營，不違晝夜，必躬勞役，過半是修。俾後事之有今，纘前芳而不墜者，律師之故也。近與同流計議，建影堂一口，貌先師容止，寫存殁門生。嶷然面南，左右引翼。依俙本質，若雲外之飛來；髣髴學徒，似林中之化出。曩時利往，盡圖方丈之間；舊日威儀，咸象檐楹之下。一以報大師之恩德，一以旌休烈之可觀。律師恐滄海爲山，劫燼經行之處；歷陽成冰，風飄金地之塵。憑□小才，式陳大略。良説以聖開之暇，曾頗工文，再奉所求，則從三請。其詞曰：

渭川浩浩，秦嶺峨峨。抱兹勝氣，以生禪那。孤舟厲次，□到米埰。爲無上道，處處經過。迴錫岳陽，嘿之林樹。手揆伽藍，心厭動慮。棟梁遺教，天人筏喻。能事未終，奄焉斯去。有後匡繼，□□承踪。平巒咽壑，不墜前功。華堂粉迹，更貌尊容。門生列武，畫與真同。寂寂精廬，寥寥松月。雲變四時，風驚八節。余念念以非昔，鳥□□而聲别。鴻休與槖籥俱春，犬名共陶鈞無歇。

永貞元年歲次乙酉十二月景申朔八日癸卯建

（《北京圖書館藏中國歷代石刻拓本匯編》二九册八頁；《八瓊室金石補正續編》卷三四；《全唐文補遺》六輯一四頁；《全唐文補編》中册七一四頁）

二一六　大唐真化寺多寶塔院故寺主臨壇大德尼如願律師墓誌銘并序

敕檢校千福寺法華道場沙門飛錫撰

大曆十年歲次乙卯五月廿九日，律師薨於長安真化寺之本院。律師法諱如願，俗姓李氏，隴西人也。申公之裔，簪裾之盛，真豈寶乎？律師天生道牙，自然神秀。十一詔度，二十具圓，彌沙塞律，其所務也。分氈之義不殊，折金之理斯在。律師僅登十臘，聲實兩高，邀臨香壇，辭不見允。望之儼然，即之温然。其慧也月照千潭，其操也松寒萬嶺。乃曰：「威儀三千，吾鏡之矣；度門八萬，復焉在哉？」遂習以羅浮雙峰無生之觀，位居元匠矣。我皇帝纂聖君臨，千佛付囑，貴妃獨孤氏葛覃蘊德，十亂匡時，受道紫宸，登壇黄屋。因賜律師紫袈裟一副，前後所錫錦綺繒帛凡數千匹，以旌其高。璨乎盈庭，了無是相，道何深也。由此敕書壘篋，中使相望，御馬每下於雲霄，天花屢點於玉砌。締構多寶塔，繕寫《蓮華經》。環廊繚絙，金刹熠耀，額題御札，光赫宇宙，皆吾君之特建，亦貴妃之爲國宏哉！噫！律師擲鉢他方，應遽還於静室；散花上境，何便住於香天。顔貌如生，若在深定，曲肱右脅，湛然已滅。春秋七十六，法夏五十六。具以上聞，皇情憫焉，中使臨吊，賻贈之禮，有加常等。律師累聖欽若，三都取則，意澹江海，心閑虚空，而今而後，恐難繼美。於戲！六宫誰授其髻寶？八部孰示於衣珠？覺路醒而却迷，人花茂而還落。哀哉！弟子長樂公主與當院嗣法門人登壇十大德尼常真，敕賜弟子證道、政定，證果寺大德凝照、惠照、凝寂、悟真，資敬寺上座洪演、寺主孝因、律師真一、遠塵，法雲寺律師遍照等，凡數千人，則懿戚相門，愛道花色，而爲上首，忽喪宗匠，如睹鶴林。即以其年七月十八日，奉敕法葬於長安城南畢原塔之□，禮也。素幡淒於道路，丹旌慘於郊扃，式揚國師，敢爲銘曰：

紫袈裟者彼何人？已了如來清浄身。登壇不向明光殿，去去應超生死津。

隴西秦昊書

廣平程用之刻字

（《北京圖書館藏中國歷代石刻拓本匯編》二七册一四三頁；《北京大學圖書館藏歷代墓誌拓片目録》〇四八一一號；《隋唐五代墓誌匯編·北京大學卷》二册一〇頁；《中國西北地區歷代石刻匯編》四册五七頁；《金石萃編》卷一〇〇；《全唐文》卷九一六；《唐代墓誌彙編》大曆〇四二號；《石刻題跋索引》一九三頁）

二一七　大唐故尼法通墓誌并序

尼號法通，俗姓崔氏，博陵人也。大父諱無縱，汜水縣令。父諱混之，同州司士參軍。親范陽盧氏。幼以淵净聞，與常倫不雜。居家則行高姻族，入道則見重師徒。體性疑和，誦持堅苦。雖清羸多疾，而身心泰然。染疾告終，歸化净土。旅殯南國，綿歷歲時。唯弟與兄，提携艱阻。自蜀之洛，哀傷路隅。以大曆十年十月十三日祔先塋，葬於萬安山陽。嗚呼！道高運促，天理茫茫。惟親惟愛，淚竭神傷。江漢萬里，言歸故鄉。哀哀元兄，葬爾高崗。

（《河洛墓刻拾零》三二六號；《洛陽新獲墓誌續編》一七五號；《龍門區系石刻文粹》二七二頁；《全唐文補遺》八輯四〇八頁）

二一八　唐故安國寺清源律師墓誌并序

僧清江撰

律師諱清源，俗姓嚴氏，其先河南人也。易葉冠蓋，遠代不紀。祖挺之，唐中書侍郎。父武，黄門侍郎。本家清貴，外戚盧氏。律師宿植净本，童稚知道，了悟法體，厭患塵納。常謂：「出門從人，違離骨肉，未若毁形捨俗，永保色養。」誠以志請屬念，順許聞奏，得度配東都安國寺，受法於長壽澄和，進具於本寺□□律師，聽習於石壁覺大德。文明行苦，三夏業就。常念孝名，爲戒師等。於親定省受道，不逾旬日。京城長路，扶策曳履，人畜軫念，不御轝乘，而能俯（撫）孤恤舊，和衆悦下。境有違順，不擾真性。家累勛貴，了無驕色。每師親有疾，視藥祈福，輒忘齋午，飲茶漱水，以遺永日。嗚呼！義篋初滿，慈燈未傳。上蒼何仁，喪我法器！大曆十一年十月廿七日，右脅累足，終於本院，春秋廿八，僧臘有九。慈母主喪，垂白祭子。哀哉！以十一月十二日，葬於龍門之西嶺。緇素痛心，吾爲揮涕而作銘曰：

高門貴裔，厭悮浮世。總持律儀，耶輪禪惠。惜哉法寶，奄然長逝。卜葬西嶺，寒天墓陰。孤魂野外，月苦山深。萬歲兮千齡，髣髴兮餘聲。

（《新中國出土墓誌·河南叁》二〇九號；《北京大學圖書館藏歷代墓誌拓片目録》〇四八三〇號；《全唐文補遺·千唐誌齋新藏專輯》二五八頁）

二一九　唐故鄭居士（液）墓誌銘

外生朝散大夫使持節泗州諸軍事守泗州刺史虞當撰

公諱液，字液，滎陽開封人也。其先周鄭武公之後，源流且長，人物不絶。有若東漢大司農康成者，學爲人師；有若後魏中書令幼麟者，文爲世表。公則幼麟之裔孫也。曾祖奉先，永州治中。祖整仁，同州馮翊主薄（簿）。父皦，抱德不仕。或僶俛州縣，聲明自高；或栖遲衡茅，徵辟不起。國華人望，男婚女姻，自後魏迄今，代爲盛族。公氣和神寂，言稀貌古。傲倪羲皇之上，逍遥宇宙之中。以軒車搢紳，爲羈絆桎梏。緬想黄綺，希風禽尚。每登山臨水，則忻然忘歸。加以勤修釋門，深解佛理。其静也則宴居一室，其勤也則周遊四海。故越自河北，至于江南。方問昭王于漢濱，吊屈平于湘浦，而扁舟之興未盡，更日之灾俄及。以大曆十一年十一月廿五日，遘疾終于泗州刺史宅之西院。昔公外祖李悌掾于斯，而公生于斯；今外生虞當牧于斯，而公殁于斯。凡壽甲子五百又四，其季三之二也。噫！生於斯而殁於斯，命矣夫！夫人頓丘李氏，先公而亡。有子曰崘，苦節之士。迢遰萬里，羈孤一身。孺慕崩心，自强不息。以大曆十四年五月廿日，遷窆于里原。恐舟壑潛移，桑田遽改，願刊貞石，永播遺芳。小子不才，多慚酷似，竊陳志行，敬勒斯銘。銘曰：

遐哉世祀，廣矣源流。惟祖惟父，以弓以裘。出則廊廟，處則林丘。公之志業，不墜前脩。大夫之家，瑚璉之器。三冬既就，九霄可致。人之常情，誰不介意。獨能脱略，益見仁智。知名曰賢，不貪爲寶。優遊真境，服食靈草。迹似秦人，年過絳老。以此而歸，得非壽考。精魄莫睹，丘墳在焉。樵童牧豎，壠月松烟。落景難駐，流波不旋。山川或改，德行猶傳。

（《河洛墓刻拾零》三三三號；《洛陽新獲墓誌續編》一七九號；《全唐文補遺》八輯八八頁）

二二〇　唐故安國寺主大德禪師比丘尼隱超墓誌

禪師俗姓李氏，前朝五王之後，魏郡頓丘人也。嘗以空寂爲宗，不以閥閲自衒。繇是祖考官諱，門人罕知。故洛陽尉曜，即其元兄。故中書舍人玄成、楚州刺史湯，皆猶子也。禪師宿植衆善，生而純孝。年甫齠齔，不茹葷辛。慈和敏惠，特爲宗黨所異。十歲能誦大乘經典及菩薩戒。因遇東山降魔和上臮大照禪師，一聞正法，頓悟真趣。開元廿六年，制度隸居東都安國寺，依止老宿敬。自敬云亡，不離本院，開闡聖教卌餘年。又以大德兼充寺主，衣冠道俗多歸仰焉。禪師童子出家，沙彌學道。其初也，總持律藏；其末也，深入禪門。故受業緇徒，寔繁有衆。天孤善願，奪我師資。蓋年七十，經夏卅五，大曆十二年八月十二日，遷化於本寺精舍。即以其月廿一日，寧神于河南縣天竺寺之南原先闍梨塔次，禮也。大弟子尼道玄、覺印等風號雨泣，哀以送之。銘曰：

至哉吾師，式昭律儀。内究定慧，外弘慈悲。不取有相，不住無爲。三者備焉，一以貫之。我聞世諦，是証生滅。始有聲聞，終無言説。金棺既窆，寶座虚設。徒誌貞珉，以示來哲。

（《新中國出土墓誌·河南叁》二一〇號；《北京大學圖書館藏歷代墓誌拓片目録》〇四八三四號；《全

唐文補遺・千唐誌齋新藏專輯》二五九頁）

二二二　明覺寺持律比丘尼心印記

粵以梁國郡喬氏台息，有女如雲，匪我思存，是大道之法象，爲真如之律身。知涅槃之安樂，表世界之苦空，返迹潛道，歸戒至尊。道尊德貴，空寂亡神，守律虚院，三年化體。体氣去至，劫劫生天，緣住來依，佛佛連聲。悲夫！魄無華月之光，魂有法明之至，故以法華之理而歸妙焉。乃以大曆十三年歲次戊午正月戊申廿七日甲戌，於上都西長安承平鄉，瞻仰至尊，俯臨佛位，爰命下才，斵石刻記。

（《八瓊室金石補正》卷六四；《唐文拾遺》卷六一）

二二三　安國寺僧殘碑

德且統釋門下缺第一石第一行等濟衆下缺第二石第一行擊蒙因緣易簡□下缺第一石第二行願故若男若下缺第二石第二行□孰能化人成俗下缺第一石第三行至於奉前佛以下缺第二石第三行□天寶末，羯胡□□第一石第四行飲馬洛川。悉□聞人脅從爲□第二石第四行義智是不一姓時下空第一石第五行同其道。和尚啓第一石第六行説三之奧旨，會不二之妙門。□經下缺第二石第六行因留内道場安置第一石第七行及下空第二石第七行□佛教有因循舛駁者第一石第八行咸得奏請以革之正法。載行曠劫緊第二石第八行安國寺。大曆十三年第一石第九行三月三日，示有微疾，沐浴趺坐，謂門第二石第九行患詞畢恬下缺第三石第一行而□享第一石第十行年九九之數，僧臘六十有一。道俗奔第二石第十行有姪櫟陽縣主薄（簿）曰□下缺第三石第二行門人等□□罔間窮戀靡及，乃相第二石第十一行塔廟之儀，孰敢專達，遂權厝第三石第三行於山北寺，將有俟焉。居士名時第二石第十三行已齊，友愛之心猶切。以建中□第三石第四行年正月十七日，自山北寺遷第二石第十四行清河房公琯、博陵崔公涣、太原第三石第五行王公縉、弘農楊公瑄，爲支許第二石第十五行□凈嘆我□殊揭定水之下缺第三石第六行□□之峻極者矣。良輔昇第二石第十六行

（《八瓊室金石補正》卷六五）

二二三　唐故比丘尼智明玄堂記并序

師法號智明，俗姓張氏，生於明代，長自善門。早懷恭敬之心，每有住持之志。頃以移天難越，繫戀身心。自良人棄捐，妄念都捨，恒依法侣，參道問津。晚歲出家，始契心地，去煩籠之愛染，修福智於慈門。持授律儀，戒夏而報齡；有極生滅，難違緣盡此方。神遷凈土，以大曆十三年歲在己未秋七月旬有十一日，恬然告滅。以建中二年春二月旬有十三日壬寅，殯於縣之西原，禮也。報齡八十有四。嗚呼！緇徒悲送，執花幡以含啼；俗眷哀號，捧靈轝而潰絶。姪子常泰等仰昊天而難報，起塔墖於山原。庶來哲以知仁，鏤松書於石字。其銘曰：

痛矣淪覆，悲哉逝流。高峰奄日，巨壑藏舟。慈燈已滅，月戒空留。勒松書而不朽，刻石字於千秋。

（《隋唐五代墓誌匯編·洛陽卷》一二册九二頁；《洛陽新獲墓誌》七九號；《全唐文補遺》六輯二二七頁；《唐代墓誌彙編續集》建中〇〇四號）

二二四　唐杭州靈隱山天竺寺大德詵法師塔銘并序

西周之叔世，本師淪迹於拘尸那城。千有餘年，教行東漢。玄綱遐屬殆如綴旒，而先經異時至機終義。我唐聖歷中，《大方廣》梵文四譯斯備，雷霆始懼於魔耳，天地再造於人心，曈曈無邊，佛日正出。其時，弘道之士有燉煌公得他心，稱是文殊後身，洎四葉傳於吾師。本孫氏之子，長沙桓王十有三世孫。母也初感夢吞明珠，遂

黜鱻惡葷。誕彌厥月，生有異表。中歲若成，寥兮真姿，不栖於俗，顧移榮於道，忘錫羡於家。至十五，辭親從師，依年受具。行學一集，鬱爲教宗。終卷伊吕立功之致，陋黄綺肆志之適，遺形理性，與山水爲群。故地思貞大師屬我以《華嚴經》《菩薩戒》《起信論》，心以靜鋭，智與經冥，徹照淵玄，萬法一念。霄景盈空而不見，晨曦溢目而何有，有而不可有者，吾其見真師之心哉！受經彌時，乃疑未契。其夕，夢乘大艑，直截滄溟，横山當前，峻與天極，不覺孤帆鳶戾，懷襄止濟，峰竦竦而忽焉，雲溶溶而在下。既寤，形若委衣，流汗輕醒。自此，句義不思而得，一部全文常現心境，事事無礙之旨如貫花焉。天寶六年，於蘇州常樂寺畫盧舍那像，寂念初萌，十身并現，日月何咎，惟吾師自知。大曆二年，講於常州龍興寺，纔登法座，忽有異光，如曳紅縷，漸大縈於香室，久修行者，會中光睹。前後講大經十遍，制《義記》十二卷。誠感之事，此類固多，今略而不載。受業比丘太初付以香爐談柄，知其意有歸。深於吾道者，則有尋陽正覺、會稽神秀，亦猶儒門之有遊夏荀孟，雠賢議德，其造形之異乎？至大曆十三年十一月七日，沙門惠覺夢巨塔横仆，陷地二級。無何而吾師示疾，顧門人曰：「生死者，衆人之桎梏，至人之作用。昔尼父逍遥曳杖，發泰山之歌，蓋欲顯本知終，示動歸靜。吾雖不敏，幸異夫流遁不返者乎？」言已，奄然與物而化。春秋六十一，惠命三十二。以其年某月日甲乙建塔於某處，終終之義也。噫！素旌晨出，異昔經行，衆籟啾啾以風號，細雨茫茫而天泣。世流有逝，法流何逝而常清；世山自騫，法山何騫而常存。吾知夫一貫而何言，時邗城肅公得離性之文，代予爲銘，刻石松門。詞曰下缺

（《晝上人集》卷九；《全唐文》卷九一八）

二二五　唐故居士河内常府君（俊）墓誌銘并序

德也不德，名也無名，混迹潛機，世莫能識，則常府君之美矣。府君諱俊，字英俊，河内人也。曾祖諱澈，儒

林郎。祖諱忠，宣德郎。考諱仙，恒王府典軍。並守位以仁，居敬行簡，德以信成，正以從善。府君早歲悟道，榮寵絶求，蒙難藏諸晦明，修德閑耶養正。浄乎天根，虚物存誠，陶空見實，謝名知幻，亡憂樂天，默語行藏。常處中道而有妻子，俱修梵行而處塵勞，恒瑩真性。府君形同於無形，心存於無相，浄於無爲，味於無事，知而不知，學而無迹。修之無因，果胡能測？浄既成矣，曷能久諸？以大曆十有四年三月廿四日，逝於遼西縣歸化里之私第，享年五十有五。其逝也，精爽如歸。謂其妻子、誡念季弟：「爾等而一，其無二焉。始終念兹，無忝斯語。生死者幻，曷足悲乎？浄爾意，焚寶香。」於是乎大稱十念，超間諸禪，俄然無心而歸真也。以其歲閏五月三日，葬於薊城北高梁河南禮賢鄉之原，兆從宜也。夫人太原王氏同修梵行，尤精妙理。彼美淑人，德佐君子。季弟光朝承重，哀過其禮，孝心天生，世議二龍，花連一寶。嗣子叔清，幼而冲和，以繼父業，仁善本性，知之自然，薰雜惡聞，肌骨天浄。並號訴蒼天，血染墳域。冀垂不朽之文，永旌罔極之德，假手於我，詞無愧焉。銘曰：

問世生兮而可宗，群英仰兮德可攻。我生萃兮觀其風，哲人萎兮何所從。

房山野人康濟譔并書

（《北京圖書館藏中國歷代石刻拓本匯編》二七册一八六頁；《北京大學圖書館藏歷代墓誌拓片目録》〇四八七四號；《隋唐五代墓誌匯編・北京大學卷》二册一七頁；《唐代墓誌彙編》大曆〇七九號；《全唐文補遺》四輯六二頁）

二二六　大唐故資敬寺尼常清墓誌銘并序

鄉貢進士麴信陵撰

自大雄示滅，象法住世，若非宿植清静，天資朗澈，則安肯脱身於塵界之外，落髪于佈金之地。尼常清，俗姓馬氏，曾祖正會，隴右節度使、左武衛大將軍，贈光禄卿。祖晟，左司禦率府參軍，贈太子太保。父璘，涇原、鄭□□節度使、尚書左僕射、扶風郡王，贈司徒。皆道光佐世，勛貫前古。夫生高門族姓之家而能外珠翠文繡之飾者，鮮矣。故先人難奪其節，奏居此寺。佛性懸解，自然坐知，律儀嚴整，闇與理合。青蓮不染，獨生於芝水之中；白月孤圓，迥出於重昏之際。雖禪宗法將，無不嘆服，以爲我法重興，屬在於此。豈意報身已滿，戒珠韜光，以大曆十四年九月四日，遷化於當寺，越十月卅日葬於銅仁原。法侣哀痛，相看如失。且夫生滅應現，法本無常，所嘆妙年，未登具戒。嗚呼哀哉！乃爲銘曰：

玉質蘭薰，生於德門。早厭塵俗，夙知道源。禪河洗垢，慧炬照昏。應身雖滅，佛性常存。

表兄前鄭州原武縣令席輔書

（王育龍、程蕊萍：《陝西西安新出唐代墓誌銘五則》，《唐研究》第七卷，北京大學出版社，二〇〇一年，第四五〇頁）

二二七　海東故神行禪師之碑并序

皇唐衛尉卿國相兵部令兼修城府令伊干金獻貞撰

東溪沙門靈業書

夫法之體也，非名非相，則盲聾智者莫能觀其趣；心之性也，若存若亡，則童蒙理者焉可測其源。故有學無學，纔嘗香鉢之飯；二乘三乘，寧得藥樹之果。言禪那者，即末還本之妙門，因心階道之玄路，歸之者銷沙劫之罪，念之者獲塵刹之德。況乎經年累代，積行成功，深之又深，其極致歟！粤若位登五七，聲亘三千，紹佛種，傳法燈，即我神行禪師受其記焉。禪師俗姓金氏，東京御里人也。級干常勤之子，先師安宏之兄曾孫。積善薰心，囊因感性，年方壯室，趣於非家，奉事運精律師。五綴一衲，苦練二年。更聞法朗禪師在蹋踞山傳智慧燈，則詣其所，頓受奥旨。未經七日，試問之曲直微言，冥應以即心無心。和上嘆曰：「善哉！心燈之法，盡在於汝矣。」勤求三歲，禪伯登真，慟哭粉身，戀慕那極。遂以知生風燭，解滅水泡，遠涉大陽，專求佛慧。乘危碧浪，不動安心之念；對險滄州，逾策護戒之情。誓願堅固，承佛神威，孤帆直指，得到彼岸。時屬兇荒，盗賊亂邊，敕諸州府切令捉搦。吏人遇而詰之，禪師怡然而對曰：「貧道生緣海東，因求法而至耳。」吏不得自放，檢繫其身廿有四旬矣。於是，同侣俟其無人時，脱桎梏而息焉。僉語之曰：「汝盍如此耶？」答言：「吁！我於往昔造罪業，故今見罹苦，甘心受之。」竟不脱休。斯則忍辱納汙之迹，和光匿耀之事也。事解，遂就於志空和上，和上即大照禪師之入室。朝夕鑽仰，已過三年，始開靈府，授以玄珠。不壞微塵，便撮六千經卷；非舒方寸，遍遊百億佛刹。常游泳於性海之深源，恒翱翔乎真空之幽際。洎于和上欲滅度時，灌頂授記曰：「往，欽才。汝今歸本，曉悟迷津，激揚覺海。」言已歸寂。應時豁爾，得未曾有。挑慧燈於虚室，凝定水於禪河。故遠近見聞，尊重瞻仰，不可殫載矣。然後還到鷄林，倡導群蒙，爲道根者誨以看心一言，爲熟器者示以方便多門。通一代之秘典，傳三昧之明燈，實可謂佛日再杲自暘谷，法雲更起率扶桑。設欲括三達，罩十方，書其迹，寫其功，庸詎能記一分之德耳？所冀道身地久，慧命天長。於戲！能感已盡，所應方移，此則道師隱顯，理必然故。生平七十有六，大曆十四年十月廿一日，終於南岳斷俗之寺。是日也，圓穹黯黲，三光爲之晦冥；方祇振動，萬物因兹零落。甘泉忽竭，魚龍驚躍其中；直木先摧，猿鳥悲鳴其下。於是素緇飲化，遐邇同聲，或聞異香飛錫空而電奔，或觀瑞雲乘杯流而雨驟，泣血焚身，盡心葬骨，殆三紀矣。其處則懸崖萬丈，流水千尋，逃名洗耳之隱居，拋世遁迹之幽栖。定沼泓澄，深藏慧日之光；空林蕭索，長引禪風之響。北倚獨立之高崗，西鄰三藏之迴谷。掛煙月於山頭，捐金玉於淵底。豈惟地理之崔崒，復乃靈神之洞窟也，記云「鷄足石室」。摩訶迦葉守法衣，待慈氏，豈非是歟？世世稱巖，今見在兹。成從自爾，其狀如門，門辟之期，未知幾許。如是聖迹，其數孔多，難可詳悉耳。今我三輪禪師者，宿殖衆妙，本有三身，心無自性，悟不由他，同修道業，互作師資。于時安禪餘暇，熟慮寰中，謂言：「無形之理，不建像而莫睹；離言之法，非著文以靡傳。」悲夫！慈父懷玉而歸，家子得寶幾日，是以招名匠，畫神影，造浮圖，存舍利，燒戒香，灑定水，致懇惻於先聖，將軀鏡於季葉焉。有若大隱明朝之賢，栖心道境之士，策念韋提之貴，亞迹圓寂之徒，相顧誓言：「我等數人，共承□佛，齊念□僧。」由是禀紫氣於桂苑，挺玉葉於金枝。分鸞鑣，驅鳳駕，休沐清河之上，泛舟楫於巨川；蹈舞黄屋之下，作棟梁乎大厦。世上可觀，於斯爲盛。盛必有衰，古人所傳。哀哉人世，生也獨自以來，死亦共誰而去。欻爾未知過隙，俯仰無有是非。若欲出火宅而登露地，截三有以歸一如者，教綱多端，不如三覺，助道非一，隨喜爲最。故命忠直之吏勸潔浄之僧，將兹有限之財造彼無窮之福。於是取石名山，伐木幽谷，刊翠琰，構紺宇，庶幾標萬古之景迹，歷千秋而不彫。所謂人能弘道，豈虚言哉？善逝遺法，付囑國家，良有以也。僕以狂簡無材，忸怩有愧，欲贊玄化，輒録短懷。未浄一心之地，詎升三學之堂？冀將螢火之熠，竊助明景之暉。前識早計，焉可以□指求月，剖卵責晨也哉？唯欲天池有涸，願海無涯，水旱燋浸，碑銘固存。然後茫茫有識，蠢蠢含靈，灌法水於神器，長道牙於心田，永出愛欲之泥，齊登涅槃之岸云爾。其詞曰：

深哉覺海，量等虚空。無名無相，寂寂融融。就中最勝，三學爲宗。心心傳祖，言語難通。初因佛起，來詣溟東。誰能神解，則我禪公。辭親捨室，超出煩籠。入山求道，逾海尋蹤。韜光被苦，策念成功。師資每遇，目擊相逢。凝神壁觀，獨步唐中。還歸日域，引導群蒙。逗機應物，授藥無窮。兹緣已畢，化彼天宫。遺形空谷，脱影雲峰。同聲輻凑，擗踊摧胸。慈光已滅，追戀何終。有一真僧，親承法要。神會一如，心藏衆妙。非言非默，即寂即照。出定暫憶，偏哀淺識。彩畫神影，容儀不忒。更造浮圖，再修功德。萬古千年，傳燈軌則。金城鼎族，紫府親皇。一心若海，百谷爲王。前修激發，結願平章。齊沾法雨，同遇佛光。清河舟楫，黄屋棟梁。寰中所望，以此爲昌。儻來若夢，榮落無常。涅槃迢遰，何不貯糧。勸僧潔行，選士忠良。刻銘雕石，卜地成堂。山崩海竭，此願無央。日居月諸，兹文久彰。上從有□，下至金剛。四生蠢蠢，三界茫茫。飡禪悦食，飲解脱漿。咸臻覺道，速詣真場。

元和八年歲次癸巳九月庚戌朔九日戊午建

（《八瓊室金石補正》卷一二九；《全唐文》卷七一八）

建中

二二八　唐湖州佛川寺故大師（惠明）塔銘并序

夫萬有朝徹，獨立而不改，其妙空乎？洎鴻濛已還，民溺情海，安不幻之迹，喪全真之旨。若識浪不作，幻何有哉？我釋迦本師獨開宗極，遽而告滅，降蘊魔也；在而言逝，爲狂子也。以八萬四千正法，首付飲光，飲光以下二十四聖，降及菩提達摩，繼傳心教，有七祖焉。第六祖曹溪能公，能公傳方巖策公，乃永嘉覺、荷澤會之同學也。方巖即佛川大師也。大師諱惠明，俗姓陳氏，漢太丘長寔之後，世居潁川。顯祖某，永嘉南遷，爲司徒掾。陳氏受禪，四代祖仲文有佐命之勛，封丹陽公。祖某，雙溪、轂熟二縣宰。考某，蘭陵人也。大師雖世有榮閥，而未嘗自稱，蓋處塵世之餘累矣。先夫人初感之日，如持佛戒，足惡履於葷圃，口不嘗於鱻器，神夢仿佛，長聞法音，既而誕焉。年漸及丱，方祈捨俗，大人從之。至受具時，即開元七年也。耳未誘於色界，眼不瑕於色塵。清行剋終，如鑒寒玉。嘗謂人曰：「昔者縈刑首作，伯成子高遁焉。吾雖不捨律儀，而惡乎浄論紛若。心即心之，法至矣哉！」西詣方巖，頓開心地。於戲！冥冥其機，赫赫其師。寂乎大空之淵而不疑，放乎萬緣之律而不變。天寶某年，將有願於清涼山。淮汴阻兵，師乃旋策。偶與禪侶西之宛陵，於上石門置蘭若三所。有大虦來擾，如撫狵焉。既屬時艱，民多饑薦，群盜欲至，輒號呼先報，往往徵焉。先是楚鄉弋獵爲事，不聞佛號，但徇殺心。我大師以慈行之至，尚能使猛虎不暴，騰猿不擾，而况於人乎？故舉鄉之甿，浣心革面，撤網裂罟，子來于我。至天寶五稔，爰止乎魚陂道場。有瑀公者，白土史宗之流，迹邇行微，世莫之識。始相見曰：「南祖傳教，菩薩來何晚耶！」他日，與瑀公登魚陂峰頂，見東南有山，蒼琅獨秀，謂瑀公曰：「吾與此山宿有緣矣！」天寶八年，有制度人。州將韋公南金舉高行黑白狀，請隸名州中寧化道場。大師固辭，韋公不屈其志，遂改隸佛川，即疇昔魚陂所望之峰，梁吳均故宅之所。《地誌》云：「青山東南掘得古像二軀，莫知年代也。獲像之地，靈泉忽湧，因此名爲佛川焉。」泉側有吳王古廟，風俗淫祀，濫以犧牲。於是大師哀之，乃詣祠宮禪坐。洎夕中夜，雷雨洊至，林摧瓦飛。頃之，雨收月在，見一丈夫，容甚盛大。師謂曰：「居士生爲賢人，死爲神明，奈何使我蒼生每被血食，豈知此事殃爾業耶？」神曰：「非弟子本意，人自爲之。」禮懺再三，大師乃授以菩薩戒。神欣然曰：「若和尚移寺，弟子願捨此處，永奉禪居。」言畢不見。其後，果移寺焉，於祠側獲銅盤之底，篆文是吾師法號。更有異器，畧而不書。建中元年春，忽顧左右，愀然而嘆曰：「夫人生百年，蓋一念耳。昧者安知揭日月以趨新哉？吾將往淨方，爾曹勉之。」於時報年八十四，僧臘五十一。以其年正月十一日有疾，其日庭木春悴，山雨晝冥，猛虎繞垣，悲嘯而去。十二日，奄然長往。二月十二日，建塔於佛川西山。有慈烏滿林，舉衆驚異。受法門人，自湘溪淮楚，不遠而至。有若孤秉律綱，默持心印，惠解比丘即其人也。德與物敷，言隨性寢，聲采不飾，世謂渾金，惠敏比丘即其人也。外學以文，内修心行，迹不疑聖，機能造微，如知比丘即其人也。菩薩戒弟子刺史盧公幼平、顔公真卿、獨孤公問俗、杜公位、裴公清，惟彼數公，深於禪者也。謝太傅之通於宗要，殷澗源之造於精微，常恐大師之言將墜于地，顧謂小子誌之。予曰：「必使睹至人之奥，知地位之極，則未敢聞命。若盛美之迹，人所見聞，何嘗敢忘？請退而記之，刻諸靈石。」詞曰：

青山我廬，白雲我曹。吾師處焉，人遐迹高。迹高伊何，降心鍊魔。傳教方巖，傾珠竭河。持而不檢，放而不過。匪雲異月，如水與波。見獨超超，證法無兩。生死誰羈，我不可鞅。若摇空輪，如憩風響。何爲告滅，亦由狂子。忽示雙桐，空棺隻履。佛去川在，人亡寺留。使吾舊境，寂寞長秋。泣露草繁，悲風樹滿。此物無心，盡如凄斷。門人千萬，昔爲法來。悟者不蹙，常情自哀。祥花雨墜，靈塔峰開。真子相顧謂，全身在哉！

（《晝上人集》卷八；《全唐文》卷九一七；《全唐文補編》上册六八三頁）

二二九　唐蘇州開元寺律和尚墳銘并序

至人於生死一也，物有之，我亦有之，若日月可食，靈空可汙乎！在至人爲宅心之地，誠瞽夫不返之瀑流哉！於戲！我法自五天揚於漢庭，八俊四賢横世傑出。後之學者聆休風，企高躅，何吾師之穆其芬馥歟？吾師諱某，字某，先劉氏之子，漢楚王交三十一代孫。列祖某，永嘉南遷，爲丞相掾。四代祖遠，隋東陽守。顯其遺榮之迹，略載本枝；全其拔俗之高，不書後葉。蓋亦垂訓之意乎！吾師幼孤，伯父哀字如禮，名因教立，孝自天生。而宿植緣深，心田欲稔，因請伯父，從師出家，伯父哀而捨之。事靈隱某禪師，因問師入道之次，師語曰：「夫爝火大明乎太虚，以爝火之心當太虚之境，境非心外，心非境中，兩不相存，兩不相廢。今我所證，是爾所知，曷有萬法之深淺優劣乎？」語畢，如凉風入懷，醒然清悟。天寶四年，受戒於東海大師鑒真，傳講於會稽大師曇一。至德中，舉高行，隸名開元。乾元中，有詔天下二十五寺各定大德七人，長講戒律，吾師其選也。頃年，浄土一門，不懲於念。嘗謂人曰：「昔聞西方之行，是有相大乘，此乃蓬心不直達之説。何者？夫出言即性，發意皆如，而一色一香，無非中道，況我正念乎！」於時六十七天年，三十六僧夏。一十六壇場，孤制律樞，正持僧綱。自胥湖南北，皆宗仰焉。以建中元年六月十五日，寢疾而逝。其時有庭樹一，本枝葉扶疏，及吾師將亡之朝，花正拆而遽萎，倏始繁而方折，亦恒河水上旃檀樹枝榮枯之意也。其年七月五日，遷靈龕於武丘西寺松門之右。嗚呼！青山不歸，白林長謝。秋原之上，萬境皆悲。雨冥冥而晝陰，水浼浼而東逝。門人道亮、道該、清會，亮以毗尼繼其行，會以才學儔其賢，該以詞華踪其美。三子之外，居廊廡者，充江漢焉。故觀察使韋公元甫、觀察李公栖筠，今虢州刺史李公紓、今御史中丞李公道昌，林下之迹可追，山陰之遊尚想，懷人撫事，相顧泫然。晝實謏才，曷足揄揚盛美？以吾釋門之事，安敢讓焉？銘曰：

本師示終兮玄綱絶，香山崩兮香海竭。大地動兮旃檀折，人天冥兮千光滅。我師出嗣兮遺教張，如何斯人兮天不臧。星既雨兮地亦霜，生涯昧兮四流長。捧遺言兮循往迹，庭無人兮月寂寂。百年遐壽兮日長夕，萬春上服兮塵已襞。門人慟兮世人悲，瞻影塔兮山之垂。宿昔經行兮舊路岐，雲眇眇兮雨霏霏。方域盡兮長桑移，樂（藥）石香名兮不騫不虧。

（《晝上人集》卷八；《全唐文》卷九一八）

二三〇　唐故臨壇大德乘如和尚靈塔銘

大師號乘如，姓蕭，梁武帝六代下缺皇朝太子洗馬。大師神龍年中，七下缺以律藏爲生□□□□□子下缺學□大□長老人算得而知下缺故□□□餒實甚，□身有□。時服下缺門居臨壇之□卌八年下缺恩詔追赴上都。□安□西明寺下缺代宗多可其奏。行年八十一，大曆下缺巳□夏六十有一。門人哀下缺於嵩嶽寺中□□□兄曰

時和下缺矣。嘆曰：大師捨我而下缺秉律大師□達下缺法忍之資。大師下缺

（《八瓊室金石補正續編》卷三二；《全唐文補編》下册二四一四頁）

二三一　皇唐兩京故臨壇大德乘如和尚碑陰記

和尚法諱乘如，俗姓下缺度，於東都崇光寺勤求佛事下缺殊勝之域，世間心地於寂公，虚下缺玄宗以其行密道高，特詔爲臨壇大下缺歸。會冤憎者解□釋憾，當以念佛功德。爲下缺坐或行，耳無輟聽。非夫淺深善誘，説可衆下缺以弘教。雖委身儉艱，竭己衣食，皆不□倦下缺和尚振錫箕潁，南登江漢，因依而行。□全忠下缺肅宗即位之明年也，聞而嘉之，徵還長安，親下缺與□隨，趣定惠而將捨對。上益稱嘆下缺代宗御極，禮有加焉。於對揚之時，納付囑之下缺賴。尋以羸老，懇請閑居。優詔許之，遂宴下缺弟子曰：法性無住，世相不留，緣報寄形，形盡下缺赴，哀震京師。佛日以之昏霾，禪林以之摧折下缺約曰：我居士，和尚之仁兄也。東山未旋下缺和，弱歲與和尚常居中岳。雖生滅之理下缺護。起身塔於嵩丘，不忘本也。和尚昔與下缺之遊，而數公藴崇德馨，迭居台輔，莫不隨其下缺堂□□□□上乘。如何一朝，空慕遺□下缺

建中元年龍集庚申仲秋下缺

（《八瓊室金石補正續編》卷三二；《全唐文補編》下册二四一四頁）

二三二　唐故東京安國寺契微和尚塔銘并序

和尚俗姓權氏，法諱契微，天水略陽人。十代祖安丘敬公翼，爲前秦僕射，事備載記。曾祖文誕，皇銀青光

禄大夫、涪常二州刺史、荆州都督府長史、平凉郡開國公。祖崇本，皇朝大夫、滑州匡城縣令，與兄户部郎中崇基、水部員外郎崇先，皆以文學政事，顯名於貞觀、永徽之際。考同光，皇河南縣尉、長安縣丞、翰林詳定學士，與伯兄益州成都縣尉無待、仲兄歙桂梓三州刺史若訥，三人同以大名舉進士擢第。文章之美，爲當時冠首。然其世德鍾慶，若後無達者，則有以清凈住世故。和尚生而敏悟，超然玄覺。年九歲，於薦福寺金剛三藏發心入曼荼羅道場，傳持聖印。悟入之速，發於岐嶷。然其德容具舉，家族敬異，將必擇卿士之良者以嬪之。時勇於出世，至欲刃其膚以自免。翰林府君既捐館，母兄竟不能抑。遂以初笄之年，被服緇褐。至天寶元年，始受具於福先寺定賓律師。隸東京安國寺，師事苾芻尼無勝，受心門方便之學。以爲心寔境化，真由妄遣，遣之而真亦隨盡，化之而心乃湛然。故外示律儀，内修禪説，因初心而住實智，離有相而證空法。乃通四部經於弘正大師，尤精《楞伽》之義。而後住無住證，洗六妄，離二邊，遵大道以坦蕩，入法流而泂復。以深惠善誘，誘誨學徒，或權或實，爲歸爲趣，亦猶净名之隨機攝導，蜀嚴以忠孝爲言。故中外族姻，遍沐其化，漸漬饒益，可勝道哉？初，以廣德中隨其家南渡，安居於蘇州朱明寺。以建中二年九月六日，冥然化滅。報年六十二，經夏四十一。弟子尼惠操，又其兄子也。故探其義味，最爲深入。乃率籲緇俗，號捧金身，建塔於東武丘寺之東北崗，從其教也。姪孫德輿以爲宣父有西方聖人之説，東漢有浮圖仁祠之教。以其教言之，自菩提達摩七葉至大照祖師，皆以心法秘印，叠相授受。故戒生定，定生惠，得第一義者沖而詣之。嗚呼！今其詣之矣。桑門紀述，多不分系緒。今備書者，亦所以無忘先德，故其文也繁。銘曰：

教旨清净，戒珠圓映。識浪情塵，還源反性。彼一切見，皆妄想生。精修密詣，湛爾融明。示現者何，此身非久。强爲之銘，以焯於後。

（《權德輿詩文集》卷二八；《文苑英華》卷七八六；《全唐文》卷五〇一）

二三三　蘇君塔銘

上缺貞于立身，行必有恒下缺隨夜壑之遷。建中二年下缺政里之私第，春秋歷一百八十六甲子矣。嗚呼！生也有涯，古今之大分；來而必往，運序之屈申。以貞元二年五月六日，遷窆於終南，祔之舊塋，禮也。詢時之制，以塔代封。略述斯文，刊於貞石。銘曰：

于嗟蘇君，運何促兮。忽焉長往，隸幽籙兮。蕭蕭悲風，生拱木兮。弈弈方墳，在林麓兮。

（《北京圖書館藏中國歷代石刻拓本匯編》二八册三七頁；《北京大學圖書館藏歷代墓誌拓片目録》〇四九四五號；《隋唐五代墓誌匯編·北京大學卷》二册二一頁；《中國西北地區歷代石刻匯編》四册八九頁；《唐代墓誌彙編續集》貞元〇〇四號；《全唐文補遺》七輯四〇一頁；《全唐文補編》下册一九二〇頁；《石刻題跋索引》一九四頁）

二三四　大唐皇再從祖姑故寧刹寺比丘尼志弘墓誌銘并序

銀青光禄大夫前光禄卿上柱國襲琅邪郡開國公王諒撰

粤有比丘尼法號志弘，則高宗天皇大帝之曾孫，許貞孝王諱素節之孫，褒信郡王諱璆之季女也。分派紫霄，承榮朱邸。百行無點，五禮克脩。笄年歸于我，封隴西郡夫人。冰雪其操，桃李其姿。至行多能，高矩全節。六姻是則，二族所推。美矣哉！常謂人曰：「蘭室之與蓮宮，如之何？袨服之與緇衣，如之何？」時人異其言。後數年，乃削髮壞衣，出家捨俗，於寧刹寺辯音律師下受具戒。遂发菩提之迹於金沙中，登蚊脚之梯爲希有事。既而曰：「禪者寂也，寂可定而惠生。」遂於東都聖善寺詣山門澄沼禪師問道。一自苦心，禪寂斯固。入三昧樂，得解脱門，可以爲住世醫王，可以爲釋教法主。悲夫！生以時也，滅以順也，以生以滅，義無常哉！厥示寢疾，反時適順。以建中三年四月七日終於東都道化坊舊宅永穆寺，春秋六十有一，僧夏凡六。以其年十一月廿四日，遷神于河南縣畢圭鄉龍門里也。嗚呼哀哉！在家之際，有子五人，有女三人。長曰郎，前青州千乘縣令。次曰鄂，前河中府解縣尉。次曰邠，前同州白水縣丞。次曰鄃，前宋州楚丘縣丞。次曰鄠，前弘文館明經。長適前江陵府公安縣令段宥。次適前大理評事李傺，晚年出家，法號悟真。次適太原府祁縣尉李肅。郎等並柴毁失容，綆淚成血。諒雖道俗有殊，而情理難易，還悲獨鶴之聲咽，終嘆孤鸞之影沉。墮淚裁文，寄哀貞石。銘曰：

平王之孫，齊侯之子。其德淑順，其華綺靡。稟訓梁苑，女儀如彼。言歸沁園，婦道如此。其一　佛理超寂，克修必見。豈無全生，知生如流電。豈無榮樂，知樂如露泫。電露倏欻，夫何所羡。其二　至道可保，至教可從。道教兩悟，若會雲龍。婉婉之質，凛凛之容。淬然孤貞，乃類高松。其三　法有明昧，事有生滅。生滅一致，明昧齊設。去矣反真，哀纏拉血。高樹悲風，寒原苦月。勒銘頌美，嗚呼永訣。其四

哀子朝請郎前行河中府解縣尉驍騎尉晉陽縣開國男鄂書

（《洛陽流散唐代墓誌彙編續集》二二二號）

興元

二三五　大唐東都弘聖寺故臨壇大德真堅幢銘并序

大德法號真堅，河南府王屋人也。俗姓楊，即弘農太尉之苗裔。宿植善根，天生異俗。自小不茹葷血，十三即志願出家。孤標不群，氣識殊衆，累經阻難，確乎堅貞。年廿具戒，後即探討毗尼，製《道儀鈔》，傳於後學，莫

不遵崇宗旨，遠近流行。乃至新羅異域，尤加尊重。初准敕住天宫寺，後奉敕抽充弘聖寺大德，又充會善寺臨壇十大德。其爲性也，恤貧敬老，救病哀弱，嘯傲名利，脱略喧繁。興元元年五月十二，忽示現生滅，終於弘聖寺本院，俗年五十有七，僧臘卅七夏。其月十五日，於東都龍門西天竺寺南堽面陽安厝，儀也。出家姊安國寺主真心、俗弟廬州長史皎、弟子弘聖寺僧嗣興等敬造尊勝陁羅尼石幢，以記遷謝。其銘曰：

天生聰惠兮辯正邪，割愛辭親兮小出家。修持戒律兮净無瑕，傳述聖教兮逾海涯。色身默世兮歸寂滅，聲問空存兮滿京華。手足永斷兮不可續，送終追往兮徒悲嗟。

（《唐文續拾》卷四）

二三六　蘇州支硎山報恩寺法華院故大和尚（道遵）碑并序

我先大師曰佛，嘉言孔願，大造人天，張無生極宗，懸衡於群教之表，自第一義諦，皆我之蘧一也，况儒、墨、名、法、道家之流哉！教之斯行，資乎哲匠，今大師即其人也。大師諱道遵，字宗達，吴興張氏之子。崇勛茂德，世爲吴中右族。大師夙負殊操，潔士稱之。榮耀不足關其心，聲塵未曾觸其性。其年二十，詣天竺威大師首宗毗尼，依佛教也。常愀然而嘆曰：「孔老之學，不明三世，昭昭之業，何異夫適郢而求冥山哉？」先大師則不然，觀萬像無根，我獨以無生一心，覆疑山之峻；知四流妄有，我獨以不動二字，停倒海之波。室是遠而，悟者天隔。昔在漢明永平之際，大教洋溢，霈然而東，與生靈滌心，觀天地更始。正士自摩騰以降，持法有如關中者，秉律有如南山者，海内髦士亟歸乎哉！如凱風徵揚，嘉禾先發。北齊惠文大師傳龍樹智論一性之教，即我釋迦如來九世祖師文殊所乘也。惠文傳南嶽，南嶽傳天台，始授一心三觀之旨，以十身佛刹微塵數脩多羅，如懸帝網，丕出正念，無遺即中，蓋如來一斯教之扃鐍也。天下弘經士窺我宗者，不得其門而入。天台去世，教傳章安，章安傳縉雲，縉雲傳東陽，東陽傳左溪。自龍樹已還，至天台四祖，事具諫議大夫杜正倫《傳教記》。今大師則親承左溪，一受心宗，方造其極。物有凋折而苦節不衰，時有晦明而至行不變。《法華》三昧，淵乎我衷。嘗從容謂門人曰：「堯舜之民，不必獨義，教之至也。教若不至，民何咎焉？吾恐大教未周，群機未發，陷諸子於邪見之網，吾徒得無過乎？」乃欲廣寫《法華經》，置道場，辟經院，以燭繼景，揚大雄慈聲，蓋平生之願歟！一之日發其心，二之日規其趾，作不逾序，厥功成焉，居山之福地。於戲！群峰合沓以就我，當大藏而孤峙，疑天作以待用，此持經之境也。及以清晝山空，杉吹不動，真念凝乎寂寞，經聲在乎窅冥，此持經之心也。大曆元祀，州將韋公元甫，兵部尚書劉公晏，侍御史王公圓，開州刺史陸公向，殿中侍御史陸公迅，大理評事張公象，境誘真心，共獲殊勝，乃相與飛表奏聞。詔書特下，署名曰「法華道場」。焯哉盛乎！經王之惠日昇于天乎！自江以東，總一十七所，皆因大師之首置也。舉精行大德二十七人，常持《法華》，報主恩也。大師以無緣慈眼極一觀，四生多溺空見，乃鑄盧舍那及毗盧遮那像，明智身不有，法體非無。將顯古佛證經之由，乃起多寶妙塔；開浄土當生之葉，遂作《彌陀色身》《法華一經》《駭聲聞得記》《方等》四部，得嘉廣教盡收無垢浄光。蓋是如來極開方便，迹雖有作，功乃無爲，接人天機，使知有殊常之福。又寫天台一教，溢乎道場，真詮昭昭，與清景不極。大師有言：「佛法壽命，其惟常住乎？常住不存，我法安寄？」於是置莊二所，世田爲義，俟嘉穀以登，身由是修，期聖禾不絕。非夫大師平等之施，孰能於事理雙全哉？物役我慈，日用不足。門人有懈廢者，接彼退機。講《法華玄義》《天台止觀》《四分鈔文》，臨壇度人，授心揚律，願盈乎石室之籌。天寶年，於靈巖道場行《法華》三昧，忽觀大明上燭天界，我身正念儼在光中。異日，問天台然公，公曰：「智慧光明從心流出，非精志之所致耶？」又於本寺入法華道場，忽睹此身在空中坐。先證者知是大師滌垢之相，不然，則萬法有無礙之用哉？其年春秋七十一，僧臘四十六，以興元元年七月二十九日，告終於支山本寺。嗚呼！象法梁壞，苦流增波。無數人天，從今何怙？初當寺蓋公、輪公一夜同夢大殿忽崩，得非法匠將亡之應？示疾之日，驕陽久愆，嘉苗若燎；辭世之夕，風號雨暴，天地慘黷，亦我法陵遲之變也。傳教門人靈輪、法盛、道欣可入如來之室，豈唯宣父之室哉？俾厥鴻猷張而未弛，奉教門人、猶子靈源等高志警拔，德鄰先賢，精細行以檢儀，敷大乘以基性。予雖後學，夙聆德聲，曷云不騫，貽諸樂石。銘曰：

泓澄吴江，靜幾於道。清氣蓄焉，誕我僧寶。洸洸大師，與道爲蕃。義天無孛，慈釭不昏。巋然支山，緊公所履。建塔辟院，夷荒而趾。乃基靈峰，靈峰崇崇。乃啓秘藏，秘藏彤彤。天色在下，日輪當中。真經無言，至象非象。冥理徹性，不昧不朗。三觀一心，如懸帝網。雪山嵯峨，有時而裂。香樹偃蹇，有時而折。世相若斯，師何示滅。示滅何之，天泣人悲。高丘漠漠，細雨霏霏。攜履西去，相逢是誰。見海未乾，疑山尚阻。囂囂魔民，爰得其所。吾所寂寥，空留法語。入室數子，皆弘我經。安公如月，遠公如星。恭恭秩秩，釋氏儀形。影塔亭亭，長在寒樹。天上花落，人間日暮。猶飄苦雲，與我爲喻。

（《晝上人集》卷九；《文苑英華》卷八六三；《全唐文》卷九一八）

二三七　有唐東都安國寺故上座韋和上（圓净）墓誌銘并序

河南府鄉貢進士魚宗文述

世諦之崇，莫先於閥閲；女士之重，孰勝於嬌奢。捨斯浮競之門，詣彼真如之境，若非習性綿遠，見解自然者，則何能致是也？我上座得之。上座俗姓韋氏，法諱圓净，京兆南人也。祈房之祖曰南邳公，諱□著八族之雄，封勛居五等之最。曾祖知人，皇朝司庫員外郎，贈職□郎中。列祖緄，皇朝散大夫、丹州别駕，物無終盛，時有屈伸。父安時，皇亳州永城縣丞，德高位下，時望攸孤。上座即永城第二女也。積善之門，誕斯名德。神標冰雪，量含江海。幼懷奇志，長而彌堅。年十四，辭家入道，依止本寺李上座爲受業和上。和上即己王之女，玄宗諸姑，族貴行高，參學匪易。而韋氏特蒙奇之，即根機之利，事可知也。半戒具戒，受必依年。虔心秉持之儀，苦節毗尼之藏。洎乎中歲，學精業就，思得魚而忘筌，乃□流而捨筏，踰有相之小乘，樂無生之妙理。□於言下，見識種於心田；行出緇流，植善根於意葉。時議所推，尋爲本寺大德。建中二年九月廿八日，補本寺上座。允門人之望，愜寺衆之情。衣冠士庶，無不仰其德也。至興元元年十二月十四日，棄南閻之穢境，歸西方之净域，神捨此而生彼，壽奄然而有終，享年六十。斂柩於律院之東堂，爲後人會臨之所，長老童蒙無不流涕。以興元二年正月十日，安神于龍門天竺寺西南原，禮也。弟子契虛，上座姊之子也。幼稚而孤，賴其訓育，繼姨母之高躅，爲□來之律德。哀罔極而難□，哭晨昏而不絕。弟子明粲，上座之從妹也。弟子澄照等痛陵谷之不常，託斯文於貞石。銘曰：

真理玄微，無□莫契。惟彼鼎族，誕斯智惠。幼秉志節，長而不替。脱略世榮，爰求真諦。優遊泯物，洞澈止持。威儀行業，爲時之師。寺之所尊，實唯上座。□施於人，德歸於我。繼師居位，綱統祇園。訓誡緇侶，敷暢道源。生滅何常，幻泡非固。恩斷閻浮，業成净土。毗尼藏下，方等壇邊。一燈將滅，誰其繼燃。寂滅可樂，塵心自哀。蒸蒸孝子，奉神山隈。悲號罔訴，顧視徘徊。願勒銘於幽石，庶□德於後來。

（《唐代墓誌彙編》興元〇〇二號；《全唐文補遺》七輯六五頁；《北京大學圖書館藏歷代墓誌拓片目録》〇四九三一號；《石刻題跋索引》一九四頁）

貞元

二三八　唐絳州聞喜縣大興國寺故智旻禪宗塔銘并序

登仕郎守聞喜縣丞于兆述并書

□人以因非因，以相非相，頓三乘於妙有，冠九流以歸宗。繩繩兮，則爲故大師旻公，得其人矣。大師俗姓王，太原祁人也。因家内黄，遂隸於縣人焉。年十六，詔度□□□。天殖鋭資，風岐景嶷。内貽塵外之交，遠契無言之旨。師於東都同□□大照和尚。利涉大川，奄有忉利。再□□□聞明和尚焉。首自達摩，終於八祖。道將行世，而北遊清涼。□□年屋敦復名供。及擁錫條阜，雲栖溪澣，越□□年，不出桑□□境。豈徒萑蒲有孽，顧五車以知歸；庭卉無心，霑□雨而增潤。議廣厦之量，匪崑嶠不資；摶巨鵬之高，非滇波不道。大曆歲已□詔後於同□□禪宗，與哀哀絳人。□踵綿徑，擾擾詒懇；□留故山，塊然於中。得此天眼乘喻者，奚可勝哉？大興□□□當群盗風行夷替，猶燼刃茲□力也。□其地□□□之罔若紳於材。迅雷霆之奮伐，螭逃其穴。□釿斧以□□，□而臺殿園□□發若下生兜率欄楯□蓋周移殊□耆闍方□會□□相國扶風馬公、絳州刺史河内□公，躬自□□□□上首持璧□□施金布園。時縣宰楊公式葳其事。□非衡稠廬遠之高，則不足以肩其上也。享年七十六，僧臘五十五。貞元元年冬十月廿有九日，殁於大興國寺。□天肆昏，旭日□慘。哭聲將山鳥齊悲，逝水與郊雲連咽。門人景□至德□及□修荼毗故事，得舍利卅九粒，起塔於條山之陰，岡□則蘭若之所。摶巒層峰，假落日以西拱；菡萏鑪氣，逐寒飆以□□。□□課官，貳於斯邑。敢圖芳於厥事，存不刊於永猷。□銘曰：

□天之□，□□旻公。寂〔寂〕禪□，悠〔悠〕道□。□旌上首，萬品歸宗。奄□忉利，□□蓮宮。哀哀門人，非端罔容。藹藹雁塔，條峰之□。

（《全唐文補編》上册六四〇頁）

二三九　唐故洪州開元寺石門道一禪師塔銘并序

鍾陵之西曰海昏，海昏南鄙有石門山，禪宗大師馬氏塔廟之所在也。門弟子以德輿嘗遊大師之藩，俾文言而揭之曰：「三如來身以大慈爲之本，六波羅蜜以般若爲之鍵。非上德宿殖者，惡乎至者哉？」大師法諱道一，代居德陽。生有異表，幼無兒戲，嶷如山立，湛如川渟。舌廣長以覆準，足文理而成字。全德法器，自天授之。嘗以爲九流六學，不足經慮，局然理世之具，豈資出世之方。唯度門正覺，爲上智宅心之域耳。初，落髮於資中，進具於巴西。後聞衡嶽有讓禪師者，傳教於曹溪六祖，真心超詣，是謂頓門。跋履造請，一言懸解。始類顔子，如愚以知十；俄比靜居，默然於不二。又以法惟無住，化亦隨方，嘗禪誦於撫之西裏山，又南至於處之龔公山。攫搏者馴，悍戾者仁。瞻共儀相，自用丕變。刺史今河南尹裴公，久於稟奉，多所信嚮，由此定惠，發其明誠。大曆中，尚書路冀公之爲連帥也，舟車旁午，請居理所。貞元元年，成紀李公以侍極司憲，臨長是邦，勤護法之誠，承最後之説。大抵去三以就一，捨權以趨寔。示不遷不染之性，無差別次第之門。嘗曰：「佛不遠人，即心而證；法無所着，觸境皆如。豈在多歧，以泥學者。故夸父喫詬，求之愈疏，而金剛醍醐，正在方寸。」於是解其結，發其覆，如利刃之破骨索，甘露之灑稠林。隨其義味，快得善利者，可勝道哉？化緣既周，趺坐報盡，時貞元二年四月庚辰，春秋八十，夏臘六十。前此以石門清曠之境，爲晏然終焉之地，忽謂入室弟子曰：「吾至二月當還，爾其識之！」及是委化，如合符節。當夾鍾發生之候，叶拘尸薪火之期，緇素幼艾，失聲望路。渡涸流而法雨滂灑，及山門而天香紛靄。交感之際，昧者不知。沙門惠海、智藏、鎬英、志賢、智通、道悟、懷暉、惟寬、智廣、崇泰、惠雲等，體服其勞，心通其教，以爲吾師真心湛然，與虛空俱。唯是體魄化爲舍利，則西方之故事傳焉，不可已也。乃率籲其徒，從荼毗之法，珠圓玉潔，煜燿盈升。建兹嚴事，衆所瞻仰。至七年而功用成，竭誠信，故緩也。德輿往因稽首，粗獲擊蒙。雖飛鳥在空，莫知近遠；而法雲覆物，已被清涼。今兹銘表之事，敢拒衆多之請？銘曰：

達摩心法，南爲曹溪。頓門巍巍，振拔沉泥。禪師弘之，俾民不迷。九江西部，爲一都會。亦既戾止，玄津橫霈。慈哀攝護，爲大法礪。五滓六觸，翳然相蒙。直心道場，决之則通。隨器受益，各見其功。真性無方，妙道不竭。顧兹夢幻，亦有生滅。微言密用，焕如昭晰。過去諸佛，有修多羅。心能悟之，在一刹那。何以冥哀，兹窣堵波。

（《權德輿詩文集》卷二八；《文苑英華》卷七八六；《全唐文》卷五〇一）

二四〇　大唐靈山寺故大德禪師（慧照）塔銘并序

比丘潭行撰

嘗聞前師祖末，唯心與心，江沱異流，湍沇不别。炬有焰性，因人爇之，道方是行，吾師然矣。大師厥姓喬氏，法諱慧照，晉州洪同人也。可謂家傳鼎族，承先緒餘，禀氣挺生，風骨猶乂。素有文墨，札亂松風，遂屏儒書，精□釋教。博聞經律，專學一乘，唯慈是修，唯□□務。之少林寺，師授心印，豁悟真宗，潛逢□臺，晦迹藏用。後福聚寺寥廡，致請大□□□傳□智燈，皎鏡幽暗。屬士馬騷動，飛□懷覃，至□□善積等寺。及諸王請留，偏裨問道。庖丁綸□，□業參尋，慢俗閑儒，無不僉伏。和上春秋六十有七，臘四十六，時貞元五年八月十一日，示疾未久，隨生順流。至十四日，不捨威儀，儼然而化。是日，奇雲五色，悲鶴旋空，啼鴉喿林，舉川號慟。攀慕無及，迴斜去疑，方知定慧有功，位登不退。有門人神祐、義廣、普耀、法空、寶意等，入方便門，悟真實相，咸共扶護，歸□□山。哀哀撫膺，鯁鯁心疚。樹偃風拔，神將欣來於靈山之寺。河蠕勝地，周迴屺峰，起塔供養。于時良工競能，屹立孤起，殫此所有，用將報恩。圖寫真儀，刊石紀德。迺爲頌曰：

亭亭法雄，祖末之嫡。人自推先，方知禪勳。艾日遷迤，投師問疑。爾來何晚，蓮臺有期。□猿夜萃，林鳥朝喧。塔廟寂□，門人何攀？孜孜利生，自昏達曙。舟人不迴，問津無處。

貞元七年歲次辛未正月壬戌

（《北京圖書館藏中國歷代石刻拓本匯編》二八册八〇頁；《隋唐五代墓誌匯編·北京卷》二册一五頁；《唐代墓誌彙編》貞元〇三五號；《全唐文補遺》四輯五頁）

二四一　唐故法界寺比丘尼正性墓誌銘并序

夫釋氏正法浸遠，像法頹靡，其捨家求道，率自草野，鄽閈而入。由是六識昧暗，難悟知見。如或佛性照融，宿惠圓朗，澄心利智，默契真諦者，見之於闍梨。闍梨裴族，釋號正性，河東聞喜人。曾祖諱光庭，皇朝侍中、吏部尚書、忠獻公。祖諱稹，祠部員外郎、贈太子賓客、正平公。考諱倚，駕部郎中、御史中丞。闍梨即郎中之愛女。胤襲卿相，福流聰明，翛然離塵，資於積善。故能棄鉛華而甘落髮，斥綺縠而披壞衣。繁曜不栖於心，嗜愛永離於著，則定惠之香，常樂之净，不待詞而昭昭可睹也。嗚呼！貞元六年八月十日，現滅於櫟陽縣修善鄉之別墅，稟春秋之年四十有八，受菩提之夏二十有三。以其年十月八日，遷神於城南神禾原□郎中之塋，從俗禮也。闍梨初隸上都法界寺。嘗云：「清净者心，心常解脱，故生不居伽藍之地；嚴飾者相，相本無形，故歿不建荼毗之塔。」從始願也。夫垂空文，刻貞石，非所以頌休美於泉扃，亦虞陵谷之遷變。銘曰：

崇崇相門，克生至仁。捐俗從道，觀空悟真。此生何生？此滅何滅？想法身□常寂，痛世心兮永絶。

（《北京圖書館藏中國歷代石刻拓本匯編》二八册七一頁；《北京大學圖書館藏歷代墓誌拓片目録》〇四九九四號；《故宮博物院藏歷代墓誌彙編》一一三號；《隋唐五代墓誌匯編·北京卷》二册一三頁；《中國西北地區歷代石刻匯編》四册九五頁；《唐代墓誌彙編》貞元〇二九號；《全唐文補遺》六輯四六八頁；《石刻題跋索引》一九五頁）

二四二　大唐東都敬愛寺故開法臨壇大德法玩禪師塔銘并序

太中大夫守京兆尹上護軍賜紫金魚袋李充撰

禪師諱法玩，俗姓張氏，其先魏人也。年十八，學道於大照大師，廿受具戒。報年七十六，僧夏五十七，以貞元六年秋八月十三日寂滅於東都敬愛寺。越十九日，門弟子等奉全身建塔於嵩丘少林寺之西偏，縗杖執紼、赴喪會葬者以萬數。弟子安國寺尼法名寂然，師以志性堅操，菩提心猛利，故號爲精進軍，即予之從母也，躬護厥事。其明年冬十月，新塔既立，將以抒門人永慕之志，播先師玄邈之風，俾予叙銘，以示來裔。曰：嘗聞拯群迷者根乎道，弘至道者存乎人。至若播甘露於法林，架慈舟於苦海，反邪歸正，化昏作明，教被瀍洛，德高嵩少，實我禪師其人也。夫紀無相之士，宜略其族譜；述無爲之教，宜捨其示現。故不書姓系，不□□行，直言秘旨，用闡真宗而已。自像教東流，法門弘辟，以戒律攝妄行，以禪寂滅諸相，以辯惠通無礙。禪師總斯三學，濟彼群生；或居嵩高，或住洛邑。道俗師仰，遐邇攸歸，應用無方，稱物施化。惠日恒照，無暗不除，寶鏡常懸，有昏斯朗。嘗謂門人曰：「正法無著，真性不起，苟能睹衆色，聽衆聲，辨衆香，味衆味，受衆觸，演衆法，而心恒湛然，道斯得矣。」大凡禪師設教導人必形於行，以爲法無憎愛，故喜愠不見於色；以爲法無分别，故貴賤視之若一；以爲法無取捨，故齊於得喪；以爲法無去來，故泯於生滅。是以訪道者聽言昏解，觀行學成，非夫心契真如，識通妙有，孰能脩身演化，如此其盛者歟？清川東注，白日西匿，歸真於此，空山杳然。銘曰：

嵩山之陽兮靈塔尊，色身既滅兮妙法存，誌此貞石兮弘教門。

少林寺弟子上座浄業、寺主靈湊、都維那智寰、專檢校修塔智圓、開法道義、明悟、寶壽、臨壇智詮、臨壇義暉、惟肅、秀清、惟清、惟秀、道悟、幽湛、常賁、明進、智惠、照心、志恭，敬愛寺開法志堅、講律圓暉、體悟、恒濬、行滿、難勝，會善寺臨壇靈珍，永泰寺曇藏、□寺臨壇智深、靈銳、道詮，善才寺上座法液、寺主法俊、寺主詮表、都維那向秀，脩行寺尼寺主明詮，寧刹寺尼臨壇契一，安國寺尼志元、惠凝。

貞元七年十月廿八日新塔建立，扶風馬士瞻書，清河張文湊等刻字

（《北京圖書館藏中國歷代石刻拓本匯編》二八册八四頁；《隋唐五代墓誌匯編·北京卷》二册一六頁；《八瓊室金石補正》卷六六；《唐文續拾》卷四；《唐代墓誌彙編》貞元〇三七號）

二四三　唐洞庭山福願寺律和尚（神皓）墳塔銘并序

道賢上游，其德如陽和。亭毒萬物，生而不子，成而不有。或曰異於是，蓋由無生空惠，冥乎其間哉！暨洪唐盛明之朝，我法尤重「五教」《四分》，飆揚景張，南山律宗居天下第一。後弟子如大師鮮矣！大師望出徐氏，諱神皓，字弘度。八代祖摛，齊竟陵王西邸學士。子陵，梁尚書左僕射，其文與庾子山齊名。逮陳氏革命，因佐吴邑，遂家姑蘇。高祖碩，學通三禮，中年即世。曾祖曇，隋王府咨議參軍。祖德恭，潯陽郡詞曹。考君定，深於釋典，不屑名宦。大師天情耿潔，風韻朗邁，幼負脱俗之姿。嘗有言曰：「沙門者，高潔其道，秉空王平等之性，一念不昧，坐登佛階。吾自知此生履龍淵，取明月，曷有三圭之貴、重侯之高而能動我心哉？」乃依杭州龍泉道

場一和尚出家。敗髮損容，越出流輩，鏗然法器，如琢玉焉。天寶六年，天降板詔，精擇真行，一州許度三人，獨居薦首。吾以是知大師初皈佛教，滌心地也；今奉國恩，止世名也。因隸僧籍於包山福願道場，初進具於興大師，次通鈔於曇一大師。五夏未登，學精三藏，天台宗旨，難爲等夷。淵玄絶思之科，如良庖之導大窾也。十講律鈔，五昇壇場。傾江而東，願禮其足。後生學者仰其聰明惠性，如追麒麟之步。大師嘗引錫西望，想包山舊居。包山即洞庭仙都之一峰，湖澄氣清，日出水上，叠章合沓，生乎影中，得非天遺此中與師成道耶？乃命舟而還，使野童誅茅，山童掃石。顧左右曰：「昔者如來崇飾塔廟，乃是啓發群信，開人天净境，豈爲己哉？此寺隳廢久之，非先師本意。」乃辟僧院，創食堂。衆有怠慢者，醜其行而理之；舍有傾者，惡其邪而正之。墾田置莊，開畎泄澮。功既成矣，業亦博矣，百千人俱皆受其賜。曩日洞山水滸，業湖之氓，罾畾咽川，繒繳亘渚。大師以如來不殺之戒，黜彼鱻食迴小人之腹，爲君子之慮。乾元祀有詔：「天下二十七寺，各奏大德七人，長講律戒。」因請住開元寺，欲果願具，且懼簡書，遂僶俛從命。奉戒弟子開州刺史陸公向、前給事中嚴公説，服道弟子禮部侍郎劉公太真、前大理評事張公象，欽風弟子前廉使亞相李公栖筠，天誘厥衷，俾揚我法，精識通敏，言爲世程，謝太傅之流也。其時，常熟地偏，僧多闕行。李亞相欲以德撫，乃請大師統而正之。一化而革心，再化而知道，三化而闔邑從風。大師末年工於圓宗，縱心皆是。以文字而用，不以文字爲病，是念佛寫經，備行教法。置西方社，廣净土因，專誦《法華經》九千餘匝。遊四大寺，登五老峰，遍欲觀古僧得道之所，此亦至人之餘事。應物如動，自視闕然。貞元六年十月，春秋七十五，僧臘四十三。其月，在開元遇疾。忽言曰：「吾愛夫得道者，心如澄溟，知如晨曦，不染如浮雲，自在如遊鴻。吾雖非斯人，亦未肯以有生爲累。」其月十一日，顧門人維諒：「我去世後，汝若置塔，可歸洞庭故山。」言畢而逝。是夜，琉璃色天，星霣如雨，往往有西方之應，睹而不書，奉遺命也。門人維諒，有文有道，獨步當時，執師之喪，不以證而廢教也。列座門人道超、靈俊、道濬、道稜、維讓、維誠皆積解以詣空門，邁德以藩象教。吾聞古之僧高者述誄與碑，自晉朝始也。二三子思吾師盛德，將欲鎔黄金，勒貞石，垂裕後昆，使昭昭之教，長燭於人天。銘曰：

於穆大師，立言可經。身佩戒光，高月亭亭。怖魔以祛，襲知以醒。如何斯人，忽號冥冥。天樹春折，曇花夜零。空留一燈，寂寂青熒。伊昔行道，坦坦素履。迹雖可攀，行不可擬。乃知我師，應世無已。優遊人天，自在生死。門人維諒，躡彼高塵。嶷嶷靈塔，紀功於人。於山之峰，於湖之濱。風凄遠鐸，月慘重輪。瞻禮雲上，如逢化身。

（《晝上人集》卷八；《全唐文》卷九一八）

二四四　唐故潤州昭代寺比丘尼玄應墓誌銘并序

維貞元六年冬十一月戊子，比丘尼玄應化滅於潤州丹陽縣昭代寺，享年五十四，經夏十有三。明日庚申，寧神於縣北之某原，刻石紀墓，虞陵谷之變也。叙其略，則幼禀公宫之教，早繼德門之室，次有徙宅之訓，終悟捨筏之宗。紀其詳，則俗姓盧氏，世閥華峻，倬於漢魏，以至北齊黄門侍郎思道，即六代祖也。曾祖悌，隱居不仕。祖暄，皇中散大夫、邠王友，贈秘書監。父澐，皇中散大夫、婺州刺史。惟先人叔父，迭領名藩。出也作民父母，入也爲王卿士。再世出於裴，而舅族多賢，繼貳六官，聯居九牧。中外纓冕之盛，冠於士林，儲是德慶，宜有淑喆。初以既笄之年，歸隴西李君晉卿，仕至東陽决曹掾。靖恭敏直，齒位皆屈。其於輔贊淑賢之道，鞶裝組紃之事，舉無違德，姻黨宜之。晝哭之後，栖心釋氏。既厭有生之患，竟從受具之法。灑濯世網，揭厲玄津，外修尸羅，中習禪慧。法器方茂，遽與化俱。初决曹府君前夫人范陽盧氏，子曰暢。幼懷字育之仁，夙奉《詩》《書》之訓，再以經術踐甲科，歷校書郎、密縣尉。柴毁欒欒，鄰於滅性，孝慈相感，名教多之。銜恤卜兆，竭其誠信，附於窀穸之事，率從苾芻之儀，且遺令也。德輿於密縣爲族外弟，服儒同術，里仁甚久，哀托論譔，謹無愧辭。銘曰：

柔濡清净，蓮花之性。端明綢直，淑女之行。上無詒離，下振母儀。晚悟真諦，空王爲師。體魄者何？電焰無期。往而不復，哀哀孝思。

（《權德輿詩文集》卷二七；《全唐文》卷五〇六）

二四五　唐故脩行寺主大德律和上體微墓記

前河南縣主簿鄭位撰

律和上俗姓李氏，其先隴西姑臧人也。曾祖玄挺，皇朝銀青光禄大夫、潞州刺史。祖尚辭，上洛郡太守。父踐曾，益州大都督府録事參軍。律和上即益府府君之長女。先夫人京兆王氏，並蟬聯官婚，榮耀邦國。王大父之拜潞州也，除書所載，一門獨甲於當朝，十代連芳於刺史，故世爲高門。律和上含二德之和，稟五常之秀。孝乃天至，道實生知。爰自幼冲，心尚真諦。喜愠俱遣，榮辱兩忘。三聚净誡，嚴持軌範；四禪妙旨，深照根塵。由是行冠道門，德宣京邑。遐邇瞻仰，豈不盛歟？嗚呼哀哉！律和上云亡，緇徒殄瘁。都城道俗，莫不雷慟。貞元七年正月十九日，怛化于河陰縣，春秋七十二，僧臘卌三，臨壇廿四。粤以貞元九年二月十七日景寅，返葬于龍門天竺寺西原高頂，延望先師塋塔。及約喪事，務從省儉，蓋遵遺志也。弟子智詮、廣詮、克成等，吞恨茹荼。昊天罔極，懼陵谷遷變，乃刻貞石，以紀徽烈。

（《邙洛碑誌三百種》二一二號；《龍門區系石刻文粹》二八七頁）

二四六　唐故招聖寺大德慧堅禪師碑銘并序

太中大夫給事中皇太子及諸王侍讀兼史館修撰柱國徐岱撰

奉義郎前試詹事府司直孫藏器書

昔老聃將之流沙，謂門人曰：「竺乾有古先生，吾之師也。」仲尼亦稱西方有聖人焉。古先生者，非釋迦歟？夫教之大者曰道與儒。仲尼既學禮於老聃，伯陽亦將師於釋氏。由是而推，則佛之尊，道之廣，宏覆萬物，獨爲世雄，大矣哉！若觀其會通，則天地之運不足駭也；極其源流，則江海之浸不足大也。固已越乾坤，遺造化，離生死，證空寂，豈文字稱謂能名言哉？洎菩提達摩捨天竺之王位，紹釋門之法胤，遠詣中夏，大闡上乘。云自釋迦、迦葉師師相授，至於其身，乃以心印密傳惠可。四葉相授，至弘忍大師，奉菩提之記，當次補之位。至乃荷忍大師之付囑，承本師之緒業，則能大師居漕溪。其授人也，頓示佛心，直入法界，教離次第，行無處所。厥後奉漕溪之統紀，爲道俗之歸依，則荷澤大師諱神會，謂之七祖。陞神會之堂室，持玄關之管鍵，度禪定之域，入智慧之門，則慧堅禪師乎！禪師俗姓朱氏，陳州淮陽人也。漢左丞相之裔孫，唐金吾將軍之第三子也。稟四氣之和、五行之秀，生知道極，動合德符。爰自成童，逮於弱冠，不師俗學，常慕真宗。去坳塘而游滄溟，拔冥塵而栖沆瀣，以無住爲入室，以無利爲出家。求法於無所求，得師於無所得，密印玄契，天機洞開。於是大師悦之，付以心要。禪師以爲成菩提者，萬德必周；隨迴向者，六度皆等。乃解塵服於洛陽，受浄戒於汾川。聞抱腹山靈仙之所栖息，聖賢之所遊化，負笈振錫而往依焉。其宴坐也，逾於靜慮；其修行也，萬行皆空。弘先佛之知見，爲後學之儀形，仰之者如鱗介之附黿龍，歸之者如畎澮之岠江海。於是漕溪之道衰而復興。時有猛獸伺人，近禪師之居無所犯；隕霜害稼，近禪師之居無所傷。非道德之感通，神明之保衛，孰能如此？故其受鑒也如止水，其應化也如浮雲。乃去山居，遊洛下。時嗣虢王巨以宗室之重保釐成周，慕禪師之道，展門人之敬，乃奏請住聖善寺。屬幽陵肇亂，伊川爲戎，憑凌我王城，蕩爇我佛刹。高閣隨於煙焰，脩廊倏爲煨燼，唯禪師之室巋然獨存。則火中之蓮，兆足異也。時虜寇方壯，東郊不開。禪師以菩薩有違難之戒，聖人存遊方之旨，乃隨緣應感，西至京師，止化度、慧日二寺。秦人奉之如望歲者之仰膏雨，未渡者之得舟檝。弘闡奥義，滌除昏疑，若太陽之照幽陰，大雲之潤藥木。大曆中，睿文孝武皇帝以大道馭萬國，至化統群元，聞禪師僧臘之高，法門之秀，特降詔命，移居招聖。俾領學者，且爲宗師，遂命造觀音堂，并繢七祖遺像，施錢於内府，徵役於尚方。當炎夏赫曦之辰，昆蟲蠢蠕之盛，畚插皆作，慮傷厥生，禪師乃焚香祝之，咸自徙穴，異類旁感，契於至誠。貞元初，詔譯新經，俾充鑒義大德。皇上方以玄聖冲妙之旨，素王中和之教，稽合内典，輔成化源。後當誕聖之日，命入禁中，人天相見，龍象畢會。大君設重雲之講，儲后降洊雷之貴，乃問禪師見性之義。答曰：「性者，體也。見其用乎，體寂則不生，性空則無見。」於是聽者朗然，若長雲秋霽，宿霧朝徹。又奉詔與諸長老辯佛法邪正，定南北兩宗。禪師以爲：「開示之時，頓受非漸；脩行之地，漸净非頓。知法空則法無邪正，悟宗通則宗無南北。孰爲分别而假名哉？」其智慧高朗謂若此也。貞元八年壬申歲正月廿六日，忽謂門人曰：「死生者，晝夜之道也。若氣之聚，雲之散，寒暑之運行，日月之虧盈，返於無形，會於無性，乃合真識，同於法身。」言訖，趺坐，薪盡火滅。弟子普濟等懷瞻仰之戀，申顧復之思，若涉大水而失津涯，若構大厦而折榱棟。自示滅，春秋七十四，僧夏四十三。遂建塔於長安龍首西原，禮也。至於入滅之後，殆經兩旬，儼如在定，髭髮猶長。神護其質，衆疑於生。靈表昭著，咸所嘆異。非夫識洞有漏，神遊無迹，其孰能返其順化，如此之自在也？見命譔德，庶無媿詞。銘曰：

法本無性，會於清净。心本無望，度諸禪定。弘兹正真，存乎其人。宗源濬澈，慧用怡神。三乘非乘，一相無相。粤自達摩，默傳秘藏。繼統相授，至於禪師。丕承七葉，大拯群疑。發乎天光，應以天籟。敻超學地，直入法界。如鏡之鑒，不將不迎。如雲之散，無滅無生。適來以時，適去以順。上纘教父，下傳法胤。式刊貞石，以永休問。

元和元年景戌歲夏四月旬有五日建

天水强瓊刻字

（《西安碑林全集》二〇卷二〇五六頁；《全唐文補遺》四輯一〇頁；《全唐文補編》中册七二二頁）

二四七　唐故寶應寺上座内道場臨壇大律師（圓敬）多寶塔銘并序

京師東門二里所多寶塔者，沙門靈湊等爲先大師薦祉盡敬之地也。大師諱圓敬，姓陳氏，河南陸渾人。報年六十四，經夏四十四，以貞元八年春正月，厭代入滅於保壽寺。越十有五日，遷窆於龍首北原，距兹塔西北十餘步。初，大師入道，依本縣思遠寺微公，通《法華經》。寶應二年制度，編僧籍於東京長壽寺，受具於白馬寺。本律師曇無德義，言下信解，以爲遵道途而歸都邑，涉門閾而躋堂皇。故尸羅毗尼，以攝妄想；五部四分，是爲扃鍵。然後因定發惠，登最上乘。優婆鞠多，由是道也。敷暢微妙，攘除癡冥，如一燈傳照，一雨潤物。弘我法者，可勝道哉？代宗朝，徵入内道場，累詔授興善、安國、寶慶等寺綱首，又充僧録，尋授寶應寺上座，賜律院以居。授瑜伽灌頂密契之法，講《楞伽經》《起信論》，譯《虚空藏經》，鑒義潤文，世典群書，靡不該貫。無非晏坐道場，沃天心以了義，照佛日於中禁。鬱爲龍象，大拯斯人。將滅之夕，備申告誡。中夜累足，如期順化。其智惠歟？其解脱歟？法子苾芻，服纕成列，仰護念慈哀之旨，捨蓮華多寶之義，厥後十五年而功用成。丹素觚稜，石輪火齊施於外；聖像真言，多羅祇夜函於内。又以見湊公成就，付囑而爲上首。況不出户庭，持經萬遍。願力斯滿，嚴飾斯崇。勒銘於兹，以示塵劫。銘曰：

三生不駐，如電如瀑。七情相攻，如蠆如蝮。彼上人者，爲世導師。乃精毗尼，以攝群疑。弘道日大，化緣斯畢。建兹嚴事，如地湧出。國門之東，萬宇來同。斯爲寶所，燭耀無窮。

（《權德輿詩文集》卷二八；《文苑英華》卷七八五；《全唐文》卷五〇一）

二四八　杭州徑山寺大覺禪師（法欽）碑銘并序

如來自滅度之後，以心印相付囑。凡二十八祖至菩提達摩，紹興大教，指授後學。後之學者，始以南、北爲二宗。又自達摩三世傳法于信禪師，信傳牛頭融禪師，融傳鶴林馬素禪師，素傳于徑山，山傳國一禪師。二宗之外，又別門也。於戲！法不外來，本同一性。惟佛與佛，轉相證知。其傳也，無文字語言以爲說；其入也，無門階經術以爲漸。悟如夢覺，得本自心。誰其語之？國一大師其人矣。大師諱法欽，俗姓朱氏，吴都崑山人也。身長六尺，色像第一。修眸蓮敷，方口如丹。嶷焉若峻山清孤，泊焉若大風海上。故揖道德之器者，識天人之師焉。春秋二十有八，將就賓貢，途經丹陽，雅聞鶴林馬素之名，往申款謁，還得超然自詣。如來密印，一念盡傳。王子妙力，他人莫識。即日剃落，是真出家。因問以所從，素公曰：「逢徑則止，隨汝心也。」他日，遊方至餘杭西山，問於樵人，曰：「此天目山之上徑。」大師感鶴林逢徑之言，知雪山成道之所。於是蔭松藉草，不立茅茨，無非道場，於此宴坐之久。邦人有構室者，大師亦因而安處。心不住于三界，名自聞于十方。華陰學徒，來者成市矣。天寶二祀，受具戒于龍泉法侖和尚。雖不現身意，亦不捨外儀。於我性中，無非自在。大曆初，代宗睿武皇帝高其名而徵之，授以肩輿，迎於内殿。既而幡幢設列，龍象圍繞，萬乘有順風之請，兆民渴灑露之仁。問我所行，終無少法。尋制於章敬寺安置。自王公逮於士庶，其詣者日有千人。司徒楊公綰情遊道樞，行出人表。大師一見於衆，二三目之，過此默然，吾無示說。楊公亦退而嘆曰：「此方外高士也，固當順之，不宜羈致。」尋求歸山，詔允其請。因賜策曰「國一大師」，仍以所居爲徑山寺焉。初，大師宴居山林，人罕接禮。及召赴京邑，途經郡國，譬若優曇一現，師子聲聞。睎光赴響者，轂擊肩摩；投衣布金者，丘累陵聚。大師隨而檀施，皆散之。建中初，自徑山徙居於龍興寺。余杭者，爲吴東藩，濱越西境，馳軺軒者數道，通濱驛者萬里。故中朝御命之士於是往覆，外國占風之侣盡此奔走，不踐門閾，恥如瘖聾。而大師意絶將迎，禮無差别，我心既等，法亦同如。貞元八年歲在壬申十二月二十八夜，無疾順化，報齡七十九，僧臘五十。先是一日，誡門人令設六齋。其徒有未悟者，以日暮恐不克集事。大師曰：「若過明日，則無所及。」既而善緣普會，珍供豐盈。大師意若辭訣，體無患苦，逮中宵，跏趺示滅。本郡太守王公顔即時表聞，上爲歔欷，以大師玄慈默照，負荷衆生，賜謚曰「大覺禪師」。海内服膺於道者，靡不承問叩心，悵惘號慕。明年二月八日，奉全身於院庭之内，遵遺命也。建塔安神，申門人之意也。嗚呼！爲人尊師，凡將五紀。居惟一床，衣止一衲，冬無纊氎，夏不絺綌。遠近檀施，或一日累千金，悉命歸於常住。爲十方之奉，未嘗受施，亦不施人。雖物外去來，而我心常寂。自像教之興，數百年矣。人之信道者，方悕畏於罪垢，愛見於莊嚴。其餘小慧，則以生滅爲心，垢净爲别。捨道由徑，傷肌自瘡，至人應化，醫其病故。大師貞立迷妄，除其惷冥，破一切相，歸無餘道。乳毒既去，正味常存，衆生妄除，法亦如故。嘗有設問於大師曰：「今傳舍有二使，郵吏爲刲一羊。二使既聞，一人救，一人不救，罪福異之乎？」大師曰：「救者慈悲，不救者解脱。」惟大師性和言簡，罕所論説，問者百千，對無一二，時證了義，心依善根。未度者道豈遠人，應度者吾無雜味。日行空界，盡欲昏癡，珠現鏡中，自然明了。或居多靈異，或事符先覺。至若飲毒不害，遇疾不醫，玄鶴代鬧，植柳爲蓋，此昭昭於視聽者，不可備紀。於我法門，皆爲妄見，今不書，尊上乘也。弟子實相，門人上首，傳受秘藏，導揚真宗，甚乎有若似夫子之言，庚桑得老聃之道。以吉甫連蹇當代，歸依釋流，俾筌難名，强著無迹。其詞曰：

水無動性，風止動滅。鏡非塵體，塵去鏡澈。衆生自性，本同諸佛。求法妄纏，坐禪心没。如來滅後，誰證無生。大士密授，真源湛明。道離言説，法潤根莖。師心是法，無法脩行。我體本空，空非實性。既除我相，亦遣空病。誓如乳毒，毒去味正。大師得之，斯爲究竟。何有涅槃，適去他方。教無生滅，道有行藏。不見舟筏，空流大江。蒼蒼遥山，成道之所。至人應化，萬物皆睹。報盡形滅，人亡地古。刻頌豐碑，永存澗户。

（《文苑英華》卷八六五；《全唐文》卷五一二）

二四九　安邑縣報國寺故開法大德泛舟禪師塔銘并序

承務郎守河中府虞鄉縣令袁允撰

文林郎前守饒州參軍薛穎書

禪師皇之姓指樹，釋之號泛舟，調御大夫以太子踰城，故師以王孫脱屣。叔祖玄宗，祖郊王，貴可知也；降祥興夢，照瑞誕辰，異可知也。夫以貴異之資，爲悟解之發；以修習之漸，爲定慧之牢。是故萬石之中，自生片玉；百流之廣，忽耀一珠。根性非常，豈由闕染；情趨所得，安俟老成。佩觿之年，愛捐於總角；行水之日，事顯於空瓶。亦既戒圓，遂從師止。安國神都□□，楚擢繁枝；玉泉荆國之華，峰標曠野。琵琶寺内，時比道安；芙蓉漏前，人矜惠要。旁通儒典，借□□□；妙入□乘，登臨或遠。毛璩重翼，豈但彀中；孫綽比盛，何慚致禮。大曆年，河東朔方節度使汾□□□福□□居寶泉精舍，隨機啓導，應物調柔，甘露自均，慈雲普蔭。迷趨悟返，虚詣實還，爲□□□德水之涯，作瞻仰於中條之首，道聞天界，響應神州。德宗皇帝希妙力於維城，廞御筵□□□□稱石之美，宋文疑日之能，青眼之侣攸歸，白足之徒盡湊。禪師義唯弘濟，志匪拘留。龍既升□□□去國掌窺□朕鈐報端倪，蒲阪倏遺，陜郊遄往。時逢艱食，求莫充腸。散騎乍遊，功曹或寓。置繩□□閑曠，歸錫杖於偷藏，減分施蝨，行乞知蟲。繇是類王珣之欽引，齊孟覬之歸依。貞元五年，陳許節度使曲公富貴還鄉，霜露逾感，輸金買地，營寺酬恩。陟屺之名，實邀僧惠，閑心之號，由起興宗。師以密德妙方，聲臻意集，刹迎流□，青告埋鍾，迅若化成，儼如兜率。無幾何，從容西望，顧步東偏，睨立匪朝，閑周即夕。不言而以錫扣，孰測其微？逮九年獻歲，方顯前知。居平晏若，旬有六日，過中猶坐，咸謂禪安，以衣蒙頭，衆驚神往。豆房則靄然煙馥，麈尾而颯矣松飄，景淡風凄，城空巷涕。凡生於己卯，滅於壬申，僧臘三十四。曲公以上將營護，陝伯姚公以日俸備供，邑宰崔君躬飭吏辦。其他有焚有露，猶滯執迷；今則全體全歸，奚傷解脱。遵大師躊躇之選，窆於寺之春率，建窣堵波以爲瞻慕，思惟之嚮也。有大弟子義集、證超、躋覺，以先師之行業玄懿，授于清信男子重於銘曰：

蓬户朱門，躍翥愛恩。精微潔净，登得禪聖。神本將形，不爲形使。神去形留，水過停滓。滓亦無滓，塔亦無塔。尊教敬師，傳者斯答。

長慶二年壬寅歲五月廿日鎸

承後大德沙門彼岸、門人等弁真、超進、智英、昭敏、惠貞、惠亮

（《唐代墓誌彙編》長慶〇一〇號；《全唐文補遺》四輯九頁）

二五〇　唐東都安國寺故臨壇大德（澄空）塔下銘并序

安定梁寧撰

律師號澄空，長安功德寺尼德净因之子弟，姓皇甫氏，世迺予之郡人也。贈揚州都督諱瓘之愛女。元兄，浙東觀察使兼御史大夫、贈太子太師、邠國公曰温，勛業恩榮，光于史諜。師幼無華飾，性與道俱，未式叉以持心，

元身净而進戒。宗崇福《疏》，誦讀精通，總諸部律，周微制止。洛中事法嘗闕，共難其人，蓋求者多而讓者寡。師以疾辭之而不免，皆舊德之所與也。首度弟子尼道徽念兹慧悟，庶可傳持，堂置法筵，身移正寢，永爲弘闡，將利後徒。事未行而報齡謝，業已著而理命從，致真俗之情禮矣。貞元九年夏四月廿六日，委順於本寺所居院，享年五十七，自恣三十四。懷菩薩行，體物歸根；奉毗尼藏，臨終無懼。秋八月癸酉，就窆于龍門西南所置之蘭若，居大智和尚塔之右、金剛三藏塔之左。若隱香山、乾元等寺，得清岡之勝界。其赴葬斂，皆知法同人，修行上德。物無厥用，禮備檀供。姪女子沙彌契源，教育恩深，執喪孺慕，暨戒依緇侶，殞叩呼天。於戲！慎所從也，吊惟名聞；周所惠也，哭無虚慟。大理評事弟涓、秘省校書姪閲等，哀申至行，見託泉銘，謂予敬知，不以文屬。辭曰：

慈善道品，閑微律儀。優遊四梵，調伏七支。智度方便，菩薩父母。灌育成實，當生净土。卜建靈塔，叶從名山。朝踞形遠，龍禽勢全。晨昭旭日，世閲伊川。嗚呼自性，與月常圓。

姪宣德郎前秘書省校書郎閲書

（《北京圖書館藏中國歷代石刻拓本匯編》二八册一〇一頁；《隋唐五代墓誌匯編·洛陽卷》一二册一二八頁；《龍門區系石刻文粹》二八八頁；《唐代墓誌彙編》貞元〇五一號；《全唐文補遺》四輯五頁）

二五一　唐東都同德寺故大德方便和尚（無名）塔銘并序

上都資聖寺沙門慧岌文

和尚諱無名，字方便，俗姓高氏。望出渤海，家於洛陽，遠緒衣冠，近係鐘鼎。既以釋氏命族，故闡而不載。源清其流，慶襲於後，遼敻緬邈，映集千古者，惟吾師焉。孤高令名，峻削儀表，修少欲行，習無生宗。初依北祖華嚴，從漸而入；後訪南宗荷澤，自頓而證。至於方廣大乘，漚和波若，投針徹底，游刃皆空。既不捨於文字，亦不耽著禪味，蓋真解脱人也。嘗好遊山水，賞玩雲月。囂塵隔處即止，名利起處不居。由足衡嶽、廬山、天台、四明、虎丘，浮植爲隱遁之所。晚歲，顧謂道流曰：「昔先師能仁，有拘尸之會者，蓋托終示滅之迹也。吾觀清涼山大聖文殊師利與一萬聖衆常説妙法，此中境勝，實可栖托。」於是杖錫挈瓶，周遊五頂，初止清涼前峰鐵勒蘭若。河東節度使李公自良、都虞侯張公瑶頓開浮雲，得見明月，手禮疏遣，供於五臺。師以佛法付囑王臣，辭讓不獲，杖策出山。元戎親擁旌旄，備列華蓋，郊迎野送，意傳香火。纔允一齋之請，即順終焉之志。吾師所遊履處，都人士女，填城溢陌，駕肩拜首，欲聞半偈，師乃謂曰：「若人欲了知，三世一切佛，當觀法界性，一切唯心造。此即真乘了義之説，可遵而行之。」言訖，辭衆歸山。都城碩德，大將以下，皆降車步從，或爲前導者，不可勝數。其感動人神，一至於是，豈造次論其德之深淺也？自都還山，便止佛光精舍。貞元九年十二月十二日，齋飯之次，無疾而終。滅度之日，晝結霜露，夕則陰凝，乃至終月，曾不開朗。又儼然跏趺，如入禪定，始從初七，逮於終月，顔色熙怡，觀禮驚嘆。識者云：「蓋定力所持耳！」享年七十二，僧臘四十三。元戎將幕，遠嚫金錢，飾終寶塔，即於寺中峰爲全身舍利之所也。寺主法興本非師資，圖慕道德，身服縗絰，如壇所天，追惟先賢，□揚後事。門人道常仰荷慈緣，廬於塔所，禪誦不輟，食百不甘。其餘門生，泣對松月。岌未能亡筌，滯於文字，恭承教義，乃爲銘曰：

月落空界，泉流浩劫。悠悠天壤，括此舟楫。吾師怛化，代之陽塔。□於松下，松月蒼蒼。

大唐貞元十一年五月二十五建

（楊曾文：《〈唐同德寺無名和尚塔銘并序〉的發現及其學術價值》，《佛學研究》第九期二一二頁，二〇〇〇年；《全唐文補編》下册二二九六頁）

二五二　唐故内供奉翻經義解講律論法師⿱巧言空和上塔銘并序

正議大夫守秘書監上柱國琅琊縣開國公食邑一千五百户賜紫金魚袋王申伯撰

天地之德至大，非風雷日月之用，不能贊其化育而發生乎萬物；釋氏之教至精，非聰達惠覺之士，不能揚其妙道而化度乎群疑。天生法師，克契斯義，用安一世，以垂化後云。法師諱⿱巧言空，姓任氏。弱而神清，幼而不群。年八歲，心已嚮佛，誠請既行，緣愛自去。遂授經於惠雲，卒學景鸞。耳所一聞，亦既懸解；目所一覽，又若夙習。跪陳精奧，師皆嘆異，知□其法，非天縱之，孰能如斯？法師常謂弟子曰：「我靜觀衆生，或瞽或聾，嗷嗷嗤嗤，溺於狂妄，若智者不能拔，仁者不之慈，雖獨揭厲於清源，則大聖之教又將安施？」於是張善惡報應，驅僻邪於中正。導真如之理，解拘縛之勞，登高抗音，化所不化。侍代宗則聲仁王之文，言發而歸於大中，理貫而合於至正。故君聞而仁，臣聞而忠，推而廣之，夙化斯變。詔法師與天竺三藏譯《六波羅密經》，功畢上獻，天子感嘆，錫賚有加。雖異方之奉斯學者，知有所本矣。由是大教揚溢於海内，惠風漸漬於人心。朝廷垂衣，刑措於下，其或有助乎？嗚呼！時將不幸，人其無依。以貞元十年正月十五日，告行于興唐寺，報年六十一。弟子惠見等與俗侶白衣會葬服縗者千人。□以其年二月四日，弟子智誠等共起塔於畢原高崗。既相與號慕不逮，因諮鄙人，刊銘于石，述其妙道，用慰永懷。銘曰：

佛有妙法，使皆清浄，世界罕聞，色塵皆盛。其一　心逐于妄，情亂于性，扇爲頹風，蕩然莫正。其二　大哉我師，降厥慈悲，開示寂樂，破摧昏疑。其三　法相既圓，色空自離，千萬大衆，嘆泣而隨。其四　大教既揚，威德□

光，除彼煩□，化爲清涼。其五　功成身去，自契自藏，銘于塔石，與天俱極。其六

大和七年歲在癸丑八月十五日比丘智亮等建

從一、法源、超秀、惟昭、惟安、惟永、智謙、日榮、海印、惟曉、惟旭、自謙、善惠、少游

京兆田復書

（《北京圖書館藏中國歷代石刻拓本匯編》三〇册一三六頁；《隋唐五代墓誌匯編·北京卷》二册七一頁；《中國西北地區歷代石刻匯編》五册四九頁；《金石續編》卷一〇；《八瓊室金石補正》卷七二；《全唐文》卷六一四；《唐代墓誌彙編》大和〇五九號）

二五三　廬山東林寺律大德熙怡大師碑銘并序

大師諱熙怡，姓曹氏，桂陽人也。舊勛前烈，垂休積慶，史氏詳之矣。夫真如不遠，其要在乎無垢；妙理不深，其要在乎見性。本於真實，暢於虛空，俾聆芳咀潤，孜孜請益，則大師之教也。大師體識深静，風度端敏。受具戒於南嶽，修律儀於東林。常趺坐一室，而四方學者，差肩繼踵，發此柔軟，納其歸依。嘉言玉振，微文冰釋，故崇德雅美，臨壇持法垂五十年。嘗以至德初隸東林寺，居耶舍塔院，數逾二紀。而信心長者，懷甘奉贄，紛然並進，監厨守藏，不遑祇受。既而悉歸精舍，頒於衆僧，大師率門人布衣糲食而已。故推己以見相，因相而歸空，搜閲精微，鑽研旨要。常苦背悶而鍼石不能及也，故中夜累嘆。有神人撫背，殊形駭物，斯須乃去。自知窮討經論，切磋心要，加以律儀端静，受持勤至，感通之應，固難盡書。至於山鹿歸仁，林鳥效祉，大師之室，不足駭也。大曆五年，躋五老峰，望彭蠡，臨瀑布，乃構凌雲精室爲經行之地。旁引泉竇，以滌塵垢；近躡松壑，以求清涼。丹崖雲岫，勢若屏牖，然趨風望景，攀危輦重，翼如而至者難以數計。積十餘年，乃止大林精廬，杖屨衣巾，屏居

一室，行住坐卧，無非道場。乃淬法刃，燃慧炬，俾夫恂恂圍繞者割其縛，導其迷，洗然而自得也。貞元中，歸東林戒壇院，以爲吾道已成，吾教已行。十二年丙子歲秋七月二十七日，召門弟子曰：「吾隨化還。」須臾寂滅。僧臘五十，報齡七十一。州閭赴吊，道路銜悲。宗師既没，法教疇依。蓮沼蕪涸，禪林雕折。以其年八月十四日，遷座於香谷原，從人欲也。大師精貫六藝，旁達百氏，常與故太師魯國公顔真卿、故丞相天水趙公憬、故鄭滑節度兼御史大夫范陽盧公群、今吏部侍郎弘農楊公於陵爲參禪之侣，幽鍵洞發，弘言兩得。門人法粲、道鏡、道寧、道深、道琛、道建、利晉等，並三明繼軌，四禪紹迹。緣起皆泯，空有兩詮，卜商傳闕里之教，龍樹演迦維之法，其旨一也。咸以夙承甘露，願勒貞珉。銘曰：

演暢微妙，經行道場。昭昭大師，啓迪無方。孰云虚空，不可思量。普滌緣念，永清心地。異物幽贊，靈鳥效瑞。景行如存，追思不匱。白日在水，澄虚則明。至人臨池，無垢則清。信而不渝，冲而不盈。宛彼堂廡，空留法象。門人紹德，禪燈繼朗。式播芳塵，以慰瞻仰。

（《全唐文》卷六三三）

二五四　有唐東都臨壇大德（蕭行嚴）玄堂銘并序

安定梁寧撰

傳崇福，疏律德，號行嚴，姓蕭氏。受大戒於安國上座，其族父也。後學業于涇陽闍梨，二國德教度多矣。特難其人，咸記大師，必爲宗器。自永泰年居聖善寺，創建荒院，聿成道場，學徒日歸，益見存誘，恒於説聽，曾不虚席。爾來宗疏所通之地，進修有聞之士，皆溢源分支，自我所廣。其於持護，必導律而行，豈復書其戒足也？理該三藏，行密万緣，挹波瀾者不得見其涘。貞元十二年八月十六日以微疾卧脅於本院，春秋六十五，法夏卅九。嗚呼！聖教常流，雖素冥法，本正宗所在，實惟德是傳。寂寥清塵，誰繼其末？大師帝王胄系，弃葉搢紳。先考諱誼，以詞贍登科，名冠時輩，官不充量，自洛陽尉授司農主簿。先太夫人博陵崔氏，孀德均養，各隨所心。弟妹等率性孝和，師復撫引，出家在家，無不成立。舉事究理，用情處中，俱生道流，言行無擇。門人等號殞孺慕，即遠有期。以是月壬午卜窆于龍門奉先寺北崗，經也。高原勢雄，古木周陰，悲送會葬，而仁德皆至。尼德妹曰：「無染理解，素蘊恩情。」豈忘哀不可奪，殆將毀絶。姪女尼等，教之育之，盡彼慈力；號兮慕兮，皆復屠裂。其護喪秉法，則有同德律座主顒公，始終在院，誠信無遺。子弟僧嘉會等，哀奉所知，事皆叶遂。寧夙承伯仲之眷，多竊資熏之敬，痛若傷體，叙而不文。銘曰：

衆律多文力難負，尸羅狹隘無行路。我心清浄能總持，自帶浮囊海常度。國南雙闕伊流通，返修歸葬皆道雄。哭聲滿山哀苦同，泉門欲閉生悲風。

十四年戊寅歲正月癸未日，北遷神座於護法寺後崗，從其勝也，哀禮如初。烈考歷洛陽主簿，序中誤書尉。

寧重紀

（《洛陽流散唐代墓誌彙編》二三六號；《秦晉豫新出墓誌蒐佚續集》七〇一號）

二五五　唐東都大聖善寺山門院故開法大德先藏大師塔銘并序

當寺沙門温雅撰兼書

月皎晴空，宇宙咸燭。賢出明代，含動霑休。繼累祖之禪宗，點千燈以高照，則我禪大師歟！大師法名先藏，姓張氏。世宗高尚，代習儒風。胤我吾師，挺然群表。清河美望，族茂寰中。乃祖因官，今爲河內人也。條河氣鍾，成象秀異。幼歸釋氏，諮授佛經。天寶季年，制度居寺。古容岳立，如□學儀。具尸羅於汾川，演毗尼於嵩岱。既曆階漸，願造玄門，乃於大證香壇，初開心地。大證息運，大詈傳燈，迴席歸依，親承密印。《楞伽》《思益》，洞啓玄關；《纓絡》《花嚴》，盡乎奥旨。群典博綜，皆徹根源，心出有無，得常□處。爲佛使者，傳先聖之所知。繼美當人，周□六寺。若乃延長德範，弘開方便之門；香谷等慈，巨演宗通之要。此寺本師塔院開獎，繼明聖善。大啓教緣，汲引皇都之衆。緇素歸學，成麟寔多，散佈群方，法輪齊轉。是以山城梵苑，不絶真宗；州府僧藍，定光聯耀。於戲！上智慈運，周濟塵靈，應盡有時，現身他界。以貞元十三年春仲月二日，跏趺永寂，報齡七十四，居夏五十二。門人等號慕雲集，哀慟鼎城。遂於其月十三日素儀護歸□質於嵩岳寺之巽宮，永安崇塔，禮也。迴崗後擁，修澗前流。松茂成陰，勢聯祖塔。勒銘旌德，靈質在兹。銘曰：

大河源長，高岳崇叠。自我牟尼，囑於迦葉。累付師子，教光聯接。達摩來傳，大詈十葉。鍾秀吾師，歸徒霧合。慈雲周蔭，法雨普洽。終運還真，空追靈塔。月照松門，徽猷永劫。

元和三年三月廿二日記，清河張惟政刻字

（季愛民：《唐元和三年〈先藏禪師塔銘〉考釋》，《文物》二〇二〇年第二期五九頁）

二五六　唐龍花寺（尼實照）墓誌銘并序

進士陳叔向撰

俗姓王氏，法名實照，得釋門真旨，深智惠妙，淵宗佛裔，□顯烈不書，嘉上乘也。父思誨，味道高情，雲鴻淡慮，糠粞黼冕，糞土榮豪。師則府君第三女。移天張氏，相奉如賓。良人云亡，剃髮緇服，咀嚼經誡，蹂踐禪律。□江淬志，覺性斯形，觀空練心，了得諸法。嘗曰：「慈雲高飛，法雨當歇。輪迴世界，吾其久歟？」貞元十三祀丁丑秋季月旬有九日，捐生本寺。遺體之年七十九，僧臘之食三十二。沙彌滿悦、姪前吏部常選克正，塵心悲慟，牽禮飾情。以其年十二月十九日，敬奉色身，藏諸厚土。銘曰：

□□商山，滔滔渭川。時至竭滅，我法長懸。朗月松風，孤墳巋然。

（《北京圖書館藏中國歷代石刻拓本匯編》二八册一三六頁；《北京大學圖書館藏歷代墓誌拓片目録》○五○九九號；《故宫博物院藏歷代墓誌彙編》一二一號；《隋唐五代墓誌匯編·北京卷》二册二五頁；《中國西北地區歷代石刻匯編》四册一○九頁；《唐代墓誌彙編》貞元○八五號；《全唐文補遺》四輯八○頁；《石刻題跋索引》一九六頁）

二五七　唐聖善寺故證禪師玄堂銘并序

河南府進士姚公素撰

玄堂者，故證禪師權窆之所也。族軒轅氏，陳州太康人。伯父如林，昆季比翼，儒行華冕，累葉義居，雙闕夾聲，旌表其義。和上獨糠秕儒史，梏桎□□，□方幼之歲，歸佛而師，迺詣陳留封禪寺□英公所授業。曾開悲敬二田數載，前後於吴防、聖善兩處化導。識量冲和，風儀雅静，動容多慈悲之色，發言含柔軟之音，解行全知見普，允所謂法藏德瓶、禪林智月。至貞元十三祀十月初微疾，廿日右脅以歸寂，廿六日厝於龍門先師塔得用之地，禮從權也。僧臘卌六，俗齡七十一。門人等或哀踊於地，或叫擗於天，克思□澤之深，式愧慈蔭之厚。公素謬得久履門下，嘗□其法，誓將寢庵□塋側，掃薙享獻，澡沐俗慮，杜絶□遊，助營塔焉。迺略述□德，斲石誌之。銘曰：

冥冥玄堂，白龍之崗，我師是處，慈眼斯藏。杳□□□，拱木斯叢，我師爰宅，靈骨告終。行者敬之，禪法

□□。

貞元十三年歲次丁丑十月癸丑朔廿六日戊寅建

（《隋唐五代墓誌匯編·北京大學卷》二册三〇頁；《北京大學圖書館藏歷代墓誌拓片目録》〇五〇九二號；《全唐文補遺》六輯二八頁；《唐代墓誌彙編續集》貞元〇四一號）

二五八　栖霞寺故大德玭律師（曇玭）碑

世説域中四名刹，栖霞其一。以其高僧世出，自齊梁間，大小郎至大師，聲聞相襲，故江左重呼其名謂栖霞大師焉。大師諱曇玭，俗姓王氏，晉瑯琊文獻公後。自永嘉南遷，爲句曲人。王父師虔，會稽守。虔生智，高尚不仕，州里號處士，生大師。自孩抱絶不爲兒弄，塵能言，標穎聰拔，群言秘旨，迎耳必了。及長，不茹葷血，乃曰：「天其或者將滌吾器耶！」既落髮於金陵希瑜律師，受戒於過海鑒真大師。後與友人高陵恩律師追遠永之遊，乃偕隱匡廬之東林。雖欲遺名，而名已高矣。於是，奔走吴楚青徐之學者。始五臘，講律於豫章龍興，環座捧帙者麻葦。明年，登明寺壇。至德三載，敕隸於明寺。後累蒞事于甘露壇，端肅嚴恪，儀刑梵衆。大曆初，乃歸栖霞，其蒞壇傳戒一十五會，講訓經律三十七座。州牧蕭公高其人，謂標望風度，詎獨鄴衛松柏耶？乃命爲僧正，紀綱大振。雖一公帖四輩之望，無以上也。十四年，忽昌言於衆曰：「吾以律從事，自謂無愧於篇聚矣，然猶未去聲聞之縛。」既而探曹溪、牛頭之旨，沉研覃思，朗然内得，乃曰：「大丈夫了心當如此！」建中元年，禪坐空谷。雖野馬飄鼓，星辰凌歷，云云自彼，我何事焉？後瓦官寺其徒聚謀而請曰：「瓦官，寰中之名刹也，大師乃江左之碩人也。捨是而不居，吾屬安仰？」始出山居焉，從人欲也。無幾何，謂弟子志誠、海湘等曰：「吾休矣。」丘井夢電之喻，必然耳。貞元十三年十一月六日丁亥，坐化於瓦官寺律堂。是月景申，荼毗塔於新亭之後岡。春秋七十五，僧臘五十一。門人臨壇者有若盧陵龍興寺明則，廣陵定山寺道興、鄉邑寺行銓，臨淮開元寺澄觀，九江寶珍寺智蒲，當州彭城寺惠興、瓦官寺靈津、鶴林寺常靜、天鄉寺日耀、龍興寺惠登，皆津梁後進，爲世燈燭。賢七十子而後仲尼大聖，睹栖霞弟子得不爲師氏名焉。今寶稱領摩訶苾芻衆，壇壓盧岳，大江西南，卓然首出。若商那之後，繼以掬多，得不謂釋氏之雄乎？輒夙承寶稱之知，見命叙述，且曰：「吾得子銘吾大師，吾無恨矣。」文曰：

有晉氏家，地高瑯琊，産栖霞兮。宿殖有自，許身佛氏，爲釋子兮。結泱纏蓋，惠刃中净，誰何對兮。璞琢金鋈，潭澄月映，本清净兮。尸羅毗尼，開遮止持，作律師兮。攝深匡高，以遊以遨，鏗蒲羅兮。梵行既立，薪傳火襲，光岌岌兮。

（《文苑英華》卷八六四；《全唐文》卷七四二）

二五九　南嶽大明寺律和尚（惠聞）碑

儒以禮立仁義，無之則壞；佛以律持定慧，去之則喪。是故離禮於仁義者，不可與言儒；異律於定慧者，不可與言佛。達是道者，惟大明師。師姓歐陽氏，號曰惠聞。唐開元二十一年始生，天寶十一載始爲浮圖，大曆十一年始登壇爲大律師，貞元十三年十一月十一日卒。元和九年正月，其弟子懷信、道嵩、尼無染等命高道僧靈嶼爲行狀，列其行事，願刊之兹碑。宗元今掇其大者言曰：師先因官世家潭州，爲大姓，有勛烈爵位，今不言，大浮圖也。凡浮圖之道衰，其徒必小律而去經，大明恐焉。於是從峻泊侃，以究戒律，而大法以立；又從秀泊昱，以通經教，而奥義以修。由是二道，出入隱顯。後學以不惑，來求以有得。廣德二年，始立大明寺於衡山，詔選居寺僧二十一人，師爲之首。乾元元年，又命衡山立《毗尼藏》，詔選講律僧七人，師應其數。凡其衣服器用，動有師法，言語行止，皆爲物軌。執巾匜，奉杖屨，爲侍者數百；翦髮髦，被教戒，爲學者數萬。得衆若獨，居尊若卑，晦而光，介而大，灝灝焉無以加也。其塔在祝融峰西址下，碑在塔東。其辭曰：

儒以禮行，覺以律興。一歸真源，無大小乘。大明之律，是定是慧。丕窮經教，爲法出世。化人無疆，垂裕無際。詔尊碩德，威儀有繼。道遍大洲，徽音勿替。祝融西麓，洞庭南裔。金石刻辭，彌億千歲。

碑陰

凡葬大浮圖，無竁穴，其於用碑不宜。然昔之公室，禮得用碑以葬。其後子孫，因宜不去，遂銘德行，用圖久於世。及秦刻山石，號其功德，亦謂之碑，而其用遂行。然則雖浮圖亦宜也。凡葬大浮圖，其徒廣則能爲碑，晉、宋尚法，故爲碑者多法。梁尚禪，故碑多禪。法不周施，禪不大行，而律存焉，故近世碑多律。凡葬大浮圖，未嘗有比丘尼主碑事。今惟無染實來，涕淚以求，其志益堅，又能言其師他德尤備，故書之碑陰。師凡主戒事二十二年，宰相齊公映、李公泌、趙公憬，尚書曹王臯、裴公胄，侍郎令狐公峘，或師或友，齊親執經受大義爲弟子。又言師爲童時，夢大人縞冠舄來告曰：「居南嶽大吾道者，必爾也。」已而信然。將終，夜有光明，笙磬之音，衆咸見聞。若是類甚衆。以儒者所不道，而無染勤以爲請，故末傳焉。無染，韋氏女，世顯貴，今主衡山戒法。

（《柳宗元集》卷七；《全唐文》卷五八七）

二六〇　唐故袁州萍鄉縣楊岐山禪師廣公（乘廣）碑文

朗州司馬員外□□正員劉禹錫纂并書

中山劉申錫篆額

天生人而不能使情欲有節，君牧人而不能去威勢以理。至有乘天工之隙以補其化，釋王者之位以遷其人，則素王立中區之教，懋建大中；慈氏起西方之教，習登正覺。至哉！乾坤定位，而聖人之道參行乎其中。亦猶水火異氣，其成味也同德；輮輪異象，其致遠也同功。然則儒以中道御群生，罕言性命，故世衰而寖息；佛以大慈救諸苦，廣起因業，故劫濁而益尊。自白馬東來，而人知像教；佛衣始傳，而人知心法。弘以權實，示其攝修。味真實者，即清净以觀空；存相好者，布威神而遷善。厚於求者，植因以覬福；罹於苦者，證業以銷冤。革盜心於冥昧之間，泯愛緣於死生之際。陰助教化，總持人天。所謂生成之外，别有陶冶；刑政不及，曲爲調柔。其方可言，其旨不可得而言也。惟四海之大，群倫之富，必有以得其門而會其宗者，爲世導師焉。禪師諱乘廣，其生容州，姓張氏。七歲尚儒，以俎豆爲戲。十三慕道，遵壞削之儀。至衡陽，依天柱想公以啓初地；至洛陽，依荷澤會公以契真乘。洪鐘藴聲，扣之斯應；陽燧含焰，晞之乃明。始由見性，終得自在。常謂機有淺深，法無高下。分二宗者，衆生存頓漸之見；説三乘者，如來開方便之門。名自外得，故生分别；道由内證，則無異同。遂以攝化爲心，經行不倦。愍彼南裔，不聞佛經。由是結廬此山，心與境寂，應念以起教，隨方而立因。居涉旬而善根者知歸，逮周月而滯縛者慚悟。以月倍日，以年倍時，瘖聾洞開，荒憬漸革。邑中長者，十方善衆，咸發信願，大其藩垣。法堂四阿，服弘僧舍。身心恒寂，象馬交馳。隨其去來，皆得利益。踰嶺之北，涉湘而南。仰兹高山，知道有所在。此地緣盡，翛然化俱。神歸佛境，悲結人世。自趺坐而滅，至於荼毗，三百有六旬矣。爪髮加長，容澤差衰。真子號呼，圍繞薪火，得舍利如珠璣者數十百焉。於戲！消圓方之形，故寂滅以示盡；入菩提之位，故殊相以現靈。亦猶鳳毛成字，麟角生肉，必有以異，不知其然。於是服勤聞法之上首曰甄叔，乃率其徒道進、圓寂、道弘、如亮、如海等相與抆淚具役，建塔於禪室之右端，從衆也。初，廣公始生之辰，歲在丁巳，當玄宗之中元也。生三十而受具，更臘五十二而終。終之夕，歲直戊寅，當德宗之後元三月既望之又十日也。後九年，其門人還源以爲崇塔以存神與建銘以垂休，皆憑像寄懷，不可以闕一。謬謂余爲習於文者，故繭足千里，以誡相投，大懼其先師之德音與時寖遠，且曰：「白月中黑，東川無還。颺於金石，傳信億劫。彼墮淚之感，豈儒家者流專之？」敬酬斯言，銘示真俗。時宜春得良守齊君，理行第一，雅有護持之功，化被于邑之庶寮及里之右族。咸能迴向如邦君之志。故偕具爵里名氏，列於其陰。文曰：

如來説法，遍滿大千。得勝義者，强名爲禪。至道不二，至言無辯。心法東行，群迷丕變。七葉無嗣，四魔潛扇。佛衣生塵，佛法如線。吾師覺者，冥極道樞。承受密印，端如貫珠。一室寥寥，高山之隅。爲法來者，百千人俱。裔民蚩蚩，户有犀渠。攝以方便，家藏佛書。願力既普，度門斯盛。合爲一乘，散爲萬行。即動求静，故能常定。絶緣離覺，乃得究竟。生非我樂，死非我病。現滅者身，常圓者性。本無言説，付囑其誰？等空無礙，後覺得之。像閟靈塔，迹留仁祠。十方四輩，瞻禮於斯。

元和二年五月二十七日建

（《劉禹錫集》卷四；《文苑英華》卷八六七；《金石萃編》卷一〇五；《全唐文》卷六一〇）

二六一　唐故法雲寺内外臨壇律大德超寂墓誌

姪朝散郎前行同州韓城尉晤撰并書

大師字超寂，俗姓韓，昌黎人也。歸依釋氏六十年矣。皇朝司封郎中文静之曾孫，贈禮部侍郎、秘書琮之孫，揚州大都督府左司馬兼侍御史志清之長女。居然善人，八歲入道。授經乃師同院辯姓和尚，依止當寺浄覺和尚授誡，聽讀即安國寺大辯政律和尚也。從授大誡至於登壇，不求而大德衆信，緣業乃遠近輸誠。五十年間，三千子弟。至於鑄畫佛像，裝寫藏經，廣設文齋，捨入常住，大師每歲有之，不可具紀。以貞元十四年遘疾終於當寺院，時年六十九。真相歸寂之時，色身安厝之日，緇流哀痛，衢路傷嗟。以其年三月廿二日，歸葬於萬年縣長樂鄉城東原，禮也。故當寺大德照空，雖同學事師，如異姓骨肉。無何，早歲奄化。每言泣涕漣洏，常願同塋。先卜吉地，俯瞰靈塔，以慰平生；更對貞松，爰申久契。恐陵谷遷變，遂刻石記之。姪前行同州韓城縣尉晤銜哀叙述，直書事能，空紀年月官石，是以其銘不載。

（《新中國出土墓誌・陝西貳》一七三號；《西安碑林全集》八三卷三二三六頁；《西安碑林博物館新藏墓誌彙編》二二二號；《唐代墓誌彙編續集》貞元〇四二號；《全唐文補遺》六輯一〇九頁）

二六二　唐宣州禪定寺故禪宗大德通公之碑

世界之内，愛河苦浪，浩然横流，曠劫循環，未嘗暫息。盲冥蠢類，沉溺相因；逐妄想類，拔茅之征。結煩惱甚，包桑之罔。非慧矩之慈照，曷破暗以持危？故佛教爲萬法之宗，禪心爲一乘之最，疇可徵之，於大師通公見之矣。大師俗姓朱氏，蘇州吴縣人也。生知大化，該閲真乘。鸞鳳之性本殊，椒桂之芳特異。始爲居士，修學踰三十，然受具戒。遂乃歷抵梵筵，錯磨心印，識三車之次第，知五藴之根源。其始也，結廬於宣城郡敬亭山之北趾。栖遲深林，馴押猛獸，履險以堅其精進，阽危以激其修持。歲月滋深，功行兼著。道俗懇請，移居於宣城禪定寺之中院。遂乃息念於止水之源，澄心於無轍之迹，以希夷之正性，得罔象之玄珠。冰釋萬緣，鏡圓方寸。不生不滅，唯一唯精。鄙天籟之猶煩，以我静而自樂。皎潔焉，姁嫗焉，霈登乎無學之境。然後慈雲廣覆，慧日傍臨，傳百千燈，度億萬衆。人有叩請，虚往實歸。邑罷忿爭，心澄波浪。綏以蒙淺，夙尚真宗，多幸及門，殊霑潤霧。清霄朗月，别爲方外之遊；甘露醍醐，不是寰中之味。旋奉恩詔，徵赴闕庭。遂與大師入乎南浦，屢易寒暑，遥馳夢思。何山處之不恒，忽遷化以示變，以貞元十四年謝於宣州溧陽縣之唐興寺，春秋七十二，僧臘三十八。應往它方，别有菩提之號；空令舊里，同增戀慕之深。上足弟子超庠、無言等虔奉楷模，追攀罔極，悉心合力，修建塔宇於溧陽縣之南鄉。烟蘿幽深，景物清勝，宜大師之所託焉。大師禪定寺之舊院，綏比承乏。倅戎之日，特捨禄選勝創修，當山嶺之岧嶢，控城邑之氣象。弟子無言，繼紹大乘，後來之傑，裹足南國，星馳北來，以余嘗忝大師之門人，固請建碑置之舊院，旌大師之高躅，永昭示於將來。余以戎務方殷，曠於文墨，經時扣寂，方始就焉。詞言：

三界之内，五濁紛焉。愛河涌浪，毒火勝烟。群生盲冥，觸類拘牽。寧知至道，中有皎然。於昭大師，叶順前哲。燈燭傳心，松筠表節。闡法弘濟，高車大牛。鏡分群象，海納衆流。南國生靈，方依大化。如何不庸，奄即長夜。達人無繫，至道不常。應以真性，別遊他方。禪關永謝，後學悽傷。寂寞幽院，巍峨法堂。弟子無言，師之上足，固請揮毫，發揚高躅。方務戎機，慚非金玉，紀事追書，法然盈目。

（《全唐文補編》下册二三〇三頁）

二六三　唐故法雲寺大德真禪師（證真）墓誌銘并序

從姪孫前進士逵撰

斗城東南二里曰長樂鄉，即上都法雲寺故大德證真禪師躬所，表靈域在焉。貞元十六年八月二十四日，京邑緇素銜涕會於其地，蓋虔奉全身，永閟幽壤，從像教也。禪師本系吴興□氏。自漢述善侯、宋司空公，以迨於皇考鄜縣令昂，母兄河陽行軍司馬、御史中丞瑜，淳耀耿光，輝炳邦族。禪師絶棄代網，冥融道心，始受律于當寺褚大師，晚通禪于寶應順和尚。示有悟入，護窮細微，六度諸門，無不該備。是以京室貴族，雖纓弁俊儒，輜軿女士，苟有來學，未嘗無誨焉。德居人宗故也。其年夏五月，始現寢疾。暨十七日，命内外皆埽，端念就滅，將化極有歸歟。報年六十六，僧臘四十七。門弟子智性、慧詮、法性等祗若訓旨，遺像是依。以逵屬忝諸孫，俾泣誌於幽石。銘曰：

懿深慧，悟真空。體慈忍，導昏蒙。緣雖謝，化斯崇。誌貞石，昭無窮。

（《隋唐五代墓誌匯編·陝西卷》四册六〇頁；《中國西北地區歷代石刻匯編》四册一一四頁；《全唐文補遺》二輯三三頁；《唐代墓誌彙編續集》貞元〇五七號）

二六四　靈識和尚塔銘

至道惟微，明者見之；佛性本空，達者悟之。若根非宿植，智非天假，叩虚求有，終無得焉。爰有高門之慶，鍾爲釋門之秀，曰靈識和尚，俗姓趙氏，本天水人。唐御史大夫范陽節度使章之孫，侍御史陶之子。不敢遠述世德，尊梵教也。和尚生而聰明，嬰孩有異。鶴不舉翼，居然冲天之姿；蓮未出池，已爲不染之質。弱歲不樂浮華，稽請父母入道。年十五削髮，二十受具。一悟真乘，永離纏縛，地超殊境，愛斷俗緣。心遊寂寞，縱自在於方外；身等池水，遺哀樂於世間。遂衲衣蔬食，趺坐一床，身不偃卧，以至終壽。水澄則照，萬象皆澄。心湛不動，衆自來歸。法既流行，身乃歸化。以貞元十六年五月二十三日夜，右脅著地，叠足涅槃於揚州江陽縣向善寺，春秋六十，夏臘三十。弟子自悟等心受遺教，耳絶惠音，雙樹既枯，百身何逮？今與弟子志悟等建塔於江陽縣弦歌里，以廣久閲行實，故命爲銘曰：

雲生虚空，行無所止。偶過爲雨，施澤則已。群生既蘇，昏醉醒起。乃順大化，反真太始。默誨黎甿，哀傾都市。人妄悲傷，我無生死。示身於世，如漚浮水。起滅相尋，夭壽一矣。塔閑九原，法流千祀。後人聞風，仰德於此。

（《全唐文》卷六二三）

二六五　靈光寺僧靈佑塔銘

釋家之法，以弟子嗣師由子，其事死送葬，禮如父母。由是籍書贊記之，常名而不姓。今通氏言釋者，必祖自佛派，分諸系於七祖，各承其師之傳，以爲重望。而律師光範者，始爲童子時，事師曰靈佑。且滿歲，師與其曹爲狀喻之語，而律師侍側，輒達其至。既學五年，而通經紀。年及冠，遂去髮被褐，言語應引，則老緇不能對矣。大曆中詔度，始成僧儀。初居吴之嘉興空王寺，其後緇衣男女相與誦其能，於是俱使授學。更居靈光寺，遂與其徒講贊微言百流會歸之説。自吴南北郡邑，緇衣咸果受，人人自得，若濡露然。又著《會釋章句》十五卷。貞元十六年十月某日，滅於其寺之居，僧年四十五，壽年七十四。遺言令其子弟曰：「當殯我寺之居西園中。」其後四年，門弟子相與成塔於其所。元和中，余遊吴，弟子明辨來求銘焉。律師字楷，其家本吴人，其鄉里在吴之崑山縣。曾祖師利，開府儀同三司，食邑三百户。祖元亮，於潛令。父君卿，彭澤丞；母河東裴氏。其子與明辨之列凡六人，皆童子受學，是哀氏之儀由子也。作銘，其詞曰：

唯寂之門，嗚呼已矣。匪媾匪育，孰後爾已。能傳其心，即繼乃嗣。以圖我銘，以紀萬祀。

（《全唐文》卷七三八）

二六六　唐故禪大德演公（明演）塔銘并序

鞏縣尉楊叶撰

明經劉鈞書

如來滅後，五濁惡世，厥有悟最上乘者，即我大師歟！大師俗姓柳，法號明演，累代家於相州湯陰縣。幼而温敏，長而良逸，蘊顔子之德，昇孔氏之堂。天寶季，擢明經第。寶應中，調補濮州臨濮尉，後遷濮陽丞。清能肅下，威能慴豪，芳名振於齊魯之間，孰出其右？因詣方袍士，語及無生，喟然嘆曰：「萬法歸空，一身偕幻。瑣瑣名位，曷足控摶？」遂投紱捐璽，適於京師。時神策都知兵馬使、檢校御史大夫王駕鶴奏曰：「前件人捨官入道，樂在法門。今因章敬皇后忌辰，伏請度爲僧。」詔曰：「可。」乃隸名於洛陽縣敬愛寺，因具戒於嵩岳壇場。厥後口茹一麻，身衣百衲，洞達五方便，探賾修多羅。雖思代居梁，佛圖在趙，方兹蔑如也。興元初，延長定覺，念定舍那。七八年間，歷抵開法，龍象鱗萃，冠蓋雲集，濟濟焉，鏘鏘焉，得其門者或寡矣。欻思振錫，步及於鞏縣净土寺。縣尹隴西李公閑暨夫人吴郡張氏禮足歸依，虔心諦聽，净財珍服，捨而勿悋。由是景附響和者不可勝算。非夫慧日懸空，寶炬破闇，其孰能臻於此乎？且迥出四流，既遠離於煩惱；遽成三點，徒示相於涅槃。以貞元十七年二月五日，整三衣，掩一室，汩然坐化，容貌如生。四衆漣洳，奔走織路。俗齡六十有九，僧臘三十有三。門弟子净土寺主智德、律坐主常隱，神昭寺三綱寶燈、堅志、如印等，因心起孝，扶力議事，言於同學曰：「不建塔，曷以旌盛德？不刊石，曷以紀高行？」謀之既臧，罔不率從。未邅朔，縞素叠委，泉穀交積，傭工度地，挺埴爲磚。不傷財，不害人，格於十旬，傑其高跱。以明年春，繩牀趺坐，歸於厥中。左邇名區，前臨清洛，浮雲朗月，松櫝颼颼。叶從宦於兹，嘗陪高論，援毫含欷，遂作銘曰：

於休上人，偉貌昂藏。遺榮濮上，練行嵩陽。淤泥自濁，荷花自芳。澄思一室，聞名四方。了悟真詮，門人駢闐。雙林遽變，孤磬空懸。屹立素塔，遐對清川。憧憧行路，孰不悽然。

大唐貞元十八歲次壬午正月廿三日建

僧弟子等（下略）

（《北京圖書館藏中國歷代石刻拓本匯編》二八册一六二頁；《隋唐五代墓誌匯編·北京卷》二册二七

頁；《八瓊室金石補正》卷六七；《唐文續拾》卷四；《唐代墓誌彙編》貞元一一一號；《石刻題跋索引》一九七頁）

二六七　沙州報恩寺故大德禪和尚金霞遷神誌銘并序

夫報應有量，三身由示，涅槃生滅不恒，四類豈無遷變。蓋幻化之促速，非覆載之不仁。厥有桑門穎秀金霞上人，俗姓劉，其先洛陽人也。或因官避地，届三苗之鄉。其母初孕，不食葷羶，及生此男，與衆殊異。三年顒合，戲則聚沙。八歲齠齒，不樂長髮。僅十歲，從師受業。纔十七，捨俗披緇。讀則目覽五行，閲乃心通九部。弱冠進具戒，於凝闍梨下聽南山鈔；壯年厭文字，依洪和尚處悟栖神業。捨彼魚筌，取其心印。千池水月，蓋是隻輪；萬象參羅，皆從方寸。心既不趁，境上偷生，障雲豁開，邪山自圻。返求赤水，乃得玄珠，一契于懷，三十餘載。秉律則龍堆獨步，修空乃雁塔星條。慕義如雲，趨風若事。聲高遠可，名亞澄蘭。一自傳燈，萬炬孔熾。陟壇講授，弟子盈門。將謂化浹長年，寧期壽命短折。青春遘疾，朱夏勿瘳。膂非至席，頭靡就枕。盥嗽之後，酌飲不通。策勤自强，節操彌固。囑付既畢，端然坐亡。時辛巳歲龍集大荒駱四月廿八日，終於報恩精舍，春秋五十有七。於戲！至人晦迹，杳然何之。于時雲物徘徊，皆帶愁色，哀聲動地，酸感塵心。以五月一日葬于南沙陽開渠南原之禮也。於是弟子像照等淚盡以血，哭音不衰。追想芳猷，願刊他石。蒙雖不佞，式昭厥休。銘曰：

達士與物兮，不爲凝滯。遷神浄方兮，有若蟬蜕。彼美吾師兮，塵網莫拘。化俗未盡兮，今也則無。丘壟寂寂兮，晨鐘不發。原野青青兮，曉露晞珠。

蕃中辛巳歲五月一日葬于南沙陽開渠北（南）原之禮也。

吊守墓弟子，承恩諸孝子。擗踊下頭巾，荒迷不顧身。茹荼何足苦，銜蓼未爲辛。兩目恒流涕，雙眉鎮作嚬。唯餘林裏鳥，朝夕助啼人。

前沙州法曹參軍嫪琳述

（《法藏敦煌西域文獻》二六册二九九頁；《敦煌社會經濟文獻真蹟釋録》五輯二九〇頁；《敦煌碑銘讚輯釋》增訂本上册六九頁；《唐代墓誌彙編續集》貞元〇六二號；《全唐文補遺》九輯三四四頁）

二六八　南嶽雲峰和尚（法證）塔銘并序

雲峰和尚，族郭氏，號法證。爲竺乾道五十有七年，年七十有八，貞元十七年九月十七日終，十月二十七日葬。凡度學者五萬人，爲弟子者三千人。色厲而仁，行峻而周，道廣而不尤，功高而不有。毅然居山之北峰，以爲儀表。世之所謂賢人大臣者，至南方，咸所嚴事。由其内者，聞大師之言律義，莫不震動悼懼，如聽誓命；由其外者，聞大師之稱道要，莫不悽欷欣踊，如獲肆宥。故時推人師，則專其首；詔求教宗，則冠其位。披山伐木，崇構法宇，則地得其勝；捐衣去食，廣閱群經，則理得其深。其道實勤，而其心無求。自大師化去，教亦隨喪。嗚呼！大師之葬，門人慕號，長老愁痛，遂相與以爲兹塔。礱石峻整，植木蓊茂，凡衡山無與爲比者。然而未有能紀其事。余既與大乘師重巽遊，巽，其徒也，亟爲余言，故爲其銘。銘曰：

苞元極兮韜大方，威而仁兮幽以光。行峻潔兮貌齋莊，氣混溟兮德洋洋。演大律兮離毫芒，度群有兮耀柔剛。棟宇立兮像法彰，文字闡兮聖言揚。詔褒列兮宅南方，道之廣兮用其常。後是式兮宜久長，閟靈室兮記崇岡。即玄石兮垂文章，學者慕兮哀無疆。

（《柳宗元集》卷七；《全唐文》卷五九一）

二六九　南嶽雲峰寺和尚（法證）碑

乾元元年某月日，皇帝曰：「予欲俾慈仁怡愉洽於生人，惟浮圖道允迪。」乃命五嶽求厥元德，以儀於下。惟茲嶽上於尚書，其首曰雲峰大師法證，凡涖事五十年，貞元十七年乃没。其徒曰詮，曰遠，曰振，曰巽，曰素，凡三千餘人。其長老咸來言曰：「吾師軌行峻特，器宇弘大。有來受律者，吾師示之以爲尊嚴整齊，明列義類，而人知其所不爲；有來求道者，吾師示之以爲高廣通達，一其空有，而人知其所必至。元臣碩老，稽首受教；髫童毀齒，踊躍執役。故從吾師之命而度者，凡五萬人。吾師冬不燠裘，飢不豐食。每歲會其類，讀群經，俾聖言畢出，有以見其大；又率其仵，伐木輦土，作佛塔廟洎經典，俾像法益廣，有以見其用。將没，告門人曰：『吾自始學至去世，未嘗有作焉，然後知其動無不虚，静無不爲，生而未始來，殁而未始往也。』其道備矣。願刻山石，知教之所以大。」其詞曰：

師之教，尊嚴有耀，恭天子之詔，維大中以告，後學是效。師之德，簡峻淵默，柔惠以直，涣焉而不積，同焉而皆得，兹道惟則。師之功，勤勞以庸，維奥秘必通，以興祠宫，遐邇攸從。師之族，由虢而郭，世德有奕，從佛於釋。師之壽，七十有八，惟終始罔缺，丕冒遺烈。厥徒蒸蒸，維大教是膺，維憲言是徵。溥溥恢弘，如川之增，如雲之興，如嶽之不崩，終古其承之。

（《柳宗元集》卷七；《全唐文》卷五八七）

二七〇　唐故靜樂寺尼惠因墓誌銘并序

父開府儀同三司檢校左散騎常侍兼御史大夫太僕卿上柱國蔡國公周晧撰

本姬氏，因朝得姓。秦時封十九代祖邕爲汝墳侯，因爲汝南人也。曾祖，皇開府儀同三司、右屯衛將軍、持節涼州已西都統，諱悌。祖，皇開府儀同三司、河西節度採訪等使、兼御史大夫、贈太子太傅、潁國公佖。父，官名具前列。汝承祖宗大慶，盛族子孫，性自善因，童稚慕道，特奉詔度。十一出家，具大、小戒一十七夏。《法華》八軸，晝夜誦持。爲法忘軀，因兹成疾。以貞元十八年歲次壬午四月一日丁亥，注意歸依十方諸佛，枕臂叠足，奄然而終。寂滅之道，倏難得之。專意正念，證涅槃路。嗚呼！父子親眷，痛切肝心。以其月廿九日乙卯，葬於萬年縣鳳栖原。送終以聲聞作讚，香花引行。道俗傷嘆，共惜異志。銘曰：

大族子孫，少爲榮貴。天資善性，迥然異志。童子入道，生知佛理。講便悟言，誦持無已。法華經文，具難思議。啓首精習，深植法味。歸向正真，得解脱智。聖及凡俗，本願如是。嗟不考壽，倏短定矣。父母眷屬，痛徹心髓。香花送終，聲聞讚事。刻石泉門，永銘終始。

兄通直郎前行河中府參軍汝南縣開國男珣書

（《隋唐五代墓誌匯編·陝西卷》四册六二頁；《北京大學圖書館藏歷代墓誌拓片目録》〇五一七一號；《中國西北地區歷代石刻匯編》四册一一九頁；《陝西碑石精華》一四一號；《長安新出墓誌》二一六頁；《長安碑刻》上册一四五頁圖，下册四九七頁文；《唐代墓誌彙編續集》貞元〇六七號；《全唐文補遺》三輯一三五頁）

二七一　唐故東都麟趾寺法華院律大師（寇幼覺）墓誌銘并序

姪弇、亮等述

大師諱幼覺，姓寇氏，其先有周康叔之胤，上谷人也。貞元十八年七月十日，示疾歸終，俗年八十八，僧臘六十七。嗚呼哀哉！曾祖考諱思遠，曹州長史。皇祖考府君諱溶，京兆府武功縣丞。大師即府君第三女也。弇世父三人，宦歷清要，備詳時論，故不叙焉。大師六歲出家，依年進具，業以學茂，德唯行精。化衆生而愛博，敦骨肉而孝極，總我心要，還歸本源，熙熙然同乎大道，無得而稱矣。弁之從父妹如璨，早契玄關，津梁後士，今爲都城臨壇大德。追惟訓導，感慕深慈，陳罔極而求恤，解身衣以襄事，至誠有輔，克展哀誠。以其月廿二日，葬於邙山瀍水西原先師塔次，從像法也。弁等猶子也，常聞無著之宗，當斷絶於文字。敢託推高碩德，光乎萬世，故泣血而爲銘云：

法性無邊，金口難宣，大師傳兮。佛度有情，玉毫光明，大師行兮。盛德弗滅兮天地久，勒兹貞石兮弘不朽。

（《北京圖書館藏中國歷代石刻拓本匯編》二八册一七〇頁；《北京大學圖書館藏歷代墓誌拓片目録》〇五一七七號；《隋唐五代墓誌匯編·洛陽卷》一二册一七五頁；《洛陽出土歷代墓誌輯繩》六一七號；《唐代墓誌彙編》貞元一一七號；《全唐文補遺》六輯一二〇頁）

二七二　南嶽彌陀寺承遠和尚碑

原夫法起於無，色生於妄，求離於色者，未得皆空；徇念於無者，斯爲有著也。是以至人心無所念，念無所求。利未動而誰安？本不然而何滅？然而利根難植，頓詣罕聞，不有舟梁，孰弘濟度；匪因陛級，莫踐堂塗。必在極力以持其善心，惠念以奪其浮想。不以身率，誰爲教先？誰能弘之？則南嶽大師其人也。師諱承遠，漢州綿竹縣謝氏之子。積修妙性，宿起冥因，乘報現身，應期弘道。自天鍾美，因地禀靈。七尺全軀，峨岷與瞻敬之狀；九漏懸解，江漢資清净之源。殊相夙成，隱照潛發。甫志學，始遊鄉校，驚禮樂之陷阱，覺詩書之桎梏，忽忽不樂，未知所逃。俄有信士以尊勝真言質疑於學，怡然聳聽，宛若前聞，識契心冥，神動意往，遂涕訣慈顧，行徇幽緣。初事蜀郡唐禪師，禪師學於資州詵公，詵公得於東山弘忍，堅林不盡，秘鍵相傳。師乃委質僮役，服勤星歲，旁窺奥旨，密悟真乘。既壯遊方，沿峽東下。開元二十三年，至荆州玉泉寺，謁蘭若真和尚。荆蠻所奉，龍象斯存。歷劫方契其幽求，一言懸會於靈受。愛從剃毁，始備緇錫，昂然古貌，森映喬松。真公南指衡山，俾分法派。越洞庭，浮湘沅，息於天柱之陽，從通相先師受聲聞具戒。三乘之經教，四分之紀律，八正之倫要，六度之根源，莫不更贊神機，遞歸心術。聞京師有慈敏三藏，出在廣州，乃不遠重阻，星言睹謁。學如不足，求所未盡，一通心照，兩捨言筌。敏公曰：「如來付受吾徒，用弘拯救，超然獨善，豈曰能仁？俾依無量受經，而修念佛三昧，樹功德劫，以濟群生。」由是頓息諸緣，專歸一念。天寶初歲，還於舊山。山之西南，别立精舍，號彌陀臺焉。薙草編茅，僅蔽經像。居靡童侍，室無斗儲。一食不遇，則茹草而過；敝衲莫完，而歲寒自若。奉持贊嘆，苦劇精至，恒於真際，静見大身。花座踊於意田，寶月懸於眼界。永泰中，有高僧法照者，越自東吴，求於廬阜，尊遠公教迹，結西方道場，入觀積旬，至想傍達。見彌陀座下，有老比丘焉，啓問何人，答曰：「南嶽承遠，願告吾土，勝緣既結，真影來現。」照公退而驚慕，徑涉衡峰。一披雲外之塵，宛契定中之見，因緣昭晰，悲喜流涕。遂執摳衣之敬，願承入室之顧。大師德因感著，道以證光，遠近聆風，歸依載路。於是大建法宇，以從人欲。輪奂雲起，丹刻化成，走檀信於十方，盡莊嚴於五會。香花交散，鐘梵相宣，火宅之煙焰皆虚，欲海之波瀾自定。加以寶裝秘偈建幢於臺前，玉篆真文揭碑於路左，施隨求之印以廣銷業累，造輪轉之藏以大備教典，勸念則編牓於崖谷，勵學則兼述於縑緗。其欲人如身，慈惠懇至，皆此類也。大師峰棲木下六十餘年，苦節真脩，老而彌篤，夙開户牖，久啓津途。法界之尊重在焉，天人之瞻仰如是。常陋處方丈，志行平等，食不重味，寒不兼衣。王公之珍服盈厢，甿庶之金錢布地，莫不迴脩佛事，贍養孤老。凡言施者，以是報之。期頤將及，志力無替。中鐘會食，到必先衆；夕磬虔念，居恒達晨。其克己鍊心，慎終如始，皆此類也。大曆末，門人法照辭謁五臺。北轅有聲，承詔入覲，壇場内殿，領袖京邑。託法雲之遠蔭，自感初因；分慧日之餘光，寧忘本照。奏陳師德，乞降皇恩，由是道場有般舟之號。貞元歲，某獲分朝寄，廉問湘中，近照德輝，獲探衆妙。況靈嶽直午，先皇本命，宜有上士，斯焉護持。表求興崇，詔允誠願。臺雖舊號，其命維新。寺由是有「彌陀」之額，度僧二七，會供千人，中貴巡香，守臣視饌，瑶圖花捧，寶字煙開，寵降九天，暉映三界。師亦建不壞之塔，以壽君親；脩無邊之功，以福邦國。梵王之能事畢矣，法門之榮觀備矣。貞元十八年孟秋既望，顧命弟子，申明教戒，掃室趺座，恬然化滅，報齡九十有一，僧臘六十有五。先是，忽告門人曰：「國土空曠，各宜勉力。」數月而灾火梵寺，周歲而吾師解形，此蓋寶去山枯，龍移水涸，空曠之旨，乃明前知。法衆崩慟，若壞梁木，邦人號赴，如失舟航。以其年九月七日，遷神於寺之南岡即安靈塔，教也。前後受法弟子百有餘人，而全得戒珠密傳心印者，蓋亦無幾。比丘惠詮、知明、道偵、超然等，皆奥室之秀者，以瞻奉將遠，經行坐蕪，永懷於極，見託碑紀。移有道於物外，真無愧詞；比遺愛於人間，誠當墮淚。銘曰：

浩浩清塵，茫茫逝川。大雄作矣，救物爲先。能明大教，非師有緣。不宰功立，忘機智全。誰其弘之？南嶽命代。習識虚受，應身圓對。理則歸空，教惟不昧。末摇本静，行苦神泰。雲迹一滅，天星六周。熱惱就濯，童蒙來求。攝以尊念，驅之力脩。我法有户，誰能不由？甘露晨稀，香雲夕卷。彼岸方濟，慈舟忽遠。爐煙如在，塔樹勿剪。刊勒豐碑，永想正眼。

（《吕和叔文集》卷六；《文苑英華》卷八六六；《全唐文》卷六三〇）

二七三　南嶽彌陀和尚（承遠）碑并序

在代宗時，有僧法照爲國師，乃言其師南嶽大長老有異德，天子南向而禮焉。度其道不可徵，乃名其居曰般舟道場，用尊其位。公始居山西南巖石之下，人遺之食則食；不遺則食土泥，茹草木。其取衣類是。南極海裔，北自幽都，來求厥道。或值之崖谷，羸形垢面，躬負薪樵，以爲仆役而媟之，乃公也。凡化人，立中道而教之權，俾得以疾至。故示專念，書塗巷，刻谿谷，丕勤誘掖，以援于下。不求而道備，不言而物成。人皆負布帛，斬木石，委之巖户，不拒不營。祠宇既具，以洎于德宗申詔褒立，是爲彌陀寺。施之餘，則與餓疾者，不尸其功。公始學成都唐公，次資川詵公，詵公學於東山忍公，皆有道。至荆州，進學玉泉真公。真公授公以衡山，俾爲教魁，人從而化者以萬計。初，法照居廬山，由正定趣安樂國，見蒙惡衣侍佛者。佛告曰：「此衡山承遠也。」出而求之，肖焉，乃從而學，傳教天下，由公之訓。公爲僧凡五十六年，其壽九十一，貞元十八年七月十九日終於寺。葬於寺之南岡，刻石于寺大門之右。銘曰：

一氣迴薄茫無窮，其上無初下無終。離而爲合蔽而通，始末或異今焉同。虛無混冥道乃融，聖神無迹示教功。公之率衆峻以容，公之立誠教其中。服庇草木蔽穹隆，仰攀俯取食以充。形遊無極交大雄，天子稽首師順風。四方奔走雲之從，經始尋尺成靈宫。始自蜀道至臨洪，咨謀往復窮真宗。弟子傳教國師公，化流萬億代所崇。奉公寓形於南岡，幼曰弘願惟孝恭，立之兹石書玄踪。

（《柳宗元集》卷六；《全唐文》卷五八七）

二七四　南嶽般舟和尚（日悟）第二碑并序

佛法至于衡山，及津大師始修起律教。由其壇場而出者，爲得正法。其大弟子曰日悟和尚，盡得師之道，次補其處，爲浮圖者宗。世家于零陵，蔣姓也。和尚心大而行密，體卑而道尊，以爲由定發慧，必用毗尼爲之室宇，遂執業於東林恩大師。究觀秘義，乃歸傳教。不視文字，懸判深微。登壇莅事，度比丘衆，凡歲千人者三十有七，而道不慁。以爲去凡即聖，必以三昧爲之軌道，遂服勤於紫霄遠大師。修明要奥，得以觀佛。浩入性海，洞開真源。道場專精，長跪右繞，不衡不倚，凡七日者百有二十，而志不衰。初，開元中詔定制度，師乃居本郡龍興寺。肅宗制天下名山，置大德七人，兹嶽尤重，推擇居首。師乃即崇嶺，是作精室。闢林莽，刳巖巒，殿舍宏大，廊廡修直。不命而勴力，不祈而薦貨。凡南方顓念佛三昧者，必由於是，命曰般舟臺焉。和尚生十三年而始出家，又九年而受具戒，又十年而處壇場，又三十七年而當貞元二十年正月十七日，化於兹室。嗚呼！無德而修，故念爲實相；不取於法，故律爲大乘。壞衣不飾，揣食不味。覆薦服役，凡出於生物者，擯而勿用，不自知其慈；攝取調御，凡歸於正真者，動而成群，不自知其教。萬行方厲，一性恒如，寂用之涯，不可得也。有弟子曰景秀，嗣居法會。欲廣其師之德，延于罔極。故申明陳辭，俾刊之兹碑。銘曰：

像教南被，及津而尊。威儀有嚴，載辟其門。吾師是嗣，增濬道源。度衆逾廣，大明群昏。乃興毗尼，微密是論。八萬總結，彰於一言。聲聞熙熙，遐邇來奔。如木既拔，有植其根。乃法般舟，奥妙斯存。百億冥會，觀於化元。同道祁祁，功庸以敦。如水斯壅，流之無垠。帝求人師，登我先覺。赫矣明命，表兹靈嶽。于彼南阜，齋宫爰作。負揭致貨，時靡要約。袒奮程力，不呼而諾。是刈是鑿，既塗既斲。層構孔碩，以延後學。出不牛馬，服不絮帛。匪安其躬，亦菲其食。勤而不勞，在用恒寂。縱而不傲，在捨恒得。洪融混合，孰究其迹？懿兹遺光，式是嘉則。容貌往矣，軌儀無極。其徒追思，虔薦兹石。

（《柳宗元集》卷七；《全唐文》卷五八七）

二七五　大唐故尼真如墓誌銘并序

□平吕敬直撰

有唐九廟，郇之裔孫，出家女曰真如者，皇左散騎常侍濟之曾孫，左金吾大將軍翰之孫，京兆府參軍渝之第三女。以貞元廿年歲次甲申九月廿八日嬰疾而終，即□□□十月八日歸葬於京兆之少陵原，祔先塋，禮也。於戲！逝水已往，陵谷其更，是用刻銘於石。銘曰：

皇唐□□，天派裔孫。千秋□□，萬古平原。

（《西安碑林博物館新藏墓誌續編》一四三號）

永貞

二七六　大唐故安國寺嚴大德（清悟）墓銘并序

師諱清悟，俗姓嚴氏，其先馮翊華陰人也。始自楚承莊王之緒，因謚受姓。後歷漢，避明帝之諱，改莊爲嚴。弈葉軒冕，文儒似續。輝耀關右，冠於他氏。高祖君惕，莫門軍經略大使。曾祖方約，贈太常少卿。祖挺之，中書侍郎。父武，黄門侍郎。皆道光百世，名播四海。師即黄門第二女也。方笄辭家，浹歲孀獨。誓志難奪，歸身釋門。以大曆六年四月五日得度，配住東都安國寺。生知經律，夙植定慧。進具未幾，德爲上首。門人後學，山仰川歸。且行本於仁，孝名爲戒。既罹蓼莪之感，累挹手足之慼。積哀成疾，故不享永年。以永貞元年八月十八日於本寺方丈室中恬然就化，春秋五十有一，夏臘卅有二。以其年十月廿六日祔葬於龍門南土村，次先塋之左，遵舊志也。嗚呼！青松摧茂，白月虧圓。行路相悲，法門殄瘁。弟子文亮，又伯兄之女也。服義銜恤，加人一等。以虞陵谷，式誌玄堂。銘曰：

於惟祖考，德實動天。鍾我餘慶，是生仁賢。從人之範，四德克全。超世之行，萬因俱捐。緬彼蓮宇，顧茲松阡。道成身謝，孰不潸然。

（《洛陽流散唐代墓誌彙編續集》二五四號）

二七七　唐嵩岳寺明悟禪師塔銘并序

朝散大夫守中書舍人張弘靖述

自五教衰缺，諸子並馳，然各守師資，不能動衆。及釋氏東被，參以華文，事苟氓心以盛大。雖有拒楊墨、離堅白之辯，皆不能孤立而抗之。横掩衆流，大慢群動。有仁人碩□，□□其教，如悟公之徒者，則謂之龍象。分啓津梁，□□□堂，□之嗟爲脩行，□永懷師範，思□□□□□□□成陰而銘□□刻泣次遺事，授余文□□□□：

生滅非二，生在滅中。猗嗟大師，性湛迹空。致感休徵，獨冥真宗。神超後有，事寄前功。哀斷來學，燈傳無窮。禪山未毀，靈塔斯崇。

永貞元年歲次乙酉十二月景申朔九日甲辰

太嶽山人洪得宗書

（《唐代墓誌彙編》永貞〇〇八號；《全唐文補遺》七輯七五頁）

二七八　大唐神都青龍寺故三朝國師灌頂阿闍黎惠果和尚之碑

俗之所貴者也五常，道之所重者也三明。惟忠惟孝，雕聲金版，其德如天，盍藏石室乎？嘗試論之：不滅者也法，不墜者也人。其法誰覺？其人何在乎？爰有神都青龍寺東塔院大阿闍黎法諱惠果和尚者也。大師拍掌法城之行崩，誕迹昭應之馬氏。天縱精粹，地冶神靈，種惟鳳卵，苗而龍駒。高翔擇木，囂塵之網不能羅之；師步占居，禪林之葩實是卜食。遂乃就故諱大照憚師，師而事之。其大德也，則大興善寺大廣智不空三藏之入室也。昔髫齔之日，隨師見三藏。三藏一目，驚嘆不已，竊告之曰：「我之法教，汝其興之也！」既而視之如父，撫之如母，指其妙賾，教其密藏。《大佛頂》《大隨求》，經耳持心；《普賢行》《文殊讚》，聞聲止口。年登救蟻，靈驗處多。于時代宗皇帝聞之，有敕迎入，命之曰：「朕有疑滯，請爲決之。」大師則依法呼召，解紛如流。皇帝嘆之曰：「龍子雖少，能解下雨，斯言不虛。左右書紳，入瓶小師，於今見矣。」從爾已還，驥騄迎送，四事無缺。年滿進具，孜孜照雪。三藏教海，波濤脣吻；五部觀鏡，照耀靈臺。洪鐘之響，隨機卷舒；空谷之應，逐物行藏。始則四分秉法，後則三密灌頂。彌天辯鋒，不能交刃；炙輠智象，誰敢極底？是故三朝尊之以爲國師，四衆禮之以受灌頂。若乃旱魃焦葉，召那伽以滂沱；商羊決堤，驅伽羅以杲杲。其感不移晷，其驗同在掌。皇帝皇后崇其增益，瓊枝玉葉伏其降魔。斯乃大師慈力之所致也。縱使財帛接軫，田園比頃，有受無貯，不屑資生。或建大曼荼羅，或修僧伽藍處。濟貧以財，導愚以法，以不積財爲心，以不吝法爲性。故得若尊若卑，虛往實歸；自近自遠，尋光集會矣。訶陵辯弘，經五天而接足；新羅惠日，涉三韓而頂戴。劍南則惟上，河北則義圓，欽風振錫，渴法負笈。若復印可紹接者，義明供奉其人也。不幸求車，滿公當之也。沐一子之顧，蒙三密之教，則智、璨、玫、臺之徒，操、敏、堅、通之輩，并皆入三昧耶。學瑜伽，持三秘密，達毗鉢。或作一人師，或爲四衆依，法燈滿界，流派遍域。斯蓋大師之法施也。從辭親就師，落飾入道，浮囊不借他，油鉢常自持，松竹堅其心，冰霜瑩其志，四儀不肅而成，三業不護而善。大師之尸羅於此盡美矣。經寒經暑，不告其苦；遇饑遇疾，不退其業。四上持念，四魔請降；十方結護，十軍面縛。能忍能勤，我師之所不讓也。遊法界宮，觀胎藏之海會；入金剛界，禮遍智之麻集。百千陀羅尼貫之一心，萬億曼荼羅布之一身。若行若坐，道場即變；在眠在覺，觀智不離。是以與朝日而驚長眠，將春雷以拔久蟄。我師之禪智妙用在此乎！示榮貴導榮貴，現有疾待有疾，應病投藥，悲迷指南。常告門徒曰：「人之貴者不過國王，法之最者不如密藏。策牛羊而趣道，久而始到；駕神通以跋涉，不勞而至。諸乘與密藏，豈得同日而論乎？佛法心髓要妙斯在乎？無畏三藏脱躧王位，金剛親教浮杯來傳，豈徒然哉？從金剛薩埵稽首扣寂，師師相傳，于今七葉矣。非冒地之難得，遇此法之不易也。是故建胎藏之大壇，開灌頂之甘露，所期若天若鬼，睹尊儀而洗垢；或男或女，嘗法味而蘊珠。一尊一契，證道之徑路；一字一句，入佛之父母者也。汝等勉之勉之！」我師之勸誘，妙趣在兹也。夫一明一暗，天之常也；乍現乍没，聖之權也。常理寡尤，權道多益。遂乃以永貞元年歲在乙酉極寒月滿，住世六十，僧夏四十，結法印而攝念，示人間以薪盡矣。嗚呼哀哉！天返歲星，人失慧日。筏歸彼岸，溺子一何悲哉！醫王匿迹，狂兒憑誰解毒？嗟呼痛哉！簡日於建寅之十七，卜塋於城邙之九泉。斷腸埋骨，爛肝燒芝。泉扉永閉，愬天不及；荼蓼嗚咽，吞火不滅。天雲黲黲現悲色，松風瑟瑟含哀聲。庭際篠竹葉如故，隴頭松檟根新移。烏光激迴恨情切，蟾影斡轉攀擗新。嗟乎痛哉奈若何！弟子空海顧桑梓則東海之東，想行李則難中之難。波濤萬萬，雲山幾千也。來非我力，歸非我志。招我以鉤，引我一索。泛舶之朝，數示異相；歸帆之夕，縷説宿緣。和尚掩色之夜，於境界中告弟子曰：「汝未知吾與汝宿契之深乎！多生之中，相共誓願，弘演密藏，彼此代爲師資，非只一兩度也。是故勸汝遠涉，授我深法，受法云畢，吾願足矣。汝西土也接我足，吾也東生入汝之室。莫久遲留，吾在前去也。」竊顧此言，進退非我能，去留隨我師。孔宣雖泥怪異之説，而妙幢説金鼓之夢，所以舉一隅示同門者也。詞徹骨髓，誨切心肝。一喜一悲，胸裂腸斷。欲罷不能，豈敢韞默？雖憑我師之德廣，還恐斯言之墜地。嘆彼山海之易變，懸之日月之不朽。乃作銘曰：

生也無邊，行願莫極。麗天臨水，分影萬億。爰有挺生，人形佛識。毗尼密藏，吞并餘力。修多與論，牢籠胸臆。四分秉法，三密加持。國師三代，萬類依之。下雨止雨，不日即時。所化緣盡，泊焉歸真。慧炬已滅，法雷何春？梁木摧矣，痛哉苦哉！松檟封閉，何劫更開！

（《北京圖書館藏中國歷代石刻拓本匯編》二九册一〇頁；《全唐文補遺》五輯四頁；《全唐文補編》中册八五七頁）

二七九　湖州法華寺大光天師碑

賢劫千佛，生於後世，法輪遞轉，應現隨相。或國王大臣，宰官居士，降生有地，不以色相。故如來言，以色見我，聲音求我，爲行邪道，故不以金色瑞相。蓮花化生，降胎示報，以潛靈聖。上人姓唐氏，生於邑之安吉。母梅氏，奇孕而夢協靈祥，在娠而不茹葷血。既生能言，不爲戲弄，未齔之歲，思求佛乘。發念《法華》，三月通貫。傳梵音於性禀，精護念於神契。經聲一發，而頑鄙革心；晝集夜持，而七部圓滿。音聲從容，指顧閑雅，雖捷口利辯者皆隨慕念。及登戒之歲，僧儀首冠。西遊長安，祥氣達於函關，瑞相通于帝夢。上人以持經爲國，詣闕請見。肅宗皇帝召對禁中，上拱而嘆曰：「昔夢吴僧，口念大乘，五光隨發，音容宛若，協我嘉徵。」因錫名曰大光，以瑞唐姓。肅宗元年，降誕之辰，會齋於定國寺，因賜上人墨詔，許以天下名寺持意往者住持，令内臣趙思温送於千福寺。持經道場，經四七日，而吴音清亮，常達聖聽。上表異其事，令高力士以宣諭焉。後居藍田精舍。先期而寺僧夢天童來降，稱曰：「大光經聲，達於峰頂。」師既宴坐，自見神手從天而降，拊光之心。師乃憶先達抱玉大師常志斯言，今高其法音，當有神輔。夕夢神僧乳見於心，命光口飲。自是功力顯揚，神形不勞。尋山探幽，偶墜窮谷，龍泉莫測，淪溺其間。心靈了然，無所惑亂。因以本經多寶塔爲誡，願持十萬遍，恍然出泉，若有神捧。後詔住資聖寺。大師以慈親在吴，未答慈力，表乞歸養，恩未許還。猶繫煩惱之念，遂生無妄之疾。策蹇强力，將投於泉，驢伏不前，群鳥拂頂，心既時覺，疾乃遂瘳。昔如來雙鵲巢頂而定惠堅明，大師群鳥摩首而煩疑解脱。迺以寶軸加飾，首載《法華》，於千福寺行道，日夜事命。有詔許還，既止烏程，崇修寶塔，日持《法華》偈，以成往願焉。永泰元年，浙西廉察使韋元輔表大師爲六郡别駕道場將念之音。大曆癸丑歲，文忠公顔真卿領郡，余先人主邑烏程。余生未期歲，乳病暴作而不啼不覽者七辰。師至，命乳母洗滌焚香，乃朗念《法華》，至《功德品》，遂起席而坐，拱而開目。師飲以杯水，遂命乳哺，疾乃隨愈。大師視而笑曰：「汝何願返之速乎？」因以法師易余幼名已。及成童之歲，貞元中，余甫弱冠，再遊霅上，舟泊之次，大師以貯于溪側而笑曰：「戲撫如兒童焉。」余爲州將飲醉於館，大師引宿於道場。夜分將醒，白光滿室，朗然如晝。睹大師宴坐，妙音方闡，若開毫相，經音既息，光亦隨斂。余是歲西邁，辭大師于法筵，撫予頂曰：「爾得徑山之言，我則無以爲諭。行矣自愛，去留有時，空王教平等者護念。」大師於永貞元年十二月黑月既夕示滅于法華寺之經院。獸號鳥墜，山林驚振。異香飄馥，三日不息。是月，告刺史顔防曰：「去矣，人世無牽夢泡。」大師熙和暢達，無入而不自得焉。隨機見教，經行無閡，維摩詰之儔也；知機同如，藏往察來，默而不顯，晉寶公之倫也；經通梵界，瑞降天童，靈相神光，昭融顯見，曇上人之徒也。大哉明德，慈悲護世，通異相於王者，示法輪之寶重；昏外識於黎庶，懼色相之迷妄。是以居若長橋，動如浮雲，隨鷗自親，入獸不亂。一衲四十歲，無浣濯而誠香芬馥；一飯七十載，滋禪悦而膚體温然。余遭大師留駐于世，而不睹大師寂滅之日。年逾耳順，昏寄塵勞，無法舸以濟河，悲火宅之迷室。忝門徒者，追書梵宮。時予烏臺舊僚天官郎敬君守郡吴興，寄言刊石。銘曰：

多寶如來，聞經誦塔。牟尼闡教，以弘正法。受持三世，以成賢劫。或降忉利，或生人天。金相不顯，真如默傳。明燈繼焰，水月分圓。示抱全德，資于上賢。體實戒珠，心惟法鏡。懷寶不迷，含光不競。希夷要妙，法凝清净。發諭開蒙，藏機匿聖。瑞協皇夢，功致天童。聲宣梵界，響達宸聰。降靈神手，捧溺龍宮。迹隱三昧，心符六通。金粟分身，普賢弛象。譬喻言辭，光明顯相。仁滋一雨，功歸無量。法性天高，慈門海曠。我昔嬰兒，迷蒙疾痼。靡日沉魄，返年師駐。梵音耳聽，神光目睹。白馬先鑣，迷津莫溯。鼓音已息，慈雲不浮。寶樹摧葉，祥泉涸流。稠林喪斧，苦海沉舟。色相歸空，法身無際。莫測往來，誰分顯晦。三表闡仁，深乎宴諦。

（《文苑英華》卷八六五；《全唐文》卷六九四）

元和

二八〇　昭成寺尼大德三乘墓誌銘

大唐元和元年三月十四日，長安昭成寺尼大德三乘行歸寂於義寧里之私第，春秋七十九，戒臘一十九。伏惟神兮，俗姓姜氏，望本天水，以簪纓承繼，家寄兩都。自頓駕長安，貫移上國，今則長安高陵人也。故中散大夫、贈太子左贊善大夫執珪之女，適昭陵令、贈通州刺史李昕之妻。婦德自天，母儀生禀。事君子之門，敬姜比德；方擇鄰之愛，敖母其明。神儀惠和，體量凝肅。有二子：長曰誼，終杭州餘杭縣令；幼曰調，終温州安固縣尉。有嗣孫五人：定、寅、寓、寧、寔。皆夙承嚴訓，克孝克忠，或位崇百里之榮，或再班黄綬之職。神兮自中年鍾移天之禍，晚歲割餘杭之愛，由是頓悟空寂，宴息禪林，自貞元四年隸名於此寺。嗚呼！蓮宫始構，法棟斯摧。玄定等哀慕悲號，攀援何及？以元和二年二月八日敬奉靈輿，歸窆於城南高陽原，禮也。白日晝昏，悲風慟起。雲低壟上之野，苦霧暗行輀之衢。芻靈已陳，穸户斯掩。泌追承遺則，泣而爲銘，勒石紀文，以永終譽。其詞曰：

神假温恭，天資淑德。無言成教，有儀是則。捨故里之喧喧，歸夜堂之寂寂。朝雲出谷兮行雨散，暮鳥悲鳴兮去無迹。流光西没，逝水東極。閉泉壤兮千秋，烈餘薰於貞石。

（《北京圖書館藏中國歷代石刻拓本匯編》二九册二四頁；《北京大學圖書館藏歷代墓誌拓片目録》〇五二六三號；《隋唐五代墓誌匯編·北京卷》二册三二頁；《中國西北地區歷代石刻匯編》四册一三三頁；《唐文拾遺》卷五二；《唐代墓誌彙編》元和〇一〇號；《石刻題跋索引》一九八頁）

二八一　荊州城東天皇寺道悟禪師碑

師姓張氏，婺州東陽人。十四出家，依明州大德祝髮，二十五受戒於杭州竹林寺。初參國一，服勤五年。大曆十一年，隱於大梅山。建中初，謁江西馬祖。二年，參石頭，乃大悟，遂隱當陽紫陵山。後於荆南，城東有天皇寺頃因火廢，僧靈鑒將謀修復，乃曰：「苟得悟禪師爲化主，必能福我。」時江陵尹、右僕射裴公稽首問法，致禮迎至。師素不迎送，客無貴賤，皆坐而揖之，裴愈加敬。石頭之道，殆盛於此。師患背痛。臨終，大衆問疾。師驀召典座近前，師曰：「會麽？」曰：「不會。」師拈枕子抛於地上，即便告寂。壽六十，坐三十五夏。法嗣三世，曰惠真，曰幽閒，曰文賁。實元和二年四月十三日也。

（《全唐文》卷六九一）

二八二　唐故右街臨壇大德資善寺上座圓寂律和上墓誌

昔如來於鹿野苑爲五俱輪始演律法，後之學者有優波離堅持第一。惟去大德不忝是儀，入室升堂，至乎哉！大德諱圓寂，元和丁亥歲八月丙辰朔十九日甲戌，忽如有晨起漱濯，趺坐而坐，無疾而滅，享年六十八，僧夏卅六。凡是聆其道者，皆行哭失聲。門弟子等哀動三千，感于他界。先是，浮雲冥々，白日無光，蓋梵宇無庇之朕也。大德俗姓崔氏，博陵人也。源流遠邁，宗族延茂。曾祖知温，皇蘭州長史。祖如璋，皇徐州苻離縣令，贈工部尚書。父，皇尚書都官員外郎，贈鄭州刺史。世奉西方清净之教，故大德生知道樞。年十二，有志自中，終不可奪。披褐落髮，齋心誦經。視金華之飾，惡之如讎；觀煩惱之門，脱之若遺。哀樂無□，榮辱不入。年廿，受具戒于長安濟度寺，於是行止無差，万行皆備。年卅，具一切智，通達無礙。年卌，人聆其風，無不向道。貞元初，承運而遷，止于東都安國寺，一都道流，咸欽其風。於是長老皆來，虔請登戒壇，雖俯[允]群誠，然非其願也。未幾，言旋謞（鎬）京，謞（鎬）京長老復如東洛之志，兼請綱首本寺，不得已而莅之。洎晚歲，講習奥旨，晝夜不墮，傳之門人，使其教識者謂代有法寶，我教將興行也。嗚呼！夢幻之比，同歸於空。彼俗見雖悲，我寂滅爲樂。是歲十月[乙]卯，建塔于必（畢）原，像教也。大德蠡，父之姊也，敢泣書道德，始終于貞石。將懼陵谷遷徙，而不我□也，心之悲者，言質而寡文。

（《大唐西市博物館藏墓誌》三四四號）

二八三　龍安海禪師（如海）碑

佛之生也，遠中國僅二萬里；其没也，距今兹僅二千歲。故傳道益微，而言禪最病。拘則泥乎物，誕則離乎真，真離而誕益勝。故今之空愚失惑縱傲自我者，皆誣禪以亂其教，冒於囂昏，放於淫荒。其異是者，長沙之南曰龍安師。師之言曰：「由迦葉至師子，二十三世而離，離而爲達摩。由達摩至忍，五世而益離，離而爲秀爲能。南北相訾，反戾鬬狠，其道遂隱。嗚呼！吾將合焉。且世之傳書者，皆馬鳴、龍樹道也。二師之道，其書具存。徵其書，合於志，可以不慁。」於是北學於惠隱，南求於馬素，咸黜其異，以蹈乎中，乖離而愈同，空洞而益實，作《安禪通明論》。推一而適萬，則事無非真；混萬而歸一，則真無非事。推而未嘗推，故無適；混而未嘗混，故無歸。塊然趣定，至於旬時，是之謂施用；茫然同俗，極乎流動，是之謂真常。居長沙，在定十四日，人即其處而成室宇，遂爲寶應寺。去於湘之西，人又從而負大木，礱密石，以益其居，又爲龍安寺焉。尚書裴公某、李公某，侍郎吕公某、楊公某，御史中丞房公某，咸尊師之道，執弟子禮。凡年八十一，爲僧五十三期，元和三年二月九日而没。其弟子玄覺洎懷直、浩初等狀其師之行，謁余爲碑。曰：「師，周姓，如海，名也。世爲士。父曰擇交，同州録事參軍。叔曰擇從，尚書禮部侍郎。師始爲釋，其父奪之志，使仕，至成都主簿，不樂也。天寶之亂，復其初心。嘗居京師西明寺，又居岣嶁山，終龍安寺，葬其原。」銘曰：

浮圖之修，其奥爲禪。殊區異世，誰得其傳？遁隱乖離，浮遊散遷。莫徵旁行，徒聽誣言。空有互鬬，南北相殘。誰其會之？楚有龍安。龍安之德，惟覺是則。苞並絶異，表正失惑。貌昧形静，功流無極。動言有爲，彌寂而默。祠廟之嚴，我居不飾。貴賤之來，我道無得。逝耶匪追，至耶誰抑？惟世之機，惟道之微。既陳而明，乃去而歸。象物徒設，真源無依。後學誰師？嗚呼兹碑！

（《柳宗元集》卷六；《全唐文》卷五八七）

二八四　天王道悟禪師碑

道悟，渚宫人，姓崔氏，子玉之後胤也。年十五，依長沙寺曇翥律師出家。二十三，詣嵩山受戒。三十三，參石頭，頻沐指示，曾未投機。次謁忠國師。三十四，與國師侍者應真南還，謁馬祖。祖曰：「識取自心，本來是佛。不屬漸次，不假修持。體自如如，萬德圓滿。」師於言下大悟。祖囑曰：「汝若住持，莫離舊處。」師蒙旨已，便反荆州，去郭不遠，結草爲廬。後因節使顧問，左右申其端緒。節使親臨訪道，見其路隘，車馬難通，極目荒榛，曾未修削。睹兹發怒，令人擒師，抛於水中。旌旆才歸，乃見遍衙火發，内外洪焰，莫可近之。唯聞空中聲曰：「我是天王神！我是天王神！」節使回心設拜，煙焰都息，宛然如初。遂往江邊，見師在水，都不濕衣。節使重申懺悔，迎請在衙供養，於府西造寺，額號「天王」。師常云：「快活快活。」及臨終，時叫「苦苦」，又云：「閻羅王來取我也。」院主問曰：「和尚當時被節度使拋向水中，神色不動，如今何得恁麼地？」師舉枕子云：「汝道當時是，如今是。」院主無對。便入滅，當元和三年戊子十月十三日也，壽八十二，夏六十三。嗣法一人曰崇信，即龍潭也。

（《全唐文》卷七一三）

二八五　維大唐光宅寺歿故□□和尚道廣荼毗遺記

自靈通五綵之夢，大教西流；秉法眼而無遺，禪燈東炷。建勝幢於達摩之祖，七葉傳芳；授衣珠於賀宅之門，光流千祀。遂使心燈分照，密印相傳，遞代付授以弘持，遺法利生而不斷。我師太原一族之苗，名流王氏之子，分衆流之一注，獲千燈之一光。天寶九載，應命代玄宗之朝，悟體知空，授秘契於己未之歲，加乃乘閒氣而挺生，應休明於像季。年當而立，厭囂滓於建中之初，投簪毳門，紹傳燈於像代。戒月皎晶，頻獲聖威，惠徹光芒，隨機剖決。投敬大聖，款願從心，杖策化緣，利生關表。簪紱挹之而遷善，緇素伏美而欽風。去元和戊子之歲，春秋五十九焉。示疾同凡，注想安養，傾心正念，聖瑞迎神，趺座儼然，以皈寂滅。雖惠命謝於殊邑，全身再歸於舊居。四衆攀號，門人茹毒。欲使綿綿靈相，高標萬古之儀；雕石勒銘，記千載不朽者也。時元和五年，歲在庚寅，律居太簇，日届壬寅，記不朽耳。

京兆府雲陽縣金寵鄉石洪里集陽村神塠蘭若

（《隋唐五代墓誌匯編·陝西卷》四册六七頁；《全唐文補遺》一輯四六一頁；《唐代墓誌彙編續集》元

和〇二一號）

二八六　安國寺大德張十九師（圓契）墓誌銘并序

弟登封縣丞琡撰

有唐仙州牧諱河，張公顗第四女。入道字圓契，春秋六十四，元和四年遘疾，以其年閏三月十九日，終於正俗里之私第。悲哉！弱歲離俗，夙根勝因，次第受學于安國寺先師惟勝。睿哲聰悟，一以知十。優波律□，天下儀範。故門人皆搢紳子女，非能盡言。以某月廿八日窆于鼎門南原，禮也。弟琡仕登封丞，痛手足之永分，以誌没世之故。敢爲銘曰：

夙善根兮歸釋門，幻相絶兮真實存。除去來兮離塵縛，長寂滅兮徒朝昏。

（《邙洛碑誌三百種》二二五號；《北京大學圖書館藏歷代墓誌拓片目録》〇五二九六號）

二八七　大唐故太白禪師（觀宗）塔銘并序

胡的述并書學鍾

禪師法號觀宗，得姓留氏，東陽人也。世積貞隱，元泯不耀。初尊夫人夢吉祥天女引行摩利上宫而娠太白焉。□有善護懷月，不薰不腥，肌宛彌澤，藏珠川媚，藴玉方流。至寶處而殊倫，至人出而體別，異香襲乎襁褓，童顔清乎冰雪。文字進誘，偏聰佛經；滋味筵之，但甘鹽素。年至十二，懇求出家，如哀者欲淚，不可遏也。昔太子逾邁，寧辭父王，香烏頓騰，擺落羈紲。乃登秦望山，禮善惠禪師，求無上法。一見奇秀，如會宿心。舊徒門階，新我堂室，服勤左右，道務精微。初受《楞伽》《思益》等經，便入禪宗性海。然後波瀾秘藏不習而了其功。

文字有窮，生知莫際，囊鉢衣裓，遐求戒珠。便往南岳，禮制空禪師，稽首論心，演通秘奧。菩提樹上，汝得新枝；師子座前，詎量高下？祖師傳教南北一十二人，今牛頭山中禪師是最後者。遠將啓慕，研復真言，以心印心，以法證法，法且無別，心寧有差？夫大善無脩，頓了無入，二際清净，佛何閒然？禪師貌出常倫，挺秀八尺。時牛頭法衆，欲近萬人，無礙辨才，□□瞻仰。彼土緣盡，思歸太白上方，務安静也；不遊京國，遠名利也；扃不關鍵，示無畏也。常有兩虎依卧庵前，低目輕步，馴於家畜，四境之内，不聞暴聲。我蘊大慈，力感群物，諸毒皆善，豈唯獸焉？山雖高深，不能隱其大德，遠近禮謁，如川之流。故明州刺史王公術、故明州刺史李公岑、故劍南東川節度行軍司馬檢校户部郎中任公侗、故明州刺史盧公雲，前後皆駐騎雲根，稽求上法，饑渴無量，虛往實歸。每有異香，聞者非一。嗚呼！孰謂法梁將壞，般若舟沉。元和四年八月十五夜，跏趺化滅，享齡七十九，僧臘卌九。以其年十月一日，權窆於太白峰南，先意也。州尊邑尹，祭奠交衢，緇素齊道，幢幡翳野。慈雲聚而還散，定水咽而更流。猿鳥悲吟，聲慘風雨，物感如此，人哀可知。抵元和乙未歲，建層龕邇於多寶佛塔，依法像也。門人□海、法常、道真、明徹、惠見、光獻、元徽、清瑗、元悟等，皆承師教戒，定慧雙脩。恐劫火重然，嵐風碎岳，請銘大德於無朽。文曰：

如來示滅，教留秘法。言説非傳，清净即合。火鏡陽照，山空響答。其一　真乘無相，妙覺無形。三界上界，前生下生。月虧魄隱，冰泮流清。哭之香塔，徒傷有情。其二

□□□力季文鐫

（《全唐文》卷七二一；《唐代墓誌彙編》元和〇三二號）

二八八　大唐故元從朝請大夫守内侍省内常侍員外置同正員上柱國賜紫金魚袋贈右監門衛將軍閭公故武威郡夫人段氏法號功德山德銘并序

崇福寺沙門離愛述兼書

元和六年律中夷則廿六日，壽終於輔興甲第，春秋六十有二。長男昭義軍節度押衙曰忠義，次男儒林郎、守内侍省宫闈局令、賜緋魚袋曰忠信，次男太原折衝天威軍、賜紫金魚袋曰忠晟，次男天威軍曰忠僅，次男中貴曰忠幹，次男中貴曰忠瀚等，即以其年十月廿四日，遷神於京城長安縣義陽鄉，禮也。修墳於將軍之右焉。夫孝敬者天之經，禮義者人之則，慈惠者家之訓，清浄者性之源，則太夫人備焉。太夫人坤道裁成，巽宫保位，芝蘭比德，竹雪全貞，齊孟氏之風，逾姜宗之義。六親咸敬，三從彌高，九族同欽，四德無盡。將軍在日，非賢不舉，一從孀處，唯訓是行。六男忠孝，以緋紫兩全；四女貴夫，以近臣三殿。太夫人歸依釋氏，奉敬佛門。三長六時，鐘磬無歇，僧女諷習，晝夜未虧。《書》曰：「吉人爲善，唯日不足。」更以策勤新婦，各呈巧能，小大同臻，繡幡菩薩。運五色於玉指，則無一相而不圓；布千般於珠瓔，乃無一好而不備。能事斯畢，寔以罕儔。昨元和六年七月十七日詣龍興寺内供奉談經大德文叙法師授菩薩戒，示疾歸歟。至廿五日，請安國寺主内供奉三教大德端甫法和尚授根本戒。至廿六日午未之間，口雖不言，心契三昧，累足無語，情合一如。顏茂平生，面輝丹菓，奄然長逝，永隔慈親。於戲於戲！於是男踊女擗，崩心泣血，號天叩地，觸事無依。姨母等哭叫如雷，新婦等聲淚如雨。長幼痛貫，内外徹悲。勒石千齡，傳徽萬古，孝子之事親終矣。銘曰：

太夫人兮道德從，九族欽兮仰敬容。男女忠孝兮有始有終，勒石萬古兮流德流風。

（《西安碑林新藏墓誌彙編》二四七號；《長安碑刻》下册五一〇頁；《全唐文補遺》九輯三九一頁）

二八九　唐故天女寺尼勝藏律師墳所尊勝石幢記

律師法名勝藏，姓范氏，則故居士徹之女也。自幼年有□□之性，敬慕釋門。隨慈母不□輪問禪要於聖善山門院大辯先師。言□□□正□離念真宗□□□□。及歲滿，具戒於聖善嚴持院凝大師律。不學精通，得度隸名，居於天女□。□光梵泉，保慶長□。□乎衡□有涯，元和七年十二月一日染疾，奄然謝世。德齡四十八，法夏二十八。則於其月十二日，附葬於先塋之左永安，禮也。門人尼妙性，□□永痛，感戀教恩，奉建佛頂尊勝陁羅尼石幢，立於墳側。冀福幽靈，永登真界，謹叙爲記。

元和八年二月二十五日建

（《全唐文補遺》八輯一一七頁）

二九〇　南浦郡報善寺主德曜公道行碑銘并序

從子太白山人鏃述，試太子通事舍人王□書，李自昌鐫

粤我調御爲天人師，誕迹降於周年，分形表於漢夢。總三千之世界，開億兆之化門。凝乎法身，朗其鏡智。漾慈航於障海，揮惠劍於魔軍。電掃妖祥，山隨定力。降伏九十五種之外道，攸臻三十二相之上乘。等浩浩之群邪，湛如如之一性。得心住而非住，同水流而不流。來既本無所從，去亦當無所至。恒泯其迹，杳若雲飛，或隱其容，則涣然冰釋。全其真而無其相，契其道而滅其心。非妙覺靈機，其孰能造極者矣？則斯綱首而獨紹其旨也。法名德曜，俗姓宇文。前史所彰，□周之裔。貴族本乎塞北，甲第列於遼東。篭皇極而是登，乃鮮卑之元系。伯祖介，巨唐初封異姓王。叔祖化及，次授於中書令。今所粗舉，餘可徵焉。和尚父之食菜，莅職荆巫。不

意旋喪所天，胤嗣□歿於賨矣。和尚兄琬及琰，弟璠兼璵，掩骼鴒原，斷行阮巷。有猶子三十八人，矗南雁之翼翼。孟曰玎，仲曰玧，季曰璲，並遷堂構，攝齋孔門；並玄冕青襟，請益無倦，問一以知二，繼之昔賢矣。餘各孝義忠貞，豪據酋黨。和尚幼根靈辯，歡暢□□，□林樹庭，芳萱映牖。一窮蠹簡，三絶韋編。視枕問安，招賢解榻；琴棋嘯咏，醪醴章程；賞玩煙花，徘徊風月。觀燔火之罔駐，傷泛□□莫旋。□於跕鳶之谿，覺乎冲虛之性。以至德元載落髮空門，依年進具毗尼。師止於南京圓通和尚，達净名之演教，悟之以禪偹；□□人之遊畋，濫之於草繫。至若降龍解虎，投錫吞針，慕誘變之神規，謂靈踪之可蹈也。迺乎宣之於口，銘之於誠。覽□□□提初□□□五種□妄語□□□等罪，俱以面門所犯，結正則過而有差。惕乎如履虎尾，若蹈春冰，遂滌慮恭虔，精持能忍，苞六度之行，見五藴皆空。内□□詮，外律文雅，混古今於一貫，廓身世之兩忘。冥契乎恬慔之源，陶然乎生滅之理。有乎離有，玄之又玄。既不以減以增，□乎非遠非近，而曰：「法無來去，常不住教。寂乎杳杳，顯乎巍巍。標其大也，塞乎太虛；示其眇也，微乎么麽。」雷霆作解，靡纂其□用之功；覆載發生，罕儔其弘益之利。諭蓮花之出淤，敷貝葉以居心。悲濟衆迷，堅持五綴。蕩香飆之颸颸，振金策之泠泠。□悟蓋纏，挺除病惱。樂奏鐃跋，天降雨花。以心傳心，普其冲照。遐芬寶藥，净拂楊枝。騰邁九霄，倏忽萬里。至於葺偹梵刹，搴薙蕭稂，艴丹檻以干雲，黯青松而蔽日。六時鍾梵，一食齋莊。設雨浴之衣，潔意蘂之性。歌唄佛德，懺洗塵勞。而以往聖之□，僉崇妙極之體。顯以爲有，隱而爲無。以癸巳歲黄鍾月降婁日，端超於空寂。時乃六虛晦景，孤猿自啼，淚染緇衣，悲縈緑□。世齡七十有八，佛戒五十六秋。鐬等翹想慈顔，不任哀愴。雖文字性離，姑以聊紀會緣，式表因起之由。重爲詞曰：

邈空生之了性，纘大雄兮釋迦。等紅霞而啓日，方皓月而垂珂。證覺路之無取，契般若之蜜多。設教儀於梵綱，揃煩惱於智戈。亮法海以澄濟，聳惠嶽以嵯峨。弘誓躅其夢幻，悲願結其檀那。厭色相而非相，乃泯迹於娑羅。悟大圓之鏡智，得菩提薩婆訶。

元和十一年二月一日建

鄉貢明經文林郎試襄州宜城縣尉宇文玎

（《北京圖書館藏中國歷代石刻拓本匯編》二九册一〇四頁；《全唐文補遺》六輯一六頁；《全唐文補編》中册七五八頁）

二九一　唐故東都安國寺大德尼法真墓誌銘并序

姪前鄭州新鄭縣尉彤撰

有唐東都安國寺大德尼法真，元和癸巳歲月建丑既望之又九日，東首加服，寂滅於毗維離精舍，享年五百四甲子，僧律六十四夏。嗚嚱！邦國殄瘁，哲人其萎，慧日韜光，大師俄逝。泉涕雷慟，識與不識。大師俗姓裴，曾祖邢州長史公繹，烈祖袁州刺史、贈潤州刺史無晦，皇考懷州刺史、贈鴻臚卿恂。大師則懷州府君之次女也，以檀波羅密勝福生豪族大家，以過去無量阿僧祇劫供養燃燈佛所，故捨俗歸道。在家則宗親儀範，長幼具瞻，使閨門之內，穆穆悌悌。及入佛知見，爲法舟航，大拯群迷，破諸昏闇。盲者得視，愚者離癡，教誘多門，方便無礙。真一雨之閏，衆品皆榮；何大夜之催，神祇不福。族黨無主，教法安歸？哭於皇天，天胡降喪？家之政，人之理，佛法之津梁，自此滅矣！門弟子見用等獲聞秘密，早沐慈仁，忽痛其於終天，願藏舟於夜壑。元和九年正月二十五日葬於河南縣龍門山之宗谷，遵遺旨也。以彤恩深猶子，備詳聞見，銜哀編次，實而無文。銘曰：

教法將頹，魔軍大來。破度脱舟楫，焚生死劫灰。雖寂滅之爲樂，終愛別兮可哀。猶子彤當買臣負薪之歲，在顏子陋巷之中，無貨財爲禮，無筋力爲容。既乖執紼，不及送終，哭望輀車，維嵩之東。千秋萬古，白日青松。

（《秦晉豫新出墓誌蒐佚》六八三號；《洛陽新獲七朝墓誌》三一七號；《洛陽流散唐代墓誌彙編》二五四號）

二九二　上缺上塔銘并序

□□□□□□□，河東聞喜人。皇□□□皇朝懷州刺史。伯父□□，皇朝御史大夫，户、禮二尚書。和上□于上族，受氣純粹，和而能峻。性本乎仁，故與道并；動而之禮，故與律合；内忘乎我，故與物等。以是三德契乎宗原，所以鼓舟航，越溟濤，出死生之津，肇法身之基。湛然一室，世將五紀。復本守樸，無□仙跱，言色不形，物亦自化。非真質恒德之厚，其臻是乎？若乃門内之理，子姪嫂婦莫不動資稟决而教成焉。其内外□施之溥又如此。委和順化，不耗天數，以元和八年十二月廿六日終於本寺，時年八十四，歷夏六十二。弟子見用等建銘表塔，俾後瞻此而化也。銘曰：

嗚戲！上天賦其德，□惟貞恒。遂吻於佛乘，以至于氣定神凝。爾後之人其復之，無斁於斯。

姪濟文

（《唐代墓誌彙編》元和〇六九號；《全唐文補遺》四輯八頁）

二九三　唐嵩嶽會善寺敕戒壇院臨壇大律德（惠海）塔銘并序

進士李師直撰

詳夫金人應世，迦維誕生，玉豪騰耀於八方，教法流傳於此土，三乘并駕，五部齊驅，澄混不雜者，惟律宗焉。中有紹繼挺生者，即吾師矣。諱惠海，俗姓張，漢司徒之胤，今爲河東猗頓人也。七歲尋師於妙道寺，精持寶偈，即《維摩》《法華》□一部。自年逾弱冠，具戒此山當寺。遂杖遊二洛，精研律宗，前後敷揚約廿餘遍。自貞元七載奉敕臨壇，傳教度人，莫紀其數。至貞元之末，情慕大乘，伏膺於魏府門下。精通《楞伽》《思益》，搜賾玄微。名貫三秦，而數郡邀請。匪度物之將倦，而志居雲壑者矣。伏維和尚德重丘嶽，釋門孤秀，包綜三藏，精通一乘，凛凛兮如萬丈寒松，皎皎兮似一潭秋月。若乃香壇康法得度者，而數越稻麻；親授衣珠者，人逾數百。理應高懸佛日，重耀昏衢，豈期弘願未終，化緣將畢。享年六十有五，僧臘卌有九。於元和八年癸巳之歲十二月廿六日示疾端坐，念茲無生，乃告門人，言歸寂滅。門人惟峰、遍澄等隳裂肝膽，聲悲涕流，恨長夜之忙忙，望靈儀而恍惚。遂乃召以良匠，罄以衣資，卜于名山，崇茲塔廟。其塔也，聳湧雲際，稜層碧空，左挾天中之古祠，右俯玉華之壯氣，前臨潁水之瀑布，却倚群峰之屹嶨，彫白玉以爲門，疊龍鱗而成質。即知匪其銘也，無以彰吾師之德；匪其塔也，何以表師資之孝誠？余雖不才，聊爲銘曰：

玉豪隱耀兮西土，三乘並駕兮東馳。律宗委囑兮波離，後有吾師兮繼之。白雲起兮青山暗，戒月沉兮世界昏。不知迷子何時悟？萬古空餘雁塔存。

維元和十年歲次乙未三月庚辰朔二日癸酉建

懷亮、元應門人子弟等，道超、善集、法皓、曇泌、零惲、曇貞、英秀、智興、文賁

（《八瓊室金石補正》卷六九；《唐文續拾》卷五；《唐代墓誌彙編》元和〇八〇號；《石刻題跋索引》一九四頁）

二九四　唐洪州百丈山故懷海禪師塔銘

星躔斗次，山形鷲立。桑門上首曰懷海禪師，室於斯，塔於斯，付大法於斯。其門弟子懼陵谷遷貿，日時失紀，託於儒者銘以表之。西方教行於中國，以彼之六度視我之五常，遏惡遷善，殊途同轍。唯禪那一宗度越生

死，大智慧者方得之。自鷄足達於曹溪，紀牒詳矣。曹溪傳衡嶽觀音臺懷讓和上，觀音傳江西道一和上，□□詔謚爲大寂禪師。大寂傳大師，中土相承，凡九代矣。大師太原王氏，福州長樂縣人。遠祖以永嘉喪亂徙於閩隅，大師以大事因緣生於像季。託孕而薰羶自去，將誕而神異聿來，成童而靈聖表識。非夫宿植德本，曷以臻此？落髮於西山慧照和尚，進具於衡山法朝律師。既而嘆曰：「將滌妄源，必遊法海。豈惟心證，亦假言詮。」遂詣廬江，閱浮槎經藏，不窺庭宇者積年。既師大寂，盡得心印，言簡理精，貌和神峻，睹即生敬，居常自卑。善不近名，故先師碑文獨晦其稱號；行同於衆，故門人力役必等其艱勞。怨親兩忘，故棄遺舊里；賢愚一貫，故普授來學。常以三身無住，萬行皆空，邪正並捐，源流齊泯，用此教旨，作人表式。前佛所説，斯爲頓門，大寂之徒，多諸龍象。或名聞萬乘，入依京輦；或化洽一方，各安郡國。唯大師好耽幽隱，栖止雲松，遺名而德稱益高，獨往而學徒彌盛。其有遍探講肆，歷抵禪關，滯著未祛，空有猶閡，靡不緘藏萬里，取决一言，疑網雲張，智刃冰斷。由是齊魯燕代、荆吴閩蜀，望影星奔，聆聲飈至。當其饑渴，快得安隱，超然懸解，時有其人。大師初居石門，依大寂之塔，次補師位，重宣上法。後以衆所歸集，意在遐深。百丈山碣立一隅，人煙四絶，將欲卜築，必俟檀那。伊補塞遊暢甘貞，請施家山，願爲鄉導，庵廬環繞，供施芿積。衆又踰於石門，然以地靈境遠，頗有終焉之志。元和九年正月十七日，證滅於禪床，報齡六十六，僧臘四十七。以其年四月廿二日，奉全身窆於西峰，據《婆娑論》文，用净行婆羅門葬法，遵遺旨也。先時，白光去室，金錫鳴空，靈溪方春而涸流，杉燎竟夕以通照。妙德潛感，于何不有？門人法正等嘗所禀奉，皆得調柔，遞相發揮，不墜付屬，他年紹續，自當流布。門人談叙永懷師恩，光崇塔宇，封土累石，力竭心瘁。門人神行、梵雲結集微言，纂成語本。凡今學者不踐門閾，奉以爲師法焉。初，閩越靈藹律師，一川教宗，三學歸仰，嘗以佛性有無嚮風發問，大師寓書以釋之，今與語本，並流于後學。翊從事于江西府，備嘗大師之法味，故不讓衆多之託。其文曰：

梵雄設教，有權有實。未得頓門，皆爲暗室。祖師戾止，方傳秘密。如彼重昏，忽懸白日。其一　唯此大士，弘紹正宗。雖修妙行，不住真空。無假方便，豈俟磨礱。恬然返本，萬境圓通。其二　百千人衆，盡袪病熱。彼皆有得，我實無説。心本不生，形同示滅。此土灰燼，他方水月。其三　法傳人代，塔閉山原。杉松日暗，寺塔猶存。藹藹學徒，無非及門。唯能覺照，是報師恩。其四

元和十三年十月三日建

（《全唐文》卷四四六）

二九五　唐故法雲寺律大德韓上座（明詮）墓誌

姪前太常寺奉禮郎文撰并書

大師法號明詮，俗姓韓，昌黎人也。曾祖琮，皇贈禮部侍郎。祖擇木，皇禮部尚書、太子少保。父秀實，皇陝府左司馬。大師襁褓之歲，志慕道門，時□父以大師精心不替，奏旨式崇。八歲入官壇，袪除俗服，將挂緇衣，端莊儼然，清净弥確。小歲依堂姑律大德超寂門，師子弟千有餘人。每傳授法宗，歸付後事，得殊法者，皆異於人。十歲持經戒，十三念諸真言，同學道流，常孜孜矚慕不逮矣。時先師聲問崇侈，以爲手足，京師士庶罔不發心。天道杳冥，大師滅於法雲舊院，春秋六十四，夏臘卅三。姪女奉恩、志操等少小因依，受其衣鉢，今既孤矣，聲徹痛天。妹曇簡同事先師，奉其長姊，忽先逝矣，天不憖遺。以元和九年二月廿八日於萬年縣長樂鄉侯陳里，祔先師之塔後，禮也。文志依道枨，故銜恨爲誌，其銘不載。

（陳旭鵬、楊金釗：《〈唐故法雲寺律大德韓上座墓誌〉考釋》，《考古與文物》二〇一九年第二期一一二五頁）

二九六　唐寧刹寺故臨壇大德尼澄璨尊勝陀羅幢銘并序

聖善寺沙門惟忠述

佛之所秘，陀羅尼門。豈蠲善住七返之殃，亦拯泥犁長夜之苦。樹兹幢者，尼貞信奉爲先師姑臨壇大德敬造。大德諱澄璨，姓劉氏，彭城人也。茂族從緇，精嚴律行，霜壇秉御，法教度人。化緣將終，奄謝人世。即以元和九年八月七日終於本寺法花道場，是年九月法葬于禹門護法寺之西原，以從禮也。門人貞信追思母德，感愴於懷，爰罄衣鉢之資，乃琢他山之石。雕刻既就，文彩照□，所冀微風飄塵，滌蕩瑕垢，聊題斯記，用託銘云：

佛所秘密，□□總持。建幢塋域，潛運幽期。琢石刻記，召標德尼。千秋萬古，□展□□。

□□□辰歲沽洗月廿六日建

（張乃翥：《跋龍門地區新發現的三件唐代石刻》，《文獻》一九九一年第二期二四九頁）

二九七　唐故東都安國寺比丘尼劉大德（性忠）墓誌銘并序

弟徵事郎前行宋州文學陟撰

有唐元和十年五月六日，東都安國寺尼大德奄化於伊闕縣馬迴山居，春秋五十有四。大德俗姓劉氏，法諱性忠，唐右相林甫公五葉孫。曾祖齊敬，徐州司馬。祖正心，趙州平棘縣令。考從乂，鄭州滎陽縣令。妣隴西李氏。大德即滎陽府君長女也。器比冰壺，門承高烈。生知厭俗，不尚浮華。童齡出家，禀性端潔。纔七歲，師事於姑。年廿，授戒於佛。持經五部，玄理精通；秉律三千，條貫博達。内鑒融朗，不捨慈悲；外相端莊，已捐執縛。嗚呼！積善無疆，不授福於今世；色身有滅，當獲果於未來。妹性貞，弟陟，門人辯能、恒静等，痛手足彫缺，哀法幢傾摧，咸願百身，流涕雙樹。以其年七月十三日，歸窆於龍門望仙鄉護保村先師姑塔右，宗道教也。慮歲紀綿邈，陵谷頹夷，陟不揆才拙，粗書於石。憤深感切，悲不成文。銘曰：

色身示滅，法性常存。慈悲濟苦，雅操殊倫。超然厭俗，邈矣歸真。道雖離著，思豈忘親。仰德如在，瞻容靡因。寂寂空山，悠悠白雲。涕泗横集，緘哀爲文。

（《北京圖書館藏中國歷代石刻拓本匯編》二九册一〇一頁；《北京大學圖書館藏歷代墓誌拓片目録》第〇五四〇一號；《故宫博物院藏歷代墓誌彙編》一三一號；《隋唐五代墓誌匯編·洛陽卷》一三册二〇頁；《龍門區系石刻文粹》三〇九頁；《唐代墓誌彙編》元和〇八四號；《全唐文補遺》三輯一六六頁；《石刻題跋索引》二〇〇頁）

二九八　廬山東林寺故臨壇大德（上弘）塔銘并序

維元和十年冬十月己亥，我具壽大師歸於廬山東林寺。既庀事，門弟子道深、如建等以銘誌爲急，白彭城劉軻。軻嘗執吾大師之巾錫，大師行業德狀，軻能言之。乃走其徒持事狀於山陽草堂，具道其所以來。軻既受事，仰而哭，且曰：「軻何心遽忍銘吾大師？」俄而曰：「我而不銘而誰爲？」於是，銜涕漣漣，作石塔銘誌云。大師諱上弘，俗饒姓，其先臨川人。祖公悦，父知恭，世爲南城聞儒。故大師自童子耳熟家訓，故風流舉動，造次必於儒者。年十五，脱然有方外之志，遂依舅氏出家。暨二十二歲，具戒於衡岳大圓大師。大曆八載，敕配本州景雲寺。後依南昌璡律師學四分毗尼。既覃精研究，或從我駕説而通者日有百數。時謂景雲且在，無患無律。貞元三年，止南昌龍興寺，四方風聞者麏至。時江州峰頂寺長老法真、台州國清寺法裔、荆州慶門寺靈裕，並有大名於時。會有事於靈壇，故三長老攝大師以臨之。至四十年春，九江守李公康以東林遠公舊社，不可以無主，固請住焉。前後涖事凡一十八會，彼域之男女繇我而作比丘者萬有五千五百七十二人。大師既通明大教，祖述毗柰耶，憲章修多羅，心同曹溪，事同南山，故及我門而陞我堂者未嘗虚返。我所以駕白牛以驅羊鹿，孰謂我爲小乘者乎？繇是薦紳先生若顔魯公、姜相公並願依遺民萊民舊事侍大師於虎丘雁門之上，故遊二林者謂生、遠猶在。將大去，乃遺言於二三子曰：「吾生七十有七，臘五十有六，年非不耆，臘非不高。今則去矣，爾無謂吾死。」門人道深、懷縱、如建、冲契、宗一、智則、智明、雲皋、圖信、行允等長號無訴，相與立石塔於香爐峰下。是月丙寅，歸舍利於塔，從故事也。輒不得讓，薦誠於銘。銘曰：

塔有德，功有銘。功可祖，德可宗。宗可師，師有資。嗚呼！千載而下資而後者，知是塔有毗柰耶之宗師。

（《文苑英華》卷七八六；《全唐文》卷七四二）

二九九　唐故撫州景雲寺律大德上弘和尚石塔碑銘并序

元和十一年春，廬山東林寺僧道深、懷縱、如建、冲契、宗一、至柔、䛏諸、智則、智明、雲皋、太易等凡二十輩，與白黑衆千餘人俱賓持故景雲大德弘公行狀一通、贄錢十萬，來詣潯陽府，請司馬白居易作先師碑。會有故，不果。十二年夏，作石墳成，復來請。會有病，不果。十三年冬，作石塔成，又來請，始從之。既而僧反山，衆反聚落，錢反寺府。翌日而文就，明年而碑立。其詞云爾：我聞竺乾古先生出世法，法要有三，曰戒、定、慧。戒生定，定生慧，慧生八萬四千法門，是三者迭爲用。若次第言，則定爲慧因，戒爲定根。定根植則苗茂，慧因樹則果滿。無因求滿，猶夢果也；無根求茂，猶揠苗也。雖佛以一切種智攝三界，必先用戒；菩薩以六波羅蜜化四生，不能捨律。律之用可思量，不可思量。如來十弟子中，稱優波離善持律。波離滅，有南山大師得之。南山滅，有景雲大師得之。師諱上弘，姓饒氏。曾祖君雅，祖公悦，父知恭，臨川南城人。童而有知，故生十五歲，發出家心，始從舅氏剃落。壯而有立，故生二十五歲，立菩提願，從南嶽大圓大師具戒。樂其所由，故大曆中，不去父母之邦，請隸於本州景雲寺修道。應無所住，故貞元初，離我所，徙居洪州龍興寺説法。親近善知識，故與匡山法真、天台靈裕、荆門法裔，暨興果神湊、建昌惠進五長老交遊。佛法屬王臣，故與姜相國公輔、顔太師真卿暨本道廉使楊君憑、韋君丹四君子友善。提振禁戒，故講《四分律》，而從善遠罪者無央數。隨順化緣，故坐甘露壇而誓衆生盟者二十年。荷擔大事，故前後登方等施尸羅者十有八會。救拔群生，故娑婆男女由我得度者萬五千七十二人。示生無常，故元和十年十月己亥遷化於東林精舍。示滅有所，故是月丙寅歸全于南岡石墳。住世七十七歲，安居六十五夏。自生至滅，隨迹示教。行止語默，無非佛事。夫施於人也博，則反諸己也厚。故門人鄉人，報如不及。由是藝松成林，琢石爲塔。塔有碑，碑有銘。銘曰：

佛滅度後，薝蔔香衰，醍醐味醨。誰反是香？誰復是味？景雲大師。景雲之生，一匡苾蒭，中興毗尼。景雲之滅，衆將安仰？法將疇依？昔景雲來，行道者隨，踐迹者歸。今景雲去，升堂者思，入室者悲。爐峰之西，虎溪之南，石塔巍巍。有記事者，以真實辭，書於塔碑。

（《白居易集》卷四一；《文苑英華》卷八六六；《全唐文》卷六七八）

三〇〇　唐故章敬寺百巖禪師（懷暉）碑銘并序

禪宗長老百巖大師之師曰大寂禪師，傳佛語心法，始自達磨，至於惠能之化，行於南服，流於天下。大抵以五蘊、九識、十八界皆空，猶鏡之明焉。雖萬象畢陳，而光性無累，心之虚也。雖三際不住，而覺觀湛然，得於此者，即凡成聖。不然，則一塵瞥起，六入膠固，循環回復於生死之中，風濤火輪，迷忘不息。授受吻合，大師得之。一言宗通，深入無礙。師諱懷暉，姓謝氏。東晉流寓，今爲泉州人。孩提秀發，博究書術。一旦慨然曰：「我之祖先，今安在耶？四肢百體，視聽動用，孰使之然耶？」灌然雨泣，改服緇褐。志在楞伽，行在曹溪，得圓明清淨之本，去妄想因緣之習。百八句義，照其身心，心離文字，化無方所。於是抵清涼，下幽都，登徂徠，入太行。所至之邦，被蒙法味。止於太行百巖寺，門人因以百巖號焉。元和三年，有詔徵至京師，宴坐於章敬寺。每歲召入麟德殿講論，後以疾固辭。十年十二月二十一日，恬然示滅，其年六十，其夏三十五。弟子智朗、志操等，以明年正月，起塔於灞陵原。凡一燈所傳，一雨所潤，入法界者，不可勝書。著《法眼師資傳》一編，自鷄足山大迦葉而下，至六祖能、秀，論次詳實。或問心要者，答曰：「心本清淨而無境者也，非遣境以會心，非去垢以取淨。神妙獨立，不與物俱。能悟斯者，不爲習氣生死幻蘊之所累也。」故薦紳先生知道入理者多遊焉。嘗試言之：以《中庸》之自誠而明，以盡萬物之性；以大《易》之寂然不動，感而遂通，則方袍褒衣，其極致一也。嚮使師與孔聖同時，其顔生、閔損之列歟？釋尊在代，其大惠、綱明之倫歟？至若從師受具之次第，宰臣大官之尊信，誕生入滅之感異，今皆不書。德輿三十年前，常聞道於大寂。聿來京下，時款師言。頃因哀傷，似獲悟入，則知煩惱不遠菩提。雖聚散於此生，期會歸於彼岸。銘曰：

西方之教，南宗之妙，與日並照。百巖得之，爲代導師，潁若琉璃。結火燔性，愛流溺正，癡冥奔命。即心是佛，即色是空，師之道兮。無來無去，無縛無解，師之化兮。揭兹靈塔，丹素周匝，示塵劫兮。

（《權德輿詩文集》卷一八；《文苑英華》卷八六六；《全唐文》卷五〇一）

三〇一　雍京章敬寺懷暉禪師碑銘

實姓謝，稱釋子，名懷暉，未詳字。家泉州，安集里。無官品，有佛位。始丙申，終乙未。

（《祖堂集》卷一四；《全唐文補編》中册八九三頁）

三〇二　唐故法雲寺寺主尼大德曇簡墓誌銘并序

姪前鄉貢明經特撰　姪較書

大師俗姓韓氏，其先昌黎人也。徙家周秦，備載史諜。大王父諱琮，處州松陽縣令，生禮部尚書、太子少保諱擇木，生秘書省著作郎諱秀榮。大德即著作長女。岐嶷之年，依釋氏教。八歲落髮，蒙詔度僧。習大乘典，精百法論。參安國寺伯巖和尚，奉律教，得寂滅樂；講《四分》，得清浄門。常謂生能幻身，想家世方振耀朝序，服冕乘軒之辰，不著因緣，志存梵行。君子以爲究無爲證性，知忘想根源。當寺綱維徒衆，皆衣冠盛族、朝要名流，非戒律精持，門地茂厚者，無以司於綱統矣。師也以先大師歷居綱維，臨壇内外，堂姊法諱惠詮，繼嗣寺統。於是就群領之命，充當寺寺主焉。立準繩以正綱紀，作標格以振緇徒。繫一歲而僧門再振。方期釋崇善教，景福永資，豈意歸寂滅想，付正真源。以元和十一年七月四日，示化於當寺舊院，時年四十有七，夏臘二十有七。于兹也，感雙林而降白，盡晝而翳昏。門人弟子貞信等護柩於先和尚雁塔之南五步，禮也。萬年之縣，長樂之鄉，特猶子恩深，銜哀立誌，因爲刻石。銘曰：

大師歸化，依寂滅緣。門人號慟，追生意焉。

（《隋唐五代墓誌匯編·陝西卷》四册七七頁；《中國西北地區歷代石刻匯編》四册一五七頁；《陝西碑石精華》一四八號；《全唐文補遺》二輯四〇頁；《唐代墓誌彙編續集》元和〇六四號）

三〇三　揚州華林寺大悲禪師（靈坦）碑銘并序

有天地而萬物生焉，形氣推遷，行識相緣，一受其形，萬化而未始有極。沙界塵劫，驅迷走妄，浩乎若汩諸巨海而無垠也，倀乎若囚諸闇室而無曉也。四蛇六賊攻其内，熱焰燋芽寓其質。而昧者舉世，猶竊竊然以强力敏智，可大取所欲。攘螳臂而戰蝸角，其不勝也，則憂悲恐懼，日以交馳，曾未知夫牽於名而溺於惑者。以形質之相，雖天地秋毫，細大殊耳，其有限一也，其必盡一也；以壽觀夭，雖萬齡一瞬，修促異耳，其有限一也，其必盡亦一也。况大不及天地而遠不至萬齡者，又惡足以擬議哉？此西方之聖人所以懸覺照於無極也。自大迦葉親承心印，二十九世傳菩提達摩，始來中土，代襲爲祖，派别爲宗。故第六祖曹溪惠能始與荆州神秀分南、北之號。曹溪既没，其嗣法者神會、懷讓又析爲二宗。初，師子比丘以遭罹大難，恐異端之學起，故傳袈裟以爲信。迨曹溪凡十世，而其間增上慢者徇名迷實，至決性命以圖之。故每授受之際，如避仇敵。及曹溪將老，神會曰：「衣，所以傳信也。信苟在法，衣何有焉？」他日，請秘於師之塔廟，以熄心競，傳衣繇是遂絶。師嗣法於神會大師者也，上距大迦葉三十六代，皆以真空妙有，覺性佛心，默傳密付，印可懸解。行之謂般若，到之謂涅槃。得之者變凡聖爲反掌，失之者淪生死於浩劫。不以心得，不著佛求。知佛性之在我，亦無我而可證。洞然與空虚爲體，無起無滅，包大千而不礙，窮萬古而不老。而神通自在，顯晦無迹，陶冶萬有，未始生心，然後爲得也。其教之大略如此。師諱靈坦，代宗皇帝賜號曰「大悲」。姓武氏，蓋則天太后之族孫也。父宣，官至洛陽令。師生而神雋，七歲舉童子及第。年二十，歷太子通事舍人。逸群高步，脱落羈束。雖在軒冕之中，泊如也。及隨父至洛陽，聞荷澤寺有神會大師，即決然蟬蜕萬緣，誓究心法。父知其志不可奪，亦壯而許之。凡操篲服勤於師之門庭者八九年，而玄關秘鑰罔不洞解。一旦密承囑付，莫有知者。後十五日，而荷澤被遷於弋陽。臨行謂門人曰：「吾大法弗墜矣，遂東西南北，夫亦何恒？」時天寶十二載也。師既佩真訣，遊無定所，以爲非博通不足以圓證，故閲大藏於廬江浮查寺；非廣問不足以具足，故參了義於上都忠禪師。繇是名稱高遠，天下瞻企。將東吾道，固請出關。天子降賜名之詔以顯其德，時大曆八年也。既周流江表四十餘載，或山而栖，或邑而遊，鏡懸於空，萬象俱納。蚩蚩横目，所至成市，癡愛貪欲，榛荒心路，以大無畏廓而闢之。元和三年，故丞相趙公之爲揚州，始虚州之華林精舍以邀止焉。初，師之東遊也，以世道交喪，其日固久，將息言向晦，與物相遺。恍惚之間，若有以傳燈之契來授者，且印指於頭曰：「以是爲信。」厥後每將演導，則指迹如丹。若乃制毒龍於金山，柔猛虎於定山，在江陰，則神鼉靈蛇之感現；在江都，則山鬼城神之懾伏。皆顯仁藏用，以示慈力。斯衆目之所睹，故略不盡書。而或者以爲怪迂之説，不可爲訓，是未聞菩薩大士遊乎不思議，解脱者無心於物，而物自交應者乎？住華林九年，年一百有八，歷僧夏八十有八。以元和十一年秋九月八日，返真於其寺。明年，建塔於州之西原。門人遍於天下，荷其教者惟上都西明寺全證。證以自達摩以來，皆有論譔，而師之樂石未刻，謂余能盡知其道。寶歷元年，駐錫於毗陵，持其教宗與師之行事，願得文而建諸塔廟。余因采其昭昭可述者載於碑，時丞相太原公總戎淮南之三年也。其銘曰：

茫茫萬有兮生死同纏，業風振海兮識浪滔天。覺者云誰兮有西方之大仙，慈悲廣大兮妙力無邊。八萬度門兮異派同源，文字言説兮罔非蹄筌。惟心法皎皎兮如月斯懸，惟大迦葉兮首得而傳。代代繩繩兮燈不絶然，迄於荷澤兮師又嗣焉。法存形謝兮諸祖其然，門人思慕兮塔彼西原，將祈不朽兮余可無言。

（《全唐文》卷七三一）

三〇四　萬州報善寺主覺公（正覺）紀德碑并序

姪亮書，攝萬州文學將仕郎試左内率府兵曹參軍宇文鐬述，匠李昌鐫

夫萬類之所宗，莫先之於正法；一行之崇本，恭守乎至心。故般若離於名聞，菩提蔑於知見。内苟無作，外豈有緣。洎乎像教之興，是非交競。或曰：「捨定趣惠，則衆禮鰥生；捨惠趣定，則諸暗峰起。非名難以纂其

運，非數何以制其權，而定惠固同，幽明則異。」又曰：「犧嶕忍草，乳曰醍醐，名數斯張，生累以之繁夥矣。輒竅詮旨，希濟真源，以空空空乎色空，以有有有乎妙有。然後非損非益，匪存匪亡，不爲而爲，可道非道。」玄邈如是，則覺公契之者焉。寺主高祖袁氏遺諱曰宏，當西漢盛朝，寵授東陽太守。友朋贈之於一扇，曰可以奉揚仁風，兼表離情，用敷良牧之德也。及乎辭吴下任，涉楚上游，支派流年，寓居江甸，雲裔蕃昌於瓜瓞，天倫齊肅於雁行。或獻策以匡秦，或揮戈以破蜀。安以觀書於雪户，尌以辯識於人文。迨此明時，而又間生乎相國，擅詞林之俊拔，芳名曰滋。持詔恤乎蠻羌，分憂綏於岷楚，鎮五湖而底定，控三蜀而晏清。今之上人列其從子矣，法號正覺，長自于荆。識靈秀異，嶽立褎然，迥出群材，盈虚一致。輕賤世禄，耽玩琴書，甲第重扉，嬉娱九族。陰陰桃李，藹藹池亭，類瞰山川，高韻絃管。招賓下榻，剋信炊梨，廣筵邀博弈之儔，酣飲萃弓裘之侶。夜留明月，晝對清風，歲聿其除，感良時之不再。遂乃登山臨水，翹想寂寥，嗟幻影之若泡，嘆逝波之靡駐。以皇唐大曆八年，遇慈悲之詔命，習金言之數部，擬玉殿以三歸。届於九年正月二十有一日，對五官而剃髮，持一心於釋門。尋詣荆州壇場，具迦葉之大戒。勤苦律藏，等珂月之澄秋；寶愛浮囊，騰障海而清浄。增葺耶舍，和合緇徒，奏鍾梵於六時，廓身田於三業。豐敞松院，弘演勝因，勸喻塵勞，跳踉火宅。於是競側金以布地，爭求果而獻珠。或隨喜於最上宫，皆發念於小彈指。盡以品類而授記，願速臻於總持林。豈謂禪密登地，行滿超乘，寂樂冲神，同於遷化。以元和景申載十月三日，報齡於斯寺也。春秋當耳順之數，僧臘積不惑之年。高謝諠囂，攸歸浄土。曠掩説三之義，淪胥不二之門。嗚呼！法梁摧構，靈寶沉輝。旭日黲以垂輪，寒花低而泣露。悲纏庶菀，哀疚人天。傷悼五情，感愴群動。瞻禮慈範，永乎亡追。仲父諸孫昆弟衆戚共之血淚，僉仰教緣，空切襟懷，痛慕難已。既同生滅，蓋示輪迴。知江河奔注而不流，飈嵐鼓嶽而常在。將慮人非郭是，桑變谷遷，剋貞石於去時，傳芳躅於來者。直書匪備，再述詞云：

桑門上士，褎然道宗。六度萬行，三明六通。離堅合異，染净惟同。見色非色，悟空非空。虔貞其行，靡言其功。虚明一相，化誘群蒙。廣宣悲願，遐演慈風。精勤志固，解脱煩籠。澄神黄裏，息影玄中。永臻頓悟，真妙難窮。

姪亮，季良，季寧，元和拾貳年柒月柒日建立

（《北京圖書館藏中國歷代石刻拓本匯編》二九册一二九頁；《全唐文補遺》六輯一七頁；《全唐文補編》中册七五九頁）

三〇五　唐故大德塔并序

和尚俗姓柳，河東人也。因隨父任，家寄鄭州，出家洛陽。元和十二年八月八日坐化。

（《全唐文補編》中册七六五頁）

三〇六　唐江州興果寺律大德凑公（神凑）塔碣銘并序

如來滅後後五百歲，有持戒見性者曰興果禪師。師姓成，號神凑，京兆藍田人。既出家，具戒於南嶽希操大師，參禪於鍾陵大寂大師。志在《首楞嚴經》，行在《四分毗尼藏》，其他典論，以有餘力通。大曆八年制，懸經、論、律三科，策試天下僧。師中等得度，詔配江州興果寺。後從僧望移隸東林寺，即雁門遠大師舊道場，有甘露壇、白蓮池在焉。師既居是寺，嗣興佛事。元和十二年九月七日遘疾，二十六日反真。十月十九日，遷全身於寺道北，祔雁門墳左。春秋七十四，夏臘五十一。至乎哉！師本行也，以精進心，指不退輪；以勇健力，撾無畏鼓。故登壇進律，鬱爲法將者垂三十年。領羯磨會十三，化大衆萬數。儀範所攝，惠用所誘，貴高憎慢，罔不降伏，其

威重如是。自興果訖東林，一盂齋，一榻居，衣麻寢菅，如坐七寶。由是名聞檀施，來無虚月，盡歸寺藏，與大衆共之。迨啓手足日，前無長物。其簡儉如是。師心行禪，身持律，起居動息，皆有常節。雖沍寒隆暑，風雨黑夜，捧一爐，秉一燭，行道禮佛者四十五年，凡十二時，未嘗闕一。其精勤如是。師既疾亟，四大將壞，無戀著念，無厭離想。郡太守、門弟子進醫饋藥者數四，師頷之云：「報身非病，焉用是爲？」言訖，趺坐恬然就化。其了悟如是。門人道建、利辯、元審、元總等，封墳建塔，思有以識之。以先師嘗辱與予遊，託爲銘碣。初，予與師相遇，如他生舊識，一見訢合，不知其然。及遷化時，予又題四句詩爲別，蓋欲會前心，集後緣也。不能改作，因取爲銘。銘曰：

本結菩提香火社，共嫌煩惱電泡身。不須戀戀從師去，先請西方作主人。

（《白居易集》卷四一；《文苑英華》卷八六六；《全唐文》卷六七八）

三〇七　唐故沙彌僧蔣氏子墓記

唐樂安人蔣氏子，家字曰稚。子生四歲，疢美在手，因合而不掬。其顧復者痛之，乃命依釋氏大悲之芘，將福其虧體。既長矣，亦能道詩書文字，與梵學參進。又十八年，遇疾殁于江陵府白馬寺，且窆焉，乃元和十一年十月三日也。其家君諱郕，是時貳官陜服。明年秋，始以其櫬歸于邙阜。未至，而司馬亦棄養于家。惟仲兄覞，用九月廿九日，行終天蓋祔之禮，遂以釋子窆于兆内。以予親視朗陵之重，情忝譚公之比，因請書。曾祖，皇朝吏部侍郎、贈禮部尚書，諱欽緒。祖，京兆府長安縣丞，諱溢。而薛之自出，以爲陵谷之辨。悲夫！

瑯琊王高述

（《北京圖書館藏中國歷代石刻拓本匯編》二九册一二六頁；《北京大學圖書館藏歷代墓誌拓片目録》〇

五四四六號；《隋唐五代墓誌匯編·北京卷》二册五二頁；《唐代墓誌彙編》元和一〇九號；《全唐文補遺》三輯一七五頁；《石刻題跋索引》二〇〇頁）

三〇八　龔公山西堂敕謚大覺禪師（智藏）重建大寶光塔碑銘

天不言而授聖人，故聖人彰天之音，俾人知天之大焉。厥教中國曰儒，旁曰道。道始於軒轅，盛於老；儒始〔於〕唐虞，盛於孔。西方有聖人曰佛，始於過去千百億，而盛於瞿曇。教不同始而同末，是則先師孔子與老、佛，俱巨聖人，而其功用，若四時五行，殊功合德，蓋昭昭矣。然佛之言，益出天地之外，故從學者髡苦最信。彼服膺於三聖之教，國朝中興後，偉儒最多，偉道班班然，佛之教與儒偕而尤。爲龍爲象者，曰大寂禪師，俗姓馬氏，禪師大雄十大弟子不若也。有大覺禪師，又馬禪師之上足也。碑於此者，銘大寂則故相國權文公，銘大覺則故賓護李公渤。相國文儒者師，賓護諫諍者式。禪旨空宗，二碑詳之矣。技今碑者，碑其餘與其要者云。惟大覺禪師，廖姓，智藏號，生南康郡。年十三，首事大寂於臨川西裏山。又七年，遂受之法。大寂將欲示化，自鍾陵結茅龔公山，於門人中益爲重。大寂殁，師教聚其清信衆，如寂之存。是時，太守李公舟，天下名人也，事師精誠，如事孔顏。上都興善寺禪老曰惟寬，敕謚大徹，亦大寂之門弟子也，與師名相差。惟寬宗於北，師宗於南，又若能與秀分於昔者矣。師至元和十二年，年八十，僧臘五十一，且無疾，告群弟子以終。後八年，穆宗皇帝詔謚師曰大覺，塔曰大寶光，江西觀察使薛公儆實主其事。歷後二十一年，武宗皇帝不善西方，書敕海内郡縣悉毁其精祠，師之塔亦廢。後八年，當大中七年十月九日，今皇帝復詔立焉。大寶光之號，尊舊詔也。師上足弟子曰國縱，居州開元寺。國縱之上弟子曰法通，實異人焉。母年七十，如寐而生。幼好釋教，遂落髮。將復大覺禪師之塔於舊建之所，曰龔公山。法通默念觀音，不食累日於所止屋。山感其誠，湧靈泉，遠近癃者病者，飲之輒蠲。

由是獲施甚廣，其塔一年而就。有爲之制，能壯無爲，俾來者知西方法之尊，而望禪師之儀型如在。技焉爲是州守，法通録大覺先師曩行前碑，謂余爲銘。余曰：「方守厥土，不可。」後五十日，奉制授尚書左曹正郎。法通又來請，余對曰：「中臺與郡國異，矧相國文公又余之堂伯舅。今得繼碑龔山，其敢讓耶？」銘曰：

大寂於釋，若孟於孔。大覺於寂，猶孟之董。彼儒遠焉，此其接踵。覺之鉅名，江南衆師。在昔生存，厥後巍巍。塔毁武朝，復宗我皇。法通成成，覺像益光。銘之以文，揭示後人。

咸通五年八月八日建

（《全唐文補編》中册九五二頁）

三〇九　興福寺内道場供奉大德大義禪師碑銘

應身無數，天竺降其一；禪祖有六，聖唐得其三。在高祖時，有道信叶昌運；在太宗時，有弘忍示玄珠；在高宗時，有惠能筌月指。自此脈散絲分，或遁秦，或居洛，或之吴，或在楚。秦者曰秀，以方便顯，普寂其胤也。洛者曰會，得總持之印，獨曜瑩珠，習徒迷真，橘枳變體，竟成檀經傳宗，優劣詳矣。吴者曰融，以牛頭聞，徑山其裔也。楚者曰道一，以大乘攝，大師其黨也。三祖之德之疑也，則無一心可攝，無一境可遣。不攝不遣，冥於大順之言也，則稱器投物，量機應命，皆持權以明實，用實而照權。自時厥後，迷方滯迹，是非叠興，物我不泯。正南而邪北，有北而空南，而不知南之心生，自同北矣；北之見滅，乃亢南矣。大師振法之鐸，操化之衡，非中非徼，非妄非覺；無居可以留神，無入而不自是；乘大智而獨逝，遊法區而無涯。大師東海徐氏，衢州須江人也。母氏方娠，必絶葷而後食；合宿既誕，必擇乳而後飲。幼而出世，奇表秀物；童而落髮，異骨見頂。依本郡潛靈寺僧惠績，二十受具戒，若律若禪，無不通貫。後謁道一於江西，時趨者川奔，學者市聚，一扣秘賾，廓然懸解。

乃以拯物爲心，博施爲任，契心於洪州，應緣於上京。孝文皇帝既清大難，齋心無爲，建中尉以總武旅，名功德以統緇黃。大師來之夕也，右神策護軍霍公見夢焉。翌日，訪之於慈恩寺，且與寐合，遂表聞爲內道場供奉大德。順宗皇帝之在儲闈，問安之餘，栖神道域，嘗問尸利禪師：「《經》言：『大地普衆生，見性成佛道。』」答曰：「佛猶如水中月，可見不可取。」後因問大師，曰：「佛性非見，必見水中月，何不攫取？」順宗然之。復問何者是佛性，答曰：「不離殿下所問。」默契玄關，一言遂合。後入內神龍寺法會，群僧有湛然法師者，登座云：「佛道遐險，經劫無量。南鄙之人，欺紿後學。」大師曰：「彼自迷性，盲者可咎白日耶？」順宗顧謂諸王曰：「彼不諭至道，其儔叱下。」數句而卒。後德宗降誕日，於麟德殿大延論議，龍梵冥護，人天傾聽。時有問者曰：「心有也，曠劫而滯凡夫；心無也，刹那而登妙覺。何也？」大師曰：「此乃梁武帝云然。心有者，是滯於有。既有矣，安可解脱？無也，何人而登妙覺？」大師之旨，蓋以爲群生十號，等爲有，已迷者終不復悟；等爲無，已悟者終不復迷。時會中有讚道云云無以比，大師曰：「行止偃息，畢竟以何爲道？」對曰：「知者是道。」大師云：「《經》云：『不可以不識識，不可以不知知。』安得知者乎？」復曰：「無分別是道。」大師曰：「《經》云：『善能分別諸法相於第一義而不動。』安得無分別者乎？」復曰：「四禪八定是道。」大師曰：「佛身無爲不墮諸衆，安在四禪八定者乎？」問者辭窮，衆皆愕眙。大師之旨，蓋以一切法是，一切法非。於無性無象而有得有喪，一切亦非；於有形有紀而無取無捨，一切亦非。夫然！豈可以一方定趣決爲道耶？故大師以不定之辨，遣必定之執；祛一定之説，趣無方之道。自是兩宮崇重，道俗宗仰，累錫縑繒，不可畢紀。奔問禪扃，日聞秘偈，一味之雨，雖無二潑，衆殊之器，皆有所拘。以是及門者至多，入奧者蓋寡。大曆中，遊上饒郡西百里所，山名鵝湖，三峰秀揭，摩霄蔭江，鷄犬四絶，植錫宴坐三日。有獵者棄弓矢，奔告邑落。或披苫蓋，或窟巖石，未逾旬而來者襁屬。其格物也如此。既而涉夏，學者如麻，朝粥既罄，咸請白大師，師曰：「無憂。」及旦，有負米而施者。

其前知也如此。先是，群虎暴噬，大師遇之於路，以杖扣其首曰：「當息害心。」自是虎遠遁。其仁感也如此。貞元初，禮部侍郎劉太真出典是郡，通津修梁，爲水所敗。以大師爲衆嚮伏，虔請下山，成於不日。其應物也如此。永貞初，順宗不康。大師遂歸本郡，京師祖道者，自皇都及灞上，車蓋溢路。所至皆囂傲恥革，刑獄用省。故郡守藩岳，無不請益，以爲有助於政術。元和十三年正月甲子，告門人曰：「我七日爲最後供。」是日，清晝澄霽，當峰有雲沓起，俄而覆於禪室，衆鳥鳴號，哀聲如人。時左右進藥，侍者曰：「此宜在晨旦。」大師曰：「汝果知有晨旦乎？」其夜，恬然順化，報齡七十有三，僧臘五十有四。門弟子無數，或巡名山百郡。今親侍左右者，則廣濟、偹然、獻中、普修、靈𧦝、宏昭并徒衆等，奉其全身，建塔於其地。夫無生之應物，動而皆寂；順緣而無生，靜而無窮。故其來則入皇宫，登寶座而瘖異論；其往則□下國，感殊類而𤻅法存。委和也，吾何恃存？委蜕也，吾何恒亡？門人弘鑽仰之志，存示現之轍，僉議琢石，傳之無窮。銘曰：

峻頂方穎，蓮目秀眉。望焉温温，即焉熙熙。示爲法器，載爲德儀。我與五蘊，不即不離。鏗然華鐘，擊之不窮。無迹無眹，如指揮空。了性非言，捨言何從。無患言説，如響隨風。溺權遠實，滯實異權。權實合融，正智乃圓。獨覺利器，無漏後根。奚思爰度，莫究其源。清靜久虛，包囊無裔。無起無滅，無縛無解。迷者炎宅，悟者凉界。是中不二，乃造實際。資是至因，登平極報。具三十二，成八十好。御一乘車，摧五魔道。以色觀我，是謂邪倒。花房百億，一土一佛。澄波千川，一水一月。月體其一，波影千別。吾師於斯，善行無轍。

（《全唐文》卷七一五）

三一〇　興國寺故大德上座號憲超塔銘并序

京師莊嚴寺沙門玄應撰并書

上座俗姓太原王氏，累世京兆涇陽人也。童子事師，年過受戒。報終七十有六，僧夏而五十焉。業精妙法，於大曆八年試業得度，隸名住興國寺也。上座行操寒松，戒德霜白，道洽群物，而悲敬齊行，持念無虧，經聲不輟。優曇花之句偈，曉夕相仍；分陁利之開敷，香風不絶。向萬餘遍，稟學定於總持東院。繼七葉之踪，爇心燈於巨夜之中，明終不絶。而忽於今年覺是身虛僡，氣力漸微。絶粒罷飱，唯茶與乳。右脅而卧，四旬如生。命入室門人上座子良、都維那智誠等曰：「吾今色身應將謝矣。努力勤策，法乳相親。金泉磑及梨園鋪，吾之衣鉢，將入常住，以爲永業。」言已，帖然累足而去也。門人子良等，號呼慟天，空□血灑。澗流汩咽，庭樹摧枝，川原無色，悲風慘然。巍峨塔崛起於西原，飀飀松吹金龜之田。即於其年三月七日，於興國下莊浄室飛香，神顔不易，狀若平生，黯爾終矣。門人子良等採以荆珉，敬徵哲匠，鏤於金石，剷之以銘，欲使後賢而知今矣。詞曰：

戒行嚴潔，松篁比貞。秉志堅直，如昆如荆。衣珠内瑩，獨耀心靈。精持妙法，德冠群英。四旬絶粒，而亡内逼。諸漏蠲除，聖賢不測。

唐元和十三年歲次戊戌十月辛亥廿日庚午，崇建金龜鄉卧龍里紀也

門人子弟：上座子良、都維那智誠、子昇、子顒、子琮、子倫、子英、尼弟子戒盈、童子阿萬、姪王鍨、仇元誠、史湊、趙旃

法華邑人：史清、趙杞、房慎疑、牛雲、劉興、韋牧、宗悅、張政、敬鐶等

（《北京圖書館藏中國歷代石刻拓本匯編》二九册一三六頁；《隋唐五代墓誌匯編·北京卷》二册五四頁；《中國西北地區歷代石刻匯編》五册四頁；《長安碑刻》下册五一六頁；《金石萃編》卷一〇七；《全唐文》卷九一九；《唐代墓誌彙編》元和一二二號）

三一一　唐故龍花寺内外臨壇大德韋和尚（契義）墓誌銘并叙

從父弟鄉貢進士同翊撰

大德姓韋氏，法號契義，京兆杜陵人也。元和戊戌歲四月庚辰，恬然化滅，報年六十六，僧夏四十五。粤以七月乙酉，遷神於萬年縣洪固鄉之畢原。遺命不墳不塔，積土爲壇，植尊勝幢其前，亦浮圖教也。曾王父諱安石，皇尚書左僕射、中書令。大父諱斌，皇中書舍人、臨汝郡太守。烈考諱衮，皇司門郎中、眉州刺史。家承卿相德勛之盛，族爲關内士林之冠。始先妣范陽盧夫人以賢德宜家，蕃其子姓，故同氣八人，而行居其次，在女列則長焉。自始孩，蘊静端介潔之性；及成人，鄙鉛華靡麗之飾。密置心於清净教，親戚制奪，其持愈堅。年十九，得請而剃落焉。大曆六年，制隸龍花寺，受具戒於照空和尚。居然法身，本於天性，嚴護律度，釋氏高之。國家崇其善教，樂於度人，敕東、西街置大德十員，登内、外壇場，俾後學依歸，傳諸佛心要。既膺是選，其道益光。門人宗師，信士嚮仰，如水走下，匪我求蒙。持一心之修繕佛宇，來四輩之施捨金幣。高閣山聳，長廊鳥跂。像設既固，律儀甚嚴。率徒宣經，與衆均福。故聞者敬而觀者信，如來之教知所慕焉。嘗從容鄉里，指於北原而告其諸弟曰：「此吾之所息也。」爲其識之。嗚呼！生歸於佛，殁歸於鄉，至哉其孝乎！所以報生育劬勞之恩備矣。窀穸之制，咸所遵承。弟子比丘尼如壹等服勤有年，號奉遺教。杖而會葬者數百千人，極釋氏之哀榮，難乎如此！迺沉礎而誌於墓云：

迷方之人，妄聚之身，白月下臨，苦海無津。我得度門，性□□□，亦既落髮，於焉報親。孝乎終始，歸于故里，石幢□□，□□南趾。

（《北京圖書館藏中國歷代石刻拓本匯編》二九册一三一頁；《北京大學圖書館藏歷代墓誌拓片目録》〇

五四五六號；《隋唐五代墓誌匯編·北京大學卷》二册六三頁；《中國西北地區歷代石刻匯編》五册一頁；《金石續編》卷一〇；《八瓊室金石補正》卷六九；《唐文拾遺》卷二五；《唐代墓誌彙編》元和一一八號；《石刻題跋索引》二〇一頁）

三一二　唐故衡嶽律大師湘潭唐興寺儼公（智儼）碑

佛法在九州間，隨其方而化。中夏之人汩於榮，破榮莫若妙覺，故言禪寂者宗嵩山；北方之人鋭以武，攝武莫若示現，故言神通者宗清凉山；南方之人剽而輕，制輕莫若威儀，故言律藏者宗衡山。是三名山爲莊嚴國，必有達者，與山比崇。南嶽律門以津公爲上首，津之後雲峰證公承之，證之後湘潭儼公承之。星月麗天，珠璣同貫，由其門者，爲正法焉。公號智儼，曹氏子，世爲郴之右姓。兆形在孕，母不嗜葷。成童在侣，獨不嗜戲。其夙植因厚者歟！生九年，樂爲僧，父不能奪其志。抱經笥入岣嶁山，從名師執業。凡進品受具，聞經傳印，皆當時大長老。我入明門，不住諸乘；我行覺路，徑入智地。居室方丈，名聞大千，護法大臣，多所賓禮。嗣曹王皋之鎮湖南，請爲人師。自是登壇莅事三十有八載，由我得度者萬有餘人。人持寶衣、解瓔珞爲禮，公色受之。謂門弟子曰：「彼以有相求我，我以有爲應之。」凡建寶幢，修廢寺，飾大像，皆極其工，應物故也。元和十三年九月二十七日中夜，具湯沐，剃頤頂，與門人告别即寂，而視身與色無有壞相。嗚呼！豈生能全吾真，故死不速朽，將有願力耶？余不得而知也。問年八十二，問臘六十一。葬於寺東北隅。傳律弟子中巽、道準，傳經弟子圓皎、貞璨，與其徒圓靜、文外、惠榮、明素、存政等，欲其師之道光且遠，故咨余乞詞。乃作長句偈以銘之曰：

祝融靈山禹所治，非夫有道不可止。中有毗尼出塵士，以津視儼猶孫子。登壇人師四十祀，南方學徒宗奥旨。幼無童心至兒齒，識滅形全異凡死。長沙潭西幾五里，陶侃故居石頭寺。門前一帶湘江水，吁嗟律席之名兮，與湘流而不已！

（《劉禹錫集》卷四；《文苑英華》卷八六七；《全唐文》卷六一〇）

三一三　唐故萬善寺尼那羅延墓誌銘并序

朝議郎試雅王府司馬殷珹撰

將仕郎試左金吾衛兵曹參[軍]下缺

維唐元和十四載龍集己亥四月四日，萬善寺尼那羅延入□□□□□德里之私第，春秋六十有八。以其年仲冬旬有一日卜葬于長[安]□□□原，從俗禮也。和上俗姓陳氏，諱岫先，封潁川郡君夫人。武王克殷□□□封舜後於陳，以奉其祀，厥後衣冠鐘鼎，史不絶書。高曾皆不務軒冕，志樂煙霞。父方，終通州長史。夫人少小良家子，長於禁中，幼有淑德而美令儀，採繁昭華，穠荷比秀。每侍左右，有光贊之風，識鑒明遠，帝每奇之。至建中末，京邑騷擾，翠華南巡，夫人奉國璽以赴行在。及駕還宮，嬪御之中，夫人居最。乃選近臣有功勛者，適於監勾當右神策軍事、左監門衛將軍、知内侍省事、上柱國王公諱希遷，仍賜以輜軿翟服，封潁川郡君夫人。若非恪慎居貞，曷能臻此？王公天才秀逸，詞藻宏麗，言不苟合，行不苟容，盡忠事君，夙夜無懈，故得總統戎務，衛於一人。夫人承禮訓於公宮，盡儀形於閨壼，外嚴母訓，内匡君子，處斷明允，家風肅然。將軍公每以聽漏侍朝，夫人躬勤中饋，體懿範而備六義，儼容止而弘四德，陽唱陰和，琴瑟克諧。貞元中，將軍薨逝，垢容蓬首，垂廿年不茹膻腥，性與道合，義方訓子，中外葉和。以謙自持，以柔御下，親戚之乏養者，鄉黨之有喪者，隨其豐儉，必贍恤之。自歸於公，恨不及事舅姑，禴祠蒸嘗，思補孝敬，動誠加禮，明神荅佑，故諸子皆承恩寵，軒蓋盈門。而深信禪那，尤精念力，專潔道行，學悟真乘，遂偈無人之筌，將遺有漏之屣。以元和十四年仲春如來真身將葬岐陽舊塔，夫人以至誠真諦，願力主持，悟色身之是空，知法性之常住，遂乃聞奏請度爲尼。優詔允許，法號那羅延，隸萬善寺。方將覆蕢爲岳，鑿井至泥，而寢疾彌留，奄歸寂滅。雖寂滅爲樂，去留之戀，寧不悲乎？男國良、國賓、國文、國寶、國宥等哀號泣血，杖而後起。以珹久學儒史，請而爲文，故勒貞瑁，用旌厥美。銘曰：

乾明惟罡，坤順惟柔。懿哉夫人，難可與儔。體行高潔，儀範克脩。元勛寵異，禄賜深優。孀居累歲，以禮自持。中外叶睦，小大雍熙。知真去妄，弃世□遺。平原莽蒼，長路逶迤。松風易慘，壟月增悲。嗚呼淑人，建塔於兹。

□□二年十月十五日孫英建、英達、英□、知回等從石井村移在欒村開府塋西安置，隴西郡李寂刻字

（李舉綱、張安興：《西安碑林新藏〈唐萬善寺尼那羅延墓誌〉考疏》，《中原文物》二〇〇九年第三期九八頁）

三一四　大唐袁州萍鄉縣楊岐山故甄叔大師塔銘并序

沙門至閑撰

琅琊王周古篆額

楊岐大師，法號甄叔，幼而聰敏，倜儻不群，心目貞明，具大人相。觀死生輪上，見三聚群迷，猶如蟭螟處在蚊睫。聚勝妙欲樂，似嚼蠟無味，遂投簪削頂，具佛壇式，求正覺了義，扣大寂禪門。一造玄機，萬慮都寂。乃曰：「群靈本源，假名爲佛，體竭形消而不滅，金流樸散而常存。性海無風，金波自涌，心靈絶兆，萬象齊照。體斯理者，不行而遍歷沙界，不用而功蓋玄化。如何背覺反合塵勞，於陰界中妄自囚縶。」於是，形同水月，浪迹人天。見岐山群峰四合，乃曰：「坤元作鎮，造我法城。」才發一言，千巖響答，松開月殿，星布雲廊，青嵐色中，化

出金界一所。宴坐四十餘年，滿室金光，晝夜常照。宜城化緣已畢，機感難留。元和庚子歲正月十三日，忽棄塵區，還歸大定。門弟子如父母逝，痛勝於心，泣悲震海，哀聲動山，如月隱天衢，群星失曜。大集衆木，積爲香樓，用建荼毗。獲舍利七百粒，於東峰下建窣堵坡，巖椗錦障列其前，澗樸銀河落其後，永光法嗣，用鎮山門。上足僧有任運者，飽飲法乳，誓報深恩，涉萬重山，經三千里，來投於我，請述斯文，將副其心，式旌不朽。銘曰：

吾師内外皆明澈，如净琉璃含寶月。常將定水灑群靈，大注禪河未曾竭。獨步楊岐山頂上，建出花宮勝仙闕。樓臺壯勢射虚空，魔界輪幢盡摧折。閻浮月隱須彌角，一念收光歸寂滅。長留舍利鎮山河，光透支提照巖穴。猶如薝蔔花飛去，枝上餘香常不歇。無限門人嗅此香，還向枝頭香更發。

刺史鄭縣令□　書碑人僧元幽

唐大和六年歲次壬子四月癸亥朔卅日壬辰

（《隋唐五代墓誌匯編·北京卷》二册六八頁；《金石萃編》卷一〇八；《全唐文》卷九一九；《唐代墓誌彙編續集》大和〇四一號）

長慶

三一五　□□和尚塔銘

上殘缺則持而載維寺務將隳下殘缺品。力未倦於發蒙，而想望諸天心。已下殘缺元年十二月二日，因假疾之彌留，結跏坐而□□，春秋七十有二，夏臘五十餘三。噫戲嗚呼！塵俗徒傷於無依，解脱自遺其有漏。弟子僧常順、貞素、開義，弘政、義璘、常貞、談義等廿余人同懷訓導之恩，共起層崇之塔。以四年五月六日，於本寺西北二里，僧俗千計，送歸此所，蓋門人之禮□。師與僕舊知也。雖緇儒各貫，乍服異而禮殊：□禪觀同途，終道叶而心契。今者挹遺芳而雪涕，泣盡一哀；運拙思以含毫，詞希百中。徘徊感慕，刊石銘之。詞曰：

天降靈瑞，鍾於我師。孤高性立，惠敏神資。傳心殖本，演法破疑。三乘既達，初地將移。奄歸寂兮言有遺，企先師兮頁闍維。神怡怡兮目往，人擾擾兮徒悲。慮陵谷之遷變，崇層塔以峨巍。斲貞石兮紀德，將萬代兮□斯。

前嵐州靜樂縣尉兼太常寺奉禮郎宋塡撰

專勾當門人僧惠悟、政順

長慶四年五月十九日比丘全一書

（《隋唐五代墓誌匯編·山西卷》一五四頁；《全唐文補遺》六輯二八頁；《唐代墓誌彙編續集》長慶〇一二號）

三一六　西林寺水閣院律大德齊朗和尚碑并序

大師號齊朗，生報身於尋陽陶氏，承大司馬侃之後。侃捨宅作西林寺，其孫累有人繼前志。故大師幼有覺心，事峰頂寺律大德法真爲和尚，出家受具，皆目其下。傳七支四分學，精進勇猛。所治如官之與憲法，其徒肅而不敢犯。故自山發其風，行諸道流，若鈞衡繩墨。所化之處，無不斷斷爾。所居水閣院，水閣之稱，天下知重。長講律業，兼通《無量壽》《净名》等經，復手自爲《義記》以示後學。貞元三年，從峰頂本大師陪荆州慶門寺靈裕、台州國清寺法裔同受廉使李公兼龍興壇場之請。洎七年，刺史崔公衍置方等於當州開元寺，請東林大德熙怡、大林法粲、興果神清同赴壇會。十四年，郡守李公康興甘露之會，請宣州開元寺大德慧莊、撫州景雲寺上弘、吉州靖居寺道華、當州寶稱寺智滿同秉羯磨。至元和初，鄂岳觀察使郗公士美建法會於頭陁寺，又命簡奉迎。曰：「鵝珠在冰雪之中，鶴貌出風塵之外。」其感搢紳大人，相知之深如此。享年七十有三，法歲四十有九，示寂滅于長慶二年十一月十六日。用是年閏月二十一日，奉葬于峰頂大師靈塔之右，恭遺命也。嗚呼！凡與大師遊者，自童年及暮齒，未嘗以言色高下用戕于人。人之聰明，睹此知教。雖庭户之近，必擬迹而後行；或饑寒之來，必審公而後取。所謂聲爲律，身爲度，其殆庶乎？或人來以持律相難者，對之曰：「吾聞四十不惑，以至無邪。正當師之，我法只爾。」聞者降伏，知言要理深。自洪州升龍興寺壇，轉至甘露頭陀，總一十有四會，承羯磨者數盈千萬計。故江西以爲佛法鐘鼓，皆自水閣出。考功員外郎李公渤、中書舍人白公居易，嘗視郡事，得之精微，每至道場，膜拜起敬。門人元超、元諫、元膺、元諲、元皓、清鋭、元總、智明等懼先師之德光不留於金石，乃以本際實行付雲皋比丘草具狀，藉門弟子大德道建、如達、冲契、宗一等虔請碑銘於滎陽鄭氏子素卿。辭不能免，乃强起筆應之曰：

釋之徒有持律，猶官之徒有持法。二者謹嚴，則教立而道尊。惟大師以惠覺心，以心治身。秉佛憲書，爲佛翰垣。調馭諸根，不生一塵。提導孺孩，出離火燔。昇我漸階，入我便門。慈覆軒軒，法灑翻翻。膏之清濡，長之茂蕃。故自匡廬，散吴楚間。受教比丘，知處玄關。或坐道場，或登戒壇。景我之山，派我之川。珠貫大千，印可無邊。來也不覊，去之偶然。吁嗟乎！西林佛日，嘗在此兮已焉。

太和六年歲次壬子三月甲午朔六日己巳門人元諫等樹

（《全唐文》卷七四七）

三一七　如信大師功德幢記

有唐東都臨壇開法大師，長慶四年二月十三日，終於聖善寺花嚴院，春秋七十有五，夏臘五十二。是月二十二日，移窆於龍門山之南崗。寶曆元年某月某日，遷葬於奉先寺，祔其先師塔廟穴之上。不封不樹，不廟不碑，不勞人，不傷財。唯立《佛頂尊勝陀羅尼》一幢，幢高若干尺，圓若干尺，六隅七層，上覆下承，佛儀在上，經咒在中，記讚在下，皆師所囑繫，門人奉遺志也。師姓康，號如信，襄城人。始成童，授《蓮華經》於釋巖。既具戒，學《四分律》於釋晤。後傳六祖心要於本院先師。《净名》《楞伽》《俱舍》《百法》，經根論枝，罔不通焉。由是禪與律交修，定與慧相養，蓄爲道粹，揭爲僧豪。自建中訖長慶，凡九遷大寺居，十補大德位，莅法會、主僧盟者二十二年，勤宣佛命，卒復祖業。若貴賤，若賢愚，若小中大乘人，遊我門，繞我座，禮我足，如羽附鳳，如水會海。嗚呼！非夫動爲儀，言爲法，心爲道場者，則安能使化緣法衆，悦隨欣戴，一至於是耶？同學大德繼居本院者曰智如，弟子上首者曰嚴隱，暨歸靖、藏周、常貞、懷嵩、圓恕、圓昭、貞操等若干人，聚謀幢事。琢刻既成，將師理命，請蘇州刺史白居易爲記。記既訖，因書二四句偈以讚云：

師之度世，以定以慧。爲醫藥師，救療一切。師之闍維，不塔不祠。作功德幢，與衆共之。

（《白居易集》卷六八；《全唐文》卷六七六）

寶曆

三一八　崇敬寺故臨内外壇大德寂照和尚墓誌文并序

侄朝散大夫行尚書吏部員外郎上柱國賜魚袋戎讚

維唐寶曆元年龍集乙巳四月十日，崇敬寺臨内外壇大德曰寂照和尚終於本寺，享年七十三，僧臘五十二。粤以其月三十日遷座于萬年縣高平鄉鳳栖原，建以靈塔，遵像教也。和尚，博陵崔氏。皇曾祖諱昇，國朝刑部侍郎、尚書右丞。皇祖諱璘，同州刺史、河東採訪使。皇考諱嬰，刑部郎中，出牧郢州。和尚即郢州府君之季女。

道識高妙，襟靈粹遠。年在髫齔，有成人之姿。宗族姻黨，咸所嘉重。而夙植因果，早悟真如。堅求出家，志不可奪。遂依止于崇敬薩大德，受具于寶應敬僧録，聽律義於慈恩琁座主，學心地於興善寬禪師。四上人者，皆後學之蓍龜，法門之龍象。和尚神閑機敏，默識洽聞，同時聽受，莫與爲比。諸長老靡不嘆尚，許其太成。每言曰：「教□之宗，非無次第，在於護持戒律，調伏身心。精進爲弘道之資，修行爲證入之漸。必俟利根成熟，法性圓明，然後開方便門，入惠覺路。□□之旨，吾當奉之。」住持本寺五十年，造次必以軌儀自處。每攝受□者，風規肅然。雖年輩宿德，亦加嚴憚。寺宇之内，奉爲指南。位號□崇，不以屑意。寢疾斯久，精持不衰。遷化之日，法侣二部衆，無不墮淚相吊，其道德感人也如此。遺命以素轝載喪，不事華飾。簡儉□制，垂於理□。弟子弘一、元真、弘濟等哀奉先旨，教無違者。戎自□及長，親承誨諭，備詳德善，紀在塔銘。今謹其月日，誌於泉户，以虞陵谷而已。文曰：

聖人有言，因戒澄源。□立毗尼，攝護之門。吾師奉行，□□□□。□□□進，外窮討論。戒珠既圓，禪習□□。萬法應捨，澹然歸根。□□□□，□□□□。□□示滅，法性長存。飾終有制，用約無喧。寧神於此，永永鮮原。

（張巖：《新見〈唐寂照和尚墓誌〉考釋》，《文博》二〇一六年第一期八一頁）

大和

三一九　唐故東都福先寺臨壇大德廣宣律師墓誌銘并叙

前河南府河陰縣尉清河崔章撰

維唐太和元年七月二十有四日，東都福先寺律院大德年七十三，寢疾遷化於院居，僧夏五十四。其徒以其年八月五日，奉窆於洛陽縣平洛園，遵遺命也。大師姓成公，諱志詧，字廣宣，澤州晉城人。童年問道於濟源縣化城寺明照大師，年二十受具戒，遂依律學大德曇濬，因隸居福先寺。先是，祖師定賓著章疏甚高，爲學者所尚，而福先律儀，首冠天下矣。宣公承大名，繼積學，天立儀表，冥資操行，端清而和，備成而嚴。故得顯式僧徒，紹登壇位，講求其道，誘誨群蒙。自初學而卒業者凡七十人，肆筵席義理者凡四十遍。吾所謂至也，勇於弱年，勤於中年，兢於暮年，凜凜慄慄，若猶廢墜，率是自畏，以至于終。嗚呼！其不可及已，即儒衣偶聖，非顏閔歟？故軒裳有道者，及士族知名者，無不誠嚮。京兆杜師古弟兄暨愚之弟兄，皆四紀之舊，其敬最深。大師嘗以門弟子真滿踐修類己，待之甚厚。至是寢疾，悉以德稱壇位屬焉。省署得與文告，自賓至宣，四葉相承，今滿又承之，其盛哉。愚病不文，且不敢以全德列于年地之識，異時咨于作者，冀表其墓云。銘曰：

仲秋命節，泣送吾師。順化何苦，塵情自悲。霜明其操，冰□其儀。自此不見，孤丘巋而。嗚呼哀哉！

華州參軍事清河崔罕書

（《北京圖書館藏中國歷代石刻拓本匯編》三〇册七三頁；《北京大學圖書館藏歷代墓誌拓片目録》〇五六三八號；《隋唐五代墓誌匯編·洛陽卷》一三册八五頁；《洛陽出土歷代墓誌輯繩》六四五號；《唐代墓誌彙編》大和〇〇四號；《全唐文補遺》四輯一二〇頁）

三二〇　唐風山故白衣功德主上座解氏（正念）墓誌銘并序

上座解氏，法諱正念，姬姓元裔，積善流芳。陰德毓而間時，聖智混而□□，□爲定州陘邑縣廉臺鄉王郝里人。祖諱家子，父諱十□，□王氏，同里人。殖業以務農爲本，□□不尚浮華，啓道也。上座即第二之女，幼秉慈訓，宿叩玄門。七歲禮風山本師，十一於龍興寺昇高座說法，演義興龍女之辯，談空敷真諦之言。□釋欽仁，衆師明德。使□以管内要津置橋，每年□□修，蓋上座行教，門人赴期，如佛敕也。大和元年七月十五日，徒衆等於院禮請上座爲功德主，元戎獎其淑善，給以使牒，使□勾當，□衆望也。嗚呼！昔本師□法，上座□法□三，纔未期年，倏然遷化。以二年閏三月十四日遘疾，殁于崇業坊之宅，□年六十三。堂弟文通，鼓角大將□□夜暮□旅出行。至孝女弟子常清浄、大光明、喪主□□全、陳□超、劉體真、董惠進等，議儀以其年□□三日，□殯于風山□□□塋，終孝節也。庶無爲平□□紀，□勒詞曰：

陰德聖智兮示無生，上座演教弘其明。隙駒倏兮已謝，休烈□於山坰。

（《新中國出土墓誌·河北壹》一〇八號；《隋唐五代墓誌匯編·河北卷》一〇〇號；《唐代墓誌彙編續集》大和〇〇九號；《全唐文補遺》五輯三六頁）

三二一　澧州藥山故惟儼大師碑銘并序

上嗣位明年，澧陽郡藥山釋氏大師以十二月六日終於修心之所。後八歲，門人持先師之行，西來京師，告於崇敬寺大德，求所以發揮先師之耿光，垂於不朽。崇敬寺大德於余爲從母兄也，嘗參徑山，得其心要。自興善寬敬示滅之後，四方從道之人將質疑傳妙，罔不詣崇敬者。嘗謂伸曰：「吾道之明於藥山，猶爾教之闡於洙泗。智炬雖滅，法雷猶響。豈可使明德不照、至行湮没哉？」惟大師生南康信豐縣。自爲兒童時，未嘗處群子戲弄之中，往往獨坐，如思如念。年十七，即南度大庾，抵潮之西山，得惠照禪師，乃落髮服緇，執禮以事。大曆八年，受具於衡嶽希琛律師，釋禮矩儀，動如宿習。一朝乃言曰：「大丈夫當離法自静，焉能屑屑事細行於衣巾耶？」是時，南嶽有遷，江西有寂，中嶽有洪，皆悟心契。乃知大圭之質，豈俟磨礱，照乘之珍，難晦符彩。自是寂以大乘法聞四方學徒。至於指心傳要，衆所不能達者，師必默識懸解，不違如愚。居寂之室，垂二十年。寂曰：「爾之所得，可謂浹於心術，布於四體。欲益而無所益，欲知而無所知。渾然天和，合於大無。吾無有以教矣。佛法以開示群盲爲大功，度滅衆惡爲大德。爾當以功德普濟迷途，宜作梯航，無久滯此。」由是陟羅浮，涉清凉，歷三峽，遊九江。貞元初，因憩藥山，喟然嘆曰：「吾生寄世，若萍蓬耳！又何效其飄轉耶？」既披榛結庵，纔庇趺坐。鄉人知者，因賫攜飲饌，奔走而往。師曰：「吾無德於人，吾何以勞人乎哉？」並謝而不受。鄉人跪曰：「願聞日費之具。」曰：「米一升足矣。」自是常以山蔬數本佐食，一食訖就座，轉《法華》《華嚴》《涅槃》經，晝夜若一，始終如是，殆三十年矣。遊方求益之徒，知教之在此。後數歲，而僧徒葺居，禪室接棟鱗差，其衆不可勝數。至於沃煩正覆，導源成流，有以見寂公先知之明矣。忽一旦，謂其徒曰：「乘郵而行，及暮而息，未有久行而不息者。我至所詣矣，吾將有以息矣。靈源自清，混之者相。能滅諸相，是無二色。窮本絶外，爾其悉之。」語畢，隱几而化，春秋八十四，僧臘六十夏。後二十日，入室弟子冲虚等遷座建塔於禪居之東，遵本教也。始師嘗以大練布爲衣，以竹器爲蹻，自薙其髮，自具其食。雖門人百數，童侍甚廣，未嘗易其力；珍羞百品，鮮果駢羅，未嘗易其食；冬裘重燠，暑服輕疏，未嘗易其衣；華室凈深，香榻嚴潔，未嘗易其處；麋鹿環繞，猛獸伏前，未嘗易其觀；貴賤叠來，頂謁床下，未嘗易其禮。非夫罄萬有，契真空，離攀援之病，本性清净乎物表，焉能遺形骸，忘嗜欲，久而如一者耶？其他碩臣重官歸依修禮於師之道，未有及其門閫者，故不列之於篇。銘曰：

一物在中，觸境而摇。我示其玄，不境不跳。西方聖人，實言道要。道要既得，何言惟妙。我源自濟，我真自靈。大包萬有，細出無形。曹溪所傳，徒藏於密。身世俱空，曾何有物。自見曰明，是謂至精。出没在我，誰曰死生。刻之琬玉，立此巖岫。作碑者伸，期於不朽。

（《全唐文》卷五三六）

三二二　敕置甘泉山寺禪和尚碑銘并序

試太子中允王攀撰并書

日月□悠久之象也，有時而盡；泡幻質斯須之形也，奄忽而無。延促之諒，則□〔始〕終下缺於□大師不厭三界而來，不樂三界而去。可謂深得自在□照□體下缺俗姓吴氏，江陵府人也。一生志行，人所鮮及。心不縱逸，率恭儉在已下缺不易時，食均最下。萬境紛起，無一物當情。於人爲達人，於義下缺之日。有伯仲二人，相諭相規，超然棄俗。兄法號行□時□弟一於下缺其季曰：「恢弘理門，吾不如汝矣。」由是方軫齊駕，□□乘俱下缺理精粹，博總莊、老之至言。揖禪河之濫觴，窮物下缺端良，則道器非外取；心顛倒，則佛性不現前。遂遊下缺馬和尚敷座而坐，虔跪請益，將撥剔同異也。心光洞契下缺以其靈外列臺五。一指一顧，未嘗不有異相呈焉。蓋□下缺燠更變。又南次文水縣□□山□頭□亦如下缺十指爪，請大師移居甘泉山門。傳心地法□十方□□□無上菩提。時下缺年暮冬月，隨緣行行，不告而去。爰達於東□永寧縣鹿菀下缺十一日，起居間小有不康，趺坐就滅，報齡六十五，僧夏四十五。門人等下缺有再中之□；竺深奥義，永無重問之期。敬以其年九月十三日下缺珠耀如也。保護將返于甘泉山門，途中憩古陶唐城，敬展省禮下缺泣珍之贈；在□□□，靈貺之祥。起塔山門，式彰永敬，嘉以重崩，崛起下缺琦，傳乎不朽者也。其銘曰：

眼界無染，心燈嗣輝。不下缺解行齊歸。倏爾示滅，教將疇依？其一　故國漢南，高名海内下缺謹讓流輩。一旦云亡，時來不再。其二　掞詞貞石，銘德傳芳。下缺追慕如昨，遐猷不忘。其三

唐大和六年歲次壬子十月庚申朔一日

（《全唐文補編》中册八三八頁）

三二一三　大唐安國寺故内外臨壇大德寂照和上碑銘并序

宣德郎守秘書省著作郎充集賢殿修撰上柱國段成式纂

釋氏徒毗尼者，雖不轍乎意地，而形骸之外，是釭是輻。火宅煽赫，羊鹿效駕，亦各也視中夏聖人。刑自墨數三千，或由性戾，將墨而之贖金也，將贖而之畫衣慚懼也，以至蹙芻視袷，未嘗犯者。信生於互，鄉可約束，至顔氏子也。西方聖人設戒二百五十，俾隄限身口，徑出生死。今言法者，彀喉舌鏑鎧其人。我性鏝戾垢，不常澡雪，近非延嫈，或不能孕業人天也。言禪者失之理圯，漸磴一念五位不及能者。吾見其爲泥人，若射箭也，至乎畛。生死之流，閡身口之岐，其在毗尼乎？國初有宣聲乎毗尼，寂寂然將二百年，有照公嗣焉。大德號寂照，字法廣，族龐氏，京兆興平人。父詮，灌鍾府折冲，鎮於咸陽馬跑泉精祠。母竇氏嘗夢禮掌塔，既而有娠，不嗜葷腴。及産，吮而不啼，憖而始誰？竇氏日滋善種，福塍穎碩，請介處不饁，其夫許之。塊然若居士之室，太常之齋也。雖蚖口於床，將蠚不觸，遂同謁總持寺積禪師，始具五戒。大德隸執箑，年昉七歲，宇泰定者，仡如顛白，積公異之。父即留爲童，俾勤汲煬，不難離别。初讀《法華經》，五行俱下。次授《維摩經》《俱舍論》，未終熱際，腹三百幅，衆號聖童，遂毁髮焉。如匠之度木，中若蠹蝎，心入震火，叩之其聲虚嘶，爲桴則速腐，不能久持大厦。故皷地之桐，大士之種也；凋梓之腹，大士之聲也；荆氏之林，大士之用也。而猊弦號鐘，一鼓殷然。大曆十四年，西明寺遇方等壇試得度，隸於慈悲寺。初肄《四分》，勤不交睫，即開講於海覺寺，著名兩街。後弋志於《涅槃經》《起信論》，功汰六塵，理混四生，壞隄瀵激，宗流於性。或有墨守慢堞，利喙三尺，一被僞答，暗革埏範，固毗耶比丘不足以解疑悔也。貞元六年，詔啓無優王寺舍利，因遊鳳翔。擅律學者從而響臻，大德規規不怠，處衆如表，影惟直矣。或珥多羅葉者，鉢蒲萄蔓者，不病面而鑑壁者，染爪而半月形者，悉慚由右門而出也。十年春，將夏於清凉山。清凉山，曼殊大士是司。鱗長遊之不誠，必有疾雷烈風。大德胝跰膜拜，終日不息。見若白構而梁，木散而釭，虡乳瓢於霓末，戟網栂於曦表，其光大而綆直，細而螢滴，詭狀雲互，瞥影電炡，千變萬化，不可窮極。居山雪首者驚曰：「自有此山，未有此相。由大德行潔誠著也。」因履及蔚州，入到此山。險如楞伽，勢如喬陟。楩檜駢植，衢柯四布。夏籟所及，百俊苔色。其下楬車夜千，綿攣芊芊。相傳云普賢地也。大德望麓一禮，五雲觸石。越一年，之太白，復賓於虢，止法會福慶寺，往來於渭濱鄘塢間。十餘年後，教授隴州，稠林槎枿，魔界日蹙。時昭義劉公邕在普潤，息女出家，請大德具戒焉。元和初，疊鐘創鉅，戚難跂及。至三年，於咸陽魏店立尊勝幢，祈禠法界也。其年，功德使請住安國寺，尋移聖容院，俾二望僧主之，錫二時服，各隸七人，大德一數也。自長慶中、寶曆末、大和初，皆駕幸安國寺。大德導於前蹕，儀容偈答，不隔旒纊。因詔入内，夏於神龍寺。大和二年，來延唐寺。數乎菩提，恤乎禪那。洎七年冬季，上弦而疾，下弦而病。將化之夕，異香滿風，體可折支。其月，闍維於寺北原。僧年七十六，僧夏五十七。置幢於積祖師塔院，門人神晏啓初紀日於幢，其詞蔚然矣。門人律大德智文其行惟肖，門人契玄駕説者也。大德設臯玄構，心迹規矩，若日出於湯谷，至於昆吾，是謂正中。其徒化之，賓賓然不差浄觸。噫！大德之去，佛日虞泉矣。門人興善寺實相上人，惡俗决疢，髑處塵外，嗣師之志。以成式腹笥三藏，請詞其德。銘曰：

汗汗玄流，導於港溝。覺路垣夷，羭鷹其軥。燧明厚夜，業白東晷。由之不懈，二乘其軓。惟宣斯述，惟寂斯紹。傴盭樛枉，影直其表。性苦擢筠，貌寒聳冰。珠數絶貫，衣持壞膝。志完海囊，爲正法朋。隄防意地，林猿不騰。簷蔔惟嗅，多羅不斷。鳴癡翼慧，無明破卵。爐其業茀，弦厥乘緩。駛絶中流，平漚抉渾。一雨濯枝，嵐飆鼓翰。偈古雲碧，庭秋桂丹。群木繩方，衆景圭端。資糧跰跣，長途僅半。翛然而往，慧曦晼晚。卯樹螬實，柰萎霜苑。甚垢斯濘，衆縛斯繭。覺源昉醮，大宅灾熚。迪豪詎昏，品蓮詎凋。行著高石，劫窮不消。

少華山樹谷僧無可書，處士顧玄篆額，刻玉册官李郢刻字

開成六年歲次辛酉正月癸酉朔六日戊寅門人圓進、□一、德鑒、思津、令則、弘菀、維清、啓弁、少吟、志堅、維慶等同建

（《金石萃編》卷一〇八；《全唐文》卷七八七；《咸陽碑石》九三頁）

三二四　唐故唐安寺抽住大德比丘尼明空墓誌銘并序

鄉貢進士王鋋撰

大德諱明空，姓段氏，齊郡人也。大王父貫，皇鎮軍大將軍、守懷州刺史，襲褒國公。王父皎，皇彭州參軍事，贈資州刺史。皇考興宗，皇鳳翔府司録。大德生此德門，幼而聰敏，當在齠齔，有老成之風，中外咸氣，無不推重。迨至笄年，爰議行適，得隴西公李君俞者，亦當世之茂族，其他略而不書。及李氏將殁，因兹出家。律範僧容，特爲人表，非熟舊莫可得而知也。以大和八年十一月廿日疾作，薨於唐安精舍，享年九十春，僧臘六十夏。有女子一人，痛幼冲之早孤，吊形影之單孑，不衣綵，不茹葷，齋心落髮，使請歸依，遂得終養高堂，實懿範之可佳也。法名圓净，哀號泣血，杖而後起。以其年十二月廿日護□窆於萬年縣寧安鄉北李村，不祔先塋，以其歸佛故也。銘曰：

旌旐輪車遲以驅，漫漫長夜，寂寂幽衢。嗚呼哀哉永爲訣，古原月冷霜風切。

（《八瓊室金石補正續編》卷三五；《全唐文補編》下册二三〇五頁；《石刻題跋索引》二〇五頁）

三二五　大唐泗洲開元寺臨壇律德徐泗濠三州僧正明遠大師塔碑銘并序

娑婆世界中有釋迦如來，出爲上首。如來滅後，像法中或羅漢僧，或菩薩僧，在在處處，出爲上首。佛道未喪，間生其人。故泗洲開元寺臨壇律德大師，實一方上首也。大師，譙郡酇人，世姓暴氏，僧號明遠。七歲依本郡霈禪師出家，十九從泗州靈穆律師受具戒。五夏，通《四分律》《俱舍論》，乃升講座，乃登戒壇。元和元年，衆請充當寺上座。明年，官補爲本州僧正，統十二部。開元寺北地二百步，作講堂七間，僧院六所。又淮泗間地卑多雨潦，歲有水害。師與郡守蘇遇等謀，於沙湖西隙地創避水僧坊，建門廊、廳堂、厨厩二百間，植松杉楠檉檜一萬本。由是僧與民無墊溺患。旋屬灾焚本寺，寺殲、像滅、僧潰者數年。師與徐州節度使王侍中有緣，遂合願叶力，再造寺宇。乃請師爲三郡僧正，奏乞連置戒壇，因其施利，廓其規度。侍中又以家財萬計助而成之。自殿閣堂亭廊庖廩藏，洎僧徒臧獲傭保馬牛之舍，凡二千若干百十間。其中像設之儀，器用之具，一無闕者。長慶五年春作，太和元年秋成。輪奂莊嚴，星環棋布。如自地踊，若從天降。供施無虚日，鐘梵有常聲。四衆知歸，萬人改觀。於是增上慢者起敬，種善根者發心。利喜饒益，叵能具舉。若非大師於福智僧中而得第一，若非侍中於敬修人中亦爲第一，則安能作大佛事而中興像教者乎？故如來所謂：「我滅後，我法傳授於弟子，囑於大臣。」斯言信矣！師以大和八年十二月十九日齋時，終於本寺本院。是月二十九日，道俗衆萬輩，恭敬悲泣，備涅槃威儀，遷全身歸於湖西磚塔，遵本教而奉先志也。報年七十，僧臘五十有一。始出家訖於遷化，志業行願，道力化緣，引而伸之，隨日廣大。前後臨戒壇者八，登律座者十有五，僧尼得度者三萬衆，江淮行化者四十年。或疑是人如來所使羅漢菩薩，吾焉知之？初，大師以功德爲心，既成而化；侍中以譔録見託，未就而薨。今按弟子僧亮、元素行狀序而銘之。嗚呼！所以滿大師之願，終侍中之志也。銘曰：

平地踊塔，多寶示現。險路化城，導師方便。繄我大師，亦有大願。像法是弘，塔廟是建。佛人交接，兩得相見。法有毗尼，衆有僧尼。承教於佛，得度於師。宣傳戒藏，振起律儀。四十餘載，勤而行之。福德如空，不可思議。緣合而來，功成而去。知性不動，色身無住。示有遷化，非實滅度。表塔勒銘，門人戀慕。

（《白居易集》卷六九；《全唐文》卷六七八）

三二六　東都十律大德長聖善寺鉢塔院主智如和尚茶毗幢記

浮圖教有茶毗威儀，事具《涅槃經》。陀羅尼門有佛頂咒功德，事具《尊勝經》。經文甚詳，此記不載。今但載大師僧行佛事，興建幢義趣而已。大師姓吉，號智如，絳郡正平人。自孩及童，不飲酒，不茹葷，不食肉，不兒戲。年十二，授經於僧皎。二十二，受具戒於僧晤，學《四分律》於曇濬律師，通《楞伽》《思益》心要於法凝大師。貞元中，寺舉省選，累補昭成、敬愛等五寺開法臨壇大德。由是行寖高，名寖重，僧尼輩請以聖善寺敕置法寶嚴持院處之。居十年，而法供無虚日，律講無虚月，使疑者信，墮者勤，增上慢者退。僧風驟變，佛事勃興，實我師傳授誘誨之力也。大和八年十二月二十三日，終於本院，報年八十六，僧夏六十五。明年正月十五日，合都城道俗萬數，具涅槃儀，移窆於龍門祖師塔院。又明年某月某日，用闍維法遷祔於奉先寺祖師塔西而建幢焉。噫！大師自出家至即世，前後講毗尼三十會，度苾蒭百千人，秉律登壇、施法行化者五十五載。而身相長大，面相端嚴，心不放逸，口無戲論，四部瞻仰，敬而畏之。矧又以直心坐道場，以密行傳法藏，爲東王城十大德首，爲南瞻部八關戒師，名冠萬僧，利及百衆。所謂提智慧劍，破煩惱賊，撾無畏鼓，降内外魔，凜乎佛庭之直臣，鬱乎僧壇之大將者也！初，師之將遷化也，無病無惱，晏坐齋心，領一童詣諸寺，遇像致敬，逢僧與遊，口雖不言，心若默别。後數日而化，識者異之。及臨盡滅也，告弟子言：「我殁後，當依本院先師遺法，勿塔勿墳，唯造《佛頂尊勝陀羅尼》一幢，寘吾荼毗之所。吾形之化，吾願常在，願依幢之塵之影，利益一切衆生，吾願足矣。」今院主上首弟子振公，洎傳法受遺侍者弟子某等若干人，合力建幢，以畢師志。振輩以居易辱爲是院門徒者有年矣，又十年以還，蒙師授八關齋戒，見託爲記，附於真言。蓋欲以奉本教而滿先願，尋往因而集來果也。欲重宣此義，以一偈贊之。偈云：

幢功德甚大，師行願甚深。孰見如是幢，不發菩提心？

（《白居易集》卷六九；《全唐文》卷六七六）

三二七　唐雲居寺故寺主律大德（史真性）神道碑銘并序

昔者金人教演西方，化流東土，神功莫測，妙用難窮，日月不能擬其明，聖賢無以究其奥。歷河沙之世界，論億劫之修行，既立三乘，又開不二，執之則纖毫有别，契之則絲髮無差。共證菩提，俱登解脱，巍巍蕩蕩，無得而稱，末代宗徒，隨性而入。大德諱真性，俗姓史氏，涿郡范陽人也。爰祖及父，晦迹夷名，嘉遁林泉，勤業皋壟。大德逸步孤立，介然而貞，性自天鍾，議非師得。觀色身之假立，潛趣真宗；知至道之可求，精修梵行。既端清而秉志，乃受具以依年。薰然律風，輝振前古。萬行由兹浸起，六事於是齊修。堅剛迴持，清净靡雜。狂風雖振，寧摇赤箭之莖；欲浪徒翻，不著青蓮之色。割煩惱之繫，利藴刜鐘；斷貪愛之緣，鋋含切玉。而乃聽讀忘倦，慈忍兼習，操持勇猛，佩服精進。非唯二百五十净戒，洞達玄關；抑以八萬四千法門，游泳真際。則知鴻鵠飛翔，必造雲霄之上；龍象趺躍，寧留沼沚之間？繇是四遠嚮從，一方瞻敬。高行善節，時爲美談。頃者，合寺耆年至於初學，同誠壹志，請朵寺綱。大德固執撝謙，抑而不許。乃曰：「雲山異境，禪律雜居。若非通明，何以悦衆？」大德曰：「顧無揵連統衆之術，且乏末田乞地之功。凡練紀綱，必資德業。非安於己，不利於人。」寺衆愈堅其辭，志不可奪，乃唱言曰：「佛刹戒嚴，固難條貫。考詳視履，非上德而誰？師之不從，吾將安附？」三請而後許之。四衆欣然，合寺相賀。大德至性平等，慧用圓明，規繩既陳，高卑自序。奉精勤以敬，策墮慢以嚴。共樂推誠，咸稱悦服。遂使施財者松門繼踵，賫供者溪路相望，佛宇益崇，常住滋贍。是知道行高而歸依雲赴，福德具而感應響從。又以巾錫之餘，牀榻之外，曾於本院别起道場，請高行數人轉藏經七遍。大德宿植精進，專至饒益。襦寒飯餧，每損節其衣盂；拯溺持癲，寧顧蹈其水火。殊蹤異行，難可思量。寒暑屢移，始終一貫。元和中，廉察使相國彭城劉公慕其高節，亟請臨壇，手字叠飛，使車交織。大德以情田不產，鑒用忘機，久處山林，已遂平生之志；那能師證，更登名利之場？徒觀馬勝之威儀，誰識羅侯之密行？懇寫牢讓，持堅不迴。暨大和有九祀，方伯司徒史公之領戎也，常目重山，聆風仰德，乃曰：「昔三藏傳經於天竺，六祖弘化於曹溪，方知涿鹿名區，時有異人間出。佛法漸遠，吾宗繼明。益傾南望之誠，兼陳北巷之敬。」奇香異藥，上服名衣，使命往來，難可稱計。以其年季秋下旬有三日，示疾，歸寂於本寺東院，俗年八十四，法歲六十五。猿馬悲鳴，松筠改色。凄凉士庶，喟悼元戎。於戲！火宅方然，羊車脱輻。師之已矣，人何歸依！大德學行該通，威德端肅。所依上足，皆是名人。難具升堂，聊書入室曰仲説、恒智、鑒直、惠增、志千、文展、寶定等七人焉。惟增也早歲辭鄉，遊京就學，曾於薦福寺講《大華嚴經》，聲振洪都，藝交清級，衆稱開士，時謂入流。細行密用，難具詳紀。直與千業擅小乘，學遊多地，盡得南山之要，皆揚東塔之能。彼四人者，精通秘奥，博達多聞，虎步蓮宫，鸞翔梵苑。感師之教，報師之恩，焚棺於碧岫之陽，起塔於清流之左。雖朝昏展敬，未盡所誠，更議刊乎貞琘，紀其盛德。良工方構，樸而未形。俄屬先朝大興沙汰，寺皆毁廢，僧遁林巖。洎佛日重明，屢更星歲，七人之内，唯寶定存焉。其誠則深，其力不置。有説公門人前寺主僧弘信，即釋門之孫也，戒律清肅，義心堅勇。悲本師之早殁，宿志未陳，與定公之相扶，再議崇立。訪余以至，感而直書，冀巡禮往來，披文知行。銘曰：

圓覺真乘，多不能造。吾師正性，盡入其奧。操持净行，契叶流教。意馬忘奔，心猿不踔。戒月圓滿，律風清凉。白璧無點，明珠有光。利根精進，密行包藏。破暗燈炬，濟難舟航。宰寺開經，施財供食。但益勤勵，曾無退息。時遵其義，衆悦其德。不可思議，多所饒益。法性無滅，色身有移。悲纏上足，追慕先師。既崇靈塔，又立豐碑。遺風餘烈，千古長垂。

咸通八年丁亥歲十一月四日建

（《全唐文》卷七五七；《房山石經題記彙編》一七頁）

開成

三二八　唐故左街僧録内供奉三教談論引駕大德安國寺上座賜紫大達法師（端甫）玄秘塔碑銘并序

江南西道都團練觀察處置等使朝散大夫兼御史中丞上柱國賜紫金魚袋裴休撰

正議大夫守右散騎常侍充集賢殿學士兼判院事上柱國賜紫金魚袋柳公權書并篆額

玄秘塔者，大法師端甫靈骨之所歸也。於戲！爲丈夫者，在家則張仁義禮樂，輔天子以扶世導俗；出家則運慈悲定慧，佐如來以闡教利生。捨此無以爲丈夫也，背此無以爲達道也。和尚其出家之雄乎！天水趙氏，世爲秦人。初，母張夫人夢梵僧謂曰：「當生貴子。」即出囊中舍利使吞之。及誕，所夢僧白晝入其室，摩其頂曰：「必當大弘法教。」言訖而滅。既成人，高顙深目，大頤方口，長六尺五寸，其音如鐘。夫將欲荷如來之菩提，鑿生靈之耳目，固必有殊祥奇表歟？始十歲，依崇福寺道悟禪師爲沙彌。十七，正度爲比丘，隸安國寺。具威儀於西明寺照律師，禀持犯於崇福寺昇律師，傳《唯識》大義於安國寺素法師，通《涅槃》大旨於福林寺崟法師。復夢梵僧以舍利滿琉璃器使吞之，且曰：「三藏大教盡貯汝腹矣。」自是經、律、論無敵於天下，囊括川注，逢原會委，滔滔然莫能濟其畔岸矣。夫將欲伐株杌於情田，雨甘露於法種者，固必有勇智宏辯歟？無何，謁文殊於清涼，衆聖皆現；演大經於太原，傾都畢會。德宗皇帝聞其名徵之，一見大悦。常出入禁中，與儒、道議論。賜紫方袍，歲時錫施，異於他等。復詔侍皇太子於東朝。順宗皇帝深仰其風，親之若昆弟，相與卧起，恩禮特隆。憲宗皇帝數幸其寺，待之若賓友，常承顧問，注納偏厚。而和尚符彩超邁，詞理響捷，迎合上旨，皆契真乘。雖造次應對，未嘗不以闡揚爲務。繇是天子益知佛爲大聖人，其教有大不思議事。當是時，朝廷方削平區夏，縛吴斡蜀，瀦蔡蕩鄆，而天子端拱無事，詔和尚率緇屬迎真骨於靈山，開法場於秘殿，爲人請福，親奉香燈。既而刑不殘，兵不黷，赤子無愁聲，蒼海無驚浪，蓋參用真宗以毗大政之明效也。夫將欲顯大不思議之道，輔大有爲之君，固必有冥符玄契歟？掌内殿法儀，録左街僧事，以標表净衆者，凡一十年。講《涅槃》《唯識》經論，處當仁傳授宗主，以開誘道俗者，凡一百六十座。運三密於瑜伽，契無生於悉地，日持諸部十餘萬遍，指净土爲息肩之地，嚴金經爲報法之恩。前後供施數十百萬，悉以崇飾殿宇，窮極雕繪，而方丈匡床，靜慮自得。貴臣盛族皆所依慕，豪俠工賈莫不瞻嚮，薦金寶以致誠，仰端嚴而禮足，日有千數，不可殫書。而和尚即衆生以觀佛，離四相以修善，心下如地，坦無丘陵，王公輿台皆以誠接。議者以爲成就常不輕行者，唯和尚而已。夫將欲駕横海之大航，拯迷途於彼岸者，固必有奇功妙道歟？以開成元年六月一日，西向右脅而滅。當暑而尊容若生，竟夕而異香猶鬱。其年七月六日，遷於長樂之南原，遺命荼毗，得舍利三百餘粒，方熾而神光月皎，既燼而靈骨珠圓。賜謚大達，塔曰玄秘。俗壽六十七，僧臘卌八。門弟子比丘、比丘尼約千餘輩，或講論玄言，或紀綱大寺，修禪秉律，分作人師，五十其徒，皆爲達者。於戲！和尚果出家之雄乎！不然，何至德殊祥如此其盛也？承襲弟子義均、自政、正言等，克荷先業，虔守遺風，大懼徽猷有時堙没。而今閤門使劉公，法緣最深，道契彌固，亦以爲請，願播清塵。休嘗遊其藩，備其事，隨喜讚嘆，蓋無愧辭。銘曰：

賢劫千佛，第四能仁，哀我生靈，出經破塵，教網高張，孰辯孰分？有大法師，如從親聞，經律論藏，戒定慧學，深淺同源，先後相覺，異宗偏義，孰正孰駁？有大法師，爲作霜雹，趣真則滯，涉俗則流，象狂猿輕，鉤檻莫收，柅制刀斷，尚生瘡疣。有大法師，絶念而遊，巨唐啓運，大雄垂教，千載冥符，三乘迭耀，寵重恩顧，顯闡讚導。有大法師，逢時感召，空門正闢，法宇方開，崢嶸棟梁，一旦而摧，水月鏡像，無心去來，徒令後學，瞻仰徘徊。

會昌元年十二月廿八日建

刻玉册官邵建和并弟建初鎸

（《西安碑林全集》二一卷，二二卷，二三卷；《金石萃編》卷一一三；《全唐文》卷七四三）

三二九　尼戒香等尊勝幢記

佛頂尊勝陁羅尼

（首行全泐）

上缺□□□□□□□□□菩提□□□□□□□有□□□□□戒香等，聰穎自天，堅慤□與，事父母下缺□□□□能盡□□自□□□□□□□晝夜□□之□，□□之□，□坐涕流，仰告穹蒼，遂造尊勝幢矣。上缺□□□□□□又具□□□靈便敢乎。亡人生十方□□，若塵士之□颰者乎，雲生五净，居天善住，合受七下缺□□□□□□□來□□□□遂免三塗苦報，□□□見之，感□□爲先師造焉。大德尼清敏，俗姓嚴，天水下缺胄族之胤矣。先祖諱挺之，任中□□郎。皇考官任卌二政，後除黃門侍郎、劍南東西兩川節度使，諱武。令□□□□□□□鐘□□□□華，六歲出家於上都遵善寺，廿授戒於□□□□焉。苦節住持，□□□之高躅，專精學道，□□□之

□□。□□□懸，照□□□□□□□□□高□□□□□□□地□□□□宴坐净慮而攝念，四衆欽敬，□□□大德□□□□□□□□嶺，超騰生死，□栖心□□□□□□□□□□□於空，王心印次，參禮於敬愛，東院知□□□□□□□□□□□本□自性情净，則□獲珠寶，求□而得，未曾得也。賢姪女隨芳□亮，致補闕嚴公諱楚之令淑也。風□天生，性堅神□，精修禪□，衆皆推之，亦昇臨壇之位也。嗚呼！先師居遷變世累，在□□□□膏肓疾來，藥餌無救，俗□□十九，僧臘□十□，以開成元年歲次景辰十一月景寅朔十一日，奄然遷化於□□□□□律戒香及諸門人等皆號泣□□□法永□□□祇園木暗於寒天，素幕瞻□愁色，幢□□□□禹□□□□□兼□□葬□原，禮也。其詞曰：

巍巍尊幢，靈瑞禎祥。□□墳墓，雲生十方。雄雄嚴氏，冠冕相繼。中書侍郎，兩川節度。清敏大德，□□塵滓。□□無爲，□□□□。□□□度，□□升航。如金百鍊，方始成剛。愁雲漠漠，古木蒼蒼。吊鶴□□，□□□□。□衣□□路，□□□□。□兮□□，□□□□。

（《八瓊室金石補正》卷四七）

三三〇　唐東都奉國寺禪德大師照公（神照）塔銘并序

大師號神照，姓張氏，蜀州青城人也。始出家於智凝法師，受具戒於惠萼律師，學心法於惟忠禪師。忠一名南印，即第六祖之法曾孫也。大師祖達摩，宗神會，而父事印。其教之大旨，以如然不動爲體，以妙然不空爲用，示真寂而不説斷滅，破計著而不壞假名。師既得之，揭以行化。出蜀入洛，與洛人有緣。月開六壇，僅三十載。隨根説法，言下多悟。由是裂疑網，拔惑箭，漸離我人相者，日日有焉；起正信，見本覺，頓發菩提心者，時時有焉。其餘退惡進善，隨分而增上者，不可勝紀。夫如是，可不謂煩惱病中，師爲醫王乎？生死海中，師爲船師乎？嗚呼！病未盡而醫去，海方涉而船失。粵以開成三年冬十二月，示滅於奉國寺禪院。以是月遷葬於龍門山，報年六十三，僧夏四十四。明年，傳教主院上首弟子沙門清閑，糾門徒，合財施，與服勤弟子志行等，營度喪事，卜兆於寶應寺荷澤祖師塔東若干步，窆而塔焉，示不忘其本也。其諸升堂入室、得心要口訣者，有宗實在襄，復儼在洛，道益在鎮，知遠在徐，日建在晉，道光在潤，道威在潞，雲真在慈，雲表在汴，歸忍在越，會幽、齊經在蔡，智全、景玄、紹明在秦，各於一方，分作佛事，咸鼓鐘鳴吼，龍象蹴蹋，斯皆吾師之教力也，不其盛歟！衆以余忝聞法門人，結菩提之緣甚熟，請於塔石序而銘曰：

伊之北西，洛之南東，法祖法孫，歸全於中。舊塔會公，新塔照公，亦如世禮，祔於本宗。

（《白居易集》卷七一；《全唐文》卷六七八）

三三一　清涼國師（澄觀）碑銘

寶月清涼，寂照法界。以沙門相，藏世間解。澄湛含虛，氣清鐘鼎。雪沃剡溪，霞横緱嶺。真室寥夐，靈嶽崔嵬。虛融天地，峻拔風雷。離微休命，實際龐鴻。奉若時政，革彼幽蒙。烱乎禹質，玄聖孕靈。德雲冉冉，凝眸幻形。谷響入耳，性不可爲；青蓮出水，深不可窺。才受尸羅，奉持止作。原始要終，克諧適莫。鳳藻瓌奇，遺演秘密。染翰風生，供盈二筆。欲造玄關，咽金一象。逮竟將流，龍飛千揚。疏新五頂，光銜二京。躍出法界，功齊百城。萬行芬披，華開古錦。啓迪群甿，與甘露飲。燮讚金偈，懷生保乂。聖主師資，聿興遐裔。貝葉翻宣，譯場獨步。譚柄一揮，幾回天顧。王庭闡法，傾河湧泉。屬辭縱辯，玄玄玄玄。紫衲命衣，清涼國號。不有我師，孰知吾道？九州傳命，然無盡燈。一人拜錫，統天下僧。帝綱冲融，潛通萬户。歷天不周，同時顯晤。卷舒自在，來往無踪。大士知見，允執厥中。西域供牙，梵倫遽至。奏啓石驗，嘉風益熾。敕俾圖真，相即無相。

海印大龍，蟠居方丈。哲人去矣，資何所參。即事之理，塔鎖終南。

（《全唐文》卷七四四）

會昌

三三二　唐故圭峰定慧禪師（宗密）傳法碑并序

金紫光禄大夫守中書侍郎兼户部尚書同中書門下平章事充集賢殿大學士裴休撰并書
金紫光禄大夫守工部尚書上柱國河東郡開國公食邑二千户柳公權篆額

圭峰禪師，號宗密，姓何氏，果州西充縣人，釋迦如來三十九代法孫也。釋迦如來在世八十年，爲無量人天聲聞菩薩説五戒、八戒、大小乘戒、四諦十二緣起、六波羅密、四無量心、三明六通、三十七品、十力四無畏、十八不共法、世諦、第一義諦、無量諸解脱三昧總持門。菩提涅槃，常住法性，莊嚴佛土，成就衆生，度天人教菩薩一切妙道，可謂廣大周密。廓法界於無疆，徹性海於無際，權實頓漸，無遺事矣。最後獨以法眼付大迦葉，令祖祖相傳，别行於世，非私於迦葉，而外人天聲聞菩薩也。顧此法，衆生之本源，諸佛之所證，超一切理，離一切相，不可以言語、智識、有無、隱顯推求而得，但心心相印，印印相契，使自證知光明受用而已。自迦葉至達摩，凡二十八世。達摩傳可，可傳璨，璨傳信，信傳忍，爲五祖。又傳融，爲牛頭宗。忍傳能，爲六祖。又傳秀，爲北宗。能傳會，爲荷澤宗，荷澤於宗爲七祖。又傳讓，讓傳馬，馬於其法爲江西宗。荷澤傳磁州如，如傳荆南張，張傳遂州圓，又傳東京照。圓傳大師。大師於荷澤爲五世，於達摩爲十一世，於迦葉爲三十八世，其法宗之系也如此。大師本豪家，少通儒書，欲干世以活生靈。偶謁遂州，遂州未與語。退遊徒中，見其儼然若思而無念，朗然若照而無覺，欣然慕之，遂削染受教。道成，乃謁荆南，荆南曰：「傳教人也，當盛於帝都。」復謁東京照，照曰：「菩薩人也，誰能識之？」後謁上都華嚴觀，觀曰：「毗盧華藏，能隨我遊者，其汝乎？」初在蜀，因齋次受經，得《圓覺》十二章，深達義趣，遂傳《圓覺》。在漢上，因病，僧付《華嚴》句義，未嘗聽受，遂講《華嚴》。自後乃著《圓覺》《華嚴》及《涅槃》《金剛》《起信》《唯識》《盂蘭》《法界》《觀行》《願經》等疏鈔，及《法義類例》《禮懺修證》《圖傳纂略》，又集諸宗禪言爲《禪藏》，總而叙之，并酬、答、書、偈、議、論等，凡九十餘卷，皆本一心而貫諸法，顯真體而融事理，超群有於對待，冥物我而獨運矣。議者以大師不守禪行，而廣講經論，遊名邑大都，以興建爲務，乃爲多聞之所役乎！豈聲利之所未忘乎？嘻！議者焉知大道之所趣哉！夫一心者，萬法之總也。分而爲戒、定、慧，開而爲六度，散而爲萬行。萬行未嘗非一心，一心未嘗違萬行。禪者，六度之一耳，何能總諸法哉？且如來以法眼付迦葉，不以法行。故自心而證者爲法，隨願而起者爲行，未必常同也。然則一心者，萬法之所生，而不屬於萬法。得之者，則於法自在矣；見之者，則於教無礙矣。本非法，不可以法說；本非教，不可以教傳。豈可以軌迹而尋哉？自迦葉至富那奢，凡十祖，皆羅漢，所度亦羅漢。馬鳴、龍樹、提婆、天親，始開摩訶衍，著論釋經，摧滅外道，爲菩薩唱首。而尊者闍夜獨以戒力爲威神，尊者摩羅獨以苦行爲道迹，其他諸祖或廣行法教，或專心禪寂，或蟬蜕而去，或火化而滅，或攀樹以示終，或受害而償債，是乃法必同而行不必同也。且循轍迹者非善行，守規墨者非善巧，不迅疾無以爲大牛，不超過無以爲大士。故大師之爲道也，以知見爲妙門，寂凈爲正味，慈忍爲甲盾，慧斷爲劍矛，破内魔之高壘，陷外賊之堅陣，鎮撫邪雜，解釋縲籠。遇窮子則叱而使歸其家，見貧女則訶而使照其室。窮子不歸，貧女不富，吾師耻之；二乘不興，四分不振，吾師耻之；忠孝不竝化，荷擔不勝任，吾師耻之；避名滯相，匿我增慢，吾師耻之。故遑遑於濟拔，汲汲於開誘，不以一行自高，不以一德自聳。人有依歸者，不俟請則往矣；有求益者，不俟憤則啓矣。雖童幼，不簡於敬接；雖驁佷，不怠於叩勵。其以闡教度生助國家之化也如此。故親大師之法者，貪則施，暴則斂，剛則隨，戾則順，昏則開，墮則奮，自榮者慊，自堅者化，徇私者公，溺情者義。凡士俗，有捨其家與妻子同入其法分寺而居者，有變活業、絶血食、持戒法、起家爲近住者，有出而修政理以救疾苦爲道者，有退而奉父母以豐供養爲行者。其餘憧憧而來，欣欣而去，揚袂而至，實腹而歸，所在甚衆，不可以紀。真如來付囑之菩薩，衆生不請之良友，其四依之人乎！其十地之人乎！吾不識其境界庭宇之廣狹深淺矣！議者又焉知大道之所趣哉？大師以建中元年生於世，元和二年印心於圓和尚，又受具於拯律師。大和二年慶成節，徵入内殿問法要，賜紫方袍爲大德。尋請歸山。會昌元年正月六日，坐滅於興福塔院，儼然如生，容貌益悦。七日而後，遷於函。其自證之力可知矣。其月二十二日，道俗等奉全身於圭峰。二月十三日，茶毗，初得舍利數十粒，明白潤大。後門人泣而求諸煨中，必得而歸。今悉斂而藏於石室，其無緣之慈可知矣。俗歲六十二，僧臘三十四。遺戒深明：「形質不可以久駐，而真靈永劫以長存，乃知化者無常，存者是我。死後舉施蟲犬，焚其骨而散之。勿墓勿塔，勿悲慕以亂禪觀。每清明上山，必講道七日而後去。其餘住持法行，皆有儀則。違者非我弟子。」今皇帝再闡真宗，追謚定慧禪師青蓮之塔，則塔不可以不建，石不可以不斵，且使其教自爲一宗，而學者有所標仰也。門人達者甚衆，皆明如來知見，而善説法要。或巖穴而息念，或都會而傳教，或斷臂以酬德，或白衣以淪迹。其餘一禮而悟道，終身而守護者，僧尼四衆數千百人，得其氏族道行可傳於後者，紀於别傳。休與大師於法爲昆仲，於義爲交友，於恩爲善知識，於教爲内外護，故得詳而叙之，他人則不詳。銘曰：

如來知見，大事因緣。祖祖相承，燈燈相燃。分光并照，顯説密傳。摧邪破魔，證聖登賢。漸之者入，頓之者全。孰紹孰興？圭峰在焉。甚大慈悲，不捨周旋。以引以翼，恐迷恐顛。直示心宗，傍羅義筌。廣收遠取，無棄無捐。金湯魔城，株杌情田。銷竭芟伐，大道坦然。功高覺場，會盛法筵。不染而住，淤泥青蓮。性無去來，運有推遷。順世而嘆，衆生可憐。風號曉野，鐘摧夜川。捨筏而去，溺者誰前？巖崖荆榛，阻絶危懸。輕錫而過，踣者誰肩？不有極慈，孰能後先？吾師何處，復建橋船。法指一靈，徒餘三千。無負法恩，永以乾乾。

□□□□□□□□府兼右街功德使驃騎大將軍行内侍省内謁者監□□□□□食邑三千户王元宥施碑石

大中七年正月十五日兼奏請塔額謚號當日下缺尉兼右街功德使奉天大將軍行下缺□元□施碑石

大中九年十月十三日建

鐫玉册官邵建初刻字

（《金石萃編》卷一一四；《全唐文》卷七四三；《鄠縣碑刻》三〇〇頁）

三三三　寶信法師墓經幢序

浮居之法，大略以指緣免情，以歸無爲爲宗。苟或邀，宜祈禱峙切。存迹，人必謂之與所宗乖戾。斯蓋嘩隨幻俗之説，而未殫其要歟！何則無爲無不爲，所以脱縛而遷妙，因情以遣情，所以借筏而超苦。苟拘空守一，是□木頑塊等也。雖寂寞百千歲，何所遷而證哉！又況修報而造因，標壙以存敬，尤不當捨最勝之法，置不朽之資。釋子從益由是造尊勝陀羅尼石幢，而識先師之穴也。始謹之師，法名寶信，是長安雲陽人也。少丐，養於中貴人李氏，莫審其係。嘗曰：「身且假息，性孰有真哉？」既壯，浪遊。去京城，至東都同德寺而悟真諦，因髡髮不去。又曰：「生且無住居，孰有常哉？」久而示化於其寺居，而撬於上東門之外。其徒僧法不墳，故多甓磚塔於其上，厥費甚夥，資窶不給，且不若石幢之有宜報也。石工既畢，遂□乞辭。嚴居臨法宮，而又接信公遊，實舊，甚樂道其道。因贊曰：

死者得歸，生者效勤。苟有潛應，豈無勝因。年維開成，曆在庚申。妙法貞石，長期不磷。

門人從益、從玩、從琬、從政

會昌元年歲次辛酉二月壬寅朔一日壬寅建

（《全唐文補遺》八輯一六二頁）

三三三四　唐故鳳光寺俊禪和上（常俊）之墓銘并序

和上諱常俊，俗姓張氏，清河人也。皇祖莊，皇考李，即李之第二子也。卯歲出家，年齡七十，僧夏卅。奄自會昌元年五月十五日示疾歿，即以其月廿六日，遷柩於常州無錫縣太平鄉卞村東一里官河西八十步張宗祖墓中，卜其宅兆庚首而安厝之，禮也。有門人文則、元通、伯昌，族兄秀、姪令容等，悲痛哀摧，涕淚交結。恐陵谷遷改，桑田變移，塋域無徵，乃刊磚而爲誌。銘曰：

禪宗内蘊，法印心結。永棄浮生，歸乎寂滅。

（《全唐文》卷九九七；《唐代墓誌彙編》會昌〇〇二號；《石刻題跋索引》二〇七頁）

三三三五　杭州鹽官縣海昌院禪門大師（齊安）塔碑

粤若大師示滅之四月，院主僧法昕萃諸門人，授簡於簡求曰：「若之師深索禪悦，爲本宗之門人，前時來謁我師，一言有得。今將以是月十七日，謹護法器，藏於靈龕。紀徽烈樂石者，非子而誰歟？」簡求於義諦無文字之解，辭不得已，乃粗舉其要以備用焉。師諱齊安，知者謂帝系之英，高門之出。先人因難播越，故師生於海汀郡焉。深避世榮，終秘族氏，尊其雅尚，故亦不書。在胎而夢日兆祥，既孕而神光下燭。數歲，有異僧款門召見，摩其頂曰：「鳳穴振儀，龍宫藏寶。紹隆之業，其在斯乎！」及丱，亟請出家，父母呵止之。師曰：「禄利之養，止於親爾，冥報之利，不其遠耶？珪組之榮，止於家爾，濟拔之利，不其廣耶？」父母感悦而順聽，遂依于本郡雲宗禪師。雖勤勞謙默，和光同塵，而螢月殊輝，鷄鶴異態矣。當年受具，乃詣南岳智嚴律師，外檢律儀，内照實相，非修非證，雅會真詮。後聞南康之龔工山大寂大師，隨化度人，慈緣幽感，裹足振錫，不日而至。本師奇而悦之，乃以辨惠暢其指歸，俾於刹那而登妙覺。及大寂蜕去，盡力送終。後遊於他方，爰弘於般若。且曰：「胎卵濕化，無非佛種；行住坐卧，皆是道場。方便隨迎，各安性類。妙心法眼，其有限乎？」元和末，師春秋已逾七十，而居越蕭山之法樂寺。寺古製陋，垣屋靡完，補壞扶傾，不克宴坐。時昕於海昌放生池壖廢地肇葺禪居焉，脩廊大殿，彩壁層甍，罘罳自屏，鱗介咸若。昕謙不自有，延請我師。慕學之徒從而至者，日比百數。迨今委化，年整二紀。釋子仰食，信士檀施。粳稌糗餌，蔬果飴糖，無精粗之分別，無凶禮之隆殺，星馳阜積，莫辨誰何。非冥報勝因，何以臻此？師不言寒暑，不下堂廡，無留盼，無傾聽，如此者蓋有年矣。每五日開法，四座屏氣，直心示體，引經證心，法外無言，叩之即應。不分迷悟，矧勝負之機耶！不有定慧，矧是非之相耶！與夫顯神通而振道業者，固相遠也。而又法身魁岸，相好莊嚴，眉毛紺垂，顱骨圓聳，望之者如仰高（嵩）華而揖滄溟，曾不測乎高深者也。於戲！德攸天縱，爲傳教之法雄；道實生知，蓋積習於聖位。聆其風者皆曰不可思議。粤以會昌壬戌歲十二月二十一日，泊然宴寂，俄爾示滅。先時而竹柏盡死，至是而精彩益振。爰有清響扣户，祥光滿室，如環佩之鏗鳴，若劍戟之交射。示現之相，豈由於我哉？嗟乎！流禪河於法海，寧有盡期？詮群品于三乘，同歸聖果。今也徒瞻妙相，永閟輝容。橋壞玄津，雲霾瑞日，學徒信士，哀可既乎！是用追採遺言，重宣教旨。銘曰：

人心常靈，法證常明。定慧一相，有無俱名。於此有得，自師歸寂。近取諸身，胡云不識？五千尊經，何限奥義。迷者見文，悟者見意。見者無住，指即是處。醫病未除，徒勞迴顧。我行慈悲，示爾蚩蚩。無鑿高原，自有清池。大師之言，一一真詮。不疑不怖，同歸善緣。

禪門大師碑陰記

會昌壬戌歲，簡求既撰大師碑銘，是月藏真身於法堂之西南隅，琬玉將刻，遭值難事，塔石圮坼，福地洿潴。今天子紹開洪基，保定景福，以爲生靈遷善，本乎化導之功；帝道無爲，雅契空寂之理。申明像教，以福群生，遂班示縣道，崇焕寺宇。余時分符吴郡，昕公實來，因以奉錢，即其故處，言興版築，肇畫規模。而檀施景隨，嘗功百態，楚材山委，郢匠星馳。俄而詔自九天，慶傳百郡，委廉使裁創新規。金容玉毫，華藏寶刹，凝輝呈瑞，雲矗山横。長廊四周，繚垣千步，巍巍巨塔，揭乎其中，周環重軒，金碧盡飾。非神功法力，曷以臻於此邪？於維大師，兼視報化。傳燈演法垂七十年，拔出於苦途者，何啻萬人；迎意而有得者，亦云數輩。物飽慈誘，人懷永思。雖法身不隔於存没，而遺迹願留於景像。昕公五行潛秀，六度圓成，啓有爲而悟無爲，來無從而去無至，智機玄應，心匠不疲。兹寺也，辟一乘之妙門，爲多士之福地。感通宸聽，爰錫寶題。猗歟韙哉！莫大之功也。

（《文苑英華》卷八六八；《全唐文》卷七三三）

大中

三三六　唐觀心寺禪律故尼大德（惟徹）墳前尊勝石幢記

大德續姓裴，法號惟徹，孟州人也。童子出家，住持此寺。□□經□，嚴約在身，戒行常持，終天無缺。大師善因宿植，天生法芽，金□□宣，無遺不攬。奈何大運有日，掩化有期。去大中二年，遷化於當寺，卅六夏，春秋□五。當便擇吉□□葬於河陽縣鹽坎北坡。子弟三人，上□義達、次慶宗、次元操，準教使□置一虚塔。今世僧尼多是甃磚爲之，尋恐隳壞，起堅牢於石。子弟等日夜寢食不安，各咸□□□□同造此幢。伏願和尚華資切德，蓮華代生，般若舟中，常遊法海；見存子弟，觀心不二，同證菩提，今生來生，共同佛會。乃爲讚曰：

陁羅尊勝，諸佛秘門，破諸地獄，能離垢塵。建資幢讚，用濟幽魂，巍巍不朽，萬古千春。

（《唐文拾遺》卷六一）

三三七　真監和尚（慧照）碑銘并序

前西國都統巡官承務郎侍御史内供奉賜紫金魚袋崔致遠奉教撰并書額

夫道不遠人，人無異國。是以東人之子，爲釋爲儒，必也西浮大洋，重譯從學。命寄刳木，心懸寶洲，虚往實歸，先難後獲。亦猶采玉者不憚昆丘之峻，探珠者不辭驪壑之深，遂得慧炬則光融五乘，嘉肴則味飫六籍，競使千門入善，能令一國興仁。而學者或謂身毒與闕里之設教也，分流異體，圓鑿方枘，互相矛盾，守滯一隅。嘗試論之。説詩者不以文害辭，不以辭害志，《禮》所謂「言豈一端而已」。夫各有所當，故廬峰慧遠著論，謂如來之與周孔，發致雖殊，所歸一揆。體極不兼應者，物不能兼受故也。沈約有云：「孔發其端，釋窮其致。」真可謂識其大者，始可與言至道矣。至若佛語心法，玄之又玄，名不可名，説無可説。雖云得月，指或坐忘，終類係風，影難行捕。然陟遐自邇，取譬何傷？昔尼父謂門弟子曰：「予欲無言，天何言哉？」則彼浄名之默對文殊，善逝之密傳迦葉，不勞鼓舌，能叶印心。言天不言，捨此奚適？而得遠傳妙道，廣耀吾鄉，豈異人乎？禪師是也。禪師法諱慧照，俗姓崔氏，其先漢族，冠蓋山東。隋師征遼，多没驪貊，有降志而爲遐甿者。爰及聖唐，囊括四郡，今爲全州金馬人也。父曰昌元，在家有出家之行。母顧氏，嘗晝假寐，夢一梵僧謂之曰：「吾願爲阿孃之子，以琉璃罌爲寄。」未幾娠禪師焉。生而不啼，乃夙挺銷聲息言之勝芽也。既齔，從戲必焚葉爲香，采花爲供。或西嚮危坐，移晷未嘗動容。是知善本固百千劫前所栽植，非可跂而及者。自丱𠇍弁，志切反哺，跬步不忘。而家無斗儲，又無尺壤，可盗天時者。口腹之養，惟力是視。乃裨販娵隅，爲贍滑甘之業。手非勞於結網，心已契於忘筌。能豐啜菽之資，允叶采蘭之榮。洎鍾艱棘，負土成墳，乃曰：「鞠育之恩，聊將力報。希微之旨，盍以心求？吾豈匏瓜，壯齡滯迹？」遂於貞元廿年，詣歲貢使，求爲枋人。寓足西泛，多能鄙事，視險如夷，揮楫慈航，超截苦海。及達彼岸，告國使曰：「人各有志，請從此辭。」遂行至滄州，謁神鑑大師。投體方半，大師怡然曰：「戲別匪遥，喜再相遇。」遽令剃染，頓受印戒，若火添燥艾，水走卑窪然。徒中相謂曰：「東方聖人，於此復見。」禪師形貌黯然，衆不名而目爲黑頭陀。斯則探玄處默，真爲漆道人後身。豈比夫邑中之黔，能慰衆心而已哉！永可與赤髭青眼以色相顯示矣。元和五年，受具於嵩山少林寺琉璃壇，則聖善前夢，宛若合符。既瑩戒珠，復歸横海。聞一知十，茜絳藍青。雖止水澄心，而斷雲浪迹。粤有鄉僧道義，先訪道於華夏，邂逅適願，西南得朋，四遠參尋，證佛知見。義公前歸故國，禪師即入終南，登萬仞之峰，餌松實而止觀，寂寂者三年。後出紫閣，當四達之道，織芒屩而廣施，憧憧者又三年。於是苦行既已修，他方亦已遊，雖曰觀空，豈能忘本？乃於大和四年來歸，大覺上乘，照我仁域。興德大王飛鳳筆迎勞曰：「道義禪師曏已歸止，上人繼至，爲二菩薩。昔聞黑衣之傑，今見縷褐之英。彌天慈威，舉國欣賴。寡人行當以東鷄林之境，成吉祥之宅也。」始憩錫於尚州露嶽長柏寺，醫門多病，來者如雲。方丈雖寬，物情自隘。遂步至康州知異山，有數於菟哮吼前導，避危從坦，不殊俞騎，從者無所怖畏，豢犬如也。則與善無畏三藏結夏靈山，猛獸前路，果入山穴，見牟尼立像，宛同事迹。彼竺曇猷之扣睡虎頭令聽經，亦未專媺於僧史也。因於花開谷故三法和尚蘭若遺基纂修堂宇，儼若化成。洎開成三年，愍哀大王驟登寶位，深託玄慈，降璽書，饋齋費，而別求見願。禪師曰：「在勤修善政，何用願爲？」使復于王，王聞之愧悟，以禪師色空雙泯，定慧俱圓，降使賜號爲「慧照」，「昭」字避聖祖廟諱，易之也。仍貫籍於大皇龍寺，徵詣京邑，星使往復者交轡于路，而嶽立不移其志。昔僧稠拒元魏之三召，云：「在山行道，不爽大通。」栖幽養高，異代同趣。居數年，請益者稻麻成列，殆無錐地。遂歷銓奇境，得南嶺之麓，爽塏居最，經始禪廬，却倚霞岑，俯壓雲澗。清眼界者隔江遠岳，爽耳根者迸石飛湍。至如春谿花，夏徑松，秋壑月，冬嶠雪，四時變態，萬象交光，百籟和唫，千巖競秀。嘗遊西土者，至止咸愕，視爲遠公東林移歸海表。蓮花世界，非凡想可擬。壺中別有天地，則信也。架竹引流，環階四注，始用「玉泉」爲牓。屈指法胤，則禪師乃曹溪之玄孫。是用建六祖影堂，彩飾粉墉，廣資導誘。《經》所謂「爲説衆生故，綺錯繪衆像」者也。大中四年正月九日詰旦，告門人曰：「萬法皆空，吾將行矣。一心爲本，汝等勉之。無以塔藏形，無以銘記迹。」言竟坐滅。報年七十有七，積夏四十一。于時天無纖雲，風雲欻起，虎狼號咽，杉栝變衰。俄而紫雲翳空，空中有彈指聲，會葬者無不入耳。則《梁史》載，褚侍中翔嘗沙門爲母疾祈福，聞空中彈指，聖感冥應，豈誣也哉！凡志於道者，寄聲相吊；未亡情者，銜悲以泣。天下痛悼，斷可知矣。靈函幽隧，預使備具。弟子法諒等號奉色身，不踰日而窆於東峰之冢，遵遺命也。禪師性不散樸，言不由機，服暖緼黂，食甘糠麧，芧菽雜糅，蔬佐無二。貴達時至，曾無異饌。門人以參腹進難，則曰：「有心至此，雖糲何害？」尊卑耋稚，接之如一。每有王人乘馹傳命，遥祈法力，則曰：「凡居王土而戴佛日者，孰不傾心獲念，爲君貯福，亦何必遠污綸言於枯木朽株？傳乘之飢不得齕，渴不得飲，吁！可念也。」或有以胡香爲贈者，則以瓦載塘灰，不爲丸而焫之，曰：「吾不識是何臭，虔心而已。」復有以漢茗爲供者，則以薪爨石釜，不爲屑而煮之，曰：「吾不識是何味，濡服而已。」守真忤俗皆此類也。雅善梵唄，金玉其音，側調飛聲，爽快哀婉，能使諸天歡喜，永於遠地流傳。學者滿堂，誨之不倦。至今東國習魚山之妙者，競如掩鼻效玉泉餘響，豈非以聲聞度之之化乎？禪師泥洹當文聖大王之朝，上惻仙衿，將寵净謚。及聞遺戒，愧而寢之。越三紀，門人以陵谷爲慮，扣不朽之緣於慕法弟子。内供奉一吉干楊進方、崇文臺鄭詢一，斷金爲心，勒石是請。憲康大王恢弘至化，欽仰真宗，追謚真監禪師大空靈塔，仍許篆刻，以永終譽。懿乎日出暘谷，無幽不燭；海岸植香，久而彌芳。或曰：「禪師垂不銘不塔之戒，而降及西河之徒，不能確奉先志，求之歟？抑與之歟？適足爲白珪之玷。」噫！非之者，亦非也。不近名而名彰，蓋定力之餘報。與其灰滅電絶，曷若爲可爲於可爲之時，使聲振大千之界？而龜未戴石，龍遽昇天。今上繼興，塤篪相應，意諧付囑，善者從之。以鄰岳招提有玉泉之號，爲名所累，衆耳致惑，將俾棄同即異，則宜捨舊從新，使視其寺之所枕倚，則以門臨複澗爲對，乃錫題爲「雙溪」焉。申命下臣曰：「師以行顯，汝以文進，宜爲銘。」致遠拜手曰：「唯唯。」退而思之，頃捕名中州，嚼腴咀雋於章句間，未能盡醉衢樽，唯愧深跧泥甃。况法離文字，無地措言。苟或言之，北轅適郢。第以國主之外護，門人之大願，非文字不能昭昭乎群目，遂敢身從兩役，力效五能。雖石或憑言，可慚可懼，而道强名也，何是何非？掘筆藏鋒，則臣豈敢？重宣前義，謹札銘云：

杜口禪那，歸心佛陀。根熟菩薩，弘之靡他。猛探虎窟，遠泛鯨波。去傳秘印，來化斯羅。尋幽選勝，卜築巖磴。水月澄懷，雲泉寄興。山與性寂，谷與梵應。觸境無閡，息機是證。道贊五朝，威摧衆妖。默垂慈蔭，顯拒嘉招。海自飄蕩，山河動摇。無思無慮，匪斲匪雕。食不兼味，服不必備。風雨如晦，始終一致。慧柯方秀，法棟俄墜。洞壑凄凉，煙蘿憔悴。人亡道存，終不可諼。上士陳願，大君流恩。燈傳海裔，塔聳雲根。天衣拂石，永耀松門。

僧慶榮刻字

（《崔致遠全集》下册六〇九頁；《金石續編》卷二一；《唐文拾遺》卷四四）

三三八　唐故舟濟律師墓誌銘并叙

兄朝散大夫使持節潁州諸軍事守潁州刺史充本州團練使上柱國賜紫金魚袋中庸撰

師號舟濟，魏氏姓，鉅鹿人。其先事晉，有和戎大勛，錫二八之樂。厥後馨香焕赫，世載其美。自五代祖至曾祖，官謚名諱不書，蓋先大夫銘誌詳矣。大父諱炤，天寶中詞賦之首，今賦集中有蜩甲是也，終大理評事。皇考諱懿文，興元元年爲咸陽尉。時朱泚叛，德宗西幸。自令丞諸曹，咸走避賊。鑾輿卒至，公挺然供備。已而棄血屬，面乞隨駕。詔公姑主縣務，不得已而留之。明年，上還京師，公于瘡痏荆棘之後，辦六師百辟之餼，肴酒飫羡，民一無擾。今所著《奉天記略》無其實。孟軻所謂盡信書，不如無書。其格言哉！累遷御史、尚書郎，賜緋魚袋，贈大理卿。師，大理第五女。自岐嶷多疾，生不葷食。奉理命，依桑門教。元和中，授具戒於長安崇敬寺律大德常寂。其持奉精懇，流輩多之。武宗時，去浮圖氏法，蓮宫金地，四海一空。於是始有瑶池金籙之願。大中初，龍象复興，師以平生之志，又復剃落，不忘本也。己巳歲，其兄爲汝陰守，師隨嫂侄至郡。明年仲春月旬有二日，示終於郡之官舍，享年六十，僧夏三十二。自初疾至於化滅，凡百有二日。醫之良者，巫之神者，一呼雲集，競閿其效。豈長短之分必前定耶？抑禱祀之敬有不至耶？殊方殘年，長慟何及。其年四月十二日，歸祔於盟津流河先塋之側。師之律伴曰元信，耿操專志，與師一也，願植松檟，終身墓旁。元兄中庸雪泣叙事，詞不誣如其事，事之實如其詞。銘曰：

昏塵浩浩輸鞅馳，東波太古閑無時。畏影疾走影愈隨，何必徑竇道甚夷。昔也未寤心嗟咨，今也既寤安無爲。内證禪那外毗尼，嘩場寂室靡不宜。一成風燭今何之，萬古精魄流水湄。孤城蒼蒼雲月悲，撫棺永訣痛無期。

潁州團練押衙朝散請郎前行饒州樂平縣尉李兢奉處分書

（《全唐文補遺》九輯四一三頁）

三三九　潭州大溈山同慶寺大圓禪師（靈祐）碑銘并序

天下之言道術者多矣，各用所宗爲是。而五常教化人事，不外於性命精神之際。史氏以爲道家之言，故老莊之類是也，其書具存。然至於蕩情累，外生死，出於有無之間，昊然獨得，言象不可以擬議，勝妙不可以意況，則浮屠氏之言禪者，庶幾乎盡也。有口無所用其辯，巧歷無所用其數，愈得者愈失，愈是者愈非。我則我矣，不知我者誰氏；知則知矣，不知知者何以。無其無不能盡，空其空不能了。是者無所不是，得者無所不得。山林不必寂，城市不必喧。無春夏秋冬四時之行，無得失是非去來之迹。非盡無也，冥於順也。遇所即而安，故不介於時；當其處無必，故不蹋於物。其大旨如此。其徒雖千百，得者無一二。近代言之者必有宗，宗必有師，師必有傳。然非聰明瑰宏傑達之器，不能得其傳。當其傳，皆是時之鴻龐偉絶之度也。今長沙郡西北有山名大溈，蟠林穹谷，不知其嵐幾千百重，爲熊豹虎兕之封，虺蜮蚺蟒之宅。雖夷人射獵，虞迹樵甿，不敢田從也。師始僧號靈祐，福州人。笠首屩足，背閩來遊。庵於翳薈，非食時不出。凄凄風雨，默坐而已。恬然晝夕，物不能害。非夫外生死、忘憂患、冥順天和者，孰能與於是哉？昔孔門殆庶之士以簞瓢樂陋巷，夫子猶稱咏之不足，言人不堪其憂，以其有生之厚也。且死生於人，得喪之大者也。既無得於生，必無得於死；既無得於得，必無得於失。故於其間得失是非，所不容措，委化而已。其爲道術，天下之能事畢矣。皆涉語是非之端，辯之益惑，無補於學者，今不論也。師既以茲爲事，其徒稍稍從之，則與之結構廬室，與之伐去陰黑，以至於千有餘人。自爲飲食綱紀，而於師言，無所是非。其有問者，隨語而答，不强所不能也。數十年言佛者，天下以爲稱首。武宗毁寺逐僧，遂空其所。師遽裹首爲民，惟恐出蚩蚩之輩，有職者益貴重之矣。後湖南觀察使故相國裴公休酷好佛事，值宣宗釋武宗之禁，固請迎而出之，乘之以己輿，親爲其徒列。又議重削其鬚髮，師始不欲，戲其徒曰：「爾以鬚髮爲佛耶？」其徒愈强之，不得已又笑而從之。復到其所居，爲同慶寺而歸之。諸徒復來，其事如初。師皆幻視，無所爲意。忽一二日，笑報其徒，示若有疾。以大中七年正月九日，終於同慶精廬，年八十三，僧臘五十五，即窆於大潙之南阜。其徒言將終之日，水泉旱竭，禽鳥號鳴，草樹皆白。雖有其事，語且不經，又非師所得之意，故不書。師始聞法於江西百丈懷海禪師，謚曰大智。其傳付宗系，僧牒甚明，此不復出。師亡後十一年，其徒有以師之道上聞，始詔加謚號及墳塔，以厚其終。豈達者所爲耶？噫！人生萬類之最靈者，而以精神爲本。自童孺至老白首，始於飲食，漸於功名利養，是非嫉妒，得失憂喜，晝夜纏縛。又其念慮未嘗，時餉歷息，煎熬形器，起如寃讎。行坐則思想，偃卧則魂夢，以耽沈之利欲，投老朽之筋骸。餐飯既耗，齒髮已弊，又拔白餌藥，以從其事，外以夸人，内以欺己。曾不知息形休影，捐慮安神，自求須臾之暇，以至溘然而盡。親交不啻如行路，利養悉委之他人，愧負積於神明，辱殆流於後嗣，淫渝汗漫，不能自止。斯皆自心而發，不可不制以道術。道術之妙，莫有及此。佛經之說，益以神性，然其歸趣，悉臻無有。僧事千百，不可梗概，各言宗教，自號矛盾，故褐衣髡首，未必皆是。若予者，少抱幽憂之疾，長多羈旅之役，形彫氣乏，嘗不逮人，行年五十，已極遲暮。既無妻子之戀，思近田閭之樂，非敢强也，恨不能也。况洗心於是，踰三十載。適師之徒有審虔者，以師之圖形自大潙來，知予學佛，求爲讚說。觀其圖狀，果前所謂鴻龐偉絶之度者也。則報之曰：「師之形實無可贊，心或可言，心又無體，自忘吾說。」審虔不信，益欲贊之云云。既與其贊，則又曰：「吾從居大潙者尚多，感師之開悟者不一。相與伐石，欲碑師之道於精廬之前，欲其文辭近吾師之側。」謂予又不得不爲也，予笑不應。後十來予門，益堅其說。且思文字之空與碑之妄，空妄既等，則又何虞？咸通六年歲在乙酉，草創其事。會予有疾，明年二月，始迄其銘。又因其說，以自警觸，故立其意，不專以褒大潙之事云爾。銘曰：

湖之南，湘之西。山大潙，深無蹊。虎日嘯，猿又啼。雨槭槭，風淒淒。高入雲，不可梯。雖欲去，誰與攜？彼上人，忘其身。一晏坐，千餘旬。去無疏，來無親。夷積阻，構嶙峋。棟宇成，供養陳。我不知，徒自勤。物之生，孰無情。識好惡，知寵驚。真物藏，百慮陳。隨婉轉，任崢嶸。雲糊天，月不明。金在鑛，火收熒。我不知，天地先。無首尾，功用全。六度備，萬行圓。常自隨，在畔邊。要即用，長目前。非艱難，不幽玄。哀世徒，苦馳驅。覓作佛，何其愚。算海沙，登迷廬。眼喘喘，心區區。見得失，繫榮枯。棄知覺，求形模。近似遠，易復難。但無事，心即安。少思慮，簡悲歡。浄蕩蕩，圓團團。更無物，不勞看。聽他語，被人謾。生必死，理之常。榮必悴，非改張。造衆罪，欺心王。作少福，須天堂。善惡報，正身當。自結果，無人將。心作惡，口説空。欺木石，嚇盲聾。牛阿房，鬼五通。專覷捕，見西東。禁定住，陽朦朧。與作爲，事不同。最上乘，有想基。無結浄，本無爲。人不見，自心知。動便是，莫狐疑。其下説，没文詞。識此意，見吾師。

（《全唐文》卷八二〇）

三四〇　大唐崇福寺故僧録靈晏墓誌并序

弟子内供奉講論兼應制引駕大德彦楚述

右街福壽寺内道場講論大德紹蘭書

得其時而行，君子也；應其感而見，祥瑞也。右街故賜紫僧録諱靈晏，生聖明之代，紹釋氏之教，姓氏南陽也。祖曜，父錤，並樂道雲林，高尚其志，吟咏風月，事罔能拘。和尚童年入道，固願莫違，天然發心，永求剃落，遂爲舊崇福寺翻經五部持念、翰林待詔、檢校鴻臚少卿、賜紫廣濟和尚弟子。哲而能睿，一聞澈悟。年十三，講《最勝王經》及《涅槃經》，師習者雲聚，達解者河沙，纔聆法音，終坐如渴。貞元十四年，圓大戒品於崇聖寺靈壇矣。首自憲宗，達於大和，獻壽累朝，每悦天恩。其年，法門寺佛中指節骨出見，輔翼迎送，人望所推。開成五祀，護軍中尉擢才奏聞，録右街僧務，兼紀綱寺宇，條而不紊。洎乎大教暫微，堅志無替，再啓玄理，又録緇徒，重賜紫衣，兩任其首。於戲！月制之歲，羸疾彌加，乃命門人義秀等令諷諸真言，一夕繼響，從暮至曉，聽而生敬。一性雖云常住，四大倏然有歸。以大中十年歲次丙子庚子之月廿九日寅時，自累雙足，奄然而逝。即以明年春二月廿二日庚寅，遷葬於京兆府長安縣龍首鄉祁村之原，從衆生願也。義秀等將虞岸谷，刊勒貞珉，灑淚含悲，乃爲誌曰：

大嶽戛雲，中有靈神。大國昌運，師德奇仁。幼歲富業，爲人所聞。六朝獻壽，迎送佛身。重賜紫服，再録僧倫。年邁厥疾，頓於一旬。自累雙足，瞑目莫分。門弟摧慟，號訴難申。風悲古木，水逝長淪。刊于貞石，永記斯文。

張公武刻字

入内弟子：令楚賜紫身故，元著、義秀、從建、元迴、文藉、洪辨、文會、懷宇、惠直、元智、惠貞、少琮；已下三學弟子：智玄、常清、敬舒、懷章、懷慶、少譓等；公素，在俗弟子等；張少存、張宗直、張少貞，尼弟子契因等。

（《隋唐五代墓誌匯編·陝西卷》四册一四二頁；《中國西北地區歷代石刻匯編》五册一五五頁；《陝西碑石精華》一六九號；《全唐文補遺》二輯六四頁；《唐代墓誌彙編續集》大中〇五九號）

三四一　唐故東都安國寺尼清河崔氏（廣素）墓誌銘并序

堂弟鄉貢進士潘撰

師俗姓崔氏，清河人也。大中十一年十二月有九日終于河南府緱氏縣官舍，享齡三十三。既而議其歸禮，得責實之休兆。以來年孟春二十二日，從先塋河南府偃師之亳邑鄉北邙原。卜期既備，窀穸方陳。嗟呼！壽之不脩，罹禍若此。粤我曾祖吏部郎中兼御史中丞贈太子少傅府君諱陲，王父朝請大夫守太府卿府君諱鄠，父河南府伊闕縣令府君諱埍。師即埍之弟二女也，法名廣素，幼衣緇裳，受解於安國寺。以武宗皇帝削迹，天下釋士咸歸俗焉。師乃離洛還家，齋心長髮，貴乎天不奪人之志。上果謂玄教再興，復理本法。師數年之内，隨季父璹杭楚宰邑，去秋又遷緱氏縣令。師冬自山陽而來，奈何中逵遘疾，纔反之，奄歸夜泉。哀哉！雖早證三空，而悲留百代。有弟二人，長曰鈞，密縣尉；次曰暎，左神武録事參軍。各少參官，弘識義方，慟切摧心，哀無休息。潘昧學匪才，直叙其德，搦管凝淚，輒爲銘云：

幻化不測兮從有歸無，人生一時兮榮乃還枯。千秋動息兮杳在須臾，二鼠推移兮安可踟躕？孤魂既去兮飄然若寄，存殁反覆兮罕知其義。危□俄驚兮□□岔□，繁霜將釋兮曉日何熾。事盡空兮尋之莫睹，卜宅兆兮□于后土。刊貞石兮銘明幽府，記姓氏兮永留萬古。

堂弟潼書，杜師簡鐫

（《秦晉豫新出墓誌蒐佚》八〇〇號）

三四二　唐東都寧刹寺故臨壇大德尼常曉尊勝幢讚并序

大德名常曉，俗姓汪氏，江楚人也。隨姑出家，受戒于洛城安國蕭大德，講律一十五遍。經沙汰，再敕度。宣宗皇帝代十二年，姊妹二人俱升爲官壇大德，登嵩山會善寺琉璃戒壇。先住般若寺，後居寧刹，兼爲國置長講律院。春秋六十三，居夏四十二。弟子寶堅、行敏、寶定、寶嵩、法潤等二百餘人，不勝悲苦。即大中十三年正月二十六日身殁，二月十五日都城具法威儀，出長夏國門，禮也。姊大德尼常照，刻石書銘，仍題讚曰：

鼎城之南，望洛之里，隴月空懸，寒煙乃邐。銜悲門弟，法眷曷止，尊勝功深，建幢卜此。

唐咸通六年十月二十九日，姊寧刹寺大德尼常照題

（張乃翥：《讀洛陽新出土的幾方唐代宗教石刻》，《敦煌研究》二〇〇八年第五期七八頁）

三四三　唐故上都唐安寺外臨壇律大德比丘尼廣惠塔銘并序

令狐專撰上

維像教東度，秘疊南翻，玄元云吾師竺乾，宣尼稱西方有聖，厥後感夢孝明，漸於中國。菩提達摩降及大照禪師，七葉相承，謂之七祖，心印傳示，爲最上乘。群生以癡，蓋愛網纏覆身宅，不以慧炬燭之，慈航濟之，即皆蹈昏溺之中，迷方便之路矣。於戲！文殊戾止，金粟來儀，窮象譯之微言，罄龍宫之奥典，即我唐安大德其人也。大德諱廣惠，俗姓韋氏，漢丞相之遺祉，周司空之遠孫。地承華緒，門藉清流，靈根夙殖，道性天授。積金翠之莫飾，視葷腴而不味。於是分瓶灌頂，染法壞衣，奉乾越之真諦，識楞伽之要義。賓波羅窟，深入禪菁；阿耨達池，恒藏戒水。傍灑甘露，俛導蒙塵。運智慧之妙，其動也雲舒曾漢；了般若之性，其息也月鑒澄泉。帝□緇徒，皆

以宗師敬受初法。我皇十年，以名臘隆抗充外臨壇大德。德彌高而身彌遜，聲愈廣而志愈冲。負笈執經，扣鶴林者請益如市；無明有漏，傳心印者皆脱其網。豈謂毗城示老，雪山現疾。雖菩薩之善本，生没是常，而金剛之威力，堅持不壞。以大中十三年夏五月廿六日寂然入滅，報齡五十七，僧臘卅八。弟子性通等號奉衣履，如將復生，以其年六月十八日幢蓋香花，遷座於韋曲之右。嗚呼！如來留影之壁，石室空存；舍利全身之函，珠臺永閟。專微眇凡品，因緣甚親，嘗蒙引諭人天，粗探真覺。承筵作禮，肩繞王之師子；出囂入浄，同生火之蓮花。追荷法誘，爰薦菲詞，慚非陸氏之雄文，終謝蔡侯之健筆。銘曰：

四流易染，萬類難化。世同驚飆，色如奔馬。非習調御，孰明般若？非習能仁，寧有喜捨？生既不有，滅亦不生。無去無來，大觀體同。至寶深藏，慧光不息。松塔斯成兮秦山北，後天地不泯者惟師之德。

孔□□書

（《北京圖書館藏中國歷代石刻拓本匯編》三二册一六四頁；《隋唐五代墓誌匯編·北京卷》二册一二〇頁；《故宫博物院藏歷代墓誌匯編》一七八號；《八瓊室金石補正》卷七五；《唐文拾遺》卷三一；《唐代墓誌彙編》大中一五〇號）

咸通

三四四　吴僧統（洪䛒）碑

竇良驥撰

記曰：天之經則懸星應分，地之理則岳鎮隨方。三苗遠適於金行，敦煌因基於火德。中有三峗極峻，化出長巖，宏谷虛通，神生石壁，龍天一會，佛應千身。蟲書記司空之文，像迹有維摩之室。是以勤勤諦思，懇懇增修，開七佛藥師之堂，建法華元（無）垢之塔者，其惟我和尚焉。皇考諱緒芝，前唐王府司馬、上柱國、賜紫金魚袋，即千夫長，使在列城百乘之軍，揚旌鎮遠，終身報國，既效先鋒，窮髮留邊。未由訴免，因授建康軍使廿餘載。屬大漠風煙，楊（陽）關路阻，元戎率武，遠守敦煌。警候安危，連年匪解，隨軍久滯，因爲敦煌縣人也。復遇人經虎噬，地没於蕃。元戎從城下之盟，士卒屈死休之勢。桑田一變，葵藿移心。師律否臧，屯亶若此。猶鍾儀之見縶，時望南冠；類莊象之執珪，人聽越響。故知事因畜散，物極必移。方承見在之安，且沐當時之教。曲肱處於仁里，靡踐公門；樂只而逸情懷，周給知足。爰及慈母，即南陽貴望也，令聞高堂，念茲在德。恩垂訓育，慶□壽賢聞。分功爲織錦之詞，潔敬許蘋蘩之採。和尚性靈神異，風骨氣天資。隨一地而來，蓮亭潔秀；備三端而異，則木出於林。跢步元亨於日新，齠齔聰明於月偈。善勤先進，法鏡爲宗。蹈解脱之軌途，棄人間之小利。童子出家，長成僧寶矣。自南天心印，遠整域中；河西蒼生，將移法座。且三學未並，律或先施，則約法化人，盛于佛事。齊之以禮，緇俗人師。小學承其旨歸，上命舉其賢德。遂使知釋門都法律兼攝副教授十數年矣。則聖神贊普万里化均，四鄰慶附；邊虞不誡，勢勝風清；佛日重暉，聖雲布集。和尚以誘聲聞後學，宏開五部之宗；引進前修，廣談三乘之旨。《維摩》《唯識》，洞達於始終；横宗竪宗，精研於本末。加以知色空而明頓悟，了覺性而住無爲。罄絶兩邊，兼亡不二。得使返邪迷質，所望知津。迴向衆生，真心授記。當知應世之半千，必及一時之法會。又承詔命，遷知釋門都校（教）授。以四攝攝僧，六和和衆。祇園會二千清衆，勸道匪解於三時；奈（柰）苑成一万净人，給侍無虧於四事。和尚一朝而謂門人曰：「夫法性幽玄，覺花芳而始現；真筌潛隱，慧水澄而乃流。使迷情久滯於愛河，惑者長遺於溺浪。若非理事齊運，遏能證員（圓）寂之門。福志雙修，方乃〔悟〕菩提之理。則知泥龜不實而能作住持之功，竹素非真而有流通之用。」遂抽一納之長，剸五綴之餘；竪四弘之心，鑿七佛之窟。鑽金畫綵，不可記之。然則清涼万聖，摇紫氣而浮空；賢劫千尊，開碧蓮而化現。十二大願，九横莫侵；百八浮圖，三災莫染。法華則會三歸一，報恩乃酬起二親。文殊助佛宣揚，普賢則悲深自化。善財童子求法無厭，得道天仙散花不倦。經書龍藏驥用流通，長爇魚燈希明暗路。香泥印印，福備無垠，慶設頻頻，迴資有識。模真淺緑，飾素多紅。紫稱丹雘之奇，貴盡筆毫之美。和尚復特達真門，强緣必勝。慈心勸物，務繼成功。義及周親，恩懷四輩。即及元昆蹈光，門傳善則，急難存于兄弟；語實親仁，信重成于朋友。長林獨步，賞志新田，曲浦遊春，歡心逸豫。將期永日，何遽早亡。次兄季連，試太子家令，出杖忠於委任，聚劍益於君門。勤效四年，成功七載。忽思因果，早自迴心。退謝君恩，歸心息念。亦有城隍道俗，受訓門人，近事女男，應向同助。又有僧王雲勝，辦訶梨勒二千顆，同助功德。伏願世主處南面之尊，威雄武定，臣忠安富國之政，信重和憐（鄰）。時豐將大慶之年，人康沐清平世歲。九族韶睦（昭穆），將承七佛之慈；骨肉連枝，永奉三尊之化。戒香弟子磬仰同霑，佛性蒼生咸增利慶。驥忝明王國治，許善不遺，敢迷虚材，將存記俟（矣）。

（《法藏敦煌西域文獻》三二册二五五頁；《敦煌社會經濟文獻真蹟釋録》五輯九一頁；《敦煌碑銘讚輯釋》增訂本上册二七三頁；《全唐文補編》中册九三八頁；《全唐文補遺》九輯三三三頁）

三四五　華嚴寺開山始祖（行標）碑銘

師法號行標，俗姓方，祖榮，父安，莆之盛族也。師生於建中二年辛酉，齠齔即穎悟異於諸童。九歲，投玉澗寺監寺神皎出家。將二年，嘉其拔萃，命之落髮。師以梵行未至，不敢預大僧數。至貞元十七年，時師年二十一。方薙鬢髭。翌日，遽講所習《涅槃經》，一寺嘆服。既而辭其師北遊，抵京薦福寺受戒品。詣章教大師法會，章教奇之，令首其衆，凡十年。士君子之造者，無不聳慕。尋爲功德使推入道場，憲宗善之。元和十一年丙申，師年三十六。東歸，復於玉澗焉。法雨隨車，慈雲被物。洎武皇帝會昌元年辛酉。除佛舍，籍釋子於户部，師則巾華陽，衣縫掖，晦迹樵客，廬於西巖石室，律身守道，如居千衆。及宣皇帝復寺，大中元年丁卯，師年六十七。刺史瑯琊王公迎以幡花，舍於郡開元寺，俾爲監領。大中六年，師年七十二。師以環足之煩，擁旅之數，乞歸故山。先時，玉澗之北巖，泉石之奇也，卜而居之。縣令中山甄宿與莆之士庶爭沐醍醐，共隆蘭若。煙巒蔽虧，朱碧掩映，前俯平川，後峙奔嶠。地自人勝，名由道高。刺史河東薛公仰其孤風，復馳開元之僧，衛以入郡，日扣華嚴大義，幾忘食寢。洎解印，與之偕至北巖，題之爲華嚴院，以徹祠部焉。師咸通六年七月五日示滅，壽八十有五，僧夏六十有四。後四十有五日，建窣堵波於西岡。十一年，其徒從紹疏師行實於闕，昇其院爲華嚴寺。有徒三十人，皆肅肅可觀，不忝師門。於戲！師儀梵骯髒，言詞雅直，冲默而明敏，慈恕而剛毅。儒書皆通三皇五帝之道，言未嘗及，而人知其博古也；經論綜貫天堂地法之説，舌未嘗舉，而人皆務崇善也。所至清風凜凜，正所謂釋子之高傑者也。弟子道光、道圓，令詢悉器傳師道。愚冠扣師關，壯以隨計。乾寧二年，忝登甲科，東還薦造金地，歲周二紀，膠掌而拜影堂，腹藁而銘遺美，不可使桑門大士泯而無述焉。故銘曰：

智月不缺，乘虚照物。道花不衰，吐艷無時。洞徹照灼，傑然吾師。稟薦福戒，分章教枝。厥宗得雋，内庭擢之。御香徹印，雲問資期。數有汙隆，道無磷緇。德風徒襲，法舸寧維。山幽迹高，身没名垂。松塔雖故，竹毫可追。稽首影堂，敬刻斯碑。

（《唐黄御史公集》卷五；《全唐文》卷八二六）

三四六　盤山上方道宗大師遺行碑

師諱道宗，俗姓田，唐千牛將軍賓庭之後。元和九秋，師年弱冠，於燕庭金閣寺受戒，禮志敬寺如琳爲師。

後至永泰大師所，與師契合，謂師曰：「薊門舊里田盤靈山可構净居。」師蒙指教，驚喜難名。太和二年，屆盤山峰頂，多逢獸迹，莫面人踪，境類虎谿，地蟠龍腹。師止栖處所，如在四禪。柏茶半斤，稻米數斗，二年所食，一半猶存。皎月銀河，借爲燈燭，松風石溜，指作笙簧。息煩焰於塵塗，瑩戒珠於巖岫。曾遊絶嶽，墜地無傷，山現蓮池，龍降香水。猛虎每蹲於坐側，巨蛇長繞於階前。一上雲嶺，兩更歲華，偶因樵采之夫，始見住持之迹。初傳鄉里，漸達州邦，千里風聞，四衆雲集。方伯太尉相國清河張公仲武遥瞻道德，渴想音徽，專飛簡章，特有招辟。師以松蘿誓節，雲水堅懷，三十九年不下栖隱。侍中清河張公允伸大闡釋風，遠欽道行，頻馳清奉，累降尺書，命建豐碑，以崇盛德。於是沙門知宗撰文，節度判官梁知至書石。咸通七年暮春之月，師化緣時畢，説偈整衣，悄然靈脱。至咸通九年，荼毗於靈壇，獲舍利數千，塔於寺之東南隅。

（《全唐文》卷九二〇）

三四七　心鏡大師（藏奂）碑

釋氏之宗也，得了悟真機，則曠劫不礙。自釋迦去世，至曹溪已降，指心傳心，祖系綿續，不分萬派，不墜本枝，故得之者則迴超覺路，坐越三界。大師之道契，萬派之一流也。大師諱藏奂，俗姓朱氏，蘇州華亭人也。母方娠及誕，常聞異香，則知兜率降祥，來從百億劫。幼懷貞慤，長契玄奥。松風水月，未足比其清華；仙露明珠，詎能方其朗潤？故以智通無累，神測未形，超六塵而迴出，隻千古而無對。爲兒時嘗墮井，有神人接持而出。丱歲出家，師事道曠禪師，弱冠詣中嶽受具戒。母念其遠，思之輒泣，因一目不視。及歸省母，即日而明。母喪，哀毁廬墓，徵瑞備顯。由是名稱翕然，歸敬者衆。因欲絶茅誅木，與禦燥濕，遽感財施充積，堂廡乃崇。院側有湖，湖有妖神，漁人禱之，必豐其獲，罾量交翳，腥膻四起。大師詣其祠而戒之，鱗介遂絶。後挈瓶屨，以歷湖山，靈境異迹，遊覽將畢。復詣五洩山，遇虛默大師，一言辯折，旨契符會。噫！顯晦之道，日月之所照也。聖教其能脱諸？故會昌、大中，衰而復盛。惟大師居之，瑩不能惑，所謂焚之不熱、溺之不濡者也。洎周洛再構長壽寺，敕度大師居焉。時内典焚毁，梵筴煨燼，手緝散落，實爲《大藏》。故南海節度楊公典姑蘇日，請大師歸于故林，以建精舍。大中十二年，分寧宰任景求捨宅爲禪院，迎大師居之。剡寇裘甫率徒二千，執兵晝入。大師冥心宴坐，神色無撓。盜衆皆悸懾叩禮，逡巡而退。寇平，郡中奏請改禪院爲栖心寺，以旌大師之德。凡一動止，禪者畢集，環堂擁榻，堵立雲會。大師學識泉湧，指鑒岐分，詰難排疑之衆，攻堅索隱之士，皆立褰苦霧，坐泮堅冰，一言入神，永破沉惑。以咸通七年秋八月三日，現疾告終，享年七十七，僧臘五十七。先是，命香水剃髮，謂弟子曰：「吾七日在矣。」及期而滅。門人童弟號擗泣血，乃窆於天童巖。弟子培墳藝樹，三載不閑。忽一日，異香凝空，遠近郁烈。弟子相謂曰：「昔奉大師遺囑，令三載之後當焚我身。今三載矣，異香其啓我心乎？」乃定厥議，揭龕發塔。再睹靈相，儼若平生。以其年八月三日，禮法荼毗於天童巖下。祥風瑞雲，竟日隱現。獲舍利數千顆，紅翠交輝，白光上貫。十三年，弟子戒休賫舍利，述行狀，詣闕請謚。奉敕褒誄，謚曰心鏡，塔曰壽相。嗚呼！菩薩之變通也，出顯入幽，示現無極，其可究乎？大師自童孺距耆耋，陳言措行，皆貽感應。復以證前生行業，知示滅之日時。苟非位躋十地，根超十品，孰能造於是乎？在長壽寺時，謂衆僧曰：「昔四明天童山僧曇粹，乃吾之前生，有墳塔存焉。」相去遼遠，人有疑者。及追驗事實，皆如其言。景求將迓大師也，人或難之，對曰：「治宅之始，有異僧令大其門，二十年之後，當有聖者居之。」比大師至止，二十一年矣。初，大師將離姑蘇，爲徒衆留擁，乃以棕拂與之曰：「吾拂在此矣，爾何疑焉？」及大師潛行，衆方諭其深意。又令寺之西北隅可爲五百墩以鎮之。衆曰：「力何可及？」大師曰：「不然，作一墩，種柏五株，即五柏墩也。」凡微言奥旨，皆此類也。至若闢玄關，諭生死，弘敷至賾，不可備論。咸通十五年，琪祇命四明郡，戒休以其迹徵余之文，遂直書其事，以旌厥德。銘曰：

空王設諭，煩惱無涯。唯大師心，照盡塵沙。大師降靈，吴之華亭。方娠載誕，厥聞惟馨。童蒙墮井，神扶以寧。母思目眇，歸省而明。漁人禱神，其獲豐盈。一戒祠宇，施罛莫嬰。像教中虧，貝葉斯隳。手集三乘，遺文可披。識羊祜環，知仲尼命。正色兵威，寄詞譚柄。我來作牧，空企音塵。琢兹貞石，庶乎不泯。

（《全唐文》卷八〇四）

三四八　臨濟慧照禪師（義玄）塔記

師諱義玄，曹州南華人也，俗姓邢氏。幼而穎異，長以孝聞。及落髮受具，居於講肆，精究毗尼，博賾經論。俄而嘆曰：「此濟世之醫方也，非教外别傳之旨。」即更衣遊方。首參黄蘗，次謁大愚。其機緣語句，載於行録。既受黄蘗印可，尋抵河北鎮州城東南隅臨滹沱河側小院住持，其臨濟因地得名。時普化先在彼，佯狂混衆，聖凡莫測。師至，即佐之。師正旺化，普化全身脱去。乃符仰山小釋迦之懸記也。適丁兵革，師即棄去。太尉默君和於城中捨宅爲寺，亦以臨濟爲額，迎師居焉。後拂衣南邁，至河府，府主王常侍延以師禮。住未幾，即來大名府興化寺，居於東堂。師無疾，忽一日攝衣據坐，與三聖問答畢，寂然而逝。時唐咸通八年丁亥孟陬月十日也。門人以師全身建塔於大名府西北隅。敕謚慧照禪師，塔號澄靈。合掌稽首，記師大略。

住鎮州保壽嗣法小師延沼謹書

（《全唐文》卷九二〇；《唐代墓誌彙編續集》咸通〇四〇號）

三四九　興聖寺尼内道場臨壇李大德（勝才）墓誌銘并序

守秘書省校書郎鄭權撰

大德法諱勝才，其先趙郡曲陽人也。曾祖諱練，皇相州鄴縣令。祖諱悦，皇密州録事參軍，累贈尚書右僕射。皇考諱應規，衛尉少卿，累贈司徒。司徒才行傑出，士流所推，德愈稱於累代，名益振於當時。先太夫人京兆田氏，贈高陵縣太夫人，清門令族，爲衣纓領袖。外王父諱岑。皇澧州録事參軍之女。大德時年尚幼，切慕空門之教。忽一日發心，若有所悞哉。以聞於司徒公，請依如來之法，守伽藍之室。司徒公方以惜幼保念，尤初聞之，既駭嘆，亦且以爲不可。爾後，禱愿之心終不伏退。司徒公則不能免告。旋出家於京兆渭南寶覺寺，依住師尼文湊之院，時年十四。既削髮披緇，而宛見出塵之風姿，材迥標於雅操，氣已禀于澄源。嗚呼！事師之道，始終如初。師每謂人曰：「五净之誡，所謂大德之獨出也，其如天與乎！」顧閨門之内，孝感淑賢，士庶未聞，古今罕匹。長兄諱讓夷，皇武宗朝宰相，淮南節度使，贈司徒。相國公德□昔朝，名清中外，爲政之喻，□人人傳，則同氣之分，愛念□□。旋自渭邑，復歸京都通義里之興聖寺院，與私第貴咫尺也。朝參暮見，無異居同。次兄推賢，前左庶子，守道忘進，不趨於時。論曰：德不配位，位不配德，是也。大德遘疾逾歲，名醫藥餌無不臻至。以咸通九年二月五日疾果篤，殁於興聖之院，享年六十七。處於群衆，和無小大，悉嚮慕爲仁人者也。初告□□，□寺驚慟，哀風慘木衝衝，聞者感其泫然。有子弟勤照等五六人泣血銜哀，猶不勝舉。嗚呼！果是不生不滅耶？果是不言以化耶？仰天號訴，何所問耶？以其年十月十九日窆於京兆府寧安鄉鳳栖原之先塋，禮也。凡於事者，皆兄推賢主之，無闕無怠，必躬必親，孝慈雅合於古人之道也。以權出入門下，備孰德行，見召抆淚請誌，但顧成溥，終敢辭命。銘曰：

天音何問，佛道斯勖。奚爲短修，傷哉逝促。福善何殃，賢明返辱。壽不逐仁，仁非壽逐。莫若身無住相耶？莫若心有住相耶？嗚呼！愈痛難平，奄悲風燭。

（程義、肖健一、王維坤：《新出土的唐尼姑李勝才墓誌考證及相關問題探討》，《西北大學學報〈哲學社會科學版〉》二〇〇七年第三期八六頁）

三五〇　沙州釋門索法律（義辯）窟銘

蓋乾運三光，羅太虚〔如〕著象；坤爲（維）八極，淘川岳以爲形。若乃至道幽玄，理出輪迴之表；性相無相，頗乏凡聖而無觀。然則拯拔煩（樊）籠，如來以如來出現；隨機誘迪，降法宇（雨）於大千。是以能寂之應西旋，騰蘭之風東扇。故使邪山匿曜，佛日舒光，人天莫伏（不）歸依，率土咸知戒定。玉塞敦煌，鎮神沙而白净；三危黑秀，刺石壁而泉飛。一帶長河，泛涇波而派潤；渥洼小海，獻天驥之龍媒。瑞草秀七净之蓮臺，形雲呈五色之佳氣。人馴儉約，風俗儒流。性惡工商，好生氣煞。耽修十善，篤信三乘。惟忠孝而兩全，兼文武而雙美。多聞龍像（象），繼迹繁興。德（得）道高僧，傳燈相次。忽（總）斯具善美者，其惟鉅鹿索和尚矣！和尚俗〔姓索〕，香號〔義辯〕。其先商王帝甲之後，封子丹於京索間，因而氏焉。遠祖前漢太中大夫撫，直諫飛龍，既犯逆鱗之勢，趙周下獄，撫恐被誅，以元鼎六年自鉅鏕南和徙居於流沙，子孫因家焉，遂爲敦煌人也。皇祖，左金吾衛會州黄石府折衝都尉，諱奉珍。屬天保（寶）之末，逆胡内侵，土（吐）蕃乘危，敢犯邊境。旋洎大曆，以漸猖狂，積日相持，連營不散。公誓雄心而禦捍，鐵石之志不移，全孤壘於三危，解重圍於百戰。策功茂實，賜信牒而光榮；好爵自縻，上帝聞其雅譽。皇考，頓悟大乘賢者，諱定國，英旄俊彦，早慕幽貞，悟世榮之不堅，了浮生而走電。耕田鑿井，業南畝而投簪；鼓腹逍遥，力東皋而守分。詎謂白駒落西山之隙，青龍浩東注之波，懸蛇之疾俄侵，風樹之悲奄及。山莊林野，無復經行之踪；淡水親交，永阻平生之會。春秋五十有六，以元和七年歲次甲（壬）辰三月十八日終于釋教坊之〔私〕第也，以其月廿五日葬爲（於）洪潤鄉員佛圖渠東老師烽南原之禮也。亡兄前任沙州防城使，諱清寧，高情直節，毓著公（功）名，權職蕃時，昇榮曩日，剋勤忠烈，管轄有方，警候烽煙，嚴更威宿，故得邊方晏晏，郛郭歷歷，玉塞旁連，人稱緩帶。何圖孤哺西萱草，拒豁（巨壑）淪悲，異畝嘉禾，傷歧碎蕙，美角先折，今夜即亡，春秋六十有三矣。故弟清貞，禮樂名家，温恭素質，一城領袖，六郡提綱。鏘鏘契君子之儀，濟濟有江泉之譽。共被之慈播美，同餐之惠馳芳。在原之德未申，陟岗之望俄軫。對其桃李，悲手足之長辭；念懷橘之年，痛連枝而莫返。和尚天倫有三，和尚即當中子也，前沙州釋門都法律。應法披緇，智不虧于七覺；弱冠進具，精五百之修持。行孤峻而竹風清寒，戒月明而雪山皎净。神閑心寂，言簡氣和。雲乘百川之陰，日照千江之水。白珪無玷，心印密傳。窮七祖之幽宗，示三乘之淳粹。趨庭〔則〕半城緇衆，近訓乃數百俗徒。競寸陰以滂籠，爇三明於闇室。設無遮之數供，味列八珍；惠難捨之資身，殷勤三寶。寫大集之教藏，法施無窮；建寶刹於家隅，莊成紫磨。增修不倦，片善無遺。更鑿仙巖，鐫龕一所。召良工而樸琢，憑郢人匠以崇成。竭房資而賞勞，罄三衣而務就。内素并小龕十千周遍。於是無勝慈尊，擬兜率而下降；多聞歡喜，對金色以熙怡；大士陵（凌）虚，排彩雲而務（霧）集。神通護世，威振慴於邪魔。千佛分身，蓮花捧足。恩報則報四恩之至德，法華讚一乘之正真。十六觀門，對十二之上願。净天啓問，調御答以除疑；無垢圬便，現白衣而助揚真化。雲樓駕迴，聳傾（積）崢嶸；磴道聯綿，勢侵雲漢；朱欄赫弈，環拱彫楹。紺窗映焜煌之寶扉，繡柱鏤盤龍而霞錯。溪芳忍草，林秀覺花。貞松垂萬歲之藤蘿，桂樹吐千春之媚色。多功既就，慶讚未容。示疾數旬，醫明無術。春秋七十有六，終於金光明寺。門人躃踊，一郡綴（輟）春；宗族悲哀，痛丁酷罰。其日葬於莫高窟之禮也。其前亡兄子有三。次子押牙忠顗，勇冠三軍，射穿七札，助收六郡，毗贊司空，爲前矛之爪牙，作後殿之耳目。飄風鳥陣，决勝先行，虎擲盤蛇，死無旋踵。誓腸絹於緑草，而不顧生還。許國之稱已彰，攻五涼而剋獲。駐軍神烏，鎮守涼城，積祀累齡，長衝白刃。俄然枕疾，殂殞武威。嗚呼（嗚呼）！小（少）年不永〔其〕壽，小子有功將士。押牙忠信，天資秀異，神假英靈；孝悌於家，忠盡於國；登鋒利（履）刃，猛氣超群；鐵壁（臂）鑽（攢）槍，先衝八陣。提戈從事，每立殊勛。葵心向陽，兢兢使主。奉元戎而歸闕，臣子之禮無虧。迴駕朔方，被羈孤而日久。願投桑梓，未遂本情。嘆四鳥之分飛，嗟手足而長旅。長子僧常振，天資爽悟，道徑（鏡）逾明，欽念三乘，疑（凝）修四諦。上交下接，解營構而多方；倜儻出群，孝敬之懷罔極。助叔僧而修建，自始及終。愴失履而孤惸，早虧恃怙，嗣隆古（故）叔之願，誓畢殘功。剋意崇成，忻然果就。求蒙彩筆，願勒碑銘。誠罕免固辭，粗云而記述。其詞曰：

乾運三光，坤維八荒。含隆萬象，覆載無疆。生死擾擾，九土茫茫。能人出現，拔濟獐猖。教興西域，流化東方。率土歸依，宙宇禎祥。競崇修兮浩浩，注法水兮滂滂。地善人純，厥土敦煌。將星文昌，越跨五涼。碩德高僧，接踵連行。有鉅鏕兮貴族，則法兮當陽。宗枝濟濟，花萼昌昌。三空在念，四攝愧張。欲渡愛河，預設浮囊。密傳心印，定慧界（戒）香。遍修諸善，引道名强。鐫龕造窟，福祐皇王。千尊璨璨，百福穰穰。功成果就，侵疾宇床。醫明窮術，遷神坐亡。門人酷罰，宗族悽傷。厥有侄僧，能柔能剛。超（紹）隆殘誓，孝道名彰。繼誠（成）福粗（祚），慶讚逾揚。智求珠綴，刻石爲堂。既名踪兮糟泊（粕），寔地久兮天長。

（《法藏敦煌西域文獻》三二册二五六頁；《敦煌社會經濟文獻真蹟釋録》五輯九五頁；《敦煌碑銘讚輯釋》增訂本上册二九二頁；《全唐文補編》中册一〇八六頁）

三五一　唐故甘泉院禪大師（曉方）靈塔記

性相湛然，是無未去；光陰飄忽，故有悲哀。無常必見於有常，生滅期歸於寂滅。遺光尚在，過隙難追，則有躬侍梵筵，心傳法寶。極追攀於痛悼，盡愛敬於師資，鏤字支提，用彰先覺。故甘泉院禪大德，諱曉方，蘇州常熟縣人也。師事五湈山靈默大師。姓氏經游，未之嘗言，故莫詳悉。其於慈悲以濟物，勇猛以化人，横身塞河決之波，舉手正山崩之勢，碎裂魔網，高張法雲。得岸抛舟，不師文字，上天燒尾，别創風雷。方岳公侯，連城守宰，偃風渴道，靡不歸依。牽迷手於未歸，破石心於難捨。三獸極淺深之渡，百草滋甘苦之牙。皇哉巍乎！則置院之碑詳矣。咸通十一年三月十日，遷神於此山，報齡七十一，僧夏五十八。嗟乎！歷陽陷兮栢梁爇，九鼎沉兮□山折。乃千乃百哭盈庭，山慘雲愁泪成血。□□日兮人失目，推臆頓頭皆慟絶。世尊當殁□□羅，空有闍維禮容設。予即聞風企仰，臨紙酸悽。以師之形，則遷流委順矣；以師之神，□光明清净矣；以師之法，則一燈燃百千燃矣。故門人法順等悉心勤力，肇建靈龕於院西南一百步盤龍山首焉。以明年□月□日，奉遷神座於是山。日往月來，懼移高岸。人亡地在，是紀色絲。比金石而彌貞，擬蘭蓀而可久。後之人觀斯文而知其行，則姬公謚法得其一端者耶！

時大唐咸通十二年歲次辛卯閏八月甲辰朔十三日丙辰

盧龍節度衙前兵馬使前攝幽推朝議郎試大理司直中山郎肅記

右北平采思倫書

（《北京圖書館藏中國歷代石刻拓本匯編》三三册一〇七頁；《隋唐五代墓誌匯編·北京卷》二册一三三頁；《八瓊室金石補正續編》卷三七；《全唐文》卷八〇五；《唐代墓誌彙編》咸通〇九四號；《全唐文補編》下册二三二五頁）

三五二　漳州三平大師（義中）碑銘并序

得菩提一乘，嗣達摩正統，誌其修證，俾人知方，則有大師法名義中，俗姓楊氏，爲高陵人。因父仕閩，生於福唐縣。年十四，宋州律師元用剃髮。二十七，具戒。先修三摩鉢提，後修奢摩他禪那。大師幼悟法印，不汩幻機，日損薰結，玄超冥觀。先依百巖懷暉大師，歷奉西堂百丈石鞏，後依大顛大師。寶曆初，到漳州。州有三平山，因芟薙住持，敞爲招提。學人不遠荒服請法者，常有三百餘人。示以俗諦，勉其如幻解脱；示以真空，顯非秘密度門。虚往實歸，皆悦義味。知性無量，於無量中以習氣所拘推爲性分；知智無異，於無異中以隨生所繫推爲業智。以此演教，證可知也。大師一日病背疽，閉户七日不通問。洎出，疽已潰矣。無何，門人以母喪聞，又閉户七日不食飲。武宗皇帝簡併佛刹，冠帶僧徒，大師至於三平深巖。至宣宗皇帝稍復佛法，有巡禮僧常肇、惟建等二十人，刺史故太子鄭少師薰俾藏其事。旬歲内寺宇一新，因舊額標曰開元。於戲！知物不終完，成之以禪教；知像不盡法，約之以表微。晦其用而不知其方，本乎迹而不知其常。咸通十三年十一月六日，宴坐示滅，享年九十一，僧臘六十五。諷自吏部侍郎以旁累謫守漳浦，至止二日訪之，但和容瞪目，久而無言。徵其意，備得行止事實，相見無間然也。問曰：「《周易》經歷三聖，皆合天旨神道。注之者以至虚而善應，則以道爲稱；以不思而玄覽，則以神爲名。達理者也。《經》云：『隱而顯，不言而喻，不疾而速，不行而至。』後之通儒有何疑也？」異日又訪之。適有刑獄，因語及。師曰：「孝之至也，無所不善，有其迹乃匹夫之令節；法之至也，莫得而私，一其政則國之彝典。其於適道適權又如此。」言訖，頷之，不復更言。今亡矣！夫强擬諸形容，因爲銘曰：

觀迹知證，語默明焉。觀證知教，權實形焉。體用如一，曷以言宣？太素浩然，吾師亦然。觀其定容，見其正性。不閱外塵，朗然内净。智圓則神，理通則聖。師能得之，隨順無競。吾之行止，師何以知。得性之分，識時之機。達心大師，邈不可追。

（《全唐文》卷七九一）

乾符

三五三　唐故居士天水趙府君（琮）墓誌銘并序

將仕郎前試左武衛兵曹參軍申旷述

府君姓趙氏，裔天水人也。別業易州來水縣，須因先父遷□□仕流浪海隅，從軍地遠，徙居青州，兩世迄今，凡二百年矣。先妣夫人太原王氏生公，是季子也。府君生居□北海之郡，志好雲門山水。南北貿賈，利有攸往。廣涉大川，博學古墳。與朋友交，言行敦美，信義彰聞。輕金玉，立善外著，孝行六親。府君諱琮，字光，婚夫人太原王氏，有男三人，長曰審巖，次曰審裕，季曰審文；女一人，初笄之年，適夫陰氏。孟男年居弱冠之秋，居然老成，□□大□合國風之堅操徒行古□立信温尚，可謂父訓有知，流嗣千載矣。夫人王氏，令淑賢□居□淚血，在苫塊之内，殞哽蘭干，骨□□□□□□礜聞年□□□□導著府君遇軍情變亂，不以交道仇□，生涯亦不遭毀爇，錢谷湛然，上下無虞，叢食安貼。乙未歲季夏月五日，遇疾青州之私第，下于人世。丙申年七月三日，命知者卜得吉夕，殯于益都縣南五里建德雲門山東崗原，禮。慮山河更改，松筠彫萃，遂紀年代，乃爲銘説。銘曰：

天水之君，藴志難群。□行雙美，立性松筠。卓然孤立，在世推□。生好東皋之利，滅亡迥返高墳。有子賢行，傳代光□。女從他氏，五德猶存。白楊千載，滋茂兒孫。落日烏啼，猿叫荒村。却□思遺念，□棺血淚□。

其一　生涯終不改，兒女永無依。其二　□□生平事，留踪萬存。其三　嗣流孤壟下，恩愛向誰論？其四

（《北京圖書館藏中國歷代石刻拓本匯編》三三册一四八頁；《北京大學圖書館藏歷代墓誌拓片目録》〇六六一一號；《隋唐五代墓誌匯編·江蘇卷》一三〇頁；《唐代墓誌彙編》殘誌〇二八；《石刻題跋索引》二一五頁、二一九頁）

三五四　潞州紫峰山海會□明惠大師銘記

原夫真乘不泯，爲□無形，迴具峭拔之機，超然物外，即有我大師者也。大師父諱舉，俗姓顔氏，家本儒門，是琅瑘臨沂人也。幼懷聰穎，姓不自不群，每厭塵繁，志□求出離。遂於燕臺鶴林寺鑒律師爲師，從緇落髮，□獲具足戒。後涉江浙，偏倣名能，廣乎知見，乃遇監官，得傳心印，因卜掛錫。比度淮洪，途至潞彰，人順道化。遂詣黎城縣松池院，栖心禪觀，爲衆開堂，可三兩載。復飛杖錫，又至渌水山，廣彰法眼，爲衆啓禪。人遇指南，奔赴如市。度僧一十七人：崇昭、玄誠、玄□、玄□、玄静、玄寂、玄□、玄□、玄□、玄□、玄相、玄廣、玄□、玄□、玄□、玄□。度尼三人：□□、超果、□惠。並散在羅空，任持傳譽。時有潞州府節度使李蟦向重瓊旨，遥欽善價，三曾具請，願俱府城，自捨俸資，創修延慶院一所，命師住持，傳通法眼。師乾符四年，有人報師，□保廣賊寇欲害於師，宜速迴避。吾□於□□□不怖焉，若被所誅，償宿債矣。其年正月十三日，果如所報，命隨寇忍（刃），氣逐風燈，□色如存，復無污。天有祥瑞，焕曜明帝，主乃知傷道人矣，遂敕謚明惠大師。荼毗訖，小師崇昭等捧舍利，奉命持建斯塔，兼賜陰院壇，越張井里等村田□□□一十四畝四至爲界：東□相州林慮縣大碣砣石爲界，西至七里嶑大崖下，南至大崖，北至大崖下爲界，充海會院地土。唯敕依例，蠲放名額土田。此乃聖主仰重，朝俗歸心，播十方而異香遠聞。於是乾符□而有□記字，長而再叙行□。厥爲頌曰：

他方菩薩，此地化緣。靈塔侵漢，永鎮名山。真形無往，不見人天。來時無所，去亦索然。

時長興三年六月日王暉捨手刊之

（《北京圖書館藏中國歷代石刻拓本匯編》三六册四六頁；《全唐文補遺》七輯四三六頁）

三五五　僧敬章磚誌

唐乾符四年歲次戊戌二月己亥朔十八日乙卯，樂安俗姓蔣釋僧敬章，時年甲子五十七。乃幼習儒典，□歲披緇，好遊雲水，參禪問道。金剛辨宗疏爲業，焉知生死常逆，預修丘阜，函木具矣。今恐桑田改變，遺列不章，故剋貞磚，乃述贊曰：

年過耳順，勢之豈長。同超苦海，普願四方。

（《新中國出土墓誌·上海天津卷》〇七號；《唐代墓誌彙編》乾符〇一四號；《全唐文補遺》七輯一五四頁）

三五六　唐故信州懷玉山應天禪院尼禪大德（善悟）塔銘并叙

尼大德諱善悟，俗姓王，廣陵人也。幼挺端莊，長全貞淑，笄年移天於高陽許公諱實，凡二十年而先逝。男二人寇七、海客皆沐過庭之訓，敦節義之風。大德以宿殖勝緣，冥符會證，爰因持讀，逐潔薰修。乃造雙峰師，問禪那之旨。師知其根性無倫，説無法之法。既而妙果玄通，道眼斯得，因請剃髮，受具戒爲比丘尼。既服忍衣，乃傳心法。一百八之煩惱，仰戒日以霜消；五十五之聖階，乘智舟而海越。心心絶迹，念念離塵，去留不凝於浮雲，生死是同於逆旅。解劫波巾結，一六俱亡；曜圓鏡智光，大千周遍。由刹那頃，洞十方空。用寂照而不疲，馭寶乘而無退。山塵海劫，定惠長圓，斯爲盡道之極耳。以禪寂之餘，經行雲壑，思遊浄域，奄棄幻身。以乾符六年九月六日歸寂於信州懷玉山應天禪院，享齡四十三，道臘有二。遺令火焚，從拘尸城之制也。嗣子寇七號痛罔極，見星而行，請收靈骨以起塔焉。於時狂寇蟻聚，往迴皆徑其傍，一無驚畏，將至孝之感歟！營塔於揚州江陽縣道化坊謝楚地内，以廣明元年庚子秋七月癸丑九日辛酉歸焉。雖河沙有盡，而弘願無邊，故誌塵迹，以刻貞石。其銘曰：

熾然貪欲，刼濁亂時。籠破鳥飛，尸羅爲師。心宗達摩，出世良醫。付囑有在，我其護之。身心絶慮，知見斯微。生死已空，圓寂惟歸。孤峰春秀，日月秋暉。宴坐不起，庭花自飛。玉山示滅，神往形留。香木荼毗，金甕是收。哀哀嗣子，跋涉來求。狂盗不驚，冥獲天休。蕭蕭松塔，冪冪寒煙。靈骨兹崇，億刼罔遷。休傳寶偈，罷汲瓶全。爰□孝思，道風式傳。

（《北京圖書館藏中國歷代石刻拓本匯編》三四册一頁；《隋唐五代墓誌匯編·江蘇卷》一三九頁；《南京博物院藏唐代墓誌》一〇〇號；《唐代墓誌彙編》廣明〇〇二號；《全唐文補遺》三輯三〇七頁；《石刻題跋索引》二一六頁）

廣明

三五七　新羅國武州迦智山寶林寺謚普照禪師（體澄）靈塔碑銘

朝請郎守定邊府司馬賜緋魚袋金穎撰

聞夫禪境玄寂，正覺希夷，難測難知，如空如海。故龍樹師子之尊者，喻芭蕉於西天；弘忍惠能之祖師，譚醍醐於震旦。蓋掃因果之迹，離色相之鄉，登大牛之車，入罔象之域，是以智光遠照，惠澤遐流，灑法雨於昏衢，布慈雲於覺路，見空者一息而越彼邪山，有爲則永刼而滯於黑業。矧乎末法之世，像教紛紜，罕契真空，互持偏見，如擘水求月，搓繩繫風，徒有勞於六情，豈可得其至理？其於衆生爲舍那，舍那爲衆生，衆生不知在舍那法界之中，縱横造業；舍那亦不知衆生在苞含之内，湛然常寂。豈非迷耶？如此迷者，大不迷矣。知其迷者，惟我禪師乎！或謂此説爲濩落之言。吁！《道經》云：「上士聞道，崇而奉之；中士聞道，如存若亡；下士聞道，撫掌而笑。不笑不足以爲道也。」此之謂矣。禪師諱體澄，宗姓金，熊津人也。家承令望，門襲仁風，是以慶自天鍾，德從嶽降，孝義旌表於鄉里，禮樂冠蓋於軒裳者也。禪師託體之年，尊夫人夢日輪駕空，垂光貫腹，因之驚寤，遂覺有懷。及逾期月，不之誕生。尊夫人追尋瑞夢，誓禱良因，膳徹腶脩，飲斷醪醴，胎訓净戒，鷩事福田。由是克解分蓐之憂，允叶弄璋之慶。禪師貌雄嶽立，氣潤河靈，輪齒自然，金髮特異，閭里聲嘆，戚□咸驚。從襁褓之年，宛有出塵之趣；登齠齔之歲，永懷捨俗之緣。二親知其富貴難留，財色莫繫，許其出家遊學。策杖尋師，投花山勸法師座下，聽□爲業，摳衣請益，夙夜精勤，觸目無遺，歷耳必記。常以□冶粗鄙，藻練僧儀，積仁順而煩惱蠲除，習虚靜而神通妙用，超然出衆，卓爾不群。後以大和丁未歲，至加良峽山普願寺受具戒。一入壇場，七宵行道。俄有異雉，忽爾馴飛。有稽古者曰：「昔向陳倉，用顯霸王之道；今來寶地，將興法主之徵者焉。」初，道儀大師者受心印於西堂，後歸我國，説其禪理。時人雅尚經教，與習觀存神之法，未臻其無爲任運之宗，以爲虚誕，不之崇重，有若達摩不遇梁武也。由是知時未集，隱於山林，付法於廉居禪師，居雪山億聖寺，傳祖心，辟師教，我禪師往而事焉。净修一心，求出三界，以命非命，以軀非軀。禪師察志氣非偶，素概殊常，付玄珠，授法印。至開成二年丁巳，與同學貞育、虚會等路出滄波，西入華夏，參善知識，歷三五州。知其法界嗜欲共同，性相無異，乃曰：「祖師所説，無以爲加，何勞遠適，止足意興。」五年春二月，隨平盧使歸舊國，化故鄉。於是檀越傾心，釋教繼踵，百川之朝鰲壑，群嶺之宗鷲山，未足爲喻也。遂次武州黄壑蘭若，時大中十三祀，龍集於析木之津，憲安大王即位之後年也。大王聆風仰道，勞於夢魂，願辟禪扉，請入京轂。夏六月，教遣長沙縣副守金彦卿賷茶藥迎之，師以處雲巖之安，兼屬結戒之月，託净名之病，陳六祖之辭。冬十月，教又遣道俗使雲巖、郡僧正連訓法師、奉宸馮瑄等宣諭綸旨，請移居迦智山寺，遂飛金錫，遷入山門。其山則元表大德之舊居也。表德以法力施於有政，是以乾元二年，特教植長生標柱，至今存焉。宣帝十四年仲春，副守金彦卿夙陳弟子之禮，嘗爲入室之賓，減清俸，出私財，市鐵二千五百斤，鑄盧舍那佛一軀，以莊禪師所居梵宇。教下望水里南等宅，共出金一百六十分，租二千斛，助充裝飾功德，寺隸宣教省。咸通辛巳歲，以十方施資，廣其禪宇。慶畢功日，禪師莅焉。虹之與蜺，貫徹堂内，分輝耀室，渥彩燭人。此乃堅牢告祥，娑迦表瑞也。廣明元年三月九日，告諸依止曰：「吾今生報業盡，就木兆成。汝等當善護持，無至墮怠。」至孟夏中旬二日，雷電一山，自酉至戌。十三日子夜，上方地震，及天曉，右脅卧終，享齡七十有七，僧臘五十二。於是弟子英惠、清奂等八百餘人，義深考妣，情感乾坤，追慕攀號，聲動溪谷。以其月十四日，葬於王山松臺，壘塔安厝。嗚呼！禪師名留於此，魂魄何之？生離五濁，超入八空，樂寂滅而不歸，遺法林而永秀。豈惟濟生靈於沙界，實亦裨聖化於三韓。《禮》云：「別子爲祖。」康成注云：「子若始來，在此國者，後世以爲祖。」是以達摩爲唐第一祖，我國則以儀大師爲第一祖，居禪師爲第二祖，我師爲第三祖矣。中和三年春三月十五日，門人義車等纂集行狀，遠詣王居，請建碑銘，用光佛道。聖上慕真空之理，憫嚴師之心，教所司定謚曰「普照」，塔號「彰聖」，寺額「寶林」，褒其禪宗，禮也。翌日，又詔微臣修撰碑讚，垂裕後人。臣兢惶承命，直筆爲詞，但以供奉宸衷，敢避文林嗤哂。詞曰：

禪心不定兮至理歸空，如活琉璃兮在有無中。神莫通照兮鬼其敢衝，守無不足兮施之無窮，劫盡恒沙兮妙用靡終。其一　寥廓舍那，苞育萬物，蠢蠢衆生，違舍那律。律既同體，復誰是佛？迷之又迷，道乃斯畢。其二　大哉禪師，生乎海域，克鍊菩提，精修惠德。觀空離空，見色非色，强稱爲印，難名所得。其三　有爲世界，無數因緣，境來神動，風起波翻。須調意馬，勸伏心猿，以斯爲寶，施於後賢。其四　乘波若舟，涉愛河水，彼岸既登，惟佛是擬。牛車已到，火宅任毁，法相雖存，哲人其萎。其五　叢林無主，山門若空，錫放衆虎，鉢遺群龍。惟餘香火，追想音容。刊此貞石，祀法將雄。其六

中和四年歲次甲辰季秋九月戊午朔旬有九日丙子建

（《金石續編》卷一一；《唐文拾遺》卷六八）

中和

三五八　黿洋靈感禪院東塔和尚（志忠）碑

三教之垂萬古也，咸以師弟子授，獨釋氏之師弟子削姓以名，别爲父子之流葉。東塔和尚葉真身大師，其道偕極，不可思議，以父子言，克盡弓裘之善。和尚法號志忠，俗姓陳，世居仙遊。祖諱璠，父諱笟，繼以好尚山水，崇佛友僧。生和尚，自於乳抱，鼻逆羶辛。九歲，詣真身大師爲童子。一見之，兩如宿契。年十五落髮。初，大師之卜黿洋也，雲木之深，藤蘿如織，狼虎有穴，樵採無逕。俄值六眸之巨黿，足躡四黿，俯仰其首如作禮者，三逡巡而失。遂駐錫卓庵，名其地曰黿洋焉。黿洋之泊也，盂不及村，畬不及菑。山産菜號苦蓋，以之充卯而齋。惟大師與和尚俱歲移月更，名馳迹漏，檀信尋而施，漁獵投而事，時謂之二菩薩僧。其他或來人之稍乖嚴潔，則立有蛇虎驚吼之怪。及武宗皇帝乙丑之否，棄之而緣帽潛匿。大師允檀信之迎，隱於數家；和尚栖於巖穴之内，不離兹山。相伍者麋鹿，馴伏者虎狼。既而靡耕菑，杜施丐，還取苦蓋之卯。至今兹院之逢歉歲，一丘之風不泯。宣宗皇帝復寺之始，議者以靈巖之奇勝，非我菩薩僧不可以宏就。由是都人環乞大師以居，故和尚獨薦黿洋之址焉。松堂揭而覺路喧天，金磬敲而道花滿地。誠以上昇道士不受籙，成佛沙彌不具戒，和尚且不之然。

旋將西遊，受具足戒於襄州龍興寺。大中十二年東還，由廬陵與草庵和尚值，草庵曰：「來自何山？」曰：「六眸山。」曰：「六通乎？」曰：「慧非重瞳。」和尚蓋行高而言寡，是日對答如流。既及本山，人地愈盛，院落則不營而峻，供捨則不化而來。咸通三年，靈巖力圓乃迎大師返於兹。八年，大師坐亡，法身不壞。南北歸敬，闐然無時，和尚以之煩。十三年，遂南五步里之山，得峰之秀，室而禪焉，即今南畲也。廣明元年，弟子智朗、惠朗、玄鑒、藏輝、景閑、弘幹、鴻超悉以植性祇園，分光慧炬，以謂我大師承法馬祖，親得心印，則和尚焉。今以宿曉而晦，辭煩即靜，不可使六眸靈感之地留形示滅之異葉，其葉而不之大乎？於是，迓乞歸於院，將以弘張法輪，式救迷津。其如感通，雖然，現没有數。中和二年，是時公尚未登甲科。龍集壬寅三月十日示滅，壽年六十有六，僧夏二十有五。後二旬之一日，建窣堵波於東岡焉。嗚呼！和尚之道，不粒而午，不宇而禪，與虎狼雜居，所謂菩薩僧，信矣！其三月之朔，語其衆曰：「至道之有顯晦，師弟子不欲雙立。昔大師之去也，留形爲之顯；今吾之行矣，速藏爲之晦。」故將儀貌若生而蓋棺，晦朔不逾而啓土，從付囑也。其上足景閑、弘幹以凡紀道名，須資詞筆，懇賚行實，扣愚求文。滔早訪蓮扃，今悲松塔，敢辭抽思，用刻貞銘。爲之銘曰：

六眸獻山，二葉開蓮。號及菩薩，正真自然。雲林匿迹，狼虎參禪。仙花撲地，智月懸天。示滅之滅，顯晦岐焉。布金左岡，建塔開阡。實歸上界，寧曰下泉。松風柏雨，空悲歲年。

（《唐黄御史公集》卷五；《全唐文》卷八二六）

三五九　智證和尚（道憲）碑銘并序

序曰：五常分位，配動方者曰仁；三教立名，現净域者曰佛。仁心則佛，佛目能仁，則也。導郁夷柔順性源，達迦衛慈悲教海，寔猶石投水，雨聚沙然。矧東諸侯之外守者，莫我天而地靈。既好生爲本，風俗亦交讓爲先。熙熙太平之春，隱隱上古之化。加以性參釋種，遍頭居寐錦之尊；語襲梵音，彈舌足多羅之字。寔迺天彰西顧，海印東流。宜君子之鄉，染法王之道，日深又日深矣。且自魯紀隕星，漢徵佩日，像迹則百川含月，法音則萬籟號風。或緝懿縑緗，或鐫花琬琰。故濫觴洛宅、懸鏡秦宮之事迹昭昭焉，如揭合璧。苟非三尺喙、五色毫，有焉能措辭其間、駕説于後？就以國觀國，考從鄉至鄉，則風傳沙嶮而來，波及海隅之始。昔當東表鼎峙之秋，有百濟蘇塗之儀，若甘泉金人之祀。厥後西晉曇始，始之貊，如攝騰東入；句驪阿度，度于我，如康會南行。時乃梁菩薩帝，反同泰一春；我法興王，制律條八載也。亦既海岸植與樂之根，日鄉曜增長之寶。天融善願，地聳勝因。爰有中貴捐軀，上仙剔髮，苾蒭西學，羅漢東遊。因爾混沌能開，娑婆遍化。莫不選山川勝概，窮土木奇功，藻宴坐之宮，燭修行之路。信心泉涌，慧力風揚。果使漂杵蠲灾，鞬櫜騰慶。昔之蕞爾三國，今也壯哉一家。雁刹雲排，將無隙地；鯨桴雷振，不遠諸天。漸染有餘，幽求無斁。其教之興也，毗婆娑先至，則四郡驅四諦之輪；摩訶衍後來，則一國曜一乘之鏡。然能義龍雲躍，律虎風騰，泅學海之波濤，蔚鷄林之柯葉，道咸融乎無外，情或涉於有中，抑止水停漪，高山佩旭者蓋有之矣，世未之知。洎長慶初，有僧道義，西泛睹西堂之奧，智光侔智藏而還。始語玄契者，縛猿心護奔北之短，矜鷃翼誚圖南之高，既醉於誦言，競嗤爲魔語。是用韜光廡下，斂迹壺中，罷思東海東，終遁北山北。豈大《易》之無悶，《中庸》之不悔者耶？然秀東嶺，芳定林，蟻慕者彌山，雁化者出谷。道不可廢，時然後行。及興德大王纂戎，宣康太子監撫，去邪醫國，樂善肥家。有洪陟大師，去西堂證心，來南岳休足。鶖冕陳順風之請，龍樓慶開霧之期。顯示密傳，朝凡暮聖。變非蔚也，興且勃焉。試較其宗趣，則修乎修没修，證乎證没證。其靜也山立，其動也谷應。無爲之益，不爭而勝。於是乎東人方寸地靈矣。能以靜利利海外，不言其所利。大矣哉！爾後觴騫河，筌融道，無念爾祖，寔繁有徒。或劍化延津，或珠還合浦。爲巨擘者，可屈指焉。西化則靜衆無相、常山慧覺，益州金、鎮州金者是也。東歸則前所叙北山義、南岳陟，而降太安徹、國師慧目、育智力門、雙溪昭、新興彦、涌巖體、珠丘休、雙峰雲、孤山日、兩朝國師聖住染爲菩提宗。德之厚爲父衆生，道之尊爲師王者。古所謂「逃名名我隨，避聲聲我追」者。故得皆化被恒沙，迹傳豐石，有令兄弟，宜爾子孫。俾定林標秀於鷄林，慧水安流於鰈水矣。別有不户不牖而見大道，不山不海而得上寶，恬然息意，澹乎忘味，彼岸也不行而至，此土也不嚴而治，七賢孰取譬，十住難定位者，賢溪山智證大師其人也。始大成也，發蒙于梵體大德，稟具于瓊儀律師；終上達也，探玄于慧隱嚴君，受默于揚孚令子。法胤唐四祖，爲五世父。東漸于海，溯流數之雙峰，子法朗，孫慎行，曾孫遵範，玄孫慧隱，末孫大師也。朗大師，從大醫之大證。按杜中書正倫纂銘云：「遠方奇士，異域高人。無憚嶮道，來至珍所。」則掬賨歸止，非師而誰？第知者不言，復藏于密。能探秘藏，惟行大師。」然時不利兮，道未亨也。乃浮于海，聞于天。肅宗皇帝寵貽天什，曰：「龍兒渡海不憑筏，鳳子冲虛無認月。」師以「山鳥、海龍」二句爲對，有深旨哉！東還三傳至大師，畢萬之後於斯驗矣。其世緣則王都人，金姓子，號道憲，字智詵。父贊瓌，母伊氏。長慶甲辰歲現于世，中和壬寅曆歸于寂，宴坐也四十三夏，歸全也五十九年。其具體則身仞餘，面尺所，儀狀魁岸，語言雄亮，真所謂「威而不猛」者。始孕洎滅，奇蹤秘説，神出鬼没，筆不可紀。今撮其感應聳人耳者六異，操履驚人心者六是，而分表之。初，母夢一巨人告曰：「僕昔勝見佛，季世爲桑門，以嗔恚故，久墮龍報。報既矣，當爲法孫。故托妙緣，願弘慈化。」因有娠。幾四百日，灌佛之旦誕焉。事驗蟒亭，夢符像室，使佩韋者益誡，擁毳者精修。降生之異一也。生數夕不咽乳，彀之則啼欲嗄。欻有道人過門誨曰：「欲兒無聲，忍絶葷腥。」母從之，竟無恙。使乳育者加慎，肉食者懷慚。宿習之異二也。九歲喪父，殆毀滅。有追福僧憐之，諭曰：「幻軀易滅，壯志難成。昔佛報恩，有大方便。子勉之！」因感悟輟哭，白所生，請歸道。母慈其幼，復念保家無主，確不許。耳踰城故事，則亡去，就學浮石山。忽一日心驚，坐屢遷。俄聞倚門成疾，遽歸省，而病隨愈。時人方之阮孝緒。居無何，染沉疴，謁醫無效，枚卜之，僉曰：

「宜名隸大神。」母追惟曩夢，試覆以方袍而泣。誓言斯疾若起，乞佛爲子。信宿，果大瘳。仰悟慈念，終成素志。使舐犢者割愛，飲蛇者釋疑。孝感之異三也。至十七受具，始就壇，覺袖中光熠熠然，探之得一珠。豈有心而求，乃無脛而至，真《六度經》所喻矣。使飢殍者自飽，醉偃者能醒。勵心之異四也。坐雨竟，將他適，夜夢遍吉菩薩撫頂提耳曰：「苦行難行，行之必成。」形開痒然，默篆肥骨。自是不復服繒絮焉，條綫之須，必用麻楮，不穿韃履，翗羽翣毛茵餘用乎？使緼麛者開眼，衣蟲者厚顏。律身之異五也。自綺年，飽老成之德，加瑩戒珠。可畏者競相從求益，大師拒之曰：「人之大患，好爲人師。」强欲惠不惠，其如模不模何？况浮芥海鄉，自濟未暇，無影逐爲必笑之態。」後山行，有樵叟假礙前路，曰：「先覺覺後覺，何須恪空殼？」就之則無見焉。爰愧且悟，不阻來求。森竹葦于溪藍山水石寺。俄卜築他所，曰：「不繫爲懷，能遷是貴。」使佔畢者三省，營巢者九思。垂訓之異六也。贈太師景文大王心融鼎教，面渴輪工，遥深爾思，覬禆我則，乃寓書曰：「伊尹大道，宋纖小見。以儒譬釋，自邇陟遠。甸邑巖居，頗有佳所。木可擇矣，無惜鳳儀。」妙選近侍中可人，鵠陵昆孫金立言爲使，既傳教，已因攝齊焉。答曰：「修身化人，捨靜奚趣？烏能之爾，善爲我辭。幸許安塗中，無令在汶上。」上聞之，益珍重。自是譽四飛於無翼，衆一變於不言。咸通五年冬，端儀長翁主未亡人爲稱當來佛是歸，敬謂下生，厚資上供。以邑司所領賢溪山安樂寺，富有泉石之美，請爲猿鶴主人。大師乃告其徒曰：「山號『賢溪』，地殊愚谷，寺名『安樂』，僧盍住持？」從之徒焉，居則化矣。使樂山者益静，擇地者慎思。行藏之是一焉。他日告門人曰：「故韓粲金公嶷勛度我爲僧，報公以佛。」乃鑄丈六玄金像，傅之以銑，爰用鎮仁宇，導冥路。使行恩者日篤，重義者風從。知報之是二焉。至八年丁亥，檀越翁主使茹金等，持伽藍南畝暨臧獲本籍授之，爲壞袍傳舍，俾永不易。大師因念言：「王女資法喜，尚如是矣；佛孫味禪悦，豈徒然哉！我家非貧，親黨皆没。與落路行人之手，寧充門弟子之腹。」遂於乾符六年，捨莊十二區、田五百結隸寺焉。飯孰讖囊，粥能銘鼎。民天是賴，佛土可期。雖曰我田，且居王土。始質疑於王孫韓粲繼宗、執事侍郎金八元、金咸熙，及正法司大統釋玄亮。聲九皋，應千里，贈太傅憲康大王嘉而允之。其年九月，教南川郡統僧訓弼，標墅畫生場。斯皆外佐君臣益地，内資父母生天，使續命者興仁，賞歌者悛過。檀捨之是三焉。有居乾惠地者曰沈忠，聞大師刃餘定慧，鑒透乾坤，志確曇、蘭，術精安、廩，禮足已，白言：「弟子有剩地，在曦陽山腹，鳳巖龍谷，境駭横目，幸構禪宫。」徐答曰：「吾未能分身，惡用是？」忠請膠固，加以山靈，有甲騎爲前騶之異，乃錫挺樵磎而相歷焉。且見山屏四列，則鸑翅掀雲；水帶百圍，則虬腰偃石。既愕且喈曰：「獲是地也，庸非天乎？不爲青衲之居，其作黄巾之窟。」遂率先於衆，防後爲基。起瓦簷四柱以壓之，鑄鐵像二軀以衛之。至中和辛丑年，教遣前安輪寺統僧俊恭，司正史裴聿文，標定疆域，乃榜爲「鳳巖」焉。及大師化往數年，有山甿爲野寇者，始敢拒輪，終能食椹，得非深斟定水，預沃魔山之巨力歟？使折臂者標義，掘尾者制狂。開發之是四焉。太傅大王以華風掃弊，慧海濡枯，素欽靈育之名，渴聽法深之論。乃注心鷄足，灑翰鵠頭，以徵之曰：「外獲小緣，念踰三際；内修大慧，幸許一來。」大師感動琅函，言及勝因，通世同塵，率土懷玉。出山，纚纖迎途，至憩足于禪院寺；錫安信宿，引問心于月池宫。時屬纖蘿不風，温樹方夜，適睹金波之影，端臨玉召之心。大師俯而覬，仰而告曰：「是即是。」餘無所言。上洗然忻契曰：「金仙花目，所傳風流，固協於此。」遂拜爲忘言師。及出，俾藎臣譬旨，幸宜小停。答曰：「謂牛戴牛，所直無幾；以鳥養鳥，爲惠不貲。請從此辭，枉之則折。」上聞之喟然，以韻語嘆曰：「挽既不留，空門鄧侯。師是支鶴，吾非趙鷗。」乃命十戒弟子、宣教省副使馮恕行，投送歸山。使待兔者離株，羨魚者學網。出處之是五焉。在世行無遠近夷險，未嘗代勞以蹄角。及還山，冰雪梗跋涉，乃以栟櫚步轝躬行，謝使者曰：「是豈非井大春所云人車耶？爲顧英君所不須，矧形毁者乎？」然命既至矣，受之爲濟苦具。及移疾于汝樂蘭若，杖錫不能起，始乘之。使病病者了空，賢賢者離執。用捨之是六焉。至冬杪既望之二日，趺坐晤言之際，泊然無常。嗚呼！星迴上天，月落大海。終風吼谷，則聲咽虎溪；積雪摧松，則色侔鶴樹。物感斯極，人悲可量。信而假殯于賢溪，期而遷窆于曦野。其詞曰：

麟聖依仁乃據德，鹿仙知白能守黑。二教從稱天下式，螺髻真人難确力。十萬里外鏡西域，一千年後燭東國。雞林地在鰲山側，儒仙自古多奇特。可憐曦仲不曠職，更迎佛日辨空色。教門從此分階墄，言路因之理溝洫。身依兔窟心難息，足躡羊歧眼還惑。法海安流真叵測，心傳眼詖包真極。得之得類罔象得，嘿之嘿異寒蟬嘿。北山義與南岳陟，垂鵠翅與展鵬翼。海外時來道難抑，遠派禪河無擁塞。蓬托麻中能自直，珠探衣内體傍貣。湛若賢溪善知識，十二因緣非虛餙。何用攀絙兼拊杙，何用砥筆及含墨。彼既遠學來匍匐，我能靜坐降魔賊。莫抱意樹設栽植，莫苞情田枉稼穡。莫抱恒沙論萬億，莫抱閒雲定南北。德馨四遠聞薝蔔，慧化一方安社稷。面奉天花飄縷械，心憑水月呈禪栻。霍副往錦誰入棘，腐儒玄杖慚擿埴。迹耀寶幢名可勒，才輸錦頌文難織。嚚腹欲飫禪悅食，來向山中看篆刻。

（《崔致遠全集》下册六四六頁；《唐文拾遺》卷四四）

三六〇　仰山通智大師（慧寂）塔銘

自文宗朝，有大溈山大圓禪師居士養道，以曹溪心地直指示學人，使入玄理。天下雲從霧集常數千人，然承其宗旨者三人而已，一曰仰山，二曰大安，三曰香嚴。希聲頃因從事嶺南，遇仰山大師於洪州石亭觀音院，洗心求道，言下契悟玄旨。大師嘗論門人，以希聲爲稱首。及大師自石亭入東平，會希聲府罷，冒暑躡屩，禮辭於巖下。違師僅三十年，師歸圓寂。今者門人光昧專自東山來，請予以文銘和尚塔。予頃在襄州，有香嚴門人請予爲香嚴碑，已論三人同體異用之意。其辭曰：「仰山龍從於江西，大安雨聚於閩越，香嚴霰龕於南陽，皆尋流得源，同出異名之謂也。」達道者皆以爲確論。按《西域秘記》，自達摩入中國，當有七葉，草除其首是也。仰山，韶州人，俗姓葉氏，仰承六祖，是爲七葉。然曹溪心地，撥去文字，不使染著，而大師即以曹溪玄旨印於大教，莫不玄符。即曹溪所云湛然常寂，妙用恒沙，圓明變化，不可揆測，此所謂一體異用者。予以香嚴碑内已曾論三師之旨，故不得重言，以俟知者。今略解釋，以爲塔銘。大師法名慧寂，居仰山日，法道大行，故今多以仰山爲號。享年七十七，僧臘五十四。從國師忠和尚得玄機境智，以曹溪心地用之千變萬化。欲以直截指示學人，無能及者。而學者往往失旨，揚眉動目，敲木指境，遞相效斆，近於戲笑，非師之過也。然師得曹溪玄旨，傳付學人，雖與經教符同，了然自顯一道，合離變化，所謂龍從者也。大師元和二年六月二十一日生，中和三年二月十三日入滅，大順二年三月十日敕號通智大師妙光之塔云爾。乾寧二年三月一日，力病撰銘曰：

六用如如，合於太虛。四大無主，當歸亨土。以家爲塔，終古永樂。千載之後，靈光照灼。

（《全唐文》卷八一三）

文德

三六一　魏州故禪大德獎公（存獎）塔碑

蓋聞妙諦惟玄，不可以一理測；真筌至奧，不可以諸相求。隨萬物而泯色空，而不生不滅；超三界而越塵垢，故無去無來。此乃不思議者，其惟西方釋迦牟尼佛之謂乎！伏自教傳西域，化被中原，漢明推入夢之祥，梁武顯施身之願。語其大也，外不見須彌之廣；言其小也，內不知芥子之微。斯乃梵璽褒然，代代相付。肇自摩訶迦葉，迄於師子尊者，統爲二十三代，而後達摩多羅降於漢土，至能、秀分之爲七。而後苞披葉附，派別脈分，其真宗不泯不滅者，則我大覺大師固有系焉。和尚姓孔，字存獎，家本鄒魯，即闕里之裔孫也。乃祖乃父因官隸於薊門，歷祀既深，籍同編人。和尚以無量劫中，修菩薩行，及兹降世，豈同凡倫。當衣綵之妙齡，蓄披緇之大志。未踰七歲，即悟三乘，啓白所親，懇求剃落。遂於薊三河縣盤山甘泉院依止禪大德曉方，乃親承杖履，就侍瓶盂，啓顧全身，惟思半偈。大中五年，伏遇盧龍軍節度使張公奏置壇場，和尚是時戒相方具。而後大中九年，再遇侍中張公重起戒壇於涿郡。衆請和尚以六踰星紀、三統講筵，宣金石之微言，示玉毫之真相。三千大千之世界，靡不瞻依；十一十二之因緣，竟無凝滯。禪大德玄公者，即臨濟之大師也。和尚一申禮謁，得奉指歸，傳黄蘗之真筌，授白雲之秘訣。所爲醍醐味爽，乍灌頂以皆醒；薝蔔花香，纔經手而分馥。一旦旋辭舊刹，願歷諸方，西自京華，南經水國。至於攀蘿冒險，踏石眠雲，經吴會興廢之都，盡梁武莊嚴之地，無不追窮聖迹，探討禪宗。後過鍾陵，伏遇仰山大師方開法宇，大啓禪扃，赴地主之邀迎，會天人之供施而陳奥義，衆莫能分。和尚立以剖之，如刀解物。仰山目眙擊指，稱嘆再三。遽聞臨濟大師已受蒲相蔣公之請，纔凝省侍，飛錫而遽及中條；尋獲參隨，置杯而將渡白馬。當道先太尉中令何公專發使人迎請臨濟大師，和尚翼從一行，不信宿而至於府下，而乃止於觀音寺江西禪院，而得簪裾繼踵，道俗連肩。曾未期年，是至遷化。斯蓋和尚服勤道至，展敬情深，無乖靈堵之儀，克盡荼毗之禮云。乾符二年，有幽州節度、押兩蕃副使、檢校秘書兼御史中丞、賜紫金魚袋董廓及幽州臨壇律大德沙門僧惟信并涿州石經寺監寺律大德弘嶼等咸欲指陳盤嶺，祈請北歸。和尚欲徇群情，將之薊部，晨詣衙庭，啓述行邁。先時，中丞韓公之叔曰贊中遽聞告云，撫掌大敬，迺曰：「南北兩地有何異也？魏人何薄？燕人何厚？如來之敬，豈如是耶？」和尚辭不獲已，許立精舍。韓公之叔常侍及諸檀信鳩集財貨，卜得勝概在於南磚門外通衢之左。成是院也，有如化成，松楠將杞梓俱來，文石與珷玞荐至。重廊復道，竹翠松青，四户八窗，風輕月朗。和尚樂兹幽致，用化群迷，開解脱門，演無量法，能使天花散地，水月澄空。常與四衆天人皆臻法要，六州士庶盡結勝因。豈謂一念俱尸，奄從物化。斯乃文德元年七月十二日也，享齡五十九，僧臘四十一。有親信弟子藏暉、行簡，一以主喪，一以傳法。大德奉先師之遺命，於龍紀元年八月二十二日，於本院焚我真身，用觀法相。闔城禪律，繼踵爭來；四達簪裾，連肩悉至。於是幡花蔽日，螺唄喧天，火纔發而雲自愁，薪不加而風助勢。三日三夜，號禮如斯。於香燼之中得舍利一千餘粒，諸寺大德各各作禮，請分供養焉。於戲！雪氈如故，其儀宛然。捧一履以徒悲，仰雙林而莫見。遂建塔于府南貴鄉縣薰風里，附於先師之塔，志也。億到職之初，曾獲瞻禮。法主大德藏暉不以億才業庸淺，具聞於我公，相請撰斯文。億秉筆惕然，得盡蕪鄙。銘曰：

傳如來教，厥惟大雄。百千劫外，方丈室中。慈悲是念，色相皆空。端然不動，豈染塵蒙。其一　矯迹三界，安心四禪。身雖是假，道本無邊。璞内有玉，火中生蓮。傳法何處，隨其有緣。其二　越絶支遁，匡廬遠公。高情遠致，迹異心同。既離邪縛，肯處凡籠。松軒竹徑，空悲夜風。其三　我性不動，我心就燃。果得舍利，粒粒珠圓。幡花艷閃，螺唄交連。唱偈作禮，聲徹梵天。其四　寶刹新建，招提舊踪。蓮芳不見，葱嶺誰逢。響亮朝磬，清泠夜鐘。歷千萬祀，傳我禪宗。其五

（《文苑英華》卷八六八；《全唐文》卷八一三）

三六二　僧慧峰塔銘

唐故先師和尚，汝州襄城縣人也。俗姓賀蘭氏，法號慧峰，於中和戊申歲八月二十八日遷化，去乾寧乙卯年建造靈塔，十月功畢，改記耳。弟子及功德主玄藏，弟子玄悟、玄應、玄朗、玄雅、玄鑒、玄達、玄通、玄義、玄暢、玄

敬、玄密、玄猗、玄覺。

（《北京圖書館藏中國歷代石刻拓本匯編》三四册三四頁；《唐代墓誌彙編》乾寧〇〇四號；《全唐文補遺》七輯四三〇頁）

三六三　無染和尚碑銘并序

帝唐揃亂以武功，易元以文德之年。暢月月缺之七日，日蘸咸池時，海東兩朝國師禪和尚，盥浴已，趺坐示滅。國中人如喪左右目，矧門下諸弟子乎？嗚呼！應東身者八十九春，服西戒者六十五夏。去世三日，倚繩座，儼然面如生。門人詢乂等，號奉遺體，假肂禪室中。上聞之震悼，使馹吊以書，賻以穀，所以資淨供而贍玄福。越二年，攻石封層塚，聲聞玉京。菩薩戒弟子武州都督蘇判鎰、執事侍郎寬柔、浿江都護咸雄、全州别駕英雄，皆王孫也，維城輔君德，險道賴師恩，何必出家然後入室，遂與門人昭玄大德釋通玄、四天王寺上座釋慎符議曰：「師云亡，君爲慟，奈何吾儕忍灰心木舌，缺緣飾在三之義乎？」乃黑白相應，請贈謚暨銘塔。教曰可。旋命王孫夏官二卿禹珪，召桂苑行人、侍御史崔致遠至蓬萊宫，因得並琪樹上瑶墀，跽俟命珠箔外。上曰：「故聖住大師，真一佛出世！昔文考、康王咸師事，福國家爲日久。余始克纘承，願繼□□先志。而天不憖遺，益用悼厥心。余以有大行者授大名故，追謚曰『大朗慧』，塔曰『白月葆光』。乃嘗西宦，絲染錦歸。顧文考選國子命學之，康王視國士禮待之。若宜銘國師以報之。」謝曰：「主臣！殿下恕粟饒浮秕，念桂飽餘香，俾報德以文，固多天幸。第大師於有爲澆世，演無爲秘宗；小臣以有限麼才，紀無限景行。弱轅載重，短綆汲深。其或石有異言，龜無善顧。決叵使山輝川媚，反贏得林慚澗愧。請筆路斯避。」上曰：「好讓也，蓋吾國風。善則善已，然苟不能是，惡用黄金榜爲？爾勉之！」遽出書一編，大如椽者，俾中涓授受，乃門人弟子所獻狀也。復惟之：「西學也彼此俱爲之。而爲師者何人，爲役者何人，豈心學者高，口學者勞耶？故古之君子慎所學。抑心學者立德，口學者立言。則彼德也或憑言而可稱，是言也或倚德而不朽。可稱則心能遠示乎來者，不朽則口亦無慚乎昔人。爲可爲於可爲之時，復焉敢膠讓乎篆刻？」始繹如椽狀。則見大師西遊東返之歲年，稟戒悟禪之因緣，公卿守宰之歸仰，像殿影堂之開創，故翰林郎金立之所撰《聖住寺碑》敘之詳矣。爲佛爲孫之德化，爲君爲師之聲價，鎮俗降魔之威力，鵬顯鶴歸之動息，贈太傅、獻康大王親製《深妙寺碑》録之備矣。顧腐儒之今作也，止宜標大師就般涅槃之期，及與吾君崇窣堵波之號而已。口將手議，役將自適其適，這有上足苾蒭來趣齋曰，語及斯意，則曰：「立之碑，立之久矣，尚闕數十年遺美。太傅王神筆所記，蓋顯示殊遇云爾。吾子口嚼古賢書，面飲今君命，耳飫國師行，目醉門生狀，宜廣記而備言之。殆貽厥可畏，俾原始要終。脱西笑者，或袖之；脱西人笑，則幸甚。吾敢求益，子無憚煩。」狂奴餘態，率爾應曰：「僕編苫者，師買菜乎？」遂絆猿心，强搖免翰。憶得《西漢書・留侯傳》尻云：「良所與上從容言天下事甚衆，非天下所以存亡，故不著。」則大師時順間事迹，犖犖者星繁，非所以警後學，亦不書。自許窺一班於班史然。於是乎管述曰：光盛且實，而有暉八紘之質者，莫均乎曉日；氣和且融，而有孚萬物之功者，莫溥乎春風。惟俊風與旭日，俱東方自出也。則天鍾斯二餘慶，岳降于一靈性，俾挺生君子國，特立梵王家者，大師其人也。法諱無染，於圓覺祖師爲十世孫；俗姓金氏，以武烈大王爲八代祖。大父周川，品真骨，位韓粲。高、曾出入皆將相，户知之。父範清，族降真骨一等，曰得難，晚節追蹤趙文業。母華氏，魂交，睹脩臂天垂授藕花，因有娠。幾踰時，申夢胡道人，自稱法藏，授十護充胎教，過期而誕。大師阿孩時，行坐必合掌趺對。至與羣兒戲，畫墁聚沙，必模樣像塔，而不忍一日離膝下。九歲始鼓篋，目所覽，口必誦，人稱曰海東神童。跨一星終，有隘九流，意入道，先白母。母念已前夢，泣曰：「諾！」後謁父，父悔已晚悟，喜曰：「善！」遂零染雪山五石寺。口精嘗藥，力鋭補天。有法性禪師，嘗扣駿伽門于中夏者。大師師事數年，撢索無子遺。性嘆曰：「迅足騣騣，後發前至，吾於子驗之矣。吾恢矣，無餘勇可賈於子矣。如子者，宜西也。」大師曰：「維。夜繩易惑，空縷難分。魚非緣木可求，兔非守株可待。故師所教，已所悟，互有所長。苟珠火斯來，則蚌燧可棄。凡志於道者，何常師之有？」尋移去，問《驃訶健拏》于浮石山釋澄大德，日敵三十夫，藍茜沮本色。顧坳杯之譬，曰東面而望，不見西牆。彼岸不遥，何必懷土？遽出山並海，伺西泛之緣。會國使歸瑞節象魏下，任足而西。及大洋中，風濤欻顛怒，巨艑壞，人不可復振。大師與心友道亮，跨隻板，恣業風，通星半月餘，飄至劍山島。爬行之碕上，悵然甚久，曰：「魚腹中幸得脱身，龍頷下庶幾攙手。我心非石，其可退轉乎？」洎長慶初，朝正使王子昕艤舟唐恩浦，使請寓載，許焉。既達之罘山麓，顧先難後易，土揖海若，曰：「珍重鯨波，好戰風魔。」行至大興城南山至相寺，遇説《雜花》者，猶在浮石時。有一黳耆年言提之曰：「遠欲取諸物，孰與認而佛？」大師舌底大悟。自是置翰墨，游歷佛光寺，問道如滿。滿佩西江印，爲香山白尚書樂天空門友者，而應對有慚色，曰：「吾閲人多矣，罕有如是新羅子。他日中國失禪，將問之東夷耶？」去謁麻谷寶徹和尚，服勤勞無所擇，人所難，己必易。衆目曰：「禪門庾黔婁異行。」徹公賢苦節，嘗一日告之曰：「昔吾師馬和尚訣我曰：『春花繁，秋實寡，攀道樹者所悲吒。今授若印，異日徒中有奇功可封者封之，無使刓。復云：『東流之説，盖出鉤讖。彼日出處善男子，根殆熟矣。若若得東人可目語者，昳道之，俾慧水丕冒於海隅，爲德非淺。』師言在耳，吾喜若徠，今授印焉。俾冠禪侯于東土。往欽哉！則我當年作江西大兒，後世爲海東大父，其無愧先師乎？」居無何，師化去。墨巾離首，乃曰：「筏既捨矣，舟何繫焉？」自爾浪遊，飄飄然，勢不可遏，志不可奪。於是渡汾水，登崞山，迹之古必尋，僧之真必詣。凡所止舍遠人烟，大要在安其危、甘其苦，役四體爲奴虜，奉一心爲君主。就是中顓以視篤癃、恤孤獨爲己任。至祁寒酷暑，且煩渴或皸瘃侵，曾無倦容。耳名者不覺遥禮，嚻作東方大菩薩。其三十餘年行事也如是。會昌五年來歸，帝命也。國人相慶曰：「連城璧復還，天實爲之，地有幸也。」

自是請益者，所至稻麻矣。入王城省母，社大歡喜曰：「顧吾疇昔夢，乃非優曇之一顯耶？願度來世，吾不復撓倚門之望也。」已矣，迺北行，擬目選終焉之所。會王子昕懸車，爲山中宰相，邂逅適願，謂曰：「師與吾俱祖龍樹乙粲，則師内外爲龍樹令孫，直瞠若不可及者。而滄海外躡瀟湘故事，則親舊緣固不淺。有一寺在熊州坤隅，是吾祖臨海公受封之所。間劫燼流灾，金田半灰。匪慈哲，孰能興滅繼絶？可强爲朽夫住持乎？」大師答曰：「有緣則住。」大中初，始就居，且肦飾之。俄而道大行，寺大成。繇是四遠問津輩，視千里猶跬步，其甗不億，寔繁有徒。大師猶鍾待扣，而鏡忘罷。至者靡不以惠炤導其目，法喜娱其腹，誘憧憧之躅，變蚩蚩之俗。文聖大王聆其運爲，莫非裨王化。甚嘉之，飛手教，優勞且多。大師答山相之四言，易寺榜爲「聖住」，仍編録大興輪寺。大師酬使者曰：「寺以『聖住』爲名，招提固所爲榮。至寵庸僧，濫吹高笛，寔避風斯媲，而隱霧可慚矣。」時憲安大王與檀越季舒發韓魏昕爲南北相，遥展攝齋禮，贄以茗馞，使無虚月。至使名霮東國，士流不識大師之門，爲一世羞。得禮足者，退必喟曰：「面謁百倍乎耳聞，口未出而心已入。抑有猴虎而冠者，亦熄其躁、譁其虓而僥犇馳善道。」暨憲王嗣位，賜書乞言。大師答曰：「《周禮》對魯公之語，有旨哉！著在《禮經》，請銘座側。」逮贈太師先大王即位，欽重如先朝志，而日加厚焉。最所施爲，必馳問，然後舉。咸通十二年秋，飛鵠頭書，以傳召曰：「山林何親，城市何疏？」大師謂生徒曰：「逃命伯宗，深慚遠公。然道之將行也，時乎不可失。念付囑故，吾其往矣！」欻爾至轂下。及見，先大王冕服拜爲師。君夫人、世子、暨大弟相國、羣公子公孫，環仰如一。一如古伽藍績壁面，寫出西方諸國長侍勃陁樣式。上曰：「弟子不佞，少好屬文，嘗覽劉勰《文心》有語云：『滯有守無，徒鋭偏解。欲詣真源，其般若之絶境。』則境之絶者，或可聞乎？」大師對曰：「境既絶矣，理亦無矣。斯印也，默行爾。」上曰：「寡人固請少進。」爰命徒中錚錚者，更手撞擊，春容盡聲，剖滯祛煩，若商飈之劃陰藹然。於是上大喜，懊見大師晚，曰：「恭己南面，司南南宗。舜何人哉，余何人也？」既出，卿相延迓，與謀不暇；士庶趨承，欲去不能。自是國人皆認衣珠，鄰叟罷窺廡玉焉。俄苦樊籤中，即亡去。上知不可强，乃降芝檢，以尚州深妙寺不遠京，請禪那別館。辭不獲，往居之。一日必葺，儼若化城。乾符三年春，先大王不預，命近侍曰：「亟迎我大醫王來。」使至，大師曰：「山僧足及王門，一之謂甚。知我者謂聖住爲無住，不知我者謂無染爲有染乎！然顧與吾君有香花因緣，忉利之行有期矣。盍就一訣？」復步至王居。設藥言，施箴戒。不覺疾愈，舉國異之。既逾月，獻康大王居翼室，泣命王孫勛榮，諭旨曰：「孤幼遭閔凶，未能知政。致君奉佛，誧濟海人，與獨善其身，不同言也。幸大師無遠適，所居惟所擇。」對曰：「古之師則六籍存，今之輔則三卿在。老山僧何爲者？坐蝗蠹桂玉哉！就有三言，庸可留獻，曰『能、官、人。』」翌日，挈山裝，鳥逝。自爾騎置傳訊，影綴巖溪。遽人知往抵聖住，即皆雀躍。叢手易轡，慮滯王程，猶尺寸地。由是騎常侍倫伍得急宣，爲輕舉。乾符帝錫命之歲，令國內舌杪有可道者，貢興利除害策。別用鸞牋書，言荷天寵有所自。因垂益國之問，大師引出何尚之獻替宋文帝心聲爲對。太傅王覽，謂介弟南宫相曰：「三畏比三歸，五常均五戒。能踐王道，是符佛心。大師之言至矣哉！吾與汝宜惓惓。」中和西狩之年秋，上謂侍人曰：「國有大寶珠，畢世櫝而藏之，其可乎？」曰：「不可。不若時一出，俾醒萬户眼，醉四鄰心。」曰：「我有摩尼上珍，匿曜在崇巖山。脱辟秘藏，宜照透三千界，何十二乘之足道哉！我文考懇迎，嘗再顯矣。昔酇侯譏漢王拜大將如召少兒，不能致商山四老人以此。今聞天子蒙塵，趣令奔問官守。勤王加厚，歸佛居先。將邀大師，必叶外議。吾豈敢倚其一，慢其二哉！」乃重其使，卑其辭，徵之。大師云：「孤雲出岫，寧有心哉？有緣乎大王之風，無固乃上士之道。」遂來見。見如先朝之禮。禮之加，焯然可屈指者：面供饌，一也；手傳香，二也；三禮者三，三也；秉鵲尾爐，締生生世世緣，四也；加法稱曰廣宗，五也；翌日命振鷺，趨鳳樹，雁列賀，六也；教國中磋磨六義者，賦送歸之什，在家弟子王孫蘇判鎰榮首唱斂成軸，侍讀翰林才子朴邕爲引而贈行，七也；申命掌次，張净室，要叙別，八也。臨告別，求妙訣。乃眴從者舉真要。有若詢乂、圓藏、靈源、玄影四禪中得清净者，緒抽其慧，表纖旨，注意無怠，沃心有餘。上甚悦，擡拜曰：「昔文考爲捨瑟之賢，今寡人忝避席之子，繼體得崆峒之請，服膺開混沌之源。則彼渭濱老翁，真釣名者；圯上孺子，蓋履跡焉。雖爲王者師，徒弄三寸舌也。曷若吾師語密，傳一片心乎！」奉以周旋，不敢失墜。太傅王雅善華言金玉之音，不患衆咻聒，而能出口成儷，語如宿構云。大師既退，且往應王孫蘇判鎰共言數返，即嘆曰：「昔人主有遠體而無遠神者，而吾君備；人臣有公才而無公望者，而吾子全。國其庶乎，宜好德自愛！」及歸，謝絶。於是遣輶軒標放生場界，則鳥獸悦；紐銀鉤札「聖住寺」題，則龍蛇活。盛事畢矣，昌期忽兮。定康大王莅阼，兩朝寵遇，師而行之。使緇素重使迎之，辭以老且病。太尉王流恩海表，仰德高山。嗣位九旬，馳訊十返。俄聞脊腰之苦，遽命國醫往爲之。至則請苦狀，大師微破顔曰：「老病無煩治。」縻飧二時，必聞鐘後進。其徒憂食力虧，陰戒掌枹者陽密擊，乃自牖而命撤。將化往，命傍侍，警遺訓于介衆曰：「已過中壽，難逃大期。我儂遠遊，爾曹好住！講若畫一，守而勿失。古之吏尚如是，今之禪宜勉旃！」告訣哉罷，慭然而化。大師性恭謹，語不傷和氣。《禮》所云「中退然，言吶吶然」者乎！釁侣必目以禪，師接賓客未嘗殊敬乎尊卑。故滿室慈悲，烝徒悦隨。五日爲期，俾來求者質疑。諭生徒則曰：「心雖是身主，身要作心師。患不爾思，道豈遠而？設是田舍兒，能擺脱塵羈，我馳則心馳矣。導師教父，寧有種乎？」又曰：「彼所啜不濟我渴，彼所啖不救我餒。盍努力自飲自食？或謂教禪爲無同，吾未見其宗。語本夥頤，非吾所知。大較同弗與，異弗非。宴坐息機，斯近縷褐被者歟？」其言顯而順，其旨奥而信，故能使尋相爲無相，道者勤而行之，不見有歧中之歧。始壯及衰，自貶爲基。食不異粮，衣必均服。凡所營葺，役先衆人。每言：「祖師嘗踏泥，吾豈暫安栖？」至擔水負薪，或躬親，且曰：「山爲我爲塵，我安得安身？」其克己勵物皆是類。大師少讀儒家書，餘味在唇吻，故酬對多韻語。門弟子名可名者，厘二千人。索居而稱坐道場者，曰僧亮，曰普愼，曰詢乂，曰僧光。諸孫詵詵，厥衆濟濟，實可謂馬祖毓龍子，東海掩西河焉。論曰：麟史不云乎「公侯之子孫，必復其始」？則昔武烈大王爲乙粲時，爲屠穢貊，乞師計，將真德女君命，陛覲昭陵皇帝，面陳願奉正朔，易服章。天子嘉許，庭賜華裝，授位特進。一日，召諸蕃王子宴，大置酒，堆寶貨，俾恣滿所欲。王乃杯觴則禮以防亂，繒綵則智以獲多。衆辭出，文皇目送而嘆曰：「國器！」及其行也，以御製并書《温湯》《晉祠》二碑暨御撰《晉書》一部賚之。時蓬閣寫是書，裁竟二本。上一賜儲君，一爲我賜。復命華資官祖道青門外。則寵之優、禮之厚，設聾盲乎智者，亦足駭耳目。自兹吾土一變至於魯。八世之後大師西學而東化，加一變至於道，則莫之與京，捨我謂誰？偉矣哉！先祖平二敵國，俾人變外飾；大師降六魔賊，俾人修内德。故得千乘主兩朝拜起，四方民萬里奔趨，動必頤使之，静無腹非者，庸詎非應半千而顯大千者歟？復其始之説，亦何慊乎哉？彼文成侯爲師，漢祖大誇，封萬户位列侯，爲韓相子孫之極則佃矣。假學仙有始終，果能白日上昇去？於中止得爲鶴背上一幻軀爾，又焉珽我大師拔俗於始，濟衆於中，潔己於終矣乎？美盛德之形容，古尚乎頌。頌，偈類也。扣寂爲銘，其詞曰：

可道爲常道，如穿草上露。即佛爲真佛，如攬水中月。道常得佛真，海東金上人。本枝根聖骨，瑞蓮資報身。五百年擇地，十三歲離塵。《雜花》引鵬路，窾木浮鯨津。觀光堯日下，巨筏悉能捨。先達皆嘆云，苦行無及者。沙之復汰之，東流是天假。心珠瑩麻谷，目鏡燭桃野。既得鳳來儀，衆翼爭追隨。試觀龍變化，凡情那測知。仁方示方便，聖住强住持。松門遍挂錫，巖徑難容錐。我非待三顧，我非迎七步。時行則且行，爲緣付囑故。二王拜下風，一國滋甘露。鶴出洞天秋，雲歸海山暮。來貴乎葉龍，去高乎冥鴻。渡水陋巢父，入谷超朗公。一從歸島外，三返遊壺中。羣迷謾臧否，至極何異同。是道澹無味，然須强飲食。他酌不吾醉，他飧不吾飽。誡衆黜心何，糠名復粃利。勸俗飾身何，甲仁復胄義。汲引無棄遺，其實天人師。昔在世間時，舉國成琉璃。自寂滅歸後，觸地生蒺莉。泥洹一何早，今古所共悲。甃石復刊石，藏形且顯迹。鵠塔點青山，龜碑撐翠壁。是豈向來心，徒勞文字覛。欲使後知今，猶如今視昔。君恩千載深，師化萬人欽。誰持有柯斧，誰倚無弦琴。禪境雖没守，客塵寧許侵。鷄峰待彌勒，將在東鷄林。

（《崔致遠全集》下册五七五頁；《金石續編》卷二一；《唐文拾遺》卷四四）

光化

三六四　唐皇化寺齊章法師墓誌銘并序

噫夫！子在川上，不捨晝夜，人亦猶然。法師胤緒，望本隴西。冠冕相承，累世不絶。上祖歷任，寄業汶陽。幼踐釋門，迥握樞闑。登年濯戒，遊詣京華。屢敵論場，頻鏗法鼓。三餘之外，習學忘疲。草聖入神，已得張英之妙；朱絲悦耳，方聞師曠之玄。於戲！以光化庚申歲七月十二日，遘疾禪宴於本院，春秋五十八，夏臘三十六。以其年九月十八日，葬於府城東北南胡村空二字里。比無徒弟，唯託親知。乃刊貞珉，用紀芳迹。詞曰：

達□歸本，迷者失源。師茂至業，誰芳後昆。論場電擊，法鼓雷奔。草玄□聖，琴妙及門。慧筏將溺，慈雲乃昏。悲風吊月，長伴清魂。

（《全唐文補遺》九輯四二二頁）

天祐

三六五　普明大師幢記

甲子歲九月上旬九日，有故内殿講論普明大師缺弘哲，俗姓李，壽年七十二，僧□五十二，遷化於洛京長壽寺。大師名傳海内，講□諸□，誘勸百千萬人，懇説三乘五□。因緣將畢，掩質禪栖。雖佛性無去無來，奈□□有去有住。門人内講論大德德缺年募（慕）道，丱角從師，空思法乳之恩，不睹□□之相，遂收舍利於灰中，建幢壘於山寺。同學師弟内講論大德匡符從行江浙，被歷□勤。及歸帝都，鶺鴒義斷。建幢刻石，用爲不朽。開平二年七月十四日記。

（《唐文續拾》卷一一）

三六六　璘輝尊勝幢記

小師惠舟與諸檀越衆同上奉尊勝陁羅尼幢一所，式薦良因，共登覺路。伏願承總持秘密之力，能仁護念之心，超欲海以清昇，泛慈航而解脱。和尚法諱璘輝，俗姓侯，□□道人也。大德才學之富，□□無□嚴律觀經。未幾，緇素每缺知足□畜賢□施缺薦遊聖迹，駐泊香山，方依譚柄。後乃展卷看經，舉義知歸，窮其奥□，□智增修，倍加精進，晝夜六時，□神凈域。於天祐三年九月下旬，忽染微疾，至廿□日，淹然辭逝，年五十三，僧臘三十四。門人撫機摧感，思鞠育之□，悲罔極之哀，立於導記。天祐四年歲次丁卯三月戊寅朔廿八日乙巳建，内道場持念大德知誨書。

（《唐文續拾》卷一一）

年月不明碑誌塔銘

三六七　隋江總明慶寺尚禪師碑銘

百世之上，百世之下。含章隱璞，明真照假。空行已無，希音和寡。不有耆德，誰其繼者？朗月靈懸，高風獨寫。

（《藝文類聚》卷七六；《全隋文》卷一一）

三六八　隋建初寺瓊法師碑

夫智慧精進，皆曰第一；妙德净名，並稱不二。若乃斡五欲之泥，解六情之網，禦寶車之迹，面香城之路，荷持像法，汲引人倫，惟此法師，心力備矣。東山北山之部，貫花散花之句，並編柳成簡，題蒲就業。學非全朔，無待冬書。師夢尹儒，自知秋駕。銘曰：

屑屑人世，茫茫大千。欲流心火，意樹身田。老鷲靈龠，孔惜逝川。三空莫辯，二諦何詮？佛日初昭，慈雲不偏。秋露寂滅，莫繫悠然。

（《藝文類聚》卷七六；《全隋文》卷一一）

三六九　大唐京崇聖寺故翻譯大德檀法師（塵外）塔銘并序

法師字檀子，姓朱氏。聖曆元年，召入洛陽宫。補崇福寺大德，改名塵外。翻《大寶積經》一百廿卷，著《大無量壽經》《金剛般若經》等疏、《維摩》《涅槃》元章各一部，撰經、論總章三十餘道，《金剛經章門》兩卷，行於世。

（《金石録補》卷一四）

三七〇　大周故亡尼墓誌

亡尼者，不知何許人也。蓋以家淑問騰芳，良家入選，組紃是敬。桃李不言，德被陸宫。榮稱壹代，庶悟椒掖之□。陸月貳拾壹日殯，禮也。乃爲銘曰：

玄闕溟奥，□彤管流聲。于嗟妙質，閟□此佳城。

（《秦晉豫新出墓誌蒐佚續集》三七三號；《西安新獲墓誌集萃》一〇九頁）

三七一　大唐故隆國寺亡尼誌文

七品亡尼，郡縣人也。淑皃早聞，善因宿植，俄登百子之位，遽入四禪之林。而露草忽凋，嘆危藤之易絶；駞波不駐，嗟聚□之難留。正月十三日卒，其月廿七日於城西，禮也。嗚呼哀哉！乃爲銘曰：

九重承眄，四果資因。戒珠朗識，定□□神。雖暫於厚夜，終永□於良□。□燈黯黯兮已寂，意樹鬱鬱兮□春。

（《西安碑林博物館新藏墓誌續編》二二一號）

三七二　曉了禪師塔碑

師住匾擔山，號曉了，六祖之嫡嗣也。師得無心之心，了無相之相。無相者森羅眩目，無心者分别熾然。絶一言一響，響莫可傳，傳之行矣；言莫可窮，窮之非矣。師得無無之無，不無於無也；吾今以有有之有，不有於有也。不有之有，去來非增；不無之無，涅槃非滅。嗚呼！師住世兮曹谿明，師寂滅兮法舟傾。師譚無説兮環宇盈，師示迷途兮了義乘。匾擔山色垂茲色，空谷猶留曉了名。

（《全唐文》卷九一三）

三七三　唐玄覽法師碑

師姓褚氏，名覽。兄無量舒公也，爲開元侍講，歸覲鄉國。太夫人年迫期頤，法師昆季，晨昏之地，説法而已。銘曰：

法遠乎哉！興或共住，得自先覺。亦曰：文不在茲，教有真傳。弘是像法，能詣實趣。伊人謂何？聞道則多。如海廣大，如山峨峨。心猿既伏，隙駟云過。惟徒是頌，焉知其他？

（《全唐文》卷三〇五）

三七四　沙彌尼清真塔銘并序

大安國寺沙門季良撰兼書

勤策尼者，扶風馬公左武衛中侯順之季女，大招福寺剡法師之猶子也。幼而聰慧，性善管絃，耳所一聞，心便默記。仁賢温克，尤重釋門。父母違而嫁之，遂適隴西李氏宿衛榮之貴妻。自入夫門，便爲孝婦。雖居俗禮，常樂真乘。每持《金剛經》，無間於日，迨十許稔。不意染綿羸之疾，藥物不救，委卧匡床。由是□□□心，捨俗從道，契宿願下缺

（《北京圖書館藏中國歷代石刻拓本匯編》二六册一四七頁；《隋唐五代墓誌匯編·北京卷》一册二〇四頁；《八瓊室金石補正》卷七八；《唐文拾遺》卷五〇；《唐代墓誌彙編》殘誌〇五一號；《唐代墓誌彙編續集》殘誌〇〇四號）

三七五　大唐大安國寺故大德净覺禪師碑銘并序

光宅真空，心王之四履；建功無得，法將之萬勝。故大塊群籟，無弦出法化之聲；恒沙衆形，□□爲寶嚴之色。至如六師兆亂，四諦徂征，開甘露狹小之門，出臭煙朽故之宅。踞寶床而摇白拂，徐誘草庵；沃金瓶而繫素繒，遂登蓮座。足使天口雄辯，刮語燒書；河目大儒，捨仁擊義。斯爲究竟，孰不歸依？禪師法名净覺，俗姓韋氏，孝和皇帝庶人之弟也。中宗之時，後宮用事，女謁寖盛，主柄潛移。戚里之親固分珪組，屬籍之外亦綰銀黄，况乎天倫？將議封拜，促尚方令鑄印，命尚書使備策，詰朝而五土開國，信宿而駟馬朝天。禪師嘆曰：「昔我大師尚以菩提釋位，今我小子欲以恩澤爲侯。仁遠乎哉？行之即是。」裂裳裹足以宵遁，乞食餬口以兼行。入太行山，削髮受具，尋某禪師故蘭若居焉。猛虎舐足，毒蛇熏體。山神獻果，天女散花。澹爾宴安，曾無喜懼。先有涸泉枯柏，至是布葉跳波。東魏神泉，應焚香而忽湧；北天衆果，候飛錫而還生。禪枝必復之徵，法水再興之象。聞東京有蹟大師，乃脱履户前，摳衣座下。天資義性，半字敵于多聞；宿植聖胎，一瞬超于累劫。九次第定，乘風雲而不留；三解脱門，揭日月而常照。雪山童子不顧芭蕉之身，雲地比丘欲成甘蔗之種。大師委運，遂

廣化緣。海澄而龍頷珠明，雷震而象牙花發。外家公主長跽獻衣，薦紳先生却行擁篲。乞言于無説，請益于又損。天池杯水遍含秋月之輝，草葉樹根皆霑宿雨之潤。不窺世典，門人與宣父中分；不受人爵，廩食與封君相比。至於律儀細行，周密護持；經典深宗，毫氂剖析。窮其二翼，即入佛乘；趣得一毛，亦成僧寶。于是同凡現疾，處順將終，忽謂衆人：「有疑皆問，我于是夜當入無餘。」開口萬言，音和水鳥；踊身七樹，光映天人。如暫出行，泯然趺坐。以某載月日，歸大寂滅。某月日，遷神於少陵原赤谷蘭若。香油細氈用以荼毗，合璧連珠爲之葬具。城門至於谷口，幡蓋相連；法侶之與都人，縞素相半。叩膺拔髮，灑水坌塵。升堂入室之徒數踰七十，破山澍海之哭聲震三千。則有僧某乙、尼某乙、故惠莊某氏、某郡主、賢者某乙等，各在衆中，爲其上首。或行如白雪，或名亞紅蓮，或爲勝鬘夫人，或稱毗邪居士。二空法外，何處進求？七覺分中，誰當決釋？猶依舍利，冀獲菩提。身塔不出虎溪，淚碑有同羊峴。表心成相，相非離于真如；叙德以言，言豈著于文字？乃爲銘曰：

小三千界，後五百年，空乘玉牒，莫睹金仙。無量義處，如來之禪，皆同目論，誰契心傳？其一　弟在人間，姊歸鳳闕。去日留釧，別時剪髮。累賜金錢，將加印紱。忽爾宵遁，終然兩絶。其二　救頭學道，裹足尋師。一花寶樹，八水香池。戒生忍草，定長禪枝。不疑少父，更似嬰兒。其三　既立勝幡，併摧邪網。利眼金翅，圓身寶掌，巧撮死龍，能調老象。魔種敗壞，聖胎長養。其四　四生滅度，五陰虚空。無説無意，非異非同。此身何處？彼岸成功。當觀水月，莫怨松風。其五

（《王右丞集箋注》卷二四；《全唐文》卷三二七）

三七六　唐常州天興寺二大德比丘尼（慧持、慧忍）碑

聖哲之道，以生知爲貴，以弘通爲美，其或體備純粹，識涵衆妙，指覺路以垂法，示陰靈以現身。誰其膺之？

惟二上德。上德長號慧持，少號慧忍，晉陵黄氏之二女也。夫至人之生，與群物會；大教之作，與萬緣接。物不我與，或千載不見朋從，爾思則比肩而出。稽之前世，天親昆弟，以玄論著；考之後葉，黄氏姊妹用妙德聞其至乎！初，二德之生也，體貌豐異，目光秀出。或者以謂有沙麓之祥。及姊年五歲，妹年三歲，嘗共遊於庭。客有誦《法華》經過於前者，其姊駐聽良久，曰：「吾解此矣！」妹曰：「我亦如之。」遂相與談大事因緣，萬法宗本，世上無疑之論，道流難入之地，玄辯往覆，與經論合符。父母異之，莫能識也。有沙門義崇，以説《華嚴經》爲緇徒上首。二德隨父母往聽，遂不起於座。難崇以第一義諦，崇不知所答，且曰：「吾往時常窺天台法要，知汝之論，豈近是乎？」乃示以止觀及法華玄義。二德三復之，大悦曰：「是吾師也。」由是忘言睹奥，退藏於密。神龍中，制度受具，住天興寺，聲聞俄布，學者如歸。妹謂姊曰：「妙本無名，化功爲權，權亦歸實。彼蒙求者，姊何以教之？」答曰：「彼與我桎梏略同，姑務自解，彼則解矣。」於是就此院經樓，入法華三昧。有神尼詞貌甚異，自號空姑，攝衣登樓，便請同止。每至暮夜，身光赫然。三年而去，不知其所如往也。或以問二德，二德笑而不言。識者案經，以爲普賢上聖也。曾未數歲，名動京師。先天初，東都安國、寧刹二寺請爲大德。時大照寂公禪門方熾，二德謁問。退而告人曰：「彼人所論，未盡善也。其勢且盛，吾焉能辨之！」大照之徒在貴位者，聞而惡焉，表求斥退。詔禪師一行就問二德，二德論所得法未竟。一行避席作禮曰：「吾疇昔之年，受此道於當陽大師弘景。本願不終，遂迫恩召，不圖爲法之至於斯。」因以上聞。帝用休異，賜錢五萬、絹一百疋，詔安國寺置法華院，御書院額，以光大法。一乘之宗，於此爲盛。其後天下立法華道場，由我始也。無何，謂門人曰：「吾嘗愛龍門之陽，盍與汝遊乎？」遂與行。果遇一勝處，其姊曰：「此可以歸焉。」既還之明日，姊遂滅度。頃之，而妹亦卒。門人追思前旨，並葬於所示之地。姊年若干，妹年若干。後四十有餘年，門弟子比丘尼本净奉先師之訓，而其道甚著。因經行至於天興，緬惟先師發迹，光烈在兹，歲月滋遠，經樓巋然。遂披草啓精舍，猶懼後學不知盛德之所由，因命我斲石紀事。且二德邃宇宏達，神和性簡，放曠不離律行，晦明必由中道，不爲而遇緣必應，若訥而大辯無方。其設教也，先以法華導其解，次以止觀攝其行，了以萬法根源，歸於佛之知見。非夙植妙本，爲法而生，則曷以臻於此？方將清濁劫而雨火宅，鼓玄風而揮佛日，曾見不住，入於無餘，豈群品不足終化乎？將法身有歸於無垢世界乎？莫知其方，祗頌其德。辭曰：

猗歟二德，得法之妙。赫赫普賢，發光臨照。翻飛帝里，激揚大教。净名室中，協德殊號。風行道要，月破氛昏。御毫表異，國德推尊。彼蒙蚩蚩，來問我言。我皆令入，第一義門。緣斷化遷，舊居湮没。嗣續之至，德音再發。用刊金石，式播遺烈。惟億萬年，如揭日月。

（《全唐文補編》下册二二九四頁）

三七七　會善寺時居士殘碑

上缺等濟衆缺願故若男若缺至於奉前佛缺飲馬洛川，悉索聞人脅從爲缺説三之奥旨，會不二之妙門。詮經缺及缺咸得奏請以革之。正法載行，曠劫缺三月三日，示有□微疾，沐浴趺坐，謂門缺年九九之數，僧臘六十有一。道俗奔缺門人等號泣罔聞，窮慈靡極，乃相缺於山北寺將有俟焉。居士名時缺年正月十七日，自山北寺遷缺王公縉，弘農楊公綰爲文許缺之峻極者矣。良輔昇缺

（《唐文續拾》卷一三）

三七八　唐蘇州東武丘寺律師（齊翰）塔銘并序

律者，聖道遊入之津，爲心見所瑕，多溺近果。不然，則極地之階乎！武丘律師諱齊翰，字等至，通教之士

也，吴興沈氏之子。高祖，陳國子祭酒。曾祖某，隋魏州司馬。祖、考二世不仕。律師綺歲從大人至山寺，睹高静無塵之躅，惻然有宿命之知，因請出家，大人從之。至天寶八年八月五日奉制度，配名永定。九年十月，依分壇受具足戒。後移名開元。大曆中，移名武丘，皆兩州道俗所請也。律師道性淵默，外則澹然。迹不近名，身不關事，長在一室，寂如無人。豈比夫駢行鼓簧之士哉？晝始疑斯人未造精極，因問業報之理如何，師對曰：「夫鼓毗嵐之風，有物皆壞，而靈空不動，蓋無相也。心且無相，業何累焉？但懼陷於偏空，妄撥無耳。」繇是始知律師心之所至，精相部義窟，洞法華經王，蘇湖戒壇，每當諸首。大曆十年某月，入流水念佛道場，是夜西方念中頓現，蓋精誠之所致也。至某年，春秋六十八，僧夏四十七。遇疾之日，謂弟子曰：「有鶴從空飛下，徊翔我前，爾輩見乎，必謝之期。小聖猶病，安能免哉？」即以某年某月，終於本院。受業門人如隱、壇場門人宣兑、誠肅，禪心律儀，已有時譽。晝則律師之鄉僧也，戒有一日之長，許爲法兄。昔愧隨肩，今傷分影。有清規之可採，則文石而言焉。銘曰：

漫漫情海多生没兮，超超我師一念越兮。舊寺黿溪爲僧傑兮，新居武丘匠時哲兮。適來示生亦示滅兮，山上人間有遺轍兮。故雲茫茫，餘水泱泱，留廢房兮。黄蘗心苦，青松節寒，對空壇兮。升堂門人，結社居士，依扉履兮。或刻貞石，或書勝幡，思師存兮。

（《晝上人集》卷八；《全唐文》卷九一八）

三七九　金光照和尚碑

金光照和尚者，其先河南府澠池縣人也，俗姓李氏。年十三出家，依於新安縣寶雲寺主靈粲爲師。至年十九，入洪陽山祖述迦葉和尚，伏勤三年，猶如一日，可謂衣不解帶，布褐遮身，殘形毁容，勤求至道。和尚謂曰：

「道常無爲而無不爲，佛常無應而無不應。守斯守一，勤則居三。雖恒沙異名，隨緣攝化，而彼岸同體，感物從權。且清涼山者，諸佛之應化也。衆生緣重，爾可住焉。」師既親受言教，來至汾州。洎寶應中，遇奸臣兇動，戎馬生郊。師阻難中，未可前路，乃迴入馬頭山，經姑射山，又轉至檀特山。六年居山事慧超禪師，誓願苦身，以崇至學。每興重願，以救蒼生，志在山林，祈無上覺。禪師知其願重，乃命速行。轉至屋党山下院，師於惠悟和尚，諮參至理。又聞方山純達禪師德行清高，名譽遠徹。既至其所，禪師一見，乃問師從何而來，師曰：「從無所來。」禪師乃接以微言，豁然啓悟，乃知衆生即佛，佛即衆生，三界圓通，惟一心耳。遂住嵩山，經於三載，禪習爲務，守戒爲常。每自思曰：「臺山之願，竟未心屬。我國家聖德廣運，日月照臨，功高百王，業濟千古。」至唐大曆二年，方達五臺山，於大華嚴寺萬菩薩院安止。其日，忽雷電交發，雨雹駃飛。師乃駭心默念大聖，俄爾晴霽，倏睹白光從臺飛下，光中千佛，嚴麗赫然。師涕泣交流，舉身投地，而爲作禮。比至舉首，忽然其前湧出高樓十丈，有千葉花座而以盛之，遂見諸佛舒金色臂，三摩師頂，告師曰：「爾從今已去，應名金光照耳。」諸佛令師誦《金剛般若》，以爲恒式。言訖，忽然不見。師心内喜躍，感悟良多。翌日，禮辭寺衆，遂詣秘魔嵒，幽居進德，日有所新。後又自西臺，忽雷風暴震，飛電注雹。良久雲開，谷騰黄霧，倏忽之間，千變萬化。師一心瞪視，誓求佛果。應時和風清暢，雲霧競湧。忽見維摩居士、普賢菩薩、文殊師利，師悲泣禮拜，忽然不見。又見二童手引師直詣臺頂，見一如來，净如琉璃，内外明徹。紫光蔽日，白氣浮天，遍滿山林，盡同金色。同行伴侣，罔知厥由。後又詣東臺那羅延窟，遥見三僧乘白雲湧出，至前便隱。又至夜三更已來，忽見窟前樓閣層峙，天樂嘹亮，至數日已。却往秘魔，居止六載。後繁峙縣令吕才俊堅請至縣，虔心供養。後代州都督辛雲晁聆師之德望，差指使迎入大雲寺居止，爲首廣興佛事。後不知其所終云耳。

（《全唐文》卷九九三）

三八〇　岳州聖安寺無姓（法劍）和尚碑

維某年月日，岳州大和尚終於聖安寺。凡爲僧若干年，年若干。有名無姓，世莫知其閭里宗族。所設施者有問焉，而以告曰：「性，吾姓也。其原無初，其胄無終，承於釋師，以係道本，吾無姓耶？法劍云者，我名也。實且不有，名惡乎存？吾有名耶？性海，吾鄉也；法界，吾宇也。戒爲之墉，慧爲之户，以守則固，以居則安。吾閭里不具乎？度門道品，其數無極，菩薩大士，其衆無涯。吾與之戚而不吾異也，吾宗族不大乎？」其道可聞者如此而止。讀《法華經》《金剛般若經》，數逾千萬，或譏以有爲，曰：「吾未嘗作。」嗚呼！佛道逾遠，異端競起，惟天台大師爲得其説。和尚紹承本統，以順中道，凡受教者不失其宗。生物流動，趨向混亂，惟極樂正路爲得其歸。和尚勤求端愨，以成至願，凡聽信者不惑其道。或譏以有迹，曰：「吾未嘗行。」始居房州龍興寺中，徙居是州，作道場於楞伽北峰，不越閫者五十祀。和尚凡所嚴事，皆世高德。始出家，事而依者曰卓然，師居南陽立山，葬岳州。就受戒者曰道穎，師居荆州。弟子之首曰懷遠，師居長沙安國寺，爲南嶽戒法。歲來侍師，會其終，遂以某月日葬於卓然師塔東若干步。銘曰：

道本於一，離爲異門。以性爲姓，乃歸其根。無名而名，師教是尊。假以示物，非吾所存。大鄉不居，大族不親。淵懿内朗，冲虚外仁。聖有遺言，是究是勤。惟動惟默，逝如浮雲。教久益微，世罕究陳。爰有大智，出其真門。師以顯示，俾民惟新。情動生變，物由湮淪。爰授樂國，參乎化源。師以誘導，俾民不昏。道用不作，神行無迹。晦明俱如，生死偕寂。法付後學，施之無斁。葬從我師，無忘真宅。薦是昭銘，刻兹貞石。

碑陰記

無姓和尚既居是山，曰：「凡吾之求，非在外也，吾不動矣。」弘農楊公炎自道州以宰相徵，過焉。以爲宜居京師，强以行，不可。將以聞，曰：「願問歲乃往。」明年，楊去相位，竄謫南海上，終如其志。趙郡李萼，辯博人也，爲岳州，盛氣欲屈其道，聞一言，服爲弟子。河東裴藏之舉族受教。京兆尹弘農楊公某以其隱地爲道場，奉和州刺史張惟儉買西峰，廣其居。凡以貨利委堂下者，不可選紀，受之亦無言。將終，命其大弟子懷遠授以道妙，終不告其姓。或曰周人也。信州刺史李某爲之傳，長沙謝楚爲行狀，博陵崔行儉爲《性守》一篇。凡以文辭道和尚功德者，不可悉數。弘農公自餘杭命以行狀來，懷遠師自長沙以傳來，使余爲碑。既書其辭，故又假其陰以記。

（《柳宗元集》卷六；《全唐文》卷五八七）

三八一　衡山中院大律師（希操）塔銘

衡山中院大律師曰希操，没年五十七。既没二十七年，其大弟子誡盈奉公之遺事，願銘塔石。公昝姓，凡去儒爲釋者三十一祀，掌律度衆者二十六會。南尼戒法，壞而復正，由公而大興；衡嶽佛寺，毁而再成，由公而丕變。故當世之士，若李丞相泌，道未嘗屈，睹公而稽首，尊之不名；出世之士，若石廪瓚公，言未嘗形，遇公而嘆息，推以護法。是以建功之始，則震雷大風示其兆；滅迹之際，則隕星黑祲告其期。斯爲神怪，不可度已。故其與物大同，終始無爭，受學之衆，他莫能偕也。凡所受教，若華嚴照公，蘭若貞公，荆州至公、律公，皆大士；凡所授教，若惟瑗、道郢、靈幹、惟正、惠常、誡盈，皆聞人。嗚呼！始終哉！爲之銘曰：

首有承兮卒有傳，革大訛兮持法權。衆之至兮志益虔，雷發兆兮功已宣。星告妖兮壽不延，靈變化兮迎大仙。鐫茲石兮垂萬年，世有壞兮德無遷。

（《柳宗元集》卷七；《全唐文》卷五九一）

三八二　粲律師碑銘

六度既修，三明未分。英英大師，執濯就焚。青蓮挺秀，朗日開昏。學者歸心，邦人居敬。既去塵緣，乃知真性。追思精室，如懸法鏡。音容永秘，瞻仰疇依。門人掩泣，寶炬藏輝。北望松阡，其誰與歸？

（《全唐文》卷六三三）

三八三　百丈山法正禪師碑銘

敷演毗尼，洪嚴戒範。覃思探賾，會理研幽。振發長途，擺捐素習。入百丈深山，與衆悦隨溪谷，脱遺身世。年光六易，度衆千餘。

（《全唐文》卷七一三）

三八四　智滿律師塔銘

昔長沙桓公有定傾翊戴之勛，藏晉盟府。曾孫潛，高尚不仕，其後世爲匡廬高民乎！有應真之士，産靈祥於粟里矣。大師諱智滿，先生九代孫也。下缺　文曰：

匡阜之下，爐峰之北，有白馬香象，甚奇特兮。毛群羽族，麟鳳稱德，絶足雲翔，就羈勒兮。大毗尼師，垂法作則，侁侁律子，用徽纆兮。法社霧壇，其儀不忒，憧憧古今，奔白黑兮。三毒六賊，本拔源塞，藴界受降，師獨得兮。神昇茲氏，香留天棘，石塔巍巍，二林側兮。纕褐巾墨，門人之服，心喪三紀，哀無極兮。

（《全唐文》卷七四二）

三八五　大唐故真空寺尼韋提墓誌銘

和尚賈氏，洛陽人也。曾祖憲，朝請大夫、河南府陽翟縣令。祖□，朝散大夫、衛尉寺主簿。父玄褘，綿州昌明縣令。皆德音孔昭，庶績斯在，世濟厥美，不殞其英。慶溢鍾於上人，上人即昌明府君之第二女也。天生聰明，道貸神氣，夙聞真覺，早悟迷津。童年出家，克精象法，洎乎處道，降伏其心。入清净智，破昏暗德，經行苦行，莫之與京。謂真如之其凝，豈波旬之見惑？住持戒律，曾不倦□荒寧；潔己修身，每屢空而無積。享年卌有□，□□□□十一月十二日，大漸於真空寺也。無累日之疢疾，有一朝之溘然。晤言不昏，視寂滅之□亂；其容不改，則慎行而彌肅。倏忽大夜，宛□云亡。緇徒飲恨者繼踵，門人芒然者如擣。偕痛疾之何依，空啼咷而永日。上人之昆弟□，或澄清□□，或從政郡邑，服勤王事，咸闕臨喪。粤以□□十一月廿五日，安厝於萬年縣御宿鄉，禮也。於戲！□□□□，彼仁何負？積善多慶，彼善何爲？冥冥泉户，何□□□？寂寂蒿里，誰德爲鄰？溥忝從母之義，慟瞻仰之□□□□□毫强爲銘曰：

□□□□，必□□法雄；慶流於德，必先我大通。於何上□，□□□終。降年不永，飲恨攸同。悲凉已矣，天問難窮。

（《全唐文》卷九四八；《石刻題跋索引》二一一八頁）

三八六　唐故缺和尚肅公（肅然）影塔銘

□師諱肅然，缺陽人也，□□李氏。幼而好學，缺石缺知非有缺度缺戒缺罷缺寺缺僧缺食缺人投身物缺確缺秘丞故蒸缺本之□道澄心缺嗚呼！法無缺緣有盡缺凝然缺八十□僧缺人洪缺石□影缺標記心缺集辛□三月□□其□心成遂□□儀則□荼毗之，得舍利□十四粒，□茲其禮也。用□陵谷□述辭□：

生於乾□，殁於金根。□之□□，寂□□渾。□□□□，性□長存。其一　坐嵐□□，□□宗逸。□世有□，□□將畢。舍利所□，遷葬□室。其二

（《唐文續拾》卷九）

三八七　法筠殘碑

上缺事金銀造具□百□□□□髮玉簡及瑟瑟缺人到缺之頃寺之門樓及鐘經等閣缺塈茨而未盡□□。沙門法筠者，法將之雄缺崇焉，極樂之所也。嗟夫！大音希聲，大覺無缺。公缺忠缺心居其泊，志處其約。或謇謇諤缺勸惡人缺懼任缺善人焉。缺月缺孤懸缺棱劍鋒長倚天外。缺御史内供奉梁公、侍御史内供奉姜公、缺兵馬使開□儀同三司□中監李奉忠文缺清□卓絶□膺□□尤著□能共缺虧施百缺修缺心清净缺旨屢迎兮歸缺生缺真容兮忘□情，琢巨石兮讚休下缺

（《唐文續拾》卷一三）

三八八　僧□□塔銘

前殘缺□□逾□□□□至□□□□□□若，遂使梁木其壞，秋風悲□□□□□零露泣乎薤草，行路淒鯁，長□□□□□六月辛巳朔四日甲申，葬於長安□□□香積寺院内。裁磚起塔，上接雲霄，□□□□，下修泉壤，卜其宅兆而安厝之。葬□□□□塔功畢，遂爲頌：

冥途闃寂，泉路荒凉。□□□柏，蕭蕭白楊。其一　族美漢朝，宗芳晉代。□□□□，□研精内。其二　恪勤奉職，任昇令秩。戒□□□，迷津迴出。其三　微痾暫遘，惠質方摧。鶴吊□□，□壟爰開。其四　建兹塔兮畢天地，勒此文兮表□□。丹旐低兮風雲慘，素蓋征兮哭聲哀。其五

（《全唐文補遺》六輯二三二頁）

三八九　覺禪師塔銘

缺以測其聖，凡處生死之塗者，不足知缺五蘊皆空，是故空中三寶常住哉。缺蘭氏，河南人也。高祖蕃，周驃騎大將缺隋禮部尚書。曾祖仁，唐朝户部尚書缺祖石，岐陽縣令。父温，絳州曲沃缺聲高調下，材期登于金紫，位奄屈于銅缺與蘭桂而齊芬；特禀善根，向菩提而結缺出禪之心，辭捨俗流，無染人緣之事，遂缺垂，攀八普之真輪，遊四依之正轍，弱冠缺密威儀，恭敬檀□□妙曉自其誠等觀缺是布衣服體□□身以忍辱，而當違缺言于性向缺尼衆供養缺

（《唐代墓誌彙編》殘誌〇四〇號）

三九〇　僧通明塔銘

師諱通明，字霞光，京兆温秀人氏。幼而端凝，早習佛法。□以恠遠，義以得衆。遊居此地，數十餘年。胸藏□意，鐸振□方。於六月初四日撒手坐□，飄爾而去。衆寺□念，修建靈塔，稽首銘曰：

晝翻貝葉，夜習禪道。久志宗□，廓爾悟入。直取泥洹，永抛生死。六塵何有，萬法本空。王氏□□，□濟正派。書此萬年，劫□弗□。

（《北京圖書館藏中國歷代石刻拓本匯編》三五册三二頁；《隋唐五代墓誌匯編·北京卷》二册一六〇頁；《唐代墓誌彙編》殘誌〇四三號；《全唐文補遺》六輯二三二頁）

三九一　唐崇業寺故大德禪師尼真空塔銘并序

禪師諱真空，俗姓申氏，馮翊郡朝邑人也。植性明悟，天姿卓越，六度□□，禀自齠年，□戒深仁，行諸早歲。既而□□宿善，童子出家，訪道□□與波□而無異練心下缺

（《金石萃編》卷一一八；《全唐文》卷九九七；《唐代墓誌彙編》殘誌〇五二）

參考文獻

一、古代文獻

《白居易集》，（唐）白居易，中華書局，一九七九年。
《八瓊室金石補正》，（清）陸增祥，文物出版社，一九八五年。
《崔致遠全集》，［新羅］崔致遠著，李時人、詹緒左編校，上海古籍出版社，二〇一八年。
《國清百録》，（隋）灌頂，《大正藏》卷四六，臺北佛陀教育基金會影印本，一九九〇年。
《皇甫持正文集》，（唐）皇甫湜，《四部叢刊》影印宋蜀刻本。
《金石萃編》，（清）王昶，中國書店，一九八五年。
《金石續編》，（清）陸耀遹，上海古籍出版社，二〇二〇年。
《金石録補》，（清）葉奕苞，上海古籍出版社，二〇二〇年。
《吕和叔文集》，（唐）吕温，《四部叢刊》影印清述古堂宋鈔本。
《李遐叔文集》，（唐）李華，影印《文淵閣四庫全書》本，臺北商務印書館，一九八六年。
《劉禹錫集》，（唐）劉禹錫，中華書局，一九九〇年。
《柳宗元集》，（唐）柳宗元，中華書局，一九七九年。
《毗陵集》，（唐）獨孤及，《四部叢刊》影印清乾隆趙懷玉刻本。
《權德輿詩文集》，（唐）權德輿撰，郭廣偉校點，上海古籍出版社，二〇〇八年。

《全隋文》，（清）嚴可均輯，商務印書館，一九九九年。
《全唐文》（附《唐文拾遺》《唐文續拾》），（清）董誥等，中華書局，一九八三年。
《宋高僧傳》，（宋）贊寧撰，范祥雍點校，中華書局，一九八七年。
《唐黄御史公集》，（唐）黄滔，《四部叢刊》影印明萬曆曹學佺刻本。
《王右丞集箋注》，（唐）王維撰，（清）趙殿成箋注，上海古籍出版社，一九九八年。
《文苑英華》，（宋）李昉等，中華書局，一九六六年。
《續高僧傳》，（唐）道宣撰，郭紹林點校，中華書局，二〇一四年。
《藝文類聚》，（唐）歐陽詢等撰，汪紹楹校，上海古籍出版社，一九九九年。
《晝上人集》，（唐）皎然，《四部叢刊》影印宋鈔本。
《張説之文集》，（唐）張説，《四部叢刊》影印明嘉靖伍氏龍池草堂刻本。
《貞元新定釋教目録》，（唐）圓照，《大正藏》卷五五，臺北佛陀教育基金會影印本，一九九〇年。

二、今人編著石刻文獻及相關資料

《北京大學圖書館藏歷代墓誌拓片目録》，北京大學圖書館金石組編，上海古籍出版社，二〇一三年。
《北京圖書館藏中國歷代石刻拓本匯編》，北京圖書館金石組編，中州古籍出版社，一九八九—一九九一年。
《寶山靈泉寺》，河南省古代建築保護研究所，河南人民出版社，一九九一年。
《長安高陽原新出土隋唐墓誌》，李明、劉呆運、李舉綱主編，文物出版社，二〇一六年。

《長安碑刻》，吴敏霞主編，陝西人民出版社，二〇一四年。
《長安新出墓誌》，西安市長安區博物館編，文物出版社，二〇一一年。
《敦煌碑銘讚輯釋》（增訂本），鄭炳林、鄭怡楠，上海古籍出版社，二〇一九年。
《敦煌社會經濟文獻真蹟釋録》第五輯，唐耕耦、陸宏基主編，書目文獻出版社，一九九〇年。
《大唐西市博物館藏墓誌》，胡戟、榮新江主編，北京大學出版社，二〇一二年。
《房山石經題記彙編》，北京圖書館金石組、中國佛教圖書文物館石經組編，書目文獻出版社，一九八七年。
《法藏敦煌西域文獻》第二十六册，上海古籍出版社，二〇〇二年。
《法藏敦煌西域文獻》第三十二册，上海古籍出版社，二〇〇五年。
《故宫博物院藏歷代墓誌彙編》，郭玉海、方斌主編，紫禁城出版社，二〇一〇年。
《河洛墓刻拾零》，趙君平、趙文成編，北京圖書館出版社，二〇〇七年。
《鄠縣碑刻》，劉兆鶴、吴敏霞編著，三秦出版社，二〇〇五年。
《龍門區系石刻文萃》，張乃翥輯，國家圖書館出版社，二〇一一年。
《洛陽出土歷代墓誌輯繩》，洛陽市文物工作隊編，中國社會科學出版社，一九九一年。
《洛陽流散唐代墓誌彙編》，毛陽光、余扶危主編，國家圖書館出版社，二〇一三年。
《洛陽流散唐代墓誌彙編續集》，毛陽光主編，國家圖書館出版社，二〇一八年。
《洛陽新出土墓誌釋録》，楊作龍、趙水森主編，北京圖書館出版社，二〇〇四年。
《洛陽新獲墓誌》，李獻奇、郭引强編著，文物出版社，一九九六年。
《洛陽新獲墓誌續編》，洛陽市第二文物工作隊，喬棟、李獻奇、史家珍編著，科學出版社，二〇〇八年。

《洛陽新獲七朝墓誌》，齊運通編，中華書局，二〇一二年。
《邙洛碑誌三百種》，趙君平編，中華書局，二〇〇四年。
《寧波歷代碑碣墓誌彙編》（唐五代宋元卷），章國慶編著，上海古籍出版社，二〇一二年。
《南京博物院藏唐代墓誌》，袁道俊編著，上海人民美術出版社，二〇〇三年。
《秦晉豫新出墓誌蒐佚》，趙君平、趙文成編，國家圖書館出版社，二〇一二年。
《秦晉豫新出墓誌蒐佚續集》，趙文成、趙君平編，國家圖書館出版社，二〇一五年。
《全隋文補遺》，韓理洲輯校，三秦出版社，二〇〇四年。
《全唐文補編》，陳尚君輯校，中華書局，二〇〇五年。
《全唐文補遺》第一輯，吴鋼主編，三秦出版社，一九九四年。
《全唐文補遺》第二輯，吴鋼主編，三秦出版社，一九九五年。
《全唐文補遺》第三輯，吴鋼主編，三秦出版社，一九九六年。
《全唐文補遺》第四輯，吴鋼主編，三秦出版社，一九九七年。
《全唐文補遺》第五輯，吴鋼主編，三秦出版社，一九九八年。
《全唐文補遺》第六輯，吴鋼主編，三秦出版社，一九九九年。
《全唐文補遺》第七輯，吴鋼主編，三秦出版社，二〇〇〇年。
《全唐文補遺》第八輯，吴鋼主編，三秦出版社，二〇〇五年。
《全唐文補遺》第九輯，吴鋼主編，三秦出版社，二〇〇七年。
《全唐文補遺・千唐誌齋新藏專輯》，吴鋼主編，三秦出版社，二〇〇六年。

《千唐誌齋藏誌》，河南省文物研究所、河南省洛陽地區文管處編，文物出版社，一九八四年。
《隋代墓誌銘彙考》，王其禕、周曉薇，綫裝書局，二〇〇七年。
《石刻題跋索引》，楊殿珣編，商務印書館，一九四〇年。
《隋唐五代墓誌匯編》，《隋唐五代墓誌匯編》總編輯委員會編，天津古籍出版社，一九九一—一九九二年。
《陝西碑石精華》，余華清、張廷皓主編，三秦出版社，二〇〇六年。
《陝西金石誌》，武樹善，鉛活字印本，一九三四年。
《陝西省考古研究院新入藏墓誌》，陝西省考古研究院編，上海古籍出版社，二〇一九年。
《陝西新見隋朝墓誌》，劉文編著，三秦出版社，二〇一八年。
《蘇州博物館藏歷代碑誌》，蘇州博物館編，文物出版社，二〇一二年。
《唐代墓誌彙編》，周紹良主編、趙超副主編，上海古籍出版社，一九九二年。
《唐代墓誌彙編續集》，周紹良、趙超主編，上海古籍出版社，二〇〇一年。
《唐代墓誌銘彙編附考》，毛漢光撰，中研院史語所，一九八四—一九九四年。
《渭城文物誌》，張德臣編著，三秦出版社，二〇〇七年。
《衛輝歷代碑刻》，安喜萍編，中州古籍出版社，二〇一三年。
《西安碑林博物館新藏墓誌彙編》，趙力光主編，綫裝書局，二〇〇七年。
《西安碑林博物館新藏墓誌續編》，趙力光主編，陝西師範大學出版社，二〇一四年。
《西安碑林全集》，高峽等編，廣東經濟出版社、深圳海天出版社，一九九九年。

《西安新獲墓誌集萃》，西安市文物稽查隊，文物出版社，二〇一六年。
《新編唐代墓誌所在總合目録》，［日］氣賀澤保規編，明治大學東亞石刻文物研究所，二〇一七年。
《刑臺開元寺金石誌》，冀金剛、趙福壽主編，北京圖書館出版社，二〇一三年。
《咸陽碑刻》，王友懷主編，三秦出版社，二〇〇三年。
《咸陽碑石》，張鴻傑主編，三秦出版社，一九九〇年。
《新中國出土墓誌·北京壹》，中國文物研究所、北京石刻藝術館編，文物出版社，二〇〇三年。
《新中國出土墓誌·河北壹》，中國文物研究所、河北省文物研究所編，文物出版社，二〇〇四年。
《新中國出土墓誌·河南壹》，中國文物研究所、河南文物研究所編，文物出版社，一九九四年。
《新中國出土墓誌·河南貳》，中國文物研究所、河南文物考古研究所編，文物出版社，二〇〇二年。
《新中國出土墓誌·河南叁》，中國文物研究所、千唐誌齋博物館編，文物出版社，二〇〇八年。
《新中國出土墓誌·上海天津卷》，中國文化遺産研究院、上海博物館、天津文化遺産保護中心編，文物出版社，二〇〇九年。
《新中國出土墓誌·陝西壹》，中國文物研究所、陝西省古籍整理辦公室編，文物出版社，二〇〇〇年。
《新中國出土墓誌·陝西貳》，中國文物研究所、陝西省古籍整理辦公室編，文物出版社，二〇〇三年。
《新中國出土墓誌·陝西叁》，故宫博物院、陝西省古籍整理辦公室編，文物出版社，二〇一五年。
《中國三階教史》，張總著，社會科學文獻出版社，二〇一三年。
《中國西北地區歷代石刻匯編》，趙平編，天津古籍出版社，二〇〇〇年。

《昭陵碑石》，張沛編著，三秦出版社，一九九三年。
《貞石可憑：新見隋代墓誌銘疏證》，周曉薇、王其禕，科學出版社，二〇一九年。
《珍稀墓誌百品》，胡戟編著，陝西師範大學出版總社，二〇一六年。

三、學術論文

張乃翥：《跋龍門地區新發現的三件唐代石刻》，《文獻》一九九一年第二期。
楊維中：《唐初三階教大德惠恭行歷及其佛學思想——〈法門惠恭大德之碑〉考釋》，《世界宗教研究》一九九九年第一期。
杜文玉：《唐慈恩寺普光法師墓誌考釋》，《唐研究》第五卷，北京大學出版社，一九九九年。
楊曾文：《〈唐同德寺無名和尚塔銘并序〉的發現及其學術價值》，《佛學研究》第九期，二〇〇〇年。
王育龍、程蕊萍：《陝西西安新出唐代墓誌銘五則》，《唐研究》第七卷，北京大學出版社，二〇〇一年。
程義、肖健一、王維坤：《新出土的唐尼姑李勝才墓誌考證及相關問題探討》，《西北大學學報〈哲學社會科學版〉》二〇〇七年第三期。
張乃翥：《讀洛陽新出土的幾方唐代宗教石刻》，《敦煌研究》二〇〇八年第五期。
李舉綱、張安興：《西安碑林新藏〈唐萬善寺尼那羅延墓誌〉考疏》，《中原文物》二〇〇九年第三期。
張巖：《新見〈唐寂照和尚墓誌〉考釋》，《文博》二〇一六年第一期。
余國江：《惠覺禪師碑再考》，《北方文物》二〇一七年第一期。

李浩：《新見唐代吐谷渾公主墓誌的初步整理研究》，《中華文史論叢》二〇一八年第三期。
陳旭鵬、楊金釗：《〈唐故法雲寺律大德韓上座墓誌〉考釋》，《考古與文物》二〇一九年第二期。
季愛民：《唐元和三年〈先藏禪師塔銘〉考釋》，《文物》二〇二〇年第二期。
李浩：《新見唐代安優婆姨塔銘漢文部分釋讀》，《文獻》二〇二〇年第三期。

後記

本書是我承擔的國家社科基金項目「隋唐僧尼碑誌塔銘整理與研究」（13BZJ019）的最終成果。

多年來，我主要從事隋唐史和中國文化史的教學與研究。由於隋唐歷史文化帶有濃厚的佛教色彩，佛教是中國文化史的重要内容，這就要求我不能不對佛教有所瞭解。爲此，我閲讀了一些佛教史論著，重點閲讀了《高僧傳》《續高僧傳》《宋高僧傳》等佛教史籍，從而得知部分僧傳的史料源自僧人的碑誌塔銘。我又進一步閲讀了唐人文集中的僧人碑誌塔銘，同時注意蒐集出土石刻文獻中的隋唐僧尼碑誌塔銘，還撰寫並發表了幾篇論文。在此過程中，我深感僧尼碑誌塔銘對於研究隋唐佛教具有重要的史料價值，惜乎零零散散見於各種傳世文獻和出土文獻彙編中，不便全面把握和充分利用。於是，産生了全面系統整理隋唐僧尼碑誌塔銘資料的念頭。二〇一三年，我以「隋唐僧尼碑誌塔銘整理與研究」爲題申報了國家社科基金項目，當年有幸得以獲批立項。

「隋唐僧尼碑誌塔銘整理與研究」課題立項後，我在完成日常教學和其他工作之餘，坡陀委折，斷斷續續，用了五年多時間，直到二〇一九年纔完成了預期成果，順利結項。此後，我又用了一年多時間，集中精力再次對結項書稿進行了認真修改，形成了展現在大家面前的這本《隋唐僧尼碑誌塔銘集録》。

本書從立項到完稿，前後延宕七八年之久。一方面，因爲這項工作主要是在日常工作之餘來進行；另一方面，這項工作看起來無非是蒐集資料後編校成書，做起來却不是那麽簡單，也並非那麽容易。因爲相關資料十分零散，蒐集起來費時尤多，且常常勞而無獲。又因有些碑誌或塔銘常見於多種文獻，語句文字却往往彼此有所不同，殊難諦審，頗費思量。我常常爲一個字詞的採擇定奪或一段文字的斷句標點，絞盡腦汁斟酌大半天。清代金石學家葉昌熾説：「校書如几塵、落葉，愈埽愈紛，釋碑之難，又視校書爲倍蓰。」我親臨其境，感同身受。不過，本書倘若能爲有關學者參考利用，我也就無怨無悔了。

《隋唐僧尼碑誌塔銘集録》旨在爲相關研究提供豐富而準確的原始文獻，基本資料截至二〇二〇年。筆者雖悉心勤力，黽勉從事，然力有不逮，搜討難以罄盡，遺珠之憾在所難免，祇好俟諸來日再做增補。限於各方面條件，出土石刻文獻中的僧尼碑誌塔銘，本書只作録文，未附圖版。不過，所有録文來源和依據在每篇文末均已詳細交代，利用者可以徑自對照核查。本書屢易其稿，筆者雖對每篇碑誌塔銘都做了細緻校勘，但因個人未經古籍整理的專業訓練，又於佛學素無根柢，書中點校失當、錯訛疏誤恐怕難免，還望方家通人不吝匡正！

「隋唐僧尼碑誌塔銘整理與研究」項目的完成，得益於許多師友和同學的無私幫助，得力於王雙懷教授、拜根興教授、黄壽成教授的不斷鼓勵，在此一並表示衷心的感謝！本書的出版，得到了上海古籍出版社吕健總編、胡文波副總編以及上海大學出版社鄒西禮總編的大力支持，在此一並致以由衷的敬意！

介永强　謹識

二〇二一年春分時節於西安城南温故室

圖書在版編目(CIP)數據

隋唐僧尼碑誌塔銘集録/介永强編.--上海：上海古籍出版社，2022.8（2023.8重印）
（歷代碑誌彙編）
ISBN 978-7-5732-0320-5

Ⅰ.①隋… Ⅱ.①介… Ⅲ.①佛教-碑文-彙編-中國-隋唐時代 Ⅳ.①K877.42

中國版本圖書館 CIP 數據核字(2022)第 107560 號

歷代碑誌彙編
隋唐僧尼碑誌塔銘集録
介永强 編

上海古籍出版社出版發行
（上海市閔行區號景路 159 弄 1-5 號 A 座 5F　郵政編碼 201101）
（1）網址：www.guji.com.cn
（2）E-mail：guji1@guji.com.cn
（3）易文網網址：www.ewen.co
浙江臨安曙光印務有限公司印刷
開本 710×1000　1/16　印張 35.25　插頁 6　字數 477,000
2022 年 8 月第 1 版　2023 年 8 月第 2 次印刷
ISBN 978-7-5732-0320-5

K·3180　定價：158.00 元
如有質量問題，請與承印公司聯繫

隋唐僧尼碑誌塔銘集録

索　　引

一、本索引包括人名索引和寺名索引兩部分。

二、人名索引收録碑誌塔銘中的僧尼及俗人，僧尼人名一律省略首字“釋”，以法號或通常稱謂爲條目，其他稱謂如尊稱、别稱、封號、謚號等均用圓括號附註於後。

三、僧尼同名者，方括號内註明其姓氏、籍貫或住寺、師承等，以資區别。

四、寺名相同者，方括號内註明其屬地，以資區别。

五、人名和寺名下的數字，斜綫前爲篇目序號，斜綫後爲所在頁碼；僧尼爲誌主者，僅列出所在篇的起始頁碼，並標以星號＊。

六、人名和寺名均按音序排列。

人名索引

A

阿萬　310/355
愛道〔光天寺尼普相弟子〕　26/38
愛道〔天女寺尼〕　97/109*
安禪師(慧信)　70/78*
安待詮　188/218
安和上　215/250
安立　188/218*
安實　215/251
安優婆姨　142/160*

B

八智　117/133
白居易　299/342
316/362
317/363
326/374
363/430
包寶壽　123/139*
包三尚　123/139
包思恭　123/140
包思忠　123/140
包文景　123/139
包智賢　123/139
薄塵　126/142
146/166
寶徹　363/430
寶稱　258/301
寶燈　266/309
寶定〔洛陽寧刹寺常曉弟子〕　342/398
寶定〔幽州雲居寺史真性弟子〕　327/375
寶堅　342/398
寶鑑　151/171
寶壽　242/281
寶思　140/158
寶嵩　342/398
寶文　51/66*
寶暹　38/49
寶信　333/384*
寶意　240/279
寶藏〔少林寺同光弟子〕　204/236
寶藏〔中嶽越禪師常超門人〕　193/224
報恩　176/203*
抱玉　279/323
奔叱利　187/217
本行　62/73*
本净　376/442
本智　186/215*
彼岸　249/291
畢構　171/196
畢彦雄　99/111
璧上人　152/172
弁真　249/291
遍澄　293/337
遍照　216/253
辨能　297/340
辨秀　203/234
辨音　234/270
辯弘〔訶陵國〕　278/321
辯惠　181/210*
晉空　252/294*
晉諸　299/342
伯昌　334/385
伯巖　302/345
不空(不空三藏、大辯正廣智三藏)　141/159

211/243*
212/246*
213/247*
278/320

C

采思倫 351/410
粲律師 382/448
曹評 191/221
策律師 194/225
常賁〔洛陽敬愛寺法玩弟子〕 242/281
常賁〔洛陽聖善寺如信弟子〕 317/363
常超 193/224*
常澈 225/259
常精進 174/200*
常静 258/301
常俊〔常氏,河内人〕 225/259*
常俊〔張氏,清河人〕 334/385*
常清〔長安資敬寺〕 226/260*
常清〔長安崇福寺靈晏弟子〕 340/396
常清净 320/366
常上人(崔漣) 166/189*
常叔清 225/260
常順 315/360
常仙 225/260
常曉 342/398*
常隱 266/309
常照 342/398
常肇 352/411
常貞 315/360
常真 216/253
常忠 225/260
超岸 204/236
超寂 261/304*
295/339
超近 249/291
超然 272/316
超秀 252/295
超庠 262/305
超願 72/81
超至 194/225
陳方 313/358
陳光 145/165
陳國寶 313/359
陳國良 313/359
陳國實 313/359
陳國宥 313/359
陳聚 141/160
陳叔向 256/298
陳潭 138/154
陳廷 141/160
陳惟復 114/129
陳載 134/151
成廣業 178/206
成律師 171/195
成月公主 54/68*
誠肅 378/444
承恩 204/236
承嗣 182/211
承威(威師) 202/233*
承遠〔靈安寺〕 78/87
承遠(彌陀和尚)〔南嶽彌陀寺〕 272/314*
273/316*
乘廣 260/302*
乘如 230/267*
231/268*
程浩 195/226
程氏〔東阿人〕 42/56*
程用之 216/253
澄璨 296/340*
澄觀(清涼國師) 331/380*
332/382
澄觀〔臨淮開元寺〕 258/301
澄和 218/254

澄俊 10/17
澄空 250/291*
澄沼(大晉) 10/18
234/270
255/298
澄照 237/275
持大師 175/202
持世 126/142
冲契 298/342
299/342
316/362
冲虛 321/367
崇道 172/197
崇福 103/115*
崇簡 138/154*
崇泰 152/174
崇信(龍潭) 284/329
稠禪師(僧稠) 7/12
20/27
楚金(大圓禪師) 187/215*
褚庭誨 207/239
褚無量 373/439
處寂(唐禪師) 272/314
273/317
處印 191/221
傳禮 180/209
純□(大圓禪師) 197/229*
純達 379/445
慈和(輪自在) 134/151*
135/152*
146/167
慈敏 272/315
從建 340/396
從玩 333/385
從琬 333/385
從一 252/295
從益 333/384
333/385
從政 333/385
崔昪 318/363
崔晟 166/189
崔寵 107/122
崔陲 341/397
崔綽 176/203
崔從禮 176/203
崔二 177/204
177/205
崔鄷 341/397
崔罕 319/365
崔渙 171/196
崔埴 341/397
崔鈞 341/397
崔寬 107/120
崔璘 318/363
崔令欽 175/203
196/228
崔枚 166/189
崔潘 341/397
崔琪 128/144
崔日用 125/141
171/196
崔戎 318/363
318/364
崔如璋 282/327
崔璹 341/397
崔思行 166/189
崔潼 341/397
崔希逸 171/196
178/206
崔行儉 380/447
崔玄毅 166/189
崔玄悊 107/122
崔衍 316/361
崔瑤 132/149

崔益 169/193
崔英 160/183
崔嬰 318/363
崔暎 341/397
崔章 319/364
崔知温 282/327
崔致遠 337/388
363/428
存奬 361/425*
存政 312/357
長樂公主 216/253
重巽 268/311
重瑩 107/122

D

達摩鞠多 10/18
37/47
140/156
大安 360/424
大辯政 261/304
大顛 352/411
大福 155/177*
大光 279/323*
大光明 320/366
大戒 66/75*
大通〔相州安陽靈泉寺元林弟子〕
163/187
大悟 214/249
大義 309/352*
大愚 348/405
大圓 298/341
299/343
導師 107/121
到範 40/55
道安〔张氏,雍州渭南人〕 55/69*
道安〔李氏,荆州人〕 94/105*
道岸(光州岸律師) 178/205
180/208
道賓 180/209
道常 251/293
道超〔洞庭山福願寺神皓門人〕 243/282
道超〔嵩嶽會善寺惠海門人〕 293/337
道琛 253/296
道成 200/231
道恩 72/81
道該 229/267
道幹 200/231
道光〔洛陽奉國寺神照弟子〕 330/380
道光〔長安大薦福寺,李氏,綿州巴西人〕 151/171*
道廣 285/329*
道弘 260/303
道華 316/362
道暉 215/251
道建〔江州興果寺神凑門人〕 306/350
道建〔廬山東林寺熙怡門人〕 253/296
道建〔廬山西林寺齊朗門人〕 316/362
道進〔杭州靈隱山天竺寺守真弟子〕 203/234
道進〔袁州萍鄉縣楊岐山乘廣弟子〕 260/303
道鏡 253/296
道曠 347/403
道稜 243/282
道亮 229/267
道琳 106/119
道滿 215/251
道寧 253/296
道慶 17/24*
道詮 242/281
道榮 72/81
道深〔廬山東林寺上弘弟子〕 298/341
298/342
299/342

道深〔廬山東林寺熙怡弟子〕 253/296
道生〔北嶽慧炬寺智力門人〕 214/249
215/251
道生〔南陽居士韓神之子，中大雲寺僧〕 96/109
道嵩 259/301
道威 330/380
道悟〔荆州天王寺，崔氏，渚宮人〕 284/328*
道悟〔洛陽敬愛寺法玩弟子〕 242/281
道悟〔荆州城東天皇寺，張氏，婺州東陽人〕 281/326*
道悟〔長安崇福寺〕 328/376
道先 189/219*
道憲（智證大師） 359/419*
道欣 236/274
道信（信禪師、信公） 9/15
9/16
81/91
90/102
113/128
152/173
180/208
192/223
248/288
309/352
332/381
道興 258/301
道宣（南山大師） 299/342
道玄 220/256
道濬 243/282
道一（大寂、一公、馬祖馬素）〔洪州開元寺，馬氏，漢州人〕 159/181
159/182
239/277*
248/288
281/326
284/328
294/338
300/343
306/349
308/351
309/352
321/366
332/381
335/386
358/419
道一〔杭州餘杭縣龍泉寺，嚴氏，餘杭人〕 178/205*
道義〔嵩山少林寺，洛陽敬愛寺法玩弟子〕 242/281
道義〔新羅國〕 337/389
357/416
357/417
359/420
道益 330/380
道因 38/47*
道郢 381/447
道穎 380/446
道原 180/209
道圓 332/381
道真〔太白禪師觀宗門人〕 287/331
道真〔少林寺同光傳法弟子〕 204/236
道偵 272/316
道徽 250/292
道莊 203/234
道準 312/357
道宗 346/402*
道遵 236/272*
德超 201/232
德鑒 323/371
德修 72/81
德曜 288/333*
定賓（賓律師） 140/158

232/269
319/365
定持 67/76
定光 6/9
董光朝 158/181
董惠進 320/366
董景仁 24/35
董廓 361/426
豆盧賢 23/33
竇軌 38/49
竇璡 38/49
竇良驥 344/399
竇師倫 48/64
竇文場 187/217
獨孤及 10/18
10/19
11/19
11/20
獨孤問俗 228/265
杜鴻漸 213/248
杜師古 319/365
杜師簡 341/397
杜順 24/35*
杜位 228/265
杜殷 24/35
杜昱 143/161
144/164
148/168
杜正倫 236/273
359/421
度律師 120/137
端甫(大達法師) 288/322
328/376*
端和上 152/172
段常省 167/190*
段成式 323/369
段貫 324/371
段晈 324/371
段倫 23/34
段物華 206/238
段興宗 324/371

F

法岸 187/217
法粲 253/296
316/361
法璨 168/192
法藏(賢首、康藏國師、華嚴大師)〔康氏,康居人〕 100/112*
130/147
190/220
法藏〔諸葛氏,蘇州吴縣人〕 109/124*
法常 287/331
法超 87/99
153/175
法朝 294/338
法成 153/175*
法澄〔長安興聖寺〕 130/146*
法澄〔杭州靈曜寺〕 180/209
法燈 57/70*
法該 14/22
法海 175/202
法皓 293/337
法會 194/226
法劍(無姓和尚) 380/446*
法津 205/236*
206/237*
法鏡 175/202
法矩 43/56*
法俊 242/281
法開〔荷恩寺法津弟子〕 206/239
法開〔左溪大師玄朗弟子〕 180/209
法空〔靈山寺慧照弟子〕 240/279
法空〔宣化寺堅行弟子〕 124/140

法朗 227/262
法樂 60/71*
法勵 175/202
法諒 337/390
法琳〔少林寺同光弟子〕 204/236
法琳〔終南山龍田寺〕 141/160
法璘 184/213
法侖 248/288
法密 175/202
法凝 326/373
法欽(徑山、國一大師、大覺禪師)
175/202
248/288*
281/326
309/352
321/366
361/426
法融(融大師、融禪師)〔韋氏，牛頭山僧〕 37/46*
175/202
180/208
248/288
309/352
332/381
法融〔新羅國〕 180/209
法如〔神會弟子，磁州法觀寺〕 332/381
法如(如大師)〔弘忍弟子，中嶽少林寺〕 81/90*
113/128
144/162
152/172
法潤 342/398
法山 108/123
法盛 236/274
法順 351/410
法通〔崔氏，博陵人〕 217/254*
法通〔龔公山西堂智藏法孫〕 308/351
308/352
法通〔洛陽白馬寺慧沼弟子〕 108/123
法玩 242/280*
法琬 77/85*
78/87*
法顯 48/61
法現 118/134*
法昕 335/385
335/386
335/387
法興 251/293
法性 263/306
法宣 121/138
法演 25/37
法液 242/281
法裔 298/341
299/343
316/361
法瑜 171/195
法源〔洛陽聖善寺蕭行嚴門人〕 252/295
法源〔越州法華寺〕 180/209
法願 46/58*
法雲〔長安資敬寺〕 110/125*
法雲〔潤州天鄉寺〕 171/195
196/227*
法筠 387/450*
法照 272/315
273/316
273/317
法真〔杭州靈隱寺〕 180/209
法真〔江州峰頂寺〕 298/341
299/343
316/361
法真〔洛陽安國寺〕 291/335*
法振 185/213*
法正 294/338
383/448*

法證 268/311*
269/312*
氾子昂 131/148
泛舟 249/290*
梵雲 294/338
方大師 175/202
方璘 72/81
方律師(王寶手) 120/137*
房從心 191/221
房琯 10/17
11/20
171/196
房仁裕 181/210
房慎疑 310/355
房温 181/210
房先質 181/210
房玄齡 48/62
房昭 181/210
飛錫 187/215
211/243
211/245
213/248
216/252
朏法師 144/162
馮道相 152/172
馮會均 152/172
馮惟政 215/250
奉恩 295/339
福琳 108/123
傅奕 141/159
復珪 172/197
復儼 330/380

G

感法師 111/126
高輔成 184/213
高力士 279/323
高士廉(申國公) 38/49
哥舒翰 211/244
公素 340/396
功德山 288/332*
恭禪師 180/208
古衎 200/231*
顧明 126/142
顧玄 323/371
顧藝 126/142
顧元 126/142
觀宗(太白禪師) 287/330*
灌頂(章安大師) 180/208
236/272
光範 265/308
光昧 360/424
光獻 287/331
廣德 192/222
192/223
廣惠 343/398*
廣濟〔長安興福寺大義弟子〕 309/354
廣濟〔長安崇福寺〕 340/396
廣詮 245/284
廣素 341/397*
廣宣 319/364*
歸靖 317/363
歸忍 330/380
貴道 215/250
215/251
郭曖 157/180
郭湜 204/235
郭嚴 179/207*
郭元誠 131/148*
郭子儀 133/150
國縱 308/351

H

還源 260/303

海湘 258/300
海印 252/295
含光 211/244
213/248
韓朝宗 168/192
韓琮 261/304
302/345
韓極 191/221
韓詮 158/181
韓賞 175/203
178/206
韓神 96/108*
韓文 295/339
韓文静 261/304
韓晤 261/304
261/305
韓秀榮 302/345
韓雲卿 201/232
韓贇中 361/426
韓擇木 201/232
302/345
韓志清 261/304
浩初 283/328
浩然〔衢州大乘寺〕 194/226
浩然〔長安千佛寺〕 187/217
何寒 178/206
賀知章 171/196
207/239
恒景（弘景） 152/172
168/191
180/208
376/442
恒静 297/340
恒濬 242/281
恒智 327/375
弘幹 358/419
弘濟 318/364
弘忍（忍公、五祖、忍大師、大滿禪師） 10/18
81/91
90/102
94/105
94/106
104/116
113/128
118/134
152/173
184/213
192/223
246/285
272/314
273/317
309/352
332/381
弘信 327/375
弘一 318/364
弘輿 361/426
弘苑 323/371
弘照 181/210
弘正（正公） 10/18
180/208
232/269
弘政 315/360
宏昭 309/354
洪晉（吴僧統） 344/399*
洪辦 340/396
洪得宗 277/320
洪演 216/253
胡的 287/330
懷海（百丈山禪師） 294/337*
339/394
懷暉（百岩大師） 159/181
159/182
239/277

300/343*
301/344*
352/411
懷津　72/81
懷亮　293/337
懷慶　340/396
懷讓(觀音大師、讓禪師)　159/181*
239/277
294/338
303/346
332/381
懷仁　171/194*
懷嵩　317/363
懷信　259/301
懷宇　340/396
懷遠　380/446
380/447
懷惲(隆闡大法師)　86/96*
懷章　340/396
懷哲　178/206
懷直　283/328
懷縱　298/342
299/342
皇甫瓘　250/291
皇甫涓　250/292
皇甫冉　191/221
皇甫温　250/291
皇甫閲　250/292
會藏　194/226
會幽　330/380
惠操　232/269
惠常　381/447
惠乘　82/93
141/159
惠冲微　108/123
惠崇　177/204
惠從　180/209
惠達　194/226
惠燈(和和禪師)　132/149*
惠燈〔洛陽白馬寺惠沼弟子〕　108/123
惠燈〔湖州開元寺〕　178/206
惠登　258/301
惠蕚　330/379
惠皋　72/81
惠恭　82/92*
惠光　108/123
惠果　278/320*
惠海〔嵩嶽會善寺〕　293/336*
惠海〔北嶽慧炬寺智力門人〕　215/251
惠罕　178/206
惠暉　160/183
惠績　309/352
惠見〔長安興唐寺曌空弟子〕　252/294
惠見〔太白禪師觀宗弟子〕　287/331
惠解　228/265
惠進　299/343
惠炬　194/226
惠覺〔不空弟子〕　213/248
惠覺〔新羅國〕　210/242*
惠空〔洛陽寧刹寺,馬氏,扶風人〕
198/230*
惠空〔大照禪師普寂弟子〕　152/174
惠朗　212/246
惠亮　249/291
惠鸞　171/195
惠敏　228/265
惠明〔湖州佛川寺〕　228/264*
惠明〔洛陽白馬寺惠沼弟子〕　108/123
惠凝　242/281
惠普　203/234
惠詮〔南嶽彌陀寺承遠弟子〕　272/316
惠詮〔長安法雲寺曇簡堂姊〕　302/345
惠日〔洛陽白馬寺惠沼弟子〕　108/123
惠日〔新羅國,惠果弟子〕　278/321

惠榮　312/357
惠融〔嵩嶽〕　10/17
惠融〔洛陽白馬寺惠沼弟子〕　108/123
惠勝説　108/123
惠思　6/8
惠嵩　108/123
惠温　72/81
惠聞　259/301*
惠悟　315/361
惠仙　108/123
惠祥　108/123
惠信　183/212
惠興　258/301
惠業　43/57
惠因　270/312*
惠隱　139/155*
惠應　213/248
惠瀛　160/183
惠源　146/166*
惠遠〔杭州靈隱寺〕　194/226
惠遠〔揚州龍興寺〕　171/195
惠雲　5/5*
惠增　327/375
惠章　72/81
惠沼　108/122*
惠照〔長安真化寺如願弟子〕　216/253
惠照〔長安鎮國寺大圓弟子〕　197/229
惠照〔中條山栖巖寺智通弟子〕　172/197
惠貞〔河東安邑縣報國寺泛舟弟子〕　249/291
惠貞〔長安崇福寺靈晏弟子〕　340/396
惠真（蘭若和尚、真禪師、真公）　168/190*
　180/208
　272/315
　273/317
惠真〔荆州天皇寺道悟弟子〕　281/326
惠直　340/396
惠舟　366/436
慧晉　211/244
慧澄　199/230*
慧持　316/441*
慧端　175/203
慧峰　362/427*
慧岌　251/292
慧寂（仰山大師、通智大師）　360/424*
　361/426
慧堅　246/285*
慧靜　25/36*
慧可（可公）　9/15
　10/17
　81/91
　90/102
　113/128
　152/173
　184/213
　192/223
　246/285
　332/381
慧空〔楚金弟子〕　187/217
慧空〔神會門人〕　184/213
慧了　35/45*
慧林　121/138
慧能（惠能、能禪師、能大師、能公、大鑒、六祖、曹溪）　10/18
　104/116*
　105/118*
　106/119*
　159/182
　180/208
　184/213
　196/228
　210/242
　239/277
　246/285

294/338
300/343
303/346
309/352
332/381
360/424
360/425
慧詮 263/306
慧忍 376/441*
慧思 180/208
慧威 180/208
慧文 180/208
慧悟 379/445
慧休 28/39*
29/41*
慧巘 121/138
慧遠 152/174
慧頵 19/26*
慧雲 161/184
慧賾 76/84*
慧照〔喬氏，晉州人〕 240/278*
慧照（真監禪師）〔新羅國〕 337/388*
慧忠（忠國師、牛頭六祖） 284/328
303/346
360/425
慧莊 316/361

J

躋覺 249/291
季良 374/439
寂然 242/280
寂照〔長安崇敬寺，博陵崔氏〕 318/363*
寂照〔長安安國寺，龐氏，京兆興平人〕 323/369*
嘉尚 48/64
賈憲 385/449
賈玄祎 385/449
堅順 128/145
堅行 124/140*
堅照 204/236
堅志 266/309
見用 291/335
291/336
建初 48/65
72/81
鑒真 229/266
258/300
鑒直 327/375
姜公輔 298/342
299/343
姜解脱 143/161
姜執珪 280/325
姜仲遷 143/161
姜子胤 143/161
蔣郕 307/350
蔣覗 307/350
蔣欽緒 307/350
蔣氏子（字稚） 307/350*
蔣溢 307/350
戒賢 48/62
戒香 329/379
戒休 347/404
戒盈 310/355
誡盈 381/447
金剛智（金剛三藏、大弘教三藏） 127/143
141/159
154/176*
211/243
212/246
213/247*
232/269
250/292
278/322
金光照 379/444*

金霞 267/310*
金彦卿 357/417
金穎 357/415
進法師 145/165*
景鸞 252/294
景閑 358/419
景賢 121/138*
景秀 274/318
景雲 330/380
净藏 161/183*
净覺〔長安大安國寺〕 375/440*
净覺〔長安崇敬寺〕 162/184*
净覺〔長安法雲寺〕 261/304
净名 4/5
净善 183/212*
净業〔嵩山少林寺〕 242/281
净業〔長安香積寺〕 99/111*
净意 124/140
净因 250/291
敬镮 310/355
敬節 129/145*
敬客 36/46
敬受 193/224
敬舒 340/396
敬言 121/138
敬章 355/414*
靜端 30/42
靜感 30/41*
靜固 30/42
靜虚 191/221
靜業 157/180*
覺禪師 389/451*
覺超 213/248
覺印 220/256
晝上人(清晝、皎然) 203/234
229/267
378/444

K

開悟 10/17
開義 315/360
楷法師 38/50
康濟 225/260
康謐 100/112
克成 245/284
恪律師 120/137
空姑 376/442
空海 278/322
空寂(龐六兒) 115/132*
寇亮 271/313
寇溶 271/313
寇思遠 271/313
寇弇 271/313
271/314
寇幼覺 271/313*
匡符 365/436
窺基(基公、大乘基、弘道) 71/79*
72/80*
108/123

L

蘭紹 97/109
郎肅 351/410
了緣 149/169*
離愛 288/332
李百藥 20/26
李渤 308/351
316/362
李策 147/167
李岑 287/331
李昌 304/347
李常 9/16
李暢 194/225
李澄 171/196

李憕 175/202
李充 242/280
李從乂 297/340
李大亮 48/61
李丹 175/203
194/225
李道昌 229/267
李德懋 77/85
78/87
李定品 75/84*
李鄂 234/271
李萼 380/447
李皋（嗣曹王） 259/302
312/357
李暠 125/141
李瀚 275/318
李弘（孝敬皇帝） 112/127
113/128
李弘慶 72/80
李華 168/192
169/193
178/207
191/221
193/224
196/229
李惠金 214/249
李吉甫 248/289
李寂 313/359
李濟 275/318
李踐曾 245/284
李晉卿 244/283
李敬玄 150/170
李巨（嗣虢王） 246/286
李練 349/406
李亮 77/85
78/87
李林甫 297/340
李泌 259/302
381/447
李牧 162/185
李栖筠 229/267
243/282
李齊敬 297/340
李璆 234/270
李讓夷 349/406
李尚辭 245/284
李神符 77/85
78/87
李昇期 178/206
李師直 293/336
李士謙 2/2
李適之 118/135
李紓 191/220
191/221
229/267
李輸 150/170
李思冲 150/170
李嵩 209/241
李素節 234/270
李湯 191/220
191/221
220/256
李悌 219/255
李閑 266/309
李峴 194/225
李現 140/158
141/159
李憲誠 211/245
李孝卿 150/170
李昕 280/325
李休光 135/152
李玄成 220/256
李玄挺 245/284
李儼 38/47

李曜　220/256
李祎（信安王）　194/225
李乂　71/79
　72/80
李應規　349/406
李郢　323/371
李邕　207/239
李渝　275/318
李元琮　211/244
　211/245
李悦　349/406
李正心　297/340
李知　147/167*
李志暕　130/146
李陟　297/340
李舟　308/351
李自昌　290/333
李自良　251/293
理空　195/226
理應〔新羅國〕　180/209
利朢　253/296
利辯　306/350
利貞　71/80
連訓　357/416
良説　215/250
　215/252
梁寧　250/291
　254/296
梁昇卿　175/203
梁知至　346/403
亮律師（大亮）　207/239
諒公　207/239
璘輝　366/436*
藺夫人〔朱祥妻〕　165/188*
藺懷覽　165/188
靈朢　309/354
靈粲　379/444
靈琛　18/25*
靈凑〔長安寶應寺〕　247/287
靈凑〔嵩山少林寺〕　242/281
靈幹　381/447
靈慧　111/126*
靈鑒　281/326
靈津　258/301
靈俊　243/282
靈輪　236/274
靈默　351/410
靈鋭　242/281
靈識　264/307*
靈悟　157/180
靈琇　164/188
靈迅　204/235
靈晏　340/395*
靈曜　214/249
靈業　227/261
靈一〔揚州慶雲寺〕　191/220*
靈一〔揚州延光寺〕　171/195
靈佑　265/308*
靈祐（大圓禪師）　339/393*
　360/424
靈裕（裕法師）〔相州演空寺〕　23/33
　28/39
靈裕〔荆州慶門寺〕　298/341
　299/343
　316/361
靈垣（大悲禪師）　303/345*
靈源〔蘇州支硎山報恩寺道遵門人〕　236/274
靈源〔新羅國〕　363/433
靈運　128/144*
靈珍　242/281
零惲　293/337
令賓　172/197
令楚　340/396

令狐峘 259/302
令狐專 343/398
343/999
令檢 48/61
48/65
72/80
72/81
令則 323/371
劉光玭 208/240
劉光歸 208/240
劉光暉 208/240
劉光順 208/240
劉鈞 266/308
劉柯 48/60
298/341
劉欽旦 78/87
劉日正 175/203
劉如願 208/240
劉三娘 167/190
劉申錫 260/302
劉太真 243/282
309/354
劉體真 320/366
劉同 144/165
劉同昇 175/203
劉仙鶴 211/245
劉相 31/42*
劉興 310/355
劉玄福 208/240
劉晏 236/273
劉穎 191/221
劉邕 323/370
劉禹錫 260/302
柳公權 328/376
332/381
柳宗元 259/301
盧粲 101/113
盧藏用 171/196
盧承慶 38/49
盧廣慶 148/168
盧和上 150/170
盧簡求 335/385
335/387
盧群 253/296
盧少儒 148/168
盧暄 244/283
盧義恭 148/168
盧幼平 228/265
盧元裕 178/206
盧雲 287/331
盧澐 244/283
陸海 155/177
陸去泰 113/129
陸希聲 360/424
陸向 236/273
243/282
陸象先 168/192
171/196
207/239
陸迅 236/273
陸餘慶 171/196
閭忠晟 288/322
閭忠幹 288/322
閭忠瀚 288/322
閭忠僅 288/322
閭忠信 288/322
閭忠義 288/332
吕才俊 379/445
吕敬直 275/318
吕向 213/248
律和尚〔蘇州開元寺,劉氏〕 229/266*

M

馬晟 226/261

馬璘 226/261
馬令藻 198/230
馬士瞻 242/281
馬順 374/439
馬遇 198/230
馬正會 226/261
馬子夏 198/230
馬總(扶風公) 105/118
106/119
滿意 168/191
滿悦 256/298
彌多羅 130/147
妙藏 197/229
明辨 265/308
明粲 237/275
明禪師 215/250
明惠 354/413*
明解 23/32
明津 206/237
明進 242/281
明空 324/371*
明詮〔洛陽脩行寺〕 242/281
明詮(韓上座)〔長安法雲寺〕 295/339*
明贍 141/159
明素 312/357
明畏 140/158
明悟〔嵩山嵩岳寺〕 277/320*
明悟〔嵩山少林寺〕 242/281
明歆 32/43*
明濬 23/32
明演 266/308*
明曜 160/183
明幽 171/195
明遠〔泗州開元寺〕 325/372*
明遠〔長安德業寺〕 39/51*
明則 258/301
明照 319/364
默和 348/405
目加 168/191
慕容鉢 54/68
慕容珣 170/194
慕容正言 170/194

N

那羅延 313/358*
那提 8/14*
難勝 242/281
寧一公 102/114
凝寂 216/253
凝照 216/253
牛雲 310/355

O

歐陽通 38/47
歐陽詢 20/26

P

潘清 191/221
龐詮 323/369
龐同本 115/132
裴藏之 380/447
裴公繹 291/335
裴光庭 241/279
裴炯 107/122
134/151
裴寬 152/174
171/196
裴清 228/265
裴肜 291/335
裴適時 208/241
裴無晦 291/335
裴休 328/376
328/378

	332/381
	332/383
	339/394
裴恂	291/335
裴倚	241/279
裴稹	241/279
裴冑	259/301
普光(大乘光)	73/81*
	108/123
普化	348/405
普濟	246/286
普寂(大照禪師、寂公)	10/18
	144/164
	152/171*
	162/184
	181/210
	192/222
	192/223
	193/224
	196/227
	199/231
	203/234
	204/235
	206/237
	220/256
	227/262
	238/276
	242/280
	278/320
	309/352
	376/442
普明	365/435*
普潤	26/38
普相	26/37*
普修	309/354
普耀	240/279

Q

齊安	335/385*
齊翰	378/443*
齊澣	175/203
	196/228
齊經	330/380
齊朗	316/361*
齊融	175/203
齊映	259/302
齊章	364/435*
啓弁	323/371
契微	232/268*
契虚	237/275
契玄〔長安萬善寺上座〕	187/217
契玄〔長安大安國寺寂照門人〕	323/370
契一	242/281
契義	311/356*
契因	340/396
契源	250/292
乾印	171/195
乾應	178/206
濳真	213/248
强瓊	246/287
强勖	201/232
喬守忠	160/182*
欽禪師	109/124
秦昊	216/253
勤照	349/406
清辨	180/209
	194/226
清奂	357/416
清會	229/267
清江	203/234
清敏	329/378
清鋭	316/362
清悟	276/319*

清源〔洛陽安國寺〕　218/254*
清源〔杭州靈隱山天竺寺守真弟子〕　203/234
清瑗　287/331
清真(勤策)　374/439*
瓊播　72/81
瓊法師　368/437*
裘甫　347/404
仇元誠　310/335
屈集臣　204/236
麴伯雅　56/69
麴文泰　48/62
　56/69
麴信陵　226/260
麴智湛　56/69
權崇本　232/269
權崇基　232/269
權德輿　213/248
　232/269
　239/277
　239/278
　244/284
　300/344
　308/351
權若訥　110/126
　232/269
權同光　232/269
權文誕　232/268
權無待　232/269
全契　72/81
全一　315/361
全證　303/347
詮表　242/281

R

饒益　172/197
仁素　112/127
　114/130
任侗　287/331
任景求　347/404
任運　314/360
日建　330/380
日榮　252/295
日悟(般舟和尚)　274/317*
日耀　258/301
榮思九　139/155
榮懷節　139/155
榮建緒　139/155
榮權　139/155
融禪師　180/208
如海〔袁州萍鄉縣楊岐山乘廣弟子〕　260/303
如海〔湘西龍安寺〕　283/327*
如建　298/341
　298/342
　299/342
　316/362
如亮　260/303
如琳　346/402
如滿　363/430
如信　317/362*
如壹　311/356
如隱　378/444
如印　266/309
如願　216/233
如岳　202/233
如知　228/265
若那　140/157

S

三乘　280/325*
三輪　227/263
僧璨　9/15*
　10/17*

	11/19*
	12/21*
	81/91
	90/102
	113/128
	152/173
	180/208
	184/213
	192/223
	332/381
僧海	34/44*
僧晈	326/373
僧亮	325/372
僧樹	28/39
僧晤	326/373
僧獻	16/24
僧邕	4/5
	20/26*
僧尊	5/5
善昂	26/38
善導	86/96
	99/111
	123/140
善惠〔長安道德寺〕	40/52*
善惠〔秦望山〕	287/330
善集	293/337
善寂	199/231
善無畏(無畏三藏)	127/143
	140/156*
	141/159*
	168/191
	203/234
	207/239
	278/322
善悟	356/414*
善智	142/160
上官靈芝	36/46
上官儀	48/63
上弘(景雲大師)	298/341*
	299/342*
	316/361
尚禪師	367/437*
尚多〔梵僧〕	168/191
尚真	67/76*
少琮	340/396
少譚	340/396
少吟	323/371
少游	252/295
邵建初	24/36
	328/378
	332/384
邵建和	328/378
紹蘭	340/395
紹明	330/380
申儉	196/227
申靖	196/227
申寧	196/227
詵法師	224/258*
深信	204/236
神湊	299/343
	306/349*
神行〔新羅國,東京御里,金氏〕	227/261*
神行〔洪州百丈山懷海門人〕	294/338
神皓	243/281*
神護	170/194*
神會	104/117
	166/189
	184/213*
	210/242
	246/285
	260/303
	303/346
	309/352
	330/379

332/381
神鑑　337/389
神皎　345/401
神烈　189/219
神清　316/361
神贍　74/82*
神爽　194/226
神悟　169/193*
神秀（大通禪師、秀禪師）〔荊州當陽山度門寺〕　10/18
90/101*
91/103*
94/106
121/138
126/142
143/161
144/162
152/172
152/173
155/178
180/208
192/223
196/228
303/346
309/352
332/381
神秀〔會稽〕　224/259
神偃　203/234
神晏　323/370
神邕　180/209
神祐　240/279
神照　330/379*
332/381
沈興宗　125/141
審禪師　82/92
審虔　339/394
聖善　193/224
勝才（李大德）　349/406*
勝藏　289/333*
勝緣　152/174
尸刹　309/353
十善　40/54
石誕　164/187
石通　164/187
石鎮　160/183
石智　164/187
實叉難陀　100/112
實悟　155/179
實相　248/289
實照　256/298*
時居士　377/443*
史湊　310/355
史清　310/355
史坦　196/229
史惟則　144/162
201/232
史獻　140/157
史真性　327/374*
史子華　144/164
釋然　195/226*
守真〔常州福業寺〕　180/209
守真〔杭州靈隱山天竺寺〕　203/233*
順禪師　22/31*
思道　182/211*
思谷　102/114*
思恒　126/142*
思津　323/371
思偘　205/237
思項　99/111
思勗　199/230
思言　98/110*
思貞　224/259
思莊　86/98
四禪　124/140

嗣興 235/272
宋鼎 168/192
184/213
宋弘度 48/65
宋埧 315/361
宋玉 204/236
宋元義 72/81
蘇君 233/270*
蘇判鎰 363/428
363/432
363/433
蘇遇 325/372
肅然 386/450*
素法師〔長安安國寺〕 328/376
素律師(懷素)〔長安恒濟寺〕 126/142
隋文帝 23/33
35/45
40/52
隋煬帝 23/33
40/53
孫節 136/153*
孫榮 130/146
孫同 130/146
孫佰悦 33/43*
孫藏器 246/285
索定國 350/407
索奉珍 350/407
索清寧 350/408
索清貞 350/408
索忠信 350/409
索忠顗 350/408
翛然 309/354
宿殖 199/230

T

太初 224/259
太易 299/342
曇藏 242/281
曇粹 347/404
曇簡 295/339
302/345*
曇景 48/61
72/81
曇泌 293/337
曇玭 258/300*
曇慶 152/174
曇無德 247/287
曇詢 7/11*
曇濬 319/365
326/373
曇一 171/195
207/239*
229/266
243/282
曇源 87/99
曇則 204/236
曇貞〔金剛智弟子〕 213/248
曇貞〔嵩嶽會善寺惠海門人〕 293/337
曇真(大證) 192/222*
255/298
曇翥 284/328
曇准 7/12
曇宗 335/386
談賁 24/36
談叙 294/338
談義 315/360
潭行 240/278
檀法師(塵外) 369/438*
檀子 207/239
唐代宗 206/238
212/246
213/247
246/286
248/288

252/294
278/321
唐德宗(孝文皇帝)　249/290
309/353
328/377
唐高宗(天皇大帝)　48/63
86/96
99/111
106/120
234/270
唐穆宗　308/351
唐睿宗　108/122
140/157
唐順宗　309/353
309/354
328/377
唐肅宗　11/19
187/216
205/236
206/238
211/244
212/246
213/248
274/318
279/323
359/421
唐太宗(文皇、文武聖皇帝)　40/54
48/63
87/99
141/160
363/434
唐文宗　360/424
唐武宗　308/351
338/392
339/394
341/397
345/402
352/411
358/418
唐憲宗　328/377
340/396
345/401
唐宣宗　339/394
342/398
345/402
352/411
358/418
唐玄宗　140/157
187/216
205/236
211/244
212/246
215/250
唐中宗(孝和皇帝、和帝)　48/63
48/64
104/117
105/118
121/138
126/142
130/147
152/173
168/191
375/440
體澄　357/415*
體公　194/224*
體微　245/284*
體悟　242/281
體虚　72/81
田賓庭　346/402
田復　252/295
田普光　107/122
田少文　196/229
田休光　109/124
通公　262/305*

通明 390/452*
通相 272/315
同光 204/235*
童真 14/22*
圖信 298/342
徒藏 108/123

W

萬迴 90/103
94/106
144/163
萬紀 110/125
萬齊融 207/239
王鋋 324/371
王昌齡 171/196
王德真 110/125
王高 307/350
王公(孝寬) 36/46*
王光 172/197
王光福 180/209
王暉 354/414
王駕鶴 266/309
王縉 11/19
192/222
192/223
377/443
王克正 256/298
王鍨 310/355
王諒 234/270
王孟玉 95/108*
王申伯 252/294
王師虔 258/300
王述 287/331
王鑠 164/187
164/188
王維 151/171
王武安 110/125
王希遷 313/358
王玄貞 107/122
王雲勝 344/401
王延昌 183/212
王顔 248/289
王元宥 332/384
王圓 236/273
王真意 69/77*
王元順 24/36
王智 258/300
王智興 325/372
王周古 314/359
威儀(靈覺) 137/153*
韋安石 311/356
韋安時 237/275
韋斌 311/356
韋處乂 97/109
韋丹 299/343
韋袞 311/356
韋緄 237/274
韋牧 310/355
韋損 196/229
韋提 385/449*
韋同翊 311/356
韋銑 175/202
韋孝基 139/155
韋虛舟 168/192
韋元甫 196/227
229/267
236/273
279/324
韋昭禮 175/203
韋知人 237/274
韋子粲 97/109
惟瑗 381/447
惟安 252/295
惟徹 336/387*

惟峰　293/337
惟昺　155/177
惟珙　114/129
惟濟　204/236
惟建　352/411
惟寬(大徹)　159/181
159/182
239/277
308/351
惟清　242/281
惟上　278/321
惟勝　286/330
惟肅　242/281
惟曉　252/295
惟信　361/426
惟秀　242/281
惟旭　252/295
惟儼　321/366*
惟永　252/295
惟昭　252/295
惟正　381/447
惟忠(南印)　330/379
332/381
維誠　243/282
維諒　243/282
維清　323/371
維慶　323/371
維讓　243/282
未曾有　148/168*
魏懿文　338/392
魏炤　338/392
魏中庸　338/392
温古　121/138
温雅　255/297
文賁〔荆州天皇寺道悟弟子〕　281/326
文賁〔嵩嶽會善寺惠海門人〕　293/337
文蕩　117/133*
文會　340/396
文藉　340/396
文亮　276/319
文外　312/357
文叙　288/332
文則　334/385
文展　327/375
無可　323/371
無名(方便和尚)　251/292*
無染〔南嶽大明寺惠聞弟子〕　259/301
259/302
無染(大朗慧和尚)〔新羅國〕　363/428*
359/421
無上〔長安法雲寺〕　181/210
無上〔衛州六度寺〕　107/121
無勝　232/269
無相　359/420
無言　262/305
262/306
無優　215/251
無著　108/123
吴季連　344/401
吴通微　187/215
吴緒芝　344/400
武崇正　132/149
武平一　152/173
武三朗　132/149
武宣　303/346
武元剛　132/149
武則天(天后、則天大聖皇后、大聖天后、則天聖后、則天太后)　86/97
100/112
104/117
109/124
117/133
132/149
137/153

215/250
303/346
悟空 181/210
悟因 150/170*
悟真 216/253

X

解文通 320/366
希操 381/447*
希琛 321/366
希遷(石頭和尚、石頭禪師) 281/326
284/328
希玄 175/202
希瑜 258/300
希運(黄蘗山禪師) 348/405
361/426
郗士美 316/362
熙怡 193/224
253/295*
316/361
席輔 226/261
先藏 255/297*
憲超 310/354*
獻中 309/354
香嚴(智閑) 360/424
向秀 242/281
蕭昕 185/213
蕭行嚴 254/296*
蕭誼 254/297
蕭鉽 146/166
185/214
蕭瑀(宋國公、宋公) 35/45
46/58
57/70
60/71
146/166
185/214
蕭翥 128/144
蕭懋 185/214
小曇 16/24
曉方 351/409*
361/426
曉了 372/439*
孝因 216/253
謝楚 380/447
辛雲晁 379/445
信行 4/4*
18/25
20/27
34/44
35/45
55/69
109/125
175/202
行標 345/401*
行簡 361/427
行滿 242/281
行敏 342/398
行銓 258/301
行宣 180/209
行允 298/342
性通 343/398
性無相 209/241*
性貞 297/340
性忠 297/340*
修法 190/219*
脩梵 3/3*
秀清 242/281
虚會 357/416
虚默 347/404
徐安貞 207/239
徐岱 246/285
徐德恭 243/281
徐定 243/281

徐浩　192/222
212/246
徐嶠　175/203
徐嶠之　194/225
徐曇　243/281
許籌　114/129
114/131
宣兑　378/444
宣一　171/195
玄昶　196/227
玄暢　362/427
玄超　120/137
玄達〔長安靈化寺智該弟子〕　23/34
玄達〔僧慧峰弟子〕　362/427
玄果　87/99
玄暉　87/99
玄鑒　362/427
玄皎　87/99
玄敬　362/427
玄靜　180/209
玄覺〔三藏法師玄奘門人〕　48/64
玄覺〔湘西龍安寺如海弟子〕　283/328
玄覽　373/439*
玄朗（左溪大師）　180/207*
194/225
236/273
玄密　362/428
玄凝　38/50
玄素（徑山大師）　175/201*
180/208
玄通　362/427
玄琬　141/159
玄悟　362/427
玄晤　87/99
玄秀　120/137
玄雅　362/427
玄猗　362/428
玄義　362/427
玄懿　40/52*
玄應〔京師莊嚴寺〕　310/354
玄應〔潤州昭代寺〕　244/283*
玄英　120/137
玄影　363/433
玄奘（三藏法師、奘師、大遍覺法師）　38/50
48/60*
71/79
72/80
玄藏　362/427
玄宗〔長安大薦福寺法振門人〕　185/214
璿光　171/195
絢律師　196/227
薛待聘　156/179
薛道衡　10/17
11/20
薛諤　156/179
薛良佐　156/179*
薛麟　156/179
薛穎　249/290
詢乂　363/428
363/433

Y

剡法師　374/439
延祐　117/134
延沼　348/405
嚴楚　329/378
嚴説　243/282
嚴挺之　144/162
171/196
218/254
276/319
329/378
嚴武　218/254

276/319
329/378
嚴隱 317/363
嚴郢 212/246
213/248
岩大師 175/202
巖和尚(石巖) 164/187*
顔防 279/324
顔真卿(顔魯公) 183/212
228/265
253/296
279/324
298/342
299/343
儼法師(智儼) 100/112
彦楚 340/395
羊愉 121/138
楊惠才 173/199
楊敬臣 135/152
楊居士 27/38*
楊綰 248/288
377/443
楊休烈 146/166
楊炎 380/447
楊叶 266/308
楊諧 175/203
楊於陵 253/296
楊志眺 47/60*
楊憑 299/343
380/447
姚奔信 205/236
姚綽 205/236
206/237
姚澮 173/199
姚公素 257/299
姚恭 205/236
206/237
姚驥 205/236
205/237
姚沛 173/199
姚信 206/237
耶含腓 108/123
一行(大慧禪師) 127/143*
138/154
140/158
168/191
168/192
178/206
376/442
義辯(索法律) 350/407*
義車 357/417
義崇 376/442
義方 72/81
義福(大智禪師) 143/161*
144/162*
146/167
148/169
162/184
180/208
185/214
250/292
義廣 240/279
義暉 242/281
義集 249/291
義精 189/219
義浄 101/113*
168/191
義均 328/377
義空 177/204*
義林 48/61
72/80
72/81
義璘 315/360
義明 278/321

義琬(大演禪師)　133/150*
義秀　340/396
義宣　171/195
義玄(玄公、慧照、臨濟大師)　348/405*
　361/426
義圓　278/321
義中(三平大師)　352/411*
殷瑊　313/358
崟法師　328/376
隱超　220/256*
隱虚　191/221
印宗〔會稽〕　180/208
印宗〔南海〕　104/117
英純〔新羅國〕　180/209
英惠　357/416
英秀　293/337
永泰　346/402
優曇　65/74*
幽閒　281/326
幽湛　242/281
於兆　238/276
魚宗文　237/274
於鄰　213/248
虞當　219/255
宇文玎　290/334
　290/335
宇文璠　290/334
宇文化及　290/333
宇文鐵　290/333
　304/347
宇文介　290/333
宇文璲　290/334
宇文琬　290/334
宇文琰　290/334
宇文璵　290/334
宇文琓　290/334
尉遲敬德(鄂國公)　71/79
　72/80
玉真公主　205/236
喻應真　114/129
元表　357/416
元超　315/362
元珪(珪禪師、龐塢和尚)　112/127*
　113/128*
　114/129*
　128/144
元皓　315/362
元徽　287/331
元諫　315/362
元迥　340/396
元林　163/185*
元審　306/350
元素　325/372
元通　334/385
元悟　287/331
元晞　111/127
元信　338/392
元諲　315/362
元應　293/337
元膺　315/362
元用　352/411
元幽　314/360
元載　11/19
元真　318/364
元智　340/396
元著　340/396
元總〔江州興果寺神湊門人〕　306/350
元總〔廬山西林寺水閣院齊朗門人〕　316/362
袁允　249/290
袁滋　304/347
圓藏　363/433
圓大師　203/234
圓德　139/155

圓暉 242/281
圓濟 158/180*
圓寂〔長安資善寺上座〕 282/326*
圓寂〔袁州萍鄉縣楊岐山乘廣弟子〕
260/303
圓皎 312/357
圓進 323/371
圓净 237/274*
圓敬 247/287*
圓静 312/357
圓滿 111/127
圓契(張十九師) 286/330*
圓恕 317/363
圓一 169/193
圓昭 317/363
圓照(照律師) 328/376
遠塵 216/253
媛柔 1/1*
雲表 330/380
雲端 72/81
雲真 330/380
雲皋 298/342
299/342
316/362
運精 227/262

Z

藏奂(心鏡大師) 347/403*
藏暉 361/427
藏舟 317/363
擇鄰 203/234
增慶 160/183
湛然〔镜智禅师僧璨弟子〕 10/17
11/19
湛然〔常州妙樂寺〕 180/209
湛一 169/193
張常求 119/137*
張從申 10/19
張大禮 168/190
張伽 172/197
張公武 340/396
張和尚 122/139*
張弘靖 277/320
張繼 191/221
張均 175/203
張南容 215/250
張南史 191/221
張少存 340/396
張少真 340/396
張紹真 168/192
張士貴 21/31
張惟儉 380/447
張惟政 255/298
張文湊 242/281
張象 236/273
243/282
張延賞 10/17
11/19
張彦遠 10/18
10/19
張瑶 251/293
張允伸 346/403
張振 41/55*
張政 310/355
張仲武 346/403
張宗直 340/396
章教大師 345/401
章敬皇后 266/309
長孫無忌 48/63
昭敏 249/291
趙迦 99/111
趙琮 353/412*
趙嶠 158/181
趙令珍 184/213

趙憬　253/296
　259/302
趙克勳　165/188
趙杞　310/355
趙思温　279/323
趙陶　264/307
趙頤真　194/225
趙旃　310/355
趙章　264/307
照空〔長安法雲寺〕　261/305
照空〔長安龍花寺〕　311/356
照心　242/281
哲禪師　23/33
貞璨　312/357
貞操　317/363
貞顧　23/34
貞和上(張貞)　125/141*
貞慧　61/72*
貞素　315/360
貞信〔長安法雲寺曇簡門人〕　302/345
貞信〔洛陽寧刹寺澄璨門人〕　296/340
貞育　357/416
真觀　204/236
真堅　235/271*
真空　391/452*
真滿　319/365
真如〔李氏〕　275/318*
真如〔麴氏〕　56/69*
真悟　200/231
真心　235/272
真一　216/253
甄叔(楊岐大師)　260/303
　314/359*
正覺〔長安萬善寺〕　187/217
正覺〔萬州報善寺〕　304/347*
正覺〔江州潯陽〕　224/259
正覺〔幽栖寺〕　116/132*
正念　320/365*
正順　192/223
正性　241/279*
正言　328/377
正演　71/79
正知　168/192
證禪師　257/299*
證超　249/291
證道　216/253
證真　263/306*
鄭奉先　219/255
鄭皦　219/255
鄭齊嬰　209/241
鄭權　349/406
鄭日華　209/241
鄭素卿　316/362
鄭位　245/284
鄭薰　352/411
鄭液　219/255*
鄭整仁　219/255
鄭重逸　215/250
鄭倬　194/225
政定　216/253
政順　315/361
知誨　366/436
知寂　200/231
知明　272/316
知遠　330/380
知宗　346/403
至柔　299/342
至閑　314/359
志操〔長安法雲寺明詮姪女〕　295/339
志操〔長安章敬寺懷暉弟子〕　300/344
志誠　258/300
志澄　155/179
志恭　242/281
志弘　234/270*

志堅〔洛陽敬愛寺〕 242/281
志堅〔長安安國寺寂照門人〕 323/371
志空 227/262
志千 327/375
志悟 264/307
志脩 13/21*
志叶 124/140
志元 242/281
志忠 358/418*
制控 287/330
智寶 121/138
智誠〔長安興唐寺曌空弟子〕 252/294
智誠〔長安興國寺憲超弟子〕 310/355
智達 107/120*
智德 266/309
智法師(王朗) 87/99*
智峰 72/81
智該 23/32*
智寰 242/281
智惠〔長安青槐鄉〕 84/95*
智惠〔嵩山少林寺〕 242/281
智積 101/114
智金 330/380
智朗〔長安章敬寺懷暉弟子〕 300/344
智力 214/248*
215/250*
智亮 252/295
智滿〔江州寶稱寺〕 316/362
智滿〔陶氏〕 384/448*
智旻〔相州雲門寺〕 21/29
智旻〔絳州聞喜縣大興國寺〕 238/276*
智明〔張氏〕 223/258*
智明〔廬山東林寺〕 298/342
299/342
智凝 330/379
智蒲 258/301
智謙 252/295
智詮〔嵩山少林寺〕 242/281
智詮〔脩行寺體微弟子〕 245/284
智如 317/363
326/373*
智詵(資州詵公) 272/314
273/317
智深 242/281
智神 87/99
智昇(昇律師) 328/376
智首(首律師) 21/28*
智通 172/197
智威(威大師) 175/201
180/208
236/273
智文〔長安靈化寺智該弟子〕 23/34
智文〔長安大安國寺寂照弟子〕 323/370
智悟 208/240*
智詳 101/113
145/165
智祥 161/184
智信 204/236
智興 293/337
智性 263/306
智玄 340/396
智嚴〔洛陽大敬愛寺〕 113/128
113/129
智嚴〔南嶽〕 335/386
智儼 312/357*
智顗(智者大師、天台大師) 6/7*
180/208
380/446
智印(大安禪師) 133/150
智英 249/291
智圓 242/281
智運 132/149
智藏〔終南山豐德寺〕 16/24*
智藏〔金剛智弟子〕 154/176

智藏(大覺禪師)〔龔公山西堂,廖氏〕 308/351*
智璪 6/10
智則 298/342
299/342
智舟(大戒德律師) 126/142
201/232*
智周 15/23*
中巽 312/357
忠順 204/236
仲説 327/375
舟濟 338/392*
舟律師 185/214
周佖 270/313
周皓 270/312
周悌 270/313
周珣 270/313
周擇從 283/328
周擇交 283/328
朱泚 338/392
朱放 191/221
朱光暉 187/216
朱惟明 165/188
165/189
朱祥 165/188
諸葛禮 109/124
諸葛穎 109/124
祝髮 281/326
莊濟 144/164
卓然 380/446
子琮 310/355
子良 310/355
子倫 310/355
子昇 310/355
子英 310/355
子顒 310/355
子瑀 173/198*
自謙 252/295
自悟 264/307
自政 328/377
宗本 125/141
宗晉卿 176/203
宗密(定慧禪師) 332/381*
宗實 330/380
宗一 298/342
299/342
316/362
宗閲 310/355
左思仁 107/122

寺名索引

A

安國寺〔長沙〕 380/446
安國寺〔洛陽〕 139/155
150/170
181/210
209/241
218/254
220/256
232/269
235/272
237/274
242/280
242/281
250/291
276/319

282/327
286/330
291/335
297/340
341/397
342/398
376/442
安居寺 199/231
安樂寺 359/422
安輪寺 359/423

B

柏尖山寺 7/13
白馬寺〔江陵府〕 307/350
白馬寺〔洛陽〕 108/122
125/141
140/156
247/287
百岩寺 300/344
寶稱寺 316/362
寶覺寺 349/406
寶林寺 357/417
寶慶寺 247/287
寶泉精舍 249/290
寶臺寺 206/237
寶應寺〔長安〕 247/287
寶應寺〔長沙〕 283/328
寶應寺〔洛陽〕 184/213
330/380
寶雲寺 379/444
寶珍寺 258/301
保壽寺 247/287
報恩寺〔汴州〕 90/102
報恩寺〔沙州〕 267/310
報恩寺〔蘇州〕 180/209
236/272
報國寺 249/290
報善寺 290/333
304/347
本行寺 23/33
彼微寺 108/123
般若寺〔衡州〕 159/181
般若寺〔嵩山〕 342/398
般舟臺 274/318

C

草堂寺 187/215
禪定寺 262/305
262/306
禪院寺 359/423
禪衆寺 10/17
常樂寺 224/259
澄心寺 65/74
崇福寺〔長安〕 288/332
328/376
340/395
369/438
崇福寺〔揚州〕 171/195
崇光寺 231/268
崇敬寺 318/363
321/366
崇聖寺 207/239
340/396
369/438
崇業寺 391/452
崇義寺 98/110
慈悲寺 323/369
慈門寺 16/24
82/92
慈潤寺 18/25
28/40
32/43
87/99
111/126
111/127
153/175

翠微寺 187/215
長沙寺 284/328
長生禪寺 186/215
長壽寺〔江寧〕 175/201
長壽寺〔洛陽〕 218/254
247/287
347/404
365/435

D

大安國寺 48/61
48/65
72/81
155/178
247/287
261/304
288/332
323/370
328/376
375/440
大禪定寺 14/22
大慈恩寺 38/49
48/63
71/79
72/80
144/163
309/353
大慈寺 87/99
120/137
153/175
大福先寺 101/113
102/115
109/124
144/162
144/163
160/183
173/198
199/230
232/269
319/364
大廣福寺 154/176
大華嚴寺 379/445
大薦福寺 100/113
101/113
109/124
126/142
151/171
155/178
185/214
201/232
232/269
327/375
345/401
大敬愛寺 113/128
152/173
171/195
192/223
202/233
242/280
266/309
326/373
大林寺 203/234
316/361
大龍興寺 103/115
大明寺 259/301
大聖善寺 10/18
234/270
255/297
257/299
289/333
317/362
大聽寺 6/8
大温國寺 86/98
145/165
大興國寺 238/276
大興善寺 211/244

212/246
213/247
247/287
308/351
323/370
大雲寺〔代州〕 379/445
大雲寺〔和州〕 164/187
大雲寺〔湖州〕 173/198
大雲寺〔荆州〕 168/190
大雲寺〔相州〕 87/99
111/126
道德寺 40/53
40/54
德業寺 39/51
43/56
44/57
45/58
49/65
50/66
53/67
80/90
85/95
定國寺 279/323
定山寺 258/301
東林寺〔廬山〕 253/295
258/300
298/341
299/342
306/349
東林寺〔蘇州〕 178/206
度門寺 90/102
多寶寺 38/49

F

法昌寺 158/180
法海寺 72/81
法華蘭若 187/216
法華寺〔湖州〕 279/324
法華寺〔越州〕 180/209
法濟寺 108/123
法界寺 241/279
法門寺(無憂王寺) 82/92
323/369
340/396
法樂寺 335/386
法雲寺 181/210
195/226
261/304
263/306
295/339
302/345
豐德寺 16/24
峰頂寺 298/341
316/361
奉國寺 160/183
330/380
奉先寺 143/161
144/164
154/177
254/297
317/363
326/373
鳳光寺 334/385
佛川寺 228/265
佛光精舍 251/293
佛光寺 363/430
佛授記寺 111/126
浮查寺 303/346
福聚寺 111/127
240/278
福林寺 328/376
福慶寺 323/370
福壽寺 340/395
福田寺 118/135
福業寺 180/209
福願寺 243/282

G

甘露寺 56/69
甘泉山寺 322/368
甘泉院 351/409
361/426
功德寺 250/291
觀心寺 336/387
觀音寺 207/239
光化寺 38/50
光明寺 35/45
光天寺 22/32
26/37
光宅寺 285/329
廣福寺 157/180
廣化寺 141/159
國清寺 6/7
298/341
316/361
果願寺 6/7

H

海會院 354/413
海覺寺 323/369
荷恩寺(醫王寺) 205/236
206/238
菏澤寺 71/79
166/189
184/213
210/242
鶴林寺 175/202
196/227
196/228
258/301
弘福寺 21/30
23/33
48/63
67/76
弘聖寺 235/272
護法寺 254/297
296/340
護國寺 202/233
護葉寺 47/60
華林寺 303/347
華嚴寺〔長安〕 24/35
100/113
127/143
150/170
205/236
華嚴寺〔杭州〕 189/219
華嚴寺〔泉州〕 345/402
化城寺〔濟源縣〕 319/365
化城寺〔三原縣〕 206/238
化度寺 20/26
34/44
109/124
206/238
246/286
化感寺 144/163
皇化寺 364/435
惠欽寺 9/16
會善寺 94/106
121/138
133/150
161/184
235/272
242/281
293/336
342/398
377/443
慧炬寺 214/249
215/251
慧日寺 5/5
38/50
246/286

J

濟度寺 46/59
146/166
282/327
建初寺 368/437
建法寺 69/77
金閣寺 346/402
金光明寺 350/408
津梁寺 178/206
涇川佛寺 201/232
景福寺 137/154
景雲寺 298/341
299/342
299/343
徑山寺 248/289
净安寺〔明州〕 180/209
净安寺〔衢州〕 194/225
净土寺 190/219
266/309
净影寺 177/204
211/244
净域寺 109/124
净住寺 208/240
靖居寺 316/362
静樂寺 270/312
九嵕寺 180/209

K

開業寺 101/113
168/191
開元寺〔福州〕 171/195
開元寺〔洪州〕 239/277
開元寺〔湖州〕 178/206
開元寺〔江州〕 316/361
開元寺〔荆州〕 184/213
開元寺〔臨淮〕 258/301
開元寺〔洛陽〕 125/141
開元寺〔泗州〕 325/372
開元寺〔蘇州〕 229/266
378/444
開元寺〔婺州〕 180/209
開元寺〔刑州〕 210/242
開元寺〔宣州〕 316/361
開元寺〔越州〕 171/195
207/239
開元寺〔漳州〕 352/411
空寂寺 155/178
空王寺 265/308

L

臨濟寺 348/405
霖落寺 70/78
霖落泉寺 7/12
麟趾寺 271/313
靈安寺 78/87
靈光寺 265/308
靈化寺 23/34
靈泉寺 28/40
51/66
87/99
120/137
122/139
144/162
163/185
靈山寺 240/279
靈巖寺 38/48
靈曜寺 180/209
靈隱寺 180/209
六度寺 107/120
龍安寺 283/328
龍花寺 90/103
296/298
311/356
龍泉寺 178/205
243/281

248/288
龍興寺〔長安〕 155/178
288/332
龍興寺〔常州〕 224/259
龍興寺〔房州〕 380/446
龍興寺〔杭州〕 191/220
203/234
248/289
龍興寺〔洪州〕 258/300
298/341
299/343
316/362
龍興寺〔盧陵〕 258/301
龍興寺〔蘄州〕 118/135
龍興寺〔衢州〕 194/225
龍興寺〔潤州〕 196/227
258/301
龍興寺〔襄州〕 358/419
龍興寺〔揚州〕 171/195
龍興寺〔永州〕 274/317
隆國寺 371/438

M

彌陀寺 272/315
272/316
273/317
妙道寺 293/336
妙樂寺 180/209
明覺寺 221/257
明慶寺 367/437
明寺 258/300

N

南龍興寺 144/163
寧刹寺 132/149
198/230
234/270
242/281
296/340
342/398
376/442

P

彭城寺 258/301
普光寺 23/32
普願寺 357/416

Q

栖霞寺 171/195
258/300
栖心寺 347/404
栖巖寺 172/197
栖嵓寺 180/209
千佛寺 187/215
千福寺 187/215
187/216
187/217
216/252
279/323
279/324
乾元寺 133/150
250/292
潛靈寺 309/352
清戒寺 40/52
清泰寺 180/208
青龍寺 177/204
278/320
慶門寺 298/341
316/361
慶山寺 155/178
慶雲寺 191/220

R

日净寺 214/249

S

山北寺 221/257
221/258
377/443
山谷寺 9/15
善才寺 117/133
242/281
少林寺 81/91
113/128
128/144
152/172
204/235
240/278
242/280
242/281
337/389
紹唐寺 130/147
深妙寺 363/432
神龍寺 309/353
323/370
神昭寺 266/309
勝光寺 82/93
勝業寺 10/17
72/81
聖安寺 380/446
聖道寺 30/42
33/43
62/73
聖善寺 111/126
140/158
180/208
246/286
254/296
257/299
聖住寺 363/431
363/433
石城寺 6/9
石經寺 361/426
實際寺 86/98
授記寺 101/113
順德寺(明德寺) 188/218
思遠寺 247/287
四天王寺 363/428
嵩嶽寺 192/223
230/267
255/298
266/309
277/320

T

太原寺 100/112
126/142
146/166
譚山寺 171/195
唐安寺 324/371
343/398
唐興寺〔湘潭〕 312/357
唐興寺〔宣州〕 262/305
天安寺 5/5
天寶寺 180/209
天宫寺 90/102
144/163
164/187
199/230
235/272
天華寺 40/53
天皇寺 281/326
天女寺 97/109
289/333
天王寺 284/329
天鄉寺 171/195
196/227
258/301
天興寺 376/442
天竺寺〔杭州靈隱山〕 178/206

	203/234
天竺寺〔河南縣畢圭鄉〕	199/231
天竺寺〔洛陽〕	152/174
	235/272
	237/275
	245/284
同德寺	152/174
	190/220
	251/292
	254/297
	333/384
同慶寺	339/394
頭陁寺	316/362
塗山寺	126/142
	155/178

W

瓦官寺	258/300
	258/301
萬善寺	187/217
	313/359
罔極寺	127/143
威神寺	182/211
衛國寺	192/223
文殊禪院	13/21
武丘(虎)寺	378/443
悟真寺	187/216

X

西崇福寺	138/154
西華禪院	102/114
西林寺	316/361
西明寺	48/64
	86/96
	90/103
	155/177
	215/250
	230/267
	283/328
	303/347
	323/369
	328/376
閑居寺	112/127
	113/129
	114/130
	199/231
鄉邑寺	258/301
相好寺	57/70
	60/72
香積寺	99/111
	388/451
香泉寺	70/78
香山寺	250/292
向善寺	264/307
興福寺	309/352
	332/383
興國寺	310/355
興果寺	306/349
	316/361
興化寺	348/405
興教寺	48/61
興寧寺	171/195
興聖寺	54/69
	130/147
	349/406
興唐寺	152/173
	152/174
	183/212
	252/294
修慈寺	61/72
脩行寺	176/203
	242/281
	245/284
宣化寺	77/86
	124/140
懸溜寺	191/221

Y

延光寺 171/195
延慶院 354/413
延唐寺 323/370
宜豐寺 191/221
億聖寺 357/416
應天禪院 356/415
永定寺 378/444
永穆寺 234/271
永泰寺 242/281
永曜寺 132/149
幽栖寺 116/132
玉澗寺 345/401
345/402
玉泉寺 90/102
144/162
152/172
160/183
272/315
273/317
願力寺 74/82
雲峰寺 269/312
雲華寺 100/112
雲居寺〔幽州房山〕 327/374
雲居寺〔終南山〕 67/76
雲門寺 20/27
21/29

Z

藏海寺 152/174
長柏寺 337/389
章敬寺 300/344
248/288
招福寺 374/439
招聖寺 246/286
昭成寺 280/325
326/373
昭代寺 244/283
趙景公寺 55/69
真化寺 8/14
216/252
真寂寺 4/5
真空寺 385/449
鎮國寺 197/229
正等寺 108/123
證果寺 216/253
支硎寺 203/234
至相寺 130/147
363/430
志敬寺 346/402
智炬寺 211/244
中大雲寺 96/109
衆義寺 129/145
朱明寺 232/269
竹林寺 281/326
莊嚴寺 310/354
資敬寺 110/126
187/217
195/226
216/253
226/260
251/292
資善寺 282/326
資聖寺 279/323
總持寺 310/355
323/369
遵善寺 134/151
135/152
329/378